मोहन राकेश के संपूर्ण नाटक

मोहन राकेश के संपूर्ण नाटक

सभी नाटकों के पूरे स्क्रिप्ट–भूमिका सहित, निर्देशकों, समीक्षकों एवं कलाकारों के आलेख तथा संपादकीय भूमिका

मोहन राकेश

संपादक

नेमिचन्द्र जैन

राजपाल

₹ 695
ISBN : 9788170281528

MOHAN RAKESH SAMPURNA NATAK
(Complete Plays of Mohan Rakesh)
Edited by Nemichand Jain
मुद्रक : जी.एस. ऑफसेट, दिल्ली

राजपाल एण्ड सन्ज़
1590, मदरसा रोड, कश्मीरी गेट, दिल्ली–110006
फोन : 011–23869812, 23865483, 23867791
e-mail : sales@rajpalpublishing.com
www.rajpalpublishing.com
www.facebook.com/rajpalandsons

भूमिका

हिन्दी नाटक के क्षितिज पर मोहन राकेश का उदय उस समय हुआ जब स्वाधीनता के बाद पचास के दशक में सांस्कृतिक पुनर्जागरण का ज्वार देश में जीवन के हर क्षेत्र को स्पन्दित कर रहा था। उनके नाटकों ने न सिर्फ़ हिन्दी नाटक का आस्वाद, तेवर और स्तर ही बदल दिया, बल्कि हिन्दी रंगमंच की दिशा को भी प्रभावित किया। उसके पहले, भारतेन्दु हरिश्चन्द्र और जयशंकर प्रसाद जैसे प्रतिभावान रचनाकारों के बावजूद, हिन्दी नाटक अशिकांशतः या तो सस्ते मनोरंजन का साधन बना हुआ था या फिर पाठ्य पुस्तकों की दीवारों के पीछे बन्द था। पचास के दशक में उसे धीरे-धीरे एक अत्यंत ही समर्थ किन्तु जटिल और परिश्रम तथा प्रशिक्षंण-साध्य कला माध्यम के रूप में स्वीकृति मिलना शुरू हुआ, और साथ ही नाट्यकर्मियों से भी अधिक जागरूकता, संवेदनशीलता और कलात्मक गंभीरता की अपेक्षा होने लगी। **1958** में संगीत नाटक अकादेमी द्वारा मोहन राकेश के नाटक आषाढ़ का एक दिन को सर्वश्रेष्ठ नाटक के लिए और कलकत्ते की नाट्यमंडली अनामिका को विनोद रस्तोगी के 'नये हाथ' के सर्वश्रेष्ठ प्रस्तुतीकरण के लिए पुरस्कारों में इस बदलती हुई स्थिति की ही स्वीकृति थी। उसके बाद से हिन्दी नाटक लगातार आगे बढ़ता रहा है और सारी सीमाओं के बावजूद उसने क्रमशः हिन्दी के सृजनात्मक साहित्य के क्षेत्र में और देश के नाटक साहित्य में सार्थक स्थान हासिल किया है।

आषाढ़ का एक दिन

हिन्दी नाटक की इस यात्रा में 'आषाढ़ का एक दिन' कई प्रकार से एक महत्वपूर्ण पड़ाव तो है ही, इस दौर के नाटक-लेखन की श्रेष्ठतम उपलब्धियों में गिनने योग्य भी है। एक प्रकार से उपेंद्रनाथ अश्क और जगदीशचंद्र माथुर ने, विशेषकर जगदीशचंद्र माथुर ने, नाटक में सहज स्वाभाविकता और नाटकीयता के, यथार्थपरकता और काव्यात्मकता के, जिस मिश्रण का सूत्रपात किया, उसकी महत्वपूर्ण परिणति 'आषाढ़ का एक दिन' में हुई है। अवश्य ही 'अंधा युग' इसके पहले लिखा जा चुका था, पर उसका प्रभाव नाटक और रंगमंच पर बहुत कम पड़ा, और पड़ा भी तो कुछ बाद में ही उजागर हुआ—अपने विशेष रूपबंध ओर शैली के कारण उसका इतना व्यापक होना संभव भी न था।

'आषाढ़ का एक दिन'आषाढ़ का एक दिन की प्रत्यक्ष विषयवस्तु कवि कालिदास के जीवन से संबंधित है। किंतु मूलतः वह उसके प्रसिद्ध होने के पहले

की प्रेयसी मल्लिका का नाटक है—एक सीधी-सादी समर्पित लड़की की नियति का चित्र, जो एक कवि से प्रेम ही नहीं करती, उसे महान होते भी देखना चाहती है। महान वह अवश्य बनता है, पद इसका मूल्य मल्लिका अपना सर्वस्व देकर चुकाती है। अंत में कालिदास भी उसे केवल अपनी सहानुभूति ही दे पाता है, और चुपके से छोड़कर चले जाने के अतिरिक्त उससे कुछ नहीं बन पड़ता। मल्लिका के लिए कालिदास उसके संपूर्ण व्यक्तित्व के, जीवन में, साथ एकाकार सुदूर स्वप्न की भाँति है; कालिदास के लिए मल्लिका उसके प्रेरणादायक परिवेश का एक अत्यंत जीवंत तत्व मात्र। अनन्यता और आत्मलिप्तता की इस विसदृशता में पर्याप्त नाटकीयता है, और मोहन राकेश जिस एकाग्रता, तीव्रता और गहराई के साथ उसे खोजने और व्यक्त करने में सफल हुए हैं वह हिंदी नाटक के लिए सर्वथा अपरिचित है।

इसके साथ ही समकालीन अनुभव के और भी कई आयाम इस नाटक में हैं जो उसे एकाधिक स्तर पर सार्थक और रोचक बनाते हैं। उसका नाटकीय संघर्ष कला और प्रेम, सर्जनशील व्यक्ति और परिवेश, भावना और कर्म, कलाकार और राज्य, आदि कई स्तरों को छूता है। इसी प्रकार काल के आयाम को बड़ी रोचक तीव्रता के साथ नाटक में प्रस्तुत किया गया है—लगभग एक पात्र के रूप में। मल्लिका और उसके परिवेश की परिणति में तो वह मौजूद है ही, स्वयं कालिदास भी उसके विघटनकारी रूप का अनुभव करता है। अपनी समस्त आत्मलिप्तता के बावजूद उसे लगता है कि अपने परिवेश से टूटकर वह स्वयं भी भीतर कहीं टूट गया है।

किंतु शायद कालिदास ही इस नाटक का सबसे कमज़ोर अंश है; क्योंकि अंततः नाटक में उद्‌घाटित उसका व्यक्तित्व न तो किसी मूल्यवान और सार्थक स्तर पर स्थापित ही हो पाता है, न इतिहास-प्रसिद्ध कवि कालिदास को, और इस प्रकार उसके माध्यम से समस्त भारतीय सर्जनात्मक प्रतिभा को, कोई गहरा विश्वसनीय आयाम ही दे पाता है। नाटक में प्रस्तुत कालिदास बड़ा क्षुद्र और आत्मकेंद्रित, बल्कि स्वार्थी व्यक्ति है। साथ ही उसके व्यक्तितव में कोई तत्व ऐसा नहीं दीख पड़ता जो उसकी महानता का, उसकी असाधारण सर्जनात्मक प्रतिभा का, स्रोत समझा जा सके या उसका औचित्य सिद्ध कर सके। राज्य की ओर से सम्मान और निमंत्रण मिलने पर वह नहीं-नहीं करता हुआ भी अंत में उज्जैन चला ही जाता है; कश्मीर का शासक बनने पर गांव में आकर भी मल्लिका से मिलने नहीं आता; अंत में मल्लिका के जीवन की उतनी करुण, दुखद परिणति देखकर भी उसे छोड़कर कायरतापूर्वक चुपचाप खिसक पड़ना संभव पाता है—ये सभी उसके व्यक्तित्व के ऐसे पक्ष हैं जो उसको एक अत्यंत साधारण व्यक्ति के रूप में ही प्रकट करते हैं। निस्संदेह, किसी महान सर्जनात्मक व्यक्तित्व में महानता और नीचता के दो छोरों का एक साथ अंतर्ग्रथित होना संभव है। किंतु 'आषाढ़ का एक दिन' में कालिदास का हीन रूप

ही दीख पड़ता है, महानता को छूनेवाले सूत्र का छोर कहीं नहीं नज़र आता। लेखक उसके भीतर ऐसे तीव्र विरोधी तत्वों का कोई संघर्ष भी नहीं दिखा सकता है जो इस क्षुद्रता के साथ-साथ उसकी असाधारण सर्जनशीलता को विश्वसनीय बना सके। कालिदास की यह स्थिति नाटक को किसी हद तक भावुकता के स्तर पर उतार देती है, और मल्लिका के जीवन की त्रासदी को भी किसी गहराई के साथ व्यंजित नहीं होने देती।

मोहन राकेश की गहरी सूझबूझ और शिल्पकुशलता 'आषाढ़ का एक दिन' के सहायक और अपेक्षाकृत गौण पात्रों की परिकल्पना और रूपायन में दिखाई पड़ती है। कालिदास का प्रतिद्वन्द्वी विलोम वास्तव में उसका विलोम तो है ही, उससे अधिक जीवंत और नाटकीय दृष्टि से अधिक विकसित पात्र भी है। नाटक के कार्य-व्यापार में लगभग विस्फोटक तीव्रता और करुणा उसी की उपस्थिति से पैदा होती है। उसे तथाकथित खलनायक कहकर नहीं उड़ाया जा सकता। विलोम के बिना 'आषाढ़ का एक दिन' और भी भावुकतापूर्ण और बेहद शिथिल नाटक रह जाता। उसके तर्कों में ही नहीं, उसकी पूरी जीवनदृष्टि में एक ऐसी अकाट्यता और अनिवार्यता है कि उसकी गिनती हिन्दी नाटक के कुछ अविस्मरणीय पुरुष पात्रों में होगी। कई प्रकार से विलोम मोहन राकेश की एक अनुपम नाटकीय चरित्र-सृष्टि है।

विसदृशता के दो अन्य रोचक रूप हैं मल्लिका की मां अम्बिका, और कालिदास का मामा मातुल। दोनों बुजुर्ग हैं, नाटक के दो प्रमुख तरुण पात्रों के अभिभावक। दोनों ही अपने-अपने प्रतिपालितों से असन्तुष्ट, बल्कि निराश हैं। फिर भी दोनों एक दूसरे से एकदम भिन्न, बल्कि लगभग विपरीत हैं। दोनों के बीच यह भिन्नता संस्कार, जीवनदृष्टि, स्वभाव, व्यवहार, बोलचाल, भाषा आदि अनेक स्तरों पर उकेरी गयी है। इससे मल्लिका और कालिदास दोनों के चरित्र अधिक सूक्ष्मता और रोचकता के साथ रूपायित हो सके हैं। ऐसी ही दिलचस्प विसदृशता निक्षेप और कालिदास तथा मल्लिका और प्रियंगुमंजरी के बीच भी रची गयी है।

इसी तरह बहुत संयत और प्रभावी ढंग से, व्यंग्य और सूक्ष्म हास्य के साथ, समकालीन स्थितियों की अनुगूंज पैदा की गयी है रंगिणी-संगिणी और अनुस्वार-अनुनासिक की दो जोड़ियों के द्वारा। ये थोड़ी ही देर के लिए आते हैं पर बड़ी कुशलता से कई बातें व्यंजित कर जाते हैं। वास्तव में 'आषाढ़ का एक दिन' की लेखन और प्रदर्शन दोनों ही स्तरों पर व्यापक सफलता का आधार है उसकी बेहद सधी हुई, संयमित और सुचिंतित पात्र-योजना। इसमें कोई आश्चर्य की बात नहीं कि 'आषाढ़ का एक दिन' पिछले तीस-बत्तीस वर्षों में देश की अनेक भाषाओं में, अनेक केन्द्रों में बार-बार खेला गया है और अब भी उसका आकर्षण चुका नहीं है।

नाट्यरूप की दृष्टि से 'आषाढ़ का एक दिन' सुगठित यथार्थवादी नाटक है,

जिसमें बाह्यय ब्यौरे की बातों से अधिक परिस्थिति के काव्य को अभिव्यक्त करने का प्रयास है। शायद हिंदी का यह पहला यथार्थवादी नाटक है तो बाहय और आंतरिक यथार्थ की समन्विति और अंतर्द्वंद्व को संवेदनशीलता के साथ देखता और प्रस्तुत करता हैं।नाटक में कार्य-व्यापार के संयोजन में गति पर्याप्त तीव्र ही नहीं है, उस तीव्रता के भीतर लय की विविधता भी है; विभिन्न भावों और स्थितियों को, विभिन्न पात्रों को, इस प्रकार आमने-सामने रखा गया है कि वे अपने आप में नाटकीय प्रभाव उत्पन्न करते हैं और परवर्ती परिणति को भी यथासंभव अनिवार्य और विश्वसनीय बनाते हैं। फिर भी तीसरे अंक में मल्लिका के स्वगत-भाषण और कालिदास के लंबे एकालाप में गति का संयोजन ठीक नहीं रहता। बल्कि कालिदास का प्रवेश जितना नाटकीय है, उसका परवर्ती भाषण उतना ही उद्घाटनमूलक होने के कारण तीव्रता को कम करता है। चरम-बिंदु के इतने समीप पहुँचकर भाषण द्वारा स्थिति का उद्घाटन बहुत अच्छी नाटकीय युक्ति नहीं, विशेषकर जबकि बाक़ी नाटक में राकेश कार्य-व्यापार के द्वारा ही सफलतापूर्वक उद्घाटन करते रहे हैं। पर तीसरें अंक की यह दुर्बलता शीघ्र ही नियंत्रण में आ जाती है और द्वार खटखटाये जाने के बाद से नाटक बड़ी दुर्दम्य और तीव्र गति से चरम परिणति की ओर अनिवार्यतापूर्वक चलता जाता है।

निस्संदेह, हिंदी नाटक के परिप्रेक्ष्य में, और भाववस्तु और रूपबंध दोनों के स्तर पर, 'आषाढ़ का एक दिन' ऐसा पर्याप्त सघन, तीव्र और भावोद्दीप्त लेखन प्रस्तुत करता है जैसा हिंदी नाटक में बहुत कम ही हुआ है। उसमें भाव और स्थिति की गहराई में जाने का प्रयास है और पूरा नाटक एक साथ कई स्तरों पर प्रभावकारी है। बिंबों के बड़े प्रभावी नाटकीय प्रयोग के साथ-साथ उसमें शब्दों की अपूर्व मितव्ययता भी है और भाषा में ऐसा नाटकीय काव्य है जो हिंदी नाटकीय गद्य के लिए अभूतपूर्व है।

एक बात और। हिंदी के ढेरों तथाकथित ऐतिहासिक नाटकों से 'आषाढ़ का एक दिन' इसलिए मौलिक रूप में भिन्न है कि उसमें अतीत का न तो तथाकथित विवरण है, न पुनरुत्थानवादी गौरव-गान, और न ही वह द्विजेंद्रलाल राय के नाटकों की शैली में कोई भावुकतापूर्ण अतिनाटकीय स्थितियाँ रचने की कोशिश करता है। उसकी दृष्टि कहीं ज़्यादा आधुनिक और सूक्ष्म है जिसके कारण वह सही अर्थ में आधुनिक हिंदी नाटक की शुरुआत का सूचक है।

लहरों के राजहंस

राकेश का अगला नाटक, 'लहरों के राजहंस' कुछ अंशों में 'आषाढ़ का एक दिन' की उपलब्धियों को अधिक सक्षम और गहरा करता है, यद्यपि रूपबंध के स्तर पर उसका तीसरा अंक अधिक दुर्बल है और पर्याप्त स्पष्टता और तीव्रता के साथ

अभिव्यंजित नहीं होता। इसमें भी सुदूर अतीत के एक कथानक के आधार पर आज के मनुष्य की बेचैनी और अन्तर्द्वन्द्व संप्रेषित है। हर व्यक्ति को अपनी मुक्ति का पथ स्वयं ही तलाश करना है। दूसरों के द्वारा खोजा गया पथ चाहे जितना श्रद्धास्पद हो (जैसा गौतम बुद्ध का), या चाहे जितना आकर्षक और मोहक हो (जैसा सुंदरी का) किसी संवदेनशील व्यक्ति का समाधान नहीं कर सकता। इसलिए नाटक के अंत में नंद न केवल बुद्ध द्वारा बलपूर्वक थोपा गया भिक्षुत्व अस्वीकार कर देता है, बल्कि सुदंरी के आत्मसंतुष्ट और छोटे वृत्त में आबद्ध किंतु आकर्षक जीवन को भी त्यागकर चला जाता है। अपनी मुक्ति का मार्ग उसे स्वयं ही रचना होगा।

इस नाटक में भी राकेश कार्य-व्यापार को दैनंदिन क्रिया-कलाप से उठाकर एक सार्थक अनुभूति और उसके भीतर किसी अर्थ की खोज के स्तर पर ले जा सके हैं। किंतु इसकी विषयवस्तु में पर्याप्त सघनता, एकाग्रता और संगति नहीं है। पहला अंक सुंदरी पर केंद्रित जान पड़ता है, जिसमें नंद एक लुब्ध-मुग्ध, किंतु किसी हद तक संयमित और संतुलनयुक्त, पति मात्र लगता है। किंतु दूसरे अंक से नाटक स्वयं उसके अंतःसंघर्ष पर केंद्रित होने लगता है, यद्यपि अभी इस संघर्ष की रूपरेखा अस्पष्ट है। तीसरे अंक में संघर्ष की आकृति तो स्पष्ट होने लगती है, पर वह किसी तीव्रता या गहराई का आयाम प्राप्त करने के बजाय अकस्मात ही नंद और सुंदरी के बीच एक प्रकार की ग़लतफ़हमी में खो जाता है। दोनों एक दूसरे के संघर्ष का, व्यक्तित्वों के विस्फोट का, सामना ही नहीं करते और नंद बड़ी विचित्र-सी कायरता से चुपचाप घर छोड़कर चला जाता है। उसके इस पलायन की अनिवार्यता नाटक के कार्य-व्यापार में नहीं है। बल्कि एक अन्य स्तर पर वह 'आषाढ़ का एक दिन' में कालिदास के भी इसी प्रकार भाग निकलने की याद दिलाता है। कुल मिलाकर, तीनों अंक अलग-अलग-से लगते हैं, जिनमें सामग्रिक अन्विति नहीं अनुभव होती। मगर इस कमी के बावजूद, पहला और दूसरा अंक अत्यंत सावधानी से गठित और अपने आप में अत्यंत कलापूर्ण हैं। विशेषकर, दूसरे अंक में, नंद और सुंदरी के बीच दो अलग-अलग स्तरों पर चलनेवाले पारस्परिक आकर्षण और आंतरिक उद्वेग तथा उसके तनाव को बड़ी सूक्ष्मता, संवेदनशीलता और कुशलता के साथ प्रस्तुत किया गया है।

इस नाटक में भी नाटकीय बिंब-योजनाओं का प्रयोग है, पर वे सभी समान रूप से प्रभावकारी नहीं हैं। जहाँ घायल हिरन, व्याघ्र से युद्ध और दर्पण का टूटना जैसे बिंब भाव-वस्तु का एक नया आयाम प्रस्तुत करते हैं, वहीं राजहंसों का प्रसंग नाटकीय एकागंता को तोड़ता है। श्यामांग का प्रसंग भी अतिरंजित और अंततः अवांतर बल्कि व्याघातकारी जान पड़ता है। उसके प्रलाप का अत्यधिक उपयोग गहरी नाटकीयता की बजाय भावुकता की सृष्टि करता है। बाद में मोहन राकेश ने इस

नाटक को फिर से संशोधित करके लिखा जिसमें रूपबंध सम्बन्धी कुछ दुर्बलताएं दूर हो गयीं। पर फिर भी तीसरे अंक की परिणति को पूरी तरह अनिवार्य और नाटकीय नहीं बनाया जा सका।

आधे अधूरे

1959 में तीसरे नाटक 'आधे अधूरे' के प्रकाशन और प्रदर्शन ने मोहन राकेश को हिन्दी के अग्रणी आधुनिक नाटककार के रूप में पक्की तौर पर स्थापित कर दिया। इसका एक बड़ा कारण यह भी था कि इसमें नाटकीय कार्य-व्यापार किसी ऐतिहासिक चरित्र, प्रसंग या परिवेश की बजाय समकालीन जीवन की स्थितियों पर आधारित है। 'आधे अधूरे' आज के एक ऐसे परिवार के धीरे-धीरे विघटित होने की प्रक्रिया को पेश करता है जिसमें पुरुष महेंद्रनाथ बहुत दिन पहले व्यापार में सारी पूँजी गँवाकर अब बेकार है और पत्नी सावित्री नौकरी करके घर चलाती है। कई तरह की परिस्थितियों और अपने-अपने स्वभाव के कारण अब दोनों एक-दूसरे से बेज़ार हैं—नफ़रत करते हैं, मगर फिर भी किसी के लिए कोई और रास्ता नहीं है, दोनों साथ रहने को मजबूर हैं। सावित्री को महेंद्रनाथ सदा से दब्बू, व्यक्तित्वहीन, पर-निर्भर लगा है, आधा-अधूरा आदमी। सावित्री अपने लिए पूरा आदमी चाहती है। इसलिए उससे कटती जाती है, और लगातार किसी पूरे आदमी की तलाश करती रहती है जो उसे कहीं नहीं मिलता। उधर महेंद्रनाथ को शायद लगता है कि वह ज़बर्दस्ती उस पर हावी होने की कोशिश करती है, उसे अपनी ज़िंदगी नहीं जीने देती, और हमेशा अपमानित करती है। वह भी बार-बार उससे भागने की कोशिश करता है, मगर उस पर इतना निर्भर है कि हर बार लौट आता है।

इस प्रकार दोनों को किसी भिन्न व्यक्ति की तलाश है। दोनों अपनें में आधे-से हैं, अधूरे हैं, पर दूसरा उस अधूरेपन को कम नहीं करता, बल्कि उसके अहसास को और भी तीव्र कर देता है। इससे भी बड़ी विडंबना यह है कि दोनों एक-दूसरे को छोड़कर जा नहीं सकते—इतने अधूरे हैं, इतने पंगु हैं। 'हर मंगल-शनीचर' की भाँति इस बार भी महेंद्रनाथ अगले दिन शाम तक लौट आता है। सावित्री भी जगमोहन के साथ घर छोड़ने के प्रयास में असफल होकर वहीं लौटती है। दोनों इसी प्रकार एक साथ रहने को बाध्य हैं—शायद दुर्बलता के कारण, शायद आदत के कारण, शायद परिस्थितियों के कारण।

पति-पत्नी के बीच इस असामंजस्य और कलह का असर बच्चों पर भी भरपूर है। बड़ी बेटी बिन्नी ने माँ के ही एक प्रेमी मनोज के साथ भागकर विवाह कर लिया, पर अब दुखी और संत्रस्त है। बेटा अशोक पिता की भाँति ही बेकार है, उसका किसी नौकरी में मन नहीं लगता, और मनपसंद कोई काम मिलता नहीं। छोटी बेटी

किन्नी इस वातावरण में सहज ही बिगड़कर ज़िद्दी, चिड़चिड़ी और विद्रोही हो गयी है। बिन्नी के इसी घर में लौट आने और अशोक की बेकारी में जैसे सावित्री और महेंद्रनाथ की ज़िंदगियों की ही पुनरावृत्ति है—वैसी ही तनावभरी, असंगत और व्यर्थतापूर्ण स्थितियों की नयी शुरुआतें।

यह स्थिति अपने आप में त्रासद भी है और करुण भी। साथ ही उसमें मध्यवर्गीय समाज के एक हिस्से के जीवन की सच्चाई का एक ऐसा रूप है जिसे सामान्य दर्शक या पाठक पहचान पाता है और उसके साथ तादात्म्य अनुभव कर सकता है। हिन्दी नाटक के लिए समकालीन सच्चाई की ऐसी और इतनी तलाश एकदम नयी है और वह कहीं न कहीं मन को छूती और प्रभावित भी करती है। उसमें आम हिन्दी नाटक से भिन्न, आज की ज़िन्दगी के लिए प्रासंगिक नाटकीय अनुभव है जो उसे एक महत्वपूर्ण और उल्लेखनीय नाटक का दर्जा देता है।

इस उपलब्धि के बावजूद इस बात को भी नज़रअन्दाज़ नहीं किया जा सकता कि 'आधे अधूरे' कोई बड़ा विक्षोभकारी सर्जनात्मक अनुभव नहीं प्रस्तुत करता। आज के हमारे समाज में बहुस्तरीय पारिवारिक या स्त्री-पुरुष सम्बन्धों की कोई गहरी या सूक्ष्म पहचान भी उससे नहीं मिलती। बल्कि शायद हिन्दी रचना-जगत की सम्पूर्ण सर्जनात्मक चेतना के सन्दर्भ में, 'आधे अधूरे' की विषय-वस्तु और उसके कलात्मक विस्तार में, एक ओर, घिसे-पिटेपन का, और दूसरी ओर, पश्चिमी समाज के सामाजिक सम्बन्धों के साँचों की सतही पुनरावृत्ति का आभास होता है। उस तरह की ताज़गी का अहसास नहीं होता जैसा 'आषाढ़ का एक दिन' में हुआ था।

यह अहसास इस कारण भी होता है कि नाटक में महेंद्रनाथ और सावित्री को जिस रूप में मूर्त किया गया है उसमें उनके संबंध और टकराहट की कोई गहरी स्थिति स्पष्ट नहीं। वह केवल दो व्यक्तियों के बीच ग़लतफ़हमी और झगड़े को, या अधिक से अधिक उनकी टकराहट की अनिवार्यता को, ही पेश कर पाता है, उसे किसी बुनियादी इंसानी संकट, पारस्परिक सम्प्रेषण असंभव होने की स्थिति, अथवा किसी अन्य व्यापक कारण के साथ नहीं जोड़ पाता, दो इंसानों या स्त्री-पुरुष मात्र के बीच उठनेवाले सवालों की तह तक नहीं पहुँचता। उसमें न संबंधों की सार्विकता स्थापित होती है, न किसी मानवीय स्थिति की अनिवार्यता ही उभरती है। नाटक का पूरा अनुभव-क्षेत्र बहुत छोटा, संकुचित और विशेष व्यक्तियों तक सीमित रह जाता है।

यहां प्रसंगवश कुछ दिलचस्प बातें राकेश के नाटक-जगत के बारे में कही जा सकती हैं। उनके तीनों नाटकों की विषयवस्तु पुरुष पात्र से जुड़ी है, पर हर नाटक का केंद्रीय चरित्र स्त्री बन जाती है। चाहे वे कालिदास-मल्लिका हों, नंद-सुंदरी हों, चाहे सावित्री-महेंद्रनाथ। तीनों नाटकों में ग़लत स्त्री ही होती है, पुरुष उसे छोड़कर

चले जाने के लिए मजबूर दिखाई पड़ता है। 'आषाढ़ का एक दिन' में कालिदास और 'लहरों के राजहंस' में नंद एक बार वापस लौटकर दोबारा जाते हैं। 'आधे-अधूरे' में महेंद्रनाथ लौटता तो है, पर फिर जाता नहीं, वहीं रहने को मजबूर है। न जाने क्यों राकेश अपने नाटकों में स्त्री-पुरुषों के बीच चरम साक्षात्कार कराने से कतराते हैं। उनके सभी पुरुष पात्र स्त्री से खीझकर, निराश होकर, या अन्य किसी कारण से, खिसक जाने वाले भगोड़े हैं। वे अपने संबंधों की नियति का सामना करने से बचते हैं। ऐसा लगता है कि एक ही अनुभव छोटे-मोटे परिवर्तन के साथ बार-बार दोहराया जा रहा है। उसमें ताज़गी, या आयाम अथवा स्तर की नवीनता, बहुत ही कम है। महेंद्रनाथ और जुनेजा के साथ सावित्री के बहुत-से संवादों में 'लहरों के राजहंस' के नये रूप में नंद और सुंदरी के बीच अंतिम संवादों की बहुत ज़्यादा अनुगूँज है।

नाटक एक प्रकार की प्रस्तावना से शुरू होता है जिसमें एक काले सूटवाला आदमी आता है जो कि पुरुष एक, पुरुष दो, पुरुष तीन तथा पुरुष चार की भूमिका में भी है। हर भूमिका में पात्र के अनुसार उसके वेश का कुछ अंश बदल जाता है, बाक़ी वही रहता है। यानी कि जैसे सावित्री अंत में कहती है—"बिल्कुल एक-से हैं आप लोग। अलग-अलग मुखौटे, पर चेहरा ?—चेहरा सबका एक ही।" राकेश ने इस युक्ति का सहारा क्यों लिया है ? नाटक में नवीनता पैदा करने के लिए ? नाटक को एक व्यापक दार्शनिक सार्थकता देने के लिए ? इन कुछ व्यक्तियों के अनुभव को हर आदमी का अनुभव सिद्ध करने के लिए ?

बहरहाल, राकेश का उद्देश्य जो भी हो, प्रस्तावना पाठकों, दर्शकों और समीक्षकों को अधिकांशतः एक नयी, अनोखी नाटकीय युक्ति जैसी ही लगती रही है। एक हद तक उससे चेहरे सबके एक ही होने का असर भी पड़ता ज़रूर है, मगर साथ ही नाटक के शिल्प और कथ्य के बारे में कई सवाल भी उठ जाते हैं।

उदाहरण के लिए, 'आधे अधूरे' पूरी तरह यथार्थवादी शिल्प का नाटक है जिसमें इंसान की बाहरी और भीतरी दुनिया को यथासंभव ब्यौरेवार और परिचित रूप में पेश किया गया है। इस शिल्प में प्रस्तावना और उसके माध्यम से एक ही अभिनेता द्वारा पाँच भूमिकाएं निभाना बहुत संगत नहीं जान पड़ता, और प्रस्तावना बाक़ी नाटक के बारे में अलग क़िस्म की अपेक्षाएं पैदा करती है। इस दृष्टि से काले सूटवाला आदमी एक अनावश्यक, भले ही चमत्कारपूर्ण, आडम्बर-जैसा लगता है।

इसका एक बड़ा कारण यह भी है कि वह जो बातें कहता है वे नाटक में प्रस्तुत अनुभव से कहीं चरितार्थ नहीं होतीं, उनकी नाटक की मूल भावधारा के साथ कोई संगति नहीं। यह बात सही नहीं लगती कि नाटक में एक ही आदमी से हमारी भेंट कई बार होती है। पुरुष एक, दो, तीन और चार एक ही व्यक्ति के खंडित या

विभाजित रूप नहीं हैं, वे चार निश्चित अलग-अलग व्यक्ति हैं और उनकी भूमिकाएं अलग-अलग रहें तो नाटक की संवेदना में, उसकी बात के सम्प्रेषण में, रत्ती भर फ़र्क नहीं आता, बल्कि यह आरोप उसके सम्प्रेषण में बाधा डालता है, उसकी सचाई से हमारा ध्यान हटाता है। इनमें से कोई भी व्यक्ति सावित्री के साथ होता तो उसकी और उन दोनों की ज़िंदगी भिन्न प्रकार की होती।

इसी तरह, महेंद्रनाथ के सिवाय, हमारी किसी अनिश्चित आदमी से मुलाक़ात नहीं होती, बाक़ी सबके अपने निश्चित व्यक्तित्व हैं। सड़क पर टकरानेवाले आदमी की तरह व्यक्तित्वहीन नहीं। स्वयं नाटक भी अनिश्चित नहीं है, वह एक निश्चित बात कहता है, निश्चित रूप लेता है। नाटक में एक भी व्यक्ति ऐसा नहीं आता—शायद महेंद्रनाथ को छोड़कर—जिसने 'मैं कौन हूं ?' सवाल का कभी सामना किया हो और अब छोड़ दिया हो। इसी प्रकार इस नाटक से ज़ाहिर नहीं होता कि "आप में और उसमें, उसमें और उस दूसरे में, उस दूसरे में और मुझमें—" वही समानता है। यह भी सही नहीं है कि "परिस्थितियाँ बदल जातीं तो भी मैं वही रहता।" यह सिद्धांत अपने आप में निहायत रूमानी क़िस्म के समाजशास्त्र पर आधारित आधा या चौथाई सत्य होने के अलावा, इस नाटक की परिस्थितियों में फ़िट नहीं बैठता। यदि इस विशेष मध्यवर्गीय परिवार की केवल आर्थिक परिस्थितियाँ ही भिन्न होतीं तो नाटक में उस 'संत्रास' का, या कि जिसे नाटककार ने 'हवा' कहा है उसका, बहुत मामूली-सा ही असर रह जाता। यह नाटक सिर्फ़ इन्हीं पात्रों का, इन्हीं परिस्थितियों का है, उसमें इस कारण एक प्रकार की सचाई भी है, पर उसके अर्थ को फैलाते ही वह सीमित सचाई झूठी भी पड़ जाती है।

इसी प्रकार एक ही अभिनेता के पाँच भूमिकाएं करने पर आग्रह में चाहे जितनी चौंकानेवाली नवीनता हो, यथार्थवादी नाटक के लिए यह कोई बहुत अच्छी रंगमंचीय युक्ति नहीं। उसका व्यवहार कई तरह की विसंगतियां या उलझनें पैदा करता है। हिंदी क्या, देश भर में, ऐसे अभिनेता कितने मिलेंगे जो पूरे अभिनय को कृत्रिम, सतही और झूठा बनाये बिना पाँच भूमिकाएं कर सकें ? मगर उससे नाटक के सहज और उचित विकास और बुनावट में बाधा ज़रूर पड़ती है। शायद उसके कारण भी सावित्री का महेंद्रनाथ से आमना-सामना सीधे न होकर जुनेजा के माध्यम से होता है जो एक अनुभव के प्रत्यक्ष और सीधे रूपायन की बजाय सूचना-उदघाटन के रूप में सामने आता है। चरम-बिंदु पर उद्घाटन की यह प्रक्रिया नाटक की गति को सीधी और सपाट कर देती है। इसी युक्ति के कारण अंत भी—जब जुनेजा "संभलकर, महेंद्रनाथ संभलकर" कहता हुआ बाहर जाता है, और कुछ ही पल बाद महेंद्रनाथ बनकर लौटता है—बनावटी और हास्यास्पद हो जाता है। कोई आश्चर्य नहीं कि नाटक के प्रारंभिक प्रदर्शनों में इस स्थल पर दर्शकों में करुणा की बजाय हँसी उभरती रही। युक्ति के इस आडंबर के कारण नाटक में जो सहज अनुभव की सच्ची और

प्रभावी तस्वीर है, वह धुँधली होने लगती है।

तरह-तरह की रंग-युक्तियां के द्वारा निर्देशक और अभिनेता का काम अपने हाथ में लेने की प्रवृत्ति इस नाटक में बहुत ही ज़्यादा है। अभिनेता की हर गति और रंगचर्या को नाटककार ने निर्धारित कर देना चाहा है। इस प्रक्रिया में नाटक में बहुत-सी घिसी-पिटी रंगमंचीय चर्याओं का सहारा लिया गया है, जैसे जुनेज़ा का फ़ाइलें झाड़ना, अशोक का कैंची से कागज़ काटते रहना, सावित्री का तुतलाकर बोलना, बिन्नी द्वारा डिब्बा नहीं खुल पाना, अशोक का पैंट में कीड़ा घुसने का नाटक करना, किन्नी का कुंडी बंद कर लेना, आदि। यह घिसा-पिटापन बहुत-सी नाटकीय युक्तियों में भी है, जैसे, अशोक के कार्टून में सावित्री को महेंद्रनाथ की शक्ल नज़र आना, मोटर की बैटरी बिगड़ जाना, आदि-आदि।

'आधे अधूरे' के चरित्रों की परिकल्पना में सूक्ष्मता या सर्जनात्मक कल्पनाशीलता कम है, संग्रह-वृत्ति अधिक लगती है। स्वभाव और व्यवहार की कई प्रकार की विशेषताएं एक ही चरित्र में एक साथ इक्ट्ठी कर दी गयी हैं। जो अलग-अलग दिलचस्प होकर भी रचना की दृष्टि से एक-दूसरे को काटती और तोड़ती हैं। महेंद्रनाथ दब्बू और पर-निर्भर है, व्यक्तित्वहीन-सा इंसान है जो दरिंदा भी बन जाता है और उसकी इस दरिंदगी को सावित्री-जैसी स्त्री बाईस वर्ष तक बरदाश्त करती रहती है। सिंहानिया में इतने सारे व्यक्तियों का असंगत मेल है कि वह कैरीकेचर बन गया है। जुनेजा के बारे में शुरू से एक प्रकार के स्वार्थी दुष्ट व्यक्ति की छवि बनायी गयी है, पर अंततः वह इतना समझदार साबित होता है कि सहानुभूति महेंद्रनाथ के साथ होने लगती है। सावित्री के व्यक्तित्व में बेहद इकहरापन है, शुरू से आख़ीर तक सिर्फ़ चिड़चिड़ेपन के सिवाय उसका और कोई रूप नहीं उभरता। यह बात भी स्पष्ट नहीं होती कि इतने सारे पुरुषों के साथ उसके संबंध किस तरह के हैं ? क्या शारीरिक भी ? महेंद्रनाथ के साथ उसकी टकराहट का क्या यह भी एक कारण है ? यह संकेत मान लिया जाय तो नाटक का अर्थ ही बदलने लगता है। पर लेखक ने इस मामले में असावधानी बरती है।

बेशक, इस तरह की ब्यौरे की और भी कई बातें 'आधे अधूरे' के कथ्य और शिल्प की कमज़ोरी और अस्पष्टता के बारे में कही जा सकती हैं। मगर एक विशिष्ट सर्जनात्मक कृति के रूप में 'आषाढ़ का एक दिन' से पीछे रह जाने के बावजूद, यह भी निर्विवाद है कि 'आधे अधूरे' समकालीन नाटक-लेखन की एक बड़ी उपलब्धि है। उसकी विषयवस्तु प्रासंगित ही नहीं बदलते हुए समाज की एक तीखी विडम्बना को मूर्त करती है जिसमें पीड़ा, करुणा और असंतोष का मन को छूनेवाला समावेश है। उसके कार्य-व्यापार में पर्याप्त अनिवार्यता और विश्वसनीयता है, प्रसंगों के संयोजन में नाटकीय कुशलता है, चरित्र कई प्रकार से सतही और एक-आयामी होने के बावजूद जाने-पहचाने और प्रामाणिक लगते हैं; भाषा में नाटकीय संक्षेप,

एकाग्रता और मितव्ययता तो है ही, बोलचाल की लय के साथ-साथ अनेकार्थी व्यंजना और चमक भी है। इसीलिए एक रंगमंचीय आलेख के रूप में 'आधे अधूरे' उचित ही लोकप्रिय है। उससे हिन्दी रंगमंच के सार्थक नाटकों में स्वागतयोग्य वृद्धि हुई है और पूरे देश के रंगमंच में हिन्दी नाटक की प्रतिष्ठा बढ़ी है।

दरअसल, 'आधे अधूरे' के प्रकाशन-प्रदर्शन पर समीक्षकों, दर्शकों और पाठकों की प्रतिक्रियाएं कुछ इस तरह दो छोरों पर हुईं कि उसका सही मूल्यांकन शायद जितना ज़रूरी था उतना ही कठिन हो गया। जहां किसी को उससे ब्रेश्ट, स्ट्रिंडबर्ग, इब्सन, ओनील, आर्थर मिलर सब एक साथ या एक-दो करके याद आये, वहाँ किसी और को वह व्यावसायिक अपील को क्रांतिकारी लिबास में छिपाता हुआ, सतही और भीतर से ख़ाली जान पड़ा। बुनियादी तौर पर यह फ़र्क रंगमंच और सामान्यतः अन्य कलात्मक अभिव्यक्तियों के, विशेषकर साहित्य के, क्षेत्र में संवेदनशीलता के अलग-अलग स्तरों का फ़र्क है। मगर कलाकृति के रूप में 'आधे अधूरे' को जाँचने से पहले यह समझ लेना ज़रूरी है कि वह निस्संदेह रंगमंच पर प्रस्तुत करने योग्य, सार्थक और समकालीन संवेदना के समीप नाटक है। हिन्दी के ही अब तक के सभी महत्वपूर्ण नाटकों से भिन्न, 'आधे अधूरे' आज के इंसानों की ज़िंदगी को किसी क़दर आज के ही मुहावरों में पेश करता है। ख़ासकर उसमें नाटक की सही भाषा की गहरी तलाश है। इस दृष्टि से वह निश्चित ही हिन्दी नाटक को कई क़दम आगे ले जाता है।

पैर तले की ज़मीन

'आधे अधूरे' से पहले ही मोहन राकेश ने एक और नाटक लिखना शुरू किया था जो उनकी मृत्यु के बाद 'पैर तले की ज़मीन' नाम से प्रकाशित हुआ। इसे वह स्वयं पूरा नहीं कर पाये थे और मृत्यु से पहले केवल पहला अंक और दूसरे का कुछ अंश ही लिखा जा सका था। ये अंश भी कई बार लिखे जाने के बावजूद अभी एक तरह के मसौदे के रूप में ही थे जिनके आधार पर उनके मित्र कमलेश्वर ने नाटक का दूसरा अंक लिखकर उसे प्रकाशित कराया। इस अधूरेपन के बावजूद, पहला अंक एक अत्यंत सम्भावनापूर्ण नाटकीय स्थिति को प्रस्तुत करता है।

नदी में बाढ़ से पुल टूट जाने के कारण कुछ लोग श्रीनगर के एक पर्यटक क्लब में फँस गये हैं। बाहर निकलने का पुल के अलावा कोई और रास्ता न होने के कारण मृत्यु अवश्यंभावी लगती है। राकेश आसन्न मृत्यु का सामना करते उन स्त्री-पुरुषों के भीतरी तनावों और पारस्परिक सम्बन्धों के उद्घाटन की कोशिश करते हैं और उसके अन्तर्दृष्टिपूर्ण अन्वेषण में मानवीय सम्बन्धों के कई विस्फोटक अन्तर्विरोधों और उनकी विडम्बनाओं के उजागर होने की गुंजाइश है। नाट्य-स्थिति का यह चुनाव रोकश के रंग-बोध के अधिक प्रखर होने को सूचित करता है। पहले

अंक की भाषा में भी एक नयी तीव्रता, ध्वन्यात्मकता और नाटकीय तात्कालिकता है। ठीक से पूरा होने पर यह नाटक उपलब्धि का एक नया शिखर स्थापित करता, इसकी भरपूर सम्भावना थी। पर वह नहीं हो पाया। अपने मौजूदा रूप में वह अपर्याप्त है और एक-दो केन्द्रों में उसके प्रस्तुत किये जाने के बावजूद उसकी कोई ख़ास पहचान नहीं बन सकी है। नाटककार के रूप में राकेश की प्रतिष्ठा पहले तीन नाटकों के कारण ही है।

इस सब चर्चा से इतना स्पष्ट है कि अपनी तमाम सीमाओं के बावजूद राकेश के तीन नाटक—शायद धर्मवीर भारती के 'अंधा युग' को छोड़कर—हिंदी नाटक के सबसे अग्रसर और सूक्ष्म रूप को प्रस्तुत करते हैं। **1958** में 'आषाढ़ का एक दिन' और **1969** में 'आधे अधूरे' के प्रकाशन के बीच दस-ग्यारह वर्ष की अवधि में, और शायद इन नाटकों के कारण ही हिंदी नाटक जैसे वयस्क हो गया। ये नाटक न सिर्फ़ हिंदी बल्कि सारे भारतीय रंगमंच पर उपलब्ध सार्थक नाटकों की बड़ी संक्षिप्त-सी सूची में महत्वपूर्ण वृद्धि करते हैं। गिरीश कारनाड, विजय तेंडुलकर, बादल सरकार तथा कुछ अन्य भारतीय नाटकारों की रचनाओं के साथ राकेश के नाटकों ने भी भारतीय नाटक साहित्य को अपनी एक अलग संवेदना से समृद्ध किया है। यह एक दिलचस्प बात है कि अन्य नाटककारों से भिन्न, राकेश ने एक अपवाद को छोड़कर कथ्य या रूप के स्तर पर कोई प्रयोगशील नवीनता लाने की कोशिश नहीं की, यद्यपि पिछले दिनों उनका ध्यान इस ओर जा रहा था। उनके तीनों बड़े नाटक यथार्थवादी ढांचे में हैं और वह नाटकीय प्रभाव के लिए मुख्यतया भावना की यथार्थता और चरित्र तथा स्थिति की विश्वसनीयता का ही सहारा लेते हैं। उनके नाटकों की दुनिया सीमित है और उनके बुनियादी सरोकार भी। पर उनमें अनुभव या शैली की फुलावट और लफ्फ़ाज़ी आम तौर पर नहीं है। इसलिए आज के दर्शक के लिए उनसे तादात्म्य सहज होता है। एक और दिलचस्प बात यह है कि उनके नाटकों में पुरुषों के मुकाबले स्त्रियां ज़्यादा प्राणवान हैं, और यद्यपि वे हमेशा कटघरे में खड़ी दिखाई पड़ती हैं फिर भी वे ही नाटक पर हावी रहती हैं। मल्लिका, सुंदरी, सावित्री जैसे चरित्र देर तक मन में अटके रहते हैं।

हमारा नाटक, आम तौर पर, अनुभव के अधिक जटिल और गहरे स्तरों को अभिव्यंजित करने के मामले में अन्य साहित्य-विधाओं से पीछे है। राकेश के नाटक भी इसके अपवाद नहीं। अपने आप में वे किसी बड़ी मानवीय यातना या तन्मयता के उल्लेखनीय दस्तावेज़ नहीं हैं। पर उनमें एक शुरुआत ज़रूर है जो हिन्दी के संदर्भ में तो बहुत ही महत्वपूर्ण है।

देश के अपने अधिकांश समकालीन नाटककारों से भिन्न, राकेश ने कम ही लिखा है। उनके तीनों नाटकों के बीच लंबे अंतराल हैं। यह कहना कठिन है कि

यह सर्जनात्मक कल्पनाशीलता की अल्पप्राणता के कारण है या एक सुचिंतित संयम का स्वाभाविक परिणाम। पर इतना निश्चित है कि उनकी सर्जनात्मक क्षमता चुकी नहीं थी। अपनी अचानक अप्रत्याशित और दुखद मृत्यु के क्षण तक जिस तरह के नाटक लिखने की ओर वह बढ़ रहे थे, उससे आगे और भी सार्थक रचना होने की संभावना बनी हुई थी। 'पैर तले की ज़मीन' पर पिछले छह-सात साल से काम करने के बावजूद वह उसे बहुत-कुछ इस कारण भी पूरा न कर सके कि जो नाटकीय औज़ार उनके पास थे वे उन्हें अपनी बात कहने के लिए नाकाफ़ी लग रहे थे। नियति का यह बड़ा ही क्रूर कारनामा है कि उसने एक ऐसे रचनाकार को हमसे छीन लिया जो अभी भविष्य पर नज़र गड़ाये था।

अब कुछ बातें मोहन राकेश के नाटकों के इस संग्रह के बारे में। राकेश के पहले तीन पूर्णाकार नाटक शुरू से ही दर्शकों और पाठकों में इतने लोकप्रिय हुए कि वे लगातार और बार-बार प्रकाशित होते रहे हैं। इसके बावजूद, और शायद इस कारण ही, इस बात की गुंजाइश बनी हुई थी कि राकेश के सभी नाटकों को एक साथ इस तरह प्रकाशित किया जाय कि वह एक यादगार ग्रंथ बन सके। इसमें चारों पूर्णाकार नाटकों का पाठ तो हो ही, कुछ ऐसी सामग्री और हो जिससे हिन्दी और भारतीय रंगमंच में इन नाटकों के योगदान की भी कुछ झलक मिल सके। इसीलिए जब ऐसे संस्करण के सम्पादन का प्रस्ताव राजपाल एंड संस के श्री विश्वनाथ और श्रीमती अनीता राकेश ने मेरे सामने रक्खा था तो इसकी सम्भावना ने मुझे भी आकर्षित किया और मन में कई तरह के अनिश्चय के बावजूद मैंने उसे स्वीकार कर लिया।

शुरू में मेरी परिकल्पना यह थी कि इसमें पहले से प्रकाशित और इस संग्रह के लिए विशेष रूप से लिखायी गयी, दोनों तरह की सामग्री हो। यानी एक ओर चारों नाटकों के प्रदर्शन के समय हिन्दी तथा दूसरी भाषाओं के प्रमुश निर्देशकों के प्रकाशित वक्तव्य, प्रदर्शन के बाद की कुछ चुनी हुई समीक्षाएं, और अन्य मूल्यांकनपरक लेखों के अंश हों। दूसरी ओर कुछ अभिनेताओं, निर्देशकों, रंगकर्मियों और नाटकप्रेमियों से अनुरोध किया जाय कि वे इस संग्रह के लिए नाटक खेलने या देखने के बाद की अपनी प्रतिक्रियाएं लिख भेजें। साथ ही एक-दो नयी मूल्यांकनपरक टिप्पणियों के अतिरिक्त चारों नाटकों के विभिन्न प्रदर्शनों की सूची, विभिन्न भाषाओं में अनुवादों का ब्यौरा और प्रदर्शनों के छायाचित्र भी हों। पर नयी सामग्री जुटाने की प्रारम्भिक कोशिशों से ही यह स्पष्ट हो गया कि यह विचार कई कारणों से बहुत व्यावहारिक नहीं है। अधिकांश निर्देशक और अभिनेता स्वयं कुछ भी लिखने से बचते हैं, इसलिए उनकी प्रतिक्रियाएं अधिकांशतः केवल साक्षात्कार दारा ही मिल सकती हैं। अच्छे समालोचकों से भी कोई नयी टिप्पणी तुरंत लिखवा

सकना बहुत कठिन है। बेशक, इस तरह जुटाई गयी सामग्री अनूठी और विशिष्ट होती, पर उसमें निश्चित रूम से समय भी बहुत लगता और दूसरे साधन भी ज़रूरी होते। इसलिए अन्ततः यह उचित जान पड़ा कि यथासम्भव पूर्व-प्रकाशित सामग्री में से ही चुनाव किया जाये।

मगर जल्दी ही यह ज़ाहिर हुआ कि यह रास्ता भी बहुत सुगम या सहज नहीं है। पूर्व-प्रकाशित सामग्री में समीक्षात्मक पुस्तकें और लेख आदि तो बहुत हैं और सहज ही उपलब्ध हैं, पर निर्देशकीय वक्तव्य नहीं। सभी नाटकों के प्रथम और महत्वपूर्ण प्रदर्शन साठ और सत्तर के दशकों में देश के विभिन्न रंग-केन्द्रों में हुए थे। उन प्रदर्शनों के समय स्मारिकाएं अवश्य निकली होंगी, पर वे सब आज कहां मिलें ? मेरे पास हिन्दी और भारतीय नाट्य-प्रदर्शनों की स्मारिकाओं का बड़ा संग्रह है तो सही, पर वह इस रूप में बंधा या बंद पड़ा है कि उसमें से इक्का-दुक्का प्रस्तुतियों की स्मारिकाएं खोज निकालने में बड़े श्रम और समय की आवश्यकता होती है। फिर भी जब किसी तरह उसे खँगाला गया तो यह जानकर मुझे बड़ा आश्चर्य हुआ कि उसमें भी राकेश के नाटकों की अनेक प्रमुख प्रस्तुतियों की स्मारिकाएं नहीं के बराबर हैं। ज़ाहिर है, जिस पुस्तक की योजना यह हो कि उसमें राकेश के नाटकों की प्रमुख निर्देशकों द्वारा व्याख्या या अभिव्यक्त की गयी राय शामिल करनी है, उसमें इब्राहिम अलकाज़ी, सत्यदेव दुबे, श्यामानंद जालान, ओम शिवपुरी आदि के वक्तव्य न हों तो उसकी क्या सार्थकता होगी। इन निर्देशकों या नाटक प्रस्तुत करनेवाली रंग-संस्थाओं से सम्पर्क करने से भी कोई ख़ास मदद नहीं मिली। कुल मिलाकर महसूस हुआ कि शुरू में योजना जितनी आकर्षक लगी थी उसका कार्यान्वयन उतना ही कठिन है।

बहरहाल, कोशिश जारी रही और अब यह पुस्तक आपके सामने है। इसमें अब हर नाटक के बारे में कई तरह की सामग्री है। एक, स्वयं नाटककार की क़लम से—यानी हर नाटक के विभिन्न संस्करणों की भूमिकाएं, उनके संबंध में पत्र-व्यवहार, डायरी के अंश, इत्यादि। इसमें दो नाटकों के बारे में कुछ सामग्री अनूठी है। 'लहरों के राजहंस' के प्रकाशन और प्रदर्शन के बाद उसकी संरचना, विशेषकर तीसरे अंक के बारे में कई निर्देशकों और दूसरे लोगों ने कई सवाल उठाये थे। वे कुछ प्रासंगिक तो थे ही, यह इस बात से प्रकट है कि उनके सन्दर्भ में राकेश ने नाटक में संशोधन करने का निर्णय किया और इस काम में वह और श्यामानंद जालान कलकत्ते में कई सप्ताह तक जूझे रहे। कई वर्षों में फैली उस पूरी प्रक्रिया का विस्तृत ब्यौरा राकेश की डायरी और पत्र-व्यवहार के रूप में उस नाटक के दूसरे संस्करण के साथ प्रकाशित हुआ था। उससे एक नाटक की रचना-प्रक्रिया की बड़ी रोचक झांकी मिलती है। उसे अविकल रूप में यहाँ शामिल किया गया है। इससे कुछ भिन्न प्रकार

की, पर नाटक की रचना-प्रक्रिया के बारे में बड़ी उत्तेजक, स्थिति पैर तले की ज़मीन' की है। यह नाटक राकेश ने 'आधे अधूरे' से पहले लिखना शुरू किया था और उन्होंने वादा किया था कि उसे वह 'नटरंग' में प्रकाशनार्थ देंगे। पर उसका केवल पहला अंक ही वह लिख पाये और वह भी एक मसौदा ही था वह अन्त तक पूरा नहीं हो सका था और फिर उसे उनके निधन के बाद कमलेश्वर ने पूरा किया था। पर पहले अंक के लिखे जाने के समय वह जिस रचनात्मक कशमकश से गुज़र रहे थे वह बड़ी सूक्ष्मता से उनकी डायरी में अंकित है। डायरी के ये अंश उनकी मृत्यु के बाद 'नटरंग' में ही छपे थे और वे वहीं से लेकर इस पुस्तक में शामिल किये गये हैं। 'पैर तले की ज़मीन' के पुस्तकाकार प्रकाशन के समय उसकी भूमिका श्रीमती अनीता ने लिखी थी। उसे भी एक तरह का लेखकीय वक्तव्य मानकर ले लिया गया है।

इस पुस्तक में दूसरी तरह की सामग्री है कुछ निर्देशकों, अभिनेताओं और समीक्षकों के वक्तव्य। ये सब विविध स्रोतों से प्राप्त किये गये हैं—कुछ स्मारिकाओं से, और कुछ कहीं किसी पत्र-पत्रिका में प्रकाशित लेख या टिप्पणी से। हर वक्तव्य का स्रोत उसके साथ ही दे दिया गया है। फिर भी यहां इस सम्बन्ध में कुछ बातों का उल्लेख आवश्यक है। इब्राहिम अलकाज़ी की 'आषाढ़ का एक दिन' की प्रस्तुति उनकी और हिन्दी रंग-सृष्टि की महत्वपूर्ण उपलब्धियों में गिनने योग्य थी। उसका कोई विवरण या उस समय का उनका कोई निर्देशकीय वक्तव्य तो नहीं मिल सका, पर कुछ वर्ष पहले उन्होंने 'संडे आब्ज़र्वर' अखबार को एक साक्षात्कार में उस नाटक के बारे में जो प्रतिक्रिया ज़ाहिर की थी उसे उनुवाद करके यहां शामिल कर लिया गया है। दिल्ली की निर्देशिका जौय माइकेल ने 'आषाढ़ का एक दिन' को अंग्रेजी में अमरीका में वर्जीनिया राज्य के एक विश्वविद्यालय में प्रस्तुत किया था। उन्होंने कृपापूर्वक उसका कुछ ब्यौरा, वर्जीनिया के एक दैनिक अख़बार में प्रकाशित एक समीक्षा की कतरन, और छायाचित्र भेजे जिनको यहां शामिल किया गया है। सत्यदेव दुबे के तीनों नाटकों के सम्बन्ध में वक्तव्य अंग्रेजी पत्रिका 'एनैक्ट' में प्रकाशित एक लेख से अनूदित हैं। 'आधे अधूरे' सम्बन्धी वक्तव्यों में, और शिवपुरी का 'आज के रंगनाटक' पुस्तक से उद्‌धृत है, और श्यामानंद जालान और अमाल अल्लाना के निर्देशकीय वक्तव्य उनकी स्मारिकाओं से अनूदित हैं, यद्यपि श्यामानंद जालान का वक्तव्य उनके अनामिका (कलकत्ता) के साथ किये गये पहले प्रदर्शन का नहीं, बाद में अस्सी के दशक में पदातिक (कलकत्ता) के साथ किये गये प्रदर्शन की स्मारिका का है। बाक़ी निर्देशकों के वक्तव्य 'नटरंग' के राकेश विशेषांक से लिये गये हैं। इनमें फ़ैसल अलकाज़ी की 'आषाढ़ का एक दिन' की प्रस्तुति अंग्रेजी में और सुशील चौधरी की बंगला में थी और विवेकदत्त झा (सागर) और श्रीमती गिरीश

रस्तोगी (गोरखपुर) की प्रस्तुतियां हिन्दी में। अन्य भाषाओं के निर्देशकों से सम्पर्क तो किया गया, पर उनके वक्तव्य प्राप्त नहीं हो सके।

सामग्री के इस पक्ष की एक उपलब्धि है विख्यात अभिनेत्री सुधा शिवपुरी का लगभग अप्रत्याशित पर अत्यंत सुखद सहयोग। सुधा ने राकेश के तीनों नाटकों की प्रथम या लगभग प्रथम प्रमुख प्रस्तुतियों में मुख्य भूमिका निभाई थी। मेरे अनुरोध पर उन्होंने राकेश के नाटकों पर एक संस्मरणात्मक लेख ही भेज दिया जिसमें उनकी तीनों नाटकों में अभिनय के साथ जुड़ी स्मृतियाँ और प्रतिक्रियाएं थीं। इस पुस्तक में वे प्रतिक्रियाएं सन्दर्भ के अनुसार अलग-अलग नाटकों के साथ दी गयी हैं। अन्य अभिनेताओं से प्रयत्न करने पर भी कोई सामग्री नहीं मिल सकी।

समीक्षकों के वक्तव्य बहुत कम ही दिये गये हैं, यद्यपि इस तरह की सामग्री प्रचुर मात्रा में उपलब्ध है। इसमें सुरेश अवस्थी का 'लहरों के राजहंस' पर लेख बहुत महत्वपूर्ण है। संयोग से उसके दो प्रारूप उपलब्ध थे—एक, 'लहरों के राजहंस' के तीसरे संस्करण की भूमिका के रूप में और दूसरा स्वर्गीय देवीशंकर अवस्थी द्वारा सम्पादित समीक्षा संकलन 'विवेक के रंग में'। दोनों में मुख्य वक्तव्य एक ही होने पर भी विस्तार और बलाघात में कुछ अंतर है। यहाँ नाटक की भूमिका का प्रारूप ही चुना गया है।

समीक्षात्मक सामग्री में नाटकों की समाचार-पत्रों में प्रकाशित समीक्षाएं नहीं दी जा सकीं, क्योंकि वे शहर-शहर में, और कई भाषाओं में बिखरी हुई हैं। दिल्ली के अख़बारों से भी उन्हें एकत्र करने और फिर चुनकर अनुवाद कराने के लिए बहुत समय और साधन आवश्यक हैं। फिर भी इसके दो अपवाद हैं। अमरीकी समाचार पत्र में 'आषाढ़ का एक दिन' की समीक्षा का ज़िक्र ऊपर हुआ। कन्हैयालाल नंदन की दो समीक्षाएं विशेष कारणों से दी गयीं। एक तो यह कि वे उनकी प्रकाशित पुस्तक में उपलब्ध हैं। दूसरे, उनमें से एक से बम्बई के रंग-जगत में राकेश के नाटक के बारे में तात्कालिक प्रतिक्रिया की कुछ झलक मिलती है। तीसरे, एक समीक्षा 'आषाढ़ का एक दिन' के अंग्रेज़ी प्रदर्शन की है जो देश में भारतीय नाटकों के अंग्रेज़ी में खेले जाने की समस्याओं को भी रेखांकित करती है।

प्रतिभा अग्रवाल की टिप्पणियां इसलिए दिलचस्प हैं क्योंकि वे राकेश के नाटकों से कई रूपों में जुड़ी रही हैं—अभिनेत्री, राकेश के नाटक प्रस्तुत करनेवाली रंग-संस्था अनामिका की प्रमुख पदाधिकारी, अनुवादक और समीक्षक, स्वयं निर्देशक भी हैं ही। उनकी प्रतिक्रियाओं में ये तमाम रंगतें झलकती हैं और साथ ही उनसे कलकत्ते में राकेश के नाटकों के खेले जाने के सिलसिले के कई रोचक पक्ष सामने आते हैं। 'आषाढ़ का एक दिन' पर जगदीश शर्मा की टिप्पणी संवेदनशील समालोचकीय दृष्टि की सूचक है।

एक अन्य प्रकार की समीक्षात्मक सामग्री 'कुछ और सामग्री' खंड के अन्तर्गत है। इसमें जयदेव तनेजा के लेख में हिन्दी के रंग-आन्दोलन पर राकेश के प्रभाव का सिलसिलेवार ब्यौरा है, और वह उनके बारें में कुछ ज़रूरी तथ्य भी सामने लाता है। उससे हिन्दी रंगमंच के परिप्रेक्ष्य में राकेश के नाटकों की सार्थकता का कुछ आभास मिल सकेगा। इस खंड में जगदीश शर्मा और प्रतिभा अग्रवाल की पुस्तकों से लिये गये अंश अलग-अलग नाटकों की बजाय तीनों नाटकों के सामान्य सूत्रों की ओर इशारा करते हैं और इस दृष्टि से उन्हें समझने में उपयोगी हो सकते हैं।

इस सबके अलावा हर नाटक के प्रदर्शनों की सूची और छायाचित्र भी दिये गये हैं जो नाटकों के दो अलग विस्तार हैं। उनसे, एक ओर, इन नाटकों की रंग-जगत में व्यापक लोकप्रियता रेखांकित होती है, और दूसरी ओर, एक नाट्य-आलेख की बहुरंगी दृश्यात्मकता पर प्रकाश पड़ता है। इनके बिना यह विशेष संग्रह अधूरा ही रहता।

प्रदर्शनों की सूचियों के अंतिम रूप जयेदव तनेजा और महेश आनंद द्वारा अलग-अलग तैयार की गयी सूचियों के आधार पर दिया गया है। जाहिर है नाटकों के सभी प्रदर्शन इन सूचियों में नहीं हैं, केवल प्रमुख प्रदर्शनों को ही शामिल किया जा सका है। इनके भी ब्यौरों के बारे में, यानी निर्देशक और संस्था के नाम और प्रदर्शन-वर्ष में, कुछ अनिश्चय बना रहा है। इस सबके बावजूद ये सूचियां राकेश के नाटकों की बहुस्तरीय स्वीकृति का कुछ आभास अवश्य देंगी।

छायाचित्र अधिकांशतः प्रस्तुत करनेवाली रंग-संस्थाओं से ही मिले हैं। इब्राहिम अलकाज़ी के संडे 'आब्ज़र्वर' में साक्षात्कार की कतरन और अमाल अल्लाना द्वारा राष्ट्रीय नाट्य विद्यालय रंगमंडल के साथ 'आधे-अधूरे' के प्रदर्शन की स्मारिका मुझे जे.एम. कौशल से, 'आषाढ़ का एक दिन' के प्रदर्शन से संबंधित सामग्री जौय माइकेल से, और पदातिक के 'आधे-अधूरे' की स्मारिका की फोटोकापी श्यामानंद जालान से मिली। महेश आनन्द ने पुस्तक की रूपरेखा बनाने में बहुत मदद की। इन सभी मित्रों के कृपापूर्ण सहयोग के लिए मैं उनका ऋणी हूं। उन सभी निर्देशकों, रंगकर्मियों, समीक्षकों का तथा पत्र-पत्रिकाओं के सम्पादकों, रंग-संस्थाओं का आभारी तो मैं हूं ही जिनके महत्त्वपूर्ण वक्तव्य इस पुस्तक में उद्धृत किये गये हैं उनके बिना यह पुस्तक किसी तरह इतना सार्थक रूप न ले पाती। और सबसे बड़ा आभार तो विश्वनाथ जी और अनीता जी का है जिनकी पहले से ही इस योजना के साथ मेरा सम्बन्ध हुआ और अन्ततः उसे कार्यान्वित किया जा सका।

अंत में एक बात कहना आवश्यक जान पड़ता है। इस पुस्तक को तैयार करते-करते इस बात का बड़ा तीखा और लगभग हताश करनेवाला अनुभव हुआ कि हिन्दी में रंगसृष्टि सम्बन्धी सामग्री को जुटाना लगभग असाध्य कार्य है। सार्थक

सामग्री का या तो अभाव है, या वह अप्रकाशित पड़ी है। जो कुछ है भी वह इतनी बिखरी हुई, अव्यवस्थित और अलग-अलग व्यक्तियों के पास है कि उसे काम में लाना लगभग असंभव है। सामान्य साहित्यिक लेखन-प्रकाशन से जुड़े बहुत-से लोगों को इस बात का कोई अनुमान ही नहीं है कि रंगसृष्टि सम्बन्धी सामग्री को प्रकाशन के लिए तैयार करना दूसरी साहित्यिक सामग्री के सम्पादन से कितना भिन्न है। यह अब बहुत ही ज़रूरी हो गया है कि हिन्दीभाषी क्षेत्र में एक स्वतंत्र रंग-शोध संस्थान जल्दी से जल्दी स्थापित हो। उसके बिना विश्वसनीय सामग्री के अभाव में नाटकों और उनके प्रदर्शनों से सम्बन्धित सारा लेखन और तथाकथित शोध कार्य हवाई और सतही बना रहेगा। आशा करनी चाहिये कि उसका कोई उपाय जल्दी ही निकलेगा। तब इस पुस्तक का अगला संस्करण तो अधिक भरापूरा और बहुरंगी बनाया ही जा सकेगा, अन्य नाटककारों और रंगसृष्टाओं की रचनाओं और उपलब्धियों को अधिक प्रामाणिक तथा रोचक ढंग से प्रकाश में लाया जा सकेगा।

1-3-1992 **नेमिचन्द्र जैन**

अनुक्रम

आषाढ़ का एक दिन

पात्र

अम्बिका	:	ग्राम की एक वृद्धा
मल्लिका	:	उसकी पुत्री
कालिदास	:	कवि
दन्तुल	:	राजपुरुष
मातुल	:	कवि-मातुल
निक्षेप	:	ग्राम-पुरुष
विलोम	:	ग्राम-पुरुष
रंगिणी	:	नागरी
संगिनी	:	नागरी
अनुस्वार	:	अधिकारी
अनुनासिक	:	अधिकारी
प्रियंगुमंजरी	:	राजकन्या—कवि-पत्नी

अंक एक

परदा उठने से पूर्व हल्का-हल्का मेघ-गर्जन और वर्षा का शब्द, जो परदा उठने के अनन्तर भी कुछ क्षण चलता रहता है। फिर धीरे-धीरे धीमा पड़कर विलीन हो जाता है।

परदा धीरे-धीरे उठता है।

एक साधारण प्रकोष्ठ। दीवारें लकड़ी की हैं, परन्तु निचले भाग में चिकनी मिट्टी से पोती गयी हैं। बीच-बीच में गेरू से स्वस्तिक-चिन्ह बने हैं। सामने का द्वार अँधेरी ड्योढ़ी में खुलता है। उसके दोनों ओर छोटे-छोटे ताक हैं जिनमें मिट्टी के बुझे हुए दीये रखे हैं। बायीं ओर का द्वार दूसरे प्रकोष्ठ में जाने के लिए है। द्वार खुला होने पर उस प्रकोष्ठ में बिछे तल्प का एक कोना ही दिखायी देता है। द्वारों के किवाड़ भी मिट्टी से पोते गये हैं और उन पर गेरू एवं हल्दी से कमल तथा शंख बनाये गये हैं। दायीं ओर बड़ा-सा झरोखा है, जहाँ से बीच-बीच में बिजली कौंधती दिखायी देती है।

प्रकोष्ठ में एक ओर चूल्हा है। आस-पास मिट्टी और कांसे के बरतन सहेजकर रखे हैं। दूसरी ओर, झरोखे से कुछ हटकर तीन-चार बड़े-बड़े कुम्भ रखे हैं जिन पर कालिख और काई जमी है। उन्हें कुशा से ढक कर ऊपर पत्थर रख दिए गए हैं।

झरोखे से सटा एक लकड़ी का आसन है, जिस पर बाघ-छाल बिछी है। चूल्हे के निकट दो चौकियाँ हैं। उन्हीं में से एक पर बैठी अम्बिका छाज में धान फटक रही है। एक बार झरोखे की ओर देखकर वह लम्बी साँस लेती है, फिर व्यस्त हो जाती है।

सामने का द्वार खुलता है और मल्लिका गीले वस्त्रों में काँपती-सिमटती अन्दर आती है। अम्बिका आँखें झुकाये व्यस्त रहती है। मल्लिका क्षण-भर ठिठकती है, फिर अम्बिका के पास आ जाती है।

मल्लिका : आषाढ़ का पहला दिन और ऐसी वर्षा माँ !.... ऐसी धारासार वर्षा ! दूर-दूर तक की उपत्यकाएँ भीग गयीं ।.... और मैं भी तो ! देखो न माँ, कैसी भीग गयी हूँ !

अम्बिका उस पर सिर से पैर तक एक दृष्टि डालकर फिर व्यस्त हो जाती है। मल्लिका घुटनों के बल बैठकर उसके कंधे पर सिर रख देती है।

गयी थी कि दक्षिण से उड़कर आती बकुल-पंक्तियों को देखूँगी, और देखो सब वस्त्र भिगो आयी हूँ।

उसके केशों को चूमकर खड़ी होती हुई ठंड से सिहर जाती है।

सूखे वस्त्र कहाँ हैं माँ ? इस तरह खड़ी रही तो जुड़ा जाऊँगी। .... तुम बोलतीं क्यों नहीं ?

अम्बिका आक्रोश की दृष्टि से उसे देखती है।

अम्बिका : सूखे वस्त्र अन्दर तल्प पर हैं।

मल्लिका : तुमने पहले से ही निकालकर रख दिये ?

अन्दर को चल देती है।

तुम्हें पता था मैं भीग जाऊँगी। और मैं जानती थी तुम चिन्तित होगी। परन्तु माँ ....

द्वार के पास मुड़कर अम्बिका की ओर देखती है।

.... मुझे भीगने का तनिक खेद नहीं। भीगती नहीं तो आज मैं वंचित रह जाती।

द्वार से टेक लगा लेती है।

चारों ओर धुआँरे मेघ घिर आये थे। मैं जानती थी वर्षा होगी। फिर भी मैं घाटी की पगडंडी पर नीचे-नीचे उतरती गयी। एक बार मेरा अंशुक भी हवा ने उड़ा दिया। फिर बूँदें पड़ने लगीं।

अम्बिका से आँखें मिल जाती हैं।

वस्त्र बदल लूँ, फिर आकर तुम्हें बताती हूँ। वह बहुत अद्भुत अनुभव था माँ, बहुत अद्भुत।

अन्दर चली जाती है। अम्बिका उठकर फटके हुए

धान को एक कुम्भ में डाल देती है और दूसरे कुम्भ से नया धान निकाल लेती है। अन्दर के प्रकोष्ठ से मल्लिका के शब्द सुनायी देते रहते हैं। बीच-बीच में उसकी झलक भी दिखायी दे जाती है।

नील कमल की तरह कोमल और आर्द्र, वायु की तरह हल्का और स्वप्न की तरह चित्रमय ! मैं चाहती थी उसे अपने में भर लूँ और आँखें मूँद लूँ। .... मेरा तो शरीर भी निचुड़ रहा है माँ ! कितना पानी इन वस्त्रों ने पिया है ! ओह ! शीत की चुभन के बाद उष्णता का यह स्पर्श !

गुनगुनाने लगती है।

कुवलयदलनीलैरुन्नतैस्तोयनम्रैः ....
गीले वस्त्र कहाँ डाल दूं माँ ? यहीं रहने दूं ?
मृदुपवनविधूतैर्मन्दमन्दं चलद्भिः .... *अपहृतमिव चेतस्तोयदैः*
.... *सेन्द्रचापैः* .... *पथिकजनवधूनां तद्वियोगाकुलानाम्।*

बाहर आ जाती है।

माँ, आज के वे क्षण मैं कभी नहीं भूल सकती। सौन्दर्य का ऐसा साक्षात्कार मैंने कभी नहीं किया। जैसे वह सौन्दर्य अस्पृश्य होते हुए भी मांसल हो। मैं उसे छू सकती थी, देख सकती थी, पी सकती थी। तभी मुझे अनुभव हुआ कि वह क्या है जो भावना को कविता का रूप देता है। मैं जीवन में पहली बार समझ पायी कि क्यों कोई पर्वत-शिखरों को सहलाती मेघ-मालाओं में खो जाता है, क्यों किसी को अपने तन-मन की अपेक्षा आकाश में बनते-मिटते चित्रों का इतना मोह हो रहता है। .... क्या बात है माँ ? इस तरह चुप क्यों हो ?

अम्बिका : देख रही हो मैं काम कर रही हूँ।

मल्लिका : काम तो तुम हर समय करती हो। परन्तु हर समय इस तरह चुप नहीं रहतीं।

अम्बिका के पास आ बैठती है। अम्बिका चुपचाप धान फटकती रहती है। मल्लिका उसके हाथ से छाज ले लेती है।

मैं तुम्हें काम नहीं करने दूंगी। .... मुझसे बात करो।

अम्बिका : क्या बात करूँ ?

मल्लिका : कुछ भी कहो। मुझे डाँटो कि भीगकर क्यों आयी हूँ। या कहो कि तुम थक गयी हो, इसलिए शेष धान मैं फटक दूं। या कहो कि तुम घर में अकेली थीं, इसलिए तुम्हें अच्छा नहीं लग रहा था।

अम्बिका : मुझे सब अच्छा लगता है।

छाज उससे ले लेती है।

और मैं घर में दुकेली कब होती हूँ ? तुम्हारे यहाँ रहते मैं अकेली नहीं होती ?

मल्लिका : मैं तुम्हें काम नहीं करने दूंगी।

फिर छाज उसके हाथ से ले लेती है और कुम्भों के पास रख आती है।

मेरे घर में रहते भी तुम अकेली होती हो ?.... कभी तो मेरी भर्त्सना करती हो कि मैं घर में रहकर तुम्हारे सब कामों में बाधा डालती हूँ, और कभी कहती हो....

पीठ के पीछे से उसके गले में बाँहें डाल देती है।

मुझे बताओ तुम इतनी गम्भीर क्यों हो ?

अम्बिका : दूध औटा दिया है। शर्करा मिला लो और पी लो....

मल्लिका : नहीं, तुम पहले बताओ।

अम्बिका : और जाकर थोड़ी देर तल्प पर विश्राम कर लो। मुझे अभी.... ।

मल्लिका : नहीं माँ, मुझे विश्राम नहीं करना है। थकी कहाँ हूँ जो विश्राम करूँ ? मुझे तो अब भी अपने में बरसती बूँदों के पुलक का अनुभव हो रहा है। रोम अभी तक सीज रहे हैं।.... तुम बताती क्यों नहीं हो ? ऐसे करोगी तो मैं भी तुमसे बात नहीं करूँगी।

अम्बिका कुछ न कहकर आँचल से आँखें पोछती है और उसे पीछे से हटाकर पास की चौकी पर बैठा देती है। मल्लिका क्षण-भर चुपचाप उसकी ओर देखती रहती है।

क्या हुआ है, माँ ! तुम रो क्यों रही हो ?

अम्बिका : कुछ नहीं मल्लिका ! कभी बैठे-बैठे मन उदास हो जाता है।

मल्लिका : बैठे-बैठे मन उदास हो जाता है, परन्तु बैठे-बैठे रोया तो नहीं जाता।.... तुम्हें मेरी सौगन्ध है माँ, जो मुझे नहीं बताओ।

दूर कुछ कोलाहल और घोड़ों की टापों का शब्द सुनायी देता है। अम्बिका उठकर झरोखे के पास चली जाती है। मल्लिका क्षण-भर बैठी रहती है, फिर वह भी जाकर झरोखे से देखने लगती है। टापों का शब्द पास आकर दूर चला जाता है।

ये कौन लोग हैं माँ ?

अम्बिका : सम्भवतः राज्य के कर्मचारी हैं।

मल्लिका : ये यहाँ क्या कर रहे हैं ?

अम्बिका : जाने क्या कर रहे हैं !..... कभी वर्षों में ये आकृतियाँ यहाँ दिखाई देती हैं। और जब भी दिखायी देती हैं, कोई न कोई अनिष्ट होता है। कभी युद्ध की सूचना आती है, कभी महामारी की।

लम्बी साँस लेती है।

पिछली महामारी में जब तुम्हारे पिता की मृत्यु हुई, तब भी मैंने ये आकृतियाँ यहाँ देखी थीं।

मल्लिका सिर से पैर तक सिहर जाती है।

मल्लिका : परन्तु आज ये लोग यहाँ किसलिए आये हैं ?

अम्बिका : न जाने किसलिए आये हैं।

अम्बिका फिर छाज उठाने लगती है, परन्तु मल्लिका उसे बाँह से पकड़कर रोक लेती है।

मल्लिका : माँ, तुमने बात नहीं बताई।

अम्बिका पल-भर उसे स्थिर दृष्टि से देखती रहती है। उसकी आँखें झुक जाती हैं।

अम्बिका : अग्निमित्र आज लौट आया है।

छाज उठाकर अपने स्थान पर चली जाती है। मल्लिका वहीं खड़ी रहती है।

मल्लिका : लौट आया है ? कहाँ से ?

अम्बिका : जहाँ मैंने उसे भेजा था।

मल्लिका : तुमने भेजा था ?

होंठ फड़फड़ाने लगते हैं। वह बढ़कर अम्बिका के पास आ जाती है।

किन्तु मैंने तुमसे कहा था, अग्निमित्र को कहीं भेजने की आवश्यकता नहीं है।

क्रमशः स्वर में और उत्तेजना आ जाती है।

तुम जानती हो मैं विवाह नहीं करना चाहती, फिर उसके लिए प्रयत्न क्यों करती हो ? तुम समझती हो मैं निरर्थक प्रलाप करती हूं ?

अम्बिका धान को मुट्ठी में ले-लेकर जैसे मसलती हुई छाज में गिराने लगती है।

अम्बिका : मैं देख रही हूँ तुम्हारी बात ही सच होने जा रही है। अग्निमित्र सन्देश लाया है कि वे लोग इस सम्बन्ध के लिए प्रस्तुत नहीं हैं। कहते हैं ....

मल्लिका : क्या कहते हैं ? क्या अधिकार है उन्हें कुछ भी कहने का ? मल्लिका का जीवन उसकी अपनी सम्पत्ति है। वह उसे नष्ट करना चाहती है तो किसी को उस पर आलोचना करने का क्या अधिकार है ?

अम्बिका : मैं कब कहती हूँ मुझे अधिकार है ?

मल्लिका सिर झटककर अपनी उत्तेजना को दबाने का प्रयत्न करती है।

मल्लिका : मैं तुम्हारे अधिकार की बात नहीं कह रही।

अम्बिका : तुम न कहो, मैं कह रही हूँ। आज तुम्हारा जीवन तुम्हारी सम्पत्ति है। मेरा तुम पर कोई अधिकार नहीं है।

मल्लिका पास की चौकी पर बैठकर उसके कन्धे पर हाथ रख देती है।

मल्लिका : ऐसा क्यों कहती हो ? .... तुम मुझे समझने का प्रयत्न क्यों नहीं करतीं ?

अम्बिका उसका हाथ कन्धे से हटा देती है।

अम्बिका : मैं जानती हूँ तुम पर आज अपना अधिकार भी नहीं है। किन्तु .... इतना बड़ा अपवाद मुझसे नहीं सहा जाता है।

मल्लिका बाँहें घुटनों पर रखकर उन पर सिर टिरा लेती है।

मल्लिका : मैं जानती हूँ माँ, अपवाद होता है। तुम्हारे दुःख की बात भी जानती हूँ। फिर भी मुझे अपराध का अनुभव नहीं होता। मैंने भावना में एक भावना का वरण किया है। मेरे लिए वह सम्बन्ध और सब सम्बन्धों से बड़ा है। मैं वास्तव में अपनी भावना से प्रेम करती हूँ जो पवित्र है, कोमल है, अनश्वर

है····।

अम्बिका के चेहरे पर रेखाएँ खिंच जाती हैं।

अम्बिका : और मुझे ऐसी भावना से वितृष्णा होती है। पवित्र, कोमल और अनश्वर ! हूँ !

मल्लिका : माँ, तुम मुझ पर विश्वास क्यों नहीं करतीं ?

अम्बिका : तुम जिसे भावना कहती हो वह केवल छलना और आत्म-प्रवंचना है।···· भावना में भावना का वरण किया है !···· मैं पूछती हूँ भावना में भावना का वरण क्या होता है ? उससे जीवन की आवश्यकताएँ किस तरह पूरी होती हैं ?···· भावना में भावना का वरण ! हूं !

मल्लिका क्षण-भर छत की ओर देखती रहती है।

मल्लिका : जीवन की स्थूल आवश्यकताएँ ही तो सब कुछ नहीं हैं, माँ ! उनके अतिरिक्त भी तो बहुत कुछ है।

अम्बिका फिर धान फटकने लगती है।

अम्बिका : होगा मैं नहीं जानती।

मल्लिका कुछ क्षण अम्बिका की ओर देखती रहती है।

मल्लिका : सच तो यह है माँ, कि ग्राम के अन्य व्यक्तियों की तरह तुम भी उन्हें सन्देह और वितृष्णा की दृष्टि से देखती हो।

अम्बिका : ग्राम के अन्य लोग उसे उतना नहीं जानते जितना मैं जानती हूँ।

क्षण-भर दोनों की आँखें मिली रहती हैं।

मैं उससे घृणा करती हूँ।

मल्लिका के चेहरे पर व्यथा, आवेश तथा विवशता के रेखाएँ एक साथ खिंच जाती हैं।

मल्लिका : माँ !

अम्बिका : अन्य लोगों को उससे क्या प्रयोजन है ! परन्तु मुझे है। उसके प्रभाव से मेरा घर नष्ट हो रहा है।

ड्योढ़ी की ओर से कालिदास के शब्द सुनाई देने लगते हैं। अम्बिका के माथे की रेखाएँ गहरी हो जाती हैं। वह छाज लिए उठ खड़ी होती है। क्षण-भर ड्योढ़ी की ओर देखती रहती है, फिर अन्दर को चल देती है।

मल्लिका : ठहरो माँ, तुम चल क्यों दीं ?

अम्बिका : माँ का जीवन भावना नहीं, कर्म है। उसे घर में बहुत कुछ करना है।

चली जाती है। कालिदास एक हरिणशावक को बाँहों में लिये पुचकारता हुआ आता है। हरिणशावक के शरीर से लहू टपक रहा है।

कालिदास : हम जिएँगे हरिणशावक ! जिएँगे न ? एक बाण से आहत होकर हम प्राण नहीं देंगे। हमारा शरीर कोमल है, तो क्या हुआ ? हम पीड़ा सह सकते हैं। एक बाण प्राण ले सकता है, तो उँगलियों का कोमल स्पर्श प्राण दे भी सकता है। हमें नए प्राण मिल जाएँगे। हम कोमल आस्तरण पर विश्राम करेंगे। हमारे अंगों पर घृत का लेप होगा। कल हम फिर वनस्थली में घूमेंगे। कोमल दूर्वा खाएँगे। खाएँगे न ?

मल्लिका अपने को सहेजकर द्वार की ओर जाती है।

मल्लिका : यह आहत हरिणशावक ?.... यहाँ ऐसा कौन व्यक्ति है जिसने इसे आहत किया ? क्या दक्षिण की तरह यहाँ भी .... ?

कालिदास : आज ग्राम-प्रदेश में कई नयी आकृतियाँ देख रहा हूँ।

झरोखे के पास जाकर आसन पर बैठ जाता है।

राज्य के कुछ कर्मचारी आये हैं।

हरिणशावक को वक्ष से सटाकर थपथपाने लगता है।

हम सोएँगे ? हाँ, हम थोड़ी देर सो लेंगे तो हमारी पीड़ा दूर हो जाएगी। परन्तु उससे पहले हमें थोड़ा दूध पी लेना है।.... मल्लिका, थोड़ा दूध हो तो किसी भाजन में ले आओ।

मल्लिका : माँ ने दूध औटाकर रखा है। देखती हूँ।

चूल्हे के निकट रखे बरतनों के पास जाकर देखने लगती है।

अभी-अभी दो-तीन राज-कर्मचारियों को हमने घोड़ों पर जाते देखा है। माँ कहती हैं कि जब भी ये लोग आते हैं, कोई न कोई अनिष्ट होता है। वर्षा के रोमांच के बाद .... मुझे यह सब बहुत विचित्र लगा।

दूध का बरतन उठाकर दूध खुले बरतन में उँडेलने

लगती है।

माँ आज बहुत रुष्ट हैं।

कालिदास हरिणशावक को बाँहों में झुलाने लगता है।

कालिदास : हम पहले से सुखी हैं। हमारी पीड़ा धीरे-धीरे दूर हो रही है। हम स्वस्थ हो रहे हैं।.... न जाने इसके रूई जैसे कोमल शरीर पर उससे बाण छोड़ते बना कैसे ? यह कुलांच भरता मेरी गोद में आ गया। मैंने कहा, तुझे वहाँ ले चलता हूँ जहाँ तुझे अपनी माँ की-सी आँखें और उसका-सा ही स्नेह मिलेगा।

मल्लिका की ओर देखता है। मल्लिका दूध लिए पास आ जाती है।

मल्लिका : सच, माँ आज बहुत रुष्ट हैं। माँ को अनुमान हो गया होगा कि वर्षा में मैं तुम्हारे साथ थी, नहीं तो इस तरह भीगकर न आती। माँ को अपवाद की बहुत चिन्ता रहती है.... ।

कालिदास : दूध मुझे दे दो और इसे बाँहों में ले लो।

दूध का भाजन उसके हाथ से ले लेता है। मल्लिका हरिणशावक को बाँहों में लेकर उसका मुँह दूध के निकट ले जाती है। कालिदास भाजन को उसके और निकट कर देता है।

हम दूध नहीं पिएँगे ? नहीं, हम ऐसा हठ नहीं करेंगे ! हम दूध अवश्य पिएँगे।

राजपुरुष दन्तुल ड्योढ़ी से आकर द्वार के पास रुक जाता है। क्षण-भर वह उन्हें देखता रहता है। कालिदास हरिण-शावक का मुँह दूध से मिला देता है।

ऐसे.... ऐसे।

दन्तुल बढ़कर उनके निकट आता है।

दन्तुल : दूध पिलाकर इसके मांस को और कोमल कर लेना चाहते हो ?

कालिदास और मल्लिका चौंककर उसे देखते हैं। मल्लिका हरिणशावक को लिए थोड़ा पीछे हट जाती है। कालिदास दूध का भाजन आसन पर रख देता है।

कालिदास : जहाँ तक मैं जानता हूँ, हम लोग परिचित नहीं हैं : तुम्हारा

एक अपरिचित घर में आने का साहस कैसे हुआ ?

दन्तुल एक बार मल्लिका की ओर देखता है, फिर कालिदास की ओर।

दन्तुल : कैसी आकस्मिक बात है कि ऐसा ही प्रश्न मैं तुमसे पूछना चाहता था। हमारा कभी का परिचय नहीं, फिर भी मेरे बाण से आहत हरिण को उठा ले आने में तुम्हें संकोच नहीं हुआ ? यह तो कहो कि द्वार तक रक्त-बिन्दुओं के चिन्ह बने हैं, अन्यथा इन बादलों से घिरे दिन में मैं तुम्हारा अनुसरण कर पाता ?

कालिदास : देख रहा हूँ कि तुम इस प्रदेश के निवासी नहीं हो।

दन्तुल व्यंग्यात्मक हँसी हँसता है।

दन्तुल : मैं तुम्हारी दृष्टि की प्रशंसा करता हूँ। मेरी वेश-भूषा ही इस बात का परिचय देती है कि मैं यहाँ का निवासी नहीं हूँ।

कालिदास : मैं तुम्हारी वेष-भूषा को देखकर नहीं कह रहा।

दन्तुल : तो क्या मेरे ललाट की रेखाओं को देखकर ? जान पड़ता है चोरी के अतिरिक्त सामुद्रिक का भी अभ्यास करते हो।

मल्लिका चोट खाई-सी कुछ आगे आती है।

मल्लिका : तुम्हें ऐसा लांछन लगाते लज्जा नहीं आती ?

दन्तुल : क्षमा चाहता हूँ देवि ? परन्तु यह हरिणशावक, जिसे बाँहों में लिये हैं, मेरे बाण से आहत हुआ है। इसलिए यह मेरी सम्पत्ति है। मेरी सम्पत्ति मुझे लौटा तो देंगी ?

कालिदास : इस प्रदेश में हरिणों का आखेट नहीं होता राजपुरुष ! तुम बाहर से आये हो, इसलिए इतना ही पर्याप्त है कि हम इसके लिए तुम्हें अपराधी न मानें।

दन्तुल : तो राजपुरुष के अपराध का निर्णय ग्रामवासी करेंगे ! ग्रामीण युवक, अपराध और न्याय का शब्दार्थ भी जानते हो !

कालिदास : शब्द और अर्थ राजपुरुषों की सम्पत्ति है, जानकर आश्चर्य हुआ।

दन्तुल : समझदार व्यक्ति जान पड़ते हो। फिर भी यह नहीं जानते हो कि राजपुरुषों के अधिकार बहुत दूर तक जाते हैं। मुझे देर हो रही है। यह हरिणशावक मुझे दे दो।

कालिदास : यह हरिणशावक इस पार्वत्य-भूमि की सम्पत्ति है, राजपुरुष ! और इसी पार्वत्य-भूमि के निवासी हम इसके सजातीय हैं। तुम

यह सोचकर भूल कर रहे हो कि हम इसे तुम्हारे हाथ में सौंप देंगे।.... मल्लिका, इसे अन्दर ले जाकर तल्प पर या किसी आस्तरण पर....

अम्बिका सहसा अन्दर से आती है।

अम्बिका : इस घर के तल्प और आस्तरण हरिणशावकों के लिए नहीं हैं।

मल्लिका : तुम देख रही हो माँ.... !

अम्बिका : हाँ, देख रही हूँ। इसीलिए तो कह रही हूँ। तल्प और आस्तरण मनुष्यों के सोने के लिए हैं, पशुओं के लिए नहीं।

कालिदास : इसे मुझे दे दो, मल्लिका !

दूध का भाजन नीचे रख देता है और बढ़कर हरिणशावक को अपनी बाँहों में ले लेता है।

इसके लिए मेरी बाँहों का आस्तरण ही पर्याप्त होगा। मैं इसे घर ले जाऊँगा।

द्वार की ओर चल देता है।

दन्तुल : और राजपुरुष दन्तुल तुम्हें ले जाते देखता रहेगा !

कालिदास : यह राजपुरुष की रुचि पर निर्भर करता है।

बिना उसकी ओर देखे ड्योढ़ी में चला जाता है।

दन्तुल : राजपुरुष की रुचि-अरुचि क्या होती है, सम्भवतः इसका परिचय तुम्हें देना आवश्यक होगा।

कालिदास बाहर चला जाता है। केवल उसका शब्द ही सुनाई देता है।

कालिदास : संभवतः।

दन्तुल : संभवतः ?

तलवार की मूठ पर हाथ रखे उसके पीछे जाना चाहता है। मल्लिका शीघ्रता से द्वार के सामने खड़ी हो जाती है।

मल्लिका : ठहरो, राजपुरुष ! हरिणशावक के लिए हठ मत्त करो। तुम्हारे लिए प्रश्न अधिकार का है, उनके लिए संवेदना का, कालिदास निःशस्त्र होते हुए भी तुम्हारे शस्त्र की चिन्ता नहीं करेंगे।

दन्तुल : कालिदास ?.... तुम्हारा अर्थ है कि मैं जिनसे हरिणशावक के लिए तर्क कर रहा था, वे कवि कालिदास हैं ?

मल्लिका : हाँ-हाँ। परन्तु तुम कैसे जानते हो कि कालिदास कवि हैं ?

दन्तुल : कैसे जानता हूँ ! उज्जयिनी की राज्य-सभा का प्रत्येक व्यक्ति

'ऋतु-संहार' के लेखक कवि कालिदास को जानता है।

मल्लिका : उज्जयिनी की राज्य-सभा का प्रत्येक व्यक्ति उन्हें जानता है ?

दन्तुल : सम्राट् ने स्वयं 'ऋतु-संहार' पढ़ा और उसकी प्रशंसा की है। इसलिए आज उज्जयिनी का राज्य 'ऋतु-संहार' के लेखक का सम्मान करना और उन्हें राजकवि का आसन देना चाहता है। आचार्य वररुचि इसी उद्देश्य से उज्जयिनी से यहाँ आए हैं।

मल्लिका सुनकर स्तम्भित-सी हो रहती है।

मल्लिका : उज्जयिनी का राज्य उन्हें सम्मान देना चाहता है ? राजकवि का आसन ···· ?

दन्तुल : मुझे खेद है, मैंने उनके साथ अशिष्टता का व्यवहार किया। मुझे जाकर उनसे क्षमा माँगनी चाहिए।

चला जाता है। मल्लिका कुछ क्षण उसी तरह खड़ी रहती है। फिर सहसा जैसे उसकी चेतना लौट आती है। अम्बिका इस बीच दूध का भाजन उठाकर कोने में रख देती है। जिस पात्र में पहले दूध रखा था, उसे देखती है। उसमें जो दूध शेष है, उसे एक छोटे पात्र में डालकर शक्कर मिलाने लगती है। हाथ ऐसे अस्थिर हैं जैसे वह अन्दर ही अन्दर बहुत उत्तेजित हो। मल्लिका निचला होंट दाँतों में दबाए दौड़कर उसके निकट आती है।

मल्लिका : तुमने सुना माँ ···· राज्य उन्हें राजकवि का आसन देना चाहता है ?

अम्बिका हाथ से गिरते दूध के पात्र को किसी तरह संभाल लेती है।

अम्बिका : गीले वस्त्र मैंने सूखने के लिए फैला दिये हैं। थोड़ा-सा दूध शेष है, इसमें शर्करा मिला दी है।

मल्लिका : तुमने सुना नहीं माँ, राजपुरुष क्या कह रहा था ?

अम्बिका : दूध पी लो। आशा करती हूँ कि अब यहाँ किसी और का आतिथ्य नहीं होना है।

मल्लिका : आतिथ्य ? ···· मैं चाहती हूँ आज इस घर में सारे संसार का आतिथ्य कर सकूँ।

दूध का पात्र अम्बिका के हाथ से ले लेती है।

तुम्हें इस दूध से नहला दूँ, माँ ?

पात्र ऊँचा उठा लेती है। अम्बिका पात्र उसके हाथ से ले लेती है।

अम्बिका : मैं दूध से बहुत नहा चुकी हूँ।

मल्लिका : तुम कितनी निष्ठुर हो, माँ ! तुमने सुना नहीं, राज्य उन्हें सम्मान दे रहा है ? फिर भी तुम ···· ।

अम्बिका : दूध पी लो। और फिर से वर्षा में भीगने का मोह न हो, तो मैं तुम्हारे लिए आस्तरण बिछा दूँ। ···· मैं जैसी निष्ठुर हूँ, रहने दो।

मल्लिका उसके गले में बाँहें डाल देती है।

मल्लिका : नहीं, तुम निष्ठुर नहीं हो। मैंने कब कहा है तुम निष्ठुर हो ?

अम्बिका : नहीं, तुमने नहीं कहा। दूध पी लो।

मल्लिका दूध का पात्र उसके हाथ से लेकर एक घूँट में दूध पी जाती है और पात्र कोने में रख देती है। फिर अम्बिका का हाथ खींचकर उसे बिठा देती है और स्वयं उसकी गोदी में लेट जाती है।

मल्लिका : माँ, तुम सोच सकती हो आज मैं कितनी प्रसन्न हूँ ?

अम्बिका : मेरे पास कुछ भी सोचने की शक्ति नहीं है। अब उठ जाने दो, मुझे बहुत काम करना है।

उठने का प्रयत्न करती है, मल्लिका उसे रोके रहती है।

मल्लिका : नहीं, उठो नहीं। इसी तरह बैठी रहो ···· राज्य उन्हें सम्मान दे रहा है, माँ ! उन्हें राजकवि का आसन प्राप्त होगा ····

सहसा अम्बिका की गोदी से हटकर बैठ जाती है।

···· उस व्यक्ति को, जिसे उसके निकट के लोगों ने आज तक समझने का प्रयत्न नहीं किया। जिसे घर में और घर से बाहर केवल लांछना और प्रताड़ना ही मिली है। ···· अब तो तुम विश्वास करती हो माँ, कि मेरी भावना निराधार नहीं है।

अम्बिका उठ खड़ी होती है।

अम्बिका : मैं कह चुकी हूँ, मेरी सोचने-समझने की शक्ति जड़ हो चुकी है।

मल्लिका : क्यों माँ ? क्यों तुम्हें इतना पूर्वग्रह है ? क्यों तुम उनके सम्बन्ध में उदारतापूर्वक नहीं सोच सकतीं ?

अम्बिका : मेरी वह अवस्था बीत चुकी है जब यथार्थ से आँखें मूँदकर जिया जाता है।

अन्दर जाने लगती है। मल्लिका उठकर खड़ी हो जाती है।

मल्लिका : और तुम्हारी यथार्थ दृष्टि केवल दोष ही दोष देखती है ?

अम्बिका मुड़कर पल-भर उसे देखती रहती है।

अम्बिका : जहाँ दोष है, वहाँ अवश्य वह दोष देखती है।

मल्लिका : उनमें तुम्हें क्या दोष दिखायी देता है ?

अम्बिका : वह व्यक्ति आत्म-सीमित है। संसार में अपने सिवा उसे और किसी से मोह नहीं है।

मल्लिका : इसीलिए कि वे मातुल की गौएँ न हाँककर बादलों में खोए रहते हैं ?

अम्बिका : मुझे मातुल से और उसकी गौओं से प्रयोजन नहीं है। मैं केवल अपने घर को देखकर कहती हूँ।

मल्लिका : बैठ जाओ, माँ !

अम्बिका को हाथ से पकड़कर झरोखे के पास आसन पर ले जाती है।

मैं तुम्हारी बात समझना चाहती हूँ।

अम्बिका : मैं भी चाहती हूँ तुम आज समझ लो। .... तुम कहती हो तुम्हारा उससे भावना का सम्बन्ध है। वह भावना क्या है ?

मल्लिका : मैं उसे कोई नाम नहीं देती।

अम्बिका के पैरों के पास बैठ जाती है।

अम्बिका : परन्तु लोग उसे नाम देते हैं। .... यदि वास्तव में उसका तुमसे भावना का सम्बन्ध है, तो वह क्यों तुमसे विवाह नहीं करना चाहता ?

मल्लिका : तुम उनके प्रति सदा अनुदार रही हो, माँ ! तुम जानती हो, उनका जीवन परिस्थितियों की कैसी विडम्बना में बीता है। मातुल के घर में उनकी क्या दशा रही है। उस साधन-हीन और अभाव-ग्रस्त जीवन में विवाह की कल्पना ही कैसे की जा सकती थी ?

अम्बिका : और अब जब कि उसका जीवन साधन-हीन और अभाव-ग्रस्त नहीं रहेगा ?

मल्लिका कुछ क्षण चुप रहकर अपने पैरों को

देखती रहती है।

किसी सम्बन्ध से बचने के लिए अभाव जितना बड़ा कारण होता है, अभाव की पूर्ति उससे बड़ा कारण बन जाती है।

मल्लिका : यह तुम्हारी नहीं, विलोम की भाषा है।

अम्बिका : मैं ऐसे व्यक्ति को अच्छी तरह समझती हूँ। तुम्हारे साथ उसका इतना ही सम्बन्ध है कि तुम एक उपादान हो, जिसके आश्रय से वह अपने से प्रेम कर सकता है, अपने पर गर्व कर सकता है। परन्तु तुम क्या सजीव व्यक्ति नहीं हो ? तुम्हारे प्रति उसका या तुम्हारा कोई कर्तव्य नहीं है ? कल तुम्हारी माँ का शरीर नहीं रहेगा, और घर में एक समय के भोजन की व्यवस्था भी नहीं होगी, तो जो प्रश्न तुम्हारे सामने उपस्थित होगा, उसका तुम क्या उत्तर दोगी ? तुम्हारी भावना उस प्रश्न का समाधान कर देगी ? फिर कह दो कि यह मेरी नहीं, विलोम की भाषा है।

मल्लिका सिर झुकाये कुछ क्षण चुप बैठी रहती है। फिर अम्बिका की ओर देखती है।

मल्लिका : माँ, आज तक का जीवन किसी तरह बीता ही है। आगे का भी बीत जाएगा। आज जब उनका जीवन एक नयी दिशा ग्रहण कर रहा है, मैं उनके सामने अपने स्वार्थ की घोषणा नहीं करना चाहती।

बाहर से मातुल के शब्द सुनायी देने लगते हैं।

मातुल : अम्बिका !.... अम्बिका !.... घर में हो कि नहीं ?

अम्बिका और मल्लिका ड्योढ़ी की ओर देखती हैं। मातुल अस्त-व्यस्त-सा आता है।

मातुल : हो, हो, हो घर में ही हो ! मैं आज सारे ग्राम में घोषणा करने जा रहा हूँ कि मेरा इस कालिदास नामधारी जीव से कोई सम्बन्ध नहीं है।

मल्लिका : क्या हुआ है, आर्य मातुल ?

मातुल : मैंने इसे पाला-पोसा, बड़ा किया। क्या इसी दिन के लिए कि यह इस तरह कुलद्रोही बने ?

मल्लिका : परन्तु उन्हें तो सुना है, राज्य की ओर से सम्मानित किया जा रहा है। उज्जयिनी से कोई आचार्य आए हैं।

मातुल : यही तो कह रहा हूँ। उज्जयिनी से कोई आचार्य आए हैं।

मल्लिका : परन्तु आप तो कह रहे हैं····

मातुल : मैं ठीक कह रहा हूँ। आचार्य कल ही इसे अपने साथ उज्जयिनी ले जाना चाहते हैं।

मल्लिका : किन्तु····।

मातुल : दो रथ, दो रथवाह और चार अश्वारोही उनके साथ हैं। मैं तुमसे नहीं कहता था अम्बिका, कि हमारे प्रपितामह के एक दौहित्र का पुत्र गुप्त राज्य की ओर से शकों से युद्ध कर चुका है ?

अम्बिका : तुम अपने भागिनेय की बात कर रहे थे।

मातुल : उसी की बात कर रहा हूँ, अम्बिका ! तुम समझो कि एक तरह से राज्य की ओर से हमारे वंश का सम्मान किया जा रहा है। और वे वंशावतंस कहते हैं, 'मुझे यह सम्मान नहीं चाहिए····।'

मल्लिका सहसा उठकर खड़ी हो जाती है।

'मैं राजकीय मुद्राओं से क्रीत होने के लिए नहीं हूँ।'

उत्तेजना में एक कोने से दूसरे कोने तक टहलने लगता है। मल्लिका कुछ क्षण विस्मृत-सी खड़ी रहती है।

मल्लिका : वे राजकीय सम्मान को स्वीकार नहीं करना चाहते ?

मातुल : मेरी समझ में नहीं आता कि इसमें क्रय-विक्रय की क्या बात है। सम्मान मिलता है, ग्रहण करो। नहीं, कविता का मूल्य ही क्या है ?

मल्लिका : कविता का कुछ मूल्य है आर्य मातुल, तभी तो सम्मान का भी मूल्य है।··· मैं समझती हूँ कि उनके हृदय में यह सम्मान कहाँ चुभता है।

अम्बिका कुछ सोचती-सी अपने अंशुक को उँगलियों में मसलने लगती है।

अम्बिका : मैं तुम्हें विश्वास दिलाती हूँ मातुल, कि वह उज्जयिनी अवश्य जाएगा।

मातुल उसी तरह टहलता रहता है।

मातुल : अवश्य जाएगा ! वे लोग इसके अनुचर हैं जो अभिस्तुति करके इसे ले जाएँगे !

अम्बिका : सम्मान प्राप्त होने पर सम्मान के प्रति प्रकट की गयी उदासीनता व्यक्ति के महत्त्व को बढ़ा देती है। तुम्हें प्रसन्न

होना चाहिए कि तुम्हारा भागिनेय लोकनीति में भी निष्णात है।

मातुल सहसा रुक जाता है।

मातुल : यह लोकनीति है, तो मैं कहूँगा कि लोकनीति और मूर्खनीति दोनों का एक ही अर्थ है।

फिर टहलने लगता है।

जो व्यक्ति कुछ देता है, धन हो या सम्मान हो, वह अपना मन बदल भी सकता है और मन बदल गया तो बदल गया।

फिर रुक जाता है।

तुम सोचो कि सम्राट् रुष्ट भी तो हो सकते हैं कि एक साधारण कवि ने उनका सम्मान स्वीकार नहीं किया।

निक्षेप बाहर से आता है।

निक्षेप : मातुल, आप अभी तक यहाँ हैं, और आचार्य आपकी प्रतीक्षा कर रहे हैं।

मातुल : और तुम यहाँ क्या कर रहे हो ? मैंने तुमसे नहीं कहा था कि जब तक मैं लौटकर न आऊँ, तुम आचार्य के पास रहना ?

निक्षेप : परन्तु यह भी तो कहा था कि आचार्य विश्राम कर चुकें तो तुरन्त आपको सूचना दे दूँ।

मातुल : यह भी कहा था। किन्तु वह भी तो कहा था। यह कहा तुम्हारी समझ में आ गया, वह नहीं आया ?

निक्षेप : किन्तु मातुल ...।

मातुल : किन्तु क्या ? मातुल मूर्ख है ? बताओ तुम मुझे मूर्ख समझते हो ?

निक्षेप : नहीं मातुल ...।

मातुल : मैं मूर्ख नहीं, तो निश्चय ही तुम मूर्ख हो। ... आचार्य ने क्या कहा है ?

निक्षेप : उन्होंने कहा है कि वे आपके साथ इस सारे ग्राम-प्रदेश में घूमना चाहते हैं ...

मातुल के मुख पर गर्व की रेखाएँ प्रकट होती हैं।

... जिस प्रदेश ने कालिदास की कविता को जन्म दिया है।

मातुल के मुख की रेखाएँ वितृष्णा की रेखाओं में बदल जाती हैं।

मातुल : कालिदास की कविता !

फिर टहलने लगता है।

न जाने इतने बड़े आचार्य को इसकी कविता में क्या विशेषता दिखायी देती है !

रुककर अम्बिका की ओर देखता है।

इस व्यक्ति को सामान्य लोक-व्यवहार तक का तो ज्ञान नहीं, और तुम लोकनीति की बात कहती हो। ··· आप एक हरिणशावक को गोदी में लिये घर की ओर आ रहे थे। सौभाग्यवश मैंने बाहर ही देख लिया। मैंने प्रार्थना की कि कविकुलगुरु, यह समय इस रूप में घर में जाने का नहीं है। उज्जयिनी से एक बहुत बड़े आचार्य आये हैं। आप सुनते ही लौट पड़े। जैसे रास्ते में साँप देख लिया हो।

मल्लिका अम्बिका के पास आसन पर बैठ जाती है। मातुल फिर टहलने लगता है।

अम्बिका : मल्लिका, मातुल के लिए अन्दर से आसन ला दो।

मल्लिका उठने लगती है, परन्तु मातुल उसे रोक देता है।

मातुल : नहीं, मुझे आसन नहीं चाहिए। आचार्य मेरी प्रतीक्षा कर रहे हैं।

निक्षेप अम्बिका की ओर देखकर मुस्कराता है। मातुल कोने तक जाकर लौटता है।

मैंने कहा, 'कविवर्य, आचार्य आपको साथ उज्जयिनी ले जाने कि लिए आये हैं। राज्य की ओर से आपका सम्मान होगा।'

रुक जाता है।

सुनकर रुके। रुककर जलते अंगारे की-सी दृष्टि से मुझे देखा।—'मैं राजकीय मुद्राओं से क्रीत होने के लिए नहीं हूँ।'—ऐसे कहा जैसे राजकीय मुद्राएँ आपके विरह में घुली जा रही हों, और चल दिये। ··· मेरे लिए धर्म-संकट खड़ा हो गया कि अनुनय करता हुआ आपके पीछे-पीछे जाऊँ, या अभ्यागतों को देखूँ। अब इस निक्षेप से आचार्य के पास बैठने को कहकर आया था, और यह धुरीहीन चक्र की तरह मेरे पीछे-पीछे चला आया है।

निक्षेप : किन्तु मातुल, मैं तो समाचार देने आया था कि ··· ।

मातुल : और मैं समाचार देने के लिए तुमसे धन्यवाद कहता हूँ। बहुत

अच्छा किया ! अभ्यागत वहाँ बैठे हैं और आप समाचार देने यहाँ चले आये हैं ! ... अब इतना कीजिये कि वे कविकुल-शिरोमणि जहाँ भी हों, उन्हें ढूँढ़कर ले आइये।

बाहर की ओर चल देता है।

मेरा कर्तव्य कहता है, जैसे भी हो उसे आचार्य के सामने प्रस्तुत करूँ। ... और मन कहता है कि उसे जहाँ देखूँ वहीं चोटी से पकड़कर ... ।

चला जाता है।

निक्षेप : मातुल का तीसरा नेत्र हर समय खुला रहता है।

मल्लिका : परन्तु कालिदास इस समय हैं कहाँ ?

निक्षेप : कालिदास इस समय जगदम्बा के मन्दिर में हैं।

मल्लिका : आपने उन्हें देखा है ?

निक्षेप : देखा है।

मल्लिका : परन्तु आपने मातुल से नहीं कहा ?

निक्षेप : मैं नहीं चाहता था कि मातुल इस समय वहाँ जायें ?

मल्लिका : क्यों ? क्या आप भी नहीं चाहते कि कालिदास ... ?

निक्षेप : मैं चाहता हूँ कि कालिदास उज्जयिनी अवश्य जायें। इसीलिए मैंने मातुल का इस समय उनके पास जाना उचित नहीं समझा। ... मातुल को अपने मुँह के शब्द सुनने में ऐसा रस प्राप्त होता है कि वे बोलते ही जाते हैं, परिस्थिति को समझना नहीं चाहते। ... कालिदास हठ कर रहे हैं कि जब तक उज्जयिनी से आये अतिथि लौट नहीं जाते, वे जगदम्बा के मन्दिर में ही रहेंगे, घर नहीं जाएँगे।

अम्बिका : कैसी विचक्षणता है !

निक्षेप : विचक्षणता ?

अम्बिका : विचक्षणता ही तो है।

निक्षेप : इसमें विचक्षणता क्या है अम्बिका !

अम्बिका तीखी दृष्टि से निक्षेप को देखती है।

अम्बिका : राज्य कवि का सम्मान करना चाहता है। कवि सम्मान के प्रति उदासीन जगदम्बा के मन्दिर में साधनानिरत है। राज्य के प्रतिनिधि मन्दिर में आकर कवि की अभ्यर्थना करते हैं। कवि धीरे-धीरे आँखें खोलता है। ... इतना बड़ा नाटक करना विचक्षणता नहीं है ?

निक्षेप : कालिदास नाटक नहीं कर रहे, अम्बिका ! मुझे विश्वास है कि उन्हें राजकीय सम्मान का मोह नहीं है। वे सचमुच इस पर्वत-भूमि को छोड़कर नहीं जाना चाहते।

अम्बिका अपने स्थान से उठकर उस ओर जाती है जिधर बरतन आदि पड़े है।

अम्बिका : नहीं चाहता ! ··· हूँ !

एक थाली लाकर कुम्भ से उसमें चावल निकालने लगती है।

निक्षेप : मातुल का या किसी का भी आग्रह उनका हठ नहीं छुड़ा सकता।

मल्लिका को अर्थपूर्ण दृष्टि से देखता है। मल्लिका की आँखें झुक जाती हैं।

केवल एक व्यक्ति है, जिसके अनुरोध से सम्भव है वे यह हठ छोड़ दें।

अम्बिका निक्षेप की अर्थपूर्ण दृष्टि को और फिर मल्लिका को देखती है।

अम्बिका : हमारे घर में किसी को उसके हठ छोड़ने या न छोड़ने से कोई प्रयोजन नहीं है।

थाली लिये चूल्हे के निकट चली जाती है और उन दोनों की ओर पीठ किये अपने को व्यस्त रखने का प्रयत्न करती है।

निक्षेप : कालिदास अपनी भावुकता में भूल रहे हैं कि इस अवसर का तिरस्कार करके वे बहुत कुछ खो बैठेंगे। योग्यता एक चौथाई व्यक्तित्व का निर्माण करती है। शेष पूर्ति प्रतिष्ठा द्वारा होती है। कालिदास को राजधानी अवश्य जाना चाहिए।

अम्बिका व्यस्त रहने का प्रयत्न करती हुई भी व्यस्त नहीं हो पाती।

अम्बिका : तो उसमें बाधा क्या है ?

निक्षेप : मैंने अनुभव किया है कि उनके हठ के मूल में कहीं गहरी कटुता की रेखा है।

मल्लिका : मैं जानती हूँ, वह रेखा कहाँ है। ··· कुछ समय पहले एक राजपुरुष से उनका सामना हो चुका है।

निक्षेप : उस कटुता को केवल तुम्हीं दूर कर सकती हो, मल्लिका !

अवसर किसी की प्रतीक्षा नहीं करता। कालिदास यहाँ से नहीं जाते हैं, तो राज्य की कोई हानि नहीं होगी। राजकवि का आसन रिक्त नहीं रहेगा। परन्तु कालिदास जो आज हैं, जीवन-भर वही रहेंगे—एक स्थानीय कवि ! जो लोग आज 'ऋतु-संहार' की प्रशंसा कर रहे हैं, वे भी कुछ दिनों में उन्हें भूल जाएँगे।

मल्लिका अपने में खोई सी उठ खड़ी होती है।

मल्लिका : नहीं, उन्हें इस सम्मान का तिरस्कार नहीं करना चाहिए! यह सम्मान उनके व्यक्तित्व का है। उन्हें अपने व्यक्तित्व को उसके अधिकार से वंचित नहीं करना चाहिए। चलिये, मैं आपके साथ जगदम्बा के मन्दिर में चलती हूँ।

अम्बिका सहसा खड़ी हो जाती है।

अम्बिका : मल्लिका !

मल्लिका स्थिर दृष्टि से अम्बिका को देखती है।

मल्लिका : माँ !

अम्बिका : मुझे एक बाहर के व्यक्ति के सामने कहना होगा कि मैं इस समय तुम्हारे वहाँ जाने के पक्ष में नहीं हूँ ?

निक्षेप : निक्षेप बाहर का व्यक्ति नहीं है, अम्बिका !

मल्लिका : यह एक महत्त्वपूर्ण क्षण है, माँ ! मुझे इस समय अवश्य जाना चाहिए। आइये, आर्य निक्षेप !

बिना अम्बिका की ओर देखे बाहर को चल देती है। अम्बिका की आँखों में क्रोध की लहर उठती है, जो पराजय के भाव में बदल जाती है। निक्षेप अम्बिका के भाव को लक्ष्य करता क्षण-भर रुका रहता है।

निक्षेप : क्षमा चाहता हूँ, अम्बिका !

मल्लिका के पीछे चला जाता है। अम्बिका कुछ क्षण आँखें मूँदे खड़ी रहती है। फिर घर की वस्तुओं को एक-एक करके देखती है, और जैसे टूटी-सी, चौकी पर बैठकर थाली के चावलों को मसलने लगती है। आँखों से आँसू उमड़ आते हैं, जिन्हें वह आँचल में पोछ लेती है। प्रकाश कम हो जाता है। अम्बिका के कण्ठ से रुँधा-सा स्वर

निकलता है :

अम्बिका : भावना !... ओह !

आँचल में मुँह छिपा लेती है। प्रकाश कुछ और क्षीण हो जाता है। तभी ड्योढ़ी के अँधेरे में अग्निकाष्ठ की लौ चमक उठती है। विलोम अग्निकाष्ठ हाथ में लिये बाहर से आता है। अम्बिका को इस तरह बैठे देखकर क्षण-भर रुका रहता है। फिर पास चला आता है।

विलोम : घिरे हुए मेघों ने आज असमय अन्धकार कर दिया है अम्बिका, या तुम्हें समय का ज्ञान नहीं रहा ?

अम्बिका आँचल से मुँह उठाती है। अग्निकाष्ठ के प्रकाश में उसके मुख की रेखाएँ गहरी और आँखें धँसी-सी दिखायी देती हैं।

आश्चर्य है, तुमने दीपक नहीं जलाया !

अम्बिका : विलोम !... तुम यहाँ क्यों आये हो 7

विलोम बायीं ओर के दीपक के निकट चला जाता है।

विलोम : दीपक जला दूँ ?

अग्निकाष्ठ से छूकर दीपक जला देता है।

विलोम का आना ऐसे आश्चर्य का विषय नहीं है।

जाकर सामने के दीपक जलाने लगता है। अम्बिका उठ खड़ी होती है।

अम्बिका : चले जाओ विलोम ! तुम जानते हो कि तुम्हारा यहाँ आना...

विलोम : मल्लिका को सह्य नहीं है।

दीपक जलाकर अम्बिका की ओर देखता है।

जानता हूँ, अम्बिका ! मल्लिका बहुत भोली है। वह लोक और जीवन के सम्बन्ध में कुछ नहीं जानती।

दीवार में बने आधार में अग्निकाष्ठ तिरछा लगा देता है।

वह नहीं चाहती कि मैं इस घर में आऊँ, क्योंकि कालिदास नहीं चाहता।

घूमकर अम्बिका के पास आता है।

और कालिदास क्यों नहीं चाहता ? क्योंकि मेरी आँखों में उसे

अपने हृदय का सत्य झाँकता दिखायी देता है। उसे उलझन होती है।··· किन्तु तुम तो जानती हो अम्बिका, मेरा एकमात्र दोष यह है कि मैं जो अनुभव करता हूँ, स्पष्ट कह देता हूँ।

अम्बिका : मैं इस समय तुम्हारे दोष-अदोष का विवेचन नहीं करना चाहती।

विलोम : देख रहा हूँ इस समय तुम बहुत दुःखी हो।··· और तुम दुःखी कब नहीं रहीं, अम्बिका ? तुम्हारा तो जीवन ही पीड़ा का इतिहास है। पहले से कहीं दुबली हो गयी हो ?··· सुना है कालिदास उज्जयिनी जा रहा है।

अम्बिका : मैं नहीं जानती।

विलोम जैसे उसकी बात न सुनकर झरोखे के पास चला जाता है।

विलोम : राज्य की ओर से उसका सम्मान होगा ! कालिदास राजकवि के रूप में उज्जयिनी में रहेगा। मैं समझता हूँ उसके जाने से पहले ही उसका और मल्लिका का विवाह हो जाना चाहिए। इस सम्बन्ध में तुमने सोचा तो होगा ?

अम्बिका : मैं इस समय कुछ भी सोचना नहीं चाहती।

विलोम : तुम, मल्लिका की माँ, इस विषय में सोचना नहीं चाहतीं ? आश्चर्य है !

अम्बिका : मैंने तुमसे कहा है विलोम, तुम चले जाओ।

विलोम : कालिदास उज्जयिनी चला जाएगा ! और मल्लिका, जिसका नाम उसके कारण सारे प्रान्तर में अपवाद का विषय बना है, पीछे यहाँ पड़ी रहेगी ? क्यों, अम्बिका ?

अम्बिका कुछ न कहकर आसन पर बैठ जाती है। विलोम घूमकर उसके सामने आ जाता है।

क्यों ? तुमने इतने वर्ष सारी पीड़ा क्या इसी दिन के लिए सही है ? दूर से देखने वाला भी जान सकता है, इन वर्षों में तुम्हारे साथ क्या-क्या बीता है। समय ने तुम्हारे मन, शरीर और आत्मा की इकाई को तोड़कर रख दिया है। तुमने तिल-तिल करके अपने को गलाया है कि मल्लिका को किसी अभाव का अनुभव न हो। और आज, जब कि उसके लिए जीवन-भर के अभाव का प्रश्न सामने है, तुम कुछ सोचना नहीं चाहतीं ?

अम्बिका : तुम यह सब कहकर मेरा दुःख कम नहीं कर रहे, विलोम !

मैं अनुरोध करती हूँ कि तुम इस समय मुझे अकेली रहने दो।

विलोम : मैं इस समय अपना तुम्हारे पास होना आवश्यक समझता हूँ, अम्बिका ! मैं ये सब बातें तुमसे नहीं, उससे कहने के लिए आया हूँ। आशा कर रहा हूँ कि वह मल्लिका के साथ अभी यहाँ आएगा। मैंने मल्लिका को जगदम्बा के मन्दिर की ओर जाते देखा है। मैं यहीं उसकी प्रतीक्षा करना चाहता हूँ।

ड्योढ़ी से कालिदास और उसके पीछे मल्लिका आती है।

कालिदास : अधिक प्रतीक्षा नहीं करनी पड़ेगी, विलोम !

विलोम को देखकर मल्लिका की आँखों में क्रोध और वितृष्णा का भाव उमड़ आता है, और वह झरोखे की ओर चली जाती है। कालिदास विलोम के पास आ जाता है।

मैं जानता हूँ कि तुम कहाँ, किस समय, और क्यों मेरे साक्षात्कार के लिए उत्सुक होते हो। ··· कहो, आजकल किस नये छन्द का अभ्यास कर रहे हो ?

विलोम : छन्दों का अभ्यास मेरी वृत्ति नहीं है।

कालिदास : मैं जानता हूँ तुम्हारी वृत्ति दूसरी है।

क्षण-भर उसकी आँखों में देखता रहता है।

उस वृत्ति ने सम्भवतः छन्दों का अभ्यास सर्वथा छुड़ा दिया है।

विलोम : आज निःसन्देह तुम छन्दों के अभ्यास पर गर्व कर सकते हो।

अग्निकाष्ठ के पास जाकर उसे सहलाने लगता है। प्रकाश उसके मुख पर पड़ता है।

सुना है, राजधानी से निमन्त्रण आया है।

कालिदास : सुना मैंने भी है। तुम्हें दुःख हुआ ?

विलोम : दुःख ? हाँ-हाँ, बहुत। एक मित्र के बिछुड़ने का किसे दुःख नहीं होता ?

··· कल ब्राह्म मुहूर्त्त में ही चले जाओगे ?

कालिदास : मैं नहीं जानता।

विलोम : मैं जानता हूँ। आचार्य कल ब्राह्म मुहूर्त्त में ही लौट जाना चाहते हैं। राजधानी के वैभव में जाकर ग्राम-प्रान्तर को भूल तो नहीं जाओगे ?

एक दृष्टि मल्लिका पर डालकर फिर कालिदास की ओर देखता है।

सुना है, वहाँ जाकर व्यक्ति बहुत व्यस्त हो जाता है। वहाँ के जीवन में कई तरह के आकर्षण हैं—रंगशालाएँ, मदिरालय और तरह-तरह की विलास-भूमियाँ !

मल्लिका के भाव में बहुत कठोरता आ जाती है।

मल्लिका : आर्य विलोम, यह समय और स्थान इन बातों के लिए नहीं है। मैं इस समय आपको यहाँ देखने की आशा नहीं कर रही थी।

विलोम : मैं जानता हूँ तुम इस समय मुझे यहाँ देखकर प्रसन्न नहीं हो। परन्तु मैं अम्बिका से मिलने आया था। बहुत दिनों से भेंट नहीं हुई थी। यह कोई ऐसी अप्रत्याशित बात नहीं है।

कालिदास : विलोम का कुछ भी करना अप्रत्याशित नहीं है। हाँ, कई कुछ न करना अप्रत्याशित हो सकता है।

विलोम : यह वास्तव में प्रसन्नता का विषय है कालिदास, कि हम दोनों एक-दूसरे को इतनी अच्छी तरह समझते हैं। निःसन्देह मेरे स्वभाव में ऐसा कुछ नहीं है, जो तुमसे छिपा हो।

क्षण-भर कालिदास की आँखों में देखता रहता है।

विलोम क्या है ? एक असफल कालिदास। और कालिदास ? एक सफल विलोम। हम कहीं एक-दूसरे के बहुत निकट पड़ते हैं।

अग्निकाष्ठ के पास से हटकर कालिदास के निकट आ जाता है।

कालिदास : निःसन्देह। सभी विपरीत एक-दूसरे के बहुत निकट पड़ते हैं।

विलोम : अच्छा है, तुम इस सत्य को स्वीकार करते हो। मैं उस निकटता के अधिकार से तुमसे एक प्रश्न पूछ सकता हूँ ? ... सम्भव है फिर कभी तुमसे बात करने का अवसर ही प्राप्त न हो। एक दिन का व्यवधान तुम्हें हमसे बहुत दूर कर देगा न !

कालिदास : वर्षों का व्यवधान भी विपरीत को विपरीत से दूर नहीं करता। ... मैं तुम्हारा प्रश्न सुनने के लिए उत्सुक हूँ।

विलोम बहुत पास आकर उसके कंधे पर हाथ रख देता है।

विलोम : मैं जानना चाहता हूँ कि तुम अभी तक वही कालिदास हो न ?

अर्थपूर्ण दृष्टि से अम्बिका की ओर देख लेता है।

कालिदास : मैं तुम्हारा अभिप्राय नहीं समझ सका।

उसका हाथ अपने कंधे से हटा देता है।

विलोम : मेरा अभिप्राय है कि तुम अभी तक वही व्यक्ति हो न जो कल तक थे ?

मल्लिका झरोखे के पास से उधर को बढ़ आती है।

मल्लिका : आर्य विलोम, मैं इस प्रकार की अनर्गलता क्षम्य नहीं समझती।

विलोम : अनर्गलता ?

अम्बिका के निकट आ जाता है। कालिदास दो-एक पग दूसरी ओर चला जाता है।

इसमें अनर्गलता क्या है ? मैं बहुत सार्थक प्रश्न पूछ रहा हूँ। क्यों कालिदास ? मेरा प्रश्न सार्थक नहीं है ? ... क्यों अम्बिका ?

अम्बिका अव्यवस्थित भाव से उठ खड़ी होती है।

अम्बिका : मैं इस सम्बन्ध में कुछ नहीं जानती, और न ही जानना चाहती हूँ।

अन्दर की ओर चल देती है।

विलोम : ठहरो, अम्बिका !

अम्बिका रुककर उसकी ओर देखती है।

आज तक ग्राम-प्रान्तर में कालिदास के साथ मल्लिका के सम्बन्ध को लेकर बहुत कुछ कहा जाता रहा है।

मल्लिका एक पग और आगे आ जाती है।

मल्लिका : आर्य विलोम, आप ... !

विलोम : उसे दृष्टि में रखते हुए क्या यह उचित नहीं कि कालिदास यह स्पष्ट बता दे कि उसे उज्जयिनी अकेले ही जाना है या ...

मल्लिका : कालिदास आपके किसी भी प्रश्न का उत्तर देने के लिए बाध्य नहीं हैं।

विलोम : मैं कब कहता हूँ कि बाध्य है ? परन्तु सम्भव है कालिदास का अन्तःकरण उसे उत्तर देने के लिए बाध्य करे। क्यों कालिदास ?

कालिदास मुड़ पड़ता है। दोनों एक-दूसरे के सामने आ जाते हैं।

कालिदास : मैं तुम्हारी प्रशंसा करने के लिए अवश्य बाध्य हूँ। तुम दूसरो के घर में ही नहीं, उनके जीवन में भी अनधिकार प्रवेश कर जाते हो।

विलोम : अनधिकार प्रवेश ... ? मैं ? क्यों अम्बिका, तुम्हें कालिदास की यह बात कहां तक संगत प्रतीत होती है कि मैं, विलोम, दूसरों के जीवन में अनधिकार प्रवेश कर जाता हूँ ?

अम्बिका : मैं कह चुकी हूँ, मुझे इस सम्बन्ध में कुछ भी नहीं कहना है।

अन्दर चली जाती है।

विलोम : बस, चल ही दी।... ? अच्छा कालिदास, तुम्हीं बताओ, तुम्हें अपनी यह बात कहाँ तक संगत प्रतीत होती है ? मैंने किसके जीवन में अनधिकार प्रवेश किया है ? चलो, ग्राम-प्रान्तर में चलकर किसी से भी पूछ लें ... ।

विदग्ध दृष्टि से उसे देखता है। फिर अग्निकाष्ठ के पास जाकर उसे आधार से हाथ में ले लेता है।

तो तुम अपने अन्तःकरण से भी मेरे प्रश्न का उत्तर देने के लिए बाध्य नहीं हो ! सम्भवतः प्रश्न ही ऐसा है ... !

कालिदास : तुम कुछ भी अनुमान लगाने के लिए स्वतन्त्र हो। मैं इतना ही जानता हूँ कि मुझे ग्राम-प्रान्तर छोड़कर उज्जयिनी जाने का तनिक मोह नहीं है।

विलोम उल्मुक को कालिदास के मुख के निकट ले आता है।

विलोम : निःसन्देह ! तुम्हें ऐसा मोह क्यों होगा ? साधारण व्यक्ति को हो सकता है, तुम्हें क्यों होगा ? परन्तु मैं केवल इतना जानना चाहता था कि यदि ऐसा हो—क्षण-भर के लिए स्वीकार कर लिया जाय कि तुम जाने का निश्चय कर लो—तो उस स्थिति में क्या यह उचित नहीं कि ...

मल्लिका उसके और कालिदास के बीच में आ जाती है। अग्निकाष्ठ का प्रकाश उसके मुँह पर पड़ने लगता है।

मल्लिका : आर्य विलोम, आज अपनी सीमा से आगे जाकर बात कर रहे हैं। मैं बच्ची नहीं हूँ, अपना भला-बुरा सब समझती हूँ।... आप सम्भवतः यह अनुभव नहीं कर रहे कि आप यहाँ इस

समय एक अनचाहे अतिथि के रूप में उपस्थित हैं।

विलोम : यह अनुभव करने की मैंने आवश्यकता नहीं समझी। तुम मुझसे घृणा करती हो, मैं जानता हूँ। परन्तु मैं तुमसे घृणा नहीं करता। मेरे यहाँ होने के लिए इतना ही पर्याप्त है।

अग्निकाष्ठ का प्रकाश फिर कालिदास के चेहरे पर डालता है।

और एक बात कालिदास से भी करना चाहता था।

अर्थपूर्ण दृष्टि से कालिदास को देखकर फिर मल्लिका की ओर देखता है।

तुम कालिदास के बहुत निकट हो, परन्तु मैं कालिदास को तुमसे अधिक जानता हूँ।

पुनः एक-एक करके दोनों की ओर देखता है और ड्योढ़ी की ओर चल देता है। ड्योढ़ी के पास से मुड़कर फिर कालिदास की ओर देखता है।

तुम्हारी यात्रा शुभ हो, कालिदास ! तुम जानते हो, विलोम तुम्हारा ही शुभचिन्तक है।

कालिदास : यह मुझसे अधिक कौन जान सकता है ?

विलोम के कण्ठ से तिरस्कारपूर्ण स्वर निकलता है और वह मल्लिका की ओर देखता है।

विलोम : अनचाहा अतिथि सम्भवतः फिर भी कभी आ पहुँचे। तब के लिए भी क्षमा चाहते हुए ... ।

व्यंग्य के साथ मुस्कराकर चला जाता है। कालिदास क्षण-भर मल्लिका की ओर देखता रहता है। फिर झरोखे के पास चला जाता है।

मल्लिका : फिर उदास हो गए ?

कालिदास झरोखे से बाहर देखता रहता है।

देखो, तुम मुझे वचन दे चुके हो।

कालिदास लौटकर उसके पास आ जाता है।

कालिदास : फिर एक बार सोचो, मल्लिका ! प्रश्न सम्मान और राज्याश्रय स्वीकार करने का ही नहीं है। उससे कहीं बड़ा एक प्रश्न मेरे सामने है।

मल्लिका : और वह प्रश्न मैं हूँ ... हूँ न ?

उसे बाँहों से पकड़कर आसन पर बिठा देती है।

यहाँ बैठो। तुम मुझे जानते हो। हो न ?

कालिदास उसकी ओर देखता रहता है।

तुम समझते हो कि तुम इस अवसर को ठुकराकर यहाँ रह जाओगे, तो मुझे सुख होगा ?

उमड़ते आँसुओं को दबाने के लिए आँखें झपकती और ऊपर की ओर देखने लगती है।

मैं जानती हूँ कि तुम्हारे चले जाने से मेरे अन्तर को एक रिक्तता छा लेगी। बाहर भी सम्भवतः बहुत सूना प्रतीत होगा। फिर भी मैं अपने साथ छल नहीं कर रही।

मुस्कराने का प्रयत्न करती है।

मैं हृदय से कहती हूँ तुम्हें जाना चाहिए।

कालिदास : चाहता हूँ तुम इस समय अपनी आँखें देख सकतीं।

मल्लिका : मेरी आँखें इसलिए गीली हैं कि तुम मेरी बात नहीं समझ रहे।

उसके पैरों के पास बैठकर उसके घुटनों पर कुहनियाँ रख देती है।

तुम यहाँ से जाकर भी मुझसे दूर हो सकते हो . . . ? यहाँ ग्राम-प्रान्तर में रहकर तुम्हारी प्रतिभा को विकसित होने का अवसर कहाँ मिलेगा ? यहाँ लोग तुम्हें समझ नहीं पाते। वे सामान्य की कसौटी पर तुम्हारी परीक्षा करना चाहते हैं।

कुहनियों पर ठोड़ी भी रख लेती है।

विश्वास करते हो न कि मैं तुम्हें जानती हूँ ? जानती हूँ कि कोई भी रेखा तुम्हें घेर ले, तो तुम घिर जाओगे। मैं तुम्हें घेरना नहीं चाहती। इसलिए कहती हूँ, जाओ।

कालिदास : तुम पूरी तरह नहीं समझ रहीं, मल्लिका! प्रश्न तुम्हारे घेरने का नहीं है।

मल्लिका शब्दों की चुभन अनुभव करके भी अपनी मुद्रा स्वाभाविक बनाए रखने का प्रयत्न करती है। कालिदास जैसे सोचता-सा उठ खड़ा होता है और टहलने लगता है।

मैं अनुभव करता हूँ कि यह ग्राम-प्रान्तर मेरी वास्तविक भूमि है। मैं कई सूत्रों से इस भूमि से जुड़ा हूँ। उन सूत्रों में तुम हो, यह आकाश और ये मेघ हैं, यहाँ की हरियाली है, हरिणों के बच्चे हैं, पशुपाल हैं।

रुककर मल्लिका की ओर देखता है।

यहाँ से जाकर मैं अपनी भूमि से उखड़ जाऊँगा।

मल्लिका आसन पर कुहनी रखे उससे टेक लगा लेती है।

मल्लिका : यह क्यों नहीं सोचते कि नयी भूमि तुम्हें यहाँ से अधिक सम्पन्न और उर्वरा मिलेगी। इस भूमि से तुम जो कुछ ग्रहण कर सकते थे, कर चुके हो। तुम्हें आज नयी भूमि की आवश्यकता है, जो तुम्हारे व्यक्तित्व को अधिक पूर्ण बना दे।

कालिदास : नयी भूमि सुखा भी तो सकती है !

फिर टहलने लगता है।

मल्लिका : कोई भूमि ऐसी नहीं जिसके अन्तर में कोमलता न हो। तुम्हारी प्रतिभा उस कोमलता का स्पर्श अवश्य पा लेगी।

कालिदास : और उस जीवन की अपनी अपेक्षाएँ भी होंगी ...

मल्लिका उठकर उसके पास आ जाती है और उसके हाथ अपने हाथों में ले लेती है।

मल्लिका : यह क्यों आवश्यक है कि तुम उन अपेक्षाओं का पालन करो ? तुम दूसरों के लिए नयी अपेक्षाओं की सृष्टि कर सकते हो।

कालिदास : फिर भी कई-कई आशंकाएँ उठती हैं। मुझे हृदय में उत्साह का अनुभव नहीं होता।

मल्लिका : मेरी ओर देखो।

कालिदास कुछ क्षण उसकी आँखों में देखता रहता है।

अब भी उत्साह का अनुभव नहीं होता ... ? विश्वास करो तुम यहाँ से जाकर भी यहाँ से अलग नहीं होओगे। यहाँ की वायु, यहाँ के मेघ और यहाँ के हरिण, इन सबको तुम साथ ले जाओगे ... । और मैं भी तुमसे दूर नहीं होऊँगी और उड़कर आते मेघों में घिर जाया करूँगी।

बिजली कौंधती है और मेघ-गर्जन सुनाई देता है। कालिदास उसके हाथ पकड़े रहता है। मल्लिका पलकें झपककर अपने आँसू सुखाती है।

लगता है फिर वर्षा होगी। यूँ भी बहुत अँधेरा हो गया है। आचार्य तुम्हारी प्रतीक्षा कर रहे होंगे।

कालिदास : मुझे जाने के लिए कह रही हो ?

मल्लिका : हाँ ! देखना मैं तुम्हारे पीछे प्रसन्न रहूँगी, बहुत घूमूँगी और हर सन्ध्या को जगदम्बा के मन्दिर में सूर्यास्त देखने जाया करूँगी ... ।

कालिदास : इसका अर्थ है तुमसे विदा लूँ।

मल्लिका : नहीं ! विदा तुम्हें नहीं दूँगी। जा रहे हो, इसलिए केवल प्रार्थना करूँगी कि तुम्हारा पथ प्रशस्त हो।

उसके हाथ छोड़ देती है।

जाओ।

कालिदास पल-भर आँखें मूँदे रहता है। फिर झटके से चला जाता है। मल्लिका हाथों में मुँह छिपाए आसन पर जा बैठती है। तीव्र मेघ-गर्जन सुनाई देता है और साथ वर्षा का शब्द सुनाई देने लगता है। मल्लिका अपने को रोकने का प्रयत्न करती हुई भी सिसक उठती है। अम्बिका अन्दर से आकर उसके सिर पर हाथ रखती है। और उसका मुँह ऊपर उठाती है।

अम्बिका : मल्लिका !

मल्लिका आसन से उठ खड़ी होती है और झरोखे के पास जाकर उससे सिर टिका लेती है।

अम्बिका : तुम स्वस्थ नहीं हो मल्लिका, चलो अन्दर चलकर विश्राम कर लो।

मल्लिका अपनी सिसकियाँ दबाने का प्रयत्न करती हुई उसी तरह खड़ी रहती है।

मल्लिका : मुझे यहीं रहने दो माँ ! मैं अस्वस्थ नहीं हूँ। देखो माँ, चारों ओर कितने गहरे मेघ घिरे हैं ! कल ये मेघ उज्जयिनी की ओर उड़ जाएँगे ... !

पुनः हाथों में मुँह छिपाकर सिसक उठती है। अम्बिका पास जाकर उसे अपने से सटा लेती है।

अम्बिका : रोओ नहीं, मल्लिका !

मल्लिका : मैं रो नहीं रही हूँ, माँ ! मेरी आँखों में जो बरस रहा है, यह दुःख नहीं है। यह सुख है माँ, सुख ... !

अम्बिका के वक्ष में मुँह छिपा लेती है। पुनः मेघ-गर्जन सुनायी देता है और वर्षा का शब्द ऊँचा हो जाता है।

अंक दो

कुछ वर्षों के अनन्तर

वही प्रकोष्ठ।

प्रकोष्ठ की स्थिति में पहले से कहीं अन्तर आ गया है। लिपाई कई स्थानों से उखड़ रही है। गेरू से बने स्वस्तिक, शंख और कमल अब बुझे-बुझे-से हैं। चूल्हे के पास पहले से बहुत कम बरतन हैं। कुम्भ केवल दो हैं और उन पर ऊपर तक काई जमी है। आसन पर कुछ भोजपत्र बिखरे हैं, कुछ एक रेशमी वस्त्र में बँधे हैं। आसन के निकट एक टूटा मोढ़ा है, जिस पर भोजपत्र सीकर बनाया एक ग्रन्थ रखा है।

चूल्हे के निकट कोने में रस्सी बँधी है जिस पर कुछ वस्त्र सूखने के लिए फैलाए गए हैं। अधिकांश वस्त्र फटे हैं और उनपर जगह-जगह टाँकियाँ लगी हैं।

एक टूटा मोढ़ा ड्योढ़ी के द्वार के पास रखा है। चौकी एक ही है जिस पर बैठी मल्लिका खरल में औषध पीस रही है। अन्दर बिछे तल्प का कोना उसी तरह दिखाई देता है। अम्बिका तल्प पर लेटी है। बीच-बीच में वह करवट बदल लेती है। निक्षेप बाहर से आता है। मल्लिका अपना अंशुक ठीक करती है।

निक्षेप : अब कैसा है अम्बिका का स्वास्थ्य ?

मल्लिका : वैसे ही ज्वर आता है अभी।

निक्षेप : पहले से कुछ भी अन्तर नहीं पड़ा ?

मल्लिका : लगता तो नहीं।

निक्षेप : दो वर्ष से निरन्तर एक-सा ज्वर !

मल्लिका ठंडी साँस भरकर पीसी हुई औषध पत्थर से कटोरे में डालने लगती है। निक्षेप मोढ़ा खींचकर उसके पास आ बैठता है।

वास्तव में अम्बिका बहुत चिन्ता करती हैं।

मल्लिका : औषध भी ठीक से नहीं खातीं।

औषध में दूध और शहद मिलाकर हिलाने लगती है। निक्षेप अपनी उँगलियाँ उलझाए उसे देखता रहता है।

निक्षेप : तुम्हारा स्वास्थ्य कैसा है ?

मल्लिका : ठीक है।

निक्षेप : दुबली होती जा रही हो।... बहुत दिनों से राजधानी की ओर से कोई व्यक्ति नहीं आया।

मल्लिका आँखें बचाती हुई अधिक व्यस्त भाव से औषध हिलाती रहती है।

कभी-कभी सोचता हूँ, एक बार उज्जयिनी जाकर उनसे मिल आऊँ।

मल्लिका : क्यों ?

निक्षेप : कई बातें करना चाहता हूँ। कई बार लगता है कि दोष मेरा ही है।

मल्लिका गम्भीर भाव से उसकी ओर देखती है।

मल्लिका : किस बात का ?

निक्षेप लम्बी साँस लेता है।

निक्षेप : बात तुम जानती हो।... मैंने आशा नहीं की थी कि उज्जयिनी जाकर कालिदास इस तरह वहाँ के हो जाएँगे।

मल्लिका : और मुझे प्रसन्नता है कि वे वहाँ रहकर इतने व्यस्त हैं। यहाँ उन्होंने केवल 'ऋतु-संहार' की रचना की थी। वहाँ उन्होंने कई नये काव्यों की रचना की है। दो वर्ष पहले जो व्यवसायी आए थे, उन्होंने 'कुमारसम्भव' और 'मेघदूत' की प्रतियाँ मुझे ला दी थीं। बता रहे थे, उनके एक और बड़े काव्य की बहुत चर्चा है, परन्तु उसकी प्रति उन्हें नहीं मिल पायी।

निक्षेप : यूँ तो सुना है, उन्होंने कुछ नाटकों की भी रचना की है जो उज्जयिनी की रंगशालाओं में खेले गए हैं। फिर भी... ।

मल्लिका : फिर भी क्या ?

निक्षेप : मुझे कहते दुःख होता है। उन्हीं व्यवसायियों के मुँह से और भी तो कई बातें सुनी थीं... ।

मल्लिका : व्यक्ति उन्नति करता है, तो उसके नाम के साथ कई तरह के अपवाद जुड़ने लगते हैं।

निक्षेप : मैं अपवाद की बात नहीं कर रहा।

उठकर टहलने लगता है।

सुना यह भी तो था न कि गुप्त वंश की राज-दुहिता से उनका विवाह हो गया।

मल्लिका : तो इसमें बुरा क्या है ?

निक्षेप : एक तरह से देखें, तो बुरा नहीं भी है। परन्तु यहाँ रहते उनका जो आग्रह था कि जीवन-भर विवाह नहीं करेंगे ?

रुककर उसकी ओर देखता है।

उस आग्रह का क्या हुआ ? उन्होंने यह नहीं सोचा कि उनके इसी आग्रह की रक्षा के लिए तुमने ... ?

अम्बिका : उनके प्रसंग में मेरी बात कहीं नहीं आती। मैं अनेकानेक साधारण व्यक्तियों में से हूँ। वे असाधारण हैं। उन्हें जीवन में असाधारण का ही साथ चाहिए था। ... सुना है राज-दुहिता बहुत विदुषी हैं।

निक्षेप : हाँ, सुना है। बहुत शास्त्र-दर्शन पढ़ी हैं। मैंने कहा है न कि एक तरह से देखें, तो इसमें कुछ बुरा नहीं है। परन्तु दूसरी तरह से देखने पर बहुत ग्लानि होती है।

मल्लिका : इसके विपरीत मुझे अपने से ग्लानि होती है, कि यह, ऐसी मैं, उनकी प्रगति में बाधा भी बन सकती थी। आपके कहने से मैं उन्हें जाने के लिए प्रेरित न करती, तो कितनी बड़ी क्षति होती ?

निक्षेप : यही तो दुःख है कि मेरे कहने से तुम ऐसा न करतीं, तो आज तुम्हारे जीवन का रूप यह न होता।

मल्लिका : मेरे जीवन में पहले से क्या अन्तर आया है ? पहले माँ काम करती थीं। अब वे अस्वस्थ हैं, मैं काम करती हूँ।

निक्षेप : बाहर से तो इतना ही अन्तर लगता है।

मल्लिका : केवल इतना ही अन्तर है।

औषध लिये उठ खड़ी होती है।

माँ को औषध दे दूँ, अभी आती हूँ।

अन्दर चली जाती है और अम्बिका को सहारे से उठाकर औषध पिलाती है। अम्बिका पीकर सिर हिलाती है। निक्षेप टहलता हुआ झरोखे के पास चला जाता है। बाहर घोड़े की टापों का शब्द

सुनायी देता है जो पास आकर दूर चला जाता है। निक्षेप झरोखे से सटा देखता रहता है। अम्बिका औषध पीकर लेट जाती है। मल्लिका बाहर आ जाती है, और किवाड़ के पास रुककर अम्बिका की ओर देखती है।

मल्लिका : माँ, ठंड लगती हो तो किवाड़ बन्द कर दूँ ?

अम्बिका सिर हिलाती है। मल्लिका किवाड़ बन्द कर देती है। निक्षेप झरोखे के पास से हट आता है।

निक्षेप : लगता है आज फिर कुछ लोग बाहर से आये हैं।

मल्लिका : कौन लोग ?

निक्षेप : सम्भवतः राज्य के कर्मचारी हैं। दो वैसी ही आकृतियाँ मैंने देखी हैं, जैसी तब देखी थीं, जब आचार्य कालिदास को लेने आये थे।

मल्लिका थोड़ा सिहर जाती है।

मल्लिका : वैसी आकृतियाँ ?

अपने भाव को दबाकर हँसने का प्रयत्न करती है।

जानते हैं, माँ इस सम्बन्ध में क्या कहती हैं ? कहती हैं कि जब भी ये आकृतियाँ दिखाई देती हैं, कोई न कोई अनिष्ट होता है। कभी युद्ध, कभी महामारी !... परन्तु पिछली बार तो ऐसा कुछ नहीं हुआ।

निक्षेप : नहीं हुआ ?

मल्लिका आँखें बचाती हुई गीले वस्त्रों को देखने में व्यस्त हो जाती है।

मल्लिका : क्या हुआ ?... और जो हुआ, वह तो अच्छा ही था।

दो-एक वस्त्रों को उतारकर फिर रस्सी पर फैला देती है।

हवा में आजकल इतनी नमी रहती है कि वस्त्र घण्टों नहीं सूखते।

फिर टापों का शब्द सुनाई देता है। निक्षेप फिर झरोखे के पास चला जाता है। सहसा उसके मुँह से आश्चर्य की ध्वनि निकल पड़ती है।

निक्षेप : हैं-हैं ?... नहीं ?... परन्तु नहीं कैसे ?

टापों का शब्द दूर चला जाता है। निक्षेप उत्तेजित-सा झरोखे के पास से हटकर आता है।

मल्लिका : सहसा उत्तेजित क्यों हो उठे, आर्य निक्षेप ?

निक्षेप : मैंने अभी एक और आकृति को घोड़े पर जाते देखा है।

मल्लिका : तो क्या हुआ ? आपको भी माँ की तरह अनिष्ट की आशंका हो रही है ?

निक्षेप : वह एक बहुत परिचित आकृति है, मल्लिका !

मल्लिका : परिचित आकृति ?

निक्षेप : मुझे विश्वास है, वे स्वयं कालिदास हैं।

मल्लिका हाथ के वस्त्र को पकड़े स्तम्भित-सी हो रहती है।

मल्लिका : कालिदास ? ... यह कैसे सम्भव है ?

निक्षेप : मैंने अपनी आँखों से देखा है। वे घोड़ा दौड़ाते पर्वत-शिखर की ओर गए हैं। इस राजसी वेश-भूषा में और कोई उन्हें न पहचान पाये, निक्षेप की आँखें पहचानने में भूल नहीं कर सकतीं। ... मैं अभी जाकर देखता हूँ। राज्य-कर्मचारी भी अवश्य उन्हीं के साथ आये होंगे।

उसी उत्तेजना में चला जाता है।

मल्लिका : वे आये हैं और पर्वत-शिखर की ओर गये हैं ?

अपनी उँगली को दाँत से काटती है और पीड़ा का अनुभव होने पर यन्त्र-चालित सी झरोखे के पास चली आती है। ड्योढ़ी से रंगिणी और संगिनी अन्दर आती हैं। मल्लिका आश्चर्य से उनकी ओर देखती है। रंगिणी संगिनी को आगे करती है।

रंगिणी : इससे पूछ, हम अन्दर आ सकती हैं ?

संगिनी उसे आगे करके स्वयं पीछे हट जाती है।

संगिनी : तू पूछ।

मल्लिका उनके पास आ जाती है।

रंगिणी : अच्छा, मैं पूछती हूँ। ... सुनो, यह तुम्हारा घर है ?

मल्लिका : हाँ-हाँ। आइये ... आप मेरे यहाँ आयी हैं ?

रंगिणी और संगिनी अन्दर आ जाती हैं और खोजती दृष्टि से इधर-उधर देखती हैं।

रंगिणी : हम विशेष रूप से किसी के यहाँ नहीं आयीं। समझ लो कि यूँ ही आयी हैं—ग्राम-प्रदेश में घूमती हुई।

संगिनी : हम यहाँ के घर देखना चाहती हैं।

रंगिणी : और यहाँ के जीवन का अध्ययन करना चाहती हैं।

संगिनी : पहले मैं परिचय दे दूँ। यह है रंगिणी। उज्जयिनी के नाट्य केन्द्र में नृत्य का अभ्यास करती है। नाटक लिखने में भी इसकी रुचि है।

रंगिणी : और यह संगिनी—उसी केन्द्र में मृदंग और वीणावादन सीखती है। बहुत सुन्दर प्रणय-गीत लिखती है। अब गद्य की ओर आ रही है। और तुम्हारा परिचय ?

मल्लिका कुछ भी उत्तर न देकर आश्चर्य से उनकी ओर देखती रहती है।

संगिनी : तुमने अपना परिचय नहीं दिया।

मल्लिका : मेरा परिचय कुछ भी नहीं है। आइये, यहाँ आसन पर बैठिये।

संगिनी : हम बैठने के लिए नहीं, अध्ययन करने के लिए आयी हैं। इस स्थान को आप लोग क्या कहते हैं ?

मल्लिका : किस स्थान को ?

रंगिणी : इसका अभिप्राय इस सारे स्थान से है जहाँ इस समय हम हैं। उज्जयिनी में हम इसे प्रकोष्ठ कहते हैं। यहाँ तुम लोग क्या कहते हो ?

मल्लिका : प्रकोष्ठ।

रंगिणी : प्रकोष्ठ को तुम लोग भी प्रकोष्ठ कहते हो ? और ...

कुम्भों के निकट जाकर एक कुम्भ को छूती है।

इसे ?

मल्लिका : कुम्भ।

रंगिणी : कुम्भ ? प्रकोष्ठ को प्रकोष्ठ और कुम्भ को कुम्भ ?

निराशा से कंधे हिलाती है।

संगिनी : देखो, यहाँ के कुछ स्थानीय शब्द नहीं हैं ?

मल्लिका हतप्रभ-सी उनकी ओर देखती रहती है।

मल्लिका : स्थानीय शब्द ?

संगिनी : हाँ, आंचलिक शब्द। जैसे पतंजलि ने लिखा है न कि यद्वा को कुछ यर्वा बोलते हैं और तद्वा को तर्वा। यर्वाणस्तर्वाणः ऋषयो बभूवुः।

मल्लिका : मुझे इतना ज्ञान नहीं है।

संगिनी कुछ निराश-सी आसन पर बैठ जाती है। रंगिणी घूमकर प्रकोष्ठ की एक-एक वस्तु का निरीक्षण करती है। मल्लिका संगिनी के पास चली जाती है।

संगिनी : देखो, हम कुछ ऐसी बातें जानना चाहती हैं जिनका सम्बन्ध यहाँ के और केवल यहाँ के जीवन से हो। तुम्हारे घर और वस्त्र तो लगभग हमारे जैसे हैं। यहाँ के जीवन की अपनी विशेषता क्या है ?

मल्लिका : यहाँ के जीवन की अपनी विशेषता ?

पल-भर झरोखे की ओर देखती रहती है।

मैं नहीं जानती। हमारा जीवन हर दृष्टि से बहुत साधारण है।

संगिनी : यह मैं नहीं मान सकती। इस प्रदेश ने कालिदास जैसी असाधारण प्रतिभा को जन्म दिया है। यहाँ की तो प्रत्येक वस्तु असाधारण होनी चाहिए।

रंगिणी चूल्हे के आसपास की सब वस्तुओं को अच्छी तरह देखकर तथा एक बार अन्दर झाँककर उसके पास आ जाती है।

रंगिणी : देखो, मैं तुम्हें समझाती हूँ। बात यह है कि राजकीय नियोजन से हम दोनों कवि कालिदास के जीवन की पृष्ठभूमि का अध्ययन कर रही हैं। तुम समझ सकती हो कि यह कितना बड़ा और महत्वपूर्ण कार्य है। परन्तु यहाँ घूमकर हम तो लगभग निराश हो चुकी हैं, यहाँ कुछ सामग्री है ही नहीं।

संगिनी : अच्छा, यहाँ के कुछ वनस्पतियों के नाम बताइये।

मल्लिका : कैसे वनस्पति ?

रंगिणी : कैसे वनस्पति ?

सोचने लगती है।

जैसे कालिदास ने 'कुमारसम्भव' में लिखा है—
'भास्वन्ति रत्नानि महौषधींश्च'। ये प्रकाश देने वाली ओषधियाँ कौन-सी हैं ?

मल्लिका : ओषधियाँ प्रकाश नहीं देतीं।

संगिनी उठ खड़ी होती है।

संगिनी : ओषधियाँ प्रकाश नहीं देतीं ? तुम्हारा अभिप्राय है कि

कालिदास ने जो लिखा है, वह झूठ है ?

मल्लिका : उन्होंने कुछ भी झूठ नहीं लिखा। उन्होंने तो लिखा है कि···

रंगिणी : रहने दे संगिनी ! यह यहाँ के सम्बन्ध में विशेष कुछ नहीं जानती।

संगिनी भी निराशा से मुँह बिचकाकर उठ खड़ी होती है।

संगिनी : अच्छा, तुम्हारा बहुत समय नष्ट किया। क्षमा करना। चल, रंगिणी !

दोनों चली जाती हैं। मल्लिका ड्योढ़ी का किवाड़ बन्द कर देती है। आसन के पास जाकर नीचे बैठ जाती है और बिखरे पृष्ठों पर सिर टिका देती है। उसकी आँखें मुँद जाती हैं।

मल्लिका : आज वर्षों के बाद तुम लौटकर आये हो ! सोचती थी तुम आओगे तो उसी तरह मेघ घिरे होंगे, वैसा ही अँधेरा-सा दिन होगा, वैसे ही एक बार वर्षा में भीगूंगी और तुमसे कहूँगी कि देखो मैंने तुम्हारी सब रचनाएँ पढ़ी हैं···

कुछ पृष्ठ हाथ में ले लेती है।

उज्जयिनी की ओर जाने वाले व्यवसायियों से कितना-कितना कहकर मैंने तुम्हारी रचनाएँ मँगवायी हैं।··· सोचती थी तुम्हें 'मेघदूत' की पंक्तियाँ गा-गाकर सुनाऊँगी। पर्वत-शिखर से घण्टा-ध्वनियाँ गूँज उठेंगी और मैं अपनी यह भेंट तुम्हारे हाथों में रख दूँगी···

मोढ़े पर रखा ग्रन्थ उठा लेती है।

कहूँगी कि देखो, ये तुम्हारी नई रचना के लिए हैं। ये कोरे पृष्ठ मैंने अपने हाथों से बनाकर सिये हैं। इन पर तुम जब जो भी लिखोगे, उसमें मुझे अनुभव होगा कि मैं भी कहीं हूँ, मेरा भी कुछ है।

निःश्वास छोड़कर ग्रन्थ रख देती है।

परन्तु आज तुम आये हो, तो सारा वातावरण ही और है। और ··· और नहीं सोच पा रही कि तुम भी वही हो या··· ?

कोई किवाड़ खटखटाता है। वह अपने को झटककर उठ खड़ी होती है और जाकर किवाड़ खोल देती है। ड्योढ़ी में अनुस्वार और अनुनासिक

साथ-साथ खड़े दिखाई देते हैं। मल्लिका उन्हें देखकर असमंजस में पड़ जाती है।

अनुस्वार : मुझे विश्वास है मैं इस समय देवी मल्लिका के सामने खड़ा हूँ।

मल्लिका : कहिये।

अनुस्वार : देव मातृगुप्त के अनुचरों का अभिवादन स्वीकार कीजिए।

दोनों झुककर अभिवादन करते हैं। मल्लिका भौचक्की-सी उन्हें देखती रहती है।

मल्लिका : देव मातृगुप्त ? देव मातृगुप्त कौन हैं ?

अनुस्वार : 'ऋतुसंहार', 'कुमारसम्भव', 'मेघदूत' एवं 'रघुवंश' के प्रणेता कवीन्द्र, राजनीति-निष्णात आचार्य तथा काश्मीर के भावी शासक। देव मातृगुप्त की राजमहिषी गुप्त-वंश-दुहिता परम विदुषी देवी प्रियंगुमंजरी आपके साक्षात्कार के लिए उत्सुक हैं और शीघ्र ही यहाँ आना चाहती हैं। हम उनके अनुचर आपको इसकी पूर्व सूचना देने के लिए उपस्थित हैं।

मल्लिका : 'ऋतुसंहार' और 'मेघदूत' आदि के प्रणेता तो कालिदास हैं और आप कह रहे हैं कि ... ।

अनुस्वार : वे गुप्त राज्य की ओर से काश्मीर का शासन सँभालने जा रहे हैं। मातृगुप्त उन्हीं का नया नाम है।

मल्लिका : वे काश्मीर का शासन सँभालने जा रहे हैं ? और ... और उनकी राजमहिषी मुझसे मिलने के लिए आ रही हैं ?

अनुस्वार : मुझे विश्वास है कि इस गौरवपूर्ण अवसर पर आप अपने उपवेश-गृह के वस्तु-विन्यास में कुछ परिवर्तन आवश्यक समझेंगी। इसे आपका आदेश समझते हुए हम यह कार्य अभी अपने हाथों सम्पन्न किये देते हैं। आओ, अनुनासिक।

दोनों प्रकोष्ठ में आकर निरीक्षण करने की दृष्टि से सब वस्तुओं को देखने लगते हैं। मल्लिका एक ओर हट जाती है। अनुनासिक आसन के पास चला जाता है।

अनुनासिक : मैं समझता हूँ यह आसन द्वार के निकट होना चाहिए।

अनुस्वार : देवी द्वार से प्रवेश करेंगी और आसन द्वार के निकट होगा ?

अनुनासिक : उस स्थिति में इसे इसकी वर्तमान स्थिति से सात अंगुल दक्षिण की ओर हटा देना चाहिए।

अनुस्वार : दक्षिण की ओर ?

नकारात्मक भाव से सिर हिलाता है।

मैं समझता हूँ इसकी स्थिति पाँच अंगुल उत्तर की ओर होनी चाहिए। गवाक्ष से सूर्य की किरणें सीधी इस पर पड़ती हैं।

अनुनासिक : मैं तुमसे सहमत नहीं हूँ।

अनुस्वार : मैं तुमसे सहमत नहीं हूँ।

अनुनासिक : तो ?

अनुस्वार : तो विवादास्पद विषय होने से आसन को यहीं रहने दिया जाए।

अनुनासिक : अच्छी बात है। इसे यहीं रहने दिया जाए। और ये कुम्भ ?

कुम्भों के पास चला जाता है।

अनुस्वार : मैं समझता हूँ एक कुम्भ इस कोने में और दूसरा उस कोने में होना चाहिए।

अनुनासिक : पर मैं समझता हूँ कि कुम्भ यहाँ होने ही नहीं चाहिए।

अनुस्वार : क्यों ?

अनुनासिक : क्यों का कोई उत्तर नहीं।

अनुस्वार : मैं तुमसे सहमत नहीं हूँ।

अनुनासिक : मैं तुमसे सहमत नहीं हूँ।

अनुस्वार : तो ?

अनुनासिक : तो कुम्भों को भी यहीं रहने दिया जाए।

दोनों उधर जाते हैं जिधर रस्सी पर वस्त्र सूखने के लिए फैलाए गए हैं। मल्लिका आसन के पास जाकर बिखरे पन्नों को समेटती है और उन्हें मोढ़े पर रखकर चुपचाप अन्दर चली जाती है। अनुस्वार गीले वस्त्रों को छूता है।

अनुस्वार : ये वस्त्र ?

अनुनासिक : वस्त्र अभी गीले हैं, इसलिए इन्हें नहीं हटाना चाहिए।

अनुस्वार : क्यों ?

अनुनासिक : शास्त्रीय प्रमाण ऐसा है।

अनुस्वार : कौन-सा प्रमाण है ?

अनुनासिक : यह तो मुझे याद नहीं।

अनुस्वार : यह याद है कि ऐसा प्रमाण है ?

अनुनासिक : हाँ।

अनुस्वार : तो ?

अनुनासिक : तो संदिग्ध विषय है।

अनुस्वार : हाँ, तब तो अवश्य संदिग्ध विषय है।

अनुनासिक : संदिग्ध विषय होने से वस्त्रों को भी रहने दिया जाए।

अनुस्वार : अच्छी बात है। वस्त्रों को भी रहने दिया जाए।

अनुनासिक : परन्तु यह चूल्हा अवश्य यहाँ से हटा देना चाहिए।

अनुस्वार : चूल्हा हटाने का अर्थ होगा आस-पास की सब वस्तुओं को हटाया जाए। इसके लिए बहुत समय चाहिए।

अनुनासिक : समय के अतिरिक्त बहुत धैर्य चाहिए।

अनुस्वार : धैर्य के अतिरिक्त बहुत परिश्रम चाहिए।

अनुनासिक : मैं समझता हूँ कि भाजनों को हाथ लगाना हमारी स्थिति के अनुकूल नहीं है।

अनुस्वार : मैं भी यही समझता हूँ।

अनुनासिक : तो इस बात में हम दोनों सहमत हैं कि चूल्हे को न हटाया जाए ?

अनुस्वार : मैं समझता हूँ हम दोनों सहमत हैं।

अनुनासिक चारों ओर देखता है।

अनुनासिक : और तो कुछ शेष नहीं ?

अनुस्वार भी चारों ओर देखता है।

अनुस्वार : मेरे विचार में कुछ भी शेष नहीं।

अनुनासिक : नहीं, अभी शेष है।

अनुस्वार : क्या ?

अनुनासिक : यह चौकी यहाँ रास्ते में पड़ी है। इसे यहाँ से हटा देना चाहिए।

अनुस्वार : मैं इससे सहमत हूँ।

अनुनासिक : तो ?

अनुस्वार : तो ?

अनुनासिक : तो इसे हटा देना चाहिए।

अनुस्वार : हाँ, अवश्य हटा देना चाहिए।

अनुनासिक : तो ?

अनुस्वार : तो ?

अनुनासिक : हटा दो।

अनुस्वार : मैं ?

अनुनासिक : हाँ।

अनुस्वार : तुम नहीं ?

अनुनासिक : नहीं।

अनुस्वार : क्यों ?

अनुनासिक : क्यों का कोई उत्तर नहीं।

अनुस्वार : फिर भी !

अनुनासिक : पहले मैंने तुमसे कहा है।

अनुस्वार : परन्तु चौकी देखी पहले तुमने है।

अनुनासिक : तो ?

अनुस्वार : तो ?

अनुनासिक : हटा दो।

अनुस्वार : तुम हटा दो।

अनुनासिक : तो रहने दो।

अनुस्वार : रहने दो।

अनुनासिक : अब ?

अनुस्वार : हाँ, अब ?

अनुनासिक : चारों ओर एक दृष्टि और डाल लें।

अनुस्वार : हां, चारों ओर एक दृष्टि और डाल लें।

मातुल उत्तेजित-सा बाहर से आता है।

मातुल : अधिकारी-वर्ग, आपका कार्य यहाँ पूरा हो गया ?

अनुनासिक : क्यों अनुस्वार ?

अनुस्वार : हाँ, पूरा हो गया। हो गया न ? क्यों अनुनासिक ?

अनुनासिक : हाँ, हो गया। केवल एक दृष्टि डालना शेष है।

अनुस्वार : हाँ, केवल एक दृष्टि डालना शेष है।

मातुल : तो वह दृष्टि अब रहने दीजिए। देवी प्रियंगुमंजरी बाहर पहुँच गई हैं।

अनुनासिक : देवी बाहर पहुँच गई हैं ! तो चलो अनुस्वार।

अनुस्वार : चलो।

दोनों साथ-साथ बाहर चले जाते हैं। मातुल भी पीछे-पीछे चला जाता है और कुछ क्षण बाद प्रियंगुमंजरी को मार्ग दिखलाता वापस आता है।

मातुल : वह इस सारे प्रदेश में सबसे सुशील, सबसे विनीत और सबसे भोली लड़की है ... ।

मल्लिका अन्दर से आती है।

आओ-आओ, मल्लिका ! मैं देवी से तुम्हारी ही प्रशंसा कर रहा था।

चाटुकारिता की हँसी हँसता है।

देवी जब से आयी हैं, तुम्हारे ही सम्बन्ध में पूछ रही हैं।··· तो यही है हमारी मल्लिका, इस प्रदेश की राजहंसिनी··· अ··· अ··· मल्लिका, देवी के लिए कौन-सा आसन निश्चित किया गया है ?

मल्लिका प्रियंगुमंजरी का अभिवादन करती है। प्रियंगुमंजरी मुस्कराकर अभिवादन की स्वीकृति देती है।

प्रियंगु : आर्य मातुल, आप अब जाकर विश्राम करें। अनुचर मेरे लौटने तक बाहर प्रतीक्षा करेंगे।

मातुल : परन्तु आपके लिए आसन··· ?

प्रियंगु : उसकी चिन्ता न करें। मुझे असुविधा नहीं होगी।

मातुल : असुविधा तो होगी। आप असुविधा को असुविधा न मानें, यह दूसरी बात है। और वास्तव में कुलीनता कहते इसी को हैं। बड़े कुल की विशेषता ही यह होती है कि···

प्रियंगु : आप विश्राम करें। मैंने पहले ही आपको बहुत थकाया है।

मातुल : मुझे थकाया है ? आपने ?

फिर चाटुकारिता की हँसी हँसता है।

आपके कारण मैं थकूँगा ? मुझे आप दिन-भर पर्वत-शिखर से खाई में और खाई से पर्वत-शिखर पर जाने को कहती रहें, तो भी मैं नहीं थकूँगा। मातुल का शरीर लोहे का बना है, लोहे का। आत्म-श्लाघा नहीं करता, परन्तु हमारे वंश में केवल प्रतिभा ही नहीं, शरीर-शक्ति भी बहुत है। मैं पशुओं के पीछे दिन में दस-दस योजन घूमा हूँ। मैं कहता हूँ संसार में सबसे कठिन काम कोई है तो पशु-पालन का। एक भी पशु मार्ग से भटक जाय, तो··· ।

प्रियंगु : देखिये; आज भी आपके पशु भटक रहे होंगे। जाकर एक बार उन्हें देख लीजिये।

मातुल : अब मैं पशु को देखता हूँ ? गुप्त वंश के साथ सम्बन्ध, और पशुओं की देख-रेख ? मैंने तो अपने सब पशु वर्षों पहले ही बेच दिये। और सच कहूँ, तो उसमें भी मुझे लाभ ही रहा

क्योंकि ···

प्रियंगु की दृष्टि मल्लिका से मिल जाती है। वह बढ़कर मल्लिका के हाथ अपने हाथों में ले लेती है।

प्रियंगु : सचमुच वैसी ही हो जैसी मैंने कल्पना की थी।

मल्लिका कुछ अव्यवस्थित होकर उसे देखती रहती है।

मातुल : क्योंकि ··· अ ··· अ ··· अच्छा, तो मुझे अनुमति दीजिए। घर में कई कुछ बिखरा पड़ा है। कई तरह की व्यवस्था करनी है। तो अनुचर आपकी प्रतीक्षा करेंगे। ··· फिर भी मेरे लिए कोई आदेश हो, तो कहला दीजिएगा ··· मल्लिका, देवी के बैठने की कुछ तो व्यवस्था कर दो। नहीं, ये तो ऐसे ही खड़ी रहेंगी। अच्छा, मैं चल रहा हूँ। कोई आदेश हो तो कहला दीजिएगा।

प्रियंगु : आप चलें। यहाँ के लिए चिन्ता करने की आवश्यकता नहीं।

मातुल : अच्छा-अच्छा ··· !

चल देता है।

मुझे चिन्ता करने की क्या आवश्यकता है ? चिन्ता करने के लिए यहाँ मल्लिका है, अम्बिका है। ··· फिर भी कोई काम हो, तो कहला दीजिएगा ··· ।

चला जाता है। प्रियंगुमंजरी क्षण-भर मल्लिका को देखती रहती है। फिर उसकी ठोड़ी को हाथ से छू लेती है।

प्रियंगु : सचमुच बहुत सुन्दर हो। जानती हो, अपरिचित होते हुए भी तुम मुझे अपरिचित नहीं लग रहीं ?

मल्लिका : आप बैठ जाइए न।

प्रियंगु : नहीं, बैठना नहीं चाहती। तुम्हें और तुम्हारे घर को देखना चाहती हूँ। उन्होंने बहुत बार इस घर की और तुम्हारी चर्चा की है। जिन दिनों 'मेघदूत' लिख रहे थे, उन दिनों प्रायः यहाँ का स्मरण किया करते थे।

दृष्टि चारों ओर घूमकर फिर मल्लिका के चेहरे पर स्थिर हो जाती है।

आज इस भूमि का आकर्षण ही हमें यहाँ ले आया है। अन्यथा

दूसरे मार्ग से जाने में हमें अधिक सुविधा थी।

मल्लिका : मैं समझ नहीं पा रही कि किस रूप में आपका आतिथ्य करूँ। आप आसन ले लें, तो मैं आपके लिए ... ।

प्रियंगु : आतिथ्य की बात मत सोचो। मैं तुम्हारे यहाँ अतिथि के रूप में नहीं आयी हूँ। ... सम्भव था ये न भी आते, परन्तु मैं ही विशेष आग्रह के साथ इन्हें लायी हूँ। मैं स्वयं एक बार इस प्रदेश को देखना चाहती थी। इसके अतिरिक्त ...

गले से हल्का विदग्धतापूर्ण स्वर निकल पड़ता है।

इसके अतिरिक्त एक और भी कारण था। चाहती थी कि इस प्रदेश का कुछ वातावरण साथ ले जाऊँ।

मल्लिका : इस प्रदेश का वातावरण ?

प्रियंगुमंजरी मुस्कराकर उसे देखती है। फिर टहलती हुई झरोखे के पास चली जाती है।

प्रियंगु : यहाँ से बहुत दूर तक की पर्वत-शृंखलाएँ दिखायी देती हैं। ... कितनी निर्व्याज सुन्दरता है। मुझे यहाँ आकर तुमसे स्पर्द्धा हो रही है।

मल्लिका दो-एक पग उस ओर को बढ़ आती है।

मल्लिका : हमारा सौभाग्य होगा कि आप कुछ दिन इस प्रदेश में रह जायें। यहाँ आपको असुविधा तो होगी, परन्तु ... ।

प्रियंगुमंजरी फिर विदग्ध भाव से उसे देखती है।

प्रियंगु : इस सौन्दर्य के सामने जीवन की सब सुविधाएँ हेय हैं। इसे आँखों में व्याप्त करने के लिए जीवन-भर का समय भी पर्याप्त नहीं।

झरोखे के पास से हट आती है।

परन्तु इतना अवकाश कहाँ है ? काश्मीर की राजनीति इतनी अस्थिर है कि हमारा एक-एक दिन वहाँ से दूर रहना कई-कई समस्याओं को जन्म दे सकता है। ... एक प्रदेश का शासन बहुत बड़ा उत्तरदायित्व है। हम पर तो और भी बड़ा उत्तरदायित्व है क्योंकि काश्मीर की स्थिति इस समय बहुत संकटपूर्ण है। यूँ वहाँ के सौन्दर्य की ही इतनी चर्चा है, परन्तु हमें उसे देखने का अवकाश कहाँ रहेगा ?

बाँहें पीछे टिकाये आसन पर बैठ जाती है।

इसलिए तुमसे स्पर्द्धा होती है। सौन्दर्य का यह सहज उपभोग

हमारे लिए केवल एक सपना है। ... बैठ जाओ।

आसन पर अपने सामने बैठने के लिए संकेत करती है। मल्लिका नीचे बैठने लगती है, तो वह उसे रोक देती है।

यहाँ मेरे पास बैठो।

मल्लिका : मैं दूसरा आसन ले लेती हूँ।

कोने से मोढ़ा उठाकर आसन के पास रख लेती है और उस पर रखे भोजपत्र आदि गोदी में रखकर बैठ जाती है।

प्रियंगु : लगता है यहाँ ग्राम-प्रदेश में रहकर भी तुम्हें साहित्य से अनुराग है।

मल्लिका की आँखें झुक जाती हैं।

किसकी रचनाएँ हैं ये ?

मल्लिका : कालिदास की।

प्रियंगु की भौहें कुछ संकुचित हो जाती हैं।

प्रियंगु : अब वे मातृगुप्त के नाम से जाने जाते हैं। यहाँ भी उनकी रचनाएँ मिल जाती हैं ?

मल्लिका : ये प्रतियाँ मैंने उज्जयिनी से आने वाले व्यवसायियों से प्राप्त की हैं।

प्रियंगुमंजरी के होंठों पर हल्की व्यंग्यात्मक मुस्कराहट प्रकट होती है।

प्रियंगु : मैं समझ सकती हूँ। उनसे जान चुकी हूँ कि तुम बचपन से उनकी संगिनी रही हो। उनकी रचनाओं के प्रति तुम्हारा मोह स्वाभाविक है।

जैसे कुछ सोचती-सी छत की ओर देखने लगती है।

वे भी जब-तब यहाँ के जीवन की चर्चा करते हुए आत्मविस्मृत हो जाते हैं। इसीलिए राजनीतिक कार्यों से कई बार उनका मन उखड़ने लगता है।

फिर उसकी आँखें मल्लिका के मुख पर स्थिर हो जाती हैं।

ऐसे अवसरों पर उनके मन को सन्तुलित रखने के लिए बहुत प्रयत्न करना पड़ता है। राजनीति साहित्य नहीं है। उसमें

एक-एक क्षण का महत्त्व है। कभी एक क्षण के लिए भी चूक जायें, तो बहुत बड़ा अनिष्ट हो सकता है। राजनीतिक जीवन की धुरी में बने रहने के लिए व्यक्ति को बहुत जागरूक रहना पड़ता है। ... साहित्य उनके जीवन का पहला चरण था। अब वे दूसरे चरण में पहुँच चुके हैं। मेरा अधिक समय इसी आयास में बीतता है कि उनका बढ़ा हुआ चरण पीछे न हट जाय। ... बहुत परिश्रम पड़ता है इसमें।

मुस्कराने का प्रयत्न करती है।

तुम ऐसा नहीं समझतीं ?

मल्लिका : मैं राजनीतिक जीवन के सम्बन्ध में कुछ भी नहीं जानती।

प्रियंगु : क्योंकि तुम ग्राम-प्रदेश में ही रही हो।

उठ खड़ी होती है। मल्लिका भी उठने लगती है, तो कंधे पर हाथ रखकर वह उसे बिठा देती है।

बैठी रहो।

निचले होंट को थोड़ा चबाती हुई टहलने लगती है।

मैंने तुमसे कहा था कि मैं यहाँ का कुछ वातावरण साथ ले जाना चाहती हूँ। यह इसलिए कि उन्हें अभाव का अनुभव न हो। उससे कई बार बहुत क्षति होती है। वे व्यर्थ में धैर्य खो देते हैं, जिसमें समय भी जाता है, शक्ति भी। उनके समय का बहुत मूल्य है। मैं चाहती हूँ उनका समय उस तरह नष्ट न हुआ करे।

मल्लिका के सामने आकर रुक जाती है।

इसीलिए मैं यहाँ से कई कुछ अपने साथ ले जा रही हूँ। कुछ हरिणशावक जाएँगे, जिनका हम अपने उद्यान में पालन करेंगे। यहाँ की ओषधियाँ उद्यान के क्रीड़ा-शैल पर तथा आसपास के प्रदेश में लगवा दी जाएँगी। हम यहाँ के-से कुछ वरों का भी वहाँ निर्माण करेंगे। मातुल और उनका परिवार भी साथ जाएगा। यहाँ से कुछ अनाथ बच्चों को वहाँ ले जाकर हम शिक्षा देंगे। मैं समझती हूँ इससे अन्तर पड़ेगा।

फिर टहलती हुई प्रकोष्ठ के दूसरे भाग में चली जाती है।

देख रही हूँ तुम्हारा घर बहुत जर्जर स्थिति में है। इसका

परिसंस्कार आवश्यक है। चाहो, तो मैं इस कार्य के लिए आदेश दे जाऊँगी। उज्जयिनी के दो कुशल स्थपति हमारे साथ आये हैं। क्यों ?

मल्लिका उठकर उसकी ओर आती है।

मल्लिका : आप बहुत उदार हैं। परन्तु हमें ऐसे ही घर में रहने का अभ्यास है, इसलिए असुविधा नहीं होती।

प्रियंगु : फिर भी चाहूँगी कि इस घर का परिसंस्कार हो जाय। उनके जीवन के आरम्भिक वर्षों का इस घर के साथ भी सम्बन्ध रहा है। मातुल के घर के स्थान पर मैंने नये भवन के निर्माण का आदेश दिया है। स्थपतियों से कहा है कि वे उज्जयिनी से श्लक्ष्ण शिलाएँ लाकर कार्य आरम्भ करें। खेद है कि कार्य के निरीक्षण के लिए मैं स्वयं यहाँ नहीं रह पाऊँगी। कल ही हमें आगे की यात्रा आरम्भ कर देनी होगी।··· तुम भी हमारे साथ क्यों नहीं चलतीं ?

मल्लिका विमूढ़-सी उसकी ओर देखती रहती है।

मल्लिका : मैं ?

प्रियंगु पास आकर उसके कंधे पर हाथ रख देती है।

प्रियंगु : हाँ ! इसमें बाधा क्या है ? यहाँ तुम किसी ऐसे सूत्र से तो बँधी नहीं हो कि···

मल्लिका : मेरी माँ यहाँ हैं।

प्रियंगु : यह कोई बाधा नहीं है। तुम्हारी माँ के भी साथ चलने की व्यवस्था हो सकती है। हमारे स्थपति इस घर का परिसंस्कार करते रहेंगे, तुम वहाँ मेरे साथ मेरी संगिनी के रूप में रहोगी।

मल्लिका के चेहरे पर आहत अभिमान की रेखाएँ प्रकट होती हैं। परन्तु वह अपने को दबाये रखती है।

मल्लिका : क्षमा चाहती हूँ। मैं अपने को ऐसे गौरव की अधिकारिणी नही समझती।

प्रियंगु : परन्तु मैं तुम्हें इससे कहीं अधिक की अधिकारिणी समझती हूँ।··· मेरे आने से पहले राज्य के दो अधिकारी यहाँ आये थे।

होंठों पर फिर विदग्ध मुसकान आ जाती है।

मैंने उन्हें औपचारिकता के लिए ही नहीं भेजा था। तुमने उन

दोनों को देखा है ?

मल्लिका उसका अर्थ समझने का प्रयत्न करती हुई अनिश्चित-सी उसकी ओर देखती रहती है।

मल्लिका : देखा है।

प्रियंगु : तुम उनमें से जिसे भी अपने योग्य समझो, उसी के साथ तुम्हारे विवाह का प्रबन्ध किया जा सकता है। दोनों योग्य अधिकारी हैं।

मल्लिका : देवि !

भोजपत्रों को वक्ष से सटाये कुछ पग आसन की ओर हट जाती है। प्रियंगुमंजरी उसे सीधी दृष्टि से देखती हुई धीरे-धीरे उसके पास चली जाती है।

प्रियंगु : सम्भवतः तुम दोनों में से किसी को भी अपने योग्य नहीं समझतीं। परन्तु राज्य में ये दो ही नहीं, और भी अनेक अधिकारी हैं। मेरे साथ चलो। तुम जिससे भी चाहोगी ... "

मल्लिका आसन पर बैठ जाती है और रूँधे आवेश से अपना होंठ काट लेती है।

मल्लिका : इस विषय की चर्चा छोड़ दीजिए।

गला रूँध जाने से शब्द स्पष्ट ध्वनित नहीं होते। अन्दर का द्वार खुलता है और अम्बिका रोग और आवेश के कारण शिथिल और काँपती-सी बाहर आकर जैसे अपने को सहेजने के लिए रुकती है।

प्रियंगु : क्यों ? तुम्हारे मन में कल्पना नहीं है कि तुम्हारा अपना घर-परिवार हो ?

अम्बिका धीरे-धीरे उनकी ओर बढ़ती है।

अम्बिका : नहीं। इसके मन में यह कल्पना नहीं है।

प्रियंगु घूमकर उसकी ओर देखती है। मल्लिका अव्यवस्थित भाव से उठ खड़ी होती है।

मल्लिका : माँ !

अम्बिका : इसके मन में यह कल्पना नहीं है क्योंकि यह भावना के स्तर पर जीती है। इसके लिए जीवन में ...

साँस फूल जाने से शब्द गले में अटक जाते हैं। मल्लिका हाथ के पृष्ठ आसन पर रख देती है और पास जाकर अम्बिका को पीठ से सहारा देती है।

मल्लिका : तुम उठ क्यों आयीं, माँ ? तुम्हारा स्वास्थ्य ठीक नहीं है। चलो, चलकर लेट रहो।

उसे वापस अन्दर ले जाना चाहती है, परन्तु अम्बिका उसका हाथ अपनी पीठ से हटा देती है।

अम्बिका : मैं किसी आने वाले से बात भी नहीं कर सकती ? दिन, मास, वर्ष, मुझे घुटते हुए बीत गए हैं। मेरे लिए यह घर घर नहीं, एक काल-गुफा है जिसमें मैं हर समय बन्द रहती हूँ। और तुम चाहती हो, मैं किसी से बात भी न करूँ ?

चलने की चेष्टा में गिरने को हो जाती है। मल्लिका उसे सँभाल लेती है।

मल्लिका : परन्तु माँ, तुम स्वस्थ नहीं हो।

अम्बिका : तुम्हारी अपेक्षा मैं फिर भी अधिक स्वस्थ हूँ।

प्रियंगु के पास जाकर उसे सिर से पैर तक देखती है।

यह घर सदा से इस स्थिति में नहीं है, राजवधू ! मेरे हाथ चलते थे, तो मैं प्रतिदिन इसे लीपती-बुहारती थी। यहाँ की हर वस्तु इस तरह गिरी-टूटी नहीं थी। परन्तु आज तो हम दोनों माँ-बेटी भी यहाँ टूटी-सी पड़ी रहती हैं। यह सब इसलिए कि ... ।

फिर साँस फूल जाने से आगे नहीं बोल पाती। प्रियंगुमंजरी प्रकोष्ठ पर दृष्टि डालने के बहाने उसके पास से हट जाती है।

प्रियंगु : मैं देख रही हूँ घर की स्थिति अच्छी नहीं है। मल्लिका मेरे साथ चल सकती, तो समस्या वैसे ही सुलझ जाती। परन्तु अब ...

होंठ काटती हुई जैसे सोचने के लिए क्षण भर रुकती है।

अब भी जो कुछ सम्भव है, मैं कर जाऊँगी। स्थपतियों को आदेश दे जाऊँगी कि इस घर को गिराकर इसके स्थान पर ...

मल्लिका चिहुँक जाती है।

मल्लिका : ऐसा मत कीजिये। इस घर को गिराने का आदेश मत दीजिये।

प्रियंगुमंजरी फिर सीधी दृष्टि से उसे देखती है।

प्रियंगु : मैं तुम्हारी सुविधा के लिए ही कह रही थी। तुम्हें इसमें

असुविधा है, तो ... ठीक है। मैं ऐसा आदेश नहीं दूँगी। फिर भी चाहती हूँ कि तुम्हारे लिए कुछ न कुछ कर सकूँ ... । इस समय और नहीं रुक सकती। कल की यात्रा से पहले कई आवश्यक कार्य पूरे करने हैं। यूँ तो इस समय भी अवकाश नहीं था। पर मैंने आना आवश्यक समझा। वे पर्वत-शिखर की ओर घूमने गए थे। मैं उस बीच इधर चली आयी, अच्छा ... !

मल्लिका की उँगलियाँ उलझ जाती हैं और आँखें झुक जाती हैं। अम्बिका अपने आवेश में दो-एक पग प्रियंगु की ओर बढ़ जाती है।

अम्बिका : मैं तुमसे कुछ कहना चाहती थी, राजवधू ! तुम्हें बताना चाहती थी कि हम लोग ... हम लोग ... ।

खाँसने लगती है और शब्द खाँसी में डूब जाते हैं। प्रियंगुमंजरी द्वार के पास से मुड़कर उसकी ओर देखती है।

प्रियंगु : मैं आपका कष्ट समझ रही हूँ। जो भी सहायता मुझसे बन पड़ेगी, अवश्य करूंगी। इस समय अनुचर प्रतीक्षा कर रहे हैं, इसलिए ...

गम्भीर मुसकराहट के साथ मल्लिका को देखकर सिर हिलाती है और चली जाती है। अम्बिका आवेश से शिथिल उस ओर देखती रहती है। फिर गिरती-सी आसन पर बैठ जाती है। और कुछ पन्ने उठाकर मल्लिका की ओर बढ़ा देती है।

अम्बिका : लो, 'मेघदूत' की पंक्तियाँ पढ़ो। इन्हीं में न कहती थीं, उसके अन्तर की कोमलता साकार हो उठी है ? आज इस कोमलता का और भी साकार रूप देख लिया ?

मल्लिका ठगी-सी उसकी ओर देखती रहती है।

आज वह तुम्हें तुम्हारी भावना का मूल्य देना चाहता है, तो क्यों नहीं स्वीकार कर लेती ? घर की भित्तियों का परिसंस्कार हो जाएगा और तुम उनके यहाँ परिचारिका बनकर रह सकोगी। इससे बड़ा और क्या सौभाग्य तुम्हें चाहिए ?

मल्लिका : राजकन्या की अपनी जीवन-दृष्टि है माँ ! उसके लिए और कोई कैसे उत्तरदायी है ?

अम्बिका : परन्तु राजकन्या के यहाँ आने के लिए कौन उत्तरदायी है ?

निःसन्देह वह उस किसी की इच्छा के बिना यहाँ नहीं आयी। राज्य के स्थपति घर की भित्तियों का परिसंस्कार कर देंगे ! आज वह शासक है, उसके पास सम्पत्ति है। उस शासन और सम्पत्ति का परिचय देने के लिए इससे अच्छा और क्या उपाय हो सकता था ?

मल्लिका : परन्तु माँ ··· ।

अम्बिका : माँ कुछ नहीं जानती। कुछ नहीं समझती। माँ भावना की गहराई तक नहीं जाती, माँ ··· ।

फिर खाँसी उठ आने से आगे नहीं बोल पाती।

विलोम बाहर से आता है।

विलोम : इस तरह क्षुब्ध क्यों हो अम्बिका ··· ? आज तो सारा ग्राम तुम्हारे सौभाग्य पर तुमसे स्पर्द्धा कर रहा है।

अर्थपूर्ण दृष्टि से मल्लिका की ओर देखता है।

मल्लिका आँखें बचाकर दूसरी ओर हट जाती है।

राजकीय पगधूलि घर में पड़ती है, तो लोग गौरव का अनुभव करते हैं। ऐसा अवसर हर किसी के जीवन में कहाँ आता है ?

अम्बिका : यह अवसर देखने के लिए ही तो मैंने आज तक का जीवन जिया है ! इतना बड़ा सौभाग्य हमारे क्षुद्र जीवन में कहाँ समा सकता है !

उठ खड़ी होती है।

चलो, मैं स्वयं चलकर सारे ग्राम में इस सौभाग्य की घोषणा करूँगी। हमारे वर्षों के अभाव और दुःख कितना बड़ा फल लाये हैं कि राज्य के स्थपति हमारे घर की भित्तियों का परिसंस्कार कर देंगे !

विलोम : बैठ जाओ, अम्बिका ! आज ग्राम के पास तुम्हारी बात सुनने का अवकाश नहीं है।

टहलता हुआ झरोखे के पास चला जाता है।

ग्राम के लोग आज व्यस्त हैं। उन्हें बाहर से आये अतिथियों के लिए कई तरह की सामग्री जुटानी है। अतिथि आज यहाँ के पत्थर तक बटोरकर ले जाना चाहते हैं। यहाँ के पत्थर आज बहुत मूल्यवान् समझे जाने लगे हैं।

मल्लिका : यहाँ के पत्थर पहले भी मूल्यवान् थे, आर्य विलोम ! यह और बात है कि पहले किसी ने उनका मूल्य समझा नहीं।

अम्बिका आवेश में कई पग उसकी ओर बढ़ जाती है।

अम्बिका : तो जाकर तुम भी बटोर क्यों नहीं लेतीं ? सम्भव है फिर लोग यहाँ कोई पत्थर शेष न रहने दें और तुम्हारी भावना के लिए कोई आधार ही न रह जाय !

मल्लिका : बैठ जाओ, माँ, तुम्हारा स्वास्थ्य ठीक नहीं है।

उसे बाँह से पकड़कर आसन पर बिठा देती है।

विलोम : ग्राम में चारों ओर बहुत उत्साह है। यह दिन इस प्रदेश के जीवन का सबसे बड़ा उत्सव है। लोग आज अपने पशुओं की चिन्ता नहीं कर रहे। वे अतिथियों के लिए भोजन और पान की सामग्री जुटाने में व्यस्त हैं। उस सामग्री में कुछ हरिणशावक भी होंगे जो राजकन्या के विशेष आदेश पर एकत्रित किये जा रहे हैं।

मल्लिका : यह सच नहीं है।

विलोम : सच नहीं है ? इन्द्र वर्मा और विष्णुदत्त को राजकन्या ने स्वयं आदेश दिया है कि ... ।

मल्लिका : उस आदेश का कुछ और अर्थ भी हो सकता है।

विलोम : और अर्थ ? क्या और अर्थ हो सकता है ? क्या राजकन्या हरिणशावकों से खेला करेंगी ? या उज्जयिनी के कलाकार उनकी अनुकृतियाँ बनाएँगे ? यह भी एक मनोरंजक विषय है कि राज-परिवार के साथ आये राजधानी के कलाकार आज यहाँ की हर वस्तु की अनुकृतियाँ बनाते घूम रहे हैं। यहाँ का कोई पेड़, पत्ता, तिनका शेष नहीं रहेगा जिनकी वे अनुकृति बनाकर नहीं ले जाएँगे।

मल्लिका : इसका भी कुछ दूसरा अर्थ हो सकता है।

विलोम झरोखे के पास से हटकर उसकी ओर आता है।

विलोम : मैं कब कहता हूँ कि दूसरा अर्थ नहीं है ? अर्थ बहुत स्पष्ट है। वे यहाँ की हर वस्तु को विचित्र के रूप में देखते हैं और उस वैचित्र्य को यहाँ से जाकर दूसरों को दिखाना चाहते हैं। तुम, मैं, यह घर, ये पर्वत, सब उनके लिए विचित्र के उदाहरण हैं। मैं तो उनकी सूक्ष्म और समर्थ दृष्टि की प्रशंसा करता हूँ जो जहाँ वैचित्र्य नहीं, वहाँ भी वैचित्र्य देख लेती है। एक

कलाकार को मैंने यहाँ की धूप में अपनी छाया की अनुकृति बनाते देखा है।

अम्बिका : यहाँ की धूप में उन्हें अपनी छायाएँ अवश्य और-सी लगती होंगी !··· वह कौन राक्षसी थी जो जिस किसी जीव को उसकी छाया से पकड़ लेती थी ?

बोलते-बोलते फिर हाँफने लगती है।

मैं चाहती हूँ मैं ही वह राक्षसी होती जिससे आज मैं··· आज मैं··· ।

खाँसी उठ जाने से शब्द डूब जाते हैं। मल्लिका पास जाकर उसके कंधों को सहारा देती है।

मल्लिका : तुमसे कहा है माँ, तुम विश्राम करो। बात मत करो।··· आर्य विलोम, माँ का स्वास्थ्य ठीक नहीं है। इन्हें इस समय विश्राम करने दीजिए।

विलोम : हाँ, अम्बिका को तुम अन्दर ले जाओ। ग्राम का उत्सव-कोलाहल अम्बिका के मन को और अशांत करेगा। मैं तो केवल उत्सव की सूचना देने आया था।··· आश्चर्य है कि कालिदास ने यहाँ आना उचित नहीं समझा। कल तो सुनते हैं वे लोग चले भी जाएँगे।

अम्बिका : उसने आना उचित नहीं समझा, क्योंकि वह जानता है अम्बिका अभी जीवित है।

विलोम : परन्तु मैं समझता हूँ वह एक बार आएगा अवश्य। उसे आना चाहिए। व्यक्ति किसी सम्बन्ध को ऐसे नहीं तोड़ता।

फिर टहलता हुआ झरोखे के पास चला जाता है।

और विशेष रूप से वह, जिसे एक कवि का कोमल हृदय प्राप्त हो। तुम क्या सोचती हो, मल्लिका ? उसे एक बार आना नहीं चाहिए ?

मल्लिका : मैंने आपसे अनुरोध किया है आर्य विलोम, कि इस समय माँ को विश्राम करने दीजिए। आपकी बातों से माँ का मन विक्षुब्ध होता है।

विलोम : मेरी बातों से अम्बिका का मन विक्षुब्ध होता है ? मैं समझता हूँ उसके कारण दूसरे हैं। अम्बिका जानती है किन कारणों से उसका मन विक्षुब्ध होता है।

झरोखे से बाहर देखने लगता है।

मैं भी उन कारणों को समझता हूँ। इसलिए बहुत-सी बातें, जो अम्बिका के मन में रहती हैं, मैं मुँह से कह देता हूँ।

मुड़कर मल्लिका की ओर देखता है।

तुम्हें मेरा यहाँ होना अखर रहा है, मैं जानता हूँ। यह कोई नयी बात नहीं। परन्तु मैं कुछ ही देर और यहाँ रहना चाहता हूँ।

फिर बाहर देखने लगता है।

पर्वत-शिखर की ओर से एक अश्वारोही को आते देख रहा हूँ। सम्भव है इस बार कुछ क्षणों के लिए वह यहाँ रुकना चाहे। उस स्थिति में मैं भी उससे कुशल-क्षेम पूछ लूँगा। मेरी उससे पुरानी मित्रता है।

मल्लिका जैसे आपे से बाहर होने लगती है।

मल्लिका : आर्य विलोम, उस स्थिति में आपका यहाँ होना किसी भी दृष्टि से उचित नहीं है। आप उनसे मिलना चाहें, तो उसके लिए यही एक स्थान् नहीं है।

विलोम उसी तरह बाहर देखता रहता है।

विलोम : परन्तु यही स्थान क्या बुरा है ? उसके जाने के दिन भी हम यहीं पर मिले थे। वर्षों के बाद उसी स्थान पर मिलने से अन्तराल का अनुभव नहीं होगा।

मल्लिका विलोम के पास चली जाती है और उसे बाँह से पकड़कर झरोखे से हटा देना चाहती है।

मल्लिका : मैं अनुरोध करती हूँ आप इस समय यहाँ ठहरने का हठ न करें।

विलोम अपने स्थान से नहीं हिलता। दूर से घोड़े की टापों का शब्द सुनायी देने लगता है।

...मैं कह रही हूँ आप चले जायें। यह मेरा घर है। मैं नहीं चाहती, आप इस समय मेरे घर में हों।

विलोम फिर भी उसी तरह खड़ा रहता है। टापों का शब्द पास आता जाता है। मल्लिका उधर से हटकर अम्बिका के पास आ जाती है।

माँ, इनसे कहो यहाँ से चले जायें। मैं नहीं चाहती इस समय यहाँ कोई अयाचित स्थिति उत्पन्न हो। तुम स्वस्थ नहीं हो, और मैं नहीं चाहती कि कोई भी ऐसी बात हो जिसका तुम्हारे

स्वास्थ्य पर विपरीत प्रभाव पड़े।

अम्बिका उसके हिलाने से इस तरह हिलती है जैसे वह जड़ हो गयी हो। उसके माथे पर त्योरियाँ पड़ी हैं और आँखें बिना पलक झपके सामने देख रही हैं। टापों का शब्द बहुत पास आ जाता है। मल्लिका फिर विलोम के पास चली जाती है।

मल्लिका : आर्य विलोम, मैंने आपसे कहा है आप यहाँ से चले जायें। आप नहीं जानते कि ... ।

टापों का शब्द पास आकर दूर जाने लगता है। मल्लिका ऐसे स्तब्ध हो रहती है जैसे उसे काठ मार गया हो। विलोम धीरे से मुड़कर उसकी ओर देखता है।

विलोम : चला जाता हूँ।

कण्ठ से हल्का व्यंग्यात्मक स्वर निकलता है।

मैं नहीं चाहता मेरे कारण यहाँ कोई अयाचित स्थिति उत्पन्न हो। परन्तु क्या अयाचित स्थिति उत्पन्न हो सकती है, जान सकता हूँ ?

झरोखे से हटकर प्रकोष्ठ के बीच में आ जाता है।

क्यों अम्बिका, मेरे यहाँ रहने से क्या अयाचित स्थिति उत्पन्न हो सकती है ?

अम्बिका : मैं जानती थी। आज नहीं, तब से ही जानती थी। वह आता, तो मुझे आश्चर्य होता। अब मुझे आश्चर्य नहीं है।

स्वर ऊँचा उठता जाता है। मल्लिका जैसे सारी शक्ति खोकर, धीरे-धीरे आसन पर बैठ जाती है।

कोई आश्चर्य नहीं है। प्रसन्नता है कि मैं उसके सम्बन्ध में ठीक सोचती थी। जीवन एक भावना है ! कोमल भावना ! बहुत-बहुत कोमल भावना !

विलोम : परन्तु मुझे खेद है। वर्षों से इस दिन की प्रतीक्षा थी। अपनी मित्रता पर भरोसा भी था ... !

अर्थपूर्ण दृष्टि से मल्लिका की ओर देखता है।

परन्तु अब भरोसा नहीं रहा। सम्भवतः यह मित्रता एक ओर से ही थी। उसने कभी हमें अपनी मित्रता के योग्य नहीं समझा। फिर समान की समान से मित्रता होती है ... ।

मल्लिका सहसा उठ खड़ी होती है। उसकी आँखों से हताशा की कठोरता झलक रही है।

मल्लिका : आर्य विलोम !

विलोम ऐसी दृष्टि से उसे देखता है, जैसे किसी बच्चे से खेल रहा हो।

मैं फिर कह रही हूँ आप चले जायें। अन्यथा वास्तव में ही यहाँ एक अयाचित स्थिति उत्पन्न हो जाएगी।

विलोम : ऐसा ?...

मुस्कराकर अम्बिका की ओर देखता है।

तब तो मुझे अवश्य चले जाना चाहिए।... अच्छा अम्बिका ! तुम्हारे स्वास्थ्य की मुझे बहुत चिन्ता रहती है। जहाँ तक सम्भव हो, घृत और मधु का सेवन करो। मैंने अभी-अभी नया मधु निकाला है। आवश्यकता हो, तो मैं तुम्हारे लिए...

मल्लिका : हमें मधु की आवश्यकता नहीं है। हमारे घर में मधु पर्याप्त मात्रा में है।

विलोम : ऐसा ?... अच्छा, अम्बिका !

क्षण-भर दोनों की ओर देखता रहता है, फिर चल देता है। द्वार के पास पहुंचकर फिर रुक जाता है।

... पर कभी मधु की आवश्यकता पड़ ही जाय, तो संकोच मत करना।

फिर चला जाता है। मल्लिका क्षण-भर सिर झुकाये दबी-सी खड़ी रहती है। फिर अपने को सँभाल पाने में असमर्थ, अन्दर को चल देती है। अम्बिका का भाव आवेश में हताशा और हताशा से करुणा में बदल जाता है।

अम्बिका : मल्लिका !

मल्लिका रुक जाती है। पर कुछ भी उत्तर न देकर मुँह हाथों में छिपा लेती है। अम्बिका उठकर धीरे-धीरे उसके पास आ जाती है और उसे बाँहों में ले लेती है। मल्लिका अम्बिका के वक्ष में मुँह छिपा लेती है। सारा शरीर रुलाई से काँपता रहता है, पर गले से स्वर नहीं निकलता। अम्बिका की

आँखें भर आती हैं और वह उसके काँपते शरीर को अपने से सटाये उसकी पीठ पर हाथ फेरती रहती है। फिर होंठों और गालों से उसके सिर को दुलारने लगती है।

अम्बिका : अब भी रोती हो ? उसके लिए ? उस व्यक्ति के लिए जिसने ... ?

मल्लिका : उनके सम्बन्ध में कुछ मत कहो माँ, कुछ मत कहो ...।

सिसकने लगती है। अम्बिका उसे सहारे से वहीं बिठा लेती है और उसकी सिसकती पीठ पर झुक जाती है।

अंक तीन

कुछ और वर्षों के बाद

वर्षा और मेघ-गर्जन का शब्द। परदा उठने पर वही प्रकोष्ठ। एक दीपक जल रहा है। प्रकोष्ठ की स्थिति में पहले से बहुत अन्तर दिखाई देता है। सब कुछ जर्जर और अस्तव्यस्त है। कुम्भ केवल एक है और उसका भी कोना टूटा है। आसन अपने स्थान से हटा हुआ है और उस पर अब बाघ-छाल नहीं है। दीवारों पर से स्वस्तिक आदि के चिन्ह लगभग बुझ चुके हैं। चूल्हे के पास केवल दो-एक बरतन हैं, जिन पर स्याही चढ़ी है। एक कोने में फटे-मैले वस्त्र एकत्रित हैं। प्रकोष्ठ में कोई नहीं है। मातुल भीगे वस्त्रों में बैसाखी के सहारे चलता हुआ आता है। चारों ओर दृष्टि डालकर एक लम्बी साँस लेता है, नकारात्मक ढंग से सिर हिलाता है। और प्रकोष्ठ के बीचों-बीच आ जाता है।

मातुल : मल्लिका !

मल्लिका का स्वर अन्दर से सुनायी देता है।

मल्लिका : कौन है ?

मातुल : मैं हूँ, मातुल। देखो, वर्षा ने मातुल की क्या दुर्गति की है !

सिर से और वस्त्रों से पानी निचोड़ने लगता है। मल्लिका अन्दर से आती है। उसके वस्त्र फटे हैं, रंग पहले से काला पड़ गया है और आँखों का भाव भी विचित्र-सा लगता है। उसके व्यक्तित्व में भी प्रकोष्ठ की-सी ही जीर्णता है। किवाड़ खुलने पर अन्दर का जो भाग दिखायी देता है वहाँ अब तल्प के स्थान पर एक टूटा पालना रखा है। मल्लिका बाहर आकर किवाड़ बन्द कर देती है।

मल्लिका : आर्य मातुल, आप इस वर्षा में ?

मातुल : वर्षा से बचने के लिए तुम्हारे घर के सिवा कोई शरण नहीं

थी। सोचा, जो हो, मातुल के लिए आज भी तुम वही मल्लिका हो।··· यह आषाढ की वर्षा तो मेरे लिए काल हो रही है। पहले जब दो पैरों पर चल लेता था, तो मैंने कभी भारी से भारी वर्षा की चिन्ता नहीं की। परन्तु अब यह स्थिति है कि बैसाखी आगे रखता हूँ तो पैर पीछे को फिसल जाता है और पैर आगे रखता हूँ तो बैसाखी पीछे को फिसल जाती है। यह जानता कि राज-प्रासाद में रहकर पाँव तोड़ बैठूँगा तो कभी ग्राम छोड़कर वहाँ न जाता। अब पीछे से मेरा घर भी उन लोगों ने ऐसा कर दिया है कि कहीं पैर टिकता ही नहीं। इन चिकने शिला-खण्डों से तो वह मिट्टी ही अच्छी थी जो पैर को पकड़ती तो थी। मैं तो अब घर के रहते बेघर हो रहा हूँ। न बाहर रहते बनता है न अन्दर। उन श्वेत शिला-खण्डों के दर्शन से ही मुझे प्रासाद का स्मरण हो आता है। जहाँ रहकर एक पाँव तोड़ आया हूँ।

मल्लिका : खड़े रहने में कष्ट होगा। आसन ले लीजिए।

मातुल आसन के पास जाकर बैसाखी रख देता है और जमकर बैठ जाता है।

मातुल : मुझसे कोई पूछे तो मैं कहूँगा कि राज-प्रासाद में रहने से अधिक कष्टकर स्थिति संसार में हो ही नहीं सकती। आप आगे देखते हैं, तो प्रतिहारी जा रहे हैं। पीछे देखते हैं, तो प्रतिहारी आ रहे हैं। सच कहता हूँ, मुझे कभी पता ही नहीं चल पाया कि प्रतिहारी मेरे पीछे चल रहे हैं या मैं प्रतिहारियों के पीछे चल रहा हूँ।··· और इससे भी कष्टकर स्थिति यह थी कि जिन व्यक्तियों को देखकर मेरा आदर से सिर झुकाने को मन करता था, वे मेरे सामने सिर झुका देते थे। मेरे सामने··· ?

हाथ से अपनी ओर संकेत करता है।

बताओ मातुल में ऐसा क्या है जिसके आगे कोई सिर झुकाएगा ? मातुल न देवी है न देवता, न पण्डित है, न राजा है। तो फिर क्यों कोई सिर झुकाकर मातुल की वन्दना करे ? परन्तु नहीं। लोग मातुल की तो क्या मातुल के शरीर से उतरे वस्त्रों तक की वन्दना करने को प्रस्तुत थे। और मैं बार-बार अपने को छूकर देखता था कि मेरा शरीर हाड़-मांस का ही है या चिकने पत्थर का हो गया है, जैसे मन्दिरों में

देवी-देवताओं का होता है। ··· यहाँ आकर सबसे बड़ा सुख यही है कि न कोई झुककर मेरी वन्दना करता है और न ही मुझे भ्रम होता है कि मैं आगे चल रहा हूँ या प्रतिहारी आगे चल रहे हैं। केवल यह वर्षा मुझसे नहीं सही जाती।

मल्लिका : वस्त्र सुखाने के लिए आग जला दूँ ?

मातुल चूल्हे की ओर देखता है, फिर चारों ओर दृष्टि डालता है।

मातुल : तुमने घर की क्या अवस्था कर रखी है ! अम्बिका के न रहने से घर की अवस्था ही नहीं रही। ··· यह ठीक है कि प्रियंगुमंजरी ने तुम्हारे लिए कुछ वस्त्र और स्वर्ण-मुद्राएँ भिजवायी थीं जो तुमने लौटा दीं ?

मल्लिका : मुझे उनकी आवश्यकता नहीं थी।

मैले वस्त्रों के पास जाकर उनके नीचे से भोजपत्रों का बना ग्रन्थ निकाल लेती है और उसकी धूल झाड़ने लगती है।

मातुल : और इस घर के परिसंस्कार के लिए भी उसने स्थपतियों से कहा था।

मल्लिका : मैंने किसी परिसंस्कार की आवश्यकता नहीं समझी।

ग्रन्थ रखने के लिए इधर-उधर स्थान देखती है। फिर उसे मातुल के पास आसन पर रख देती है।

आग जला दूँ।

मातुल : नहीं, वर्षा थम रही है।

बैसाखी लिये हुए झरोखे के पास चला जाता है।

हल्की-हल्की बूँदें हैं। किसी तरह घिसटता हुआ घर पहुँच जाऊँ, तो वहीं वस्त्र सुखाऊँगा। कहीं फिर धारासार बरसने लगा तो बस ··· ।

झरोखे से हटकर मल्लिका के पास आ जाता है।

तुमने काश्मीर का कुछ समाचार सुना है ?

मल्लिका गम्भीर और स्थिर दृष्टि से उसकी ओर देखती रहती है।

मल्लिका : मैं हर समय घर में ही रहती हूँ। कहीं का भी समाचार कैसे सुन सकती हूँ ?

मातुल : मैंने सुना है। विश्वास नहीं होता, परन्तु होता भी है। राजनीति में कुछ भी असम्भव नहीं है। जितना सम्भव है कि ऐसा न

हो, उतना ही सम्भव है कि ऐसा हो। और यह भी सम्भव है कि जो हो, वह न हो···।

मल्लिका अप्रतिभ-सी उसकी ओर देखती रहती है।

मल्लिका : परन्तु समाचार क्या है ?

मातुल : समाचार यह है कि सम्राट् का निधन हो गया है। काश्मीर में विद्रोही शक्तियाँ सिर उठा रही हैं। वहीं से आये एक आहत सैनिक का कहना है कि··· कि कालिदास ने काश्मीर छोड़ दिया है।

मल्लिका : उन्होंने काश्मीर छोड़ दिया है ?

वैसे ही अप्रतिभ-सी आसन पर बैठ जाती है।

और अब पुनः उज्जयिनी चले गये हैं ?

मातुल : नहीं। उज्जयिनी नहीं गया। वहाँ के लोगों का तो कहना है कि उसने संन्यास ले लिया है और काशी चला गया है। परन्तु मुझे विश्वास नहीं होता। उसका राजधानी में इतना मान है। यदि काश्मीर में रहना सम्भव नहीं था, तो उसे सीधे राजधानी चले जाना चाहिए था। परन्तु असम्भव भी नहीं है। एक राजनीतिक जीवन दूसरे कालिदास। मैं आज तक दोनों में से किसी की भी धुरी नहीं पहचान पाया। मैं समझता हूँ कि जो कुछ मैं समझ पाता हूँ, सत्य सदा उसके विपरीत होता है। और मैं जब उस विपरीत तक पहुँचने लगता हूँ, तो सत्य उस विपरीत से विपरीत हो जाता है। अतः मैं जो कुछ समझ पाता हूँ, वह सदा झूठ होता है। इससे अब तुम निष्कर्ष निकाल लो कि सत्य क्या हो सकता है, कि उसने संन्यास ले लिया है, या नहीं लिया। मैं समझता हूँ कि उसने संन्यास नहीं लिया, इसलिए सत्य यही होना चाहिए कि उसने संन्यास ले लिया है और काशी चला गया है।

मल्लिका आसन से ग्रन्थ उठाकर वक्ष से लगा लेती है।

मल्लिका : नहीं, यह सत्य नहीं हो सकता। मेरा हृदय इसे स्वीकार नहीं करता।

मातुल : मैंने तुमसे क्या कहा था ? कि मैं जो कहूँगा, वह कभी सत्य नहीं हो सकता ! इसलिए मैं कुछ नहीं कहता। वह काशी गया है, तो भी मैं झूठा हूँ। नहीं गया, तो भी झूठा हूँ।··· यह तो ठीक है ?

बैसाखी पटकता हुआ चला जाता है। मल्लिका गुमसुम-सी आसन पर बैठी रहती है।

मल्लिका : नहीं, तुम काशी नहीं गये। तुमने संन्यास नहीं लिया। मैंने इसलिए तुमसे यहाँ से जाने के लिए नहीं कहा था। ... मैंने इसलिए भी नहीं कहा था कि तुम जाकर कहीं का शासन-भार सँभालो। फिर भी जब तुमने ऐसा किया, मैंने तुम्हें शुभकामनाएँ दीं—यद्यपि प्रत्यक्ष तुमने वे शुभकामनाएँ ग्रहण नहीं कीं।

ग्रन्थ को हाथों में लिये जैसे अभियोगपूर्ण दृष्टि से उसे देखती है।

मैं यद्यपि तुम्हारे जीवन में नहीं रही, परन्तु तुम मेरे जीवन में सदा बने रहे हो। मैंने कभी तुम्हें अपने से दूर नहीं होने दिया। तुम रचना करते रहे, और मैं समझती रही कि मैं सार्थक हूँ, मेरे जीवन की भी कुछ उपलब्धि है।

ग्रन्थ को घुटनों पर रख लेती है।

और आज तुम मेरे जीवन को इस तरह निरर्थक कर दोगे ?

ग्रन्थ को आसन पर रखकर उद्विग्न दृष्टि से उसकी ओर देखती रहती है।

तुम जीवन से तटस्थ हो सकते हो, परन्तु मैं तो अब तटस्थ नहीं हो सकती। क्या जीवन को तुम मेरी दृष्टि से देख सकते हो ? जानते हो मेरे जीवन के ये वर्ष कैसे व्यतीत हुए हैं ? मैंने क्या-क्या देखा है ? क्या से क्या हुई हूँ ?

उठकर अन्दर का किवाड़ खोल देती है और पालने की ओर संकेत करती है।

इस जीव को देखते हो ? पहचान सकते हो ? यह मल्लिका है जो धीरे-धीरे बड़ी हो रही है और माँ के स्थान पर अब मैं इसकी देख-भाल करती हूँ। ... यह मेरे अभाव की सन्तान है। जो भाव तुम थे, वह दूसरा नहीं हो सका, परन्तु अभाव के कोष्ठ में किसी दूसरे की जाने कितनी-कितनी आकृतियाँ हैं ! जानते हो मैंने अपना नाम खोकर एक विशेषण उपार्जित किया है और अब मैं अपनी दृष्टि में नाम नहीं, केवल विशेषण हूँ।

किवाड़ बन्द करके आसन की ओर लौट पड़ती है।

व्यवसायी कहते थे, उज्जयिनी में अपवाद है, तुम्हारा बहुत-सा

समय वारांगणाओं के सहवास में व्यतीत होता है।··· परन्तु तुमने वारांगणा का यह रूप भी देखा है ? आज तुम मुझे पहचान सकते हो ? मैं आज भी उसी तरह पर्वत-शिखर पर जाकर मेघ-मालाओं को देखती हूँ। उसी तरह 'ऋतुसंहार' और 'मेघदूत' की पंक्तियाँ पढ़ती हूँ। मैंने अपने भाव के कोष्ठ को रिक्त नहीं होने दिया। परन्तु मेरे अभाव की पीड़ा का अनुमान लगा सकते हो ?

कुहनियाँ आसन पर रखकर बैठ जाती है। और ग्रंथ हाथों में उठा लेती है।

नहीं, तुम अनुमान नहीं लगा सकते। तुमने लिखा था कि एक दोष गुणों के समूह में उसी तरह छिप जाता है, जैसे चाँद की किरणों में कलंक; परन्तु दारिद्र्य नहीं छिपता। सौ-सौ गुणों में भी नहीं छिपता। नहीं, छिपता ही नहीं, सौ-सौ गुणों को छा लेता है—एक-एक करके नष्ट कर देता है।

बोलती-बोलती और अन्तर्मुख हो जाती है।

परन्तु मैंने यह सब सह लिया। इसलिए कि मैं टूटकर भी अनुभव करती रही कि तुम बन रहे हो। क्योंकि मैं अपने को अपने में न देखकर तुममें देखती थी। और आज यह सुन रही हूँ कि तुम सब छोड़कर संन्यास ले रहे हो ? तटस्थ हो रहे हो ? उदासीन ? मुझे मेरी सत्ता के बोध से इस तरह वंचित कर दोगे ?

बिजली कौंधती है और मेघ-गर्जन सुनायी देता है।

वही आषाढ का दिन है। उसी तरह मेघ गरज रहे हैं। वैसे ही वर्षा हो रही है। वही मैं हूँ। उसी घर में हूँ। किन्तु··· !

पुनः बिजली कौंधती है, मेघ-गर्जन सुनायी देता है और ड्योढ़ी का द्वार धीरे-धीरे खुलता है। कालिदास क्षत-विक्षत-सा, द्वार खोलकर ड्योढ़ी में ही खड़ा रहता है। मल्लिका किवाड़ खुलने के शब्द से उधर देखती है और सहसा उठ खड़ी होती है। कालिदास अन्दर आता है। मल्लिका जड़-सी उसे देखती रहती है।

कालिदास : सम्भवतः पहचानती नहीं हो।

मल्लिका उसी तरह देखती रहती है। कालिदास

प्रकोष्ठ में इधर-उधर देखता है, फिर मल्लिका पर सिर से पैर तक एक दृष्टि डालकर आसन की ओर चला जाता है।

और न पहचानना ही स्वाभाविक है, क्योंकि मैं वह व्यक्ति नहीं हूँ जिसे तुम पहले पहचानती रही हो। दूसरा व्यक्ति हूँ।

बाँहें पीछे टिकाकर आसन पर बैठ जाता है।

और सच कहूँ तो वह व्यक्ति हूँ जिसे मैं स्वयं नहीं पहचानता! ... तुम इस तरह जड़-सी क्यों खड़ी हो ? मुझे देखकर बहुत आश्चर्य हुआ ?

मल्लिका किवाड़ बन्द कर देती है। फिर खोयी-सी उसकी ओर बढ़ आती है।

मल्लिका : आश्चर्य ?... मुझे विश्वास ही नहीं हो रहा कि तुम तुम हो, और मैं जो तुम्हें देख रही हूँ, वास्तव में मैं मैं ही हूँ!

कालिदास : देख रहा हूँ कि तुम भी वह नहीं हो। सब कुछ बदल गया है। या सम्भव है कि परिवर्तन केवल मेरी दृष्टि में हुआ है।

मल्लिका : मुझे विश्वास नहीं होता कि यह स्वप्न नहीं है...।

कालिदास : नहीं, स्वप्न नहीं है। यथार्थ है कि मैं यहाँ हूँ। दिनों की यात्रा करके थका, टूटा-हारा हुआ यहाँ आया हूँ कि एक बार यहाँ के यथार्थ को देख लूँ।

मल्लिका : बहुत भीग गये हो। मेरे यहाँ सूखे वस्त्र तो नहीं हैं, पर मैं...।

कालिदास : मेरे भीगे होने की चिन्ता मत करो।... जानती हो, इस तरह भीगना भी जीवन की एक महत्त्वाकांक्षा हो सकती है ? वर्षों के बाद भीगा हूँ। अभी सूखना नहीं चाहता। चलते-चलते बहुत थक गया था। कई दिन ज्वर आता रहा। परन्तु इस वर्षा से जैसे सारी थकान मिट गयी है...।

मल्लिका उसके और पास चली जाती है।

मल्लिका : बहुत थक गये हो ?

कालिदास : थक गया था। अब भी थका हूँ, परन्तु वर्षा ने थकान कम कर दी है।

मल्लिका : तुम सचमुच पहचाने नहीं जाते।

कालिदास क्षण-भर उसे देखता रहता है। फिर उठकर झरोखे के पास चला जाता है।

कालिदास : और तुम्हीं कहाँ पहचानी जाती हो ? यह घर भी कितना बदल गया है ! और मैं आशा कर रहा था कि सब कुछ वैसा ही होगा, ज्यों का त्यों, यथास्थान। ... पर कुछ भी तो यथास्थान नहीं है।

चारों ओर देखता है।

तुमने सब कुछ बदल दिया है। सभी कुछ बदल दिया है।

मल्लिका : मैंने नहीं बदला।

कालिदास उसकी ओर देखता है, फिर टहलने लगता है।

कालिदास : जानता हूँ तुमने नहीं बदला। परन्तु मल्लिका ...।

उसके पास आ जाता है।

मैंने नहीं सोचा था कि यह घर कभी मुझे अपरिचित भी लग सकता है। यहाँ की प्रत्येक वस्तु का स्थान और विन्यास इतना निश्चित था। परन्तु आज सब कुछ अपरिचित लग रहा है, और ...

उसकी आँखों में देखता है।

... और तुम भी। तुम भी अपरिचित लग रही हो। इसलिए कहता हूँ कि सम्भव है दृश्य उतना नहीं बदला जितना मेरी दृष्टि बदल गयी है।

मल्लिका : थके हो, बैठ जाओ। आँखों से लगता है, तुम अब भी स्वस्थ नहीं हो।

कालिदास : बहुत दिन इधर-उधर भटकने के बाद यहाँ आया हूँ। काश्मीर जाते हुए जिस कारण से नहीं आया था, आज उसी कारण से आया हूँ।

क्षण-भर दोनों की आँखें मिली रहती हैं।

मल्लिका : आर्य मातुल से आज ही पता चला था कि तुमने काश्मीर छोड़ दिया है।

कालिदास : हाँ, क्योंकि सत्ता और प्रभुता का मोह छूट गया है। आज मैं उस सबसे मुक्त हूँ जो वर्षों से मुझे कसता रहा है। काश्मीर में लोग समझते हैं कि मैंने संन्यास ले लिया है। परन्तु मैंने संन्यास नहीं लिया। मैं केवल मातृगुप्त के कलेवर से मुक्त हुआ हूँ जिससे पुनः कालिदास के कलेवर में जी सकूँ। एक आकर्षण सदा मुझे उस सूत्र की ओर खींचता था जिसे तोड़कर

मैं यहाँ से गया था। यहाँ की एक-एक वस्तु में जो आत्मीयता थी, वह यहाँ से जाकर मुझे कहीं नहीं मिली। मुझे यहाँ की एक-एक वस्तु के रूप और आकार का स्मरण है।

फिर प्रकोष्ठ में आसपास देखता है।

कुम्भ, बाघ-छाल, कुशा, दीपक, गेरू की आकृतियाँ ... और तुम्हारी आँखें। जाने के दिन तुम्हारी आँखों का जो रूप देखा था, वह आज तक मेरी स्मृति में अंकित है। मैं अपने को विश्वास दिलाता रहा हूँ कि कभी भी लौटकर आऊँ, यहाँ सब कुछ वैसा ही होगा।

कोई द्वार खटखटाता है। मल्लिका अव्यवस्थित होकर उस ओर देखती है। कालिदास द्वार की ओर जाना चाहता है, पर वह उसे रोक देती है।

मल्लिका : द्वार बन्द रहने दो। तुम जो बात कर रहे हो, करते जाओ।

कालिदास : देख तो लो कौन आया है।

मल्लिका : वर्षा का दिन है। कोई भी हो सकता है। तुम बात करते रहो। वह चला जाएगा।

बाहर से आगन्तुक नशे के स्वर में झल्लाता हुआ लौट जाता है ... 'हर समय द्वार बन्द ... हैं ? हर समय द्वार बन्द !'

कालिदास : कौन था यह ?

मल्लिका : कहा है न कोई भी हो सकता है। वर्षा में जिस किसी को आश्रय की आवश्यकता पड़ सकती है।

कालिदास : परन्तु मुझे इसका स्वर बहुत विचित्र-सा लगा।

मल्लिका : तुम यहाँ के सम्बन्ध में बात कर रहे थे।

कालिदास : लगा जैसे मैं इस स्वर को पहचानता हूँ। जैसे यहाँ की हर वस्तु की तरह यह भी किसी परिचित स्वर का बदला हुआ रूप है।

मल्लिका : तुम थके हुए हो और अस्वस्थ हो। बैठकर बात करो।

कालिदास एक निःश्वास छोड़कर आसन पर बैठ जाता है। मल्लिका घुटनों पर बाँहें रखकर कुछ दूर नीचे बैठ जाती है।

कालिदास : मैंने बहुत बार अपने सम्बन्ध में सोचा है मल्लिका, और हर बार इस निष्कर्ष पर पहुँचा हूँ कि अम्बिका ठीक कहती थीं।

बाँहें पीछे की ओर फैल जाती हैं और आँखें छत

की ओर उठ जाती हैं।

मैं यहाँ से क्यों नहीं जाना चाहता था ? एक कारण यह भी था कि मुझे अपने पर विश्वास नहीं था। मैं नहीं जानता था कि अभाव और भर्त्सना का जीवन व्यतीत करने के बाद प्रतिष्ठा और सम्मान के वातावरण में जाकर मैं कैसा अनुभव करूँगा। मन में कहीं यह आशंका थी कि वह वातावरण मुझे छा लेगा और मेरे जीवन की दिशा बदल देगा ··· और यह आशंका निराधार नहीं थी।

आँखें मल्लिका की ओर झुक आती हैं।

तुम्हें बहुत आश्चर्य हुआ था कि मैं काश्मीर का शासन सँभालने जा रहा हूँ ? तुम्हें यह बहुत अस्वाभाविक लगा होगा। परन्तु मुझे इसमें कुछ भी अस्वाभाविक प्रतीत नहीं होता। अभावपूर्ण जीवन की वह एक स्वाभाविक प्रतिक्रिया थी। सम्भवतः उसमें कहीं उन सबसे प्रतिशोध लेने की भावना भी थी जिन्होंने जब-तब मेरी भर्त्सना की थी, मेरा उपहास उड़ाया था।

होंठ काटकर उठ पड़ता है और झरोखे के पास चला जाता है।

परन्तु मैं यह भी जानता था कि मैं सुखी नहीं हो सकता। मैंने बार-बार अपने को विश्वास दिलाना चाहा कि कमी उस वातावरण में नहीं मुझमें है। मैं अपने को बदल लूं, तो सुखी हो सकता हूँ। परन्तु ऐसा नहीं हुआ। न तो मैं बदल सका, न सुखी हो सका। अधिकार मिला, सम्मान बहुत मिला, जो कुछ मैंने लिखा उसकी प्रतिलिपियाँ देश-भर में पहुँच गयीं, परन्तु मैं सुखी नहीं हुआ। किसी और के लिए वह वातावरण और जीवन स्वाभाविक हो सकता था, मेरे लिए नहीं था। एक राज्याधिकारी का कार्यक्षेत्र मेरे कार्यक्षेत्र से भिन्न था। मुझे बार-बार अनुभव होता कि मैंने प्रभुता और सुविधा के मोह में पड़कर उस क्षेत्र में अनधिकार प्रवेश किया है, और जिस विशाल में मुझे रहना चाहिए था उससे दूर हट आया हूँ। जब भी मेरी आँखें देर तक फैली क्षितिज-रेखा पर पड़तीं, तभी यह अनुभूति मुझे सालती कि मैं उस विशाल से दूर हट आया हूँ। मैं अपने को आश्वासन देता कि आज नहीं तो कल मैं परिस्थितियों पर वश पा लूँगा और समान रूप से दोनों क्षेत्रों

में अपने को बाँट दूँगा। परन्तु मैं स्वयं ही परिस्थितियों के हाथों बनता और चालित होता रहा। जिस कल की मुझे प्रतीक्षा थी, वह कल कभी नहीं आया और मैं धीरे-धीरे खण्डित होता गया, होता गया। और एक दिन ··· एक दिन मैंने पाया कि मैं सर्वथा टूट गया हूँ। मैं वह व्यक्ति नहीं हूँ जिसका उस विशाल के साथ कुछ भी सम्बन्ध था।

क्षण-भर वह चुप रहता है। फिर टहलने लगता है।

काश्मीर जाते हुए मैं यहाँ से होकर नहीं जाना चाहता था। मुझे लगता था कि यह प्रदेश, यहाँ की पर्वत-शृंखला और उपत्यकाएँ मेरे सामने एक मूक प्रश्न का रूप ले लेंगी। फिर भी लोभ का संवरण नहीं हुआ। परन्तु उस बार यहाँ आकर मैं सुखी नहीं हुआ। मुझे अपने से वितृष्णा हुई। उनसे भी वितृष्णा हुई जिन्होंने मेरे आने के दिन को उत्सव की तरह माना। तब पहली बार मेरा मन मुक्ति के लिए व्याकुल हुआ था। परन्तु उस समय मुक्त होना सम्भव नहीं था। मैं तब तुमसे मिलने के लिए नहीं आया क्योंकि भय था तुम्हारी आँखें मेरे अस्थिर मन को और अस्थिर कर देंगी। मैं इससे बचना चाहता था। उसका कुछ भी परिणाम हो सकता था। मैं जानता था तुम पर उसकी क्या प्रतिक्रिया होगी, दूसरे तुमसे क्या कहेंगे। फिर भी उस सम्बन्ध में निश्चिंत था कि तुम्हारे मन में कोई वैसा भाव नहीं आएगा। और मैं यह आशा लिये हुए चला गया कि एक कल ऐसा आएगा जब मैं तुमसे यह सब कह सकूँगा और तुम्हें अपने मन के द्वन्द्व का विश्वास दिला सकूँगा। ··· यह नहीं सोचा कि द्वन्द्व एक ही व्यक्ति तक सीमित नहीं होता, परिवर्तन एक ही दिशा को व्याप्त नहीं करता। इसलिए आज यहाँ आकर बहुत व्यर्थता का बोध हो रहा है।

फिर झरोखे के पास चला जाता है।

लोग सोचते हैं मैंने उस जीवन और वातावरण में रहकर बहुत कुछ लिखा है। परन्तु मैं जानता हूँ कि मैंने वहाँ रहकर कुछ नहीं लिखा। जो कुछ लिखा है वह यहाँ के जीवन का ही संचय था। 'कुमारसम्भव' की पृष्ठभूमि यह हिमालय है और तपस्विनी उमा तुम हो। 'मेघदूत' के यक्ष की पीड़ा मेरी पीड़ा है और विरहविमर्दिता यक्षिणी तुम हो—यद्यपि मैंने स्वयं यहाँ

होने और तुम्हें नगर में देखने की कल्पना की। 'अभिज्ञान शाकुन्तल' में शकुन्तला के रूप में तुम्हीं मेरे सामने थीं। मैंने जब-जब लिखने का प्रयत्न किया तुम्हारे और अपने जीवन के इतिहास को फिर-फिर दोहराया। और जब उससे हटकर लिखना चाहा, तो रचना प्राणवान् नहीं हुई। 'रघुवंश' में अज का विलाप मेरी ही वेदना की अभिव्यक्ति है और ...।

मल्लिका दोनों हाथों में मुँह छिपा लेती है। कालिदास सहसा बोलते-बोलते रुक जाता है और क्षण-भर उसकी ओर देखता रहता है।

चाहता था, तुम यह सब पढ़ पातीं, परन्तु सूत्र कुछ इस रूप में टूटा था कि ...।

मल्लिका मुँह से हाथ हटाकर नकारात्मक भाव से सिर हिलाती है।

मल्लिका : वह सूत्र कभी नहीं टूटा।

उठकर वस्त्र में लिपटे पन्ने कोने से उठा लाती है और कालिदास के हाथ में रख देती है। कालिदास पन्ने पलटकर देखता है।

कालिदास : 'मेघदूत' ! तुम्हारे पास 'मेघदूत' की प्रतिलिपि कैसे पहुँच गयी ?

मल्लिका : मेरे पास तुम्हारी सब रचनाएँ हैं। 'रघुवंश' और 'शाकुन्तलम्' की प्रतियाँ कुछ ही मास पहले मुझे मिल पायी हैं।

कालिदास : तुम्हारे पास मेरी सब रचनाएँ हैं ? परन्तु वे यहाँ कैसे उपलब्ध हुईं ? क्या ... ?

मल्लिका : उज्जयिनी के व्यवसायी कभी-कभी इस मार्ग से होकर भी जाते हैं।

कालिदास : और उनके पास ये प्रतिलिपियाँ मिल जाती हैं ?

मल्लिका : मैंने कहकर मँगवायी थीं। वर्ष-दो वर्ष में कहीं एक प्रतिलिपि मिल पाती थी।

कालिदास : और इनके लिए धन ?

मल्लिका : वर्ष-दो वर्ष में एक प्रति मिल पाती थी। धन एकत्रित करने के लिए बहुत समय रहता था।

कालिदास सिर झुकाये आसन पर आ बैठता है।

कालिदास : जो अभाव वर्षों से मुझे सालते रहे हैं, वे आज और बड़े प्रतीत

होते हैं, मल्लिका ! मुझे वर्षों पहले यहाँ लौट आना चाहिए था ताकि यहाँ वर्षा में भीगता, भीगकर लिखता—वह सब जो मैं अब तक नहीं लिख पाया और जो आषाढ के मेघों की तरह वर्षों से मेरे अन्दर घुमड़ रहा है।

निःश्वास छोड़कर आसन पर रखे ग्रन्थ को उठा लेता है और उसके पन्ने पलटने लगता है।

परन्तु बरस नहीं पाता। क्योंकि उसे ऋतु नहीं मिलती। वायु नहीं मिलती।··· यह कौन-सी रचना है ? ये तो केवल कोरे पृष्ठ हैं।

मल्लिका : ये पन्ने अपने हाथों से बनाकर सिये थे। सोचा था तुम राजधानी से आओगे, तो मैं तुम्हें यह भेंट दूँगी। कहूँगी कि इन पृष्ठों पर अपने सबसे बड़े महाकाव्य की रचना करना। परन्तु उस बार तुम आकर भी नहीं आये और यह भेंट यहीं पड़ी रही। अब तो ये पन्ने टूटने भी लगे हैं, और मुझे कहते संकोच होता है कि ये तुम्हारी रचना के लिए हैं।

कालिदास पन्ने पलटता जाता है।

कालिदास : तुमने ये पृष्ठ अपने हाथों से बनाये थे कि इन पर मैं एक महाकाव्य की रचना करूँ !

पन्ने पलटते हुए एक स्थान पर रुक जाता है।

स्थान-स्थान पर इन पर पानी की बूँदें पड़ी हैं जो निःसन्देह वर्षा की बूँदें नहीं हैं। लगता है तुमने अपनी आँखों से इन कोरे पृष्ठों पर बहुत कुछ लिखा है। और आँखों से ही नहीं, स्थान-स्थान पर ये पृष्ठ स्वेद-कणों से मैले हुए हैं, स्थान-स्थान पर फूलों की सूखी पत्तियों ने अपने रंग इन पर छोड़ दिये हैं। कई स्थानों पर तुम्हारे नखों ने इन्हें छीला है, तुम्हारे दाँतों ने इन्हें काटा है। और इसके अतिरिक्त ये ग्रीष्म की धूप के हल्के-गहरे रंग, हेमन्त की पत्रधूलि और इस घर की सीलन ··· ये पृष्ठ अब कोरे कहाँ हैं मल्लिका ? इन पर एक महाकाव्य की रचना हो चुकी है ··· अनन्त सर्गों के एक महाकाव्य की।

ग्रन्थ रख देता है।

इन पृष्ठों पर अब नया कुछ क्या लिखा जा सकता है ?

उठकर झरोखे के पास चला जाता है। कुछ क्षण बाहर देखता रहता है। फिर मल्लिका की ओर मुड़ आता है।

परन्तु इससे आगे भी तो जीवन शेष है। हम फिर अथ से आरम्भ कर सकते हैं।

अन्दर से बच्ची के कुनमुनाने और रोने का शब्द सुनायी देता है। मल्लिका सहसा उठकर उद्विग्न भाव से उस ओर चल देती है। कालिदास हतप्रभ-सा उसे जाते देखता है।

कालिदास : मल्लिका !

मल्लिका रुककर उसकी ओर देखती है।

कालिदास : किसके रोने का शब्द है यह ?

मल्लिका : यह मेरा वर्तमान है।

अन्दर चली जाती है। कालिदास स्तम्भित-सा प्रकोष्ठ के बीचों-बीच आ जाता है।

कालिदास : तुम्हारा वर्तमान ?

कोई द्वार खटखटाता है। फिर पैर की चोट से द्वार अपने आप खुल जाता है। ड्योढ़ी में विलोम द्वार को कोसता खड़ा है। वस्त्र कीचड़ से लथपथ हैं। वह झूलता-सा अन्दर आता है।

विलोम : भीगे दिन में फिसलकर गिरे और गिरे खाई में।··· कितनी बार कहा है भैया विलोम, बहुत ऊँचे मत चढ़ा करो। परन्तु भैया विलोम क्यों मानने लगे ? पहले आये, तो द्वार बन्द। लौटकर गये और फिसल गये। फिर आये, तो द्वार बन्द। फिर लौटकर जाते, तो क्या होता ? आज का दिन ही ऐसा है कि···।

कालिदास को देखकर बोलते-बोलते रुक जाता है। दृष्टि का भाव ऐसा हो जाता है जैसे किसी बहुत सूक्ष्म वस्तु का अध्ययन कर रहा हो।

न जाने आँखों को क्या हो गया है ? कभी अपरिचित आकृतियाँ बहुत परिचित जान पड़ती हैं और कभी परिचित आकृतियाँ भी परिचित नहीं लगतीं।··· अब यह इतनी परिचित आकृति है और मैं इसे पहचान ही नहीं रहा। आकृति जानी हुई है और व्यक्तित्व नया-सा लगता है।··· क्यों बन्धु, तुम मुझे पहचानते हो ?

मल्लिका अन्दर से आती है और विलोम को

देखकर द्वार के पास जड़ हो जाती है।

कालिदास : आकृति बहुत बदल गयी है, परन्तु व्यक्ति आज भी वही हो।

विलोम : स्वर भी परिचित है और शब्द भी।

आँखें स्थिर करके देखने का प्रयत्न करता है। फिर सहसा हँस उठता है।

तो तुम हो, तुम ?... गिरने और चोट खाने का सारा कष्ट दूर हो गया ! कितने दिनों से तुम्हें देखने की लालसा मन में थी। आओ...।

उसकी ओर बाँहें बढ़ाता है, परन्तु कालिदास उसके सामने से हट जाता है।

गले नहीं मिलोगे ? मेरा शरीर मैला है, इसलिए ? या मुझी से घृणा है ? परन्तु इस तरह मेरा-तुम्हारा सम्बन्ध नहीं टूट सकता। तुमने कहा था न कि हम एक-दूसरे के बहुत निकट पड़ते हैं। नहीं कहा था ? मैंने इन वर्षों में उस निकटता में अन्तर नहीं आने दिया। मैं तो समझता हूँ कि अब हम एक-दूसरे के और भी निकट पड़ते हैं।

मल्लिका की ओर मुड़ता है।

क्यों मल्लिका, मैं ठीक नहीं कहता ?... तुम वहाँ स्तम्भित-सी क्यों खड़ी हो ? विलोम इस घर में अब तो अयाचित अतिथि नहीं है। अब तो वह अधिकार से आता है। नहीं ? अब तो वह इस घर में कालिदास का स्वागत और आतिथ्य कर सकता है। नहीं ?

फिर कालिदास की ओर मुड़ता है।

कहोगे कितनी आकस्मिक बात है कि तब भी मुझसे इसी घर में भेंट हुई थी और आज भी यहीं हुई है। परन्तु सच मानो, यह आकस्मिक बात नहीं है। तुम जब भी आते, हमारी भेंट यहीं होती।

मल्लिका की ओर मुड़ता है।

तुमने अब तक कालिदास के आतिथ्य का उपक्रम नहीं किया ? वर्षों के बाद एक अतिथि घर में आये और उसका आतिथ्य न हो ? जानती हो ? कालिदास को इस प्रदेश के हरिणशावकों का कितना मोह है... ?

फिर कालिदास की ओर मुड़ता है।

एक हरिणशावक इस घर में भी है।··· तुमने मल्लिका की बच्ची को नहीं देखा ? उसकी आँखें किसी हरिणशावक से कम सुन्दर नहीं हैं। और जानते हो अष्टावक्र क्या कहता है ? कहता है···।

मल्लिका सहसा आगे बढ़ जाती है।

मल्लिका : आर्य विलोम !

विलोम हँसता है।

विलोम : तुम नहीं चाहतीं कि कालिदास यह जाने कि अष्टावक्र क्या कहता है। परन्तु मुझे उसकी बात पर विश्वास नहीं होता। मैं इसलिए कह रहा था कि सम्भव है कालिदास ही देखकर बता सके कि अष्टावक्र की बात कहाँ तक सच है। क्या बच्ची की आकृति सचमुच विलोम से मिलती है या··· ?

मल्लिका हाथों में मुँह छिपाये आसन पर जा बैठती है। विलोम कालिदास के पास चला जाता है।

चलो, देखोगे ?

कालिदास : यहाँ से चले जाओ विलोम !

विलोम : चला जाऊँ ?

हँसता है।

इस घर से या ग्राम-प्रान्तर से ही ? सुना है शासन बहुत बली होता है। प्रभुता में बहुत सामर्थ्य होती है।

कालिदास : मैं कह रहा हूँ इस समय यहाँ से चले जाओ।

विलोम : क्योंकि तुम यहाँ लौट आये हो ?··· क्योंकि वर्षों से छोड़ी हुई भूमि आज फिर तुम्हें अपनी प्रतीत होने लगी है ?··· क्योंकि तुम्हारे अधिकार शाश्वत हैं ?

हँसता है।

जैसे तुमसे बाहर जीवन की गति ही नहीं है। तुम्हीं तुम हो और कोई नहीं है। परन्तु समय निर्दय नहीं है। उसने औरों को भी सत्ता दी है। अधिकार दिये हैं। वह धूप और नैवेद्य लिये घर की देहली पर रुका नहीं रहा। उसने औरों को अवसर दिया है ! निर्माण किया है।··· तुम्हें उसके निर्माण से वितृष्णा होती है ? क्योंकि तुम जहाँ अपने को देखना चाहते हो, नहीं देख पा रहे ?

कई क्षण उसकी ओर देखता रहता है। फिर हँसता है।

... तुम चाहते हो इस समय मैं यहाँ से चला जाऊँ। मैं चला जाता हूँ। इसलिए नहीं कि तुम आदेश देते हो। परन्तु इसलिए कि तुम आज यहाँ अतिथि हो, और अतिथि की इच्छा का मान होना चाहिए।

द्वार की ओर चल देता है। द्वार के पास रुककर मल्लिका की ओर देखता है।

देखना मल्लिका, आतिथ्य में कोई कमी न रहे। जो अतिथि वर्षों में एक बार आया है वह आगे जाने कभी आएगा या नहीं।

अर्थपूर्ण दृष्टि से दोनों की ओर देखता है और चला जाता है। मल्लिका मुँह से हाथ हटाकर कालिदास की ओर देखती है। कुछ क्षण दोनों चुप रहते हैं।

मल्लिका : क्या सोच रहे हो ?

कालिदास झरोखे के पास चला जाता है।

कालिदास : सोच रहा हूँ कि वह आषाढ का ऐसा ही दिन था। ऐसे ही घाटी में मेघ भरे थे और असमय अँधेरा हो आया था। मैंने घाटी में एक आहत हरिणशावक को देखा था और उठाकर यहाँ ले आया था। तुमने उसका उपचार किया था।

मल्लिका उठकर उसके पास चली जाती है।

मल्लिका : और भी तो कुछ सोच रहे हो !

कालिदास : और सोच रहा हूँ कि उपत्यकाओं का विस्तार वही है। पर्वत-शिखर की ओर जाने वाला मार्ग भी वही है। वायु में वैसी ही नमी है। वातावरण की ध्वनियाँ भी वैसी ही हैं।

मल्लिका : और ?

कालिदास : और कि वही चेतना है जिसमें कम्पन होता है। वही हृदय है जिसमें आवेश जागता है। परन्तु ...।

मल्लिका चुपचाप उसकी ओर देखती रहती है। कालिदास वहाँ से हटकर आसन के पास आ जाता है और वहाँ से ग्रन्थ उठा लेता है।

परन्तु यह कोरे पृष्ठों का महाकाव्य तब नहीं लिखा गया था।

मल्लिका : तुम कह रहे थे कि तुम फिर अथ से आरम्भ करना चाहते हो।

कालिदास निःश्वास छोड़ता है।

कालिदास : मैंने कहा था मैं अथ से आरम्भ करना चाहता हूँ। यह सम्भवतः इच्छा का समय के साथ द्वन्द्व था। परन्तु देख रहा हूँ कि समय अधिक शक्तिशाली है क्योंकि ...।

मल्लिका : क्योंकि ?

फिर अन्दर से बच्ची के रोने का शब्द सुनायी देता है। मल्लिका झट से अन्दर चली जाती है। कालिदास ग्रन्थ आसन पर रखता हुआ जैसे अपने को उत्तर देता है।

कालिदास : क्योंकि वह प्रतीक्षा नहीं करता।

बिजली चमकती है और मेघ-गर्जन सुनायी देता है। कालिदास एक बार चारों ओर देखता है, फिर झरोखे के पास चला जाता है। वर्षा पड़ने लगती है। वह झरोखे के पास आकर ग्रन्थ को एक बार फिर उठाकर देखता है और रख देता है। फिर एक दृष्टि अन्दर की ओर डालकर ड्योढ़ी में चला जाता है। क्षण-भर सोचता-सा वहाँ रुका रहता है। फिर बाहर से दोनों किवाड़ मिला देता है। वर्षा और मेघ-गर्जन का शब्द बढ़ जाता है। कुछ क्षणों के बाद मल्लिका बच्ची को वक्ष से सटाये अन्दर आती है और कालिदास को न देखकर दौड़ती-सी झरोखे के पास चली जाती है।

मल्लिका : कालिदास !

उसी तरह झरोखे के पास से आकर ड्योढ़ी के किवाड़ खोल देती है।

कालिदास !

पैर बाहर की ओर बढ़ने लगते हैं, परन्तु बच्ची को बाँहों में देखकर जैसे वहीं जकड़ जाती है। फिर टूटी-सी आकर आसन पर बैठ जाती है और बच्ची को और साथ सटाकर रोती हुई उसे चूमने लगती है। बिजली बार-बार चमकती है और मेघ-गर्जन सुनाई देता रहता है।

नाटककार का वक्तव्य :

पहले संस्करण की भूमिका

हिन्दी नाटक रंगमंच की किसी विशेष परम्परा के साथ अनुस्यूत नहीं है। पाश्चात्य रंगमंच की उपलब्धियाँ ही हमारे सामने हैं। परन्तु न तो हमारा जीवन उन सब उपलब्धियों की माँग करता है, और न ही यह सम्भव प्रतीत होता है कि हम उस रंगशिल्प को व्यापक रूप से ज्यों का त्यों अपने यहाँ प्रतिष्ठित कर दें।

हिन्दी रंगमंच के विकास से निस्सन्देह यह अभिप्राय नहीं है कि अत्याधुनिक सुविधाओं से सम्पन्न रंगशालाएँ राजकीय या अर्द्धराजकीय संस्थाओं द्वारा जहाँ-तहाँ बनवा दी जाएँ जिससे वहाँ हिन्दी नाटकों का प्रदर्शन किया जा सके। प्रश्न केवल आर्थिक सुविधा का ही नहीं, एक सांस्कृतिक दृष्टि का भी है। हिन्दी रंगमंच को हिन्दीभाषी प्रदेश की सांस्कृतिक पूर्तियों और आकांक्षाओं का प्रतिनिधित्व करना होगा, रंगों और राशियों के हमारे विवेक को व्यक्त करना होगा। हमारे दैनंदिन जीवन के राग-रंग को प्रस्तुत करने के लिए, हमारे संवेदों और स्पन्दनों को अभिव्यक्त करने के लिए, जिस रंगमंच की आवश्यकता है, वह पाश्चात्य रंगमंच से कहीं भिन्न होगा। इस रंगमंच का रूपविधान नाटकीय प्रयोगों के अभ्यन्तर से जन्म लेगा और समर्थ अभिनेताओं तथा दिग्दर्शकों के हाथों उसका विकास होगा।

सम्भव है यह नाटक उन सम्भावनाओं की खोज में कुछ योग दे सके।

वसन्त, 1958

मोहन राकेश

दूसरे संस्करण की भूमिका

मुझे प्रसन्नता है कि नाटक के प्रकाशन के तीन महीने बाद ही इसका दूसरा संस्करण प्रेस में जा रहा है। नाटक के सम्बन्ध में जिन मित्रों ने अपनी सम्मतियां भेजी हैं, उनके प्रति आभारी हूं। लखनऊ तथा दिल्ली में कुछ मित्रों ने नाटक को रंगमंच पर प्रस्तुत करने की योजनाएँ भी बनाई थीं, जो अभी तक कार्यान्वित नहीं हुईं। मैं समझता हूं कि एक नाटकीय कृति के वास्तविक मूल्य—उसकी सफलता या असफलता, का निर्णय रंगमंच पर ही होता है। अच्छे सफल नाटकों की रचना के लिए अपेक्षित तो यह होगा कि प्रकाशन से पूर्व ही उनका रंगमंच पर अभिनय हो—और उस अनुभव के प्रकाश में ही नाटक को उसका अन्तिम रूप दिया जाय। परन्तु लगता है कि उस स्थिति तक पहुँचने में हमें कुछ वर्ष लगेंगे। नाटक के तीनों अंकों का सेट एक ही है, इसलिए मैं समझता हूँ कि इसे खेलने के लिए थोड़े-से ही साधनों की आवश्यकता होगी। हां, मुख्य भूमिकाओं के लिए—कालिदास, मल्लिका और विलोम की भूमिकाओं के लिए विशेष रूप से—बहुत कुशल अभिनेताओं की आवश्यकता होगी। मैं इस संस्करण के साथ सब पात्रों के वस्त्रों आदि का विवरण भी देना चाहता था, परन्तु समयाभाव के कारण ऐसा नहीं कर पा रहा। आशा करता हूं कि इसके बाद के संस्करण में वह सारा ब्यौरा दे सकूँगा। नाटक के अन्तिम अंक के सम्बन्ध में कुछ लोगों को थोड़ी भ्रान्ति रही है—उन्होंने समझा है कि उस समय मल्लिका और विलोम का सम्बन्ध पति-पत्नी का सम्बन्ध है। वास्तव में ऐसा नहीं है। मल्लिका उस समय विलोम की पत्नी नहीं है, दारिद्र्य के कारण अपने शरीर के व्यवसाय पर जीने वाली एक नारी है—और यह बात संवादों तथा कथानक के अन्य संकेतों से स्पष्ट हो जाती है।

नाटक में समसामयिक जीवन के कुछ संकेत हैं—इनमें लेखक के राज्याश्रय स्वीकार करने के प्रश्न का संकेत मुख्य है। ये संकेत नाटक की मूल संवेदना के प्रभाव को पुष्ट करने में सहायक हैं या नहीं—इस सम्बन्ध में आलोचकों की अलग-अलग सम्मतियाँ हैं। मेरा अपना विचार यही है कि इन संकेतों के बिना नाटक की मूल संवेदना, और कालिदास तथा मल्लिका के जीवन की करुण विडम्बना ठीक से व्यक्त नहीं हो पाती।

दो-एक शब्दों को छोड़कर मैंने नाटक में और कोई परिवर्तन नहीं किया।

सितम्बर, 1958 **मोहन राकेश**

मोहन राकेश की डायरी के पन्नों से

जालंधर : 2-5-58

"आषाढ़ का एक दिन" **full-length play** लिखना आरम्भ किया 3 मार्च को, पूरा किया 21 अप्रैल को। यह हाल है।

नई दिल्ली : 5-2-59

पहले दो दिन रमेश पाल के साथ कटे। पता चला कि आषाढ़ का एक दिन का अभिनय पहले नागपुर में कांग्रेस अधिवेशन के अवसर पर हुआ **(not yet confirmed)**, फिर 10 को लखनऊ में रंगमंच की ओर से। सर्वदानन्द वर्मा, भागवतीचरण वर्मा, अमृतलाल नागर इत्यादि **antagonistic** रहे। फिर 21 को नाट्य समारोह में अभिनय हुआ, जिनमें इसे 'बेस्ट प्रोडक्शन' का एवार्ड मिला। और भी कई प्राइज़ मिले। इन्होंने वहां से जो काग़ज़ात भेजे थे, वे यहाँ नहीं मिले। 21 की पर्फारमेन्स के लिए ही रमेश ने बुलाया था। तार में कारण भी लिखा होता तो ज़रूर चला जाता मगर ...।

अब यहां के नाटककार इसी आधार पर नाटक को रन डाउन करने की कोशिश में हैं कि लखनऊ में बाबू सम्पूर्णानन्द ने इसका उद्‌घाटन करने से इन्कार कर दिया क्योंकि उनसे कहा गया था कि नाटक में कालिदास को हीन किया गया है। व्हाट पीपल ... मैं तो पहले ही स्वीकार किए हूं कि संगीत नाटक अकादमी-प्राइज़ किसी और को मिलेगा—हालांकि अवस्थी ने उस दिन कहा था कि "भाई, **rumour** है प्राइज़ मिल रहा है। **It is very high up.**" मैं नहीं जानता। न जानना चाहता हूं। खामखाह नींद बरबाद होती है। ... सिर्फ प्रकाशकों की वजह से कोफ्त होती है वर्ना सिवाय अपनी किताबों की **royalties** पर जीने के और किसी चीज़ की आशा या अपेक्षा नहीं रखना चाहता। मगर कैसे हो ? कैसे ? एक प्रकाशक ने छह महीने के एकाउन्ट में 24 रुपये भेजे हैं और एक ने साल का बकाया 8 रुपए ! **Heavens !**

नई दिल्ली : 21-9-59

खब्त सवार था कि नाटक खुद **produce** करेंगे—बस दिलो-दिमाग पर वही विचार छाया जा रहा था। आखिर छोड़ दिया, लिखना पहली चीज़ है, और कुछ नहीं।

नई दिल्ली : 23-10-59

Last night they broadcast AKED* as a national play. I felt like committing suicide after listening to it. And I feel like destroying all that I have written.

---

*आषाढ़ का एक दिन

निर्देशक/अभिनेता/समीक्षक की नज़र से

रामगोपाल बजाज

मेरा यह निजी तौर पर मानना है कि साहित्य अथवा कला समसामयिक होते हुए भी व्यापक प्रश्नों को उठाती है और इस दृष्टि से राकेश का कथा साहित्य एवं नाटक तात्कालिक आटे-दाल के भाव, मंहगाई या दलबदल की राजनीति का साहित्य नहीं है। "आषाढ़ का एक दिन" में भी महत्वाकांक्षा, रचनाधर्मिता, शरीरी और अशरीरी के बीच चेतना की झंकृति एवं पीड़न व्यापक है। मल्लिका मुझे प्रकृति एवं औदात्य की प्रतीक लगती है और कालिदास रचनाधर्मी व्यक्तित्व की परिवेश के साथ उसकी असंगति, उसकी निजी जीवन-दृष्टि में व्यतिरेक एवं द्वेष पैदा करती है। कालिदास का आक्रोश और मोहभंग मात्र परिवेश से ही नहीं स्वयं अपनी समझ एवं प्रकृति के प्रति भी है, जिसके साथ यह नाटक के अन्त में एक और यात्रा का आरम्भ करता है। बिना कालिदास के चाहे हुए भी इस प्रक्रिया में मल्लिका का औदात्य आत्मदान नितान्त अकेला छूट जाता है—सीता के धरा-प्रवेश की तरह। विलोम भी एक दूसरे स्तर पर, अशरीरी को शरीर के स्तर पर प्राप्त करने के प्रसंग में खण्डित और धूसरित होता है। अनजान, अबोध मातुल, सामान्य दैनन्दिन स्तर पर पंगु होते हुए भी बाह्य सामाजिक संक्रान्ति के मूल्यों की पंगुता का प्रतीक बन सके, ऐसी कोशिश है।

मंच-विधान के माध्यम से यथार्थ और अमूर्तन के बीच की कड़ी ली गई है, जिसे संगीत के द्वारा शून्य-चेतना तक उठाने की दिशा में प्रयत्न दीखेंगे। इसकी मूल मंच-रचना 'दिशांतर' की प्रस्तुति में मीना विलियम्स की परिकल्पना से प्रेरित है। मैं आभारी हूं कि श्री बंसी कौल ने इसे मेरे सोच के साथ ग्रहण किया और अपने ढंग से इसको पुनः नियोजित कर बहुत सामान्य और बारीक अन्तर से रचित किया है। अभिनेता मात्र वास्तविक और कालखण्ड में विजड़ित होकर दर्शक के मानस जगत् में संचलन करेंगे या नहीं, इस पर ही इस प्रस्तुति की सम्भावनाएं टिकी हैं जिसका उत्तर प्रेक्षागृह के कम्पन में ही होता है, यदि होता है।

शैली की दृष्टि से आधुनिक चाक्षुष बिम्बों के साथ भाषा के शब्दों में जो व्यंजक बिम्ब हैं, जो समस्तिष्क (मात्र सहृदय नहीं) दर्शक के, कल्पनाजगत् में रेखित होते हैं, वे ही सोना हैं, जिनकी ओर मैं उन्मुख भर हूं। राकेश जी की रचनाओं में मुझे इसकी सिद्धि के दर्शन हुए हैं।

सत्यदेव दुबे (बम्बई)

मोहन राकेश ने 'आषाढ़ का एक दिन' 1959 में लिखा था जिसे संगीत नाटक अकादेमी का पुरस्कार तो मिला ही था, पर जो तब तक के हिन्दी नाटक-लेखन में एक क्रांतिकारी प्रस्थान था।

राकेश एक कहानी लेखक और उपन्यासकार के रूप में तो प्रतिष्ठित हो चुके थे, पर 'आषाढ़ का एक दिन' के प्रकाशन और कलकत्ते में अनामिका द्वारा उसकी प्रथम प्रस्तुति से साहित्य और रंगमंच के क्षेत्र में एक बिजली-सी दौड़ गयी थी। उसने नाटक-लेखन को एक स्पृहणीय शिखर पर पहुँचा दिया था। अभी तक नाटक की स्थिति अन्य साहित्यिक विधाओं में एक गरीब रिश्तेदार जैसी ही थी, पर अब उसे एक नयी प्रतिष्ठा हासिल हो गयी, भले ही उससे पारिश्रमिक सबसे कम मिलता हो।

'आषाढ़ का एक दिन' ऊपर से कालिदास के बारे में है, पर वास्तव में कालिदास इस नाटक में एक ऐसे आधुनिक कलाकार का मूर्तिमान रूप है जो अपनी सर्जनात्मक समस्याओं से ग्रस्त होने के साथ-साथ राज्य-व्यवस्था द्वारा किये गये अपमान से भी क्षुब्ध है। देखने में किसी बीते युग का नाटक लगने पर भी उसमें आधुनिक युग के अनेक सन्दर्भ थे और ऐसे सुगठित चरित्र थे जिनसे तादात्म्य हो सकता था। साथ ही आधुनिकता को स्थिति के 'काव्य' पर हावी नहीं होने दिया गया था, और वह उन संवादों में उभरकर आती थी जिनकी संयत संगीतात्मकता ने हिन्दी जगत को चौंका दिया था। यद्यपि उसमें कथानक के युग के अनुरूप संस्कृतनिष्ठ हिन्दी का प्रयोग था, पर नाटककार ने हिन्दी भाषा में एक पूर्ण विकसित नाटकीय मुहावरे का समावेश किया था जिसकी बोलचाल की लय निर्दोष थी और जिसमें एक स्पष्ट आधुनिक खनक थी।

(इनैक्ट 73-74 में प्रकाशित अंग्रेजी लेख से अनूदित)

फैसल अलकाज़ी (नयी दिल्ली)

पहली बार एक पूर्णाकार नाटक का निर्देशन करने, और अपनी युवा नाट्य मंडली रुचिका की पहली बड़ी प्रस्तुति के रूप में, मैंने मोहन राकेश के नाटक 'आषाढ़ का एक दिन' का चुनाव कई कारणों से किया—अपनी उम्र के लोगों के लिए मुझे नाटक में कुछ ऐसी सार्थक चीजें दिखाई दीं, जिन्हें मैं अपने ढंग से पेश करना चाह सकता था। इसके साथ ही नाटक के सफल अंग्रेजी अनुवाद, उसकी गठी हुई बुनावट, बिंबों की स्पष्टता और भाषा की सुंदरता ने भी मुझे अपनी ओर आकर्षित किया।

रुचिका के लिए अपनी प्रस्तुति (अगस्त, ७२) में मैंने नाटक में मौजूद समस्या की सार्वजनीनता पर बल देना चाहा—यानी एक सृजनशील कलाकार किस तरह से किसी व्यवस्था द्वारा पूरी तरह से कुचल और तोड़ दिया जाता है। कालिदास समाज में 'मिसफिट' नहीं था, बल्कि राज्य स्वयं कुछ अजीब-सा बनावटी और क्रूर हो ग़या था। समस्या यही थी कि इस विचार को दर्शकों तक कैसे पहुँचाया जाये।

जाहिर है अभिनय इसका एक साधन था, पर सिर्फ वही काफी न था। विभिन्न दरबारी चरित्रों के लिए बिल्कुल ही बनावटी चाल-ढाल निर्धारित करके हम लोगों ने उन्हें नाटक के देहाती पात्रों से अलग करने का प्रयत्न किया। रंगिणी और संगिनी के बनावटी भाषण और भंगिमाएँ, अनुस्वार की अत्यधिक शिष्ट आवाज़ और उसका 'गुलाब', प्रियंगुमंजरी का राजसीपन और साथ ही इसके विपरीत उसकी घबराहट और कालिदास को बाँध रखने में असमर्थता—इन सभी तत्त्वों के माध्यम से दरबारी पात्रों को ग्रामीणों से अलग प्रस्तुत करने में सहायता मिली।

वेशभूषा में रंगों के प्रयोग में भी हमने उसी बात पर बल दिया—अधिकाधिक गुलाबी और जामुनी रंग के वस्त्रों और भारी-भारी आभूषणों से लदे दरबारी पात्र, और सीधे-सादे, धरती के फीके रंगों के वस्त्रों में देहाती पात्र।

नाटक चूँकि वृत्तमंच (एरेना) पर प्रस्तुत किया गया था, जहाँ अभिनेता और दर्शक के बीच की दूरी बहुत कम थी, इसलिए रूप-सज्जा का प्रयोग भी दरबारी और देहाती पात्रों के आपसी अंतर को जाहिर करने के लिए किया गया। एक ओर देहाती पात्रों के लिए कोई सज्जा नहीं थी तो दूसरी और दरबारी पात्रों (यहाँ तक कि अनुस्वार-अनुनासिक भी) के लिए गहरी रूप-सज्जा और जटिल केश-रचना का विधान था।

हम लोगों ने पारंपरिक चरित्र-चित्रण से भी अलग हटने का निश्चय किया। अंबिका यहाँ युगों से पीड़ित भारतीय नारीत्व का प्रतीक न होकर एक ऐसी नारी

के रूप में आयी जिसने जीवन के कड़वे यथार्थ को भोगा था। ठीक उसी तरह विलोम भी एक खलनायक न होकर नाटक में संभवतः सबसे ज्यादा व्यावहारिक और सही ढंग से साचेने वाले व्यक्ति के रूप में सामने आया।

निर्देशक की हैसियत से मैंने नाटक को कुछ विशेष दृश्य-श्रव्य बिंबों के रूप में देखा। नाटक के आरंभ में बिजली की चमक के साथ चिंतित अंबिका का प्रवेश, दूसरे अंक में कालिदास के पैरों की दूर होती आहट को उभारते हुए नगाड़े के जोरदार बोल, तीसरे अंक में काले वस्त्र पहने मल्लिका के अकेलेपन को और भी तीखा बनाती हुई बाहर प्रकृति की तूफानी गरज, एक बार फिर अलग होते प्रेमियों के बीच अंतिम प्रसंग में कमरे में कालिदास की धीमी चहलकदमी, मंद रोशनी में दिये की जलती-बुझती लौ में चमकता मल्लिका का आँसुओं में डूबा चेहरा, और नाटक के अंतिम क्षणों के साथ-साथ तूफान—ये कुछ ऐसे बिंब हैं जो मुझे काफी दिनों तक बाँधे रखेंगे।

[नटरंग-21 से]

विवेकदत्त झा (सागर)

चार नाटक प्रकाशित हुए मोहन राकेश के। तीन उनके जीवन-काल में प्रकाशित और प्रसिद्ध हुए, चौथा प्रकाशित हुआ उनके मरणोपरांत। चारों नाटक आज की व्यवस्था का मखौल उड़ाते हैं। दो तो आधुनिक कथानक पर आधारित हैं, दो ऐतिहासिक पृष्ठभूमि पर प्रतिष्ठापित। नाटककार का 'आधे-अधूरे' बहुचर्चित रहा, किंतु 'आषाढ़ का एक दिन' ने मुझे सर्वाधिक प्रभावित किया। पिछले चार-वर्षों से लगातार उसके मंचन की योजना बनाता रहा। योग कुछ ऐसा कि नाटककार के असामयिक निधन के कुछ पूर्व ही रिहर्सल शुरू किया जा सका। मन बहुत दुखी हुआ। भारी मन से रिहर्सल करते रहे, और हमने उनकी पुण्यस्मृति में नाटक का प्रदर्शन किया, 22 दिसंबर को।

नाटककार ने जीवन-स्पंदन को पकड़ते हुए मूल्यबोध द्वारा नाटक को समग्रता प्रदान की है। उनके पात्र जीवंत और स्वाभाविक हैं। मानव-मन का विश्लेषण बखूबी किया गया है। स्त्री-पुरुष के संबंधों की विडंबना को अलग-अलग स्तरों पर पकड़ने के प्रयत्न में नाटककार को अभूतपूर्व सफलता मिली है। कालिदास मल्लिका की उपेक्षा करता तो है, किंतु उसके बिना वह जी नहीं पाता। कालिदास के संवाद उसकी इन मनस्थितियों के परिचायक हैं : 'तुम मुझे समझ नहीं रही हो मल्लिका, प्रश्न तुम्हारे घेरने का भी नहीं है।'··· 'यक्ष की पीड़ा मेरी पीड़ा है और विरह-विमर्दिता यक्षिणी तुम हो।' उसके द्वारा विस्मृत, उपेक्षित मल्लिका क्षण भर को भी अपने को उससे अलग नहीं कर पाती : 'तुम रचना करते रहे और मैं सोचती रही कि मैं सार्थक हूँ··· मैं अपने को अपने में न देखकर तुम में देखती थी।' मानव-मन की परवशता और उसकी गहराइयों में बैठे प्राकृतिक बंधनों का यह स्वाभाविक चित्रण अन्यत्र दुर्लभ है।

नाटक के पूर्वाभ्यास में संवादों के उच्चारण पर विशेष ध्यान देना अनिवार्य हो जाता है। सभी अव्यावसायिक अभिनेताओं से सही उच्चारण की अपेक्षा नहीं की जा सकती। संवादों का अनूठापन और सातत्य नाटक के प्रति पात्रों को आस्थावान बनाये रखता है। पूर्वाभ्यास में निपेक्ष, दंतुल और अनुस्वार 'स' 'श' तथा 'ष' की गलती करते रहे। यह कमी प्रदर्शन में भी बनी रही। काव्यमय संवादों के बीच उनके कर्णकटु स्वरोच्चारण ऐसे प्रतीत होते जैसे मधुर स्वर-लहरी के बीच बेसुरा आलाप। मल्लिका आदतन 'वास्तविकता' की जगह 'हकीकत' और 'प्रयत्न' के स्थान पर 'कोशिश' बोलतीं। किंतु प्रदर्शन में उन्होंने यह त्रुटि नहीं की।

संवादों के माध्यम से नाटक में शाश्वत सत्य उद्घाटित हुआ है। मसलन,

'जीवन की स्थूल आवश्यकताएँ ही तो सब कुछ नहीं है',.....'योग्यता एक चौथाई व्यक्तित्व का निर्माण करती है, शेष पूर्ति प्रतिष्ठा द्वारा होती है।'.........'कोई व्यक्ति उन्नति करता है तो उसके नाम के साथ कई तरह के अपवाद अनायास जुड़ने लगते हैं।' कहीं-कहीं कालिदास और मल्लिका के संवाद अधिक लंबे प्रतीत होते हैं। वस्तुतः उनके बिना नाटक का निर्वाह कठिन है। कालिदास और मल्लिका की मनःस्थितियाँ, इन लंबे संवादों तथा स्वगत-कथनों के बिना, इतने प्रभावपूर्ण ढंग से अभिव्यक्त नहीं की जा सकतीं। प्रारंभ में ये संवाद मेरे अभिनेताओं को भी लंबे प्रतीत होते थे। इन्हें बोलने में अंग-संचालन, भावाभिव्यक्ति तथा गति में तारतम्य बनाये रखना उन्हें कठिन प्रतीत होता था। किंतु ज्यों-ज्यों रिहर्सल होता गया, उन तथाकथित लंबे संवादों के अर्थ और उनकी अनिवार्यता की प्रतीति होती गयी।

सामान्य नहीं हैं 'आषाढ़ का एक दिन' के पात्र। हमारा समाज परंपरागत संस्कार का पुजारी रहा है। उस संस्कार के प्रतिष्ठापक राम, कृष्ण, बुद्ध, महावीर और गाँधी जैसे महामानव विशेष विभूतियों से युक्त माने गये हैं। ऐसी विभूतियों को भारतीय समाज मानवीय दुर्बलताओं से युक्त नहीं देखना चाहता। कालिदास को उसकी दुर्बलताओं के साथ मंच पर उपस्थित कर नाटककार ने समाज की परंपरागत रूढ़ि को तोड़ने की दिशा में महत्त्वपूर्ण योग दिया है।

पात्रों को गढ़ने के पूर्व नाटक की आत्मा की ठीक पहिचान आवश्यक है। संवादों के ठीक अर्थ ग्रहण कर तदनुरूप चरित्र जब तक न गढ़े जायेंगे, तब तक नाटक का मंचावतरण सफल हो ही नहीं सकता। न तो विलोम को आम खलनायक की तरह और न ही कालिदास को सामान्य नायक की तरह प्रस्तुत किया जा सकता है। विलोम चतुर और संयमित है, भावनाएँ उसे प्रभावित नहीं करतीं। सामान्य खलनायक की तरह आवेश, क्रोध, कपट और धूर्तता को वह उभरने नहीं देता। इसीलिए वह सामान्य से हटकर है। 'विलोम क्या है ? एक असफल कालिदास। और कालिदास ? एक सफल विलोम।' ... 'तुम मुझसे घृणा करती हो, मैं जानता हूँ। परन्तु मैं तुमसे घृणा नहीं करता।' जैसे, कुछ स्थलों पर, कभी-कभी अंबिका के साथ वार्तालाप में और तृतीय अंक में विलोम सामान्य है। इन स्थलों पर भावनातिरेक ने, सचाई ने तथा मदिरा के प्रभाव ने उसका मुखौटा उलट दिया है। अपनी विशेषताओं के कारण अपने संवादों से दर्शकों को भ्रमित कर विलोम कभी-कभी नायक की तरह उभरता प्रतीत होता है। इसके विपरीत अंतर्द्वन्द्व से पीड़ित, खंडित, भावुक, निष्कपट कालिदास अपने बेलाग संवादों के कारण कुछ स्थलों पर खलनायक की-सी स्थिति में खड़ा पाया जाता है। मूल्यबोध से युक्त असाधारण कवि कालिदास, जिसका अधिकांश जीवन पर्वत शिखरों और बादलों के बीच व्यतीत हुआ है, सामान्य से तनिक हटकर ही होगा।

विलोम और कालिदास के इन रूपों को लेकर नाटक के पूर्वाभ्यास में मुझे विषम स्थितियों का सामना करना पड़ा। मेरे सहकर्मी विलोम के अभिनय को लेकर सदैव मेरा विरोध करते रहे। स्वयं विलोम का अभिनय कर रहे आलोक प्रताप सिंह में असंतोष दिखाई देता था। सहकर्मियों की टीका-टिप्पणी और आम खलनायक से हटकर अभिनय उसे विचलित कर देते। दो दिन तो वह मेरे निर्देशन के अनुरूप अभिनय करता, तीसरे दिन उसके लहजे, अंग-संचालन और भंगिमा में अचानक परिवर्तन दिखाई देता। अंततः आलोक मुझसे सहमत हुआ, प्रदर्शन के केवल तीन दिन पूर्व। उन तीन दिनों में ही उसने अपने अभिनय को बहुत ऊँचाई तक पहुँचाया और प्रदर्शन ने आलोचकों के भ्रम को तोड़ने में मदद की। कालिदास को अपने अनुकूल ढालने में मुझे कम जहमत उठानी पड़ी। कालिदास का अभिनय मेरे अनुज विभूतिदत्त झा ने किया। विभूति की मुझ पर और मेरे अंदर के निर्देशक पर भरपूर आस्था थी। इसलिए, सहमत न होने पर भी, उसने मेरे निर्देशन के अनुसार ही अभिनय किया। प्रदर्शनोपरांत कुछ नाट्य-प्रबुद्ध अध्यापकों ने टिप्पणी की : कालिदास को तृतीय अंक में पूर्णतः असामान्य नहीं होना चाहिए, दर्शकों की उपेक्षा कर शून्य में नहीं ताकना चाहिए। अपना 'सब कुछ' पाने के मोह से राजपद त्यागकर कालिदास गाँव वापिस लौटता है। उसे वह 'सब' परिवर्तित मिलता है और सामना करना पड़ता है विलोम के व्यंग्यबाणों का। ऐसी स्थिति में क्या कालिदास को सामान्य बनाया जा सकता है ?

मातुल का अतिनाटकीय होना अनिवार्य है। अनुस्वार तथा अनुनासिक नाटक के अनिवार्य अंग तो हैं ही, विषयांतर की दृष्टि से भी उनकी उपस्थिति महत्त्वपूर्ण है। गंभीर और लंबे संवादों के बीच उनकी उपस्थिति नाटक को बोझिल होने से बचाती है। दर्शकों की रुचि का ध्यान रखते हुए सामान्य ढंग से गंभीर बातें कह जाना राकेश की अपनी विशेषता है। दोनों राज़-कर्मचारी—एक वर्ग विशेष के—संदिग्ध-असंदिग्ध, औचित्य-अनौचित्य के विवाद में उलझे, मतवैभिन्य से उपजे दिमागी दिवालियेपन के द्योतक हैं। समाज का सत्ता-सम्पन्न वर्ग कैसे प्रत्येक उपलब्धि के मूल में कुछ अस्वाभाविक और असामान्य की कल्पना करता है, नागरिकों के लिए ग्राम एक अजूबा है—इसका चित्र रंगिणी-संगिणी तथा प्रियंगुमंजरी के चित्रों में उभरता है। 'इस प्रदेश ने कालिदास जैसी असाधारण प्रतिभा को जन्म दिया है। यहाँ की तो प्रत्येक वस्तु असाधारण होनी चाहिए।'.......'इस प्रदेश का कुछ वातावरण साथ ले जाऊँ', इत्यादि सत्ताधारियों की अल्पज्ञता प्रदर्शित करते हैं।

मल्लिका 'लहरों के राजहंस' की सुंदरी तथा 'आधे-अधूरे' की सावित्री की तरह दर्शकों की सहानुभूति अर्जित करती है। उसके चरित्र निर्माण में किसी प्रकार की दिक्कत नहीं हुई। अंबिका का चरित्र भी सहज है, किंतु हमारी अंबिका थीं प्रथम

वर्ष की छात्रा वंदना भट्ट। लहजा, भावाभिव्यक्ति तथा अंग-संचालन चरित्र के अनुकूल होने पर भी उनकी सहज तीखी आवाज खटकती थी। आवाज भारी बनाकर बोलने में गले में तकलीफ होने लगती। मैंने उन्हें रुक-रुक कर, खाँसते हुए गहरी साँस ले-लेकर बोलने की सलाह दी। यह उनके चरित्र के अनुकूल भी था। युक्ति कारगर साबित हुई। अंबिका का अभिनय बहुप्रशंसित था।

कालिदास-युगीन वातावरण के निर्माण हेतु मंच पर बहुत अधिक परिश्रम करना पड़ा। नाटककार का रंगनिर्देश इसमें सहायक हुआ। मंचावतरण के दौरान प्रत्येक वस्तु यथास्थान हो इस पर विशेष ध्यान देना अनिवार्य है। जरा-सी चूक विषम स्थिति पैदा कर सकती थी। अनुस्वार-अनुनासिक के प्रवेश पर चौकी का बीच में होना, प्रियंगुमंजरी की उपस्थिति में आसन के समीप चौकी पर मेघदूत की प्रति तथा प्रथम अंक में विलोम के प्रवेश पर ताक पर बुझे दीपकों का होना उतना ही अनिवार्य है जितना कि पात्रों की उपस्थिति।

'आषाढ़ का एक दिन' निस्संदेह उच्चस्तरीय नाटक है। इसका प्रदर्शन प्रबुद्ध दर्शकों के समक्ष ही अधिक अर्थपूर्ण है। नाटक सबसे अधिक इस अर्थ में सफल है कि संस्कृतनिष्ठ भाषा का निर्वाह करते हुए नाटककार अपनी बात आम दर्शकों तक पहुँचा सका। भाषा बाधा न बनकर नाटक की खूबी बन गयी है।

सुधा शिवपुरी (नयी दिल्ली/बम्बई)

आज इतने सालों बाद पुरानी यादें ताज़ा हो आई हैं। बहुत-सी घटनाएँ हैं, बहुत-सा अपनापन है जो 'आषाढ़ का एक दिन' और राकेश जी के सभी नाटकों से जोड़ गया था। उस समय मैं राकेश जी को केवल एक लेखक के रूप में जानती थी। उनसे मिलने की चाह इसलिए भी प्रबल थी कि राष्ट्रीय नाट्य विद्यालय में मेरा यह पहला सार्वजनिक प्रदर्शन था, और मुझे उनके नाटक की मल्लिका के रूप में लोगों ने बेहद पसंद किया था। नाटक अपने-आप में इतना अर्थ लिए हुए था कि उसके एक-एक मूड को तब तक नहीं पकड़ा जा सकता था जब तक कि मैं सुधा अपने को मल्लिका के रूप में आत्मसात न कर लूं। वह कुछ मेरा पागलपन ही था कि अपनापन भूलकर उस दो-ढाई घंटे तक मैं उस पात्र में ऐसी डूबती थी कि नाटक की समाप्ति पर ध्यान आता था कि, अरे कालिदास चला गया, सिर्फ यह कहकर कि समय किसी की प्रतीक्षा नहीं करता !

'आषाढ़ का एक दिन' के मैंने न जाने कितने प्रदर्शन किए थे। मल्लिका की भूमिका करते समय मैं जिस पात्र को जी रही थी वह आज तक मेरे कितना करीब है, यह मैं शब्दों में शायद नहीं बता सकती। उसी नाटक का एक संवाद था, जब मल्लिका को पता चलता है कि उसके प्रेमी कालिदास ने राज-पाट छोड़कर संन्यास ले लिया है—उस कालिदास ने जिसके लिए मल्लिका ने अपना पूरा जीवन लगा दिया था और जिसके लिए उसने समाज, परिवार सभी की भर्त्सनाएं सही थीं—ऐसे समय वह कहती है—

"मैं यद्यपि तुम्हारे जीवन में नहीं रही, परन्तु तुम मेरे जीवन में सदा बने रहे हो। मैंने कभी तुम्हें अपने से दूर नहीं होने दिया। तुम रचना करते रहे और मैं समझती रही कि मैं सार्थक हूं, मेरे जीवन की भी कुछ उपलब्धि है।"

ये 'आषाढ़ का एक दिन' की वे पंक्तियां हैं जो मैंने वास्तविक रूप में जी हैं। जब-जब ओम जी को अभिनय जगत में सफलताएं मिलीं, और उन्होंने या लोगों ने मुझसे पूछा कि सुधा तुम भी कलाकार हो, तुम्हें ओम की सफलता के प्रति कैसा महसूस होता है, तो मैं बस मोहन राकेश की इन्हीं पंक्तियों को दोहरा देती थी, मानो अपने वास्तविक जीवन में भी मैं राकेश जी का 'आषाढ़ का एक दिन' ही जी रही थी।

और अब तो मैं उनके उस पात्र के और अधिक करीब होती जा रही हूं। आज जब मोहन राकेश हमारे साथ नहीं हैं, और उनका कालिदास भी मुझे अकेला छोड़कर जा चुका है, जीवन से तटस्थ हो चुका है तो एक बार फिर वे ही 'आषाढ़ का

एक दिन' की पंक्तियां याद करके मैं अपने को तसल्ली दे लेती हूं कि, 'हे कालिदास, तुम जीवन से तटस्थ हो सकते हो परन्तु मैं तो अब तटस्थ नहीं हो सकती। क्या जीवन को तुम मेरी दृष्टि से देख सकते हो ? जानते हो मेरे जीवन के ये वर्ष कैसे व्यतीत हुए हैं ? मैंने क्या-क्या देखा है ? क्या से क्या हुई हूं ?'

और लगता है 'आषाढ़ का एक दिन' के जिस पात्र को मैंने उस समय मोहन जी के सामने जिया था, आज तक मैं वही तो हूँ ... आज भी वे ही लाइनें, वही पात्र मेरे इर्द-गिर्द कहीं न कहीं किसी न किसी रूप में घूम रहे हैं। नहीं है तो सिर्फ कालिदास, और वह 'आषाढ़ का एक दिन' का रचयिता, मोहन राकेश। कभी-कभी लगता है वाकई सत्ता के बोध से वंचित रह गई है यह मल्लिका।

नवम्बर-दिसम्बर की ठंडी शामों को हम कैलाश कालोनी में जब ओपन एयर थिएटर में उस हलके-हलके पानी से भीगे मंच पर अभिनय करते थे तो स्टेज पर पहुँचते ही मल्लिका (सुधा) की 'बैकस्टेज' की ठंड की कँपकँपी पता नहीं कहाँ गायब हो जाती थी !

(हाल में लिखे गये संस्मरण से)

जौय माइकेल (नयी दिल्ली)

मैंने 'आषाढ़ का एक दिन' की प्रस्तुति अंग्रेजी में अमरीका के वर्जीनिया विश्वविद्यालय के मैरी वाशिंगटन कालेज में **1968** में की थी। यह प्रदर्शन इतने दिन पहले हुआ कि अब मेरे पास कार्यक्रम सम्बन्धी टिप्पणी आदि नहीं है। मुझे इतना याद पड़ता है कि नाटक का अनुवाद बर्कले के केलिफोर्निया विश्वविद्यालय के किसी अमरीकी प्रोफेसर ने किया था और स्वयं मोहन राकेश ने उसकी सराहना की थी। अमरीका जाने के पहले मोहन राकेश के साथ मैंने कई बैठकें की थीं ताकि मैं नाटक की ऐसी प्रामाणिक व्याख्या कर सकूं जो उन्हें ठीक लगे। दृश्यबंध का अभिकलन वी. राममूर्ति का था और वेशभूषा का रोशन अलकाज़ी द्वारा। प्रकाश-योजना विश्वविद्यालय के नाटक विभाग के अध्यक्ष ऐलबर्ट क्लाइन की थी। बहुत-से प्रामाणिक आभूषण मैं भारत से ही ले गयी थी जिन्हें विशेष रूप से इन्दर राज़दान ने तैयार किया था और जो आज भी वहाँ नाटक विभाग में एक स्थायी प्रदर्शनी में रखे हुए हैं।

जार्ज सेंट जूलियन (वर्जीनिया, अमरीका)

मैरी वाशिंगटन कालेज उन प्रथम कालेजों में है जिन्होंने भारत के साथ प्रोफेसरों के आदान-प्रदान का लाभ उठाया। प्रत्येक अतिथि विद्वान ने कालेज और स्थानीय समुदाय को समृद्ध किया है। पर नाट्य कला के क्षेत्र में पहली अतिथि प्रोफेसर जौय माइकेल ने अपने क्षेत्र की विशिष्टता के कारण जैसा तात्कालिक प्रभाव डाला वैसा और किसी का नहीं हुआ।

कई सप्ताह पहले उन्होंने एक मज़ेदार बाल नाटक दिखाया था और कल डूपोंट लिटिल थिएटर में मोहन राकेश का आषाढ़ का एक दिन प्रस्तुत किया। इस आधुनिक भारतीय नाटक की उत्तरी अमरीका में पहली प्रस्तुति मैरी वाशिंगटन कालेज में ही हुई।

यद्यपि यह नाटक मौजूदा जमाने में लिखा गया है, पर इसका प्रमुख चरित्र है भारत का महानतम नाटककार, कालिदास, जो शायद ईसा पूर्व पाँचवीं शताब्दी में हुआ था और जिसने अपने चार उपलब्ध सुखान्तकों के बल पर ही रंगमंच को धार्मिक अनुष्ठान की बजाय एक अधिक उपयुक्त कार्य, दरबारी मनोरंजन, बना दिया। वह भारत के रंगमंच का पहला रोमैंटिक था, और कम से कम पाश्चात्य जगत के लिए आज भी भारत का शेक्सपियर और मोलियर बना हुआ है।

मैं वर्षों से इस बात की उम्मीद लगाये हुए हूँ कि मैरी वाशिंगटन कालेज, जो अक्सर पुराने युगों के रंगमंच का अन्वेषण करता रहता है, कभी अपने नाटक, संगीत और कला विभागों को एक करके कालिदास की महान रचना 'शकुंतला' प्रस्तुत करेगा। यदि श्रीमती माइकेल अगले वर्ष भी यहाँ रहें तो मैं यही सुझाव दूंगा।

मगर इन बातों का मौजूदा प्रस्तुति से कोई सम्बन्ध नहीं है। यह एक ऐसे नाटक की उत्कृष्ट और सुन्दर प्रस्तुति है जो अमरीकी अभिनेताओं और दर्शकों के लिए बहुत ही कठिन है। नाटकों की शैलियाँ भी वस्त्रों की शैलियों की तरह जल्दी-जल्दी बदलती हैं। तीस साल पहले के अमरीकी सुखान्तक, जो पहली बार दिखाये जाने पर बड़े चमत्कारी लगे थे, अब अगर निर्ममतापूर्वक काटे बिना और बदलकर आज की रुचियों के अनुकूल बनाये बिना दिखाये जायें तो बनावटी और चतुराई भरे लगते हैं। 'शैलो की पगली' जैसे चमत्कारी नाटक को भी अंग्रेजी में खेलने और यहाँ के रंगमंच के उपयुक्त बनाने के लिए उसमें बहुत-से एकालापों में बेहद काटपीट करनी पड़ी थी।

मगर ऐसे नाटक को प्रस्तुत करने की समस्या तो कहीं ज़्यादा है जो हमारे लिए अजनबी संस्कृति की आधुनिक रचना है (भले ही उसमें दो हजार वर्ष पहले के युग के कालिदास के काल्पनिक क्रिया-कलाप का चित्रण हो) और जो **1968** में अमरीकी रंगमंच की रूढ़ियों से सर्वथा भिन्न सौंदर्यदृष्टि का प्रतिनिधित्व करती है।

इसलिए यह नाटक बिना किसी दुर्भाग्यपूर्ण परिणति के तभी प्रस्तुत किया जा

सकता था जब उसके निर्देशक को उसके रंगमंचीय मुहावरे की पूरी जानकारी हो, और अभिनेता समुदाय ऐसा हो जो बुद्धिमान तो हो ही, साथ ही जो अपने अनुभव से भिन्न शैली को अपनाने के लिए पर्याप्त ग्रहणशील हो।

यह ठीक ही कहा जाता है कि सुन्दर दृश्यबंध और आकर्षक वेशभूषा से पहले पाँच मिनट तक तो अभिनेता को बड़ा सहारा मिलता है, पर उसके बाद भी अगर दर्शकों का ध्यान इन दोनों में से किसी की ओर ही जाता रहे तो यह अभिनेता या नाटककार की असफलता का ही सूचक है। सौभाग्य से इस प्रस्तुति में सामने का परदा कभी बन्द नहीं होता, इसलिए मध्यान्तरों में दर्शक वी. राममूर्ति के दृश्यबंध की बहुत-सी खूबियों की जांच-परख कर सकते हैं। रोशन अलकाज़ी की वेशभूषा के सुन्दर रंगों और डिज़ाइनों ने, कोको रोजर्स की आकर्षक स्मारिका ने, ऐलबर्ट क्लाइन की निपुण और प्रभावी प्रकाश-योजना ने, प्रवेशकों की प्रामाणिक भारतीय वेशभूषा ने, और बाहरी कक्ष में भारतीय सामग्री की प्रदर्शनी ने प्रस्तुति के सुखद प्रभाव को और गहरा किया।

ऐसा लग सकता है कि मैं उन लोगों की बात ही नहीं कर रहा हूँ केवल जिनके कारण ही हम रंगशाला में जाते हैं—यानी मंच पर अभिनेता। मल्लिका के रूप में एलिनोर वोलार्ड, जो स्थानीय रंगमंच पर पहली बार प्रमुख भूमिका में आयीं, अपने सूक्ष्म उतार-चढ़ाव भरे अभिनय के लिए विशेष प्रशंसा की हकदार हैं। उनका दुर्भाग्यग्रस्त नायिका के चरित्र में पूरी तरह डूब जाना, उनकी गरिमा, उनके चेहरे और आवाज की सुंदरता और उनका नाट्यकला पर अधिकार—सभी कुछ सराहनीय था।

उनकी माँ (अम्बिका) के रूप में लिओना हर्टल ने भी उत्कृष्ट चरित्र-सृष्टि की। नायक कालिदास के रूप में टॉम फोक और शराबी प्रति-नायक (विलोम) के रूप में रोजर केन्विन ने, जो पहले भी अनेक प्रकार की भूमिकाओं में उत्कृष्ट अभिनय करते रहे हैं, हमें निराश नहीं किया। विशेष रूप से, 'हैमलेट' नाटक के बाद कुछ बेहद लंबे एकालापों को विश्वसनीय रूप में प्रस्तुत करने के लिए वह विशेष प्रशंसा के पात्र हैं।

नाटक में दो हास्यमूलक प्रसंग हैं जिन्हें किटी ब्रैडले और सूजद्यन सीड़ (रंगिणी-संगिनी) और राजकुमारी के आगमन की तैयारी करने वाले दो सज्जनों (अनुस्वार-अनुनासिक) ने बड़ी कुशलता से निभाया। ये प्रसंग इस बात का प्रमाण हैं कि रंगमंच कितना सार्वभौमिक है। ये प्रसंग **1968** में किसी अमरीकी प्रहसन के अंश भी हो सकते हैं। वे समकालीन लोकप्रिय नाटक 'रोजेनक्रांट्ज़ और गिल्डेन्सटर्न' के एक दृश्य की भी याद दिलाते थे।

यदि आप, नवीनतम ब्रॉडवे 'हिट' की बजाय रंगकला के शौकीन हैं तो 'आषाढ़ का एक दिन' अवश्य देखिये—नहीं तो एक दिन आपको पछताना पड़ेगा।

(वर्जीनिया के एक दैनिक अखबार में प्रकाशित, 16-5-68)

कन्हैयालाल नंदन (बम्बई/नयी दिल्ली)

बड़ी जिज्ञासा हो रही थी कि देखूं 'रघुवंश' और 'शाकुंतल' के रचयिता कालिदास अंग्रेज़ी बोलते हुए कैसे लगते हैं। 'तन्वीश्यामा शिखरिदशना, प्रेक्षणानिम्ननाभिः' जैसी मृदुल शब्दावली की फुहार बरसाने वाले कालिदास के मुँह से आंग्ल शब्दावली झरते देखकर कैसा लगता है ! और इसी जिज्ञासा के वशीभूत उस दिन बंबई के पाटकर हॉल में पहुँच गया था। थियेटर ग्रुप की ओर से हिन्दी के प्रख्यात नाटक 'आषाढ़ का एक दिन' को अंग्रेज़ी में प्रस्तुत किया जा रहा था, जिसका अनुवाद किया था सारा ऐसले ने 'वन डे इन आषाढ़' नाम से। इस जिज्ञासा में एक प्रसन्नता भी जुड़ी हुई थी कि अंग्रेज़ी नाटक करने वालों के चुनाव की दिशा तो बदली, उन्हें इस बात का एहसास तो हुआ कि हिन्दी में भी कुछ ऐसे नाटक हैं, जिनकी ओर ध्यान दिये बिना भारतीय रंगमंच का अंग बनकर रहने में कठिनाई अनुभव हो सकती है। इस दृष्टि से थियेटर ग्रुप का यह प्रयास प्रशंसनीय है कि इससे अंग्रेज़ियत के बाड़े में बंद, हिन्दी के प्रति मुँह बिचकाने वाले दर्शक-समूह के लिए एक श्रेष्ठ हिन्दी नाटक को देख सकने का अवसर प्रदान किया गया और इस प्रकार रचनात्मक स्तर पर संवेदनाओं की ग्रहणशीलता में आड़े आने वाली अंग्रेज़ियत की खाई को पाटने की दिशा में एक महत्त्वपूर्ण कदम बढ़ाया गया।

पर्दा खुलते ही मन पर प्रभाव अच्छा पड़ा। सेट-निर्माण और उसकी सज्जा आकर्षक थी। प्रकाश-योजना कुछ इस तरह की थी कि आषाढ़ की पहली फुहार का सुन्दर प्रभाव पैदा किया जा सका था। गृह-प्रकोष्ठ और उसकी अंतर्सज्जा में भी कुशलता और सूझ-बूझ का परिचय दिया गया था। अम्बिका और मल्लिका की बातचीत के प्रारंभिक दृश्य के बाद, कालिदास हरिणशावक के साथ प्रवेश करते हैं और उनके पहले वाक्य से ही मन बिदक जाता है। जिस सहृदयता और अनुभूतियों की कोमलता को कालिदास के पात्र को व्यक्त करना है, वह सब औपचारिक ढंग से बोली गयी ड्रामाई अंग्रेज़ी में डूबकर रह गयी। और यह धारणा मेरी अंत तक न टूट सकी कि कालिदास को जिस संवेदनशीलता और अंत में ज़िस गहन अंतर्द्वन्द्व में ग्रस्त दिखना चाहिए था, उसका यहाँ दूर तक कहीं नामोनिशान भी नहीं था.

काश्मीर से लौटकर मल्लिका से जब कालिदास कहता है, 'मैंने जब-जब लिखने का प्रयत्न किया, तुम्हारे और अपने जीवन के इतिहास को फिर-फिर दोहराया। और जब उससे हटकर.......' ये संवाद मैंने थियेटर यूनिट द्वारा प्रस्तुत 'आषाढ़ का एक दिन' में भी सुने थे और तब, सच कहूँ तो, एक सिहरन दौड़ गयी थी मन में। लेकिन यहाँ नाटक की इस चरम स्थिति में भी संवादों की फर्ज-अदायगी का आभास हो

रहा था। विलोम की भूमिका में कटाक्ष का जो करारापन होना चाहिए था, वह भी अभावग्रस्त लग रहा था। जो करारापन था, वह नाटककार का अपना था, मुद्रा-विशेष के माध्यम से उस लिखे हुए पर जो सान चढ़ायी जा सकती थी, वह ग़ायब थी। स्वयं नाटककार ने दूसरे संस्करण की भूमिका में संकेत किया है कि मुख्य भूमिकाओं के लिए, कालिदास, मल्लिका और विलोम की भूमिकाओं के लिए विशेष रूप से, बहुत कुशल अभिनेताओं की आवश्यकता है। इस अंग्रेज़ी मंचन में दोनों पुरुष भूमिकाएँ नाटक की संवेदन तरलता को काठ बना गयीं। मल्लिका (धन बिलिमोरिया) ने इसे ज़रूर थोड़ा-बहुत संभाला, बल्कि यों कहें कि उसे अर्थवान बनाने में सबसे ज़्यादा मदद की। कभी-कभी तो ऐसा भी लगा कि यदि थियेटर यूनिट वाले हिन्दी प्रदर्शन को धन बिलिमोरिया जैसी मल्लिका मिली होती, तो वह प्रदर्शन और भी उत्कृष्ट हो गया होता। अम्बिका के रूप में दीना पाठक से सफलता की आशा न करना दीना पाठक की अभिनय-क्षमता के प्रति अनभिज्ञता दिखाना है। मातुल के रूप में मिनू धाई का कार्य संतोषजनक था, किन्तु बाकी सभी पात्र अतिनाटकीयता और फैंसी ड्रेस प्रदर्शन का अंग अधिक लगे, 'वन डे इन आषाढ़' का अंग कम। नाटक देखने के बाद जब घर लौटा, तो मन में कालिदास की अंग्रेज़ी वाक्यावली गुदगुदी पैदा कर रही थी।

यह भी सुना गया है कि कलकत्ता में 'आधे अधूरे' के एक जैसे प्रदर्शन की योजना बन रही है, जिसमें पुरुष की भूमिका के लिए तीन प्रमुख केन्द्रों के 'आधे अधूरे' के प्रमुख कलाकार आमंत्रित किए जायेंगे। कौन जाने, बम्बई और कलकत्ते के 'आधे अधूरे' के प्रदर्शन जिस चर्चा का विषय रहे हैं, उसी से प्रभावित होकर ऐसे प्रदर्शन की योजना का सूत्रपात हुआ हो। कभी यदि यह योजना कार्यान्वित हो सकी तो उस नाटक के मंचन को एक नयी अर्थवत्ता मिल सकेगी, क्योंकि 'आधे अधूरे' की संभावनाएं कभी कम नहीं होंगी।

('नाट्य परिवेश' से)

जगदीश शर्मा (जोधपुर)

इस नाटक में कालिदास अपनी ऐतिहासिकता के बावजूद मूल कथ्य का निमित्त-मात्र हैं। वह नाटक का केन्द्रीय चरित्र नहीं है। 'आषाढ़ का एक दिन' में एक स्थिति ऐसी आती अवश्य है जब नाटक शासन-सत्ता के आकर्षणमय निमंत्रण और कलाकार के स्वातंत्र्य के द्वन्द्व की ओर उन्मुख होता है। शासन की ओर से राजकवि के रूप में सम्मानित किये जाने का प्रस्ताव आने पर कालिदास उससे कतराते दिखलाई देते हैं। उनको भय है, 'यहाँ से जाकर मैं अपनी भूमि से उखड़ जाऊँगा।' इसके विरुद्ध मल्लिका द्वारा यह तर्क दिये जाने पर कि 'नयी भूमि तुम्हें यहाँ से अधिक सम्पन्न और उर्वरा मिलेगी। इस भूमि से तुम जो कुछ ग्रहण कर सकते थे, कर चुके हो। तुम्हें आज नयी भूमि की आवश्यकता है जो तुम्हारे व्यक्तित्व को पूर्ण बना दे।' कालिदास अपनी आशंका प्रकट करते हैं, 'लेकिन नयी भूमि सुखा भी तो सकती है।... उस जीवन की अपनी अपेक्षाएं भी होंगी।' इस मोड़ पर लगता है कि नाटक साहित्य-रचना की एक गम्भीर समस्या प्रस्तुत करने चला है, लेकिन पूरी रचना में यह प्रकरण प्रासंगिक बनकर ही स्थान ले सका है। लम्बे व्यवधान के बाद उसकी चर्चा तब सुनायी देती है जब कालिदास काश्मीर के शासन-भार से उकताकर लौट आता है।

यह समस्या ही नहीं, स्वयं कालिदास मंच पर बहुत कम दिखलायी देता है। पहले अंक में मल्लिका ही मंच पर अधिकांश समय रहती है, फिर भी कालिदास और उसका सम्बन्ध तथा कालिदास के राजकीय सम्मान से उनके सम्बन्धों में संभाव्य व्यवधान मुखर होता है। किन्तु दूसरे अंक में प्रथम अंक के जिन कथा-सूत्रों का विकास होता है, वे मल्लिका के पक्ष को अग्रभूमि में ले आते हैं और कालिदास पृष्ठभूमि में छूट जाता है। तीसरे अंक की कथा में भी मल्लिका की जिस व्यथा का प्रसार होता है उसमें कालिदास की भूमिका निमित्त-मात्र के रूप में है।

नाटक में घटनास्थल मल्लिका का घर है। उसके घर की बदलती हुई स्थिति ही तीन अंकों के विभाजन को सार्थक बनाती है। इस प्रकार एक ही स्थान पर समय की गति के साथ बदलता हुआ परिवेश समय के हाथों उत्पीड़ित मानव-नियति की कथा कहता है। वह नियति है मल्लिका की और उसका निमित्त है कालिदास।

सम्पूर्ण नाटक में मल्लिका का संघर्ष व्याप्त है और उसके दो आयाम हैं। मल्लिका का संघर्ष उर्ध्वाधर (वर्टीकल) रूप में यथार्थ के विरुद्ध रूमानियत का संघर्ष है और क्षैतिज (होरिज़ोंटल) रूप में काल-प्रवाह के विरुद्ध मनुष्य की इच्छा का द्वन्द्व है। नाटक में संघर्ष इन दो रूपों में बँटा हुआ नहीं है, बल्कि एक ही संघर्ष के ये दो आयाम हैं।

('मोहन राकेश की रंगदृष्टि' से)

'आषाढ़ का एक दिन' के प्रदर्शन

1. अनामिका, कलकत्ता। निर्देशक—श्यामानंद जालान। 1959
2. राष्ट्रीय नाट्य विद्यालय, नयी दिल्ली। निर्देशक—इब्राहीम अलकाज़ी। 1962
3. थिएटर यूनिट, बंबई। निर्देशक—सत्यदेव दुबे। 1964
4. प्रयाग रंगमंच, इलाहाबाद। निर्देशक—सत्यव्रत सिन्हा। 1965
5. रंगवाणी, कानपुर। निर्देशक—असित डेनियल्स। 1967
6. सेंट ऐंड्रूज़ कालेज, गोरखपुर। 1968
7. अमेच्योर आर्टिस्ट्स एसोसिएशन, जयपुर। निर्देशक—मोहन महर्षि। 1968
8. राष्ट्रीय नाट्य परिषद, कानपुर।
9. कमला राजा कन्या महाविद्यालय, ग्वालियर।
10. सी.एम.दुबे महाविद्यालय, बिलासपुर। निर्देशक—रवि पांडेय। 1968
11. मैरी वाशिंगटन कालेज, वर्जीनिया, अमरीका। अंग्रेज़ी। निर्देशक—जौय माइकेल। 1968
12. लेडी इरविन कालेज, नयी दिल्ली। अंग्रेज़ी। निर्देशक—अभीक घोष। 1970
13. यात्रिक, नयी दिल्ली। निर्देशक—मोहन महर्षि। 1971
14. शौभनिक, कलकत्ता। बांग्ला।
15. युवक कल्याण परिषद, सागर। निर्देशक—विवेकदत्त झा। 1972
16. अनुपमा, वाराणसी। निर्देशक—ज्योतिंद्रसिंह सोहल। 1972
17. रुचिका, नयी दिल्ली। अंग्रेज़ी। निर्देशक—फैसल अलकाज़ी। 1972
18. थिएटर ग्रुप, बम्बई। अंग्रेज़ी। निर्देशक—अलीक पदमसी। 1972
19. कन्नड़ साहित्य संघ, बेंगलूर। कन्नड़। निर्देशक—नागेश। 1972
20. दिशांतर, नयी दिल्ली। निर्देशक—ओम शिवपुरी। 1973
21. चतुरंग, नयी दिल्ली। बांग्ला। निर्देशक—सुशील चौधरी। 1973
22. रूपांतर, गोरखपुर। निर्देशक—गिरीश रस्तोगी। 1974
23. अभिनेत, चंडीगढ़। निर्देशक—नवीनचंद ठाकुर। 1974
24. मिरांडा हाउस, दिल्ली विश्वविद्यालय, दिल्ली। निर्देशक—रामगोपाल बजाज। 1978

25. अंकुर आर्टस, अंबाला। निर्देशक—ज्ञान चौरसिया। 1979
26. महारानी सुदर्शना छात्रा महाविद्यालय, बीकानेर। 1981
27. भारतीय संगीत नृत्य नाट्य महाविद्यालय, बड़ौदा। निर्देशक—यशवंत केलकर। 1981
28. स्टूडियो वन, नई दिल्ली। निर्देशक—अमाल अल्लाना। 1981
29. श्रीराम सेंटर रंगमंडल, नयी दिल्ली। निर्देशक—राजिंदर नाथ। 1983
30. कल्चरल सोसायटी आफ राजस्थान, जयपुर। निर्देशक—रामसहाय पारीक। 1984
31. ओ.एन.जी.सी. थियेटर, देहरादून। 1985
32. तिरुगाता (नीनासम थिएटर इंस्टीट्यूट रेपर्टरी), हेग्गुडु। कन्नड़। निर्देशक—के.वी. अक्षर। 1991

लहरों के राजहंस

सोऽनिश्चयान्नापि ययो न तस्थौ सतंस्तरंगेष्विव राजहंसः।

—अश्वघोष

पात्र

श्वेतांग	:	कर्मचारी
श्यामांग	:	कर्मचारी
सुंदरी	:	नंद की पत्नी
अलका	:	दासी
शशांक	:	गृहाधकारी
नंद	:	बुद्ध का सौतेला भाई
मैत्रेय	:	नंद का एक मित्र
नीहारिका	:	दासी
भिक्षु आनंद	:	बुद्ध का शिष्य

स्थान, समय

अंक 1	:	कपिलवस्तु। राजकुमार नंद के भवन में सुंदरी का कक्ष। रात उतरने का समय।
अंक 2	:	वही कक्ष। प्रत्यूष से कुछ पहले।
अंक 3	:	वही कक्ष। अगली रात।

अंक 1

दाईं ओर गोलाकार चबूतरा। सुंदर बिछावन, तकिए। पीछे एक ऊँचा दीपाधार; शिखर पर पुरुषमूर्ति–बाँहें फैली हुई तथा आँखें आकाश की ओर उठी हुईं। बाईं ओर एक झूला और उससे थोड़ा हटकर एक मत्स्याकार आसन। आसन के पास ही मदिराकोष्ठ। इसी ओर मंच के आगे के भाग में एक छोटा दीपाधार; शिखर पर नारीमूर्ति–बाँहें संवलित तथा आँखें धरती की ओर झुकी हुईं।

दाईं ओर आगे के कोने में शृंगारकोष्ठ। खुले भाग में डोरी से बँधी पत्तियों का ढेर।

एक द्वार सामने; खुला होने पर पीछे के गवाक्ष दिखाई देते हैं। दूसरा द्वार दाईं ओर; अंदर के कक्षों में जाने के लिए। तीसरा बाईं ओर; मत्स्याकार आसन और दीपाधार के बीच, बाहर उद्यान में जाने के लिए।

पर्दा उठने पर मंच पर दो व्यक्ति हैं, श्वेतांग और श्यामांग। श्वेतांग अग्निकाष्ठ से बड़े दीपाधार के दीपक जला रहा है। श्यामांग पत्तियों के ढेर में उलझा हुआ उन्हें सुलझाने का प्रयत्न कर रहा है।

श्वेतांग : *(कार्य में व्यस्त)*
तुम्हारी उलझन अभी समाप्त नहीं हुई ?

श्यामांग : *(पत्तियों को तोड़ने-सुलझाने में व्यस्त)*
मुझे तुमसे ईर्ष्या होती है।

श्वेतांग : मुझसे ईर्ष्या होती है ? क्यों ?

श्यामांग : देखो न एक के बाद एक दीपक जलता जाता है। न कुछ उलझता है, न कुछ बिखरता है।

श्वेतांग : इसका कारण है।

श्यामांग : कारण है ? क्या कारण है ?

कुछ पत्तियाँ हाथों में लिए हुए श्वेतांग के पास चला जाता है।

मेरे हाथों में काम उलझ क्यों जाता है ?

श्वेतांग : *(उसी तरह व्यस्त)*
इसलिए कि तुम सोचते बहुत हो।

श्यामांग : सोचता बहुत हूँ ? पर उससे क्या होता है ?

श्वेतांग : सब-कुछ उसी से होता है। हाथ काम नहीं करते, आँखें चुँधिया जाती हैं।

श्यामांग पल-भर आँखें झपकता रहता है।

श्यामांग : हाथ काम नहीं करते, आँखें चुँधिया जाती हैं। तो तुम... तुम कभी कुछ नहीं सोचते ?

श्वेतांग पल-भर अग्निकाष्ठ की ओर देखता रहता है, फिर जैसे अतीत से होकर लौटता है।

श्वेतांग : अब नहीं सोचता। पहले सोचा करता था।

श्यामांग : पहले सोचा करते थे !... और सोचने का परिणाम यह हुआ कि... !

श्वेतांग : सोचना छोड़ दिया।

श्यामांग : *(सोचता-सा)*
सोचना छोड़ दिया !

श्वेतांग : आदमी काम करना चाहे तो उपाय यही है, राज-कर्मचारी के लिए विशेष रूप से।

एक बार सीधी नजर से श्यामांग को देखकर फिर काम करने लगता है।

श्यामांग : तुम कहना चाहते हो कि... कि मुझे भी... सोचना नहीं चाहिए। यही न ?... पर मैं... मैं कब सोचना चाहता हूँ ? बिना चाहे मस्तिष्क सोचता रहे, सोचता रहे, तो आदमी क्या कर सकता है ?

श्वेतांग : बिना चाहे तो मस्तिष्क सोचता ही रहता है। न सोचने के लिए वैसा चाहना पड़ता है, प्रयत्न करना पड़ता है।

श्यामांग : अब इसके लिए भी प्रयत्न करना पड़ता है ! प्रयत्न आदमी से न बन पड़े तो... ?

श्वेतांग : तो सब-कुछ उलझता रहता है। अपने हाथों में देख लो।

श्यामांग असहाय दृष्टि से पत्तियों को देखता है।

श्यामांग : इसका अर्थ है कि वह पत्तियों का ढेर...।

उस ओर संकेत करता है।

श्वेतांग : तुम्हारे हाथों कभी नहीं सुलझेगा। लाओ, मुझे दो, मैं सुलझा देता हूँ। *(अग्निकाष्ठ उसे देकर)* तुम दीपक जलाओ।

जाकर पत्तियाँ सुलझाने लगता है। श्यामांग अग्निकाष्ठ हाथ में लिए उसे काम करते देखता रहता है।

श्यामांग : देखो, श्वेतांग ! एक बात मेरी समझ में नहीं आ रही ··· ।

श्वेतांग : तुमसे कोई भी बात समझने को कहा किसने है ? जल्दी से दीपक जलाओ, देवी सुंदरी अभी इधर आनेवाली हैं। आकर देखेंगी कि दीपक नहीं जले, तो बिगड़ उठेंगी। वर्षों के बाद आज उन्होंने कामोत्सव का आयोजन किया है ··· ।

श्यामांग : *(उसके पास आता हुआ)*
यही बात तो मेरी समझ में नहीं आ रही। क्यों आज ही वर्षों के बाद ··· ?

श्वेतांग : तुम फिर बहक रहे हो। तुमसे कहा है न, दीपक जलाओ।

श्यामांग : वह तो तुमने कहा है। मगर मैं सोचता हूँ ··· ।

नेपथ्य से सुंदरी के शब्द सुनाई देते हैं। श्यामांग आगे के दीपाधार के पास जाकर दीपक जलाने लगता है। सुंदरी अलका के साथ बात करती हुई बाईं ओर के द्वार से आती है। श्वेतांग झुककर अभिवादन करता है। श्यामांग भी जैसे सहसा याद आने से, बाद में अभिवादन करता है।

सुंदरी : हाँ, रात के अंतिम पहर तक ! भोज, आपानक और नृत्य। वर्षों तक याद बनी रहनी चाहिए लोगों के मन में।

अलका : *(अंतर्मुख-सी)*
याद ··· वर्षों तक ··· परंतु जाने क्यों मेरे मन में तरह-तरह की आशंकाएँ उठती हैं ··· ।

सुंदरी : रात बीतने दे, फिर अपने मन से पूछना। रात-भर नगरवधू चंद्रिका के चरणों की गति से इस कक्ष की हवा काँपती रहेगी। हवा काँपती रहेगी, और ढुलती रहेगी मदिरा, उसकी आँखों से, उसके एक-एक अंग की गोराई से। कपिलवस्तु के राजपुरुष रात-भर उस मदिरा में और अन्यान्य मणि-मदिराओं में डूबते-उतराते रहेंगे। तू देखेगी और विश्वास नहीं कर सकेगी। जो नहीं देखेंगे, वे तो कल्पना भी नहीं कर पाएँगे।

अलका पल-भर श्यामांग की ओर देखती रहती है।

अलका : *(जैसे सहसा अपने को सहेजकर)* कल रात-भर मुझे नींद नहीं आई। जब नींद आई, तो ...!

सुंदरी : ठहर, मैं क्या सोच रही थी ? ... हाँ, शशांक से कह दिया था न कि इस अवसर के लिए उसे कुछ विशेष मदिराएँ प्रस्तुत करनी हैं ?

अलका : आपने अब तक आदेश नहीं दिया था। आदेश दें, तो मैं अभी जाकर कह देती हूँ।

सुंदरी : मैंने अब तक आदेश नहीं दिया था ? इतनी बड़ी बात और इसी के संबंध में आदेश नहीं दिया ? फिर मैंने सोच कैसे लिया कि ... ? शायद अपने पर बहुत निर्भर करती हूँ। सोच लेती हूँ कि बात मन में आने से ही पूरी हो जाती है। अभी तक सुगंधियों की भी तो व्यवस्था नहीं हो पाई। ... तू जा, पहले शशांक से कह दे। समय बहुत थोड़ा है। पुराने रस और आसव मिलाकर भी वह कई-कई तरह के नए सम्मिश्रण प्रस्तुत कर सकता है। ... और उससे कहना, भोज और पान की सारी सामग्री आज उद्यान में सजानी है।

अलका : अभी जाकर कह देती हूँ।

दाईं ओर के द्वार से चली जाती है।

सुंदरी : तुम्हारा काम अभी पूरा नहीं हुआ श्वेतांग ?

श्वेतांग : अभी नहीं देवि ! तोरण सजाने के लिए ये पत्तियाँ ... ।

सुंदरी : पत्तियाँ श्यामांग के लिए छोड़ दो और तुम मेरे साथ आओ। तोरणों पर गंधलेप से मुद्राएँ भी तो बनानी हैं। और तुम श्यामांग ... !

श्यामांग की ओर देखती है। श्यामांग हाथ रोके जड़-सा खड़ा है।

तुम खड़े-खड़े सोच क्या रहे हो ? कि आग काठ के अंदर है या बाहर ? देखो, चिंतन बाद में करना, पहले जल्दी से दीपक जलाकर पत्तियाँ सजा दो। अतिथियों के आने में अधिक समय नहीं है। ... तुम आओ श्वेतांग !

बाईं ओर के द्वार से चली जाती है। श्वेतांग जाते हुए एक बार तरस खाती आँखों से श्यामांग की

ओर देख लेता है। उनके चले जाने पर श्यामांग कुछ क्षण ठगा-सा खड़ा रहता है। भाव ऐसा होने लगता है जैसे उसकी आँखों के सामने अँधेरा छा रहा हो। वह अग्निकाष्ठ को अपने माथे के पास लाकर इस तरह हिलाता है जैसे उसके अंदर उजाला कर रहा हो। फिर चेष्टा से अपने को सँभालकर दीपक जलाने लगता है।

श्यामांग : बस कह दिया, तो हो गया ! पत्तियाँ श्यामांग के लिए छोड़ दो ! श्यामांग से पत्तियाँ न सुलझीं, तो कामोत्सव नहीं होगा ! ... श्वेतांग कहता है कुछ सोचो नहीं। ... पर सोचना-न-सोचना अपने बस की बात है ? ... पिछले वसंत में आम कैसे बौराये थे ! पेड़ों की डालियाँ अपने-आप हाथों पर झुक आती थीं। ... परंतु तब यहाँ कामोत्सव का आयोजन नहीं किया गया। आयोजन किया गया है इस बार ... जब आम के वृक्षों ने भिक्षुओं का वेश धारण कर रखा है ! ... कल प्रातः देवी यशोधरा भिक्षुणी के रूप में दीक्षा ग्रहण करेंगी और यहाँ ... यहाँ रात-भर, नृत्य होगा, आपानक चलेगा ... !

फिर कुछ क्षण ऐसे ही रहता है जैसे आँखों के आगे अँधेरा घिर आया हो। फिर प्रयत्न से अपने को सँभालता है और घूमकर देखता है कि सब दीपक जल गए हैं या नहीं। उसके बाद अग्निकाष्ठ की ओर इस तरह देखता है जैसे उससे पूछ रहा हो कि अब और क्या करना है।

तुम्हें बाहर छोड़ देना है और आकर पत्तियाँ सुलझानी हैं, यही न ?

अस्थिर भाव से सामने के द्वार से जाकर अग्निकाष्ठ बाहर रख आता है और आकर फिर से पत्तियों में उलझ जाता है।

(अपने से) लो, और सुलझाओ। ... जाने इनका सिरा कहाँ है ! एक बार हाथ से छूट जाता है, तो फिर पकड़ में ही नहीं आता।

सिरा नहीं मिलता, तो झुँझलाकर जगह-जगह से डोरी तोड़ने लगता है। दाईं ओर के द्वार से सुंदरी अलका के साथ आती है।

सुंदरी : तू सपने भी देखती है, तो ऐसे-ऐसे ! सूखा सरोवर, पत्रहीन वृक्ष और धूल-भरा आकाश ! इसका अर्थ यह है कि ··· ।

दृष्टि श्यामांग पर पड़ती है। वह उनके आने से फिर जड़वत् खड़ा हो गया है। अलका जैसे उससे कुछ कहने को होती है, पर चुप रह जाती है।

काम इस तरह होता है, श्यामांग ? खड़े-खड़े सोच क्या रहे हो ? कि डोरियाँ पत्तियों में उलझी हैं या पत्तियाँ डोरियाँ में ?

श्यामांग : *(जैसे आँखों के आगे आते अँधेरे से बचने की चेष्टा करता हुआ)*

नहीं ··· मैं सोच ··· सोच कुछ भी नहीं रहा। चेष्टा कर रहा हूँ कि किसी तरह ··· किसी तरह ये सुलझ जाएँ और ··· ।

अचानक भारी गुंझल हाथ में आ जाता है। वह हाथ पीछे करके उसे तोड़ता है।

सुंदरी : हाँ, इसी चेष्टा से तो ये सुलझेंगी ! जाओ, जाकर यह काम किसी और को सौंप दो और ··· ।

श्यामांग जैसे बहुत प्रयत्न से आगे सुनने की प्रतीक्षा करता है।

(कुछ शीघ्रता के साथ) और कहीं एकांत में बैठकर सोचो कि जब कोई काम हाथ में न रहे, तो हाथों को क्या करना चाहिए।

श्यामांग उलझी हुई पत्तियों को, फिर अपने हाथों को देखता है। फिर जैसे कुछ भी न सोच पाने से पत्तियों के ढेर में उलझा हुआ झुककर अभिवादन करता है। बाईं ओर के द्वार से जाते हुए वह एक बार अलका की ओर चुँधियाई-सी आँखों से देख लेता है। सुंदरी पल-भर श्रृंगारकोष्ठ के पास रुकती है, फिर मत्स्याकार आसन पर जा बैठती है।

तू अपने सपने की बात कह रही थी न अलका ? ··· क्या कह रही थी ··· क्या देखा था ··· सूखा सरोवर, पत्रहीन वृक्ष और धूल-भरा आकाश ?

अलका होंठ काटकर सिर हिलाती है और उसके पास चली जाती है।

सुंदरी : *(उसे सिर से पैर तक देखकर)*

यह भरा-पूरा यौवन और हृदय में धूल-भरा आकाश !... इसका कुछ उपाय करना होगा।

अलका : प्रभात में नींद टूटने से पहले देखा था सपना। प्रभात के सपने सच नहीं होते, देवि ?

सुंदरी : *(परिहास के स्वर में)*
सुना है सच होते हैं। इसीलिए तो उपाय करना होगा। कहीं यह न हो कि तू भी कल भिक्षुणी का वेश धारण करने की सोचने लगे।

अलका : *(कुछ अंतर्मुख)*
मैं और भिक्षुणी का वेश !... नहीं, मैं ऐसी बात नहीं सोच सकती। अभी नहीं... मैं तो यह सोचकर ही सिहर जाती हूँ कि कल... सच, कल भिक्षुणी के वेश में देवी यशोधरा कैसी लगेंगी, देवि ?

सुंदरी : *(उठती हुई)*
और सब भिक्षुणियाँ कैसी लगती हैं ?

मदिराकोष्ठ के पास चली जाती है।

सोचकर खेद होता है कि इतने वर्ष पीड़ा सहने के बाद भी देवी यशोधरा अपनी पीड़ा का मान न रख सकीं।

पात्र से थोड़ी मदिरा चषक में डाल लेती है।

बहुत सहानुभूति भी होती है।

अलका : परंतु संभव है देवि... !

सुंदरी : हाँ, कह, रुक क्यों गई ?

अलका : सोचती हूँ कि संभव है आज वे उन्हें पहले के संबंध से नहीं देखतीं। उनके हृदय में जो पीड़ा थी राजकुमार सिद्धार्थ को लेकर थी। परंतु आज जो लौटकर आए हैं, वे राजकुमार सिद्धार्थ नहीं, गौतम बुद्ध हैं।

सुंदरी : यही तो दुःख है कि आज वे राजकुमार सिद्धार्थ नहीं हैं। परंतु राजकुमार सिद्धार्थ आज गौतम बुद्ध बनकर आए, इसका श्रेय भी तो देवी यशोधरा को है। नहीं ?

मदिरा पीकर चषक रख देती है।

अलका : *(अचकचाई-सी)*
इसका श्रेय देवी यशोधरा को है ? आपका अभिप्राय है कि...।

सुंदरी : अभिप्राय यही है कि देवी यशोधरा का आकर्षण यदि

राजकुमार सिद्धार्थ को बाँधकर अपने पास रख सकता, तो क्या वे आज राजकुमार सिद्धार्थ ही न होते ? गौतम बुद्ध बनकर नदी-तट पर लोगों को उपेदश दे रहे होते ?

अलका सुनकर जैसे सिहर जाती है।

अलका : ऐसा, नहीं, देवि ··· !

सुंदरी : क्यों ? यह सच नहीं ? राजकुमार सिद्धार्थ क्यों चुपचाप एक रात घर से निकल पड़े थे ? बात बहुत साधारण-सी है अलका ! नारी का आकर्षण पुरुष को पुरुष बनाता है, तो उसका अपकर्षण उसे गौतम बुद्ध बना देता है।

अलका : *(पल-भर चुप रहकर)*
तो आप यह कहना चाहती हैं कि ··· ।

सुंदरी : कहना चाहने की बात नहीं, अलका ! मैं एक छोटी-
तुझे बतला रही हूँ। लोग कहते हैं कि गौतम बुद्ध ने बोध प्राप्त किया है, कामनाओं को जीता है। पर मैं कहती हूँ कि कामनाओं को जीता जाए, यह भी क्या मन की एक कामना नहीं है ? और ऐसी कामना किसी के मन में क्यों जागती है ?

अलका : धृष्टता के लिए क्षमा चाहती हूँ, देवि ! परंतु ·· ।

सुंदरी : क्षमा चाहने की आवश्यकता नहीं। बात कहने में धृष्टता नहीं होती। मैं तेरी बात सुनना चाहती हूँ।

अलका : देवी यशोधरा की बात आप जानें। परंतु प्रजा के बच्चों-बूढ़ों तक में क्यों इतना उत्साह है ? वे संध्या होते ही क्यों नदी-तट की ओर उमड़ पड़ते हैं ··· ? क्या इसका अर्थ यही नहीं है कि ··· ?

सुंदरी : इसका अर्थ इतना ही है अलका, कि बहुत दिन एकतार जीवन बिताकर लोग अपने से ऊब जाते हैं। तब जहाँ कुछ भी नवीनता दिखाई दे, वे उसी ओर उमड़ पड़ते हैं। यह उत्साह दूधफेन का उबाल है। चार दिन रहेगा, फिर शांत हो जाएगा।

बाहर उद्यान से हंसों का कलरव और पंखों की फड़फड़ाहट सुनाई देती है।

अलका : पर पहले आज तक कभी ··· ।

सुंदरी : ठहर, सुन। उतरती रात में राजहंसों का कलरव कैसे मन को खींचता है !

अलका : आपने ठीक से सुना नहीं, देवि ! मुझे ऐसे लगा जैसे ··· ।

सुंदरी : बोल नहीं ! चुपचाप सुन !

कलरव धीरे-धीरे शांत पड़ जाता है।

इस स्वर की कहीं तुलना है ? कह नहीं सकती क्या अधिक सुंदर है—ओस से लदे कमलों के बीच राजहंसों के इस जोड़े की किलोल या इस झुटपुटे अँधेरे में दूर से सुनाई देता इनका कूजन ! आज पहली बार इन्हें इस समय बोलते सुना है। *(ज़रा हँसकर)* कोई गौतम बुद्ध से कहे कि कभी कमलताल के पास आकर इनसे भी वे निर्वाण और अमरत्व की बात कहें। ये एक बार चकित दृष्टि से उनकी ओर देखेंगे, फिर काँपती हुई लहरें जिधर ले जाएँगी, उधर को तैर जाएँगे। शायद उस दिन एक बार गौतम बुद्ध का मन नदी-तट पर जाकर उपदेश देने को नहीं होगा। मैं चाहूँगी कि उस दिन ...।

इस बीच एकाध बार पानी में पत्थर फेंकने का शब्द सुनाई देता है। फिर एक साथ कई एक पत्थर फेंकने का और उसमें मिला-जुला पंखों की तेज फड़फड़ाहट और हंसों के आहत क्रंदन का शब्द सुनाई देता है। सुंदरी बोलते-बोलते रुक जाती है और उद्विग्न दृष्टि से उद्यान की ओर देखती है।

किसकी धृष्टता है यह ? कमलताल में पत्थर कौन फेंक रहा है ?

अलका : मैंने पहले भी ऐसा शब्द सुना था। यही मैं आपसे कह रही थी। रात के समय हंस अकारण ही नहीं बोल उठे थे।

हंसों का क्रंदन हल्की-हल्की कराहट में बदलकर धीरे-धीरे रुक जाता है।

सुंदरी : उद्यान में जाकर देख, कौन है जिसने ऐसी चेष्टा की है ! कहना मैं उसे अभी यहाँ बुला रही हूँ।

अलका : मैं अभी देखती हूँ।

बाईं ओर के द्वार से चली जाती है। सुंदरी उसी तरह उद्विग्न चबूतरे पर बैठ जाती है। कुछ क्षण बाद श्यामांग बाईं ओर के द्वार से आता है। अलका पीछे-पीछे आती है, सिर झुकाए हुए। सुंदरी श्यामांग को देखते ही खड़ी हो जाती है। श्यामांग के चेहरे का भाव बहुत बदल गया है।

वह विक्षिप्त-सा नजर आता है।

सुंदरी : *(आवेशपूर्वक)*
तो तुम थे जो कमलताल में राजहंसों पर पत्थर फेंक रहे थे !

श्यामांग : नहीं, राजहंसों पर नहीं, देवि... !

अलका सुंदरी के निकट आ खड़ी होती है। उसके चेहरे पर कई तरह के भाव आ-जा रहे हैं।

सुंदरी : राजहंसों पर नहीं तो किस पर ? ताल में दिखाई देती अपनी छाया पर ?

छाया शब्द के उच्चारण से श्यामांग की आँखों में एक डर-सा लहरा जाता है।

श्यामांग : छाया पर !... हाँ... परंतु अपनी छाया पर नहीं। वह एक और ही छाया थी... बहुत डरावनी...।

सुंदरी : बनते क्यों हो ? स्पष्ट बात क्यों नहीं कहते ? *(व्यंग्यपूर्वक)*... वह एक और ही छाया थी ! जान सकती हूँ कैसी छाया थी वह ?

श्यामांग : जाने कैसी छाया थी ! ज्यों-ज्यों अँधेरा गहरा हो रहा था, छाया लंबी और लंबी होती जा रही थी...।

सुंदरी : मैं यह प्रलाप नहीं सुनना चाहती। तुम्हें अँधेरे में बैठकर छायाएँ देखने के अतिरिक्त और कोई काम नहीं था ?

श्यामांग : काम ? काम नहीं था। आपने कहा था काम न करने के लिए। कमलताल के पास जो अँधेरा कोना है, कुछ देर के लिए वहाँ चला गया था। वहाँ देखा, ताल की लहरों पर वह छाया उतर रही है। लहरें उसमें गुम हुई जा रही हैं; कमलनाल, कमलपत्र सब उसमें खोए जा रहे हैं। मुझे लगा कि वह छाया धीरे-धीरे उन सबको लील जाएगी, ताल में तैरते हुए राजहंसों के जोड़े को भी। मुझे डर लगा। मैं छाया पर पत्थर फेंकने लगा।

सुंदरी : छाया को हटाने के लिए तुम उस पर पत्थर फेंकने लगे ?

श्यामांग : हाँ, एक पत्थर फेंका, तो लगा छाया हिल रही है। वह हिली, परंतु हटी नहीं...। तभी हंसों के जोड़े ने पंख फड़फड़ा दिए और जैसे छाया से बचने के लिए वे पुकार उठे। मैंने तब उस छाया पर कई पत्थर लगातार फेंके।

सुंदरी : *(और भी आवेश में)*
तुम समझते हो कि मैं इन बेसिर-पैर की बातों पर विश्वास कर लूँगी ?

श्यामांग : छाया कई टुकड़ों में बँट गई, मगर फिर ज्यों-की-त्यों हो गई। तभी न जाने कैसे उसने राजहंसों को अपने में कस लिया जिससे वे चीत्कार कर उठे ··· ।

अलका इस बीच कभी सुंदरी और कभी श्यामांग की ओर देखती रहती है। सहसा वह आगे आ जाती है।

अलका : तुम सच क्यों नहीं कह देते कि अनजाने में तुमसे अपराध हो गया है ? अपराध के लिए तुम क्षमा माँग लो, तो ··· ।

श्यामांग : छाया को हटाना अपराध था क्या ? मैं नहीं जानता था। अपराध था, तो उसके लिए ··· ।

अलका : क्यों फिर वही बात किए जाते हो ? क्यों नहीं स्पष्ट कह देते कि तुम्हारा मन कहीं और था और तुम्हें पता नहीं चला कि कब तुमने पत्थर उठाए और कब फेंकने लगे ?

श्यामांग : मेरा मन कहीं और था ? पर ऐसा तो नहीं। मन कहीं और होता, तो मैं छाया को देखता किस तरह और ··· ?

सुंदरी आगे आ जाती है।

सुंदरी : मुझे विश्वास है सचमुच तुमने छाया देखी है। जब तुम यहाँ काम कर रहे थे, तब भी वही छाया तुम्हारे सिर पर मँडरा रही थी। वही तुम्हें काम नहीं करने देती थी। आज कामोत्सव के आयोजन में वह छाया किसी को भी न घेरती, तो मुझे आश्चर्य होता। उपाय यही है कि कुछ समय के लिए तुम्हें दक्षिण के अंधकूप में उतार दिया जाए। वहाँ वह छाया तुम्हारे पास तक नहीं फटकेगी।

अलका : *(सहसा आगे आकर)*
नहीं-नहीं, देवि !

सुंदरी उसकी ओर ध्यान नहीं देती।

सुंदरी : *(बात जारी रखती हुई)*
··· और तुम्हें भी पूरा अवकाश रहेगा, नहीं ? श्वेतांग तुम्हें तुम्हारे गंतव्य तक पहुँचा आएगा। *(दाईं ओर देखकर)* जो भी द्वार पर हो, श्वेतांग से कह दे, मैं उसे बुला रही हूँ।

श्वेतांग दाईं ओर के द्वार से आता है।

श्वेतांग : *(साभिवादन)*
देवि !

सुंदरी : सुगंधियों की व्यवस्था हो गई ?

श्वेतांग : हाँ, देवि !

सुंदरी : तोरणों पर मुद्राएँ अंकित की जा चुकीं ?

श्वेतांग : हाँ, देवि !

सुंदरी : तो एक काम तुम्हें और करना है। तुम्हारा सहयोगी श्यामांग आज एक छाया से पीड़ित है। इसे उस छाया से मुक्त करने के लिए ...।

श्यामांग : छाया वहाँ है देवि, कमलताल पर। जब मैं वहाँ से हटा, तब भी वह ...।

श्वेतांग पल-भर ध्यान से श्यामांग को देखता रहता है।

श्वेतांग : मुझे लगता है, देवि ... !

सुंदरी : तुम्हें जो भी लगता हो, वह आकर कहना। पहले इसे ले जाकर दक्षिण के अंधकूप में छोड़ आओ। वहाँ रक्षकों से कहना ...।

श्यामांग : रक्षक मुझे जानते हैं, देवि ! सब-के-सब मुझसे अच्छी तरह परिचित हैं।

सुंदरी : *(कुछ क्रोध के साथ)*
खड़े क्यों हो, श्वेतांग ? जाओ और जाकर आदेश का पालन करो।

श्वेतांग आगे बढ़कर श्यामांग को बाँह से पकड़ लेता है।

श्वेतांग : आओ श्यामांग !

श्यामांग : मैं तुमसे सच कहता हूँ श्वेतांग, मैं कुछ सोच नहीं रहा था। सोचना चाहता भी नहीं था। मुझे याद था, तुमने कहा था ...।

सुंदरी : इसे ले जाओ, मैं इसकी अनर्गल बातें और नहीं सुनना चाहती।

श्वेतांग बाईं ओर के द्वार से श्यामांग को बाहर ले चलता है।

श्वेतांग : *(चलते-चलते)*
मैंने तुमसे कुछ भी नहीं कहा था। तुम यदि समझते हो कि मैंने कुछ कहा था, तो वह तुम्हारे मन की भ्रांति है।

श्वेमांग : *(चलते-चलते)*
तुमने कुछ भी नहीं कहा था ? सच, कुछ नहीं कहा था ? फिर मुझे कैसे लगा कि तुमने ...।

दोनों बाहर चले जाते हैं। श्यामांग के अंतिम शब्द बाहर से सुनाई देते हैं। अलका इस बीच आहत-सी आगे के दीपाधार के पास आ जाती है।

सुंदरी : *(श्रृंगारकोष्ठ की ओर बढ़ती हुई)* मुझे पहले से ही आशंका थी जानती थी कि ··· *(अलका की ओर देखकर)* तुझे क्या हुआ है, अलका ? तू इस तरह क्यों खड़ी है ?

अलका अपने को सुस्थित करने का प्रयत्न करती है।

अलका : हुआ कुछ नहीं, देवि ! ऐसे ही ···।

सुंदरी : ऐसे ही क्या ? तेरे चेहरे से तो लगता है जैसे ··· इधर आ मेरे पास।

अलका आँख में आए आँसुओं को पोंछकर उसके पास चली जाती है।

सुंदरी : *(उसका हाथ पकड़कर)* बता, क्या बात है ?

अलका : कुछ भी तो नहीं, देवि ! मैं ···।

सुंदरी : मैं जानती हूँ कि तू बहुत भावुक है। तुझे शायद दुःख हुआ है कि आज के दिन ···।

अलका : नहीं, ऐसा नहीं, देवि !

सुंदरी : तो फिर ··· तू फिर से अपशकुन की बात सोच रही है ?

अलका : नहीं, देवि !. ··· मैं सोच रही थी कि जो कुछ हुआ है, वह उसने शायद जान-बूझकर नहीं किया ···।

सुंदरी : तू श्यामांग के लिए कह रही है ?

अलका चुपचाप सिर हिला देती है।

(कुछ तीव्र होकर) तू समझती है कि सचमुच ··· ?

अलका : नहीं, देवि ! छाया की बात में मैं विश्वास नहीं करती। पर मैं कई दिन से देख रही हूँ कि ··· धीरे-धीरे उसे कुछ होता जा रहा है ··· अपनी मानसिक शक्तियों पर से उसका अधिकार उठता जा रहा है ···।

सुंदरी कुछ सोचती-सी उसके पास से हट आती है।

सुंदरी : तू कहना चाहती है कि श्यामांग ... कि वह उन्माद में यह सब कर रहा था ?

अलका : उन्माद नहीं तो उससे कम भी नहीं है। कई दिन से देख रही हूँ कि वह ... कि वह अपने में ही कहीं खोया जा रहा है ... मन में कुछ ग्रंथियाँ उलझ गई हैं और वह ... उसे सहानुभूति और उपचार की आवश्यकता है, देवि ! मैं कितना चाहती थी कि मैं उसे ... कि उसके लिए कुछ किया जा सके ...।

सुंदरी झूले के पास चली जाती है। कुछ सोचती-सी झूले को हिला देती है। फिर उसे हिलता छोड़ स्वयं अलका की ओर लौट आती है।

सुंदरी : *(जैसे मन में स्थितियों को सुलझाती हुई)*
तो तेरे कहने का अर्थ यह है कि ... कहीं तू भी तो उसकी तरह ... परंतु नहीं। ऐसा नहीं हो सकता। ... तू शायद ...।

पास आ उसकी ठोड़ी को छूकर उसका मुँह अपनी ओर कर लेती है।

तू उससे ... प्रेम तो नहीं करती ?

अलका होंठ काटकर आँखें झुका लेती है। सुंदरी उसके पास से हटकर चबूतरे पर चली जाती है और एक तकिए से टेक लगा लेती है।

मैंने नहीं सोचा था कि तू ... पर तू किसी से प्रेम करती है, तो उस तरह के सपने कैसे देखती है ? ... और श्यामांग ! ... वह ऐसा व्यक्ति है क्या जिससे ... पर शायद यह बात पूछने की नहीं है। ... मुझे इस विषय में सोचना होगा ...।

अलका अपने को व्यस्त रखने के लिए शृंगारकोष्ठ की सामग्री को सहेजती है। फिर चबूतरे के पास जाकर तकियों की सलवटें निकालने लगती है।

सोचना होगा कि तुझे और उस व्यक्ति को ... अच्छा, सुन।

अलका हाथ रोककर उसकी ओर देखती है।

तुझे विश्वास है, तू सचमुच उससे प्रेम करती है ?

अलका अपने आँसुओं को छिपाने के लिए पलकें झपकती हुई आँखें दूसरी ओर हटा लेती है।

और तू चाहती थी कि उसके लिए कुछ किया जाए।

अलका धीरे से सिर हिला देती है।

तो मैं तुझे निराश नहीं करूँगी।··· तू जानती है मैं तुझे कितना चाहती हूँ ! मैं यह कैसे चाहूँगी कि तेरी भावना··· पर अलका, मुझे अब भी विश्वास नहीं होता कि उसने जो कुछ किया है, उन्माद में किया है। सोचती हूँ कि इसके लिए उसे··· पर संभव है मैं ठीक नहीं सोच रही···।

चबूतरे से उठ पड़ती है।

अच्छा, तू जाकर शशांक से कह कि वह उद्यान में सबके आसन लगाने से पहले एक बार मुझसे बात कर ले। अतिथि अब आया ही चाहते हैं।··· श्वेतांग लौट आए, तो मैं श्यामांग के लिए दूसरा आदेश भेजती हूँ।

अलका का कंधा थपथपा देती है। अलका साभार झुककर दाईं ओर के द्वार से चली जाती है। तभी सामने के द्वार से नंद अंदर आता है। चेहरे से लगता है जैसे वह कोई दुर्घटना देखकर आया हो और उसका आतंक अभी उसके मन से निकला न हो। वह आकर पल-भर झूले के पास रुकता है। सुंदरी अलका के जाने के बाद अपने से बात करती रहती है।

परंतु सोचती हूँ कि यह उन्माद आज ही क्यों ? आज से पहले कभी ऐसा क्यों नहीं हुआ ? कितने दिन से वह यहाँ काम कर रहा है, फिर क्यों आज ही··· ?

नंद मदिराकोष्ठ के पास आकर चषक में मदिरा डालता है। तभी सुंदरी की दृष्टि उस पर पड़ती है।

(चौंककर) आप ?··· आप कब आए ? अभी-अभी तो मैं···।

नंद : *(चषक होंठों के पास ले जाकर)*
मैं अभी आया हूँ।

चषक खाली करके यथास्थान रख देता है।

सुदरी : और मैं कितनी देर से प्रतीक्षा कर रही थी सोच रही थी कि शायद···।

नंद : *(पास आता हुआ)*
क्या सोच रही थी··· कि नहीं आऊँगा ?

सुंदरी : ऐसी असंभव बात मैं सोच सकती थी ? सोच रही थी कि

शायद आखेट में बहुत दूर निकल गए हैं। डर रही थी कि सब लोग आ चुकेंगे, तो अंत में आनेवाले अतिथि आप ही न हों।

नंद : *(जैसे कुछ और बात सोचता हुआ)*

अंत में आनेवाला अतिथि ··· !

चबूतरे पर जाकर विश्राम की मुद्रा में बैठ जाता है।

मैं जानता था तुम प्रतीक्षा में होगी। इसीलिए ··· *(सहसा बात बदलकर)* आखेट में बहुत देर तो नहीं लगी। ··· तुम्हें लगा कि बहुत देर लगी है ?

सुंदरी : नहीं लगी ? आप संध्या से पहले लौट आने को नहीं कह गए थे ?

पास जाकर पल-भर उसे देखती रहती है।

इतने थके हुए क्यों लग रहे हैं ?

नंद : इसलिए कि थककर आया हूँ। ··· दिन-भर एक मृग का पीछा किया, फिर भी वह हाथ नहीं आया। जाने कैसा मायामृग था वह !

सुंदरी : यह तो कभी नहीं हुआ कि आपका आखेट आपके हाथ से निकल जाए।

नंद : हाथ से निकला भी तो नहीं। ··· सच, थकान उतनी शरीर की नहीं जितनी मन की है। मृग मेरे बाण से आहत नहीं हुआ, इससे मन को उतना खेद नहीं हुआ, जितना इससे ··· कि जब थककर लौटने का निश्चय किया, तो वही मृग ··· थोड़ी ही दूर आगे ··· रास्ते में मरा हुआ दिखाई दे गया।

सुंदरी : किसी और के बाण से आहत हुआ वह ?

नंद : नहीं। किसी के बाण से आहत नहीं हुआ, अपनी थकान से मर गया। बाण से क्षत-विक्षत मृग को देखकर मन में कभी कोई अनुभूति नहीं होती, होती भी है, तो केवल प्राप्ति की हल्की-सी अनुभूति। परंतु बिना घाव के अपनी ही क्लांति से मरे हुए मृग को देखकर मन में जाने कैसा लगा ! और लौटकर आते हुए अपने-आप इतना थका और टूटा हुआ लगने लगा कि ··· ।

सुंदरी : थोड़ी मदिरा ले लीजिए। मन स्वस्थ हो जाएगा।

मदिराकोष्ठ की ओर जाने लगती है।

नंद : अभी और नहीं। कुछ देर बाद। *(सहसा उठकर)* मैंने कभी सोचा तक नहीं था कि मरा हुआ मृग भी इतना सजीव लग सकता है। ऐसे लग रहा था जैसे हाथ लगाते ही वह आशंका से काँप जाएगा और सहसा उठकर भाग खड़ा होगा। पर मैं उसे हाथ भी तो नहीं लगा सका। आखेटकों ने उसे उठा लाना चाहा, तो मैंने मना कर दिया। कहा कि उसे वहीं पड़ा रहने दो, उसी रूप में मृत और ... जीवित !

सुंदरी : अतिथियों के आने तक शयनकक्ष में विश्राम करना चाहेंगे ?

नंद : *(जैसे कुछ चौंककर)*

अतिथियों के आने तक ?... नहीं। तुमने पहले ही कह दिया था कि आज विश्राम नहीं होगा।

सुंदरी : मैंने कहा तो था, पर तब यह कहाँ सोचा था कि ...

नंद : तुम्हारी कही हुई बात तुम्हारे लिए उतना महत्त्व नहीं रखती जितना मेरे लिए। *(उसके कंधों पर थोड़ा झुककर)* यह तुम नहीं जानतीं।

सुंदरी : मैं नहीं जानती ?

नंद : जानतीं, तो ऐसा कहतीं ?

बाईं ओर के द्वार से शशांक आता है। उन्हें देखकर पल-भर के लिए द्वार के पास ठिठकता है।

शशांक : देवी का आदेश था कि मैं ...।

सुंदरी : हाँ, मैंने तुम्हें बुला भेजा था। बताना चाहती थी कि उद्यान में अतिथियों के बैठने की व्यवस्था कैसे करनी है। आसन इस तरह बिछाने होंगे कि चार-चार, छः-छः लोग एक-एक वृक्ष के नीचे बैठ सकें। सारा जमघट एक ही स्थान पर हो, यह मैं नहीं चाहूँगी ...।

नंद : *(सुंदरी से)*

सुनो ... !

सुंदरी : ... और जितने मदिरापात्र हैं ... आज के लिए कुछ विशेष मदिराएँ प्रस्तुत की हैं ?

शशांक : हाँ, देवि ! कुछ ऐसे सम्मिश्रण हैं जिनका राजभवन में आज पहली बार सेवन किया जाएगा।

नंद : *(सुंदरी के निकट आकर)*

मैं एक बात कहना चाहता था सुंदरी ...।

सुंदरी : ... तो मदिरापात्र और चषक कमलताल के पास के चबूतरे पर रखवा देना, और वहाँ भी आसपास कुछ आसन बिछवा देना। जब सारी व्यवस्था हो जाए, तो आकर मुझे सूचित कर देना।

शशांक आज्ञा-ग्रहण के रूप में सिर हिलाकर बाईं ओर के द्वार से चला जाता है। सुंदरी मुड़कर नंद की ओर देखती है।

सुंदरी : आप कुछ कह रहे थे ?

नंद अनिश्चित-सा उसकी ओर देखता है।

नंद : हाँ ... नहीं ... ऐसी कुछ विशेष बात नहीं थी। मैं यही कहना चाहता था कि ... व्यवस्था यदि उद्यान के स्थान पर कक्ष में की जाए, तो ...।

सुंदरी : इस कक्ष में ? इस कक्ष में इतना स्थान है कि सब अतिथि यहाँ आ सकें ?

नंद : इतना स्थान तो नहीं है, फिर भी ...।

मुड़कर मदिराकोष्ठ की ओर जाता है।

सुंदरी : मदिरा लेंगे ? अभी मैंने कहा था तो ...।

नंद : *(जैसे चौंककर)*

हाँ ... नहीं ... मैं इस विचार से इधर नहीं आया।

फिर से मुड़कर सुंदरी की ओर आ जाता है।

सुंदरी : आप व्यवस्था के संबंध में कुछ कह रहे थे।

नंद आकर आगे के दीपाधार के पास खड़ा हो जाता है।

नंद : हाँ, मैं कह रहा था कि संभव है उतने लोग न भी आएँ, जितने लोगों के आने की हम आशा कर रहे हैं।

सुंदरी : *(थोड़ा तमककर)*

क्यों ? आज तक कभी हुआ है कि कपिलवस्तु के किसी राजपुरुष ने इस भवन से निमंत्रण पाकर अपने को कृतार्थ न समझा हो ? कोई एक भी व्यक्ति कभी समय पर आने से रहा हो ? अस्वस्थता के कारण या नगर से बाहर रहने के कारण कोई न आ पाए, तो बात दूसरी है।

नंद : मैं यही तो कह रहा था कि ... संभव है ... कुछ लोगों के

लिए ऐसे कुछ कारण हो जाएँ।... सोमदत्त और विशाखदेव के यहाँ मैं अभी स्वयं होकर आया था...।

सुंदरी : *(आवेश में उसके पास आकर)*
आप स्वयं... उन लोगों के यहाँ होकर आए हैं ? क्यों ? आपका स्वयं लोगों के यहाँ जाना... विशेष रूप से यह कहने के लिए... यह क्या अपमान का विषय नहीं है ?

नंद : मैं विशेष रूप से नहीं गया...।

दीपाधार और शृंगारकोष्ठ के बीच टहलता है।

गया था देवी यशोधरा से मिलने...।

सुंदरी : *(और तमककर)*
देवी यशोधरा से मिलने ?

नंद : उन्होंने बुला भेजा था।

सुंदरी : बुला भेजा था ? क्यों ?

नंद : *(टहलते हुए रुककर)*
उन्होंने कहलाया था कि कल से वे इस भवन में नहीं रहेंगी... बाहर भिक्षुणियों के शिविर में चली जाएँगी, इसलिए...।

सुंदरी : इसलिए क्या ?

नंद फिर टहलने लगता है।

नंद : इसलिए चाहती हैं कि आज अंतिम बार भवन में अपने सब बांधवों से मिल लें।

सुंदरी मन में उमड़ते हुए भाव को किसी तरह दबाकर झूले पर जा बैठती है।

सुंदरी : तो उनके मन का मोह अभी छूटा नहीं है ?

नंद : मोह की बात... *(बात बीच में ही रोककर)*... हो सकता है ऐसा ही हो।... उन्होंने कहलाया तुम्हारे लिए भी था।

सुंदरी : और आपने जाकर मेरी ओर से क्षमा माँग ली।

नंद : नहीं। मैंने कहा कि तुमने आज कुछ अतिथियों को निमंत्रित कर रखा है, इसलिए...।

सुंदरी : *(झूले से उठकर)*
अतिथियों को निमंत्रित कर रखा है, इतना ही ?

आकर चबूतरे के सहारे खड़ी हो जाती है।

कामोत्सव की बात नहीं कह सके ?

नंद : कहने की आवश्यकता नहीं थी।

घूमता हुआ शृंगारकोष्ठ की ओर से होकर सुंदरी के पास आ जाता है।

वे यह बात जानती थीं। उन्होंने स्वयं ही कहा कि ...।

सुंदरी : वे जानती थीं न ? मुझे पता था वे अवश्य जानती हैं ...। क्या कहा उन्होंने ?

नंद : कहा कि अपनी व्यस्तता के कारण तुम न भी आ सको, तो मैं तुम्हें उनका आशीर्वाद ...।

सुंदरी चबूतरे का सहारा छोड़कर सीधी खड़ी हो जाती है।

सुंदरी : *(कुछ तीव्र स्वर में)*

आत्म-वंचना की भी एक सीमा होती है। आज के दिन वे आशीर्वाद देंगी और मुझे ! मन में क्या सोच रही होंगी, मैं अच्छी तरह जानती हूँ। उन्हीं के कारण ...।

श्वेतांग बाईं ओर के द्वार से आता है।

श्वेतांग : *(साभिवादन)*

देवी के आदेश का पालन हो गया है। श्यामांग को ...।

सुंदरी : *(उसी तीव्रता के साथ)*

श्यामांग का अपराध मैंने क्षमा कर दिया है। अलका को विश्वास है कि उसने जो कुछ भी किया उन्माद में किया है। मैंने अलका को वचन दिया था कि मैं उसका अपराध क्षमा कर दूँगी। इसलिए उसके संबंध में मेरा दूसरा आदेश यह है कि उसका उपचार करने की व्यवस्था की जाए। जब तक वह ठीक नहीं होता तब तक वह अलका की ही देख-रेख में रहेगा।

श्वेतांग भौचक्का-सा उसकी ओर देखता है जैसे उसे सुनी हुई बात पर विश्वास न हो रहा हो।

श्वेतांग : तो क्या ... क्या अभी जाकर ... ?

सुंदरी : हाँ, अभी जाकर उसे ले आने की व्यवस्था करो ... और सुनो। यहाँ अभ्यंतर भाग में जो कर्मचारियों के कक्ष हैं, उन्हीं में से एक में उसे रखना होगा। अलका को उसकी देखभाल करने में यहाँ सुविधा रहेगी।

श्वेतांग : *(कुछ संकोच के साथ)*

मैं कहना चाहता था देवि, कि यदि आज की रात ... !

सुंदरी : *(अधीर होकर)*

मैंने जो आदेश दिया है, उसका पालन करो। जाओ।

श्वेतांग बाईं ओर के द्वार से चला जाता है। नंद इस बीच पीछे के दीपाधार के पास जाकर कुछ-एक बुझे हुए दीपकों को दूसरे दीपकों की लौ से जलाता है। फिर सुंदरी की ओर लौट आता है।

नंद : श्यामांग को क्या हुआ है ?

सुंदरी : मुझे आप स्मरण न दिलाएँ, मैं अब उस बात को भूल जाना चाहती हूँ।

नंद : परंतु उसके उन्माद की बात ··· ?

सुंदरी : बात कुछ नहीं है। काम कर रहा था। अचानक बहकी-बहकी बातें करने लगा। फिर एक अपराध उससे हो गया। परंतु मैंने उसे क्षमा कर दिया है।

नंद पल-भर मौन रहता है।

नंद : तुम बुरा तो नहीं मान गईं ?

सुंदरी : किस बात का ?

नंद : मेरे अकारण बाहर रुके रहने का ··· देर से लौटकर आने का ?

सुंदरी : नहीं तो। आप समय से पहले तो आ ही गए हैं।

नंद : फिर ऐसी क्यों हो रही हो ?

सुंदरी : कैसी हो रही हूँ ?

नंद : यह तो मैं ही देख सकता हूँ ··· जो तुम्हारे चेहरे का दर्पण हूँ

सुंदरी : रहने दीजिए, मुझे यह सब अच्छा नहीं लगता।

नंद : अच्छा नहीं लगता ! मगर यह बात मेरी नहीं, तुम्हारी कही हुई है। तुम्हें याद नहीं ?

सुंदरी : आज मुझे कुछ भी याद नहीं।

नंद : यह भी याद नहीं कि तुमने आज कामोत्सव का आयोजन किया है ··· तुम्हारे कुछ अतिथि ··· अभी आनेवाले हैं।

सुंदरी : कुछ अतिथि ! ··· आप बार-बार यह क्यों कहना चाहते हैं कि सब अतिथि नहीं आएँगे ? ··· सोमदत्त और विशाखदेव इससे लज्जित नहीं हुए कि आप कहने के लिए स्वयं उनके यहाँ गए ?

नंद बाँहें पीछे करके फिर टहलने लगता है।

नंद : वे लज्जित थे ··· विशेष रूप से इसलिए कि वे ··· वे उत्सव में ··· नहीं आ पाएँगे ··· !

सुंदरी : नहीं आ पाएँगे ?

पल-भर के लिए स्तब्ध हो रहती है।

कारण ?

नंद : *(रुककर)*

उन्होंने क्षमा चाहते हुए दिन में ही संदेश भेजा था। मैंने उस समय तुम्हें बताना ठीक नहीं समझा। सोचा कि उसकी आवश्यकता नहीं होगी। मैं उधर जाऊँगा, तो वे अवश्य मेरे साथ चले आएँगे ··· ।

सुंदरी : पर आपने बताया क्यों नहीं मुझे ? बताया होता, तो मैं आपको कभी किसी के यहाँ न जाने देती। मेरे उत्सव में लोग अनुरोध करने से आएँ, इससे उनका न आना ही अच्छा है। ··· और दो व्यक्तियों के आने-न-आने से अंतर भी क्या पड़ता है ? *(कुछ सोचती-सी)* देखिए, और अतिथियों के सामने यह बात न कहिएगा कि आप इन लोगों को बुलाने इनके यहाँ गए थे।

बाहर से किसी के आने की आहट सुनाई देती है। सुंदरी घूमकर सामने के द्वार की ओर जाती है।

शायद कुछ लोग आ रहे हैं।

सामने के द्वार से मैत्रेय आता है।

(प्रयत्न से स्वर में उत्साह लाकर) आर्य मैत्रेय ! हमारे पहले अतिथि !

मैत्रेय : *(गंभीर भाव से आगे आता हुआ)*

हाँ, पहला ··· और, शायद एकमात्र अतिथि !

बढ़कर नंद के पास आ जाता है। सुंदरी आहत दृष्टि से उसकी ओर देखती हुई अपने स्थान पर खड़ी रहती है।

नंद : एकमात्र अतिथि ! तो क्या और लोगों में से ··· ?

मैत्रेय : जिन-जिनसे मैं मिला हूँ, उनमें से हरएक ने किसी-न-किसी कारण अपनी असमर्थता प्रकट करते हुए क्षमा याचना की है—रविदत्त, अग्निवर्मा, नीलवर्मा, ईषाण, शैवाल, सभी ने।

नंद : *(अव्यवस्थित-सा)*

और पद्यकांत, रुद्रदेव, लोहिताक्ष, शालिमित्र ... ?

मैत्रेय : लोहिताक्ष और शालिमित्र से मिलने नहीं गया। पद्यकांत और रुद्रदेव ने भी यही कहा कि उनकी ओर से मैं क्षमायाचना करूँ, वे आज नहीं पा पाएँगे। उनसे मिलने के बाद और किसी के यहाँ जाने को मन नहीं हुआ।

सुंदरी, अपने को रोक पाने में असमर्थ, बढ़कर उनके बीच में आ जाती है।

सुंदरी : परंतु इन सबसे कहने जाने की आवश्यकता आपको क्यों हुई ? क्या आप पहले से जानते थे कि वे लोग नहीं आएँगे ?

मैत्रेय : इसका उत्तर कुमार दे सकते हैं।

मदिराकोष्ठ के पास जाकर चषक में मदिरा डालने लगता है।

सुंदरी : *(आवेशपूर्ण स्वर में नंद से)*

तो क्या इन सबने आपको संदेश भेजा था कि यें नहीं आएँगे ?

सीधे नंद की आँखों में देखती है। नंद आँखें दूसरी ओर हटा लेता है।

नंद : सबने तो नहीं ... पर इनमें से कई लोगों ने संदेश भेजा था।

सुंदरी : और आपने इसकी चर्चा तक मुझसे करना आवश्यक नहीं समझा।

नंद : मैं तुम्हारे उत्साह में बाधा डालना नहीं चाहता था। सोचा था कि इनमें से अधिकांश लोग एक बार जाकर कहने से ...

सुंदरी : कितना मान होता मेरा कि जाकर कहने से जो लोग आते, उनका मुझे इस घर में स्वागत करना पड़ता ! आपने यह नहीं सोचा कि मैं ... कि मैं ...।

आवेग पर वश न रख सकने के कारण मुँह हाथों में छिपाए चबूतरे पर जा बैठती है। नंद और मैत्रेय एक-दूसरे की ओर देखते हैं। तभी बाहर कुछ आहट सुनाई देती है। मैत्रेय भरा हुआ चषक मदिराकोष्ठ में रखकर सामने द्वार की ओर बढ़ता है। परंतु नंद अपनी उत्सुकता में उससे पहले द्वार के पास पहुँच जाता है।

नंद : शायद कुछ लोग आ रहे हैं।

द्वार से निकलकर गवाक्ष के पास चला जाता है। सुंदरी धीरे-धीरे चेहरे से हाथ हटाती है और अपने को सँभालने का प्रयत्न करती हुई उस ओर देखती है। नंद गवाक्ष के पास से हटकर वापस कक्ष में आ जाता है। सुंदरी चबूतरे से उठ खड़ी होती है।

सुंदरी : कौन लोग हैं ?

नंद उसके पास आ खड़ा होता है। मुँह से कुछ नहीं कहता।

देखा है आपने ! कौन लोग हैं ?

नंद : अतिथि नहीं हैं।

सुंदरी : *(प्रयत्न से अपने को सुस्थित रखती हुई)*
तो और कौन लोग हैं ?

नंद : अपने ही कुछ कर्मचारी हैं। श्वेतांग, बीजगुप्त और नागदास...।

सुंदरी : *(अपने भाव को छिपाने के प्रयत्न में)*
ये सब लोग क्या अपने-अपने कार्य पर नहीं हैं ?

नंद : कार्य पर ही हैं। श्वेतांग को अभी तुमने आदेश दिया था न ! ये सब मिलकर श्यामांग को साथ के कर्मचारियों के कक्ष में ला रहे हैं।

मैत्रेय : मैं दिन-भर सोचता रहा कि आपसे कहूँ, परंतु कह नहीं पाया। कामोत्सव का आयोजन यदि आज स्थगित करके कल रखा जा सकता...।

भरा हुआ चषक फिर उठा लेता है। सुंदरी उसकी बात से अपने पर वश खो बैठती है।

सुंदरी : *(मदिराकोष्ठ की ओर जाती हुई)*
कामोत्सव कामना का उत्सव है, आर्य मैत्रेय ! मैं अपनी आज की कामना कल के लिए टाल रखूँ... क्यों ? मेरी कामना मेरे अंतर की है। मेरे अंतर में ही उसकी पूर्ति भी हो सकती है। बाहर का आयोजन उसके लिए उतना महत्त्व नहीं रखता जितना कुछ लोग समझ रहे हैं।

नंद बढ़कर सुंदरी के पास आ जाता है।

नंद : देखो, इस तरह अव्यवस्थित नहीं होते।

उसका हाथ अपने हाथ में लेना चाहता है, परंतु सुंदरी हाथ छुड़ा लेती है।

सुंदरी : मैं अव्यवस्थित नहीं हूँ। किसी का कोई षड्यंत्र मुझे

अव्यवस्थित नहीं कर सकता।

नंद : षड्यंत्र ? इसमें षड्यंत्र कोई नहीं है सुंदरी ··· !

सुंदरी : यह षड्यंत्र नहीं तो और क्या है ? और इस षड्यंत्र की प्रेरणा कहाँ से आई है, यह भी मैं अच्छी तरह जानती हूँ।

सहसा वहाँ से हटकर शृंगारकोष्ठ के पास आ जाती है और वहाँ की सामग्री को इधर-उधर रखने-हटाने लगती है। मैत्रेय पल-भर स्थिर दृष्टि से उसकी ओर देखता रहता है। फिर भरा हुआ चषक पुनः मदिराकोष्ठ में रख देता है।

मैत्रेय : मैं आज्ञा चाहूँगा कुमार ! यहाँ और रुककर मैं राजकुमारी के उद्वेग का कारण नहीं बनना चाहता।

नंद : ठहरो मैत्रेय ! तुम्हें सोचना चाहिए कि सुंदरी के उद्वेग का वास्तविक कारण ···।

सुंदरी : *(आपे से बाहर होकर)*

अपने उद्वेग का वास्तविक कारण मैं स्वयं हूँ और किसी को यह अधिकार मैं नहीं देती कि वह मेरे उद्वेग का कारण बन सके। आर्य मैत्रेय यदि जाना चाहते हैं, तो इन्हें भी जाने दीजिए। कह दीजिए कि जिनके यहाँ ये होकर आए हैं, जाते हुए भी एक बार उनके यहाँ होते जाएँ। उन सबसे कह दें कि मेरे यहाँ आने के लिए किसी कल की प्रतीक्षा में वे न रहें— वह कल अब उनके लिए कभी नहीं आएगा, कभी नहीं ···।

सामग्री को इधर-उधर रखते हुए चंदनलेप की कटोरी हाथ से गिर जाती है। उसे पैर से ठोकर लगाकर वह सहसा बाईं ओर के द्वार से चली जाती है।

नंद : *(असहाय स्वर में)*

ठहरो सुंदरी, बात सुनो ···

सुंदरी कोई उत्तर नहीं देती। पल-भर मौन व्यवधान रहता है। फिर नंद मुड़कर मैत्रेय की ओर देखता है।

मैत्रेय : मैं आज्ञा चाहूँगा कुमार !

उत्तरीय लपेटकर झट से सामने के द्वार से चला जाता है। नंद सिर झुकाए धीरे-धीरे पीछे के दीपाधार की ओर जाता है। जाते हुए मदिराकोष्ठ

के पास रुककर भरे हुए चषक को देखता है और उँडेल देता है। बाईं ओर के द्वार से शशांक आता है।

शशांक : अतिथियों के बैठने की सारी व्यवस्था हो गई है, कुमार ! देवि के आदेशानुसार उद्यान के एक-एक वृक्ष के नीचे ... ।

नंद : *(बैठे हुए स्वर में)*
जाओ शशांक ! अब उस सबकी आवश्यकता नहीं है।

शशांक : पर कुमार ... ।

नंद : तुमसे कह दिया है जाओ। जो आसन बिछाए हैं, उठा दो। अब उन सबकी कोई आवश्यकता नहीं है।

शशांक चकित-सा पल-भर रुका रहता है। फिर सिर झुकाकर चला जाता है। नंद दीपाधार का सहारा लिए अंतर्मुख-सा ऊपर की ओर देखने लगता है। प्रकाश उसके चेहरे और ऊपर की पुरुष मूर्ति पर केंद्रित होकर धीरे-धीरे मंद पड़ता है।

अंक 2

अँधेरा। अँधेरे में टहलती हुई नंद की आकृति प्रकाश होने तक एक छाया-सी नज़र आती है।

नेपथ्य से श्यामांग का ज्वर-प्रलाप सुनाई देता है, धीमा परंतु स्पष्ट।

नेपथ्य : कोई स्वर नहीं है··· कोई किरण नहीं है··· सबकुछ··· सबकुछ इस अंधकूप में डूब गया है।··· मुझे सुलझा लेने दो··· सुलझा लेने दो··· नहीं तो अपने हाथों का मैं क्या करूँगा !··· कोई उपाय नहीं है··· कोई मार्ग नहीं है··· इन लहरों पर से··· लहरों पर से··· यह छाया हटा दो··· मुझसे··· मुझसे यह छाया नहीं ओढ़ी जाती···।

नंद बोलता है, तो नेपथ्य का स्वर अपेक्षया मंद पड़ जाता है। स्पष्टता नंद के स्वर में रहती है, परंतु दोनों स्वर एक-दूसरे को काटते चलते हैं।

नंद : *(बड़े दीपाधार के पास से झूले की ओर आती हुई छायाकृति : स्वर दबा-दबा स्वगत)*
कितनी लंबी है यह रात, जैसे कि इसे बीतना ही न हो। बार-बार लगता है यह स्वर रात पर पहरा दे रहा है··· यही इसे बीतने नहीं देता।

नेपथ्य : स्वर नहीं है··· कहीं कोई स्वर नहीं है··· इस अंधकूप में सबकुछ खो गया है··· मेरा स्वर··· पानी की लहरों का स्वर ··· सबकुछ एक आवर्त में घूम रहा है··· एक चील··· एक चील सबकुछ झपटकर लिए जा रही है··· इसे रोको··· इसे रोको···।

नंद : *(झूले के पास से आगे के दीपाधार की ओर आती हुई आकृति)*
आधी रात से अब तक यह स्वर नहीं रुका। किस आदेश से इसे रोकूँ ? सोचता था कि यह रुके, तो कुछ देर सोने का प्रयत्न करूँ।··· अच्छा हुआ कि सुंदरी तब तक थककर सो

गई थी। वह जाग रही होती, तो जाने इस स्वर से उसे कैसा लगता !

नेपथ्य : मुझमें साहस नहीं है··· किसी में साहस नहीं है··· यह चील मुझे लिए जा रही है··· जाने कहाँ··· नहीं, चील नहीं है··· एक छाया है··· काले अँधेरे कूप में भटकती हुई छाया··· अकेली··· (कराहकर) मुझे इस कूप से निकालो··· इस कूप में पानी नहीं है··· इसका पानी कहाँ गया ? इसका पानी कौन ले गया ?··· मुझे पानी दो, पानी··· ।

नेपथ्य में ही हल्का-सा अलका का स्वर : 'अभी देती हूँ पानी, अभी ला रही हूँ।'

चबूतरे पर सुंदरी—दूसरी छायाकृति—करवट बदलती है।

नंद : *(धीमे कदमों से चबूतरे की ओर जाती हुई छायाकृति : झुककर और सुंदरी को देखकर)*

नहीं, नींद नहीं खुली। दिन-भर की थकान और उसके बाद की गहरी निराशा !··· कितनी कठिनता से नींद आई थी इसे ! अलका को सोचना चाहिए था··· कि इस स्वर से किसी की नींद टूट भी सकती है।

नेपथ्य : *(पहले से कुछ ऊँचा स्वर)*

कोई नहीं देखेगा··· मुझे यहाँ कोई नहीं देखेगा··· इस अँधेरे में··· इस अँधेरे में मुझे अकेला क्यों छोड़ दिया ?··· मैं इस अँधेरे में नहीं रहना चाहता··· मैं अकेला नहीं रहना चाहता··· मुझे एक किरण ला दो··· एक किरण··· (कुछ और ऊँचे स्वर में) कोई नहीं लाएगा··· ?··· कोई एक भी किरण नहीं लाएगा ?

सुंदरी फिर करवट बदलती है। उसके मुँह से एकाध शब्द निकल पड़ता है : 'नहीं, अब और नहीं, बस।' सामने के गवाक्ष से प्रत्यूष की हल्की किरण अंदर आती है।

नेपथ्य : लहरों में पानी नहीं··· कहीं भी पानी नहीं है···।

नेपथ्य में अलका का स्वर : 'मैं पानी ले आई हूँ। थोड़ा-सा पानी पी लो।'

नेपथ्य : *(हाँफता-सा स्वर)*

पानी नहीं है ··· पानी कहाँ है ? ··· कहाँ है पानी ··· ?

नंद दबे पैरों दाईं ओर के द्वार के पास जाता है।

नंद : *(पहले से स्पष्ट आकृति)*
अलका !

नेपथ्य : *(पहले से शांत स्वर)*
यह पानी ··· हाँ है ··· बस नहीं ··· प्यास नहीं ··· और प्यास नहीं ···।

स्वर शांत हो जाता है।

नंद : अलका !

अलका दाईं ओर के द्वार से आती है। वस्त्र और भाव अस्तव्यस्त।

अलका : कुमार !

नंद : कक्ष में अँधेरा है। दीपक जलाने के लिए अग्निकाष्ठ ला दो।

अलका वापस चली जाती है। नंद चबूतरे के पास जाकर सुंदरी के बालों को सहला देता है। अलका अग्निकाष्ठ लेकर आती है। नंद पास आकर अग्निकाष्ठ के लिए हाथ बढ़ा देता है।

नंद : लाओ, मुझे दो।

अलका : मैं जला देती हूँ।

नंद : नहीं, मुझे दे दो।

अग्निकाष्ठ उसके हाथ से ले लेता है।

लगता है श्यामांग रात-भर अर्द्धमूर्च्छित रहा है।

अलका : *(आँखें झुकाए हुए)*
हाँ कुमार ! ··· इसका अर्थ है कि आप भी रात-भर ···।

नंद : मुझे नींद नहीं आई। ··· जाओ, उसे देखभाल की आवश्यकता होगी।

अलका : प्रलाप रुक गया है। लगता है नींद आ गई है। देवी सुंदरी ···।

नंद : उसे नींद आ गई थी। जाओ, श्यामांग को फिर भी तुम्हारी आवश्यकता पड़ सकती है।

अलका चली जाती है। नंद पीछे के दीपाधार के कुछ एक दीपक जला देता है। फिर अग्निकाष्ठ बुझाकर दीपाधार के नीचे रख देता है। उजाला हो जाने से कक्ष की धुँधली रेखाएँ स्पष्ट

हो जाती हैं। चबूतरे पर बिछावन अस्तव्यस्त है, तकिए अपने स्थानों से हटकर इधर-उधर पड़े हैं। चबूतरे पर और आसपास कुछ फूल और पुष्पमालाएँ बिखरी हैं। मत्स्याकार आसन पर एक तकिया तिरछा पड़ा है। मदिराकोष्ठ पर मदिरापात्र औंधा पड़ा है। जिससे एक-एक बूँद मदिरा अब भी टपक रही है। दो-एक चषक शृंगारकोष्ठ और चबूतरे पर पड़े हैं। साधारणतया कक्ष का रूप आवेशजनित अस्तव्यस्तता की गवाही देता है। सुंदरी आँखें खोलती है और हल्की-सी अँगड़ाई लेकर तकिए से सिर उठाती है।

सुंदरी : अभी प्रभात नहीं हुआ ?

नंद : अभी नहीं। तुम उठ क्यों गईं ? कुछ देर और सो रहो।

सुंदरी एक तकिए से टेक लगाकर दो-एक तकिए गोद में रख लेती है।

सुंदरी : ये दीपक रात-भर जलते रहे ? बुझे नहीं ?

नंद : बुझ गए थे। मैंने अभी फिर जलाए हैं।

सुंदरी : आपने जलाए हैं ? क्यों ? दास-दासियाँ ... ।

नंद : मैं नहीं चाहता था कि दास-दासियों में से कोई आकर तुम्हारी नींद में बाधा डाले।

सुंदरी : आप सोए नहीं ?

नंद : सोने की चेष्टा की थी पर नींद नहीं आई।

आकर उसके पास बैठ जाता है।

सुंदरी : क्यों ?
मेरे प्रति मन में बहुत क्रोध था ?

नंद : तुम्हारे प्रति क्रोध ? मेरे मन में ? ऐसा तुम सोच सकती हो ?

सुंदरी : *(आँखें मूँदे हुए)*
कभी-कभी चाहती हूँ कि सोच सकूँ।

आँखें खोल लेती है और सीधी बैठ जाती है।

सच, आप कभी मुझ पर क्रोध क्यों नहीं करते ? इतनी बार, इतनी तरह के कारण होते हैं, फिर भी ... ?

नंद खाली चषक को उठाकर देखता है और चबूतरे से उठ पड़ता है।

नंद : सोचता हूँ यह सब सहेज देना ठीक होगा। दास-दासियाँ आकर सबकुछ इस तरह पड़ा हुआ देखेंगी, तो ···।

सुंदरी भी चबूतरे से उठ पड़ती है।

सुंदरी : तो क्या होगा ? हमारे अंतरंग जीवन को लेकर उन्हें कुछ भी सोचने का अधिकार नहीं है।

नंद शृंगारकोष्ठ से भी चषक उठा लेता है और दोनों को ले जाकर मदिराकोष्ठ में रख देता है। औंधे मदिरापात्र से टपकती हुई बूँदों को पल-भर देखता रहता है, फिर उसे सीधा कर देता है। सुंदरी कुछ-एक बिखरी हुई मालाओं को उठाकर चबूतरे पर रखती है।

नंद : कहने का अधिकार न हो, पर सोचने का अधिकार तो किसी को भी रहता ही है।

सुंदरी : यह मदिरापात्र औंधा कैसे हो गया ?

नंद : न जाने कैसे। हो सकता है पुष्पमालाओं की एकाध चोट यह भी खा गया हो।

मत्स्याकार आसन से तकिया उठाकर चबूतरे की ओर ले आता है।

सुंदरी : *(उसके पास जाकर)*
मुझे सचमुच बहुत खेद है।

नंद सलवटें निकालकर तकिया चबूतरे पर रख देता है।

नंद : किस बात के लिए ?

सुंदरी : रात के अपने व्यवहार के लिए।

नंद : तुम व्यर्थ ही मन में खेद ला रही हो। तुम उस समय विक्षुब्ध थीं। मैं तुम्हारी मनःस्थिति में होता, तो शायद मैं भी ऐसे ही करता।

सुंदरी : आप ऐसे कभी न करते। मैं आपको जानती नहीं हूँ ?

नंद : जानती हो, तो यह सब किसलिए कह रही हो ?

सुंदरी : ऐसे ही। कहना अच्छा लगता है। कभी-कभी सोचती हूँ कि···।

नंद : क्या सोचती हो ?

सुंदरी : कि आप कभी सचमुच मुझसे रुष्ट हो जाएँ, दो-एक रातें मेरे

कक्ष में न आएँ, तो कैसे लगेगा ?

नंद : अच्छा लगेगा ?

सुंदरी : अच्छा नहीं लगेगा। फिर भी कभी-कभी चाहती हूँ कि ...।

नेपथ्य में प्रभात की शंखध्वनि सुनाई देती है।

प्रभात की शंखध्वनि ! आपने सारी रात बिना सोए ही काट दी ?

नंद : उससे क्या होता है ? सोने के लिए इसके बाद और रातें क्या नहीं आएँगी ?

सुंदरी शृंगारकोष्ठ के पास जाकर पल-भर दर्पण के सामने खड़ी रहती है।

सुंदरी : सोकर उठने पर अपना चेहरा कैसा लगता है ?

नंद : कैसा लगता है ?

सुंदरी : लगता है जैसे इसमें कांति हो ही नहीं। आपको नहीं लगता ?

नंद : न, मुझे नहीं लगता।

सुंदरी : ये सब कहने की बातें हैं। आप थोड़ी देर के लिए बाहर चले जाइए। मैं अलका को बुलाकर अपना प्रसाधन कर लूँ।

पास आकर उसे सामने के द्वार की ओर भेज देना चाहती है।

जाइए आप।

जाइए न !

नंद अपने अंदर की अनुभूति से संतुष्ट पल-भर आँख मूँदे रहता है। फिर सामने के द्वार से बाहर गवाक्ष के पास चला जाता है और दोनों बाँहें गवाक्ष पर फैलाकर प्रत्यूष के हलके उजाले को देखने लगता है। सुंदरी दर्पण के पास जाकर एक-एक करके अपनी पलकों को देखती है।

अलका !

दाईं ओर के द्वार से नीहारिका आती है।

नीहारिका : देवि

सुंदरी : नीहारिका ! ... अलका कहाँ है ?

नीहारिका : वह अभी-अभी बाहर गई है। जाते हुए मुझसे कह गई थी कि आपका कोई आदेश हो, तो मैं ...।

सुंदरी : परंतु वह गई कहाँ है ?

निहारिका : कह रही थी कि कविराज के कक्ष में उनसे कुछ पूछने जा रही है। श्यामांग रात-भर ...।

सुंदरी : *(कुछ व्यंग्यपूर्ण स्वर में)*

ओह, श्यामांग ! मैं भूल गई थी कि मैंने परिचर्या के लिए उसे पास के कक्ष में बुला लिया है। ... मुझे शृंगार-प्रसाधन के लिए अलका की सहायता की आवश्यकता थी। तुझसे वह काम नहीं होगा, तू जा।

निहारिका : आप आदेश दें, तो मैं जाकर ...।

सुंदरी : नहीं, अलका को उसका उपचार करने दे, मैं अपना प्रसाधन स्वयं कर लूँगी।

निहारिका सिर झुकाकर दाईं ओर के द्वार से चली जाती है। सुंदरी अपने चेहरे को घुमा-फिराकर दर्पण में देखती है, फिर प्रसाधन-सामग्री को सहेजती हुई एक बार नंद की ओर देख लेती है और मुस्करा कर वाल्मीकि की पंक्ति गुनगुनाने लगती है :

"स राजपुत्रः प्रियया विहीनः
शोकेन मोहेन च पीडयमानः ...।"

(फिर नंद की ओर देखकर) सुनिए !

नंद गवाक्ष के पास से हटकर उसकी ओर आता है।

सुंदरी : *(ध्यान से उसके चेहरे को देखती हुई)*

लगता है बाहर जाकर किसी का कुछ खो गया है ...।

नंद : मैं दूर जंगल के घने वृक्षों को देख रहा था।

सुंदरी : क्यों ? प्रभात होते ही फिर आखेट का उत्साह जाग आया ?

नंद : नहीं, उस मृग की बात सोच रहा था। सोच रहा था कि वहीं घने वृक्षों की ओट में पड़ा हुआ वह ...।

सुंदरी : यहाँ आइए।

नंद : *(पास आता हुआ)*

वहाँ पड़ा हुआ वह कल कैसा लग रहा था ! और न जाने क्यों इस समय प्रभात का फीका चाँद भी मुझे वैसा ही लगा ... कोमल, अक्षत और निर्जीव !

सुंदरी : *(अपने में व्यस्त)*

देखिए, अलका नहीं है, मुझे स्वयं अपना प्रसाधन करना होगा।

नंद : लगा जैसे घने वृक्षों में सदा से वह इसी तरह अटका हो, इस आशा में कि कभी कोई उसे वहाँ पड़ा देख लेगा और बाँहों में उठाकर ले जाएगा ···।

सुंदरी : आपने सुना है मैंने क्या कहा है ?

नंद : *(अपने को सहेजकर)*

क्या कहा है ?

सुंदरी : कि अलका नहीं है, मुझे अपना प्रसाधन स्वयं करना होगा। इसलिए आप यहाँ मेरे पास ठहरिए।

नंद : परंतु अभी तुम्हीं ने कहा था कि ···।

सुंदरी : वह तब कहा था। अब कह रही हूँ कि यहाँ मेरे पास ठहरिए।

दर्पण में देखती हुई अपने बाल खोलने लगती है।

नंद : और यदि थोड़ी देर में फिर कह दोगी कि ···।

सुंदरी होंठों पर उँगली रखकर उसे चुप रहने के लिए कहती है।

सुंदरी : बाधा न डालिए।

नंद मुस्कराकर आज्ञा-पालन की मुद्रा में सामने चबूतरे पर बैठ जाता है। सुंदरी बाल खोलकर धीरे-धीरे उनमें तेल लगाती है।

एक बात कहूँ ?

नंद : कहो।

सुंदरी : आपको माननी होगी।

नंद : तुम्हारी बात मैंने कब नहीं मानी ?

सुंदरी : आपको वचन देना होगा, कि कल रात जो कुछ हुआ, उसे आप बिल्कुल भूल जाएँगे।

नंद : मुझे तो नहीं लगता कि कल रात ऐसा कुछ हुआ भी है।

सुंदरी : आप उस विषय में सोचेंगे भी नहीं।

नंद : यह तुम अपने से कहो जो अब भी उस विषय में सोच रही हो।

सुंदरी : और कभी मुझे उसकी याद भी नहीं दिलाएँगे।

नंद : मुझे याद रहेगी तो याद दिलाऊँगा।

सुंदरी : और आज दिन-भर प्रसन्न रहेंगे।

नंद : *(रुकते-से स्वर में)*

हाँ, प्रसन्न क्यों नहीं रहूँगा ?

सुंदरी : *(मुस्कराकर)*

प्रातः उठते ही मृग की बात सोचेंगे, तो कैसे प्रसन्न रहेंगे ?

नंद उठकर उसके पास आता है।

नंद : एक बात का मैं कभी निश्चय नहीं कर पाता।

सुंदरी हाथ रोककर उसकी ओर देखती है।

सुंदरी : किस बात का ?

नंद : कि मैं किस पर अधिक मुग्ध हूँ ... तुम्हारी सुंदरता पर या तुम्हारी चातुरी पर।

सुंदरी कृत्रिम रोष के साथ उठ खड़ी होती है।

सुंदरी : आप मुझे चतुर कहते हैं ?

नंद : नहीं हो तुम ?

सुंदरी : *(जैसे बहुत भोलेपन से)*

नहीं तो।

ना-ना *(फिर जैसे व्यस्ततापूर्वक ढूँढ़ती हुई)*

चंदन-लेप कहाँ है ?... अलका ने न जाने ...।

नंद : चंदन-लेप यहाँ है ...।

झुककर नीचे से गिरी हुई कटोरी उठा लेता है और सुंदरी की ओर बढ़ा देता है।

यह लो।

सुंदरी कटोरी लेकर निराशा के भाव से रख देती है।

सुंदरी : यह तो खाली है। जो थोड़ा-बहुत लेप है, वह भी सूखा है।

नंद : कल तुम्हीं ने तो ... ।

सुंदरी : *(आँखों में रोष लाकर)*

फिर कल की बात याद करते हैं ?

नंद : अच्छा, अब नहीं करूँगा।

सुंदरी : पर अब जो याद की ... इसके लिए दंड भुगतना पड़ेगा।

नंद : क्या दंड होगा ?

सुंदरी : *(जैसे सोचती हुई)*

दंड होगा ... कि आपको ... दर्पण लेकर ...

आगे के दीपाधार की ओर संकेत करती है।

वहाँ खड़े होना होगा। यहाँ उजाला नहीं है, मैं अपने को ठीक

से नहीं देख पा रही।

नंद : बस इतना ही ?

बढ़कर दर्पण हाथ में लेने लगता है। सुंदरी उसका हाथ रोक देती है।

सुंदरी : नहीं, इतना ही नहीं। इसके अतिरिक्त आज दिन-भर कहीं जाना नहीं होगा, आखेट के लिए भी नहीं। यहाँ मेरे पास रहना होगा।

नंद : सारा दिन ?

सुंदरी : आपत्ति करेंगे, तो दंड और बढ़ जाएगा।

नंद : मैंने आपत्ति कहाँ की है ?

सुंदरी : तो लीजिए दर्पण। ··· नहीं, ठहरिए। *(चंदन की कटोरी उठाकर)* यह लेप सूख गया है। विशेषक कैसे बनाऊँगी ! इसे भिगो लाएँगे ?

नंद : क्यों नहीं भिगो लाऊँगा ?

कटोरी उसके हाथ से ले लेता है।

आपत्ति करूँगा, तो ···।

सुंदरी : *(माथे पर बल डालकर)*

फिर वही बात ··· ?

नंद : अच्छा, यह भी नहीं कहूँगा।

दाईं ओर के द्वार से चला जाता है और पल-भर बाद कटोरी को तीली से हिलाता हुआ लौट आता है। सुंदरी इस बीच दर्पण को आधार से उठाकर उसमें अपनी छाया देखती है।

नंद : *(पास आकर)*

यह लो।

सुंदरी : *(कटोरी लेकर रखती हुई)*

पता है लोग क्या कहते हैं ?

नंद : क्या कहते हैं ?

सुंदरी : कहते हैं, आपका ब्याह एक यक्षिणी से हुआ है जो हर समय आपको अपने जादू से चलाती है।

नंद : इसमें झूठ क्या है ?

सुंदरी : झूठ नहीं है ?

नंद : यक्षिणी हो या नहीं, यह तो मैं नहीं कह सकता पर मानवी

तुम नहीं हो। *(स्थिर दृष्टि से उसकी ओर देखता हुआ)* ऐसा रूप मानवी का नहीं होता।

सुंदरी : नहीं होता ? मानवी का रूप बहुत देखा ?

दर्पण उसकी ओर बढ़ा देती है।

लीजिए !

नंद दर्पण उसके हाथ से ले लेता है।

वहाँ जाकर खड़े हो जाइए।

नंद आगे के दीपाधार के पास चला जाता है।

इस तरह नहीं...।

पास जाकर दर्पण उसके साथ सटा देती है।

इस तरह। *(चंदन की कटोरी हाथ में लेकर)* अब मुझे विशेषक बनाने दीजिए...।

दर्पण में देखती हुई विशेषक बनाने के लिए हाथ माथे के पास ले जाती है। तभी दूर से भिक्षुओं और भिक्षुणियों का समवेत स्वर सुनाई देने लगता है। उसका हाथ पल-भर रुका रहता है। स्वर क्रमशः पास आता जाता है।

नेपथ्य : धम्मं शरणं गच्छामि
संघं शरणं गच्छामि
बुद्धं शरणं गच्छामि...।

पृष्ठभूमि में यह स्वर निरंतर चलता रहता है।

सुंदरी : *(सहसा अपने को सहेजकर)*
देखिए दर्पण हिल गया। आप कुछ देर स्थिर खड़े नहीं रह सकते ?

उस स्वर से पैदा हुई नंद की अस्थिरता उसके चेहरे और हाथों से प्रकट होती है।

नंद : *(दर्पण को ठीक रखने का प्रयत्न करता हुआ)*
अब ठीक है ?

सुंदरी : नहीं।

नंद : अब ?

सुंदरी : ऊँ-हूँ।

नंद : *(प्रयत्नपूर्वक ध्यान सुंदरी के चेहरे पर केंद्रित करके)*
अब ?

सुंदरी : अब कुछ ठीक है। देखिए, अब नहीं हिलिएगा ...।

फिर विशेषक बनाने का प्रयत्न करती है। न दर्पण को अपने से इतना सटा लेता है कि उसक साँस से वह धुँधला जाता है। सुंदरी हाथ रोकव रोषपूर्ण दृष्टि से उसकी ओर देखती है।

रहने दीजिए।

जाकर चंदन-लेप की कटोरी शृंगारकोष्ठ में र देती है।

नंद : क्यों, अब क्या हुआ ? दर्पण हिला तो नहीं ?

सुंदरी : हिला नहीं, पर आपकी साँस से धुँधला गया है। आ जान-बूझकर ...।

नंद : *(धुँधले दर्पण को देखता हुआ)*

नहीं, मैने जान-बूझकर ऐसा नहीं किया।

अपने उत्तरीय से दर्पण को पोंछ देता है।

लो, अब देखो।

सुंदरी : आप दर्पण रख दीजिए। मुझे विशेषक नहीं बनाना है।

नंद : क्यों ?

सुंदरी : मैंने कह दिया है, मुझे नहीं बनाना है।

शृंगारकोष्ठ के पास से हटकर चबूतरे की ओर चली जाती है। नंद दर्पण की छाया उस पर डालने का प्रयत्न करता है।

नंद : जब तक विशेषक नहीं बनाओगी, मैं तुम्हें दर्पण की छाया से बाहर नहीं जाने दूँगा।

सुंदरी चबूतरे के पास से हटकर झूले की ओर चली जाती है। नंद दर्पण की छाया उधर डालता है।

अब भी दर्पण की छाया तुम्हारे ऊपर है और तुम्हारी छाया दर्पण के अंदर है।

सुंदरी : आप दर्पण रख दीजिए। मुझे विशेषक नहीं बनाना है, नहीं बनाना है।

दर्पण की छाया से बचने के लिए झूले से उठकर पीछे के दीपाधार के पास से होती हुई चबूतरे के ऊपर आ जाती है। नंद दर्पण ऊँचा उठाकर उस

पर छाया डालने का प्रयत्न करता है। भिक्षुओं का समवेत स्वर बहुत पास आकर एकाएक रुक जाता है। स्वर के रुकते ही दर्पण नंद के हाथ में सँभल न पाने से नीचे गिरकर टूट जाता है।

सुंदरी : *(चौंककर)*

दर्पण टूट गया ?

नंद स्तब्ध-सा पहले सुंदरी को, फिर टूटे हुए दर्पण को देखता है। सुंदरी चबूतरे पर जहाँ-की-तहाँ बैठ जाती है। भिक्षुओं और भिक्षुणियों का समवेत स्वर फिर आरंभ हो जाता है और अब क्रमशः दूर होता जाता है।

नेपथ्य : धम्मं शरणम् गच्छामि
संघं शरणम् गच्छामि
बुद्धं शरणम् गच्छामि ···।

नंद कुछ पल खोया-सा खड़ा रहता है, फिर बढ़कर सुंदरी के पास आता है।

नंद : मुझे खेद है सुंदरी ··· !

समवेत स्वर क्रमशः मंद पड़ता हुआ विलीन होने लगता है।

देखो, सुंदरी ··· !

सुंदरी जड़-सी उसकी ओर देखती है और चबूतरे से उठकर आगे के दीपाधार के पास आ जाती है।

(उसके पास आकर) सुंदरी !

सुंदरी : आप अपने कक्ष में चले जाइए। मैं कुछ देर एकांत में रहना चाहती हूँ।

नंद पल-भर अस्थिर-सा खड़ा रहने के बाद सिर झुकाए चबूतरे पर चला जाता है। सुंदरी एक बार उसकी ओर देखकर फिर सामने देखने लगती है।

सुंदरी : आपसे कहा था मैं कुछ देर एकांत में रहना चाहती हूँ।

नंद : परंतु मुझे यहाँ से जाने का अधिकार नहीं है। मैं दिन-भर तुम्हारे पास रहने का वचन दे चुका हूँ।

सुंदरी : वचन मुझे दिया था न ? अब मेरी ओर से आप वचनमुक्त हैं।

नंद : परंतु मैं वचनमुक्त होना नहीं चाहता।

आकर टूटे हुए दर्पण को उठाता है और उसे देखता हुआ ले जाकर शृंगारकोष्ठ में आधार पर रख देता है। फिर लौटकर सुंदरी के पास आता है।

सुनो।

सुंदरी न कुछ कहती है, न उसकी ओर देखती है।

जो टूटा है, वह तो काँच का दर्पण है। तुम कहा करती हो न कि तुम्हारा दर्पण ... ।

सुंदरी : उस बात को जाने दीजिए।

नंद : अच्छा, आओ, वहाँ चलकर बैठो।

उसे मत्स्याकार आसन की ओर ले जाना चाहता है।

सुंदरी : मैं आपसे एक बात जानना चाहती हूँ।

नंद : वहाँ आ जाओ, बैठकर बात करो।

उसकी पीठ पर हाथ फेरते हुए उसे मत्स्याकार आसन तक ले जाता है और कंधों पर हाथ रखकर उसे बिठा देता है।

अब बताओ क्या जानना चाहती हो ?

सुंदरी : जानना चाहती हूँ कि क्या दर्पण का टूटना सचमुच अकारण ही था, ... या उस समय आप कोई और बात सोच रहे थे ?

नंद इस बीच शृंगारकोष्ठ के पास आकर चंदन-लेप की कटोरी वहाँ से उठा लेता है और लेप को तीली से हिलाता हुआ सुंदरी के पास लौट आता है।

नंद : लाओ, मैं अपने हाथों से तुम्हारे माथे पर विशेषक बना देता हूँ।

सुंदरी : आपने मेरी बात का उत्तर नहीं दिया।

नंद उसके पास बैठ जाता है।

नंद : यह तुम कैसे कहती हो कि मैं उस समय और कुछ सोच रहा था ?

सुंदरी : आप उनकी बात नहीं सोच रहे थे ?

नंद : किनकी ?

सुंदरी : जिन्होंने आज भिक्षुणी के रूप में दीक्षा ली है।

नंद : इसलिए कि भिक्षुओं की मंडली उस समय भवन के बाहर आकर रुकी थी ?

सुंदरी : और इसलिए भी कि ज्योंही भिक्षुओं का स्वर रुका, त्योंही...।

नंद : मैं इतना ही कह सकता हूँ कि यह तुम्हारे मन का भ्रम है, और कुछ नहीं। मैंने दर्पण अधिक ऊँचा उठा दिया था, इसलिए उसका संतुलन बना न रह सका...।

सुंदरी : सच कह रहे हैं ?

नंद : तुमसे झूठ क्यों कहूँगा ?

सुंदरी एक बार खोजती-सी दृष्टि से उसकी ओर देखकर वहाँ से उठ पड़ती है।

सुंदरी : *(आगे के दीपाधार की ओर आती हुई)*
आप उस समय यह नहीं सोच रहे थे कि भिक्षुओं की मंडली में शायद वे भी होंगी,... शायद आपसे भिक्षा लेने के लिए ही वे इस द्वार पर रुकी होंगी ?

नंद : मैं तो नहीं, पर लगता है तुम यह बात सोच रही थीं। इसीलिए तुम्हें लगा कि शायद मैं भी...

सुंदरी : *(शृंगारकोष्ठ की ओर जाती हुई)*
आप मुझसे कहते हैं कि मैं यह बात सोच रही थी !... मुझे यही बात तो उस समय सोचनी थी !

शृंगारकोष्ठ के पास आकर टूटे हुए दर्पण में अपना प्रतिबिंब देखती है।

जाने कैसा-सा लगता है... अपना टूटा हुआ प्रतिबिंब देखकर।

हल्की-सी सिहरन शरीर में दौड़ जाती है।

इधर आइए।

नंद उठकर पास आता है।

इसमें मुझे देखिए।

नंद : उसमें क्यों देखूँ ? बाहर जो देख रहा हूँ।

सुंदरी : बाहर भी ऐसी ही अपरूप लगती हूँ।

नंद : टूटे हुए दर्पण में अपने को देखते जाना बहुत अच्छा लग रहा है ?

सुंदरी : *(दर्पण से आँखें हटाकर)*
अच्छा लग रहा है ? यह दो भागों में बँटा हुआ सीमंत, खंडित

मस्तक, खंडित चेहरा, खंडित...

नंद उसे आगे बोलने से रोक देता है।

नंद : और नहीं।... यह अखंड रूप यदि तुम अपनी आँखों से देख पातीं...।

सुंदरी पल-भर उसकी ओर देखती रहती है।

सुंदरी : आप कह रहे थे अपने हाथों से मेरा प्रसाधन करेंगे ?

नंद : हाँ। तुम ऐसे ही रुकी रहो, मैं अभी... *(मत्स्याकार आसन की ओर जाता हुआ)* अभी क्षण-भर में तुम्हारे माथे पर मैं पूरा आकाश चित्रित कर दूँगा। *(मत्स्याकार आसन से चंदन की कटोरी उठाकर वापस आता हुआ)* बीच में सूर्य और उसके दोनों ओर सोम और बृहस्पति... ऊपर और नीचे शेष चारों ग्रह तथा कर्णफूलों के पास राहु और केतु...।

सुंदरी इस बीच श्रृंगारकोष्ठ से थोड़ा आगे आ जाती है।

सुंदरी : आप मेरा सारा प्रसाधन करेंगे ?

नंद : क्यों नहीं करूँगा ?

सुंदरी : अच्छा, तो पहले विशेषक बना दीजिए।

नंद थोड़ा-सा लेप उँगली पर लेकर उसके माथे पर लगाने लगता है कि सहसा सामने का एक किवाड़ खटखटा उठता है।

नंद : *(सहसा चौंककर)*
कोई आया है ?

बाहर हवा का शब्द सुनाई देता है। बंद किवाड़ फिर धीरे-धीरे खुल जाता है।

सुंदरी : हवा है।

नंद : ऐसी हवा ! ठहरो, मैं किवाड़ बंद कर दूँ।

चंदन-लेप मदिराकोष्ठ पर रखकर सामने के द्वार की ओर जाता है। हवा का तेज शब्द सुनाई देता है। द्वार के पास पहुँचता ही है कि दोनों किवाड़ सहसा बंद हो जाते हैं। वह थोड़े प्रयत्न से उन्हें खोलता है। खोलते ही बाहर से ऐसा शब्द सुनाई देता है जैसे कई कबूतर एक-साथ गुटर-गूँ-गुटर-गूँ कर रहे हों। वह धीरे से किवाड़ बंद कर देता है।

(किवाड़ बंद करते हुए) एकाएक ऐसी हवा कैसे चलने लगी ?

सुंदरी : *(उसकी ओर जाती हुई)*
हवा भी किसी से पूछकर चलती है क्या ?

नंद : तुमने सुना, किवाड़ खोलते ही कैसा स्वर सुनाई दिया ?

सुंदरी : हवा से डरे हुए कबूतर हैं। पहले नहीं बोलते थे क्या ?

नंद : ऐसा नहीं। वह स्वर बहुत असाधारण-सा था।
ठहरो ... फिर से सुनो ... ।

फिर किवाड़ खोलता है। इस बार किवाड़ सहज ढंग से खुल जाते हैं। बाहर हवा का शब्द अपेक्षाकृत हल्का सुनाई देता है। कबूतरों का स्वर भी अपेक्षया हल्का पड़ गया है। लगता है दूर एक खुटकबढ़ैया लगातार लकड़ी पर चोंच से प्रहार कर रही हो। नंद किवाड़ फिर बंद कर देता है। सुंदरी उसके पास से हटकर शृंगारकोष्ठ की ओर आती है।

सुंदरी : आपका मन इतना कच्चा है, यह मैं नहीं जानती थी।

वह अभी शृंगारकोष्ठ तक पहुँच भी नहीं पाती कि दाईं ओर के द्वार से अलका घबराई हुई-सी आती है।

अलका : देवि ! ... कुमार !

सुंदरी : *(सहसा रुककर)*
क्या बात है अलका ? ... क्या हुआ है ? ... श्यामांग ठीक तो है न ?

अलका : *(हाँफती हुई)*
वह ... वह ! अभी सो रहा होगा। मैं आपसे ... आपसे एक और बात कहने आई थी ... ।

सुंदरी : *(शृंगारकोष्ठ की ओर बढ़ती हुई)*
कोई ऐसी बात है जो इसी समय कहनी आवश्यक थी ?

अलका : हाँ, देवि ! ... अभी-अभी मैं बाहर से आ रही थी, ... तो देखा ... देखा कि आँगन के द्वार पर एक भिक्षुमूर्ति भिक्षा लेने के लिए खड़ी है। ... दो बार उसने भिक्षा की याचना की, फिर सहसा लौट पड़ी। ... तभी मैंने उसे आलोक में देखा। ... देखा कि वे स्वयं ... स्वयं गौतम बुद्ध हैं ... । मैं उसी समय

··· सूचना देने के लिए ··· यहाँ चली आई ··· ।

पल-भर निस्तब्धता रहती है। तीनों में से कोई बात नहीं करता। नंद सिर झुकाए, बाँहें लपेटे चबूतरे की ओर आता है।

नंद : *(अलका से)*

तुमने ठीक देखा है कि स्वयं भाई ··· कि स्वयं गौतम बुद्ध भिक्षा के लिए आए थे ?

अलका : किसी को पहचानने में भूल कर सकती हूँ, पर उन्हें पहचानने में मैं कभी भूल नहीं कर सकती। दो बार याचना करने पर भी जब कोई उनके पात्र में भिक्षा डालने नहीं आया, तो आँखें उठाकर पल-भर वे गवाक्ष की ओर देखते रहे। फिर सहसा लौट पड़े ··· ।

सुंदरी : तू ज़ा अलका ! अच्छा किया जो आकर तूने सूचना दे दी।

अलका : आप कहें, तो मैं जाकर ··· ।

सुंदरी : तू अपने कक्ष में जा और कुछ देर विश्राम कर। मैंने सुना है तू रात-भर सोई नहीं है।

अलका एक बार सुंदरी की ओर, फिर नंद की ओर देखती है और सिर झुकाकर चली जाती है। नंद चबूतरे के पास से हटकर झूले की ओर चला जाता है। सुंदरी पल-भर अपने स्थान पर रुकी रहती है, फिर मदिराकोष्ठ से चंदन-लेप की कटोरी उठाकर नंद के पास चली जाती है। नंद खोई-खोई-सी आँखों से उसे देखता है।

नंद : *(जैसे वह भूली हुई बात एकाएक याद हो आई हो)*

विशेषक ··· हाँ ··· *(कटोरी के लिए हाथ बढ़ाकर)* लाओ, दो मुझे।

सुंदरी उसके बढ़े हुए हाथ के पास से कटोरी हटा लेती है।

सुंदरी : नहीं, इस मन से नहीं। ··· पहले बताइए, क्या सोच रहे हैं ?

नंद : *(अव्यवस्थित भाव से)*

सोच ··· सोच कुछ नहीं रहा। ··· हाँ, सोच रहा था कि ···

सुंदरी : कि उन्हें कैसा लगा होगा ? उन्होंने मन में क्या सोचा होगा ?

नंद : *(मदिराकोष्ठ की ओर आता हुआ)*

हाँ, यह भी और साथ यह भी कि··· *(सुंदरी की ओर देखकर)* तुम्हें यह नहीं लगता कि मुझे जाकर एक बार उनसे इस प्रमाद के लिए क्षमा-याचना करनी चाहिए ?

सुंदरी चंदन-लेप की कटोरी लिए हुए शृंगारकोष्ठ के पास आ जाती है और उसे रखकर पल-भर सोचती-सी खड़ी रहती है।

सुंदरी : ऐसा सोचते हैं, तो एक़ बार चले क्यों नहीं जाते ?

नंद : *(उसकी ओर जाता हुआ)*
सोचता हूँ कि जाना हो, तो···।

सुंदरी : इसी समय जाना चाहिए, यही न ? तो जाइए न ! मुझे दिए हुए वचन के कारण विवशता का अनुभव करते हैं ? वह विवशता नहीं रहेगी।

नंद : परंतु···।

सुंदरी : मैं अपनी ओर से आपको वचनमुक्त कर रही हूँ।

नंद : तुम मन से कह रही हो न, चला जाऊँ ?

सुंदरी : *(पल-भर उसे देखते रहने के बाद स्नेह, सहानुभूति और आशंका-मिश्रित स्वर से)*
मन से नहीं तो कैसे ?

नंद : *(उसके स्नेह से प्रभावित)*
मैं अधिक समय नहीं लूँगा। नदी-तट पर आने-जाने में जितना समय लगेगा, उसके अतिरिक्त घड़ी-भर समय और···।

सुंदरी : *(चेष्टापूर्वक मुस्कराकर)*
मैं प्रतीक्षा करूँगी।

नंद पल-भर पलकें मूँदे रहता है, फिर सहसा चलने के लिए प्रस्तुत हो जाता है।

नंद : अच्छा···!

उसका पैर द्वार की ओर बढ़ता ही है कि :

सुंदरी : रुकिए।

नंद रुककर उसकी ओर देखता है। सुंदरी चंदनलेप की कटोरी लेकर उसके पास चली जाती है।

सुंदरी : पूरा आकाश नहीं, पर एक ग्रह तो माथे पर अंकित कर ही दीजिए।

नंद कटोरी से चंदन लेकर उसके माथे पर एक बिंदु अंकित कर देता है और हल्के-से उसकी ठोड़ी को छू देता है।

और जाने से पहले एक और वचन देते जाइए।...

नंद प्रश्नात्मक दृष्टि से उसे देखता है।

... कि लौटकर स्वयं ही इस विशेषक को पूरा करेंगे। आपके लौटने तक मैं इस बिंदु को सूखने नहीं दूँगी।

नंद : परन्तु यह बिन्दु तो कुछ ही क्षणों में सूख जाएगा, और मुझे आने में...।

सुंदरी : मैंने कहा है मैं आपके आने तक इसे सूखने नहीं दूँगी... पानी से भिगोकर गीला रखूँगी। आपके आने पर ही और सब प्रसाधन भी करूँगी, तभी अपने बाल भी बाँधूँगी।

नंद विभोर भाव से सिर हिलाता है। अनमने ढंग से द्वार की ओर बढ़ता है। द्वार के पास पहुँचकर रुक जाता है और सुंदरी की ओर देखता है। सुंदरी पास जाकर हाथ के सहारे से उसे जाने के लिए प्रेरित करती है।

अब जाइए।

नंद द्वार से बाहर जाकर भी एक बार मुड़कर उसकी ओर देख लेता है। फिर चला जाता है। सुंदरी गवाक्ष के पास जा खड़ी होती है। गवाक्ष के बढ़ते हुए प्रकाश के आगे उसकी आकृति एक छायाकृति में बदलने लगती है। तभी श्यामांग के प्रलाप का हल्का-हल्का स्वर सुनाई देता है :

नेपथ्य : पानी... पानी नहीं है... लहरों में पानी नहीं है... एक किरण... कोई एक किरण ला दो... अँधेरा... यह घना गुमसुम अँधेरा... यह अँधेरा मुझसे नहीं सहा जाता... यह छाया... यह छाया मुझसे नहीं ओढ़ी जाती... यह छाया मेरे ऊपर से हटा दो... एक किरण... कोई एक किरण...

प्रकाश धीरे-धीरे मंद पड़ता है और सुंदरी की छायाकृति अँधेरे में विलीन होने लगती है।

अंक 3

कक्ष में सबकुछ व्यवस्थित है। दीपाधारों के सब दीपक जल रहे हैं। फिर भी एक सूनेपन का आभास होता है। कक्ष में व्यक्ति कोई नहीं है। सामने का द्वार बंद है। कुछ क्षण निःस्तब्धता। फिर उद्यान की ओर से सुंदरी और अलका के स्वर सुनाई देते हैं :

नेपथ्य : **(सुंदरी :)**
किसी ने भी नहीं देखा यह कब हुआ ?
(अलका :)
नहीं, देवि !
(सुंदरी :)
यह भी पता नहीं कि घटना दिन की है या रात की ?
(अलका :)
ना ! दिन-भर इधर आने का अक्सर ही नहीं मिला।

सुंदरी और अलका दाईं ओर के द्वार से आती हैं। सुंदरी के बाल खुले हैं; वेश उसी तरह है जैसे दूसरे अंक के अंत में था। चेहरे के भाव में एक कठोरता है। आँखों से लगता है जैसे एक चुनौती से लड़ रही हो। अलका के चेहरे से थकान टपकती है परंतु कर्तव्यवश वह अपनी थकान को ढके रहना चाहती है।

सुंदरी : आँखों से देखकर भी मुझे विश्वास नहीं हो रहा ... कैसे संभव है कि एकाएक इस तरह ... ?

अलका : मैंने देखा, तो सोचा आँखों को कुछ हो गया है। जब विश्वास हुआ कि नहीं, आँखों का दोष नहीं, तो लगा कि इस अपराध की साझीदार मैं भी हूँ। पहले सोचा, आपको अभी सूचना न दूँ, पर फिर मुझसे रहा नहीं गया ... ।

सुंदरी : सूचना न देने से वे लौट न आते। ... परंतु अलका ...

जाकर मत्स्याकार आसन पर बैठ जाती है।

मैं अब भी नहीं सोच पा रही कि यह हुआ कैसे ··· राजहंस स्वयं उड़कर चले गए, इसमें भी विश्वास नहीं होता ··· और यह भी मन नहीं मानता कि किसी ने उन्हें ··· ।

अलका पास जाकर चबूतरे के सहारे खड़ी हो जाती है।

अलका : ऐसा साहस किसी का नहीं हो सकता कि वह ताल से उन्हें चुरा ले जाता।

सुंदरी : *(अंतर्मुख भाव से)*
यही तो सोच रही हूँ कि कौन ऐसा है जो इस तरह का दुःसाहस कर सकता।

अलका उस संकेत से कुछ अव्यवस्थित हो जाती है।

अलका : जिस एक व्यक्ति पर संदेह हो सकता था ··· वह तो सारी रात, सारा दिन उस कक्ष से बाहर नहीं गया। अधिकांश समय मैं स्वयं ··· ।

सुंदरी : नहीं, मुझे उस पर संदेह नहीं। श्यामांग उन्माद में भी ऐसी बात न सोच पाता।

अलका : तो आप किसके लिए सोचती हैं कि ··· ।

सुंदरी : किसी के लिए भी तो नहीं सोच पाती ··· परंतु फिर यह भी विचार आता है कि राजहंस आहत थे ··· कम-से-कम एक उनमें अवश्य आहत था। कल कैसा क्रंदन उसका सुना था ? क्या उनके पंखों में इतनी शक्ति रही होगी कि अपनी इच्छा से उड़कर कहीं चले जाते ? और जिस ताल में इतने दिनों से थे, उसका अभ्यास, उसका आकर्षण ··· क्या इतनी आसानी से छूट सकता था ?

अलका : संभव है आहत होना ही कारण रहा हो उनके उड़कर चले जाने का ··· ।

सुंदरी : होने को कुछ भी कारण हो सकता है। संभव है यही कारण रहा हो।

इधर-उधर देखती है जैसे उसे किसी चीज की आवश्यकता हो। अलका चबूतरे से एक तकिया उठाकर उसके पास ले आती है।

अलका : कुछ देर विश्राम नहीं करेंगी ?

तकिया उसकी बाँह के नीचे रख देती है।

सुंदरी : दिन-भर विश्राम के अतिरिक्त और किया ही क्या है ?

अलका : यह यदि विश्राम था, तो ...।

सुंदरी : देख, मैं उस विषय की चर्चा फिर नहीं सुनना चाहती।

अलका : नहीं, मैं उस विषय की चर्चा नहीं कर रही।

शृंगारकोष्ठ के पास जाकर वहाँ से सुंगधिजल की कटोरी उठा लाती है।

आप अनुमति दें, तो मैं ...।

सुंदरी : तू बार-बार क्यों अनुरोध करती है ?

अलका : अनुरोध कहाँ कर रही हूँ ? अनुरोध कर सकती, तो आपको दिन-भर बिना प्रसाधन रहने देती ? बिना प्रसाधन के आपका रूप ...।

सुंदरी : *(कुछ तीखे स्वर में)*

मेरा यही रूप क्या स्वाभाविक नहीं है ... मुझे किसी प्रसाधन की आवश्यकता नहीं।

अलका : क्षमा चाहती हूँ, मेरा यह अभिप्राय नहीं था। ... और प्रसाधन के लिए तो मैं कह भी नहीं रही। इतना ही कह रही हूँ कि ...।

सुंदरी चिढ़कर वर्जना की दृष्टि से उसकी ओर देखती है, परंतु उसे देखते ही चेहरे का भाव बदल जाता है।

सुंदरी : तू स्वयं इतना थकी है, फिर भी क्यों ऐसा हठ कर रही है ?

अलका : हठ नहीं कर रही, विनय से कह रही हूँ, संभव है कुमार को लौटकर आने में अभी और समय लगे। तब तक आप ...।

सुंदरी मत्स्याकार आसन से उठ खड़ी होती है।

सुंदरी : *(आगे के दीपाधार की ओर आती हुई)*

मैंने कहा था, मैं इस विषय की चर्चा नहीं सुनना चाहती।

अलका अपराध भाव से आँखें झुकाए अपने स्थान पर खड़ी रहती है।

(सहसा अलका की ओर मुड़कर) तू समझती है कि मैं उनके लौटने की प्रतीक्षा कर रही हूँ ? *(आँखें उस ओर से हटाकर अंतर्मुख भाव से)* प्रतीक्षा कर रही होती, तो अपने माथे का विशेषक, यह बिंदु, सूख जाने न देती। परंतु जितना समय इसे गीला रखना चाहिए था, उससे कहीं अधिक समय मैंने इसे

गीला रखा। एक पहर, दो पहर, तीन पहर। हर बीतता हुआ क्षण मेरे प्रयत्न का उपहास उड़ाता था, फिर भी मैं अपने अंदर के विरोध से लड़ती रही, मन के विद्रोह को किसी तरह समझाती रही। परंतु एक क्षण आया जब वह प्रयत्न मन से हार गया। मेरा गीला हाथ माथे तक जाकर लौट आया और मैंने उसे फिर गीला नहीं किया।

सहसा शृंगारकोष्ठ के पास जाकर वहाँ से एक कटोरी उठा लेती है।

(कटोरीवाला हाथ अलका की ओर बढ़ाकर) यह कटोरी है जिसमें मैंने पानी भरकर रखा था। कटोरी खाली नहीं हुई थी, पर मैंने स्वयं इसे खाली कर दिया।

कटोरी को एक झटके से फिर शृंगारकोष्ठ पर रख देती है।

अब मुझे प्रतीक्षा नहीं है अलका ! मैं अपने स्वाभिमान को और नहीं छल सकती। *(लौटकर अलका की ओर आती हुई)* वे जब भी लौटकर आएँ, अपने घर में आएँगे, कोई उनसे कुछ कहेगा नहीं। और यदि आने में कोई बाधा है, तो ...

अलका : *(बढ़कर उसकी ओर आती हुई)* ऐसी बाधा की बात आप सोच सकती हैं ?

सुंदरी : मैंने कहा है अलका, मैं अपने स्वाभिमान को और नहीं छल सकती। नदी-तट तक जाने-आने में जितना समय लगता है, उसके अतिरिक्त घड़ी-भर समय और ... यह उन्होंने कहा था। मैंने विश्वास से उन्हें भेजा था। चाहती, तो उस समय उन्हें रोक भी सकती थी। परंतु रोकना मैंने नहीं चाहा ...।

झूले के पास जाकर एक हाथ उस पर रख लेती है।

क्योंकि रोकना दुर्बलता होती। मन में कहीं यह साल बनी रहती कि मैंने उन्हें नहीं जाने दिया कि कहीं उसका अर्थ होता कि उन पर और अपने पर मुझे विश्वास नहीं था।

अलका सुगंधिजल की कटोरी लिए हुए पास आ जाती है।

अलका : आप कुछ देर के लिए यहीं न बैठ जाएँगी ?

सुंदरी उसे देखती है और आत्मसमर्पण के भाव

से झूले पर बैठ जाती है। अलका हल्के हाथों से उसके माथे पर सुगंधिजल लगाने लगती है।

सुंदरी : तेरा यह स्नेह और विश्वास।··· कभी-कभी सोचती हूँ कि तू मेरी दासी क्यों है ?··· क्यों नहीं तू···।

अलका : मेरी बात मानेंगी ?

सुंदरी : तेरी बात मानती कब नहीं हूँ ?

अलका : *(एक ओर से माथे के दूसरी ओर आती हुई)*

कुछ देर यहीं लेट रहें। नींद आने से मन स्वस्थ हो जाएगा। मैं तब तक किसी को भेजती हूँ कि जाकर देख आए···।

सुंदरी : नहीं, अलका ! किसी को कहीं भेजना नहीं है। भेजकर बुलाना होता, तो मैं बहुत पहले ही भेज देती। मैं कह चुकी हूँ कि उनके आने में यदि बाधा हो, तो···।

अलका : वे अवश्य आएँगे। आप तब तक कुछ देर सो रहें। न आने का एक कारण यह भी तो हो सकता है कि समय पर न आ पाने से उनका संकोच ही उन्हें रोके हो।··· या आर्य मैत्रेय के साथ आखेट पर निकल गए हों !

सुंदरी : *(अंतर्मुख भाव से)*

आखेट पर ?··· आर्य मैत्रेय के साथ ?

गले से एक अस्पष्ट-सा स्वर निकल पड़ता है।

(उसके हाथ हटाती हुई) बस अब और नहीं।

अलका कटोरी लिए हुए उठकर शृंगारकोष्ठ की ओर जाती है और कटोरी रखकर वहाँ से रेशमी वस्त्र का एक टुकड़ा निकाल लाती है।

अलका : यह नहीं, तो भाई से विदा लेने में संकोच हो रहा होगा। और कोई कारण नहीं हो सकता।

उसका माथा वस्त्र से पोंछ देती है और लौटकर वस्त्र शृंगारकोष्ठ में नीचे रख देती है।

आप विश्राम कर लें। वे ज्यों ही लौटकर आएँगे, मैं आपको जगा दूँगी।

मत्स्याकार आसन से उठाकर तकिया झूले में लगा देती है।

अब लेट जाएँ।··· कह रही हूँ कि कुछ देर के लिए लेट जाएँ। ··· अभी कह रही थीं, आप मेरी बात मानती हैं।

सुंदरी फिर आत्मसमर्पण के भाव से अपने को उसके हाथों में छोड़ देती है। अलका सहारा देकर उसे झूले में लिटा देती है और कुछ पल झूले को हिलाती रहती है। फिर एक बार झुककर उसे देख लेती है और झूले को हिलता छोड़कर दबे पैरों बाईं ओर के द्वार के पास आ जाती है।

(द्वार से बाहर देखती हुई दबे हुए स्वर में) नीहा ! *(पल-भर के व्यवधान के बाद फिर)* नीहा !

नीहारिका जैसे सोई हुई उठकर आती है।

तू सो रही थी ?

नीहारिका : नहीं, सो नहीं रही थी।

अलका होंठों पर उँगली रखकर उसे धीरे बोलने का संकेत करती है।

कल रात-भर जागते रहने से थोड़ा ऊँघ गई थी।

अलका : श्वेतांग लौटकर नहीं आया ?

नीहारिका : मैंने उसे नहीं देखा। जाकर देखती हूँ।

अलका : वह लौट आया हो, तो उससे कहना कि··· *(पल-भर सोचकर) कहना कि वह.....*(एक बार झूले की ओर देख लेती है)··· कि वह यहीं आ जाए।

नीहारिका जाने लगती है।

और सुन।

नीहारिका रुककर उसकी ओर देखती है।

उससे कहना कि··· *(झूले की ओर संकेत करके)* अभी इन्हें किसी तरह सुलाया है। आकर ऐसे स्वर में बात न करे कि नींद टूट जाए।

नीहारिका सिर हिलाकर चली जाती है। अलका एक बार दबे पैरों झूले के पास जाकर सुंदरी को देख लेती है और उसे वस्त्र ओढ़ा देती है। फिर शृंगारकोष्ठ के पास जाकर वहाँ की सामग्री को सहेजती है। चंदन-लेप की सूखी कटोरी उठाकर दाईं ओर से बाहर ले जाती है और पल-भर बाद भरी हुई कटोरी लिए हुए लौट आती है। उसे यथास्थान रख रही होती है कि उसी ओर से

श्वेतांग आता है। अलका उसे धीरे बोलने का संकेत करती है और हल्के पैरों से उसके पास चली जाती है।

अलका : उनसे मिले ?

श्वेतांग धीरे-से सिर हिलाता है।

श्वेतांग : नहीं।

अलका : उन्हें देखा भी नहीं ?

श्वेतांग : ना। देखा भी नहीं।

अलका : वे वहाँ नहीं हैं ?

श्वेतांग : वहाँ से कब के जा चुके हैं।

अलका : जा चुके हैं ? अकेले ?

श्वेतांग : हाँ, अकेले।

अलका : यह पता नहीं चला, किधर गए हैं ?

श्वेतांग : ठीक सें पता नहीं चला। इतना पता चला कि पहले बहुत देर तक वहाँ थे। जिस समय वहाँ पहुँचे तथागत इतने लोगों से घिरे हुए थे कि कितनी ही देर वे उनके सामने नहीं जा पाए। प्रतीक्षा करते हुए कितनी ही बार लौट आने के लिए अस्थिर हुए, पर लौटने का साहस नहीं कर सके ··· ।

अलका श्रृंगारकोष्ठ में अपना छोड़ा हुआ काम पूरा करने लगती है। एक बार टूटे हुए दर्पण को आधार स्थान से उठाकर देखती है, फिर उसे वहीं रखकर वस्त्र-खंड से पोंछ देती है।

अलका : फिर ?

श्वेतांग : *(उस थोड़े-से स्थान पर धीरे-धीरे टहलता हुआ)*
अंत में किसी तरह अवसर मिला, तो उन्होंने प्रणाम करके तथागत से अपने यहाँ आतिथ्य स्वीकार करने के लिए कहा।

अलका : आतिथ्य स्वीकार करने के लिए कहा ? ··· और उन्होंने स्वीकार कर लिया ?

श्वेतांग : नहीं। उन्होंने इसका उत्तर न देकर अपना भिक्षापात्र कुमार के हाथों में दे दिया।

अलका : *(स्तंभित-सी)*
उन्होंने अपना भिक्षापात्र कुमार के हाथों में दे दिया ?

श्वेतांग : बतानेवालों ने मुझे यही बताया है, कुमार उस समय इतने

अव्यवस्थित थे कि भिक्षापात्र हाथ में लिए हुए ही लौटकर यहाँ आने लगे।

सुंदरी कुनमुनाकर झूले पर करवट बदलती है। अलका श्वेतांग को चुप रहने का संकेत करके झूले के पास चली जाती है और यह निश्चय करके कि वह सो रही है, धीरे-से झूले को हिलाकर लौट आती है।

अलका : गौतम बुद्ध ने उन्हें रोका ?

श्वेतांग : कहकर नहीं रोका। कुछ क्षण स्थिर दृष्टि से उन्हें देखते रहे, फिर उन्हें अपने पीछे आने के लिए कहकर विहार में चले गए।

अलका : कैसा अंतर्द्वन्द्व रहा होगा कुमार के लिए।

श्वेतांग : न चाहते हुए भी कुमार को उनके पीछे जाना पड़ा। सुना है वहाँ जाकर तथागत ने उन्हें उपदेश दिया और भिक्षु आनंद से उन्हें दीक्षित करने के लिए कहा ...।

अलका : *(स्तब्ध होकर)*
उन्हें दीक्षित करने के लिए कहा ?

श्वेतांग : हाँ। कुमार के विरोध करते रहने पर भी उनके केश काट दिए गए। परंतु कुमार उसी समय उठकर वहाँ से चले आए। उनकी आँखों में उस समय आँसू थे—जाने केश कट जाने के कारण या अपने मन की बात न कह पाने के कारण ...।

अलका : और उसके बाद ?

श्वेतांग : जब वे वहाँ से चले, बहुत विक्षुब्ध थे। लगता था जैसे किसी से जूझना चाहते हों और जूझ न पाए हों। जिन लोगों ने उन्हें उस स्थिति में देखा, उन्हें डर भी लगा और सहानुभूति भी हुई। ऐसा भाव था उनका कि यदि स्वयं गौतम बुद्ध उस समय उनके सामने आकर कुछ कहते, तो शायद वे उनसे भी ...।

अलका : परंतु उसके बाद वे गए कहाँ ?

श्वेतांग : यही पता नहीं चला। लोगों का कहना है कि उसके बाद उन्हें घने जंगल की ओर जाते देखा गया था।

अलका : घने जंगल की ओर ? परंतु शस्त्रास्त्र ती उनके पास नहीं थे।

श्वेतांग : इसीलिए विश्वास नहीं होता। निहत्थे वे जंगली पशुओं के बीच क्यों गए होंगे, यह समझ में नहीं आता। यहाँ भी लौटकर नहीं आए, इसलिए संदेह होता है कि कहीं ...।

अलका उसे बीच में ही रोक देती है।

अलका : अमंगल की बात मत सोचो।··· जंगली पशुओं के बीच निहत्थे जाकर भी कुमार का अनिष्ट नहीं होगा। उस विक्षुब्ध मनःस्थिति में उन्होंने यहाँ लौटकर आना नहीं चाहा होगा, इसीलिए शायद कहीं और चले गए हों···।

श्वेतांग : संभव है ऐसा ही हो। मैंने एक बार सोचा कि आर्य मैत्रेय को साथ लेकर उन्हें ढूँढ़ने जाऊँ, परंतु···।

अलका प्रश्न दृष्टि से उसकी ओर देखती है।

अलका : परंतु क्या ?

श्वेतांग : सुना है आर्य मैत्रेय आज दीक्षित हो गए हैं।

अलका : *(जैसे विश्वास न हो)*

आर्य मैत्रेय भी ?

श्वेतांग : हाँ, वे भी।··· अब यदि देवि से आदेश प्राप्त हो तो मैं कुछ सैनिकों को साथ लेकर···।

अलका : नहीं। उन्हें अभी बताना ठीक नहीं। उन्हें यह सब पता चलेगा, तो वे···।

श्वेतांग : परंतु न बताना भी तो अहितकर हो सकता है। तुम सोचो यदि सचमुच कुमार किसी संकट में हों, और हम लोग इस समय कुछ न कर पाएँ···।

अलका : ठहरो, सोचने दो।··· लगता है तुम्हारा कहना ही ठीक है। मन विश्वास नहीं करना चाहता कि कुमार का कुछ अनिष्ट हो सकता है, परंतु··· घने जंगल में··· रात के समय··· कुछ भी तो असंभव नहीं है। अच्छा··· तुम बाहर ठहरो··· मैं अभी उन्हें जगा देती हूँ।

श्वेतांग एक उदास नजर कक्ष पर डालकर दाईं ओर के द्वार से बाहर चला जाता है। अलका झूले के पास जाकर पल-भर सुंदरी को देखती खड़ी रहती है।

(धीरे से) देवि ! (थोड़ा झुककर) देवि !

सामने का एक किवाड़ खुलने लगता है और नंद के शब्द सुनाई देते हैं :

नंद उसे जगाओ नहीं, सोई रहने दो।

अलका चौंककर पीछे देखती है। नंद किवाड़

खोलकर अंदर आता है। अलका सहसा उत्साहित हो उठती है।

अलका : कुमार !

परंतु अगले ही क्षण उत्साह की रेखाएँ उसके चेहरे से मिट जाती हैं। नंद का वेश वही है जो जाने से पहले था, परंतु सिर मुँडा हुआ है और शरीर क्षत-विक्षत।

आप ... आ ... आप ... !

नंद : तुम जाओ; उसे सोई रहने दो।

अलका : पर ... पर ... परंतु ... मैंने उनसे कहा था कि ... आपके लौटकर आते ही ... आते ही ... मैं उन्हें जगा दूँगी।

नंद : पर मैंने कहा है कि उसे जगाना नहीं है। तुम जाओ, एक अभ्यागत मेरे साथ हैं।

अलका आदेश-पालन के रूप में सिर झुकाती है और दाईं ओर के द्वार की ओर चल देती है।

(पीछे के बंद किवाड़ की ओर देखकर)

आ जाओ भिक्षु !

अलका जाते-जाते एक बार उस ओर देख लेती है। सामने का दूसरा किवाड़ खोलकर भिक्षु आनंद अंदर आता है। अलका द्वार के पास रुककर फिर एक बार जैसे विश्वास करने के लिए देख लेती है और बाहर चली जाती है।

कुशासन मँगवा दूँ ?

भिक्षु आनंद : नहीं, उसकी आवश्यकता नहीं।

नंद : *(दिखाता हुआ)*

यह है मेरा घर, मेरी पत्नी का कक्ष; और यह है मेरी पत्नी।

भिक्षु आनंद : देख रहा हूँ। घर सुंदर है, कक्ष बहुत ही सुंदर है।

नंद : हाँ, सुंदरी को तो तुमने देखा नहीं। भिक्षु हो इसलिए देखोगे भी नहीं। संभवतः तुम्हारी दृष्टि में उसका यहाँ होना यथार्थ नहीं, केवल एक भ्रांति है।

दोनों बात करते हुए कुछ आगे आ जाते हैं।

परंतु उस तरह मैं एक भ्रांति नहीं हूँ ? तुम एक भ्रांति नहीं हो ? तुम्हारा कहा हुआ हर वाक्य एक भ्रांति नहीं है ?

भिक्षु आनंद : दूसरों को इस सत्य तक पहुँचने में बहुत समय लगता है। मुझे प्रसन्नता है तुमने शीघ्र इसे ग्रहण कर लिया है।

नंद : *(आवेगपूर्वक)*
ग्रहण कर लिया है ?... यह कहकर तुम्हारे मन को संतोष मिलता हो, तो मैं तुम्हें उससे वंचित करना नहीं चाहूँगा।

भिक्षु आनंद : तुम इस समय बहुत उद्विग्न हो। वन में व्याघ्र के साथ हुए द्वंद्व में...।

नंद : जानता हूँ तुम सारा समय छाया की तरह मेरे साथ रहे हो... व्याघ्र के साथ हुए द्वंद्व में मैं विक्षत हुआ...।

भिक्षु आनंद : अपने मन के संतोष के लिए ही न ? जो कि तुम समझते हो झूठा संतोष नहीं !... मैं छाया की तरह तुम्हारे साथ-साथ रहा हूँ क्योंकि तथागत का यह आदेश था कि...।

नंद : तथागत के आदेश के विषय में अब और नहीं सुनना चाहता। तथागत के आदेश से तुमने मेरे केश काट दिए। बड़े भाई के सम्मान के कारण मैं उन क्षणों के लिए विमूढ़-सा हो रहा, बलपूर्वक विरोध नहीं कर सका। परंतु उसके बाद मैं अपना उत्तर उन्हें दे आया था।

भिक्षु आनंद : *(आगे के दीपाधार के पास जाकर)*
उत्तर दे नहीं आए थे, अब तक दे रहे हो।... जो कुछ तुमने उनसे कहा, वह तुम्हारे उत्तर का एक अंश था। दूसरा अंश था तुम्हारा यहाँ न आकर जंगल में चले जाना और व्याघ्र से युद्ध करना। तीसरा अंश है...।

नंद : इस तरह तो यह उत्तर तब तक पूरा नहीं होगा...

भिक्षु आनंद : जब तक कि अंतर की व्याकुलता शांत नहीं हो जाती।

नंद : *(व्यंग्यपूर्वक हँसकर)*
और वह शांत होगी, तुमसे दीक्षा लेने से !

भिक्षु आनंद : नहीं, दीक्षा लेने से वह शांत न होगी।

नंद टहलता हुआ शृंगारकोष्ठ के पास चला जाता है। वहाँ की व्यवस्था को देखकर थोड़ा चौंकता है, फिर भिक्षु आनंद की ओर लौट आता है।

नंद : तो ?... तो कैसे शांत होगी वह ?

भिक्षु आनंद : यह प्रश्न तुम मुझसे नहीं, अपने से पूछ रहे हो।

नंद : *(सहसा रुककर)*

और नहीं भिक्षु !··· यह बातों का खेल हमारे बीच और नहीं खेला जाएगा। स्वर्ग और नरक, वैराग्य और विवेक, शील और संयम, आर्यसत्य और अमृत—मैं जानता हूँ वाणी के छल से तुम मुझे किस ओर ले जाना चाहते हो। मैं तथागत के सामने कह चुका हूँ और अब फिर से कहे देता हूँ कि वह दिशा मेरी नहीं है, कदापि नहीं है।

भिक्षु आनंद : निःसंदेह नहीं है। तुम अपने लिए अपनी दिशा खोज रहे हो, यह व्याकुलता ही वास्तविक आरंभ है। तुम यह जानते हो, इसीलिए अपनी व्याकुलता से इतना नहीं लड़ रहे।

नंद : बातें अब रहने दो भिक्षु ! तुम घर देखना चाहते थे, घर तुमने देख लिया है। (दाएँ और बाएँ संकेत करके) उधर मेरा कक्ष है, इधर उद्यान है···।

भिक्षु आनंद : मैं घर देखने आया था··· घर··· कक्ष और उद्यान नहीं।··· अब मुझे चलना चाहिए।

पल-भर स्थिर दृष्टि से नंद को देखता रहता है, फिर सामने के द्वार की ओर चल देता है।

अच्छा···।

नंद पल-भर अपने स्थान पर रुका रहता है, फिर उस द्वार की ओर बढ़ता है।

नंद : ठहरो, भिक्षु !

भिक्षु आनंद रुककर प्रश्नदृष्टि से उसकी ओर देखता है।

जाने से पहले तुमसे एक प्रश्न पूछना चाहता हूँ।

भिक्षु आनंद : मुझसे ? परंतु जो व्यक्ति तुम्हारे किसी भी प्रश्न का उत्तर दे सकता है, वह मैं नहीं हूँ। उत्तर किसी भी प्रश्न का तुम्हें केवल एक ही व्यक्ति से मिल सकता है और उस व्यक्ति का नाम है··· नंद।

नंद : तो जाओ, भिक्षु !··· मैं फिर से वही खेल खेलने के लिए तुम्हें नहीं रोकना चाहूँगा।

उसकी ओर से मुँह फेरकर आगे के दीपाधार के पास आ जाता है। भिक्षु आनंद बाहर से मुड़कर एक बार उसकी ओर देख लेता है।

भिक्षु आनंद : मुझे रोकने का तो प्रश्न ही नहीं है, नंद !··· जिसे तुमने रोक

रखा है, वह व्यक्ति कोई दूसरा ही है।

बाहर चला जाता है। नंद जब तक मुड़कर उस ओर देखता है, तब तक वह जा चुकता है। नंद जैसे उसे सुनाने के लिए कुछ कदम द्वार की ओर जाता है।

नंद : बातों को उलझाते क्यों हो, भिक्षु ? कौन है वह दूसरा व्यक्ति ? कौन है वह जिसे मैंने रोक रखा है ?

भिक्षु तब तक जा चुका है। नंद गवाक्ष तक जाकर लौट आता है।

जानता हूँ तुम्हारा क्या उत्तर होता। रुकते, तो तुम इतना ही कहते, तुम उस व्यक्ति को नहीं जानते नंद ? मुझे आश्चर्य है ! परंतु तुम्हारी मुस्कराती हुई भौंहें कहतीं कि तुम्हें आश्चर्य नहीं है; आश्चर्य की बात केवल व्यंग्य है, उपहास है।

बढ़कर मदिराकोष्ठ के पास आता है, मदिरापात्र को उठाकर देखता है और रख देता है।

(पीछे द्वार की ओर देखकर) नहीं, आज मदिरा नहीं लूँगा; भिक्षु ! तुम्हारी मुस्कराती हुई आँखें जिससे यह न कह सकें, "स्मृति से इतना डर क्यों लगता है, नंद ? अपनी स्मृति को मदिरा की विस्मृति में डुबो देना क्यों चाहते हो ?" *(मदिराकोष्ठ से आगे आता हुआ)* यद्यपि इसका उत्तर मैं तुम्हें दे सकता था। कह सकता था कि स्मृति से बचने के लिए तुमने जो स्वाँग रचा है, वह स्वाँग मैंने नहीं रचा, इसलिए।

लौटकर झूले के पास चला जाता है और पल-भर स्निग्ध दृष्टि से देखता रहता है।

अच्छा है तुम सो रही हो। जाग रही होतीं, तो तुम्हारे प्रश्नों का उत्तर शायद मैं न दे पाता।

उसके पास से हटकर टहलता हुआ पीछे दीपाधार की ओर जाता है।

मैंने कहा था तुम्हारा विशेषक सूखने से पहले ही मैं लौट आऊँगा, परंतु नहीं आ सका। तुम पूछतीं, क्यों, तो मैं क्या उत्तर देता ? क्या कहता कि तथागत के पास से उठ आने के बाद क्यों मन में कल के मरे हुए मृग को देखने की कामना इतनी प्रबल हो आई थी कि किसी भी तरह अपने को वहाँ

जाने से रोक नहीं सका ? कैसे बताता कि मृग के स्थान पर एक नोच खाई ठठरी को देखकर मुझे कैसा लगा ? और कि फिर क्यों मैं अचानक उस गुरगुराकर सामने से आते व्याघ्र से उलझ पड़ा ? जानता था कि यह प्रवृत्ति आत्म-विनाश की है, परंतु उस प्रवृत्ति को मैं रोक क्यों नहीं सका ? क्यों मैंने जान-बूझकर आत्म-विनाश को निमंत्रित किया, और फिर स्वयं ही आत्म-रक्षा के लिए उस तरह लड़ गया ? क्षत-विक्षत हम दोनों हुए ··· पलायन भी एक तरह से दोनों ने ही किया ··· । क्यों ? आत्म-विनाश और आत्म-रक्षा, दोनों प्रवृत्तियों के बीच एक साथ मैं कैसे जिया और क्यों ? और उस तरह जीकर क्या सुख मिला ? और क्या यह सुख की ही खोज थी जिसने उस तरह जीने के लिए विवश किया ?

उस दीपाधार के पास से हटकर आगे के दीपाधार की ओर आता है।

या यह केवल मन का विद्रोह था ··· बिना विश्वास एक विश्वास के अपने ऊपर लादे जाने के लिए ? या कि इसलिए कि उस समय मैं इतना सत्त्वहीन क्यों हो गया कि भिक्षु आनंद के कर्त्तनी उठाने पर चिल्ला नहीं सका कि 'यह विश्वास मेरा नहीं है। मैं तुम्हारा या किसी और का विश्वास ओढ़कर नहीं जी सकता, नहीं जीना चाहता।'

दीपाधार के पास से टहलता हुआ शृंगारकोष्ठ की ओर जाता है।

इतना समझ में आता है कि जिये जाने से जीवन धीरे-धीरे चुक जाता है। कि हर उन्मेष का परिणाम एक निमेष है और काल के विस्तार में निमेष और उन्मेष दोनों अस्थायी हैं। सुख सुख नहीं है, काई पर फिसलते हुए पाँव का एक स्पन्दन-मात्र है, मात्र रेत में डूबती हुई बूँद की एक अकुलाहट ··· परंतु वह स्पन्दन, वह अकुलाहट ही क्या जीवन का पूरा अर्थ, जी लेने का कुल पुरस्कार नहीं है ? ··· आकाश में कहीं लटकते हुए नीले-काले बिंदु—कोरे सिद्धांतों के—वे अधिक स्थायी, अधिक सत्य कैसे हैं ?

टूटे हुए दर्पण के सामने रुककर कुछ क्षण अपना प्रतिबिंब उसमें देखता रहता है।

उन्होंने केश कटवा दिए, तो क्या व्यक्ति रूप में मैं अधिक सत्य हो गया ? जिह्वा कटवा देते, हाथ-पैर कटवा देते, तो और अधिक सत्य हो आता ? कौन कह सकता है कि भ्रांति वस्तुतः किसे है; उन्हें या मुझे ? *(दर्पण के पास से हटकर)* उन्होंने कहा, 'मैं मैं नहीं हूँ, तुम तुम नहीं हो, वह वह नहीं है ··· सब किसी उँगली से आकाश में बनाए गए चित्र हैं जो बनते-बनते साथ ही मिटते जाते हैं, जिनका होना न होने से भिन्न नहीं है।' ··· पर मैं पूछता हूँ कि जब होने-न-होने में कोई अंतर नहीं है, तो मेरे केश क्यों कटवा दिए ? *(टहलकर फिर से झूले और पीछे के दीपाधार की ओर जाता हुआ)* कटवा ही दिए, तो उससे अंतर क्या पड़ता है ! कुछ ही दिनों में फिर नहीं उग आएँगे ? *(झूले के पास रुककर)* अंतर पड़ता यदि मेरा हृदय बदल जाता, आँखें बदल जातीं ! मेरे हृदय में तुम्हारे लिए अब भी वही अनुराग है, आँखों में तुम्हारे रूप की अब भी वही छाया है।

इस बीच कई-एक दीपक बुझ चुके हैं और कक्ष का प्रकाश पहले से मंद पड़ गया है।

तुम्हारा विशेषक जो सूख गया, उसका मुझे खेद है। उसे मैं अभी गीला कर देता हूँ।

शृंगारकोष्ठ के पास जाकर वहाँ से चंदन-लेप की कटोरी उठा लाता है। उँगली पर थोड़ा-सा लेप लेकर उससे सुंदरी के माथे पर हल्का-सा बिंदु बनाने लगता है। सुंदरी हड़बड़ाकर जाग जाती है। अपने पर झुकी हुई मुंडित आकृति को देखकर उसके मुँह से चीख निकल जाती है और वह आँखों पर हाथ रख लेती है। दाईं ओर से अलका, नीहारिका और श्वेतांग घबराए हुए आते हैं। नंद अव्यवस्थित होकर सहसा पीछे के दीपाधार की ओर हट जाता है।

अलका : क्या बात है, देवि ? क्या हुआ है ? ··· कोई भयानक सपना देखा है ?

सुंदरी : *(आँखों पर हाथ रखे हुए अलका के शरीर को छूकर)* यह तू ··· तू है अलका ?

आँखों पर हाथ रखे रहती है और जैसे विश्वास कर लेना चाहती है कि पास खड़े सब लोग उसके परिजन ही हैं। नंद कुछ सोचता-सा शृंगारकोष्ठ की ओर जाता है और चंदन-लेप की कटोरी वहाँ रखकर और एक नजर सुंदरी पर डालकर दाईं ओर के द्वार से चला जाता है।

और कौन-कौन लोग हैं ?

अलका : नीहारिका है और श्वेतांग है। ठहरिए, मैं आपके लिए पानी ले आऊँ।

नीहारिका : मैं लेकर आती हूँ।

दाईं ओर के द्वार से चली जाती है।

अलका : तुम श्वेतांग, कुमार के कक्ष में जाकर स्नान के लिए पानी और बदलने के लिए दूसरे वस्त्र निकालकर उन्हें दो।

सुंदरी धीरे-धीरे आँखों से हाथ हटाती है। श्वेतांग दाईं ओर के द्वार से चला जाता है।

सुंदरी : तू क्या कह रही थी अलका ··· कुमार के कक्ष में स्नान के लिए पानी ··· और बदलने के लिए वस्त्र ··· *(झूले से उठती हुई)* वे लौट आए हैं ?

अलका : *(पल-भर के असमंजस के बाद)*

हाँ, देवि ! ··· कुछ देर पहले लौट आए हैं।

सुंदरी : और तूने मुझे जगाया नहीं ? ··· तूने कहा था कि उनके आते ही ···।

अलका : कुमार ने आपको सोए हुए देखा, तो ··· तो जगाने से मना कर दिया। मैंने सोचा कि वे ··· वे आदेश दे रहे हैं, इसलिए ···।

सुंदरी : कहाँ हैं वे ? अपने कक्ष में ?

अलका : हाँ ··· अपने कक्ष में ही हैं। ··· थके हुए थे, इसलिए श्वेतांग से कहा है, उनके स्नान इत्यादि की व्यवस्था करे।

सुंदरी बढ़कर चबूतरे के पास आ जाती है।

सुंदरी : वे लौट आए हैं ! ··· फिर ऐसा ··· ऐसा भयानक सपना मैंने क्यों देखा ?

अलका : सोते समय आपका मन स्वस्थ नहीं था ··· और फिर आप तो सपनों में विश्वास नहीं करतीं ···।

सुंदरी : *(अपने को सहेजने का प्रयत्न करती हुई)*

विश्वास मैं नहीं करती ··· फिर भी सोचती हूँ कैसा सपना था वह।

नीहारिका जलपात्र में पानी लिए हुए आती है।

नीहारिका : पानी ले लीजिए, देवि !

सुंदरी : नहीं, मुझे पानी की आवश्यकता नहीं।

नीहारिका अलका की ओर देखती है और जलपात्र लिए हुए लौट जाती है।

अलका : आप सपने की बात कह रही थीं।

सुंदरी : मैंने देखा कि ··· परंतु अलका, लगता है जैसे वह सपना न हो, जो कुछ मैंने देखा है, खुली आँखों से ही देखा हो।

अलका : क्या देखा आपने ?

सुंदरी : *(चबूतरे से शृंगारकोष्ठ की ओर बढ़ती हुई)*
देखा कि मैं झूले में पड़ी हूँ ··· सहसा एक ठंडे स्पर्श से आँख खुल जाती है। आँख खुलते ही *(सिहरकर)* ··· देखती हूँ कि एक रुंड-मुंड आकृति मेरे ऊपर झुकी हुई है; उसका हाथ मेरे माथे पर है ··· तभी मेरे मुँह से चीख निकल जाती है और मैं ··· मैं सचमुच जाग जाती हूँ।

शृंगारकोष्ठ के पास जाकर पल-भर दर्पण के सामने रुकी रहती है।

किसी ने यहाँ नया दर्पण लाकर नहीं रखा ?

अलका : यह दर्पण यहाँ अच्छा नहीं लग रहा था, पर मैंने सोचा कि बिना आदेश पाए ··· ।

सुंदरी : पर यह सबकुछ ··· ।

चंदन-लेप की कटोरी उठाकर देखती है।

यह कटोरी तूने भर दी थी ? ··· इसमें यह ··· यह निशान किसकी उँगली का है ?

अलका : निशान ?

पास जाकर कटोरी लेकर देखती है।

संभव है ··· भरकर लाते हुए ··· मेरी ही उँगली से यह निशान बन गया हो। अब बैठिए, मैं आपके शरीर का कुछ प्रसाधन कर दूँ। ··· कुमार जब तक नहाएँ, तब तक आप ··· ।

सुंदरी : नहीं, अलका ! मैंने तब तुझे बताया नहीं था। मैंने दिन-भर शरीर का प्रसाधन नहीं किया क्योंकि ···

द्वार की ओर बढ़ती है।

ठहर, मैं अभी उनके कक्ष में होकर आती हूँ।

अलका : *(एकाएक आगे आकर)*

देवि !

सुंदरी : *(रुककर)*

क्यों ?··· कह न, क्या कहना चाहती है ?

अलका : मैं सोचती थी कि यदि···।

सुंदरी : कह न, क्या सोचती थी ?

अलका : सोचती थी कि यदि··· कुमार के सामने जाने से पहले आप···।

सुंदरी : फिर वही बात ? मैं तुझे बता चुकी हूँ कि मैं अभी प्रसाधन नहीं करूँगी।

अलका : तो भी यदि कुछ देर··· मेरा मतलब है कुमार के स्नान करने तक यदि···।

सुंदरी : नहीं, मैं और प्रतीक्षा नहीं करूँगी। पाँच पहर से मैंने उन्हें देखा नहीं है।

दाईं ओर के द्वार से चली जाती है। अलका द्वार तक जाती है और लौट आती है। उद्विग्न भाव से शृंगारकोष्ठ के पास जाकर चंदन-लेप की कटोरी को उठाती और रख देती है। साथ ही आशंकित भाव से द्वार की ओर देखती हुई उधर की प्रतिक्रियाओं की प्रतीक्षा करती है। कुछ अंतराल के बाद सहसा उधर से सुंदरी के शब्द सुनाई देते हैं :

नेपथ्य : नहीं-नहीं··· यह संभव नहीं···।

अलका बढ़कर द्वार की ओर जाने लगती है कि सहसा सुंदरी उधर से आ जाती है। भाव ऐसा है जैसे सहसा कहीं से चोट खा आई हो।

अलका : *(पास जाकर उसे सँभालने के प्रयत्न में)*

ऐसे क्यों हो रही हैं, देवि ?

सुंदरी : *(सहसा आवेश में)*

तू··· तूने बताया क्यों नहीं मुझे ? क्यों नहीं बताया कि जो मैंने देखा था, वह सपना नहीं था ?

अलका सहारे से उसे चबूतरे पर बिठाने का प्रयत्न करती है।

क्या अब तू मुझे यह विश्वास दिलाना चाहेगी कि मैं जागती आँखों से भी सपना ही देखकर आई हूँ ?

अलका : मैंने इसीलिए नहीं बताया कि आप जान लेंगी, तो बहुत अस्थिर हो उठेंगी...।

सुंदरी उसके हाथ हटा देती है।

सुंदरी : जान लेती, तो कम-से-कम दूसरी बार के आघात से तो बच जाती। यह आकृति एक दुःस्वप्न नहीं... यथार्थ है... मेरा अपना यथार्थ... क्या मैं उसका सामना कर सकती हूँ ?... क्या एक बार इतना भी कह सकती हूँ... कि आपने... आपने मेरे पास से जाकर... यह सब कैसे हो जाने दिया... क्यों हो जाने दिया ?

अलका : जानती हूँ, आपको मन में कैसा लग रहा है। परंतु आप मन को सँभालेंगी नहीं, तो सोचिए कुमार को कैसा लगेगा ? अब जबकि वे लौट आए हैं...

सुंदरी : वे नहीं आए, अलका ! जो लौटकर आया है, वह व्यक्ति कोई दूसरा ही है...।

अपने उद्वेग को रोक पाने में असमर्थ सहसा बाईं ओर के द्वार से उद्यान की ओर निकल जाती है।

(जाते-जाते)... कोई दूसरा ही... !

उसी समय दाईं ओर के द्वार से नंद अंदर आता है। आँखों से खोया-खोया और चेहरे से गंभीर।

नंद : *(अलका को देखे बिना पीछे के दीपाधार की ओर जाता हुआ)* कोई दूसरा ही !... तो क्या सचमुच मैं कोई दूसरा ही हूँ ? भिक्षु ने यही कहा था... तुम भी अब यही कह रही हो।... परंतु मैं जानना चाहता हूँ कि मैं कोई दूसरा कैसे हूँ ? मात्र इसलिए कि किसी ने हठ से मेरे केश काट दिए हैं ?

दीपाधार के पास रुकता है, तो सहसा दृष्टि अलका पर पड़ती है। अलका जैसे अप्रसन्न होकर शृंगारकोष्ठ के पास झुकी हुई है।

तुम यही खड़ी हो, अलका ? जाओ, तुम्हारी स्वामिनी को तुम्हारी आवश्यकता होगी।

अलका आँखें उठाकर उसकी ओर देखती है, फिर आँखें झुका लेती है।

अलका : मैं जा रही हूँ···।

दाईं ओर के द्वार से चली जाती है।

नंद होंठ काटता हुआ अंतर्मुख भाव से दीपाधार के पास से मत्स्याकार आसन की ओर आता है।

नंद : तब नहीं लगा था, पर अब लगता है कि केश काटकर उन्होंने मुझे बहुत अकेला कर दिया है। घर से··· और अपने-आपसे भी अकेला ! जिस सामर्थ्य और विश्वास के बल पर जी रहा था, उसी के सामने मुझे असमर्थ और असहाय बनाकर फेंक दिया गया है।

आसन को ऐसे छूकर आगे निकल आता है जैसे उसमें भी उसे परायेपन का आभास होता हो। चेहरे की गंभीरता के साथ एक दृढ़ता दिखाई देने लगती है।

लगता है मैं चौराहे पर खड़ा एक नंगा व्यक्ति हूँ जिसे सभी दिशाएँ लील लेना चाहती हैं और अपने को ढकने के लिए उसके पास कोई आवरण नहीं है।··· परंतु मैं इस असहायता की स्थिति में नहीं रह सकता।··· तब प्रश्न उन्होंने पूछे थे ··· अब मुझे जाकर उनसे कई-कई प्रश्न पूछने होंगे।··· जीने की इच्छा को कितने-कितने प्रश्नों ने एक-साथ घेर लिया है ! व्याघ्र से लड़कर भी मन को शांति नहीं मिली··· लगता है अभी और लड़ना है, बहुत लड़ना है··· ऐसे किसी से जिसके पास लड़ने के लिए भुजाएँ नहीं हैं !··· मन में मृत्यु का भय है··· किसी भी प्रकार की मृत्यु का··· परंतु उस भय में साथ एक आकर्षण भर दिया गया है। अस्तित्व और अनस्तित्व के बीच मेरी चेतना को एक प्रश्नचिह्न··· केवल एक प्रश्नचिह्न बनाकर छोड़ दिया गया है। क्यों··· पहले इसी प्रश्न का उत्तर मुझे उनसे जानना है··· आज ही··· और अभी···।

पल-भर जैसे सोचता-सा रुका रहता है।

हाँ, अभी···।

सामने के द्वार की ओर बढ़ता है। श्वेतांग दाईं ओर के द्वार से आता है।

श्वेतांग : कुमार !

नंद रुककर उसकी ओर देखता है।

स्नान के लिए पानी रख दिया है। बदलने के लिए वस्त्र भी निकाल दिए हैं।

नंद : *(जाते-जाते)*

अभी नहीं श्वेतांग ! वस्त्र बदलने का समय अभी नहीं हुआ।

श्वेतांग : परंतु कुमार ... !

नंद : मेरे साथ आओ। तुम्हारे लिए इस समय दूसरा कार्य है।

बाहर चला जाता है। श्वेतांग रुककर उद्यान की ओर देखता है। फिर उसके पीछे-पीछे चला जाता है। पल-भर के व्यवधान के बाद बाईं ओर के द्वार से अलका आती है।

अलका : कुमार !

चारों ओर नजर दौड़ाती है, पर नंद को न देखकर उसी द्वार से चली जाती है। फिर सुंदरी के साथ वापस आती है।

लगता है कुमार फिर अपने कक्ष में चले गए हैं।

सुंदरी : वहाँ वह सूना कमलताल ... यहाँ कक्ष का यह सूनापन ... लगता है आज घर अपना घर नहीं रहा ... ।

धीरे-धीरे जाकर मत्स्याकार आसन पर बैठ जाती है।

अलका : नीहारिका से कह दूँ कि कुमार स्नान कर चुकें, तो ... ।

सामने के द्वार से श्वेतांग गंभीर और थका-सा अंदर आता है।

श्वेतांग : कुमार स्नान नहीं करेंगे। उन्होंने मुझसे कहा है कि ... ।

सुंदरी सहसा आसन से उठ खड़ी होती है।

सुंदरी : क्या कहा है उन्होंने ? और ... वे ... वे बाहर कब चले गए ? ... वे तो ... ।

श्वेतांग : कुमार अभी-अभी बाहर गए हैं। जाते हुए उन्होंने मुझसे कहा है कि ... ।

सुंदरी : *(पहले से और अव्यवस्थित होकर)*

वे अभी-अभी फिर बाहर चले गए हैं ? ... क्यों ? रात के समय इस तरह जाने का कारण ?

श्वेतांग : कारण उन्होंने नहीं बताया। इतना ही कहा है कि···।

सुंदरी : *(उतावली में)*

क्या कहा है उन्होंने ? जल्दी से बताते क्यों नहीं ?

श्वेतांग सिर झुका लेता है और प्रयत्न से बात कह पाता है।

श्वेतांग : उन्होंने कहा कि··· वे अपने केशों की खोज में जा रहे हैं। जाकर तथागत से पूछना चाहते हैं कि उन्होंने उनके केशों का क्या किया ? और यदि कुछ नहीं किया, तो क्या उनके केश उन्हें लौटाये जा सकते हैं ? उनकी पत्नी को उन केशों की आवश्यकता है···

सुंदरी जैसे जड़-सी हो रहती है।

सुंदरी : यह कहा है उन्होंने ?

हाथों में मुँह छिपाए हुए फिर आसन पर बैठ जाती है।

इतना ही समझ पाए हैं वे ?··· *(मुँह से हाथ हटाकर)* जाओ तुम लोग। जाओ, मुझे इस समय एकांत चाहिए।

श्वेतांग अलका की ओर देखता है और सिर झुकाए धीरे-धीरे चला जाता है। अलका सुंदरी को सहेजने के प्रयत्न में उसके पास बैठने लगती है।

जा, तू भी जा अलका ! मैंने कहा है, मुझे एकांत चाहिए, बिल्कुल एकांत !

अलका अनमने भाव से उसके पास से हटकर उसी द्वार से चली जाती है।

(रुँधे हुए गले से) इतना ही तो समझ पाते हैं ये लोग !··· बस इतना ही तो इनकी समझ में आ पाता है !

फिर से मुँह हाथों में छिपा लेती है। प्रकाश धीमा होने लगता है और उसके साथ-साथ नेपथ्य से श्यामांग के शब्द सुनाई देते हैं।

नेपथ्य : नहीं··· किसी की समझ में नहीं आता··· पत्थर··· पानी में पत्थर मैंने नहीं फेंके··· जिसने पत्थर फेंके··· वह भी··· वह भी वही छाया थी··· यह अँधेरा··· यह अँधेरा मुझसे नहीं ओढ़ा जाता··· मुझे एक किरण ला दो··· एक किरण···।

इस बीच सुंदरी की छायाकृति चेहरे से हाथ

हटाती है।

सुंदरी : इससे अधिक कभी समझ भी नहीं पाएँगे ये ... कभी नहीं समझ पाएँगे !

नेपथ्य : *(विलीन होता हुआ स्वर)*
बस एक किरण ... केवल एक किरण ... !

नेपथ्य का स्वर और मंच की आकृति दोनों साथ-साथ विलीन हो जाते हैं।

नाटककार का वक्तव्य :

पहली भूमिका

'आषाढ़ का एक दिन' के बाद यह मेरा दूसरा नाटक है।

पहले नाटक के विषय में कई तरह के विवाद उठे, उसकी ऐतिहासिक प्रामाणिकता को लेकर, रंगमंचीय सम्भावनाओं को लेकर और सबसे अधिक कालिदास के चरित्र को लेकर। रंगमंचीय सम्भावनाओं को लेकर जो आशंकाएं थीं, उनका उत्तर काफी हद तक अब तक दिया जा चुका है। दिल्ली, कलकत्ता, लखनऊ, इलाहाबाद, नागपुर, कानपुर, ग्वालियर तथा कई अन्य स्थानों पर उसे सफलतापूर्वक खेला गया है। अलकाजी-जैसे निर्देशक तथा अनामिका-जैसी संस्था ने उसे लेकर सर्वथा अलग-अलग दृष्टियों से प्रयोग किये हैं। आकाशवाणी के विभिन्न केन्द्रों से सभी भारतीय भाषाओं में उसे प्रसारित किया गया है।

कालिदास के चरित्र को लेकर जो आपत्तियां उठायी गयीं, वे कुछ लोगों के पूर्वग्रह को ही व्यक्त करती हैं। शोधकों का एक वर्ग है जिसने कालिदास और मातृगुप्त को एक ही व्यक्ति माना है। इसी आधार पर प्रसाद ने 'स्कन्दगुप्त' में कालिदास के चरित्र की कल्पना की है। एक ऐसा भी वर्ग है जो इसकी प्रामाणिकता में विश्वास नहीं करता, परन्तु कालिदास के जीवन के सम्बन्ध में कितने प्रामाणिक तथ्य आज तक हमें उपलब्ध हैं ? जितनी सामग्री है, वह एक-न-एक अनुमान पर ही आधारित है। कुछ लोगों को अपने अनुमान अधिक प्रामाणिक लगें, यह बात दूसरी है।

एक आलोचक ने लिखा था कि 'कालिदास-जैसे व्रती तपस्वी महात्मा को नाटक में एक दुर्बल व्यक्ति के रूप में चित्रित किया गया है।' मुझे आश्चर्य इसलिए हुआ कि वे आलोचक संस्कृत के अच्छे पण्डित हैं। 'अभिज्ञान शाकुन्तल', 'कुमारसम्भव' तथा 'मेघदूत' पढ़कर यदि कालिदास का ऐसा ही चरित्र उनके मन में बनता है, तो क्या कहा जा सकता है ? रूढ़िगत संस्कार ही जहाँ व्यक्ति का विवेक बन जायें, वहाँ और आशा करना व्यर्थ है। हमारे यहाँ परम्परा ही कुछ ऐसी है कि हम अपने जातीय प्रतीकों को सदा अतिमानवीय धरातल पर रखकर देखना चाहते हैं। उनमें मानवीयता का निदर्शन हमें चोट पहुँचाता है। इसका मुख्य कारण शायद यही है कि हमें स्वयं अपनी मानवीयता में विश्वास नहीं है, अपने यथार्थ में आस्था नहीं है। क्योंकि अपने से कुछ आशा नहीं होती, इसलिए यह बात असम्भव प्रतीत होती है कि मानवीय धरातल पर रहकर भी जीवन में कुछ महान् किया जा सकता है। केवल उसी धरातल पर रहकर किया जा सकता है, यह तो शायद सुनने में भी बहुत

भारी पड़े।

'आषाढ़ का एक दिन' में कालिदास का जैसा भी चरित्र है, वह उसकी रचनाओं में समाहित उसके व्यक्तित्व से बहुत हटकर नहीं है; हाँ, आधुनिक प्रतीक के निर्वाह की दृष्टि से उसमें थोड़ा परिवर्तन अवश्य किया गया है। यह इसलिए कि कालिदास मेरे लिये एक व्यक्ति नहीं, हमारी सृजनात्मक शक्तियों का प्रतीक है, नाटक में वह प्रतीक उस अन्तर्द्वन्द्व को संकेतित करने के लिये है जो किसी भी काल में सृजनशील प्रतिभा को आन्दोलित करता है। व्यक्ति कालिदास को उस अन्तर्द्वन्द्व में से गुज़रना पड़ा या नहीं, यह बात गौण है। मुख्य बात यह है कि हर काल में बहुतों को उसमें से गुज़रना पड़ा है, हम भी आज उसमें एक गुज़र रहे हैं। हो सकता है व्यक्ति कालिदास का यह नाम भी वास्तविक न हो, पर हमारी आज तक की सृजनात्मक प्रतिभा के लिये इससे अच्छा दूसरा नाम, दूसरा संकेत, मुझे नहीं मिला।

'आषाढ़ का एक दिन' का कालिदास दुर्बल नहीं हैं; कोमल, अस्थिर और अन्तर्द्वन्द्व से पीड़ित है। विलोम जो अपेक्षया सबल प्रतीत होता है, दुराग्रह की आक्रामक शक्तियों को संकेतित करता है। वह व्यक्ति अपने अन्तर्द्वन्द्व को खा चुका है, इसलिए अपेक्षया अधिक संयोजित है। आशा और आस्था से हताशा और अनास्था का स्वर प्रकट रूप से अधिक बलवान होता है, अपनी स्थापना के लिये उसकी आन्तरिक अपेक्षा ही ऐसी होती है। आशा और आस्था की शक्तियाँ अपनी कोमलता में निर्बल प्रतीत हों, फिर भी कथ्य यही है कि बर्बर शक्तियों के हाथों वे पराजित नहीं होतीं। 'आषाढ़ का एक दिन' में पराजित व्यक्ति टूटा हुआ कालिदास नहीं, अपने में संयोजित विलोम है—क्योंकि विजय और पराजय के संकेत वे दोनों स्वयं नहीं हैं, संकेत है मल्लिका जो कालिदास की आस्था का विस्तारित रूप है। मल्लिका का चरित्र एक प्रेयसी और प्रेरणा का ही नहीं, भूमि में रोपित उस स्थिर आस्था का भी है जो ऊपर से झुलसकर भी अपने मूल में विरोपित नहीं होती।

इतिहास या ऐतिहासिक व्यक्तित्व का आश्रय साहित्य को इतिहास नहीं बना देता। इतिहास तथ्यों का संकलन करता है, उन्हें एक समय तालिका में प्रस्तुत करता है। साहित्य का ऐसा उद्देश्य कभी नहीं रहा। इतिहास के रिक्त कोष्ठों की पूर्ति करना भी साहित्य का उपलब्धि-क्षेत्र नहीं है। साहित्य इतिहास के समय से बँधता नहीं, समय में इतिहास का विस्तार करता है, युग से युग को अलग नहीं करता, कई-कई युगों को एक साथ जोड़ देता है। इस तरह इतिहास के 'आज' और 'कल' उसके लिये 'आज' और 'कल' नहीं रह जाते, समय की असीमता में कुछ ऐसे जुड़े हुए क्षण बन जाते हैं जो जीवन को दिशा-संकेत देने की दृष्टि से अविभाज्य हैं। इस तरह साहित्य में इतिहास अपनी यथातथ्य घटनाओं में व्यक्त नहीं होता, घटनाओं को जोड़ने वाली ऐसी कल्पनाओं में व्यक्त होता है जो अपने ही एक नये और अलग

रूप में इतिहास का निर्माण करती हैं। यह निर्माण रूढ़िगत अर्थ में इतिहास नहीं है। उस इतिहास की खोज के लिये इतिहास की शोध-पुस्तकों की ओर ही जाना चाहिए।

प्रस्तुत नाटक का आधार भी ऐतिहासिक है, परन्तु उतने ही अर्थ में जितना इस व्याख्या में आता है। कथा का आधार अश्वघोष का 'सौन्दरनन्द' काव्य है, परन्तु समय के विस्तार में स्थितियों का परिक्षेपण करने के कारण यह काल्पनिक भी है। काल्पनिक अश्वघोष का सौन्दरनन्द भी है, क्योंकि संस्कृत तथा पालि साहित्य में जो कथा उपलब्ध थी, उसका अश्वघोष ने अपनी दृष्टि से परिक्षेपण किया है, एक काल्पनिक अन्विति से उसे विस्तार दिया है। 'धम्मपद' की टीका में नन्द और सुन्दरी की जो कथा है, 'सौन्दरनन्द' की कथा प्रभाव और विस्तार में उससे कहीं आगे जाती है। 'सौन्दरनन्द' में नन्द और सुन्दरी के जीवन के जो तथ्य हैं, उनके जीवन के सीमित ऐतिहासिक तथ्यों से वे कहीं भिन्न हैं, शोधग्रन्थों के 'प्रामाणिक' तथ्य तो उनके सम्बन्ध में उपलब्ध ही नहीं हैं। संस्कृत तथा प्राकृत स्रोतों की कथा में ही बहुत अन्तर है। जो स्वतन्त्रता 'सौन्दरनन्द' के लेखक ने उपलब्ध तथ्यों से आगे जाने में ली, वही स्वतंत्रता यदि आज का लेखक सौन्दरनन्द के तथ्यों से आगे जाने में लेता है, तो पुराणसर्वस्व व्यक्तियों को चौंकना नहीं चाहिए। तथ्यों के इतिहास का सन्तोष उन्हें दूसरी जगह मिल सकता है, उसकी उन्हें यहाँ खोज नहीं करनी चाहिए। यहाँ नन्द और सुन्दरी की कथा एक आश्रय-मात्र है, क्योंकि मुझे लगा कि इसे समय में परिक्षेपित किया जा सकता है। नाटक का मूल अन्तर्द्वन्द्व उस अर्थ में यहां भी आधुनिक है जिस अर्थ में 'आषाढ़ का एक दिन' के अन्तर्गत है। रंगमंच पर नाटक कैसा उतरेगा, यह अभी कैसे कहा जा सकता है ? 'आषाढ़ का एक दिन' की तरह प्रकाशन से पहले उस दृष्टि से इसकी भी परीक्षा नहीं की जा सकी। आशा करना चाहता हूं कि उस प्रयोग की तरह यह प्रयोग भी अपनी स्थापना कर सकेगा।

मोहन राकेश

तीसरे संस्करण की भूमिका

नाटक का यह परिवर्तित रूप :

बहुत पहले कैसे एक बिम्ब मन में था। दो दीपाधार। एक ऊँचा, शिखर पर पुरुष-मूर्ति—बाँहें फैली हुईं तथा आँखें आकाश की ओर उठी हुईं। दूसरा छोटा, शिखर पर नारी-मूर्ति—बाँहें सिमटी हुईं तथा आँखें धरती की ओर झुकी हुईं।

पहले-पहल शायद अश्वघोष का 'सौन्दरनन्द' पढ़ते हुए यह बिम्ब मन में बनने लगा था। क्यों और कैसे, यह कह सकना असम्भव है। उस काव्य का अपना बिम्ब तरंगों पर तैरते राजहंस का है, या अनिश्चय में उठे-रुके एक पैर का। परन्तु मेरे लिये वह सब धुँधला दृश्य था। स्पष्ट थे दो दीपाधार जो 'सौन्दरनन्द' में नहीं थे।

पिछले बीस वर्षों में न जाने कितनी बार और कितनी तरह से मैंने इन दीपाधारों के बीच के धुँधले दृश्य को बदलते देखा है। हर बार का दृश्य एक नये दृश्य का आभास देकर, फीका पड़ जाता रहा है। आज तक और किसी रचना को लेकर मेरे साथ ऐसा नहीं हुआ। परिवर्तन और रचनाओं में भी मैंने किये हैं, परन्तु मूल रूप के बहुत निकट रहकर—लगभग उसी के हाशिये पर। हाल ही में 'आषाढ़ का एक दिन' के पाठ को भी जहाँ-तहाँ से थोड़ा छुआ है। परन्तु 'लहरों के राजहंस' के साथ ऐसा नहीं है। इसके बार-बार लिखे और बदले जाने की प्रक्रिया कुछ इतनी लम्बी है कि उसकी चर्चा करते भी संकोच होता है।

• •

अपने पहले रूप में यह नाटक नहीं, एक कहानी थी। कहानी मैंने सन् छियालीस या सैंतालीस में लिखी थी। एक परीक्षा-कापी के भूरे पन्नों पर घसीटी गयी वह कहानी अब तक गुम हो गयी है या जलाने और फाड़ने से बचे ढेरों कागजों में आज भी कहीं सुरक्षित है, कह नहीं सकता। प्रस्तुत नाटक के चार पात्र—नन्द, सुन्दरी, अलका और मैत्रेय—उस कहानी में भी थे। 'नारी का आकर्षण पुरुष को पुरुष बनाता है, तो उसका अपकर्षण उसे गौतम बुद्ध बना देता है'—सुन्दरी का यह वाक्य भी उस कहानी में से ही है। परन्तु लिख लेने के बाद वह कहानी मुझे बहुत अधूरी लगती रही। मैंने उसे कहीं प्रकाशनार्थ नहीं भेजा। इसका एक कारण शायद यह भी था कि कहानी के पात्र और परिस्थितियाँ सामान्य अर्थ में 'ऐतिहासिक' थीं, और ऐतिहासिक सन्दर्भ की रचनाओं के प्रति मेरे मन में वैसे ही एक चिढ़ रही है। उस तरह के सन्दर्भ को लेकर तब तक एक ही और चीज मैंने लिखी

थी–'कलिंग-विजय' शीर्षक एकांकी जिसका प्रकाशन 'सरस्वती' के सन् पैंतालीस (?) के किसी अंक में हुआ था। परन्तु नाटक में वह सन्दर्भ उतना अस्वाभाविक नहीं लगता जितना कहानी में।

सन् सैंतालीस और उनचास के बीच दो साल मैं बम्बई में था। उन दिनों 'कलिंग-विजय' का वहाँ रेडियो से प्रसारण हुआ। तब इस कहानी को भी मैंने एक रेडियो-नाटक के रूप में लिख डाला। शीर्षक था, 'सुन्दरी'। मुझे याद है मैंने वह नाटक एक ईरानी होटल में चाय पीते हुए वहाँ के शोरोगुल के बीच सुना था। जो कुछ वहाँ सुनायी दिया, उसमें नाटक कम और 'ध्वनि-प्रभाव' ही ज्यादा था। सुनने के बाद कई दिन मन में उदासी रही कि क्यों मैंने वह नाटक उस रूप में लिखकर प्रसारण के लिए दे दिया। बाद में यह सोचकर उससे छुट्टी पा गया कि चलो किसी को पता तो है नहीं, मैं भी यह भूलकर रह सकता हूँ कि मैंने उस रूप में उसे लिखा था।

इसके बाद सात-आठ साल और निकल गये। मैं उन दिनों जालन्धर में था। जालन्धर रेडियो के लिये कई एक नाटक लिखे थे जिनमें से अधिकांश रमेश पाल ने वहाँ से प्रस्तुत किये थे। एक बार बात होने पर रमेश पाल को बहुत उत्साहित पाकर यह नाटक भी उन दिनों फिर से लिख डाला। शीर्षक था, 'रात बीतने तक'। परिकल्पना इस बार एक रंग-नाटक की थी, परन्तु रेडियो शिल्प की दृष्टि से उसमें अपेक्षित परिवर्तन कर दिये थे। नाटक के प्रसारण से पहले रमेश पाल के मन में जितना उत्साह था, वह प्रसारण के बाद और बढ़ गया। यहाँ तक कि जालन्धर से जाने के बाद भी उसने रांची, लखनऊ तथा अन्य स्टेशनों से कई बार इसे प्रस्तुत किया। परन्तु मैं रमेश के उत्साह का सहभागी नहीं बन सका। मुझे हर बार सुनने पर लगा कि नाटक में चरित्रों का वह सन्तुलन नहीं है जो कि होना चाहिए था। संवादों में भी अपेक्षित से अतिरिक्त कुछ था जो मुझे खटकता था, हालाँकि रमेश को उस 'अतिरिक्त कुछ' का ही अधिक मोह था। उसका आन्तरिक संस्कार जिसे नाटक की सबसे बड़ी सफलता मानता था, वही मेरी दृष्टि में नाटक की सबसे बड़ी दुर्बलता थी। नाटक का निश्चित अन्त–नन्द का बौद्ध धर्म स्वीकार करके भिक्षा के लिये अपने घर के द्वार पर आना–मुझे एक आरोप-सा लगता था। नन्द की यह परिणति अधिक 'ऐतिहासिक' और 'सौन्दरनन्द' के अधिक अनुकूल थी, परन्तु मुझे लगता था कि मैंने नन्द को अपने लिये अवकाश न देकर पहले से तैयार किये गये एक साँचे में ढाल दिया है। इस विषय में रमेश पाल का मुझसे जो मतभेद उन दिनों था, वह आज भी है। उसकी अब भी यह धारणा है कि बाद में नये रूप में लिखकर मैंने नाटक के साथ अन्याय किया है। जो बात 'रात बीतने तक' में थी, वह इसमें नहीं है, सन् तिरेसठ में 'लहरों के राजहंस' का प्रकाशन होने पर उसने

कहा था। नाटक को आज के रूप में पढ़कर उसकी क्या प्रतिक्रिया होगी, मैं नहीं कह सकता।

रमेश की अब तक जो प्रतिक्रिया रही है, उसका कारण समझ में आता है। एक रचना के साथ हर पाठक की अपनी ही एकात्मकता स्थापित होती है, इसलिए उसमें किसी तरह का परिवर्तन कर दिये जाने से उसे लग सकता है कि उसकी अपनी किसी चीज को विकृत कर दिया गया है। एक नाट्य-कृति के साथ उसके परिचालक का सम्बन्ध और गहरा होता है, इसलिए वहाँ यह अनुभूति और तीव्र हो सकती है। 'रात बीतने तक' रमेश पाल का प्रिय नाटक रहा है—उसका 'लहरों के राजहंस' के रूप में ढल जाना उसे स्वीकार्य नहीं हुआ, इसमें मुझे आश्चर्य नहीं है। एक और स्तर पर यही स्थिति 'लहरों के राजहंस' के उन पाठकों की रही है जिन्हें बाद में तीसरे अंक में किये गये परिवर्तन स्वीकार्य नहीं लगे। उनकी उलझन का अनुमान मैं लगा सकता हूँ, परन्तु अपनी जिस उलझन के कारण मैंने बार-बार इसमें परिवर्तन किये हैं, उसका ठीक-ठीक अनुमान उन्हें नहीं है।

सन् तिरेसठ में यह नाटक जिस रूप में प्रकाशित हुआ, उसका लिखना 'आषाढ़ का एक दिन' से पहले शुरू किया जा चुका था। तब तक अपने मन की एक बाधा पर मैंने काबू पा लिया था। अपने वर्तमान की संगति में ऐतिहासिक सन्दर्भ का किस रूप में उपयोग किया जा सकता है, यह बात तब तक मन में स्पष्ट होने लगी थी—विशेष रूप से इन दो कथानकों को लेकर जो बहुत दिनों से 'आषाढस्य प्रथम दिवसे' तथा 'तरंस्तरंगेष्विव राजहंसः' इन दो पंक्तियों के रूप में मन में थे। 'आषाढ़ का एक दिन' सन् अट्ठावन के मार्च-अप्रैल के महीनों में लिखा गया था। 'लहरों के राजहंस' को पहले पूरा नहीं किया, क्योंकि पहले के हर प्रयत्न से असन्तुष्ट रहने के कारण लगा कि फिर से इसी में जुटने से बेहतर होगा दूसरे नाटक को पहले लिख लेना। 'आषाढ़ का एक दिन' के भी तीन चरित्र पहले से मन में स्पष्ट थे। मेघूदत पढ़ते हुए मुझे लगा करता था कि वह कहानी निर्वासित यक्ष की उतनी नहीं है जितनी स्वयं अपने आत्मा से निर्वासित उस कवि की, जिसने अपनी ही एक अपराध-अनुभूति को इस परिकल्पना में ढाल दिया है। उस अपराध-अनुभूति के सम्बन्ध में सोचते हुए जो तीन चरित्र मुझे मिले, वे थे मल्लिका, अम्बिका और विलोम। कालिदास का चरित्र तो केन्द्र में था ही। इनके अतिरिक्त शेष सब पूरक चरित्र हैं जिनकी सृष्टि नाटक लिखते समय हुई है। जून अट्ठावन में 'आषाढ़ का एक दिन' प्रकाशित हुआ। प्रकाशन के साथ ही उसके सम्बन्ध में जो प्रतिक्रियाए प्राप्त हुईं, उन्होंने जहाँ और नाटक लिखने का आत्म-विश्वास मुझे दिया, वहाँ पहले से आरम्भ किये इस नाटक को लेकर मन में एक कुंठा भी भर दी। मैं दो वर्ष तक इसे लिखना चाहकर भी आज से कल पर टालता रहा।

• •

इसके बाद सन् साठ और इकसठ में यह नाटक दो बार अधूरा लिखा गया। पहली बार रायसन (कल्लू) में और दूसरी बार गुलमर्ग में। दोनों बार अपनी व्यक्तिगत परिस्थितियों के दबाव के कारण मैं इसे पूरा नहीं कर पाया। मेरे साथ यह एक निजी कठिनाई है कि किसी भी रचना को एक बार अधूरा छोड़कर मैं बाद में उसे वहाँ से आगे नहीं लिख पाता—यदि समय का अन्तराल दो-चार दिन से अधिक का हो, तो अगली बार मुझे फिर से नये सिरे से शुरू करना पड़ता है। और भी कई रचनाओं के साथ ऐसा हुआ है, इस नाटक के साथ तो विशेष रूप से होता रहा है। सन् बासठ के आरम्भ में यदि 'सारिका' का सम्पादन-कार्य हाथ में न लेता, तो एक बार फिर इसे पूरा करने का प्रयत्न करता। परन्तु वह पूरा साल नौकरी में निकल गया और इसे फिर से उठाया सन् तिरेसठ के अप्रैल महीने में—नौकरी छोड़ने के कुछ दिन बाद।

जिस रूप में नाटक प्रकाशित हुआ, उस रूप में यह दो अप्रैल से बारह अप्रैल के बीच कुल ग्यारह दिनों में लिखा गया था। कुफ्री में लिखने के साथ-साथ दस-दस पन्ने मुद्रण के लिये दिल्ली भेजता जा रहा था। यह प्रक्रिया इसलिए अपनायी थी कि एक बार लिख लेने के बाद अपने को फिर से सोचने का मौका नहीं देना चाहता था। तेरह तारीख को मुझे वापस दिल्ली पहुँचना था, क्योंकि उस दिन से कमलेश्वर को 'नई कहानियाँ' का सम्पादन-कार्य सँभालना था और उसका आग्रह था कि लिंक हाउस में होने वाले उस दिन के आयोजन में मैं अवश्य उपस्थित रहूँ। कमलेश्वर के 'नई कहानियाँ' का कार्य सँभालने का निर्णय मेरे शिमला पहुँचने के बाद वहीं ओंप्रकाश और कमलेश्वर के साथ-साथ आने पर हुआ था। एक रेस्तराँ में दोपहर का खाना खाते हुए अचानक उससे पहले दिल्ली में कमलेश्वर इन्कार कर चुका था, इसलिए चलते समय यह स्थिति सामने नहीं थी। उसके बाद ही मैं कुफ्री गया था हालाँकि शिमला में पन्द्रह रोज पहले से था। मुझे विश्वास था कि मैं ग्यारह-बारह दिनों में नाटक का काम पूरा कर लूँगा—छः-सात दिन चाहिए थे पहले के लिखे अढ़ाई अंकों को फिर से लिखने के लिये और चार-पाँच दिन शेष अंश पूरा करने के लिये।

• •

हिमाचल गवर्नमेंट विंटर स्पोर्ट्स क्लब, कुफ्री। एक बैरा, एक खानसामा, एक जमादार और मैं। मैं क्लब के तीन नंबर कमरे में था, शेष दोनों कमरे खाली थे। बर्फ काफी पिघल चुकी थी, इसलिए शीइंग का सीजन कुछ जल्दी समाप्त हो गया था। इक्का-दुक्का लोग सिर्फ घूमने के लिये शिमला से आते थे और बाहर रेस्तराँ में कॉफी या बियर पीकर लौट जाते थे। सारे क्लब में सिर्फ एक ही इन्डोर गेम

उस समय चल रहा था और खेलने वाला था अकेला मैं। सुबह उठते ही कागजों की बिसात बिछ जाती थी और मैं नन्द तथा सुन्दरी को उनकी कल की स्थिति से आगे बढ़ाने की चिन्ता में डूब जाता था। इन दोनों के अलावा एक ही गोट और थी जो मुझे परेशान करती थी—श्यामांग। नन्द और सुन्दरी की दिशा और परिधि तो! कम-से-कम स्पष्ट थी, इस गोट के लिये तो जैसे खेल के नियम ही अभी निर्धारित होने रहते थे। पहले अंक से उसे हटाने का प्रयत्न किया, तो हटा नहीं सका। दूसरे अंक में उसके लिए स्थान बनाना चाहा, तो वह भी नहीं बना सका। एक दोपहर अपने प्रयत्न से थककर तिब्बत रोड पर दूर तक घूमने निकल गया। कचर-कचर कच्ची बरफ और उसे काटते ट्रकों और बसों के पहिये। कभी एकाध जीप। गाँव के लोग—चलते हुए भी स्थिर-से नजर आते। कभी किसी की आँखों में हल्की उत्सुकता, अन्यथा वह भी नहीं। रास्ते की मैली बरफ में धूप के झिलमिल रंग और ठण्डी हवा। घाटी और पहाड़ी की उजली बरफ पर कई दिन पहले की शीइंग के फैले-फैले निशान। छतनार देवदार और बरफ में से झाँकती एक स्याह ठूँठ टहनी। आसपास की सारी हरी-भूरी सफेद व्यवस्था से अलग, उस सारे परिदृश्य में बाधा डालती, फिर भी उस परिदृश्य की सम्पूर्णता के लिए अनिवार्य। एक हल्की-सी चेष्टा से उसे वहाँ से उखाड़ा जा सकता था, परन्तु ...।

मैं क्लब की तरफ लौटा, तो भी दिन अभी काफी बाकी था। लौटते हुए कई जगह रुककर उस पीछे छूटी टहनी को अलग-अलग कोणों से दखा। हर कोण से वह उतनी ही असंगत लगी फिर भी उतनी ही अनिवार्य। सड़क का वह मोड़ मुड़ आने पर भी, जहाँ से कि वह दिखायी नहीं दे सकती थी, उसका आभास मन में बना रहा। लगता रहा कि आगे का वह सारा परिदृश्य भी, जिसमें कि वह नहीं है, उस आभास के कारण ही पूरा है। क्लब में लौटकर मैं सीधा अपनी लिखने की चौकी पर नहीं गया। काफी देर बाहर रेस्तराँ में बैठा रहा। शिमला से आये कुछ अजनबियों के साथ बात करता रहा। उन लोगों के चले जाने पर भी वहाँ से नहीं उठा। सात-आठ बजे तक बियर पीता रहा। उसके बाद जाकर दूसरा अंक फिर से लिखना शुरू किया।

श्यामांग अब एक व्यक्ति नहीं रहा। एक आभास में बदल गया।

● ●

नौ तारीख हो गई थी। पहले के लिखे अढ़ाई अंक तब तक फिर से लिख लिये थे। परिवर्तन इतना हो गया था कि पहले के लिखे के साथ उसका बहुत कम मिलान रह गया था।

नन्द भिक्षु-वेश में सुन्दरी के कक्ष में लौट आया था। भिक्षु आनन्द उसे हत-प्रभ करके वहाँ से चला गया था। नन्द बौखलाकर पीछे से कह रहा था, “कौन है वह

दूसरा व्यक्ति ?··· कौन है वह जिसे मैंने रोक रखा है ?"

रात हो गयी थी। मैं बहुत थक गया था।

कक्ष में अँधेरा था। सुन्दरी को अभी जागना था।

मैंने बिसात उठा दी। सुन्दरी को झूले में सोये और नन्द को द्वार पर खड़े छोड़कर मैं बिस्तर में जा लेटा।

अब ?

मैं फिर उस स्थल पर पहुँच गया था जहाँ पहले दो बार नाटक को छोड़ चुका था।

रात को देर तक सिगरेट फूँकता जागता रहा। दस, ग्यारह, बारह,। बारह तारीख को हर हालत में वहाँ से चल देना होगा। तभी तेरह को दिल्ली पहुँचा जा सकेगा।

परन्तु सुबह बिसात की गोटें कैसे चलेंगी ? नन्द द्वार के पास से लौटकर क्या करेगा ? सुन्दरी कब जागेगी ? उसके जागने के बाद क्या होगा ?

आखिर नींद आ गई। सुबह उठने पर मन इतना अस्थिर था कि बिसात बिछाकर नहीं बैठा। जो पहली बस मिली, उसमें शिमला चला गया।

शिमला में एक परिचित के यहाँ चाय पीते हुए कागज पर कुछ नोट्स लिये। मगर खाना खाया जा सके, इससे पहले ही वहाँ से उठ खड़ा हुआ। बहुत अनुरोध किये जाने पर भी एक घण्टा और नहीं रुका। मगर मोटर-स्टैण्ड पर आकर सवा तीन बजे तक वापसी की बस नहीं मिली। उस बस से कुफ्री पहुँचा लगभग साढ़े चार बजे। खयाल था पहुँचते ही रात तक तीसरा अंक पूरा कर दूँगा। मन में नन्द को लेकर जो संशय और प्रश्न था, उसे नन्द पर ही लाद देने का निश्चय कर लिया था। आगे की दिशा सोचने का दायित्व अब मुझ पर नहीं, नन्द पर था। हाथ के कागज पर लिखी एक पंक्ति को बार-बार पढ़ रहा था, "अस्तित्व और अनस्तित्व के बीच मेरी चेतना को एक प्रश्नचिह्न बनाकर छोड़ दिया गया है।" सोच रहा था कि बस यही नन्द है··· एक प्रश्नचिह्न··· और यही उसकी परिणति। इस परिणति के आगे··· केवल तीन बिन्दु।

कमरे में पहुँचा, तो पलंग पर एक इनलैंड रखा था जो पीछे डाक से आया था। जल्दी से खोलकर उसे पढ़ गया। 'बस इतना ही तो समझ पाते हैं आप लोग !'

पत्र में और भी कुछ था जिसे पढ़कर मन बहुत उदास हो गया। उस रात लिखना नहीं हो सका। लौटने के वक्त से ही बारिश शुरू हो गई थी। सारी रात बारिश होती रही। मैं देर तक बुखारी की आग तापता बारिश की आवाजों को सुनता रहा।

फिर सुबह। फिर वही बिसात। नन्द गवाक्ष के पास से हट आया। "जानता हूँ तुम्हारा क्या उत्तर होता........।"

● ●

तेरह की सुबह दिल्ली पहुँच गया। तीसरा अंक पूरा कर लिया था। परन्तु पूरा करने के बाद एक बार पढ़ने का भी अवसर नहीं मिला था। तेरह से सोलह तक दिल्ली में रुककर सत्रह को ग्वालियर चला गया। वहाँ से इलाहाबाद होता हुआ जब तक लौटकर दिल्ली आया, तब तक नाटक छप चुका था।

● ●

'आषाढ़ का एक दिन' के बाद दूसरा नाटक—'लहरों के राजहंस'। नाटक की प्रतियाँ ?

मई, जून, जुलाई। किसी को नाटक की प्रति नहीं दी।

"नाटक छप तो गया है न ?" मित्र संशय के साथ पूछते।

"हाँ।"

"तो उसकी प्रति · · · ?"

"वह अभी नहीं दूँगा।"

"क्यों ?"

"मुझे कवर पसन्द नहीं है। ओंप्रकाश से कवर बदलने के लिए कहा है। नया कवर तैयार होते ही · · ·" आँखों के गम्भीर विनिमय। मुसकराहटें।

"तो क्या सिर्फ कवर के लिए ही · · · ?"

"मैं बम्बई जा रहा हूँ। वहाँ किसी आर्टिस्ट से अच्छा-सा कवर बनवाकर लाऊँगा।"

"तो कब तक ?"

"देखो। शायद अगले महीने तक।"

● ●

दो महीने बाद ओंप्रकाश से एक झड़प।

"तुमने नाटक रिलीज कर दिया ?"

"हाँ।"

"बिना कवर बदले ही ?"

"हाँ।"

"लेकिन मैंने तुम्हें मना किया था।"

"अभी थोड़ी-सी ही कापियाँ भेजी हैं। माँग आ रही थी।.....कवर तो उसका बदलना ही है। पहली हजार प्रतियाँ निकल जाने दो। दूसरी हजार प्रतियों में बदल देंगे।"

"लेकिन मैंने तुमसे कहा था.....।"

"मैं तुमसे कह रहा हूँ न ! तुम बता दो, तुम्हें कितनी प्रतियाँ चाहिए ?"

"मुझे एक भी प्रति नहीं चाहिए।"

"तुम्हें किसी को प्रति देनी नहीं है ?"

"नहीं।"

"क्यों बच्चों की तरह जिद करते हो ? मैंने तुमसे कहा है न कि ... ?"

"मैंने भी तुमसे कहा है न कि ... मुझे एक भी प्रति नहीं चाहिए।"

● ●

एक साल, दो साल, तीन साल। पहली आवृत्ति, दूसरी, तीसरी। सब उसी कवर में। इलाहाबाद में प्रयाग रंगमंच की ओर से नाटक पहले साल ही खेल दिया गया था। उसके बाद दो-एक जगह और। दूसरे साल से श्यामानन्द जालान अनामिका की ओर से कलकत्ते में प्रस्तुत करने की सोच रहे थे। उनके कई पत्र आये थे। पत्रों के उत्तर लिख दिये थे।

पत्र–1

10 ओल्ड पोस्ट ऑफिस स्ट्रीट, कलकत्ता
दिनांक 21 अगस्त '65

प्रिय राकेशजी,

........इस बीच, यदि आप निम्नलिखित सन्दर्भों में अपने विचार कृपया भेज सकें तो मैं कृतज्ञ होऊँगा :

(1) श्यामांग क्या है ? क्या सचमुच वह पागल हो जाता है ? यदि ऐसा है तो किस निश्चित स्थल पर वह पागल होता है ? आप उसके माध्यम से क्या कहना चाहते हैं ?

(2) राजहंस और लहरों का क्या महत्त्व है ? वे किस भावना का प्रतिनिधित्व करते हैं ?

(3) सुन्दरी के चरित्र का क्या रूप है और नन्द तथा सुन्दरी का पारस्परिक सम्बन्ध क्या है ? क्या नन्द उससे डरता है ? क्या सुन्दरी सचमुच उससे प्रेम करती है या स्वयं अपने से ही ? मैं सुन्दरी के चरित्र के सम्बन्ध में आपसे भिन्न विचार रखता हूँ। वह अभिजात-वर्गीय स्त्री है। वह शीघ्र क्रोधित नहीं होती। वह न केवल शारीरिक रूप से अपितु वार्तालाप तथा भावनाओं के नियंत्रण में भी सौन्दर्य का प्रतिनिधित्व करती है। मैं उसे अत्यन्त आकर्षक तथा स्पृहणीय चित्रित करना चाहता हूँ।

(4) मृग की मृत्यु के वृतान्त से आप क्या कहना चाहते हैं ? यह प्रसंग नन्द को किस रूप में प्रभावित करता है ?

(5) नन्द, बुद्ध के पास क्यों जाता है ? क्या उसके पीछे कोई चेतन भावना है अथवा मात्र एक अवचेतन प्रेरणा ?

(6) नाटक का अन्त अत्यन्त प्रतीकात्मक है और इस सम्बन्ध में आपके सुझाव हमारी बड़ी सहायता करेंगे। उदाहरण के रूप में, मैं जानना चाहूँगा कि नन्द क्यों मुंडन करवाता है ? उसके केश किस भावना का प्रतिनिधित्व करते हैं और अन्त में वह क्यों घर छोड़कर चला जाता है ? फिर भिक्षु आनन्द क्यों आता है ? उसके आगमन का क्या उद्देश्य है ? नाटक के अन्त में सुन्दरी क्यों बोलती है ?

मैं नन्द का अभिनय कर रहा हूँ और जिस लड़की ने 1961 में प्रियंगु मंजरी का अभिनय किया था वह सुन्दरी का अभिनय कर रही है (आपने उसे नहीं देखा है, क्योंकि 1960 में वहीं अभिनय दूसरी लड़की ने किया था। मैं नन्द के दो-एक कथनों से सहमत नहीं हो पाता। वे सच नहीं लगते, और मुझे लगता है, वह झूठ बोल रहा है।

मैं यहाँ इतना और जोड़ देना चाहता हूँ कि आपके विचार केवल हमारी सहायता करेंगे, हमें बाँधेंगे नहीं। आशा है, आप इस बात को अन्यथा नहीं लेंगे। मैं इस नाटक को उसी रूप में ग्रहण करूँगा और प्रदर्शित करूँगा जिस रूप में यह मुझे प्रभावित करता है, न कि उस रूप में जिसमें आपने इसे प्रस्तुत किया है। किन्तु मैं आपको अच्छी तरह समझना चाहता हूँ और जहाँ तक सम्भव हो आपके साथ समझौता करके ही चलना चाहता हूँ।

शुभ कामनाओं सहित,

आपका

श्यामानन्द जालान

पत्र–2

द्वारा : द पोस्ट मास्टर, कुफ्री, वाया—शिमला

25 अगस्त '65

प्रिय भाई,

.....आपके प्रश्नों पर बहुत विस्तार से तो नहीं लिख पाऊँगा। इधर डॉ० सुरेश अवस्थी ने नाटक की एक भूमिका लिखी है। उनसे काफी बार बातचीत हुई है। कुछ प्रश्नों का उत्तर शायद उनकी भूमिका से मिल जाए। उन्हें पत्र लिख रहा हूँ कि भूमिका की एक प्रति आपको भेज दें।

संक्षेप में आपके प्रश्नों के सम्बन्ध में मुझे जो कहना है, वह इस प्रकार है :

(1) श्यामांग एक प्रतीक-चरित्र है। एक तरह से वह नन्द के मन की संकुलता को ही रेखाकिंत करता है। उसका उन्माद बहुत सोचने वाले मन का सम्भ्रम है। छाया, प्रतीक रूप से उस परोक्ष की छाया है जिसके चेतन रूप से वह बचना चाहता है। आरम्भ में, अलका और श्यामांग का प्रेम स्त्री और पुरुष के बीच की भावना के दूसरे स्तर को प्रस्तुत करता है—नन्द और सुन्दरी के आवेशपूर्ण और वासनात्मक प्रेम से अलग। दूसरे अंक में श्यामांग का स्वर केवल प्रतीक रह जाता है जो नन्द

के अन्तर्मन के सम्भ्रम को ही व्यक्त करता है।

(2) राजहंस, नन्द और सुन्दरी के समानान्तर हैं—लहरें, उनकी परिस्थितियाँ हैं।

(3) सुन्दरी नन्द से वास्तव में बहुत प्रेम करती है, पर इस प्रेम में गहरा आत्मविश्वास भी है जिसका पोषण सुन्दरी के जीवन-दर्शन से होता है। नाटक का मूल द्वन्द्व पार्थिव और अपार्थिव मूल्यों का द्वन्द्व है। सुन्दरी, पृथ्वी के प्रतीक में, पुरुष और उसकी चेतना को अपने तक बाँधे रखना चाहती है—पुरुष बँधना चाहकर भी उससे ऊपर उठना, एक अपार्थिव जिज्ञासा में अपने लिए उपलब्धि ढूँढना चाहता है। बुद्ध पार्थिवता को तिलांजलि देकर उस उपलब्धि की ओर जाते हैं—नन्द तिलांजलि नहीं दे पाता, नहीं देना चाहता। उसकी खोज है पार्थिवता के अन्दर से अपार्थिव को पाने की। इसलिए वह संशयग्रस्त है, एक प्रश्नचिह्न है।

सुन्दरी के सम्बन्ध में आपने और जो कुछ लिखा है, उस पर बहुत बात हो सकती है, पर आप अपने इंटरप्रेटेशन के लिए स्वतन्त्र हैं।

(4) मृग का प्रकरण एक संकेत के लिए लाया गया है। जीवित रहने के लिए संघर्ष करता हुआ भी वह 'अपनी ही क्लान्ति से' मर जाता है। यह परिणति मृग की ही नहीं, किसी की भी हो सकती है—नन्द की दृष्टि से उसकी भी।

(5) नन्द का बुद्ध के पास जाना वास्तव में अपने ही मन की चुनौती के कारण है। साथ ही अन्दर के संशय और द्वन्द्व के कारण। वह भीरु बनकर बुद्ध से छिपा रहना नहीं चाहता। उसे तब तक विश्वास है कि वह बुद्ध के पास जाकर भी बिना परिवर्तित हुए वापस आ सकता है। इसमें अवचेतन रूप से बुद्ध का प्रभाव भी उसे खींचता है।

(6) नन्द का केश मुँडा लेना, फिर व्याघ्र से युद्ध करना, फिर लौट आना, फिर चले जाना—यह सब उसके संशय और अन्तर्द्वन्द्व को प्रकाशित करता है। उसकी स्थिति अन्त तक 'तरंगों पर तैरते राजहंस' की रहती है। सुन्दरी और बुद्ध दो व्यक्ति या व्यक्तित्व नहीं, दो जीवन-दृष्टियाँ या दो **Vital forces** हैं जिनके प्रभाव में उसका मन निरन्तर आन्दोलित है। अन्त में उसके घर से चले जाने का कारण उसकी वितृष्णा है जो सुन्दरी की बात ठीक से न समझ पाने के कारण पैदा होती है। सुन्दरी का क्षोभ उसके केशहीन रूप के कारण नहीं, इस कारण से है कि नन्द ने उस मात्रा में उसके विश्वास को खण्डित किया है—जबकि नन्द उसका अर्थ यही लेता है कि उसे मुण्डित रूप में देखना ही सुन्दरी को सह्य नहीं हुआ। इसीलिए सुन्दरी अन्त में कहती है : 'इतना ही तो समझ पाते हैं ये !' पार्थिव और अपार्थिव के संघर्ष में नारी की पुरुष से यह सामान्य शिकायत है। इसके ऊपर आते हैं श्यामांग के शब्द। इस तरह नाटक का अन्त एक द्वन्द्व की स्थिति में होता है—किसी परिणाम पर पहुँचकर नहीं। भिक्षु आनन्द का उपयोग नन्द के साथ आये बुद्ध के प्रभाव के

रूप में है। इस चरित्र के सम्बन्ध में और कई बातें हैं जो साथ बैठकर ही स्पष्ट करने की कोशिश कर सकता हूँ।

थक गया हूँ। इसलिए इतना ही।

आपका

मोहन राकेश

पत्र–3

10 ओल्ड पोस्ट ऑफिस स्ट्रीट, कलकत्ता-1

14 सितम्बर 1965

प्रिय राकेशजी,

मैंने डॉक्टर अवस्थी की टिप्पणी देखी। उससे मुझे विशेष सहायता नहीं मिली और कुछ स्थानों पर मैं उनसे असहमत हूँ।

द्वितीय अंक में सुन्दरी नन्द से पूछती है कि क्या वह उस समय बुद्ध के विषय में सोच रहा था जब दर्पण टूटा था। नन्द अस्वीकार करता है। क्यों ? क्या इसलिए कि वह सुन्दरी को चोट नहीं पहुँचाना चाहता ? मैं सुन्दरी के उस अंतिम कथन के महत्त्व के बारे में भी आश्वस्त नहीं हूँ जहाँ वह कहती है, 'इतना ही तो समझ पाते हैं ये लोग !' इसका वास्तविक महत्त्व क्या है ? मैं संभवतः आपको बहुत परेशान कर रहा हूँ, किन्तु मैं विवश हूँ।

शुभ कामनाओं सहित,

आपका

श्यामानन्द जालान

पत्र–4

आर-522, न्यू राजेन्द्र नगर, नई दिल्ली-5

17 सितम्बर '65

प्रिय भाई श्यामानन्द,

पत्र मिला।

(1) दूसरे अंक में सुन्दरी बुद्ध का नहीं, यशोधरा का जिक्र करती है। वह पूछती है, 'आप उनकी बात नहीं सोच रहे थे ?' और बाद में कहती है, 'जिन्होंने आज भिक्षुणी के रूप में दीक्षा ग्रहण की है।' नन्द इसे उसके मन का 'भ्रम' बताता है और आगे चलकर कहता है, 'मैं तो नहीं, पर लगता है तुम यह बात सोच रही थीं।'

यहाँ संकेत यशोधरा के प्रति सुन्दरी के भाव की ओर है। यशोधरा को लेकर उसके मन में कहीं कटुता है (शायद स्पर्धा भी)। यशोधरा के भिक्षुणी बनने के दिन ही कामोत्सव का आयोजन इसका प्रमाण है और पहले यशोधरा के सम्बन्ध में कहे गये उसके कुछ वाक्य भी। नन्द इस बात को जानता है इसीलिए पहले अंक में 'गया था देवी यशोधरा से मिलने' कह चुकने के तुरन्त बाद उसे यह कहने की आवश्यकता महसूस होती है, 'उन्होंने बुला भेजा था।'

नन्द सुन्दरी की बात को (कि वह यशोधरा के भिक्षुणी रूप में द्वार पर आने के विषय में सोच रहा था) 'भ्रम' इसलिए भी बताता है कि वह वास्तव में 'यशोधरा' के नहीं, 'बुद्ध' के सम्बन्ध में सोच रहा था और उससे भी ज्यादा अपने मन के अस्तित्व-सम्बन्धी प्रश्नों में उलझा था।

(2) दूसरी बात के सम्बन्ध में पहले भी लिख चुका हूँ। उसका संकेत स्त्री और पुरुष के आधारभूत दृष्टि-भेद और उससे पैदा होने वाले संघर्ष की ओर है। व्याख्या शायद यूँ की जा सकती है—'इतना ही तो समझ पाते हैं ये लोग, इतना ही तो उनकी समझ में आ पाता है' कि 'नारी का पुरुष से सम्बन्ध केवल आसक्ति का है जिसका कि मूल आधार उसका बाह्य आकर्षण है' कि—'केशहीन होकर लौटने के कारण ही (विरूप नजर आने से) मैंने उनके सामने नहीं जाना चाहा, परन्तु वे नहीं समझ पाये कि उन्होंने मुझे कहीं और चोट पहुँचाई है।' इस सम्बन्ध में सुन्दरी की एक पहले की पंक्ति याद कर लें : 'नारी का आकर्षण पुरुष को पुरुष बनाता है, तो उसका अपकर्षण उसे गौतम बुद्ध बना देता है।' नन्द का 'गौतम बुद्ध' बनकर लौटना या बनने की स्थिति को अस्थायी रूप से भी स्वीकार कर लेना सुन्दरी के 'अहं' पर, उसके विश्वास और आत्म-विश्वास पर, बहुत बड़ी चोट है। उसे खेद इसी बात का है कि नन्द इस 'चोट' को नहीं समझ पाया (कम-से-कम वह यही समझती है) और यह कहकर चला गया कि 'मैं अपने खोये हुए केश लाने जा रहा हूँ।'

बहरहाल, इस पर भी प्रश्न बने रहें, तो मैं फिर और स्पष्ट करने की चेष्टा करूँगा।

आपका
मोहन राकेश

• •

लगता था मैं एक अपराधी हूँ। हर आलोचना या आलोचनात्मक पत्र मेरे ऊपर लगाया गया अभियोग है। मुझे जैसे भी हो, उस अभियोग का उत्तर देना है।

मैं शपथ खाकर कहता हूँ कि मैं जो कुछ कहूँगा, सच कहूँगा, पूरा सच कहूँगा, और सच के अतिरिक्त कुछ नहीं कहूँगा ...।

दूसरों के हर प्रश्न का उत्तर मेरे पास है। नहीं है तो अपने ही कुछ प्रश्नों का उत्तर।

नन्द वापस आकर सुन्दरी का सामना क्यों नहीं कर पाता ?
वह अपने को दुर्बल महसूस करता है, तो क्यों ?
नन्द और श्यामांग में क्या तादात्म्य है ?
क्या यह तादात्म्य नाटक में स्पष्ट हो सका है ?
तं गौरवं बुद्धगतं चकर्ष, भायानुरागः पुनराचकर्ष।

सोऽनिश्चयान्नापि ययो न तस्यो तरंस्तरंगेष्विव राजहंसः
—क्या नाटक व्यक्ति की इस परिणति को रेखांकित करता है ?

● ●

समीक्षाएँ—दो छोर।

श्यामांग नाटक में क्यों है ?

श्यामांग के होने का महत्त्व इस बात में है कि···।

क्या सुन्दरी ने केवल केश कटे होने के कारण ही नन्द का तिरस्कार कर दिया ?

नाटक में नन्द के केश कटने का अर्थ यह है कि···।

नाटक के अन्त पर 'आषाढ़ का एक दिन' के अन्त की छाया नहीं है··· ?

नाटककार ने नाटक का अन्त इस रूप में इसलिए किया है कि···।

● ●

मैं केवल इतना जानता हूँ कि कुछ ऐसा है जो इस नाटक में होना चाहिए था और नहीं है। वह क्या है, यह मेरे मन में स्पष्ट नहीं है।

मुझे इसके लिए समय चाहिए—अपने और नाटक के बीच थोड़ा अन्तराल।

भिक्षु आनन्द चला गया है। नन्द गवाक्ष के पास खड़ा है···।

इसके बाद ?

इसके बाद ही तो समय चाहिए।

कितना समय ?

पता नहीं। और भी तो बहुत-से-काम हैं। और भी तो बहुत-कुछ लिखना है। एक मित्र को भिक्षु आनन्द के नन्द के साथ आने पर भी आपत्ति है। नन्द को लेकर तो आपत्ति है ही कि वह क्यों ऐसे ही वापस चला जाता है—बिना सुन्दरी से अपनी बात कहे या उसे अपने से कुछ कहने का अवसर दिये।

मेरे मन में भिक्षु आनन्द को लेकर कोई उलझन नहीं है। उसे इसी तरह आना है और नन्द को उत्तेजना के एक बिन्दु तक लाकर चले जाना है।

परन्तु नन्द को लेकर··· ?

● ●

श्यामानन्द सितम्बर सन् पैंसठ में नाटक प्रस्तुत करने को थे। परन्तु हिन्द-पाक युद्ध के कारण बात टल गई।

● ●

अप्रैल सन् छियासठ। एक साहित्य-गोष्ठी के अवसर पर कलकत्ते में।

गोष्ठी में पन्द्रह मिनट का भाषण। शेष समय मित्रों की उप-गोष्ठियों में या श्यामानन्द के साथ।

श्यामानन्द का विचार अब इस जुलाई में नाटक प्रस्तुत करने का था। रिहर्सल

चल रहे थे। शिक्षायतन के एक कमरे में सैट का मॉडल हाथ में लिये हुए श्यामानन्द ने बताना शुरू किया कि उसमें वे क्या-क्या परिवर्तन करने की सोचते हैं··· कि वेश-भूषा की उनकी परिकल्पना क्या है··· कि संगीत का एक-एक टुकड़ा किस दृष्टि से रिकार्ड किया गया···।

यह सुन्दरी है··· विनीता रेलिन। अलका है··· चेतना तिवारी।··· उसकी परीक्षा है, अभी खाली नहीं है। यह विमल लाठ··· श्वेतांग। रणजीत मेहता··· श्यामांग।

पहले अंक का रिहर्सल। अभिनेता कांशस हैं कि आज उन्हें नाटककार के सामने अभिनय करना है। सिवाय चेतना तिवारी के सबकी आज परीक्षा है। परीक्षक है नाटककार।

परन्तु नाटककार को लग रहा है कि परीक्षा उसी की है। परीक्षक हैं वे सब लोग।

"रैडी!"

रिहर्सल शुरू होता है।

"तुम्हारी उलझन अभी समाप्त नहीं हुई ?"

"मुझे तुमसे ईर्ष्या होती है।"

"नो ! नो ! नो !" श्यामानन्द के हाथ हताश भाव से हिलते हैं। "ऐसे रिहर्सल करते रहे हो आज तक तुम लोग ? क्या हुआ है आज तुम्हें ?" और दोनों भूमिकाओं में श्यामानन्द स्वयं उतर आते हैं।

"तुम्हारी उलझन अभी समाप्त नहीं हुई ?"

"मुझे तुमसे ईर्ष्या होती है।"

"ऐसे··· समझे ?··· मने बिलकुल ऐसे नहीं··· कुछ-कुछ ऐसे··· तुमने कल और परसों किया तो था।···।··· सो कम ऑन नाउ···।"

● ●

विश्वम्भर सुरेका के यहाँ नीचे का कमरा। होटल से श्यामानन्द वहाँ लिवा ले गये थे। आधी रात तक बातचीत।

श्यामानन्द हाल ही में चार महीने अमरीका और यूरोप की 'थियेटर-वर्ल्ड' में घूमकर आये थे। जो कुछ वहाँ देखा-सुना था, उस सबका अतिरिक्त उत्साह मन में था। "जाने से पहले मैं सोचता था कि थियेटर में केन्द्रीय व्यक्ति परिचालक है। परन्तु अब मेरी धारणा है कि वास्तव में नाटककार ही केन्द्रीय व्यक्ति है। मैं चाहूँगा कि नाटक के प्रस्तुतीकरण से कम-से-कम तीन सप्ताह पहले आप यहाँ आ जायें। स्वयं उन दिनों नाटक के रिहर्सल देखें और अपने सुझाव दें। हम आपके सब सुझाव मान लेंगे, ऐसा नहीं......मने जहाँ हमारा आपसे मतभेद होगा, वहाँ हम आपको कन्विंस करने का प्रयत्न करेंगे। परन्तु आइडिया यह है कि हम लोग इसे एक

सहयोगी प्रयास का रूप देने का प्रयत्न करें। मैं लन्दन में था, तो बैकेट के एक नाटक का रिहर्सल उन दिनों वहाँ चल रहा था। एक सीन को लेकर मेरा निर्देशक से कुछ मतभेद था। मैंने उनसे बात की, तो वे बोले, "बट बैकेट वांट्स इट लाइक दैट।" मैं भी इस नाटक के प्रस्तुतीकरण में यह जानकर चलना चाहता हूँ कि नाटक के एक-एक दृश्य को लेकर आपकी अपनी परिकल्पना क्या है। हम उसे बिलकुल स्वीकार कर लेंगे, ऐसा नहीं ··· मने हमारा प्रयत्न होगा कि नाटक को आपकी परिकल्पना के जितना निकट ला सकें, लायें। और कुछ नहीं, तो यह अपने में एक प्रयोग तो होगा ही। इस तरह काम करने में मुझे तो मजा आएगा ही ··· मेरा खयाल है आपके लिए भी यह एक अनुभव होगा। क्या खयाल है ?"

● ●

घर से यह कार्यक्रम बनाकर चला था कि कलकत्ता से दार्जिलिंग जाकर कुछ दिन वहाँ रहूँगा। रहने की जगह-अगह कोई ठीक नहीं की थी, हमेशा की तरह विश्वास था कि पहुँचकर कोई-न--कोई जगह तो मिल ही जाएगी। कलकत्ता छोड़ने के पहले श्यामानन्द से कह दिया था कि मैं जुलाई के शुरू में तीन सप्ताह के लिए वहाँ आ जाऊँगा। सोचा था कि मई-जून दो महीने दार्जिलिंग में रहकर अपना काम करता रहूँगा, फिर तीन सप्ताह कलकत्ता में रहकर जुलाई के अन्त में वापस दिल्ली पहुँच जाऊँगा।

कलकत्ता से एक माल ढोने वाले हवाई जहाज में सिलीगुड़ी की तरफ उड़ते हुए मन में कुछ इस तरह का ग्राफ बन रहा था :

दार्जिलिंग में किसी सस्ते-से होटल का एक कमरा ··· दस-बारह रुपये रोज तक का (खाना-वाना सब मिलाकर) ··· पहले एक सप्ताह में, या पन्द्रह दिनों में 'लहरों के राजहंस' का तीसरा अंक। (कलकत्ता से चलते हुए श्यामानन्द से कहा था कि वे अभी पहले दो अंकों का ही रिहर्सल करें। तीसरा अंक मुझे नये रूप में लिखना है—नन्द और सुन्दरी के कन्फ्रन्टेशन के साथ। वे उसकी प्रतीक्षा करें—मैं दस या बारह दिनों में वह उन्हें भेज दूँगा।) ··· उसके बाद डेढ़ महीने में एक छोटा उपन्यास ··· उपन्यास का अग्रिम भेजने के लिए प्रकाशकों को एक पत्र ··· बीच में गैंगटाक और कैलिम्पांग की यात्रा ··· रोज शाम को सत्यजित के चित्र 'कंचनजंघा' में देखी 'अकेली' सड़क की सैर ··· शाम की सैर के लिए एक हल्की बेंत ··· रोज किसी रेस्तराँ में अकेले चाय पीते हुए दार्जिलिंग की डायरी ··· लौटते हुए किराये के कैमरे से कुछ स्नैप-शाट्स ··· वहाँ की नर्सरी से (जिसकी प्रशंसा कलकत्ते में सुनी थी) कुछ कैक्टस ··· (लेकिन कैक्टस जहाज में साथ कैसे लाये जा सकेंगे ? ··· फिर दिल्ली पहुँचने तक उन्हें जिन्दा कैसे रखा जा सकेगा ?) ··· हो सका, तो दिल्ली लौटने से पहले दो दिन के लिए शिलांग ···।

• •

दार्जिलिंग पहुँचकर बहुत कोफ्त हुई। किसी ने नहीं बताया था कि वह काफी मँहगा हिल-स्टेशन है और वहाँ बारह रुपये रोज में वैसी जगह नहीं मिल सकती जैसी कि मुझे चाहिए थी।

लेकिन मैंने पूछा किससे था ?

वहाँ से दूसरे-तीसरे दिन ही चल पड़ता, लेकिन गुणाकर मुले ने ठहरने की काम-चलाऊ व्यवस्था कर दी, इसलिए बारह-चौदह दिन रुक गया।

टाइप-राइटर खोल लिया। कुफ्री वाली बिसात फिर सामने बिछ गयी।

तीसरा अंक शुरू से लिखना शुरू किया।

सुन्दरी और अलका। श्वेतांग। भिक्षु आनन्द के साथ नन्द। भिक्षु आनन्द चला गया। नन्द उसके पीछे-पीछे गवाक्ष तक। "... कौन है वह व्यक्ति ? कौन है वह दूसरा व्यक्ति जिसे मैंने रोक रखा है ?" फिर नन्द का एकालाप। "... तुम्हारा विशेषक सूख गया, इसका मुझे खेद है। इसे मैं अभी गीला किये देता हूँ।" नन्द का हाथ सुन्दरी के माथे की ओर। सुन्दरी अब जाग जाएगी। "नहीं, नहीं, नहीं...।"

परन्तु सुन्दरी जाग जाए, इससे पहले ही गुणाकर मुले के साथ कैलिम्पांग चला गया। वहाँ से लौटकर अगले दिन माउन्टेनियरिंग इन्स्टीट्यूट और चिड़ियाघर की सैर। उससे अगले दिन सुबह उठकर स्टेशन। लौटकर मुले को बताया कि ग्यारह तारीख की सीट बुक करा ली है। रेल से, वाया लखनऊ। तेरह मई की सुबह दिल्ली पहुँच जाऊँगा। उसे आश्चर्य नहीं हुआ। आठ-दस दिन में इतना तो उसने जान ही लिया था।

चलने से पहले 'अभी गीला किए देता हूँ' तक का अंश श्यामानन्द को पोस्ट कर दिया। लिखा कि शेष अंश दिल्ली से भेजूँगा। आठ-दस रोज के अन्दर।

• •

दिल्ली में घर में मेहमान टिके हुए थे। चौबीस-पचीस जून तक कुछ काम नहीं हुआ। श्यामानन्द के पत्र और तार आ रहे थे। आखिर तार दे दिया कि तीन जुलाई को पहुँच रहा हूँ। दो जुलाई की शाम तक नन्द और सुन्दरी को आमने-सामने खड़ा करके फिर किसी तरह तीसरा अंक पूरा कर दिया।

• •

कलकत्ता। एयरपोर्ट से फिर विश्वम्भर सुरेका के यहाँ।

रात। पहले नये नाटक के सम्बन्ध में बातचीत। "आइडिया यह है कि...।" श्यामानन्द ने तीसरे अंक का शेष अंश माँगा, तो कहा, "अभी निकालता हूँ।" फिर एक-दूसरे की आँखों में देखते हुए दोनों की हँसी।

"तो ?"

"बेहतर यह है कि मैं एक बार पहले अढ़ाई अंकों का पूरा रिहर्सल देख लूँ। वहाँ तक पूरी चीज दिमाग में सेट हो जाएगी, तो आगे का अंश दो दिन में लिखा जाएगा।"

श्यामानन्द की वह मुस्कराहट जो आदमी को आश्वासन भी देती है और बेचैन भी कर देती है। साथ दार्शनिक अन्दाज में दो शब्द : "ठीक है।"

फिर उस रात उस सम्बन्ध में कोई बात नहीं। केवल नन्द का एकालाप। "क्यों मैंने जान-बूझकर आत्म-विनाश को निमन्त्रित किया, और फिर स्वयं ही आत्म-रक्षा के लिए उस तरह लड़ गया ? आत्म-रक्षा और आत्म-विनाश, इन दो प्रवृत्तियों के बीच में एक-साथ जिया—क्यों और कैसे ?··· क्या उस तरह जीकर सुख मिला ? और क्या वह सुख की ही खोज थी जिसने उस तरह जीने के लिए विवश किया ?"

श्यामानन्द ने न जाने कितनी बार और कितनी तरह से अभिनय किया। मैं चुपचाप देखता रहा। अपने मन में साथ-साथ मैं भी कहीं वही अभिनय कर रहा था। एक-एक स्वर को तौल रहा था। कुछ देर बाद हम दोनों आमने-सामने खड़े थे। और एक-एक पंक्ति को अलग-अलग से और साथ-साथ बोल रहे थे। "मैं तुम्हारा या किसी का विश्वास ओढ़कर नहीं जी सकता, नहीं जीना चाहता।··· मैं पूछता हूँ कि जब होने-न-होने में कोई अन्तर ही नहीं है, तो मेरे केश क्यों काट दिये ?"

रात के दो बज गये थे। शायद तीन। हम दोनों किसी चीज के लिये व्याकुल थे जिसे हम ठीक से पकड़ नहीं पा रहे थे। मैं वह बात शब्दों से कहना चाहता था, श्यामानन्द स्वरों के उतार-चढ़ाव से, भाव-भंगिमाओं से। आखिर होंठों को पानी से गीला करते हुए मैंने कहा, "रात बहुत हो गयी है, श्याम !" श्याम कुछ देर असमंजस में रहा। शायद उसे लगा कि मैं सोना चाहता हूँ, इसलिए कह रहा हूँ। "बस एक ठो बार और।" उसने कहा और अभिनय नये सिरे से शुरू हो गया। "बातों को उलझाते क्यों हो, भिक्षु··· ?"

• •

एक नयी जीवन-चर्या। रात को तीन या चार बजे सोना, सुबह ग्यारह बजे उठना। बारह बजे तक नाश्ता करके लिखने बैठ जाना। दो घण्टे कागजों की बिसात पर अपने से द्वन्द्व। फिर नहाना, खाना खाना और खाली समय की ऊब मिटाने के लिये ब्लू फाक्स के बार में जा बैठना। भुनी हुई मूँगफली, बियर और सिगरेट की डब्बी पर लकीरें। नन्द कहाँ है ? यहाँ। और सुन्दरी ? यहाँ। उसने अभी नन्द को नहीं देखा। ज्योंही उसकी नजर नन्द पर पड़ती है···। क्रास, क्रास, क्रास। लकीरों को काटती लकीरें। ऐसे नहीं। ऐसे भी नहीं।··· ब्लू फाक्स से वापस घर। साढ़े पाँच-छः बजे श्यामानन्द के साथ शिकायतन। रिहर्सल। उत्तरोत्तर बढ़ता मानसिक तनाव। अलका इस तरह क्यों झुकती है ? श्यामांग इस तरह क्यों बोलता है ? नौ

बजे लौटकर खाना। फिर दो बजे तक श्यामानन्द और मैं।

● ●

रिहर्सल गौण हो गया था। उसके लिये हम लोग जाते थे क्योंकि अभिनय की तिथियाँ बहुत पास आ रही थीं। दो-तीन घण्टे वहाँ बिताने के बाद फिर वही आधी रात तक का कार्यक्रम जिसकी हम लोग दिनभर प्रतीक्षा करते थे। वह सचमुच एक साझी खोज थी ··· नन्द और सुन्दरी की नियति की। बल्कि उससे भी आगे स्त्री और पुरुष की सामान्य नियति की। हर रात हमारा कार्यक्रम आरम्भ होता था नन्द के एकालाप से, "··· बातों को उलझाते क्यों हो, भिक्षु ? कौन है वह व्यक्ति ? कौन है वह दूसरा व्यक्ति जिसे मैंने रोक रखा है ?" लगता था कि नन्द की उस छटपटाहट में से ही आगे के सब सूत्र खोजे जा सकेंगे। हर गुजरते दिन के साथ नन्द की आन्तरिक व्याकुलता के साथ श्यामानन्द का तादात्म्य बढ़ता जा रहा था। उन कुछ घण्टों के लिए श्यामानन्द श्यामानन्द न रहकर अपनी नियति की खोज में छटपटाते एक व्यक्ति में बदल जाता था। मैं एक दर्शक की तरह उस व्यक्ति को देखता और उसके भविष्य का आभास पा लेने का प्रयत्न करता था। "उन्होंने केश काट दिये, तो क्या व्यक्ति-रूप में मैं अधिक सत्य हो गया ? जीभ काट देते, हाथ-पैर काट देते, तो क्या और अधिक सत्य हो जाता ? कौन कह सकता है कि भ्रान्ति वस्तुतः किसे है—उन्हें या मुझे ?" और इसी छटपटाते व्यक्ति को सुन्दरी के समक्ष खड़ा करने के लिये मैं शब्द ढूँढता रहता। रात को श्यामानन्द के चले जाने के बाद भी कुछ देर शब्दों से उलझता रहता। दिन में उठकर फिर उसी खोज में डूब जाता। अगली शाम तक पन्द्रह-पन्द्रह ड्राफ्ट रद्द करने के बाद दस या पन्द्रह पंक्तियाँ लिखकर श्यामानन्द को दे देता। सम्भव होता, तो उस दिन के रिहर्सल में वे पंक्तियाँ शामिल कर ली जातीं। अभिनेता उत्सुक होते कि शायद आज पूरा रिहर्सल हो। लेकिन श्याम उतने के बाद हाथ झाड़ देता, "बाकी कल ··· मने कल भी अगर लिखकर आ गया तो !"

● ●

नन्द और सुन्दरी अब आमने-सामने थे। अलका और श्वेतांग को सुन्दरी ने कक्ष में भेज दिया था। उन दोनों के बीच कोई नहीं था। नाटक के अन्त तक किसी के होने की सम्भावना भी नहीं थी। नन्द सुन्दरी से बहुत-कुछ कहना चाहता था। परन्तु सुन्दरी उसकी बात सुनने की मनःस्थिति में नहीं थी।

अब ?

क्या किसी तरह सुन्दरी नन्द की बात सुन सकेगी ? सुनकर स्वीकार कर सकेगी ? या अन्त तक उसका अस्वीकार नन्द के सामने एक चट्टान की तरह अड़ा रहेगा ?

नन्द एक बार अपने को उँडेल देने के बाद अब पहले की भूमि पर सुन्दरा के साथ नहीं रह सकता। तो वह किस बिन्दु पर वहाँ से जायेगा और जाने से पहले उसके शब्द क्या होंगे ? ऐसे शब्द जिनसे उसकी व्याकुलता सुन्दरी के आग्रह पर भारी पड़ सके ··· उसे पराजित कर सके ?

एक, दो, तीन, चार ड्राफ्ट। परन्तु सुन्दरी किसी भी तरह पराजित नहीं होती। वह मर सकती है, पराजय स्वीकार नहीं कर सकती।

● ●

एक दिन के लिये लगा कि हल सूझ गया है। सुन्दरी की मृत्यु से समस्या हल हो सकती है। अजन्ता-चित्र 'मरणोन्मुख राजकुमारी' ने मन को इस दिशा में बढ़ावा दिया। दोपहर को श्यामानन्द को दफ्तर से बुलाकर यह बात उससे कही। शाम को रिहर्सल में इसकी घोषणा कर दी।

असहमत कोई नहीं हुआ, मगर देखा कि सबके चेहरे मुरझा गये हैं। सबकी आँखों में जैसे एक ही भाव था—सुन्दरी मर कैसे सकती है ?

'मरें आपके नन्द। सुन्दरी हरगिज नहीं मर सकती।' किसी की कही यह बात दूसरे दिन मुझ तक पहुँचाई गयी। तब तक मैं भी कोशिश करके देख चुका था। श्यामानन्द रात-भर स्वरों के उतार-चढ़ाव से तब तक के संवादों में वह दिशा ले आने का प्रयत्न करके देख चुका था। परन्तु यह स्पष्ट था कि सुन्दरी हमारे प्रयत्न से केवल मरने का अभिनय कर सकती है, मर नहीं सकती। नाटककार और परिचालक दोनों उस चरित्र के हाथों पराजित होने के लिये विवश थे।

तो ?

रिहर्सल अब यहाँ पर रुका था, "··· क्योंकि मैं यह भी हूँ और वह भी—इनमें से कोई एक नहीं जैसा कि तुम सब अलग-अलग से विश्वास करना चाहते हो कि मैं हूँ ···।"

नाटक के अभिनय में तीन दिन रह गये थे।

● ●

उस दिन रिहर्सल से लौटते हुए एक बात दिमाग में कौंध गई। क्या स्त्री और पुरुष की यह समक्षता ही उनकी वास्तविक परिणति नहीं ? उनका आमने-सामने होना और एक-दूसरे तक अपनी बात न पहुँचा पाना, यही उनकी वास्तविकता नहीं ?

लगा कि नन्द और सुन्दरी को इस परिणतिहीन परिणति से आगे किसी निश्चित अन्त तक ले जाने की बात ही गलत है। उस तरह की परिणति नाटक को चाहे एक विराम-चिह्न तक ले जाये, परन्तु वह नन्द और सुन्दरी की वास्तविकता नहीं होगी।

मैंने कई डब्बी सिगरेट खरीद लीं और लम्बे-लम्बे कश खींचता अपने कमरे

में आ गया। कुछ देर बाद श्यामानन्द के आने पर यह बात उससे नहीं कही। सोचा कि कहीं ऐसा न हो कि सुबह तक यह धारणा भी बदल जाये। उस रात श्यामानन्द के साथ लम्बी बैठक नहीं हुई। शारीरिक और मानसिक थकान के कारण उसका मन जल्दी सो जाने का था। मुझे यह अच्छा ही लगा। श्यामानन्द के चले जाने के बाद एक बार अन्त तक के संवाद लिख डाले। अन्तिम स्थिति थी अपने-अपने प्रयत्न से निढाल स्त्री और पुरुष का हताश भाव से एक-दूसरे की आँखों में देखते रहना। फिर उसी हताशा में एक शब्द कहकर नन्द का चले जाना और सुन्दरी का उसकी पीठ को सम्बोधित करते हुए अन्त के शब्द कहना।

सुबह जल्दी उठकर उस हिस्से को फिर से लिखने में लग गया। शाम तक छः-सात बार लिखकर उसे निश्चित रूप दे दिया। अब रिहर्सल हिन्दी हाई स्कूल में नाटक के वास्तविक सेट पर ही हो रहे थे। जिस समय मैं वहाँ पहुँचा, सेट में कुछ परिवर्तन किये जा रहे थे। श्यामानन्द ने जिस तरह मेरी तरफ हाथ बढ़ाया, उससे लगा कि उसे आज भी शेष अंश मिल जाने की आशा नहीं है। मैंने कागज उसके हाथ पर रख दिये, तो उसने पूछा, "कहाँ तक ?"

"अन्त तक।" मेरे मुँह से यह सुनना ही था कि वह सेट का काम बीच में छोड़कर मुझे खींचता हुआ पीछे ग्रीन रूम में ले गया।

"सच ?" कागज खोलते हुए उसने पूछा।

"देख लो, तुम्हारे हाथ में है।"

श्यामानन्द ने जल्दी-जल्दी अन्त तक पढ़ा और मुझे बाँहों में ले लिया। "चलो अब दो दिन तो हम अन्त तक रिहर्सल कर ही सकते हैं।"

● ●

पहली रात को मैंने नाटक हाल में बैठकर नहीं देखा। गहरे तनाव की स्थिति में एक पार्श्व खड़ा मंच की गतिविधियों और हाल में होने वाली प्रतिक्रियाओं का जायजा लेता रहा। नाटक समाप्त होने तक माथे की नसें फड़कती रहीं। उसके बाद चौथे दिन के अन्त तक मन सहज स्थिति में नहीं आ पाया।

● ●

कलकत्ते में रहते और वहाँ से लौट आने पर बहुत-से लोगों की प्रतिक्रियाएँ जानने को मिलीं। नाटक में किये गये परिवर्तनों को लेकर एक नया मतभेद शुरू हो गया था। एक वर्ग की निश्चित धारणा थी कि नाटक का वास्तविक अन्तर्द्वन्द्व इस नये रूप में ही ठीक से उभर सका है। परन्तु दूसरे वर्ग का विचार था कि नाटक अपने पहले रूप में भी उनके सामने खेला जाये, तभी वे ठीक से निर्णय दे सकने की स्थिति में होंगे। नाटक के प्रस्तुतीकरण के सम्बन्ध में भी दोनों तरह की दृष्टियाँ थीं। परन्तु दूसरे और चौथे दिन हाल में बैठकर नाटक देखने के बाद मैं जिस निष्कर्ष

पर पहुँचा था, वह यह था कि अपने वर्तमान रूप में नाटक के तीसरे अंक की पहले दो अंकों के साथ ठीक संगति नहीं रही। तीसरा अंक परिकल्पना तथा परिचालना दोनों दृष्टियों से पहले दो अंकों से काफी अलग पड़ गया था। इसका कारण स्पष्ट था। अन्त के तीनों सप्ताह श्यामानन्द और मैं इस तरह तीसरे अंक के संयोजन में उलझे रहे थे कि पहले दोनों अंकों की ओर हमारा बहुत कम ध्यान गया था। तीसरे अंक के संयोजन तथा प्रस्तुतीकरण में जो कसाव था, वह पहले दो अंकों में नहीं था। इससे मैं अपने लिये इस नतीजे पर पहुँचा था कि मुझे अब तीनों अंक एक-साथ फिर से लिखने चाहिए; और श्यामानन्द इस नतीजे पर कि नये रूप में नाटक की पूरी पाण्डुलिपि हाथ में आ जाये, तो इसे बिलकुल नये सिरे से प्रस्तुत करना चाहिए।

● ●

कलकत्ते से लौटा, तो मन में एक ओर यह उत्साह था कि नाटक का तीसरा अंक आखिर फिर से लिख लिया गया, पर दूसरी ओर यह उदासी भी कि मुक्त मैं अब भी इससे नहीं हो पाया—कि इसे एक बार और लिखना अभी उसी तरह शेष है जैसे कि कई वर्ष पहले था। अगस्त का महीना इस दुविधा में रहकर कि इसे फिर से अभी हाथ लगाऊँ या कुछ दिन बाद; आखिर सितम्बर में इसे फिर से लिखने बैठ गया। इस बार जिस रूप में लिखा, उसी रूप में आज इसका प्रकाशन हो रहा है। इसी रूप में जनवरी और फरवरी सन् सड़सठ में ओम् शिवपुरी ने नेशनल स्कूल ऑफ ड्रामा की ओर से इसे प्रस्तुत किया था। परन्तु फिर से इसमें न उलझ जाऊँ, इसके लिए इस बार अपना एक बचाव मैंने कर लिया था। ओम् शिवपुरी के कहने और चाहने पर भी मैं नाटक का रिहर्सल देखने नहीं गया। पहली रात अन्य दर्शकों की तरह जाकर तटस्थ दृष्टि से अभिनय देख आया। यों नाटक के सम्बन्ध में मतभेद और वाद-विवाद समाप्त हो गये हों, ऐसा अब भी नहीं। परन्तु मेरे लिये इतना अन्तर अवश्य आ गया है कि मैं अब अपने को इससे बाहर पाता हूँ। कुछ लोगों का अब भी आग्रह है कि नाटक का प्रकाशन पहले रूप में भी साथ होता रहना चाहिए। मैं इससे सहमत नहीं हूँ, क्योंकि इस सुझाव को स्वीकार करने का अर्थ होगा एक और सुझाव पर भी विचार करना—कि इन दो के अतिरिक्त क्या नाटक का एक तीसरा रूप भी नहीं हो सकता ? उस तरह तो अगले बीस वर्षों में और भी चार तरह से लिखने का लोभ मन में आ सकता है ··· क्योंकि कोई भी रचना क्या ऐसी होती है कि व्यक्ति जीवन में कभी भी उसके रूप को निश्चित और अन्तिम मान सके ?

आर-522, न्यू राजेन्द्र नगर,
नई दिल्ली-5

मोहन राकेश

निर्देशक/अभिनेता/समीक्षक की नज़र से

कीर्ति जैन

'लहरों के राजहंस' का परिवेश तो ऐतिहासिक है ही, साथ ही इस नाटक ने अपना भी एक इतिहास रचा है। हमारे यहां यही अकेला नाटक है जिसके दो रूप प्रकाशित मिलते हैं और जो एक दूसरे से काफी भिन्न हैं। दूसरा प्रारूप उभरा रंगकर्मियों के साथ हुई चर्चा और प्रस्तुति की विभिन्न समस्याओं से जूझने के फलस्वरूप। राकेश की वे टिप्पणियाँ जो नाटक के पहले से दूसरे प्रारूप तक की इस यात्रा का संकेत देती हैं वह भी नाट्य लेखन की जटिल प्रक्रिया का अद्भुत विश्लेषण हैं। फिर यह भी है कि शायद यही नाटक राकेश का सबसे अधिक जटिल नाटक है क्योंकि यह बहुत से स्तरों पर एक साथ चलता रहकर उनको दोनों मुख्य पात्रों के आत्म साक्षात्कार से बखूबी जोड़ता है। स्त्री-पुरुष सम्बन्धों के जटिल द्वन्द्वात्मकता के ढाँचे में वह एक तरफ सांसारिक व असांसारिक या वस्तुवाद व आध्यात्मिकता के बीच चुनाव के दार्शनिक सवाल उठाता है तो दूसरी तरफ हर व्यक्ति के "स्व" की अनिवार्य खोज, अस्तित्व के अर्थ की तलाश के प्रश्न से भी जूझता है। इन्हीं कारणों से इस नाटक के प्रति विशेष जिज्ञासा पैदा हुई। पर इस नाटक के दोनों प्रारूप बहुत से सवाल उठाते रहे जिनके उत्तर खोजने की मैंने पहले बहुत कोशिश भी नहीं की।

लेकिन इस बार जब एकाएक मुझे इस नाटक की प्रस्तुति का दायित्व लेना पड़ा तो मैंने फिर से दोनों रूप अभिनेताओं के साथ पढ़े। फिर लगा कि हालांकि पहले रूप में नाटक का अन्त चाहे सन्तोषप्रद न हो पर अनुभूति की तीव्रता की दृष्टि से यही अधिक सशक्त है, यहां अनुभव भी अधिक आवेगपूर्ण है। दूसरे प्रारूप में नाटक के मुद्दे जरूर ज़्यादा साफ होकर उभरते हैं, लेकिन कुछ ज़्यादा ही तार्किकता के कारण एक ठंडापन-सा बना रहता है। इसलिए हमने पहले ही प्रारूप को प्रस्तुति के लिए लेने का निश्चय किया।

स्वयं मोहन राकेश ने अश्वघोष के 'सौन्दरनन्द' का हवाला दिया है। इसलिए 'सौन्दरनन्द' भी पढ़ा गया। 'सौन्दरनन्द' में सुंदरी और नन्द के सम्बन्धों में शारीरिक आकर्षण और उनकी विरह वेदना को जिस कोमल बिम्ब विधान के द्वारा वर्णित किया गया उससे मैं आकर्षित हुई। इससे दोनों के प्रेम सम्बन्धों की गहनता का भी अधिक तीव्र अहसास हुआ जो राकेश के नाटक में इतना स्पष्ट नहीं होता। हालांकि 'लहरों के राजहंस' में भी आपसी सम्बन्धों की उष्मा की बहुत कोमल

छवियाँ मिलती हैं पर नाटक जिस तरह बढ़ता है उसमें यह प्रभाव पूरी तरह विकसित नहीं हो पाता। मुझे लगता है कि एक-दूसरे के प्रति गंभीर प्रेम और आकर्षण ही चरित्रों के बाकी संघर्षों के केन्द्र में है इसलिए इसको सघन करने के उद्देश्य से ही हमने 'सौन्दरनन्द' के कुछ पदों को हिन्दी अनुवाद में इस्तेमाल करने का निर्णय किया। हम अभी कह नहीं सकते कि यह अतिरिक्त आयाम इन पदों के उपयोग से निश्चय ही उभरेगा, परन्तु हमारा प्रयास यही है।

हमने तीसरे अंक के अन्त में दूसरे प्रारूप से नन्द के एकालाप के कुछ अंश भी लिये हैं। इसका कारण यह है कि पहले प्रारूप में उसका अन्तिम एकालाप उसके मुख्य द्वन्द्व और अपने "स्व" की खोज को स्पष्ट नहीं करता। बुद्ध और सुन्दरी से मोहभंग होने पर उसका यह कदम बहुत अहम् है और यही उसके पूरे संघर्ष की परिणति तक पहुँचाता है। नाटक का अन्त दोनों प्रारूपों में असंतोषजनक है। पहले में दोनों के आपसी सम्बन्धों का अन्त एक गलतफहमी में होता है, एक दूसरे को सचेतन ढंग से अस्वीकार करने में नहीं, और दूसरे में दोनों पात्र एक-दूसरे का सामना जरूर करते हैं पर वह निरा तर्क-वितर्क होने लगता है—चरित्रों को देखते हुए सच्चा नहीं लगता। बहरहाल हमने पहले प्रारूप को ही चुना।

नाटक का मूल कथ्य कालबोध और ऐतिहासिकता से परे है। इसीलिए हमने नाटक को अनैतिहासिक किन्तु व्यंजनात्मक मंचभूमि पर निरोपित करने का निर्णय किया। एक एकसी स्पेस रचने की कोशिश की जो स्वयं एक उत्प्रेक्षा (मैटाफर) है और जहाँ पात्र अपने समूचे अनुभवों को जीते भी हैं। यह सम्पूर्ण नाटक जहां एक स्तर पर यथार्थ है वहीं दूसरे स्तर पर व्यंज़ना भी, एक ओर ठोस मानव सम्बन्धों का नाटक है तो दूसरी ओर अवधारणों का भी। इसीलिए यह मूर्त और अमूर्त दोनों को एक साथ समेटता चलता है। प्रस्तुति विन्यास के सभी पक्षों में हमने इन्हीं दोनों स्तरों को अभिव्यक्ति देने की कोशिश की है चाहे संगीत विधान हो या मंच सज्जा या पात्रों की मंच पर गति भंगिमाएं। यही अभिव्यक्ति हमारे सामने एक बड़ी चुनौती रही इस नाटक से जुड़े सभी सदस्यों के लिए। इस प्रस्तुति में इस नाटक के अर्थ की विभिन्न परतों को खोलने का प्रयास है। यह प्रयास कहाँ तक सफल होगा यह तो प्रस्तुति ही बतायेगी हमें भी।

इसी प्रस्तुति के संदर्भ में मैं श्री केदारनाथ सिंह की विशेष आभारी हूं जिन्होंने अपनी व्यस्तताओं के बावजूद, बहुत कम समय में सौन्दरनन्द के कुछ श्लोकों का पद्य में मुक्त भावानुवाद करना स्वीकार किया। कुछ और सहयोगी और मित्र—मुख्यतः निभा जोशी, बंसी कौल, उत्तरा बावकर व अनुराधा कपूर ने भी अपने मूल्यवान सुझावों से मेरी मदद की। और अन्त में अपने सहयोगी दल के सभी सदस्यों की भी आभारी हूं जिनके साथ मिलकर ही इस प्रस्तुति का यह रूप बन पाया।

सत्यदेव दुबे (बम्बई)

राकेश का दूसरा नाटक 'लहरों के राजहंस' भी युग-विशेष से सम्बन्धित था जिसमें गौतम बुद्ध के छोटे भाई नन्द और उसकी पत्नी सुन्दरी मुख्य पात्र थे। 'आषाढ़ का एक दिन' की मल्लिका से भिन्न, सुन्दरी अपनी बात पर जोर देनेवाली, विद्रोहिणी है और उसका दृष्टिकोण अपने पति नन्द से एकदम विपरीत है जो वैराग्य के बौद्ध दर्शन के प्रति आकर्षित है और अन्ततः उसी को स्वीकार कर लेता है।

रंगमंचीय दृष्टि से इस नाटक में संघर्ष पूरी तरह रूपाकार नहीं लेता पर नाटकीय मुहावरा और भी विकसित हुआ है। युगीन आस्वाद को मिटाये बिना ही, शब्द अधिक सरल और संयमित हो गये हैं। उनकी ध्वनि और स्वर सौ फीसदी आधुनिक है। बोलचाल की साफ सुथरी लयें, खासकर दूसरे अंक में, अच्छे से अच्छे अभिनेता के लिए चुनौती हैं जिसको अभी तक पूरी तरह स्वीकार नहीं किया जा सका है।

(इनैक्ट 73-74 में प्रकाशित अंग्रेज़ी लेख से अनूदित)

सुरेश अवस्थी (नई दिल्ली)

'लहरों के राजहंस' में एक ऐसे कथानक का नाटकीय पुनराख्यान है जिसमें सांसारिक सुखों और आध्यात्मिक शांति के पारस्परिक विरोध तथा उनके बीच खड़े हुए व्यक्ति के द्वारा निर्णय लेने का अनिवार्य द्वन्द्व निहित है। इस द्वन्द्व का एक दूसरा पक्ष स्त्री और पुरुष के पारस्परिक संबंधों का अंतर्विरोध है। जीवन के प्रेय और श्रेय के बीच एक कृत्रिम और आरोपित विरोध है, जिसके कारण व्यक्ति के लिए चुनाव कठिन हो जाता है और उसे चुनाव करने की स्वतंत्रता भी नहीं रह जाती। चुनाव की यातना ही इस नाटक का कथा-बीज और उसका केन्द्र-बिंदु है। धर्म-भावना से प्रेरित इस कथानक में उलझे हुए ऐसे ही अनेक प्रश्नों का इस कृति में नए भाव-बोध के परिवेश में परीक्षण किया गया है।

सुंदरी के रूपपाश में बँधे हुए अनिश्चित, अस्थिर और संशयी मनवाले नंद की यही स्थिति होनी थी कि नाटक का अंत होते-होते उसके हाथों में भिक्षापात्र होता और धर्म-दीक्षा में उसके केश काट दिए जाते। लहरों पर डोलनेवाले राजहंस के समान ही नंद का मन चंचल है। वह न तो सुंदरी के रूपपाश से ही मुक्त हो पा रहा है और न सच्चे और निर्विकार मन से भगवान बुद्ध की ही शरण में जा पा रहा है। अश्वघोष के प्रसिद्ध महाकाव्य 'सौंदरनंद' में, जो इस नाटक की कथा का आधार है, नंद के इस दुविधाग्रस्त मन का बड़ा ही सुंदर काव्य-चित्र प्रस्तुत किया गया है :

तं गौरवं बुद्धगतं चकर्ष भार्यानुरागः पुनराचकर्ष।
सोऽनिश्चयान्नापिययौ न तस्थौ तरंस्तरंगेष्विव राजहंसः।।

"बुद्ध का गौरव उसे अपनी ओर खींच रहा था, और सुंदरी का अनुराग अपनी ओर। इसी दुविधा में उससे न जाते बन रहा था न रुकते, उसकी स्थिति लहरों पर डोलते हुए राजहंस की-सी हो रही थी।"

इसी काव्य-चित्र से नाटककार ने अपने इस नाटक का शीर्षक लिया है। यह काव्य-चित्र इस नाटक के मूल द्वन्द्व-भाव को व्यंजित करता है।

नंद-कथा बुद्ध के जीवनचरित का एक अंग है। अश्वघोष के ही दूसरे प्रसिद्ध महाकाव्य 'बुद्ध-चरित' में नंद की दीक्षा का उल्लेख किया गया है। इस कथा का आधार पालि साहित्य में मिलता है। उदान और जातक में तथा धम्मपद के श्लोक 13-14 की अट्ठकथा (व्याख्या) में नंद की कथा कही गई है। किंतु पालि की नंद-कथा से 'सौंदरनंद' की कथा कुछ भिन्न है। अतः हो सकता है कि इसका वास्तविक आधार

कुछ और ही रहा हो, जो अब अप्राप्य है। प्रस्तुत नाटक की कथा का आधार 'सौंदरनंद' ही है। परंतु नाटककार ने कथा के नाटकीय भाव और प्रयोजन को पुष्ट और तीव्र करने के लिए नए पात्रों और प्रसंगों की कल्पना की है। कामोत्सव का आयोजन, दीक्षा के पश्चात् नंद का एक बार गृह लौट आना तथा अलका और श्यामांग का पूरा प्रसंग नाटककार द्वारा कल्पित है।

'लहरों के राजहंस' के कथानक को आधुनिक जीवन के भावबोध का जो संवेदन दिया गया है, वही इस ऐतिहासिक कथानक को रचनात्मक स्तर पर महत्त्वपूर्ण बनाता है। नाटक की प्रस्तावना में नाटककार ने इस संबंध में अपना दृष्टिकोण स्पष्ट किया है : "कथा का आधार अश्वघोष का 'सौंदरनंद' काव्य है। परंतु समय के विस्तार में स्थितियों का परिक्षेपण करने के कारण यह काल्पनिक भी है।" इतिहास और साहित्य के संबंध की व्याख्या करते हुए नाटककार लिखता है : "साहित्य में इतिहास अपनी यथातथ्य घटनाओं में व्यक्त नहीं होता, घटनाओं को जोड़ने वाली ऐसी कल्पनाओं में व्यक्त होता है जो अपने ही एक नए और अलग रूप में इतिहास का निर्माण करती हैं।....." साहित्य इतिहास के समय से बँधता नहीं, समय में इतिहास का विस्तार करता है। ऐतिहासिक नाटकों में कथानक की ऐतिहासिकता और प्रामाणिकता का रचनात्मक दृष्टिकोण से कोई अर्थ नहीं है। वास्तव में, ऐतिहासिक कथानकों के आधार पर श्रेष्ठ और सशक्त नाटकों की रचना तभी हो सकती है, जब नाटककार ऐतिहासिक पात्रों और कथा-स्थितियों को 'अनैतिहासिक' और 'युगीन' बना दे तथा कथा के अंतर्द्वन्द्व को आधुनिक अर्थ-व्यंजना प्रदान कर दे।

हिन्दी में ऐतिहासिक नाटकों के कथानकों की प्रामाणिकता पर आग्रह रहता है; और तभी हिन्दी के अधिकांश ऐतिहासिक नाटक इतिहास की पाठ्य-पुस्तकों का नाटकीकृत रूप मात्र लगते हैं। इसके साथ ही, हिन्दी के आधुनिक नाटक साहित्य की जो दो-चार श्रेष्ठ कृतियाँ हैं—'स्कंदगुप्त', 'कोणार्क', 'अंधा युग' और 'आषाढ का एक दिन'—वे सभी ऐतिहासिक हैं। इनकी श्रेष्ठता का कारण यह है कि इनके द्वारा नाटककारों ने ऐतिहासिक कथानक नहीं दोहराए, उनको नए परिवेश और आधुनिक संदर्भों में प्रस्तुत किया है। सभी देशों के नाटक-साहित्य के इतिहास में विभिन्न युगों में जब भी श्रेष्ठ ऐतिहासिक नाटकों की रचना हुई है, तब नाटककारों ने प्राचीन कथानकों को नई दृष्टि से देखा है और उनको नई अर्थ-व्यंजनाएँ दी हैं—चाहे ढाई हजार वर्ष पूर्व लिखी गई महान् यूनानी त्रासदियाँ हों, चाहे एलिजाबेथ-कालीन कामदियाँ और चाहे फ्रांस, जर्मनी, इंग्लैड और अमरीका में पिछले दस-पंद्रह वर्षों में लिखे गए नई शैली के ऐतिहासिक नाटक।

(2)

कपिलवस्तु में जिस समय भगवान् बुद्ध धर्मोपदेश कर रहे थे, और उनके जाति-भाई धर्म के प्रति प्रेरित होकर दीक्षित हो रहे थे, कामासक्त नंद अपनी परम

रूपवती प्रियतमा सुंदरी के साथ विहार में लीन रहता था। लेकिन नंद का मन स्थिर भाव से सुंदरी का रूपभोग नहीं कर पाता, क्योंकि कहीं भीतर उसके मन में अस्थूल और असंसारी तत्त्वों के प्रति भी आकर्षण है। उसके मन का यही संस्कार और उसको पोषित करनेवाली बाह्य परिस्थितियाँ ही नाटक के द्वन्द्व का आधार हैं। वह घर से लौटे हुए उपेक्षित बुद्ध से क्षमा-याचना करने के लिए जाने को विकल हो जाता है। जिस समय वह हाथ में दर्पण लिए सुंदरी के शृंगार में लीन है, उसी समय 'धम्मं शरणं गच्छामि' का स्वर उठता है और सहसा उसके हाथ का दर्पण गिरकर टूट जाता है। दर्पण का टूटना और कमलताल में डोलती हुई बुद्ध की कल्पित छाया ऐसे ही प्रतीक हैं, जो नंद की अस्थिर और दुविधाग्रस्त मनोदशा का संकेत करते हैं। अपनी ही क्लांति से मरे हुए मृग की बात बार-बार सोचना और दीक्षा के पश्चात् व्याघ्र से लड़ना उसकी इसी मनोदशा की प्रतीकात्मक अभिव्यक्तियाँ हैं। नंद जब अनायास और अनिच्छा से ही भिक्षु बना दिया जाता है, और वह भिक्षु-वेश में घर लौटता है, तो सुंदरी को देखकर कहता है, "जिस सामर्थ्य और विश्वास के बल पर जी रहा था, उसी के सामने, मुझे असमर्थ और असहाय बनाकर फेंक दिया गया है।"

एक ओर तो नंद के मन का यह द्वन्द्व है; और दूसरी ओर रूपगर्विता सुंदरी के इस खंडित विश्वास की पीड़ा कि उसमें आसक्त उसका पति कैसे उसके रूपपाश से मुक्त होकर बौद्ध भिक्षु होकर उन्हीं हाथों में भिक्षा-पात्र लेकर उसके पास लौटा है, जिन हाथों में उसके शृंगार के लिए उसने दर्पण उठाया था। सुंदरी जीवन का भोग करना चाहती है, वह कामनाओं को स्थगित नहीं करना चाहती। कमलताल के राजहंसों के जोड़े की किलोल सुनकर वह कहती है : "कोई गौतम बुद्ध से कहे कि कभी कमलताल के पास जाकर इनसे भी वे निर्वाण और अमरत्व की बात कहें।" नाटक के अंत में जब वह नंद के द्वारा चंदनलेप का बिंदु बनाए जाने पर चौंककर जाग जाती है तो उसकी दृष्टि नंद के केश कटे हुए भिक्षु-वेशी मुख पर पड़ती है। उसका मन वितृष्णा से भर जाता है। इस प्रकार नाटक का कथानक अंतर्द्वन्द्व के दो स्तरों पर संचरण करता है, और इन्हीं दो स्तरों की पारस्परिक टकराहट से उसकी नाटकीयता अधिक तीव्र और गहन होती है।

नाटक का पहला अंक सुंदरी के कक्ष में आरंभ होता है। कर्मचारी साज-सज्जा में लगे हुए हैं। सुंदरी के आग्रह पर कामोत्सव मनाया जानेवाला है। अतिथियों की प्रतीक्षा है। एक अतिथि मैत्रेय पधारते हैं। और जब कामोत्सव में सम्मिलित होने के लिए मैत्रेय के अतिरिक्त और कोई नहीं आता तो सुंदरी अपमान में विक्षुब्ध हो उठती है। इसी अत्यंत तीव्र और गहन कथा-स्थिति में पहला अंक समाप्त होता है।

यही अंक क्रिया-व्यापार का पहला संचरण **(Movement)** है। इसमें व्यापार

और भाव की अन्विति का पूरा निर्वाह हुआ है। सुंदरी की चारित्रिक विशेषताओं का परिचय मिल जाता है। नाटकीय कथा के उस द्वन्द्व का पूर्वाभास हो जाता है जिसे नंद को झेलना है। गौण पात्रों और प्रसंगों को भी इसी अंक में प्रस्तुत कर दिया जाता है। और इस प्रकार से नाटकीय कथा का उद्‌घाटन **(Exposition)** बड़ी सफलता के साथ होता है। कामोत्सव का आयोजन इस संदर्भ में विशेष नाटकीय अर्थ और तीव्रता ग्रहण कर लेता है कि दूसरे ही दिन रानी यशोधरा भिक्षुणी बनने जा रही हैं। कामोत्सव के आयोजन में लगा हुआ श्यामांग कहता है : "कल प्रातः देवी यशोधरा भिक्षुणी के रूप में दीक्षा ग्रहण करेंगी और यहाँ रात-भर नृत्य होगा। आपानक चलेगा।" और सुंदरी अलका से बातें करती हुई कहती है : "नारी का आकर्षण पुरुष को पुरुष बनाता है तो उसका अपकर्षण उसे गौतम बुद्ध बना देता है।" कमलताल में राजहंसों का कलरव और श्यामांग द्वारा (बुद्ध की) छाया की कल्पना—इस प्रसंग को गहरी नाटकीय व्यंजना प्रदान करते हैं।

वस्तु-विधान में नाटकीय कथा का उद्‌घाटन बहुत ही महत्त्वपूर्ण होता है, क्योंकि यही अंश दर्शकों की रुचि जागृत करता है और उनको नाटकीय पात्रों के साथ ऐसे संबंध-सूत्रों में बाँधता है जो नाट्यानुभव में सहायक होते हैं। इस अंश में नाटककार अत्यंत कुशलता के साथ नाटकीय कथा के प्रायः सभी प्रमुख और कुछ गौण पात्रों को प्रस्तुत करता है तथा उनके अतीत जीवन और उनकी वर्तमान इच्छाओं और प्रयोजनों को इंगित करता है। तीन अंकों वाले आधुनिक शैली के नाटकों में पहला अंक प्रायः कथा के उद्‌घाटन में ही लग जाता है; लेकिन सफल नाटकों में अंक समाप्त होते-होते कथानक में कुछ तीव्रता और उत्तेजना आने लगती है और हमारी रुचि बढ़ने लगती है।

दूसरा अंक भी सुंदरी के ही कक्ष में आरंभ होता है। नंद सुंदरी का शृंगार कर रहा है। बीच-बीच में नेपथ्य से कर्मचारी श्यामांग का ज्वर-प्रलाप सुनाई पड़ता है : "इन लहरों पर से ··· लहरों पर से यह छाया हटा दो ··· मुझसे ··· यह छाया नहीं ओढ़ी जाती।" जिस समय नंद सुंदरी के शृंगार में व्यस्त है, अलका यह संदेश लाती है कि गौतम बुद्ध भिक्षा के लिए द्वार पर आए थे और भिक्षा की याचना करने के बाद लौट गए हैं। नंद सुंदरी से कहता है कि मुझे जाकर इस प्रमाद के लिए उनसे क्षमा-याचना करनी चाहिए। सुंदरी यह कहकर अनुमति दे देती है कि जाइए लौटकर आप ही इस विशेषक को पूरा करेंगे और तभी मैं शेष शृंगार करूँगी। नंद चला जाता है और यह अंक नेपथ्य से श्यामांग के इस संवाद के साथ समाप्त होता है : "यह छाया मेरे ऊपर से हटा दो ? ··· एक किरण कोई एक किरण ···"

यह अंक कथा का दूसरा संचरण है; और इसमें भी व्यापार-अन्विति का पूरा निर्वाह हुआ है। अंक समाप्त होते-होते कथा का मूल द्वन्द्व आरंभ हो जाता है। नंद

बुद्ध के पास क्षमा-याचना के लिए चले जाते हैं, और सुंदरी अधूरा शृंगार लिए हुए उनके वापस लौट आने की प्रतीक्षा में बैठी रहती है। इस अंक में सुंदरी की चरित्र-रेखाएँ और स्पष्ट होती हैं, और नंद के मन की दुविधा और द्वन्द्व स्पष्ट होने लगता है। नंद हाथ में दर्पण लिए सुंदरी के शृंगार में योग दे रहा है। इतने में नेपथ्य में 'धम्मं शरणं गच्छामि' का स्वर सुनाई देता है। सुंदरी कहती है : "देखिए दर्पण हिल गया।" इस अंक का शृंगार-प्रसंग बड़ा ही कोमल और सरस है--हिंदी नाटक-साहित्य में नितांत नया।

तीसरे अंक का आरंभ नंद के लिए सुंदरी की आकुल प्रतीक्षा के साथ होता है। कमलताल के राजहंस उड़कर चले गए हैं। लंबी प्रतीक्षा के बाद जब नंद सिर मुड़ाए हुए भिक्षु-वेश में आता है तो सुंदरी थककर सो चुकी है। नंद कहता है : "मैंने कहा था तुम्हारा विशेषक सूखने से पहले ही मैं लौट आऊँगा, परंतु नहीं आ सका। तुम पूछती तो मैं क्या उत्तर देता।" और कुछ देर बाद वहीं पड़े हुए टूटे दर्पण के सामने रुककर अपना प्रतिबिंब उसमें देखता है, और कहता है : "मेरे केश क्यों कटवा दिए ? और कटवा ही दिए तो उससे क्या अंतर पड़ता है ? अंतर पड़ता यदि मेरा हृदय बदल जाता, आँखें बदल जातीं। मेरे हृदय में तुम्हारे लिए अब भी वही अनुराग है, आँखों में तुम्हारे रूप की अब भी वही छाया है। तुम्हारा विशेषक जो सूख गया है, उसका मुझे खेद है। उसे मैं अभी गीला कर देता हूँ।" और जैसे ही नंद उँगली में लेप लेकर सुंदरी के माथे पर बिंदु बनाने लगता है, वह मुंडित आकृति को देखकर चीख उठती है।

नंद इस स्थिति में अपने को नितांत असहाय और अकेला पाता है। वह कहता है : "मैं चौराहे पर खड़ा एक नंगा व्यक्ति हूँ, जिसे सभी दिशाएँ लील लेना चाहती हैं और अपने को ढकने के लिए उसके पास कोई आवरण नहीं है।" और वह इसी मानसिक यातना में सुंदरी से बिना मिले ही चला जाता है। राज-कर्मचारी श्वेतांग सुंदरी को बताता है कि कुमार यह कहते हुए चले गए कि वे अपने केशों की खोज में जा रहे हैं। वे तथागत से पूछना चाहते हैं कि उन्होंने उनके केशों का क्या किया ? उनकी पत्नी को केशों की आवश्यकता है। इस पर सुंदरी वितृष्णा में कहती है : "इतना ही तो समझ पाते हैं ये लोग। बस इतना ही तो इनको समझ में आता है।" और नाटक का अंत श्यामांग के इस संवाद से होता है : "बस एक किरण, केवल एक किरण।"

यह अंक नाटकीय कथा को तेजी के साथ आगे बढ़ाता है और द्वन्द्व को गहन कर देता है। ऐसी घटनाएँ घटित होती हैं जो नाटक को चरमोत्कर्ष पर पहुँचा देती हैं, और कथा के चरम बिंदु पर ही नाटक समाप्त हो जाता है। अपने संबंधों और परिस्थितियों से लड़ते हुए टूटे और खंडित पात्रों की विषम स्मृतियाँ मन पर छा

जाती हैं। जिस सुंदरी ने कहा था कि 'नारी का अपकर्षण पुरुष को गौतम बुद्ध बना देता है', वही सुंदरी नंद को भिक्षु-वेश में देखकर अपनी इस भारी पराजय से विक्षुब्ध हो उठती है। और नंद सुंदरी के इस गहरे विक्षोभ को नहीं समझता; वह अपनी पत्नी के संतोष के लिए अपने शोभा-केश लाने चला जाता है। इसी अत्यंत विषम बिंदु पर नाटक समाप्त होता है।

(3)

'लहरों के राजहंस' आधुनिक यथार्थवादी नाट्य-रचना पद्धति पर लिखा गया है, और उसमें इसी पद्धति के व्यवहारों और रूढ़ियों का पालन किया गया है। एक ही दृश्यबंध **(Set)** पर नाटकीय कथा घटित होती है, और कथा का विभाजन तीन अंकों में किया गया है; अंकों को दृश्यों में नहीं विभाजित किया गया। यथार्थवादी नाट्य-रचना पद्धति में एक दृश्यबंध और तीन अंकोंवाले नाटकों का विकास आधुनिक रंगमंच के स्वरूप और प्रदर्शन की परिस्थितियों तथा साधनों के कारण हुआ है, और उसके पीछे एक शिल्पगत अनिवार्यता है। भारी-भरकम और ठोस पदार्थों से निर्मित यथार्थवादी दृश्यबंध को बदलने की कठिनाई से बचने के लिए ही इस शैली के नाटक ने अपने लिए एक दृश्यबंध स्वीकार कर लिया है। नाटकीय कथा के तीन प्रमुख संचरणों—कथा का उद्घाटन, विकास तथा चरमोत्कर्ष—के आधार पर ही इस शैली के नाटकों में तीन अंकों का विधान रहता है। प्रत्येक अंक कथा के एक उत्कर्ष-बिंदु पर समाप्त होता है, क्योंकि अंक की समाप्ति पर यवनिका गिराने की व्यवस्था है। नाटक का अंत कथा के चरमोत्कर्ष पर पहुँचकर उसके तुरंत बाद हो जाता है।

एक ही स्थान पर नाटक की सभी घटनाएँ दिखाकर नाटककार ने स्थान-अन्विति का पूरी तरह पालन किया है। स्थान-अन्विति के साथ-साथ इस नाटक में काल और व्यापार की अन्वितियों का भी पालन किया गया है। नाटक में घटनास्थलों तथा पात्रों की मनोदशाओं का परिचय देने वाले रंग-निर्देश भी यथार्थवादी नाट्य-पद्धति के अनुसार ही रखे गए हैं इस प्रकार यह नाटक एक विशेष रचना-पद्धति और शिल्प-विधान के अनुसार एक सुगठित और तर्क-संगत रूपबंध **(Structure)** का निर्माण करता है। लेकिन नाटक में दो प्रसंगों की योजना इस रूप में की गई है कि उससे इसका रूपबंध कमजोर होता है। इन दोनों प्रसंगों—श्यामांग प्रसंग और नंद-दीक्षा तथा उसके प्रत्यावर्तन का प्रसंग—का विश्लेषण इस नाटक के रूपबंध के स्वरूप को समझने के लिए उपयोगी होगा।

नाटक की वस्तु-योजना और उसके संबंध में श्यामांग प्रसंग का महत्त्वपूर्ण स्थान है, क्योंकि यह प्रसंग कई प्रकार से और कई स्तरों पर नाटक की मुख्य कथा और उसके मूल संघर्ष से जुड़ा हुआ है। अतः नाटक के आशय और उसके

रूप-शिल्प को समझने के लिए इस प्रसंग के स्वरूप को समझना आवश्यक है। इस संबंध में सबसे बड़ी बात यह है कि यह प्रसंग और इसका प्रयोजन उस शैली के नाटकों के गौण कथानक से भिन्न है, जिनमें मुख्य कथानक के साथ-साथ गौण कथानक चलता रहता है और जो नाटक के समूचे रूपबंध में समन्वित होकर कथानक की बुनावट का अंग नहीं बन पाता; और जो अपनी स्वतंत्र सत्ता के साथ केवल मूल कथानक का प्रतिरूप प्रस्तुत करके नाटकीय संघर्ष के एक प्रकार के कृत्रिम और अविश्वसनीय स्तर की सृष्टि करता है। गौण कथानक की ऐसी स्वतंत्र और असंबद्ध सत्ता कथानक की एकता और प्रभाव को विघटित करती है। 'लहरों के राजहंस' में श्यामांग प्रसंग नाटक के पूरे रूपबंध का ही अंग है, और वह नाटक की मुख्य कथा-वृत्ति और द्वन्द्व-भाव को ही अधिक तीव्र बनाता है; अपना स्वायत्त अस्तित्व नहीं निर्मित करता।

लेकिन श्यामांग प्रसंग नाटकीय दृष्टि से महत्त्वपूर्ण होकर भी दर्शक की रुचि और नाटक के सहज प्रभाव में बाधक बनता है। इसका कारण यह है कि श्यामांग की चरित्रगत अवधारणा और उसके कार्यों और कथनों के मंतव्य स्पष्ट नहीं हैं, और ऐसा लगता है कि उनके संबंध में नाटककार दुविधाग्रस्त है। आरंभ में लगता है कि श्यामांग और अलका का अत्यंत सहज, कोमल और मौन पारस्परिक आकर्षण सुंदरी और नंद के उद्दाम, मुखर और कामासक्त प्रेम का ही एक प्रतिरूप है। इस प्रकार यह प्रसंग एक निश्चित नाटकीय प्रयोजन की सिद्धि की चेष्टा करता है। और फिर बाद में यही श्यामांग नंद के अस्थिर और द्वन्द्व-जर्जर मन का एक प्रतिरूप बन जाता है, और अपने ज्वर-प्रलाप में जैसे नंद की ही अनिश्चितता, विभ्रम और अकुलाहट को ध्वनित करता है। जब वह कमलताल में दिखाई देनेवाली छाया से डरता है, तब जैसे कि नंद ही बुद्ध की छाया से डर रहा हो। दूसरे अंक के प्रारंभ में एक स्वर श्यामांग का नेपथ्य से उभरता है। और उधर नंद अपने मन की उद्विग्नता के कारण रात गए तक जाग रहा है। ये दोनों स्वर एक-दूसरे से टकराते हैं और एक-दूसरे को काटते हैं। और तब ऐसा लगता है, जैसे कि नंद ही रंगमंच पर अनिद्रा में अशांत बैठा है, और नंद ही नेपथ्य से प्रलाप कर रहा है : "कोई स्वर नहीं है··· कोई किरण नहीं है··· एक छाया है··· अँधेरे कूप में भटकती हुई छाया।"

इस प्रकार नाटककार एक साथ ही जैसे श्यामांग से दो काम लेना चाहता है और दो प्रयोजनों की सिद्धि चाहता है। श्यामांग के चरित्र का यही विरोधाभास इस अत्यंत महत्त्वपूर्ण प्रसंग की नाटकीय शक्ति को क्षीण कर देता है। और इसी कारण अलका का अत्यंत प्रयोजनशील और स्पष्ट चरित्रांकन भी पूरी तरह से विकसित नहीं हो पाता।

नाटक में आरंभ में ही श्यामांग से हमारा परिचय हो जाता है। वह नितांत

सामान्य जगतधर्मा व्यक्ति नहीं है। वह विचारवान् है, अंतर्मुखी है, और बाह्य यथार्थ के साथ नहीं बँध पाता। वह कमलताल में एक छाया देखता है और उस पर पत्थर फेंकता है। इस अपराध में उसे अंधकूप में डाल दिया जाता है। बाद में उसे मुक्त कर दिया जाता है। इसके पश्चात् हम उसे रंगमंच पर नहीं देखते; केवल उसका ज्वर-प्रलाप सुनते हैं। यह प्रलाप नंद के ही मन का संघर्ष ध्वनित करता है। ऐसी स्थिति में श्यामांग एक सक्रिय पात्र के रूप में मर जाता है, और अपने प्रसंग और उन मूल्यों से पूरी तरह से कट जाता है जो नाटकीय दृष्टि से महत्त्वपूर्ण थे, क्योंकि वे नाटकीय कथा की मुख्य भाव-भूमि और उसके संघर्ष-भाव का प्रतिपक्ष प्रस्तुत करते थे। अब उसके संवाद क्रिया-व्यापार का वहन और चरित्र का उद्‌घाटन न करके प्रतीकात्मक, लाक्षणिक वक्तव्य बन जाते हैं। श्यामांग प्रतीक बनकर नाटकीय कथा के सीधे, स्पष्ट द्वंद्व को केवल अस्पष्ट नहीं बनाता, बल्कि वह नाटक के वस्तु-विधान और रूपबंध को भी कमजोर करता है। नेपथ्य से श्यामांग के स्वर का जिस प्रकार संगीत-खंडों के समान प्रयोग किया गया है वह प्रदर्शन को भी कमजोर और कृत्रिम बना देगा।

नंद के दीक्षित होने की घटना वस्तु-विज्ञान की दृष्टि से नाटक में एक बहुत कमजोर कड़ी है। सुंदरी तथागत से मिलकर नंद के वापस आने की आकुल प्रतीक्षा करते-करते उनींदी हो जाती है। इतने में श्वेतांग आता है। अलका उससे नंद के संबंध में पूछती है। श्वेतांग अलका को नंद के भिक्षु बनने की सारी कथा कह सुनाता है, और बताता है कि लोगों का कहना है कि उसके बाद वे विक्षुब्ध होकर घने जंगल की ओर चले गए। इस पर अलका किसी बड़े अनिष्ट की आशंका से डरकर सुंदरी को जगाने लगती है, और तभी भिक्षु-वेश में नंद का प्रवेश होता है। अलका और श्वेतांग के वार्तालाप के माध्यम से नाटककार ने दर्शकों को यह तो बता दिया कि जो नंद नदी तट पर तथागत के पास अपनी धृष्टता के लिए क्षमा-याचना करने गए थे, वे वहाँ जाकर भिक्षु बन गए हैं; किंतु नाटकीय प्रभाव की दृष्टि से इसका परिणाम यह होता है कि जब नंद सचमुच भिक्षु-वेश में प्रगट हो जाते हैं तो दर्शकों पर वह तीव्र और वांछित प्रभाव नहीं पड़ता जोकि ऐसी स्थिति में पड़ना चाहिए।

इसी प्रसंग की एक और दुर्बल कड़ी नंद के साथ भिक्षु आनंद का आना है। उनके आने का कोई स्पष्ट और सार्थक प्रयोजन नहीं है। नाटककार भिक्षु आनंद को शायद इसलिए नंद के साथ लाता है, जिससे कि उसे इस बात की सुविधा मिल जाए कि वह नंद के मन के उद्‌वेग को स्वगत कथनों के स्थान पर नाटकीय संवादों में व्यक्त कर सके। भिक्षु आनंद का नंद के साथ आने का पर्याप्त कारण न होने से यह दृश्य-खंड अस्वाभाविक और कथा-धारा से विलग लगता है; और आनंद का चरित्र भी नितांत सामान्य हो गया है।

नंद का दीक्षित होना रंगमंच पर नहीं दिखाया गया, केवल उसके बारे में दर्शकों को सूचना दी जाती है; क्योंकि ऐसा करने में घटनास्थल बदलता था, जिसके कारण प्रदर्शन में दृश्यबंध भी बदलना पड़ जाता। इस शिल्पगत कठिनाई के अतिरिक्त शायद वैसे भी नाटककार ने रंगमंच पर प्रस्तुत किए जाने वाले दृश्यों में इस दृश्य को सम्मिलित करना वांछित न समझा हो। घटनाओं और दृश्यों का चुनाव और उनकी योजना निश्चित करने में नाटककार के लिए यह निर्णय अत्यंत महत्त्वपूर्ण होता है कि वह कथा के किन अंशों और किन दृश्यों को पात्रों के द्वारा रंगमंच पर प्रस्तुत करेगा और किनके संबंध में केवल संवादों के द्वारा दर्शकों को वांछित सूचनाएँ देगा। नंद का दीक्षित होना इस नाटकीय कथा की एक ऐसी घटना है जिसका रंगमंच पर पात्रों के द्वारा प्रस्तुतीकरण आवश्यक है, भले ही उसका निर्वाह नाटककार और निर्देशक दोनों के लिए ही कठिन हो जाए, और भले ही उसके कारण स्थान-अन्विति खंडित होती हो। वास्तव में, यही व्यापार-खंड इस कथा का चरम-बिंदु है, और इसी में कथा का मूल द्वन्द्व अपनी पूरी अभिव्यक्ति पाता है। लेकिन इसमें संदेह नहीं कि यदि यह घटना रंगमंच पर प्रस्तुत की जाए तो संभवतः नाटक की वस्तु-योजना का रूप ही भिन्न होगा। मैं समझता हूँ कि हमारे नाटककारों को ऐसे कथानक लेकर कुछ ऐसे ही सशक्त प्रयोग करने होंगे, तभी नया नाटक एक दृश्यबंध और तीन अंकों वाले नाटकों के संकुचित रूप-विधान से मुक्त हो सकेगा और उसमें महाकाव्योचित व्यापकता और विस्तार आ सकेगा। इस संदर्भ में एक ओर तो जर्मनी के प्रसिद्ध नाटककार ब्रेख्त के नाटकों और दूसरी ओर अपनी ही संस्कृत और लोक नाट्य-परंपराओं का उल्लेख किया जा सकता है, जिनमें नाटकीय कथा और पात्रों को अन्वितिधर्मी ऋजु रेखा में प्रस्तुत न करके कई स्तरों और कई धरातलों पर प्रस्तुत किया जाता है।

नाटक के अंत के संबंध में भी एक महत्त्वपूर्ण सवाल उठता है। नंद जब भिक्षु बनकर वापस लौटता है तो वह सुंदरी से बिना मिले ही लौट जाता है। इस प्रकार आकर लौट जाने के ही कथा-अभिप्राय का अनुसरण लेखक ने 'आषाढ़ का एक दिन' में भी किया है। पात्रों को इस प्रकार के साक्षात्कार से बचाकर नाटककार कथा में एक प्रकार की रहस्य-भावना का समावेश कर देता है, और उसकी अत्यंत तीव्र और प्रत्यक्ष नाटकीय संभावनाओं को कमजोर कर देता है। और फिर जिस प्रकार नाटक का अंत होता है, उसमें नंद और सुंदरी का अंतर्द्वन्द्व जैसे सहसा अपनी भूमि और अपना अर्थ खो देता है। और तब लगने लगता है कि पात्र अपनी परिस्थितियों और अपनी नियति से पूरी शक्ति और आस्था के साथ अंत तक नहीं लड़ सके। इस प्रकार की अनुभूति नाटक के दर्शकों के लिए सबसे अधिक घातक सिद्ध होती है।

नाटक के संवाद सुगठित, प्रयोजनशील और काव्य-श्री से समृद्ध हैं। छोटे-छोटे,

सुघड़ और काव्यपूर्ण नाटकीय संवाद लिखने में मोहन राकेश अत्यंत कुशल हैं। 'आषाढ का एक दिन' में उन्होंने मल्लिका के स्वगत कथन बहुत ही सुंदर लिखे हैं। पाठकों और दर्शकों—दोनों ने ही इन स्वगत कथनों में रस लिया; भले ही हिंदी के नाट्य-समीक्षक ने स्वगत कथनों को नाटकों से वर्जित कर रखा हो। इस नाटक में सुंदरी का शृंगार-प्रसंग पढ़कर स्कंदगुप्त और देवसेना का प्रणय-प्रसंग याद आ जाता है।

मोहन राकेश ने अपने पहले नाटक 'आषाढ का एक दिन' में कोई तीन दशकों के बाद नाटक में फिर से उस काव्य-तत्त्व और उन साहित्यिक गुणों को प्रतिष्ठित किया था, जिनको प्रसाद के बाद यथार्थवादी नाट्य-परंपरा ने नाटक से निर्वासित कर दिया था। 'आषाढ़ का एक दिन' कई स्थानों और कई प्रदर्शन-शैलियों में रंगमंच पर सफलता के साथ खेला गया, और 'स्कंदगुप्त', 'कोणार्क' तथा 'अंधा युग' की परंपरा में एक श्रेष्ठ नाट्य-कृति स्वीकार हुआ। आशा है कि 'लहरों के राजहंस' भी इसी परंपरा में स्थान पाएगा तथा अध्ययन-कक्षों और रंगशालाओं में हिन्दी के पाठक और दर्शक दोनों को ही रस देगा।

(दूसरे संस्करण की भूमिका)

प्रतिभा अग्रवाल (कलकत्ता)

राकेश की दूसरी नाट्य-कृति 'लहरों के राजहंस' है। इसका प्रकाशन सन् 1963 में हुआ तथापि इसकी पूर्व पीठिका बहुत पहले बन चुकी थी और अपने अन्तिम रूप को प्राप्त करने में इसे अनेक सोपानों से गुजरना पड़ा। सन् 1946-47 में लिखित कहानी 'अनाम ऐतिहासिक कहानी' में इसके बीज के दर्शन होते हैं। राकेश इस काहनी से संतुष्ट नहीं हुए। बाद में उन्होंने इसमें संशोधन-परिवर्तन करके 'सुन्दरी' नाम से एक ध्वनि-नाटक या रेडियो नाटक तैयार किया, जिसका प्रसारण बम्बई से हुआ। राकशे इससे भी संतुष्ट नहीं हुए और मित्रों के आग्रह पर सन् 1956-57 में इसे पुनः लिखा, पर इस बार रंग-नाटक या एकांकी के रूप में। नया नामकरण हुआ 'रात बीतने तक'। इसका भी प्रसारण हुआ, प्रशंसा मिली पर कुछ था जो अभी भी नाटक में नहीं आ पाया था और जिसके आये बिना राकेश को चैन नहीं मिल रहा था। फलस्वरूप इस पर सोचने की क्रिया चलती रही। इस बीच 'आषाढ का एक दिन' लिखा गया और प्रकाशित भी हो गया। उसके चार-पाँच वर्षों बाद राकेश ने नंद-सुन्दरी आख्यान को एक नया आयाम दिया, नया नाम दिया, और सन् 1963 में वह पूर्णांग नाटक 'लहरों के राजहंस' नाम से सामने आया। 'अनाम ऐतिहासिक कहानी' से 'सुन्दरी', 'सुन्दरी' से 'रात बीतने तक' और 'रात बीतने तक' से 'लहरों के राजहंस' तक की यह यात्रा लगा जैसे एक पड़ाव पर पहुँची। लेकिन यह अस्थायी पड़ाव ही साबित हुआ।

सन् 1966 में कलकत्ता की 'अनामिका' संस्था के तत्वावधान में सुप्रसिद्ध निर्देशक श्यामानन्द जालान ने जब इसे प्रस्तुत करने की तैयारी शुरू की तो अनेक प्रश्न एवं शंकाएं उनके मन में उठीं। विशेषकर नाटक के तीसरे अंक को लेकर। लम्बा पत्र-व्यवहार हुआ। नाट्यकार एवं निर्देशक ने बड़ी ईमानदारी से एक-दूसरे को समझने का प्रयत्न किया पर समस्या का समाधान नहीं हुआ। तय यह हुआ कि राकेश एक महीना के लिए कलकत्ता आएंगे प्रस्तुति की तैयारी देखेंगे, श्यामानन्द जी से बातचीत करके तीसरे अंक का आलेख फिर से लिखेंगे क्योंकि इस अंक में मूल आलेख में बातें जिस तरह आगे बढ़ी थीं और जिस परिणाम को पहुँची थीं उससे श्यामानन्द सन्तुष्ट नहीं थे। राकेश कलकत्ता आये। रोंज रिहर्सल में बैठते, फिर देर रात तक दोनों सर्जक बातचीत, और बहस-मुबाहसा करते। राकेश प्रतिदिन कुछ अंश को नया रूप देते, उसका रिहर्सल किया जाता। मंचन के तीन दिन पहले तक पता न था कि अन्त क्या होगा। अन्ततः अन्तिम अंश भी लिखा गया और

नाटक का मंचन हुआ। नाटक देखकर ऐसा लगा कि नाटक के प्रथम दो अंक और तीसरे अंक में बड़ा अन्तर आ गया हो। इतने विचार-विमर्श एवं स्त्री-पुरुषों के सम्बन्धों को आधुनिक दृष्टि से विश्लेषित करमे के फलस्वरूप तीसरा अंक जहाँ अधिक चुस्त और गंभीर हुआ वहीं वह अधिक आधुनिक भी हो गया। ऐसा लगा जैसे ढाई हजार वर्ष पूर्व के भारतीय पति-पत्नी न झगड़ रहे हों वरन् बीसवीं सदी के सातवें दशक के पाश्चात्य शिक्षा-संस्कृति से प्रभावित आधुनिक दम्पत्ति एक-दूसरे की ओर उँगली उठाकर इंगित करते हुए 'यू द वोमन' और 'यू द मैन' कह रहे हों। प्रथम दो अंक की परम्परागत मनःस्थिति एक बड़े झटके के साथ अति आधुनिक मनःस्थिति को प्राप्त हुई लगी। आवश्यकता अनुभव की गयी कि नाटक के पहले दोनों अंकों में भी कुछ पविर्तन किया जाय ताकि वे तीसरे अंक के लिए उपयुक्त पृष्ठभूमि बना सकें। फलस्वरूप फिर कुछ परिवर्तन किये गये और काफी परिश्रम के बाद सन् **1968** में इसे अन्तिम रूप दिया गया।

इस प्रस्तुति के बाद राकेश ने सन् **1968** में इसे पुनः परिवर्द्धित एवं संशोधित करके प्रकाशित किया। नाटक के तृतीय अंक में किये गये परिवर्तन के लिए अनुकूल पृष्ठभूमि प्रथम दो अंकों में बनायी गयी। तीसरे अंक में कुछ महत्त्वपूर्ण परिवर्तन किये गये। मूल आलेख में नन्द और सुन्दरी में आमने-सामने बातचीत नहीं होती किन्तु सन् **1968** वाले आलेख में नन्द और सुन्दरी एक-दूसरे का सामना करते हैं, करीब सात पृष्ठों में उनके बीच लम्बी बातचीत होती है जिसमें अकेलेपन, अधूरेपन तथा एक-दूसरे को न समझ पाने की बात कही गयी है। अवश्य ही बातचीत का स्वरूप एवं स्तर बीसवीं सदी के पति-पत्नी के बीच होने वाली बातचीत के अधिक निकट है। यही कारण है कि यह हमें अपने निकट तो लगता है पर नन्द-सुन्दरी के युग एवं परिवेश को देखते हुए अस्वाभाविक एवं असंगत भी लगता है। नाटक का समापन सुन्दरी के संवाद से ही होता है, नेपथ्य से आने वाला श्यामांग का स्वर हटा दिया गया है।

('मोहन राकेश' पुस्तक से)

गिरीश रस्तोगी (गोरखपुर)

मैंने जब लहरों के राजहंस नाटक को निर्देशन के लिए चुना तो इस सत्य से सीधा साक्षात्कार हुआ और लगा कि पहली बार हिन्दी नाटक की भाषा नाटककार के अतिरिक्त मोह, नाटकीय दृष्टि से निरर्थक शब्द-जाल के आग्रह, और साहित्यिक कला के लबादे से सहसा मुक्त हो गयी हो। लहरों के राजहंस की भाषा केवल इस माने में साहित्यिक है कि वह संस्कृतनिष्ठ हिन्दी है, लेकिन उतनी ही जितनी कि 'एक काल विशेष की पृष्ठभूमि रखने के कारण अपेक्षित यथार्थ-भ्रम की सृष्टि के लिए आवश्यक है—यानी 'भाषा की यह सीमा कुछ शब्दों के चुनाव तक ही है'। देखा जाए तो आषाढ़ का एक दिन की नाट्य-भाषा नाट्यानुभूति से सम्पन्न और हरकत-भरी होते हुए भी कुछ भारी शब्द-समूह से बोझिल है, जिससे बचकर लहरों के राजहंस की भाषा अधिक सहज, सरल लगती है—'देखने और सुनने' दोनों में साहित्यिक नहीं लगती। सम्प्रेषणीयता की दृष्टि से दर्शकों का इस नाट्य-भाषा से कोई विरोध होने की संभावना नहीं है। साहित्यिकता की यह सीमा निश्चित रूप से आधे-अधूरे में एकदम टूट जाती है, क्योंकि नाटक का वातावरण, पृष्ठभूमि, तेवर ही बिल्कुल बदला हुआ है।

मोहन राकेश की नाट्य-भाषा की पहली पहचान है भाषा और शारीरिक क्रिया का गहरा संबंध। समय, जीवन और दृष्टि बदलने के साथ-साथ भाषा, उसकी लय, भी अपने आप बदलती जाती है। लंबे-लंबे भाषणों, उपदेशों और खास तरह की फालतू हरकतों से आज चिढ़ पैदा होती है। उसी तरह नाटक में भी जोर-जोर से शब्दों का उच्चारण मात्र करना और व्यर्थ हाथ-पैर हिलाकर, पटककर भाव-प्रदर्शन करना आज अस्वाभाविक लगता है। हिन्दी के अधिकांश नाटकों में शब्द अलग मिलेंगे, शारीरिक क्रिया अलग। या इससे अधिक कुछ हुआ भी तो यह कि शब्द के अनुरूप ही क्रिया होगी। राकेश की नाट्य-भाषा इस जड़ता को, अस्वाभाविकता को नकारती है। यहाँ शब्द स्वयं क्रिया का काम करते हैं और क्रिया की भाषा को ढालते चलते हैं। अर्थात भाषा और क्रिया का नियोजन, आंतरिक गठन पहली बार मोहन राकेश में मिलता है। श्यामांग की पत्तियों को तोड़ने-उलझाने की हरकत शब्द से अलग नहीं है। मुद्रा और संवाद आपस में पिरोये हुए हैं। वे दोनों मिलकर अधिक सार्थक इसलिए भी हैं कि उनसे श्यामांग के व्यक्तित्व की उलझन, नाटक का संपूर्ण द्वन्द्व भी ध्वनित होता है।

सचमुच भाषा की ये संभावनाएँ नाटक में ही हो सकती हैं। अग्निकाष्ठ लेकर

दीपक जलाने की श्यामांग की क्रिया भी अनकहे शब्दों में बहुत कुछ कह देती है। केवल भाषा के सहारे ही मल्लिका का भावभीना व्यक्तित्व, सुंदरी का रूप-गर्व और सावित्री का आक्रोश भरा झुंझलाता व्यक्तित्व और उनका अंतर साफ समझ में आ जाता है। इन तीनों पात्रों की क्रियाएँ, हरकतें भी शब्द बनती चली जाती हैं। उदाहरणार्थ, सुंदरी का मदिराकोष्ठ तक जाना, चषक में मदिरा ढालना; मदिरा आदि पीना सारी क्रियाएं शब्दों से जुड़ी ही नहीं हैं, शब्दों का काम भी करती हैं। और तब राकेश की इस बात का अर्थ समझ में आ जाता है कि बिंब से संयोजित शब्द ही स्थिर रंगमंच को गति देते हैं। वस्तुतः ऐसे ही शब्द-प्रयोग या संयम से रंगसिद्धि संभव हो सकती है। ऐसी ही भाषा अभिनय की पूरी छूट देती हुई-सी लगती है।

राकेश की नाट्य-भाषा औपचारिक नहीं लगती। ऐसा नहीं लगता कि सीखी-हुई भाषा के अभ्यस्त हाथों से नाटकीय स्थितियों को ढाला गया है, बल्कि भाषा स्वयं ढलती जाती है—पात्र के व्यक्तित्व, स्थिति और माँग के अनुसार। यही शब्द के भीतर से उत्पन्न होने वाली नाटकीयता हुई जिससे रंगमंच की दृश्य संभावनाएँ अधिक से अधिक विस्तृत हो सकती हैं। प्रथम अंक में नंद के मन की थकान शब्दों में जिस तरह अभिव्यक्त की गयी है, वह दर्शक, निर्देशक, अभिनेता को निकट लाती है—शब्दों में ही पूरा सजीव चित्र, अभिनय का विस्तार। उसके बाद नंद और सुंदरी की आपसी बातचीत में इतना उतार-चढ़ाव, स्वर के इतने परिवर्तन हैं, सारी मनःस्थिति और द्वन्द्व शब्दों से इस तरह उभरते जाते हैं कि पात्र शब्द बोलने की प्रतीक्षा में नहीं लगते, स्थितियाँ उनसे अनायास बुलवाती हैं। 'कामोत्सव की बात नहीं कह सके ?' सुंदरी का यह प्रश्न एक साथ सुंदरी के रूप-गर्व, यशोधरा से स्पर्धा-भाव, नंद को लेकर मन की आशंका को अभिव्यक्त कर जाता है।

बहुत-से स्थलों पर शब्द अपनी भाषागत सीमा को लाँघ जाते हैं, उनका अर्थ-विस्तार होता जाता है। पात्र की मनःस्थिति के अनुकूल भाषा के परिवर्तन की सूक्ष्म पकड़ राकेश में है। गहरे आंदोलन, द्वन्द्व और दर्प की अनुभूति के क्षणों में सुंदरी प्रायः प्रश्नवाचक वाक्यों में बोलती है। श्रृंगार प्रसाधन और प्रणय प्रसंग के साथ एक पूरे रोमांटिक वातावरण की लय शब्दों से, शब्दों के ध्वनि-संयोजन से बनती-बिखरती चली जाती है। यही नहीं, केवल एक शब्द मात्र द्वारा भी, और कई जगह अनबोले शब्दों द्वारा भी अभिनेता को आंतरिक उद्भावना का पूरा अवसर मिलता है। जैसा राकेश ने कहा भी है कि 'वास्तविक अभिनय शब्दों 'का' नहीं, शब्दों 'के बीच में' होता है। 'आप मुझसे कहते हैं कि मैं यह बात सोच रही थी। ··· मुझे यही बात तो सोचनी थी। जाने कैसा-सा लगता है ··· अपना टूटा हुआ प्रतिबिंब देखकर।' यहाँ शब्द-संगति अर्थ-व्यंजना करती चल रही है। शब्दों के साथ, शब्दों के बीच में सुंदरी के अंतर्मंथन की लय चल रही है; वाक्यों के बीच का रिक्त स्थान

अभिनय कला को विस्तार देता है, दूसरी ओर आज के यथार्थ और आधुनिक जीवन की जटिलता को, अंतर्द्वन्द्व को भी व्यंजित करता है।

भाषा का ऐसा सर्जनात्मक ढंग से प्रयोग ही नाटक में अपेक्षित है। यह भाषा अपने आभिजात्य गौरव में भी हमसे संबंध जोड़कर कहीं ज्यादा कहती है, और तब निर्देशक, अभिनेता, दर्शक तीनों रचना के साझीदार बनते चले जाते हैं। अलका जब प्रसाधन प्रसंग में बाधा डालकर भिक्षु मूर्ति के द्वार पर आने की सूचना देने आती है, तो उसके वाक्यों के बीच-बीच में कई बार रिक्त स्थान हैं, जो केवल उसके हाँफने के स्वर या घबड़ाहट के साक्षी नहीं हैं, बल्कि नंद और सुंदरी दोनों की पल-पल बदलती मानसिक स्थिति के प्रदर्शन के लिए अवसर देते चलते हैं। तीसरे अंक में नंद के लंबे-लंबे स्वगत केवल भाषा की सर्जनात्मक शक्ति के बल पर अपने आप में पूरा नाटक हैं, पूरा अभिनय हैं। भाषा की सही बनावट के कारण ही पूरा स्थिर दृश्य होते हुए भी, और एक ही पात्र के निरंतर बोलते चले जाते हुए भी, आंतरिक गति पैदा होती जाती है।

(नटरंग-21 से)

सुधा शिवपुरी (नयी दिल्ली/बम्बई)

आषाढ़ का एक दिन के बाद मैंने मोहन राकेश जी का नाटक लहरों के राजहंस किया। उसमें मेरा पात्र स्वाभिमानिक रानी सुन्दरी का था और दूसरी तरफ थे गौतम बुद्ध। नंद वही ओम जी, जो एक प्रश्नचिह्न छोड़कर पता नहीं किस दिशा की ओर चले गए। और इसी नाटक के दौरान हमारी भेंट राकेश जी से हुई। धीरे-धीरे हम दोनों राकेश जी और उनके परिवार के बहुत निकट होते चले गए।

(हाल में लिखे गये संस्मरण से)

लहरों के राजहंस के प्रदर्शन

1. प्रयाग रंगमंच, इलाहाबाद। निर्देशक—सत्यव्रत सिन्हा। 1963
2. अनामिका, कलकत्ता। निर्देशक—श्यामानंद जालान। 1966
3. राष्ट्रीय नाट्य विद्यालय, नई दिल्ली। निर्देशक—ओम शिवपुरी। 1967
4. कमला राजा कन्या महाविद्यालय, ग्वालियर। 1968
5. रूपांतर, गोरखपुर। निर्देशक—गिरीश रस्तोगी एवं परमानंद श्रीवास्तव। 1969
6. इंद्रप्रस्थ कॉलेज, दिल्ली। निर्देशक—सुनयना राव। 1970
7. दिशांतर, नयी दिल्ली। निर्देशक—राजिन्दर नाथ। 1973
8. पी. एंड टी. क्लब, लखनऊ।
9. ज्ञान आर्टस, चंडीगढ़। निर्देशक—उषा धवन। 1979 (नृत्य नाटिका)
10. अभिनेत, चंडीगढ़। निर्देशक—वीरेन्द्र मेंहदीरत्ता। 1975
11. भिलाई नगर। निर्देशक—नीलिमा कौशल। 1975
12. रुचिका, नई दिल्ली। निर्देशक—फैसल अलकाज़ी। 1981
13. क्लासिक थिएटर, नई दिल्ली। निर्देशक—चित्रा शाह। 1986
14. युवा रंगमंच, रांची। निर्देशक—अजय मलकानी। 1990

आधे-अधूरे

पात्र

का. सू. वा. (काले सूट वाला आदमी) जो कि पुरुष एक, पुरुष दो, पुरुष तीन तथा पुरुष चार की भूमिकाओं में भी है। उम्र लगभग उनचास-पचास। चेहरे की शिष्टता में एक व्यंग्य। **पुरुष एक** के रूप में वेशान्तर : पतलून-कमीज। जिन्दगी से अपनी लड़ाई हार चुकने की छटपटाहट लिये। **पुरुष दो** के रूप में : पतलून और बन्द गले का कोट। अपने आपसे संतुष्ट, फिर भी आशंकित। **पुरुष तीन** के रूप में : पतलून-टीशर्ट। हाथ में सिगरेट का डिब्बा। लगातार सिगरेट पीता। अपनी सुविधा के लिए जीने का दर्शन पूरे हाव-भाव में। **पुरुष चार** के रूप में : पतलून के साथ पुरानी काट का लम्बा कोट। चेहरे पर बुजुर्ग होने का खासा अहसास। काइयाँपन।

स्त्री : उम्र चालीस को छूती। चेहरे पर यौवन की चमक और चाह फिर भी शेष। ब्लाउज और साड़ी साधारण होते हुए भी सुरुचिपूर्ण। दूसरी साड़ी विशेष अवसर की।

बड़ी लड़की : उम्र बीस से ऊपर नहीं। भाव में परिस्थितियों से संघर्ष का अवसाद और उतावलापन। कभी-कभी उम्र से बढ़कर बड़प्पन। साड़ी : माँ से साधारण : पूरे व्यक्तित्व में एक बिखराव।

छोटी लड़की : उम्र बारह और तेरह के बीच। भाव, स्वर चाल—हर चीज में विद्रोह : फ्रॉक चुस्त, पर एक मोजे में सूराख।

लड़का : उम्र इक्कीस के आस-पास। पतलून के अन्दर दबी भड़कीली बुश्शर्ट धुल-धुलकर घिसी हुई। चेहरे से, यहाँ तक कि हँसी से भी, झलकती खास तरह की कड़वाहट।

स्थान : मध्यवित्तीय स्तर से ढहकर निम्न-मध्यवित्तीय स्तर पर आया एक घर।

सब रूपों में इस्तेमाल होने वाला वह कमरा जिसमें उस घर के व्यतीत स्तर के कई एक टूटते अवशेष–सोफा-सेट, डाईनिंग टेबल, कबर्ड और ड्रेसिंग टेबल आदि–किसी-न-किसी तरह अपने लिए जगह बनाये हैं। जो कुछ भी है, वह अपनी अपेक्षाओं के अनुसार न होकर कमरे की सीमाओं के अनुसार एक और ही अनुपात से है। एक चीज का दूसरी चीज से रिश्ता तात्कालिक सुविधा की माँग के कारण लगभग टूट चुका है। फिर भी लगता है कि वह सुविधा कई तरह की असुविधाओं से समझौता करके की गई है–बल्कि कुछ असुविधाओं में ही सुविधा खोजने की कोशिश की गयी है। सामान में कहीं एक तिपाई, कहीं दो-एक मोढ़े, कहीं फटी-पुरानी किताबों का एक शैल्फ और कहीं पढ़ने की एक मेज-कुरसी भी है। गद्दे, परदे, मेजपोश और पलंगपोश अगर हैं, तो इस तरह घिसे, फटे या सिले हुए कि समझ में नहीं आता कि उनका न होना क्या होने से बेहतर नहीं था ! तीन दरवाजे तीन तरफ से कमरे में झाँकते हैं। एक दरवाजा कमरे को पिछले अहाते से जोड़ता है, एक अन्दर के कमरे से और एक बाहर की दुनिया से। बाहर का एक रास्ता अहाते से होकर भी है। रसोई में भी अहाते से होकर जाना होता है। परदा उठने पर सबसे पहले चाय पीने के बाद डाईनिंग टेबल पर छोड़ा गया अधटूटा टी-सेट आलोकित होता है। फिर फटी किताबों, और टूटी कुर्सियों आदि में से एक-एक। कुछ सेकंड बाद प्रकाश सोफे के उस भाग पर केंद्रित हो जाता है जहाँ बैठा काले सूट वाला आदमी सिगार के कश खींच रहा है। उसके सामने रहते प्रकाश उसी तक सीमित रहता है, पर बीच-बीच में कभी यह कोना और कभी वह कोना साथ आलोकित हो उठता है।

का.सू.बा. : *(कुछ अन्तर्मुख भाव से सिगार की राख झाड़ता)* फिर एक बार, फिर से वही शुरुआत ···।

जैसे कोशिश से अपने को एक दायित्व के लिए तैयार करके सोफे से उठ पड़ता है।

: मैं नहीं जानता आप क्या समझ रहे हैं मैं कौन हूँ, और क्या आशा कर रहे हैं मैं क्या कहने जा रहा हूँ। आप शायद सोचते हों कि मैं इस नाटक में कोई एक निश्चित इकाई हूँ—अभिनेता, प्रस्तुतकर्ता, व्यवस्थापक या कुछ और। परन्तु मैं अपने सम्बन्ध में निश्चित रूप से कुछ नहीं कह सकता।—उसी तरह जैसे इस नाटक के सम्बन्ध में नहीं कह सकता। क्योंकि यह नाटक भी अपने में मेरी ही तरह अनिश्चित है। अनिशचित होने का कारण यह है कि ··· परन्तु कारण की बात करना बेकार है। कारण हर चीज का कुछ-न-कुछ होता है, हालाँकि यह आवश्यक नहीं कि जो कारण दिया जाय, वास्तविक कारण वही हो। और जब मैं अपने ही सम्बन्ध में निश्चित नहीं हूँ, तो और किसी चीज के कारण-अकारण के सम्बन्ध में निश्चित कैसे हो सकता हूँ ?

सिगार के कश खींचता, पल-भर सोचता-सा खड़ा रहता है।

मैं वास्तव में कौन हूँ ?—यह एक ऐसा सवाल है जिसका सामना करना इधर आकर मैंने छोड़ दिया है। जो मैं इस मंच पर हूँ, वह यहाँ से बाहर नहीं हूँ, और जो बाहर हूँ ··· खैर, इसमें आपकी क्या दिलचस्पी हो सकती है कि मैं यहाँ से बाहर क्या हूँ ? शायद अपने बारे में इतना कह देना ही काफी है कि सड़क के फुटपाथ पर चढ़ते आप अचानक जिस आदमी

से टकरा जाते हैं, वह आदमी मैं हूँ। आप सिर्फ घूम कर मुझे देख लेते हैं—इसके अलावा मुझसे कोई मतलब नहीं रखते कि मैं कहाँ रहता हूँ, क्या काम करता हूँ, किस-किससे मिलता हूँ और किन-किन परिस्थितियों में जीता हूँ। आप मतलब नहीं रखते क्योंकि मैं भी आपसे मतलब नहीं रखता, और टकराने के क्षण में आप मेरे लिए वही होते हैं जो मैं आपके लिए होता हूँ। इसलिए जहाँ इस समय मैं खड़ा हूँ, वहाँ मेरी जगह आप भी हो सकते थे।—दो टकराने वाले व्यक्ति होने के नाते आपमें और मुझमें, बहुत बड़ी समानता है। यही समानता आपमें और उसमें, उसमें और उस दूसरे में, उस दूसरे में और मुझमें ... बहरहाल इस गणित की पहेली में कुछ नहीं रखा है। बात इतनी ही है कि विभाजित होकर मैं किसी-न-किसी अंश में आप में से हर-एक व्यक्ति हूँ और यही कारण है कि नाटक के बाहर हो या अन्दर, मेरी कोई भी एक निश्चित भूमिका नहीं है।

कमरे के एक हिस्से से दूसरे हिस्से में टहलने लगता है।

मैंने कहा था, यह नाटक भी मेरी तरह अनिश्चित है। उसका कारण भी यही है कि मैं इसमें हूँ और मेरे होने से ही सब-कुछ उसमें निर्धारित या अनिर्धारित है। एक विशेष परिवार, उसकी विशेष परिस्थितियाँ! परिवार दूसरा होने से परिस्थितियाँ बदल जातीं, मैं वही रहता। इसी तरह सब-कुछ निर्धारित करता। इस परिवार की स्त्री के स्थान पर कोई दूसरी स्त्री किसी दूसरी तरह से मुझे झेलती—या वह स्त्री मेरी भूमिका ले लेती और मैं उसकी भूमिका लेकर उसे झेलता। नाटक अन्त तक फिर भी इतना ही अनिश्चित बना रहता और यह निर्णय करना इतना ही कठिन होता कि इसमें मुख्य भूमिका किसकी थी—मेरी, उस स्त्री की, परिस्थितियों कीं, या तीनों के बीच से उठते कुछ सवालों की ?

फिर दर्शकों के सामने आकर खड़ा हो जाता है। सिगार मुंह में लिए पल-भर ऊपर की तरफ देखता रहता है। फिर 'हँह' के स्वर के साथ सिगार मुंह से निकाल कर उसकी राख झाड़ता है।

: पर हो सकता है, मैं एक अनिश्चित नाटक में एक अनिश्चित पात्र होने की सफाई-भर पेश कर रहा हूँ। हो सकता है, यह नाटक एक अनिश्चित रूप ले सकता हो—किन्हीं पात्रों को निकाल देने से, दो-एक पात्र और जोड़ देने से, कुछ भूमिकाएँ बदल देने से, कुछ पंक्तियाँ हटा देने से, कुछ पंक्तियाँ बढ़ा देने से, या परिस्थितियों में थोड़ा हेर-फेर कर देने से। हो सकता है, आप पूरा देखने के बाद या उससे पहले ही, कुछ सुझाव दे सकें इस सम्बन्ध में। इस अनिश्चित पात्र से आपकी भेंट इस बीच कई बार होगी...।

हलके अभिवादन के रूप में सिर हिलाता है जिसके साथ ही उसकी आकृति धीरे-धीरे धुंधलाकर अँधेरे में गुम हो जाती है। उसके बाद कमरे के अलग-अलग कोने एक-एक करके आलोकित होते हैं और एक आलोक व्यवस्था में मिल जाते हैं। कमरा खाली है। तिपाई पर खुला हुआ हाई स्कूल का बैग पड़ा है जिसमें आधी कापियाँ और किताबें बाहर बिखरी हैं। सोफ़े पर दो-एक पुराने मैगज़ीन, एक कैंची और कुछ कटी-अधकटी तसवीरें रखी हैं। एक कुरसी की पीठ पर उतरा हुआ पाजामा झूल रहा है।

स्त्री कई-कुछ सँभाले बाहर से आती है। कई-कुछ, कुछ घर का है, कुछ दफ्तर का, कुछ अपना। चेहरे पर दिन-भर के काम की थकान है और इतनी चीज़ों के साथ चलकर आने की उलझन। आकर सामान कुरसी पर रखती हुई वह पूरे कमरे पर एक नज़र डाल लेती है।

स्त्री : *(थकान निकालने के स्वर में)* ओह् होह् होह् होह होह् ! *(कुछ हताश भाव से)* फिर घर में कोई नहीं। *(अन्दर के दरवाजे की तरफ़ देखकर)* किन्नी !... होगी ही नहीं, जवाब कहाँ से दे ? *(तिपाई पर पड़े बैग को देखकर)* यह हाल है इसका ! *(बैग की एक किताब उठाकर)* फिर फाड़ लाई एक और किताब ! ज़रा शरम नहीं कि रोज़-रोज़ कहाँ से पैसे आ सकते हैं नयी किताबों के लिए ! *(सोफ़े के पास आकर)* और

अशोक बाबू यह कमाई करते रहे हैं दिन भर ! *(तसवीरें उठाकर देखती)* एलिजाबेथ टेलर ··· आड्रेहेबर्न ··· शर्ले मैक्लेन ! ज़िन्दगी काट रहे हैं इन तसवीरों के साथ !

तसवीरें वापस रखकर बैठने लगती है कि नज़र झूलते पाजामे पर जा पड़ती है।

: *(उस तरफ जाती)* बड़े साहब वहाँ अपनी कारगुजारी कर गये हैं।

पाजामे को मरे जानवर की तरह उठाकर देखती है और कोने में फेंकने को होकर फिर एक झटके के साथ उसे तहाने लगती है।

: दिन-भर घर पर रहकर आदमी और कुछ नहीं, तो अपने कपड़े तो ठिकाने पर रख ही सकता है।

पाजामा कबर्ड में रखने से पहले डाइनिंग टेबल पर पड़े चाय के सामान को देखकर और खीझ जाती है, पाजामे को कुरसी पर पटक देती है और प्यालियाँ वगैरह ट्रे में रखने लगती है।

: इतना तक नहीं कि चाय पी है, तो बरतन रसोईघर में छोड़ आयें। मैं ही आकर उठाऊँ ···।

ट्रे उठाकर अहाते के दरवाजे की तरफ बढ़ती ही है कि पुरुष एक उधर से आ जाता है। स्त्री ठिठककर सीधे उसकी आँखों में देखती है, पर वह उससे आँखें बचाता पास से निकलकर थोड़ा आगे आ जाता है।

पुरुष एक : आ गईं दफ्तर से ? लगता है आज बस जल्दी मिल गयी।

स्त्री : *(ट्रे वापस मेज पर रखती)* यह अच्छा है कि दफ्तर से आओ, तो कोई घर पर दिखे ही नहीं। कहाँ चले गए थे तुम ?

पुरुष एक : कहीं नहीं। यहीं बाहर था—मार्केट में।

स्त्री : *(उसका पाजामा हाथ में लेकर)* पता नहीं यह क्या तरीका है इस घर का ? रोज आने पर पचास चीजें यहाँ-वहाँ बिखरी मिलती हैं।

पुरुष एक : *(हाथ बढ़ाकर)* लाओ, मुझे दे दो।

स्त्री : *(पाजामे को झाड़कर फिर से तहाती हुई)* अब क्या दे दूँ ! पहले खुद भी तो देख सकते थे।

गुस्से में कबर्ड खोलकर पाजामे को जैसे उसमें कैद कर देती है। पुरुष एक फालतू-सा इधर-उधर देखता है, फिर एक कुरसी की पीठ पर हाथ रख लेता है।

: *(कबर्ड के पास आकर ट्रे उठाती)* चाय किस-किसने पी थी ?

पुरुष एक : *(अपराधी स्वर में)* अकेले मैंने।

स्त्री : तो अकेले के लिए क्या जरूरी था कि पूरी ट्रे की ट्रे ··· गिन्नी को दूध दे दिया था ?

पुरुष एक : वह मुझे दिखी ही नहीं अब तक।

स्त्री : *(ट्रे लेकर चलती)* दिखे तब न जो घर पर रहे कोई।

अहाते के दरवाजे से होकर पीछे रसोईघर में चली जाती है। पुरुष एक एक लम्बी 'हूँ' के साथ कुरसी को झुलाने लगता है। स्त्री पल्ले से हाथ पोंछती रसोईघर से वापस आती है।

पुरुष एक : मैं बस थोड़ी देर के लिए ही निकला था बाहर।

स्त्री : *(और चीजों को समेटने में व्यस्त)* मुझे क्या पता कितनी देर के लिए निकले थे। ··· वह आज फिर आयेगा अभी थोड़ी देर में। तब तो घर पर रहोगे तुम ?

पुरुष एक : *(हाथ रोककर)* कौन आयेगा ? सिंघानिया ?

स्त्री : उसे किसी के यहाँ खाना खाने आना है इधर। पाँच मिनट के लिए यहाँ आयेगा।

पुरुष एक फिर उसी तरह 'हूँ' के साथ कुरसी को झुलाने लगता है।

: मुझे यह आदत अच्छी नहीं लगती तुम्हारी। कितनी बार कह चुकी हूँ।

पुरुष एक कुरसी से हाथ हटा लेता है।

पुरुष एक : तुम्हीं ने कहा होगा उससे आने के लिए ?

स्त्री : कहना फर्ज नहीं बनता मेरा ? आखिर मेरा बॉस है।

पुरुष एक : बॉस का मतलब यह थोड़े ही है न कि ··· ?

स्त्री : तुम ज्यादा जानते हो ? काम तो मैं ही करती हूँ उसके मातहत।

पुरुष एक फिर से कुरसी को झुलाने को होकर एकाएक हाथ हटा लेता है।

पुरुष एक : किस वक्त आयेगा ?

स्त्री : पता नहीं। जब भी गुजरेगा इधर से।

पुरुष एक : *(छिले हुए स्वर में)* यह अच्छा है।

स्त्री : लोगों को तो ईर्ष्या है मुझसे कि दो बार मेरे यहाँ आ चुका है। आज तीसरी बार आयेगा।

कैंची, मैंगजीन और तसवीरें समेटकर पढ़ने की मेज की दराज में रख देती है। किताबें बैग में बन्द करके उसे एक तरफ सीधा खड़ा कर देती है।

पुरुष एक : तो लोगों को भी पता है, वह आता है यहाँ ?

स्त्री : *(एक तीखी नजर उस पर डालकर)* क्यों, बुरी बात है ?

पुरुष एक : मैंने कहा है, बुरी बात है ! मैं तो बल्कि कहता हूँ, अच्छी बात है।

स्त्री : तुम जो कहते हो, उसका मतलब समझ में आता है मेरी।

पुरुष एक : तो अच्छा यही है कि मैं कुछ न कहकर चुप रहा करूँ। अगर चुप रहता हूँ, तो ···।

स्त्री : तुम चुप रहते हो ! और न कोई !

अपनी चीजें कुरसी से उठाकर उन्हें यथा-स्थान रखने लगती है।

पुरुष एक : पहले जब-जब आया है वह, मैंने कुछ कहा है तुमसे ?

स्त्री : अपनी शरम के मारे ! कि दोनों दो बार तुम घर पर नहीं रहे।

पुरुष एक : उसमें क्या है ? आदमी को काम नहीं हो सकता बाहर ?

स्त्री : (व्यस्त) वह तो आज भी हो जायेगा तुम्हें।

पुरुष एक : *(ओछा पड़कर)* जाना तो है आज भी मुझे··· पर तुम जरूरी समझो मेरा यहाँ रहना, तो ···।

स्त्री : मेरे लिए रुकने की कोई जरूरत नहीं। *(यह देखती कि कमरे में और कुछ तो करने को शेष नहीं)* तुम्हें और प्याली चाहिए चाय की ? मैं बना रही हूँ अपने लिए।

पुरुष एक : बना रही हो, तो बना लेना एक मेरे लिए भी।

स्त्री अहाते के दरवाजे की तरफ जाने लगती है।

: सुनो!

स्त्री रुककर उसकी तरफ देखती है।

: उसका क्या हुआ—वह जो हड़ताल होने वाली थी तुम्हारे दफ्तर में ?

स्त्री : जब होगी पता चल ही जायेगा तुम्हें।

पुरुष एक : पर होगी भी ?

स्त्री : तुम उसी के इन्तजार में हो क्या ?

चली जाती है। पुरुष एक सिर हिलाकर इधर-उधर देखता है कि अब वह अपने को कैसे व्यक्त रख सकता है। फिर जैसे याद हो आने से शाम का अखबार जेब से निकाल कर खोल लेता है। हर सुर्खी पढ़ने के साथ उसके चेहरे का भाव और तरह का हो जाता है–उत्साहपूर्ण, व्यंग्यपूर्ण, तनाव-भरा या पस्त। साथ मुँह से 'बहुत अच्छे !' 'मार दिया', 'लो' और 'अब ?' जैसे शब्द निकल पड़ते हैं। स्त्री रसोईघर से लौटकर आती है।

पुरुष एक : *(अखबार हटाकर स्त्री को देखता)* हड़तालें तो आजकल सभी जगह हो रही हैं। इसमें देखो ···।

स्त्री : *(उस ओर से विरक्त)* तुम्हें सचमुच कहीं जाना है क्या ? कहाँ जाने की बात कर रहे थे तुम ?

पुरुष एक : सोच रहा था, जुनेजा के यहाँ हो आता।

स्त्री : ओऽऽ, ? जुनेजा के यहाँ ! ··· हो आओ।

पुरुष एक : फिलहाल उसे देने के लिए पैसा नहीं है, तो कम-से-कम मुँह तो उसे दिखाते रहना चाहिए।

स्त्री : ओऽऽ, दिखा आओ मुँह जाकर।

पुरुष एक : वह छः महीने बाहर रहकर आया है। हो सकता है, कोई नया कारोबार चलाने की सोच रहा हो जिसमें मेरे लिए ···

स्त्री : तुम्हारे लिए तो पता नहीं क्या-क्या करेगा वह जिन्दगी में ! पहले ही कुछ कम नहीं किया है।

झाड़न लेकर कुरसियों वगैरह को झाड़ना शुरू कर देती है।

: इतनी गर्द भरी रहती है हर वक्त इस घर में ! पता नहीं कहाँ से चली आती है !

पुरुष एक : तुम नाहक कोसती रहती हो उस आदमी को। उसने तो अपनी तरफ से हमेशा मेरी मदद ही की है।

स्त्री : न करता मदद, तो उतना नुकसान तो न होता जितना उसके मदद करने से हुआ है।

पुरुष एक : *(कुढ़कर सोफे पर बैठता)* तो नहीं जाता मैं ! अपने अकेले के लिए जाना है मुझे ! अब तक तकदीर ने साथ नहीं दिया तो इसका यह मतलब तो नहीं कि ...।

स्त्री : यहाँ से उठ जाओ। मुझे झाड़ लेने दो ज़रा।

पुरुष एक उठकर फिर बैठने की प्रतीक्षा में खड़ा रहता है।

: उस कुरसी पर चले जाओ, वह साफ हो गयी है।

पुरुष एक गाली देती नजर से उसे देखकर उसी कुरसी पर जा बैठता है।

: *(बड़बड़ाती)* पहली बार प्रेस में जो हुआ सो हुआ। दूसरी बार फिर क्या हो गया ? वही पैसा जुनेजा ने लगाया, वही तुमने लगाया। एक ही फैक्टरी लगी, एक ही जगह जमाखर्च। फिर भी तकदीर ने उसका साथ दे दिया, तुम्हारा नहीं दिया।

पुरुष एक : *(गुस्से से उठता है)* तुम तो ऐसी बात करती हो जैसे ...।

स्त्री : खड़े क्यों हो गए ?

पुरुष एक : क्यों, मैं खड़ा नहीं हो सकता ?

स्त्री : *(हलका वकफा लेकर तिरस्कारपूर्ण स्वर में)* हो तो सकते हो, पर घर के अन्दर ही।

पुरुष एक : *(किसी तरह गुस्सा निगलता)* मेरी जगह तुम हिस्सेदार होतीं न फैक्टरी की, तो तुम्हें पता चल जाता कि ...।

स्त्री : पता तो मुझे अब भी चल रहा है। नहीं चल रहा ?

पुरुष एक : *(बड़बड़ाता)* उन दिनों पैसा लिया कितना था फैक्टरी से ! जो कुछ लगाया था, वह सारा तो शुरू में ही निकाल-निकालकर खा लिया और ...।

स्त्री : किसने खा लिया ? मैंने ?

पुरुष एक : नहीं मैंने ! पता है कितना खर्च था उन दिनों इस घर का ? चार सौ रुपये महीने का मकान था। टैक्सियों में आना-जाना होता था। किस्तों पर फ्रिज खरीदा गया था। लड़के-लड़की की कान्वेंट की फीसें जाती थीं ...।

स्त्री : शराब आती थी। दावतें उड़ती थीं। उन सब पर पैसा तो खर्च होता ही था।

पुरुष एक : तुम लड़ना चाहती हो ?

स्त्री : तुम लड़ भी सकते हो इस वक्त, ताकि उसी बहाने चले जाओ

घर से।··· वह आदमी आयेगा, तो जाने क्या सोचेगा कि क्यों हर बार इसके आदमी को कोई-न-कोई काम हो जाता है बाहर। शायद समझे कि मैं ही जान-बूझकर भेज देती हूँ।

पुरुष एक : वह मुझसे तय करके तो आता नहीं कि मैं उसके लिए मौजूद रहा करूँ घर पर।

स्त्री : कह दूँगी, आगे से तय करके आया करे तुमसे। तुम इतने बिजी आदमी जो हो। पता नहीं कब किस बोर्ड की मीटिंग जाना पड़ जाये।

पुरुष एक : *(कुछ धीमा पड़कर, पराजित भाव से)* तुम तो बस··· आमादा ही रहती हो हर वक्त।

स्त्री : अब जुनेजा आ गया है न लौटकर, तो रहा करना फिर तीन-तीन दिन घर से गायब।

पुरुष एक : *(पूरी शक्ति समेटकर सामना करता)* तुम फिर से वही बात उठाना चाहती हो ? अगर रहा भी हूँ कभी मैं तीन दिन घर से बाहर, तो आखिर किस वजह से ?

स्त्री : वजह का पता तुम्हें होगा या तुम्हारे लड़के को। वह भी तीन दिन दिखायी नहीं देता घर पर।

पुरुष एक : तुम मेरा मुकाबला उससे करती हो ?

स्त्री : नहीं, उसका मुकाबला तुमसे करती हूँ। जिस तरह तुमने ख्वार की अपनी जिन्दगी, उसी तरह वह भी···।

पुरुष एक : और लड़की तुम्हारी ? उसने अपनी जिन्दगी ख्वार करने की सीख किससे ली है ? *(अपने जाने भारी पड़ता)* मैंने तो कभी किसी के साथ घर से भागने की बात नहीं सोची थी।

स्त्री : *(एकटक उसकी आँखों में देखती)* तुम कहना क्या चाहते हो ?

पुरुष एक : कहना क्या है··· जाकर चाय बना लो, पानी हो गया होगा।

सोफे पर बैठकर अखबार खोल लेता है, पर ध्यान पढ़ने में लगा नहीं पाता।

स्त्री : मुझे भी पता है, पानी हो गया होगा। मैं जब किसी को बुलाती हूँ यहाँ, मुझे पता होता है तुम यही सब बातें करोगे।

पुरुष एक : *(जैसे अखबार में कुछ पढ़ता हुआ)* हूँ-हूँ-हूँ-हूँ।

स्त्री : वैसे हजार बार कहोगे कि लड़के की नौकरी के लिए किसी से बात क्यों नहीं करती। और जब मैं मौका निकालती हूँ उसके लिए, तो···।

पुरुष एक : हाँऽऽ, सिंघानिया तो लगवा ही देगा जरूर। इसीलिए बेचारा आता है यहाँ चलकर।

स्त्री : शुक्र नहीं मानते कि इतना बड़ा आदमी, सिर्फ एक बार कहने-भर से।

पुरुष एक : मैं नहीं शुक्र मानता ? जब-जब किसी नये आदमी का आना-जाना शुरू होता है यहाँ, मैं हमेशा शुक्र मानता हूँ। पहले जगमोहन आया करता था। फिर मनोज आने लगा था।

स्त्री : *(स्थिर दृष्टि से उसे देखती)* और क्या-क्या बातें रह गयी हैं कहने को बाकी ? वह भी कह डालो जल्दी से।

पुरुष एक : क्यों ··· जगमोहन का नाम मेरी जबान पर आया नहीं कि तुम्हारे हवास गुम होने शुरू हुए ?

स्त्री : *(गहरी वितृष्णा के साथ)* जितने नाशुक्रे आदमी तुम हो, उससे तो मन करता है कि आज ही मैं ···।

कहती हुई अहाते के दरवाजे की तरफ मुड़ती ही है कि बाहर से बड़ी लड़की की आवाज सुनायी देती है।

बड़ी लड़की : ममा !

स्त्री रुककर उस तरफ देखती है। चेहरा कुछ फीका पड़ जाता है।

स्त्री : बीना आयी है बाहर।

पुरुष एक न चाहते मन से अखबार लपेटकर उठ खड़ा होता है।

पुरुष एक : फिर उसी तरह आयी होगी।

स्त्री : जाकर देख लोगे, क्या चाहिए उसे ?

बड़ी लड़की की आवाज फिर सुनाई देती है।

बड़ी लड़की : ममा, टूटे पचास पैसे देना जरा।

पुरुष एक किसी अनचाही स्थिति का सामना करने की तरह बाहर के दरवाजे की तरफ बढ़ता है।

स्त्री : पचास पैसे हैं न तुम्हारी जेब में ? होंगे तो सही, दूध के पैसों में से बचे हुए।

पुरुष एक : मैंने सिर्फ पाँच पैसे खर्च किये हैं अपने पर ··· इस अखबार के।

बाहर निकल जाता है। स्त्री पल भर उधर देखती

रहकर अहाते के दरवाजे से रसोईघर में चली जाती है। बड़ी लड़की बाहर से आती है। पुरुष एक उसके पीछे-पीछे आकर इस तरह कमरे में नजर दौड़ाता है जैसे स्त्री के उस समय कमरे में न होने से वह अपने को गलत जगह पर अकेला पा रहा है।

पुरुष एक : *(अपने अटपटेपन को ढँक पाने में असमर्थ, बड़ी लड़की से)* बैठ तू।

बड़ी लड़की : ममा कहाँ है ?

पुरुष एक : उधर होगी रसोईघर में।

बड़ी लड़की : *(पुकारकर)* ममा !

स्त्री दोनों हाथों में चाय की प्यालियाँ लिये अहाते के दरवाजे से आती है।

स्त्री : क्या हाल हैं तेरे ?

बड़ी लड़की : ठीक हैं।

पुरुष एक स्त्री को हाथों के इशारे से बतलाने की कोशिश करता है कि वह अपने साथ सामान कुछ भी नहीं लायी।

स्त्री : चाय लेगी ?

बड़ी लड़की : अभी नहीं। पहले हाथ-मुँह धो लूँ गुसलखाने में जाकर। सारा जिस्म इस तरह चिपचिपा रहा है कि बस...।

स्त्री : तेरी आँखें ऐसी क्यों हो रही हैं ?

बड़ी लड़की : कैसी हो रही हैं ?

स्त्री : पता नहीं कैसे हो रही हैं।

बड़ी लड़की : तुम्हें ऐसे ही लग रहा है। मैं अभी आती हूँ हाथ-मुँह धोकर।

अहाते के दरवाजे से चली जाती है। पुरुष एक अर्थपूर्ण दृष्टि से स्त्री को देखता उसके पास जाता है।

पुरुष एक : मुझे तो यह उसी तरह आयी लगती है।

स्त्री चाय की प्याली उसकी तरफ बढ़ा देती है।

स्त्री : चाय ले लो।

पुरुष एक : *(चाय लेकर)* इस बार कुछ सामान भी नहीं है साथ में।

स्त्री : हो सकता है, थोड़ी देर के लिए आयी हो।

पुरुष एक : पर्स में सिर्फ एक ही रुपया था। स्कूटर-रिक्शा का पूरा किराया भी नहीं।

स्त्री : क्या पता कहीं और से आ रही हो !

पुरुष एक : तुम हमेशा बात को ढँकने की कोशिश क्यों करती हो ? एक बार इससे पूछती क्यों नहीं खुलकर ?

स्त्री : क्या पूछूँ ?

पुरुष एक : यह मैं बताऊँगा तुम्हें ?

स्त्री चाय के घूँट भरती एक कुरसी पर बैठ जाती है।

: *(पल-भर उत्तर की प्रतीक्षा करने के बाद)* मेरी उस आदमी के बारे में कभी अच्छी राय नहीं थी। तुम्हीं ने हवा बाँध रखी थी कि मनोज यह है, वह है—जाने क्या है ! तुम्हारी शह से उसका घर में आना-जाना न होता, तो क्या यह नौबत आती कि लड़की उसके साथ जाकर बाद में इस तरह ... ?

स्त्री : *(तंग पड़कर)* तो तुम खुद ही क्यों नहीं पूछ लेते उससे जो पूछना चाहते हो ?

पुरुष एक : मैं कैसे पूछ सकता हूँ ?

स्त्री : क्यों नहीं पूछ सकते ?

पुरुष एक : मेरा पूछना इसलिए गलत है कि ...।

स्त्री : तुम्हारा कुछ भी करना किसी-न-किसी वजह से गलत होता है। मुझे पता नहीं है ?

बड़े-बड़े घूँट भरकर चाय की प्याली खाली कर देती है।

पुरुष एक : तुम्हें सब पता है ! अगर सब-कुछ मेरे करने से होता है इस घर में ...

स्त्री : *(उठती हुई)* तो पता नहीं और क्या बरबादी हुई होती ! जो दो रोटी आज मिल जाती हैं मेरी नौकरी से, वह भी न मिल पातीं। लड़की भी घर में रहकर ही बुढ़ा जाती, पर यह न सोचा होता किसी ने कि ...।

पुरुष एक : *(अहाते के दरवाजे की तरफ संकेत करके)* वह आ रही है।

जल्दी-जल्दी अपनी प्याली खाली करके स्त्री को दे देता है। बड़ी लड़की पहले से काफी सँभली हुई वापस आती है।

बड़ी लड़की : *(आती हुई)* ठण्डे पानी के छींटे मुँह पर मारे, तो कुछ होश आया। आजकल के दिनों में तो बस... *(उन दोनों को स्थिर दृष्टि से अपनी ओर देखते पाकर)* क्या बात है, ममा ? आप लोग इस तरह क्या देख रहे हैं मुझे ?

स्त्री : मैं प्यालियाँ रखकर आ रही हूँ अन्दर से।

अहाते के दरवाजे से चली जाती है। पुरुष एक भी आँखें हटाकर व्यस्त होने का बहाना खोजता है।

बड़ी लड़की : क्या बात है डैडी ?

पुरुष एक : बात ?... बात कुछ भी नहीं।

बड़ी लड़की : *(कमजोर पड़ती)* है तो सही कुछ-न-कुछ बात।

पुरुष एक : ऐसे ही तेरी ममा अभी कुछ कह रही थी...।

बड़ी लड़की : क्या कह रही थी ?

पुरुष एक : मतलब वह नहीं, मैं कह रहा था उससे...।

बड़ी लड़की : क्या कह रहे थे ?

पुरुष एक : तेरे बारे में बात कर रहा था।

बड़ी लड़की : क्या बात कर रहे थे ?

स्त्री लौटकर आ जाती है।

पुरुष एक : वह आ गयी है, खुद ही बता देगी तुझे।

जैसे अपने को स्थिति से बाहर रखने के लिए थोड़ा परे चला जाता है।

बड़ी लड़की : *(स्त्री से)* डैडी मेरे बारे में क्या बात कर रहे थे, ममा ?

स्त्री : उन्हीं से क्यों नहीं पूछती ?

बड़ी लड़की : वे कहते हैं तुम बतलाओगी और तुम कहती हो उन्हीं से क्यों नहीं पूछती !

स्त्री : तेरे डैडी तुमसे यह जानना चाहते हैं कि...

पुरुष एक : *(बीच में ही)* अगर तुम अपनी तरफ से नहीं जानना चाहतीं तो रहने दो बात को।

बड़ी लड़की : पर बात ऐसी है क्या जानने की ?

स्त्री : बात सिर्फ इतनी है कि जिस तरह से तू आजकल आती है वहाँ से, उससे इन्हें कहीं लगता है कि...।

पुरुष एक : तुम्हें जैसे नहीं लगता !

बड़ी लड़की : *(जैसे कठघरे में खड़ी)* क्या लगता है ?

स्त्री : कि कुछ है जो तू अपने मन में छिपाये रखती है, हमें नहीं बतलाती।

बड़ी लड़की : मेरी किस बात से लगता है ऐसा ?

स्त्री : *(पुरुष एक से)* अब कहो न इसके सामने वह सब जो मुझसे कह रहे थे।

पुरुष एक : तुमने शुरू की है बात, तुम्हीं पूरी कर डालो अब।

स्त्री : *(बड़ी लड़की से)* मैं तुझसे एक सीधा सवाल पूछ सकती हूँ ?

बड़ी लड़की : जरूर पूछ सकती हो।

स्त्री : तू खुश है वहाँ पर ?

बड़ी लड़की : *(बचते स्वर मे)* हाँऽऽ, बहुत खुश हूँ।

स्त्री : सचमुच खुश है ?

बड़ी लड़की : और क्या ऐसे ही कह रही हूँ।

पुरुष एक : *(बिलकुल दूसरी तरफ मुँह किये)* यह तो कोई जवाब नहीं है।

बड़ी लड़की : *(तुनककर)* तो जवाब क्या तभी होता अगर मैं कहती कि मैं खुश नहीं हूँ, बहुत दुखी हूँ ?

पुरुष एक : आदमी जो जवाब दे, वह उसके चेहरे से भी झलकना चाहिए।

बड़ी लड़की : मेरे चेहरे से क्या झलकता है ? कि मुझे तपेदिक हो गया है ? मैं घुल-घुलकर मरी जा रही हूँ ?

पुरुष एक : एक तपेदिक ही होता है बस आदमी को ?

बड़ी लड़की : तो और क्या-क्या होता है ? आँख से दिखाई देना बन्द हो जाता है ? नाक-कान तिरछे हो जाते हैं ? होंठ झड़कर गिर जाते हैं ? मेरे चेहरे से ऐसा क्या नजर आता है आपको ?

पुरुष एक : *(कुढ़कर लौटता)* तेरी माँ ने तुझसे पूछा है, तू उसी से बात कर। मैं इस मारे कभी पड़ता ही नहीं इन चीजों में।

सोफे पर जाकर अखबार खोल लेता है। पर पलभर ध्यान हो आने से कि वह उसने उलटा पकड़ रखा है, उसे रीधा कर लेता है।

स्त्री : *(बड़ी लड़की से)* अच्छा, छोड़ अब इस बात को। आगे से यह सवाल नैं नहीं पूछूँगी तुझसे।

बड़ी लड़की की आँखें छलछला आती हैं।

बड़ी लड़की : पूछने में रखा भी क्या है, ममा ! जिन्दगी किसी तरह कटती ही चलती है हर आदमी की।

पुरुष : *(अखबार का पन्ना उलटता)* यह हुआ कुछ जवाब।

स्त्री : *(पुरुष एक से)* तुम चुप नहीं रह सकते थोड़ी देर ?

पु : मैं क्या कह रहा हूँ ? चुप ही बैठा हूँ यहाँ। *(अखबार में पढ़ता)* नाले का बाँध पूरा करने के लिए बारह साल के लड़के की बलि *(अखबार से बाहर)* आप चाहे जो कह लें, मेरे मुँह से एक लफ्ज भी न निकले। *(फिर अखबार में से)* उदयपुर में मड्ढा गाँव में बाँध के ठेकेदार का अमानुषिक कृत्य। *(अखबार से बाहर)* हद होती है हर चीज की।

स्त्री, बड़ी लड़की के कन्धे पर हाथ रखे उसे पढ़ने की मेज के पास ले जाती है।

स्त्री : यहाँ बैठ।

बड़ी लड़की पलकें झपकती वहाँ कुरसी पर बैठ जाती है।

: सच-सच बता, तुझे वहाँ किसी चीज की शिकायत है ?

स्त्री : तो ?

बड़ी लड़की : और हर चीज की है।

स्त्री : फिर भी कोई खास बात ?

बड़ी लड़की : खास बात कोई भी नहीं ···।

स्त्री : तो ?

बड़ी लड़की : ··· और सभी बातें खास हैं।

स्त्री : जैसे ?

बड़ी लड़की : जैसे सभी बातें।

स्त्री : तो तेरा मतलब है कि ··· ?

बड़ी लड़की : मेरा मलबं है ··· कि शादी से पहले मुझे लगता था कि मनोज को बहुत अच्छी तरह जानती हूँ। पर अब आकर ··· अब आकर लगने लगा है कि वह जानना बिलकुल जानना नहीं था।

स्त्री : *(बात की गहराई तक जाने की तरह)* हूँ ! ··· तो क्या उसके चरित्र में कुछ ऐसा है जो ··· ?

बड़ी लड़की : नहीं। उसके चरित्र में ऐसा कुछ नहीं है। इस लिहाज से बहुत साफ आदमी है वह।

स्त्री : तो फिर क्या उसके स्वभाव में कोई ऐसी बात है जिससे ··· ?

बड़ी लड़की : नहीं। स्वभाव उसका हर आदमी जैसा है। बल्कि आम आदमी

से ज्यादा खुशदिल कहना चाहिए उसे।

स्त्री : *(और भी गहराई में जाकर कारण खोजती)* तो फिर ?

बड़ी लड़की : यही तो मैं भी नहीं समझ पाती। पता नहीं, कहाँ पर क्या है जो गलत है !

स्त्री : उसकी आर्थिक स्थिति ठीक है ?

बड़ी लड़की : ठीक है।

स्त्री : सेहत ?

बड़ी लड़की : बहुत अच्छी है।

पुरुष एक : *(बिना उधर देखे)* सब-कुछ अच्छा-ही-अच्छा है फिर तो। शिकायत किस बात की है ?

स्त्री : *(पुरुष एक से)* तुम बात समझने भी दोगे ? *(बड़ी लड़की से)* जब इनमें से किसी चीज की शिकायत नहीं है तुझे, तब या तो कोई बहुत ही खास वजह होनी चाहिए या ⋯।

बड़ी लड़की : या ?

स्त्री : या ⋯ या ⋯ मैं अभी नहीं कह सकती।

बड़ी लड़की : वजह सिर्फ वह हवा है जो हम दोनों के बीच से गुजरती है।

पुरुष एक : *(उस ओर देखकर)* क्या कहा ⋯ हवा ?

बड़ी लड़की : हाँ, हवा।

पुरुष एक : *(निराश भाव से सिर हिलाकर, मुँह फिर दूसरी तरफ करता)* यह वजह बतायी है इसने ⋯ हवा !

स्त्री : *(बड़ी लड़की के चेहरे को आँखों से टटोलती)* मैं तेरा मतलब नहीं समझी।

बड़ी लड़की : *(उठती हुई)* मैं शायद समझा नहीं सकती *(अस्थिर भाव से कुछ कदम चलती)* किसी दूसरे को तो क्या, अपने को भी नहीं समझा सकती। *(सहसा रुककर)* ममा, ऐसा भी होता है क्या कि ⋯ ?

स्त्री : कि ?

बड़ी लड़की : कि दो आदमी जितना ज्यादा साथ रहें, एक हवा में साँस लें, उतना ही ज्यादा अपने को एक-दूसरे से अजनबी महसूस करें।

स्त्री : तुम दोनों ऐसा महसूस करते हो ?

बड़ी लड़की : कम-से-कम अपने लिए तो मैं कह सकती हूँ।

स्त्री : *(पल-भर उसे देखती रहकर)* तू बैठकर क्यों नहीं बात करती ?

बड़ी लड़की : मैं ठीक हूँ इसी तरह।

स्त्री : तूने जो बात कही है, वह अगर सच है, तो उसके पीछे क्या कोई-न-कोई ऐसी अड़चन नहीं है जो ... ?

बड़ी लड़की : पर कौन-सी अड़चन ? उसके हाथ में छलक गयी चाय की प्याली, या उसके दफ्तर से लौटने में आधा घंटे की देर—ये छोटी-छोटी बातें अड़चन नहीं होतीं, मगर अड़चन बन जाती हैं। एक गुबार-सा है जो हर वक्त मेरे अन्दर भरा रहता है और मैं इन्तजार में रहती हूँ जैसे कि कब कोई बहाना मिले जिससे उसे बाहर निकाल लूँ। और आखिर ...।

स्त्री चुपचाप आगे सुनने की प्रतीक्षा करती है।

: आखिर वह सीमा आ जाती है जहाँ पहुँचकर वह निढाल हो जाता है। ऐसे में वह एक ही बात कहता है।

स्त्री : क्या ?

बड़ी लड़की : कि मैं इस घर से ही अपने अन्दर कुछ ऐसी चीज लेकर गयी हूँ जो किसी भी स्थिति में मुझे स्वाभाविक नहीं रहने देती।

स्त्री : *(जैसे किसी ने उसे तमाचा मार दिया हो)* क्या चीज ?

बड़ी लड़की : मैं पूछती हूँ क्या चीज, तो उसका एक ही जवाब होता है।

स्त्री : वह क्या ?

बड़ी लड़की : कि इसका पता मुझे अपने अन्दर से, या इस घर के अन्दर से चल सकता है। वह कुछ नहीं बता सकता।

पुरुष एक : *(फिर उस तरफ मुड़कर)* यह सब कहता है वह ? और क्या-क्या कहता है ?

स्त्री : वह इस वक्त तुमसे बात नहीं कर रही।

पुरुष एक : पर बात तो मेरे ही घर की हो रही है।

स्त्री : तुम्हारा घर ! हँह !

पुरुष एक : तो मेरा घर नहीं है यह ? कह दो, नहीं है !

स्त्री : सचमुच तुम अपना घर समझते इसे, तो ...।

पुरुष एक : कह दो, कह दो, जो कहना चाहती हो।

स्त्री : दस साल पहले कहना चाहिए था मुझे... जो कहना चाहती हूँ।

पुरुष एक : कह दो अब भी ... इससे पहले कि दस साल ग्यारह साल हो जायें।

स्त्री : नहीं होने पायेंगे ग्यारह साल ... इसी तरह चलता रहा सब-कुछ तो।

पुरुष एक : *(एकटक उसे देखता, काट के साथ)* नहीं होने पायेंगे सचमुच ?··· काफी अच्छा आदमी है जगमोहन ! और फ़िर से दिल्ली में उसका ट्रांसफर भी हो गया है। मिला था उस दिन कनॉट प्लेस में। कह रहा था, आयेगा किसी दिन मिलने।

बड़ी लड़की : *(धीरज खोकर)* डैडी !

पुरुष एक : ऐसी क्या बात कही है मैंने ? तारीफ ही की है उस आदमी की।

स्त्री : खूब करो तारीफ··· और भी जिस-जिसकी हो सके तुमसे। *(बड़ी लड़की से)* मनोज आज जो तुमसे कहता है यह सब, पहले जब खुद यहाँ आता रहा है, रात-दिन यहाँ रहता रहा है, तब क्या उसे नहीं पता चला कि··· ?

बड़ी लड़की : यह मैं उससे नहीं पूछती।

स्त्री : पर क्यों नहीं पूछती ?

बड़ी लड़की : क्योंकि मुझे नहीं लगता है कि··· कैसे बताऊँ, क्या लगता है ? वह जितने विश्वास के साथ यह बात कहता है, उससे ··· उससे मुझे अपने से एक अजब-सी चिढ़ होने लगती है। मन करता है··· मन करता है, आसपास की हर चीज को तोड़-फोड़ डालूँ। कुछ ऐसा कर डालूँ जिससे···।

स्त्री : जिससे ?

बड़ी लड़की : जिससे उसके मन को कड़ी-से-कड़ी चोट पहुँचा सकूँ। उसे मेरे लम्बे बाल अच्छे लगते हैं। इसलिए सोचती हूँ, इन्हें जाकर कटा आऊँ। वह मेरे नौकरी करने के हक में नहीं है। इसलिए चाहती हूँ कहीं भी, कोई भी छोटी-मोटी नौकरी ढूँढ़कर कर लूँ। कुछ भी ऐसी बात जिससे एक बार तो वह अन्दर से तिलमिला उठे। पर कर मैं कुछ भी नहीं पाती और जब नहीं कर पाती, तो खीझकर···।

स्त्री : यहाँ चली आती है ?

बड़ी लड़की पल-भर चुप रहकर सिर हिला देती है।

बड़ी लड़की : नहीं।

स्त्री : तो ?

बड़ी लड़की : कई-कई दिनों के लिए अपने को उससे काट लेती हूँ। पर धीरे-धीरे हर चीज फिर उसी ढर्रे पर लौट आती है। सब-कुछ

फिर उसी तरह होने लगता है जब तक कि हम ··· जब तक कि हम नये सिरे से उसी खोह में नहीं पहुँच जाते। मैं यहाँ आती हूँ ··· यहाँ आती हूँ तो सिर्फ इसीलिए कि ···।

स्त्री : तेरा अपना घर है यह।

बड़ी लड़की : मेरा अपना घर ! ··· हाँ। और मैं आती हूँ कि एक बार फिर खोजने की कोशिश कर देखूँ कि क्या चीज है वह इस घर में जिसे लेकर बार-बार मुझे हीन किया जाता है ! *(लगभग टूटते स्वर में)* तुम बता सकती हो ममा, कि क्या चीज है वह ? और कहाँ है वह ? इस घर के खिड़कियों-दरवाजों में ? छत में ? दीवारों में ? तुममें ? डैडी में ? किन्नी में ? अशोक में ? कहाँ छिपी है वह मनहूस चीज जो वह कहता है मैं इस घर से अपने अन्दर लेकर गयी हूँ ?

(स्त्री की दोनों बाँहें हाथ में लेकर) बताओ ममा, क्या है वह चीज ? कहाँ पर है इस घर में ?

काफी लम्बा वकफा। कुछ देर बड़ी लड़की के हाथ स्त्री की बाँहों पर रुके रहते हैं और दोनों की आँखें मिली रहती हैं। धीरे-धीरे पुरुष एक की गरदन उनकी तरफ मुड़ती है। तभी स्त्री आहिस्ता से बड़ी लड़की के हाथ अपनी बाँहों से हटा देती है। उसकी आँखें पुरुष एक से मिलती हैं और वह जैसे उससे कुछ कहने के लिए कुछ कदम उसकी तरफ बढ़ाती है। बड़ी लड़की जैसे अब भी अपने सवाल का जवाब चाहती, अपनी जगह पर रुकी उन दोनों को देखती रहती है। पुरुष एक स्त्री को अपनी तरफ आते देख आँखें उधर से हटा लेता है और दो-एक पल असमंजस में रहने के बाद अनजाने में ही अखबार को गोल करके दोनों हाथों से उसकी रस्सी बटने लगता है। स्त्री आधे रास्ते में ही कुछ कहने का विचार छोड़कर पल-भर अपने को सहेजती है। फिर बड़ी लड़की के पास वापस जाकर हलके से उसके कन्धे को छूती है। बड़ी लड़की पल-भर आँखें मूँदे रहकर अपने आवेश को दबाने का प्रयत्न करती है, फिर

स्त्री का हाथ कंधे से हटाकर एक कुरसी का सहारा लिये उस पर बैठ जाती है। स्त्री यह समझ में न आने से कि अब उसे क्या करना चाहिए, पल-भर दुविधा में हाथ उलझाये रहती है। उसकी आँखें फिर एक बार पुरुष एक से मिल जाती हैं और वह जैसे आँखों से ही उसका तिरस्कार कर अपने को एक मोढ़े की स्थिति बदलने में व्यस्त कर लेती है। पुरुष एक अपनी जगह से उठ पड़ता है। अखबार की रस्सी अपने हाथों में देखकर कुछ अटपटा महसूस करता है और कुछ देर अनिश्चित खड़ा रहने के बाद फिर से बैठकर उस रस्सी के टुकड़े करने लगता है। तभी छोटी लड़की बाहर के दरवाजे से आती है और उन तीनों को उस तरह देखकर अचानक ठिठक जाती है।

छोटी लड़की : कुछ पता नहीं चलता यहाँ तो।

तीनों में से केवल स्त्री उसकी तरफ देख लेती है।

स्त्री : क्या कह रही है तू ?

छोटी लड़की : बताओ चलता है कुछ पता ? स्कूल से आयी, तो घर पर कोई भी नहीं था। और अब आयी हूँ, तो तुम भी हो, डैडी भी हैं, बिन्नी-दी भी हैं—पर सब लोग ऐसे चुप हैं जैसे ···।

स्त्री : *(उसकी तरफ आती)* तू अपना बता कि आते ही चली कहाँ गयी थी ?

छोटी लड़की : कहीं भी चली गयी थी। घर पर था कोई जिसके पास बैठती यहाँ ? ··· दूध गरम हुआ है मेरा ?

स्त्री : अभी हुआ जाता है।

छोटी लड़की : अभी हुआ जाता है ! स्कूल में भूख लगे तो कोई पैसा नहीं होता पास में और घर आने पर घंटा-घंटा दूध ही नहीं होता गरम।

रत्री : कहा है न तुझसे, अभी हुआ जाता है। *(पुरुष एक से)* तुम उठ रहे हो या मैं जाऊँ ?

पुरुष एक अखबार के टुकड़े को दोनों हाथों में समेटे उठ खड़ा होता है)

पुरुष एक : *(कोई कड़वी चीज निगलने की तरह)* जा रहा हूँ मैं ही ···।

अखबार के टुकड़े पर इस तरह नजर डाल लेता है जैसे कि वह कोई बहुत ही महत्त्वपूर्ण दस्तावेज था जिसे उसने टुकड़े-टुकड़े कर दिया है।

स्त्री : *(छोटी लड़की से)* तू फिर एक किताब फाड़ लायी है आज ?

पुरुष एक चलते-चलते रुक जाता है कि इस महत्त्वपूर्ण प्रकरण का निपटारा भी देख ही ले।

छोटी लड़की : अपने आप फट गयी है तो मैं क्या करूँ ? आज सिलाई की क्लास में फिर वही हुआ मेरे साथ। मिस ने कहा ···

स्त्री : तू मिस की बात बाद में करना। पहले यह बता कि ···

छोटी लड़की : रोज कहती हो, बाद में करना। आज भी मुझे रीलें लाकर न दीं, तो मैं स्कूल नहीं जाऊँगी कल से। मिस ने सारी क्लास के सामने मुझसे कहा कि ···।

स्त्री : तू और तेरी मिस ! रोग लगा रखा है जान को !

छोटी लड़की : तो उठा लो मुझे स्कूल से। जैसे शोकी मारा-मारा फिरता है सारा दिन, मैं भी फिरती रहा करूँगीं।

बड़ी लड़की इस बीच काफी अस्थिर महसूस करती छोटी लड़की को देखती है।

बड़ी लड़की : *(अपने को रोक पाने में असमर्थ)* तुझे तमीज से बात करना नहीं आता ? बड़ा भाई है वह तेरा।

छोटी लड़की : क्यों ··· फिरता नहीं वह मारा-मारा सारा दिन ?

बड़ी लड़की : किन्नी !

छोटी लड़की : तुम यहाँ थीं, तो क्या कुछ कहा करती थीं उसके बारे में ? तुम्हारा भी तो बड़ा भाई है चाहे एक ही साल बड़ा है, है तो बड़ा ही।.

बड़ी लड़की : *(स्त्री से)* ममा, तुमने इस लड़की की जबान बहुत खोल दी है।

पुरुष एक : अगर यही बात मैं कह दूँ न इससे ···।

स्त्री : पहले जो-जो कहना है, वह कह लो तुम। उसके बाद देख लेनां अगर ···।

पुरुष एक : *(अहाते के दरवाजे की तरफ चलता)* कहना क्या है ! कहता ही नहीं कभी। मैं दूध गरम कर रहा हूँ इसका।

दरवाजे से निकल जाता है।

छोटी लड़की : कल मुझे रीलों का डिब्बा जरूर चाहिए और मिस बैनर्जी ने

सब लड़कियों से कहा है आज कि फाउंडर्स-डे पी०टी० के लिए तीन-तीन नये किट ...।

स्त्री : कितने ?

छोटी लड़की : तीन-तीन। सब लड़कियों को बनवाने हैं। और तुमने कहा था क्लिप और मोजे इस हफ्ते जरूर आ जायेंगे, आ गये ? हैं ? कितनी शरम आती है मुझे फटे मोजे पहनकर स्कूल जाते !

पल-भर की औघड़ खामोशी।

स्त्री : *(जैसे अपने को उस प्रकरण से बचाने की कोशिश में)।* अच्छा देख ... स्कूल से आकर तू अपना बैग यहाँ खुला छोड़ गयी थी। मैंने आकर बन्द किया है। पहले इसे अन्दर रख कर आ।

छोटी लड़की : तुमने मेरी बात सुनी है ?

स्त्री : सुन ली है।

छोटी लड़की : तो जवाब क्यों नहीं दिया कुछ ? *(कोने से बैग उठाकर झटके से अन्दर को चलती)* मैं कर रही हूँ क्लिप और मोजों की बात और कह रही हैं, बैग रखकर आ अन्दर !

चली जाती है। बड़ी लड़की कुरसी से उठ पड़ती है।

बड़ी लड़की : हम कह पाते थे कभी इतनी बात ? आधी बात भी कह दें इससे, तो रासें इस तरह कस दी जाती थीं कि बस।

स्त्री पल-भर अपने में डूबी खड़ी रहती है।

स्त्री : *(चेष्टा से अपने को सहेजकर)* क्या कहा तूने ?

बड़ी लड़की : मैंने कहा है कि ... *(सहसा स्त्री के भाव के प्रति सचेत होकर)* तुम सोच रही थीं कुछ ?

स्त्री : नहीं ... सोच नहीं रही थी *(इधर-उधर नजर डालती)* देख रही थी कि और कुछ समेटने को तो नहीं है। अभी कोई आने वाला है बाहर से और ...।

बड़ी लड़की : कौन आने वाला है ?

पुरुष एक दूध के गिलास में चीनी हिलाता अहाते के दरवाजे से आता है।

पुरुष एक : सिंघानिया। इसका बॉस। वह नया आना शुरू हुआ है आजकल।

गिलास डायनिंग टेबल पर छोड़कर बिना किसी की तरफ देखे वापस चला जाता है। स्त्री कड़वी

नजर से उसे जाते देखती है। बड़ी लड़की स्त्री के पास आ जाती है।

बड़ी लड़की : ममा !

स्त्री की आँखें घूमकर बड़ी लड़की के चेहरे पर स्थिर होती हैं। कह वह कुछ नहीं पाती।

: क्या बात है, ममा !

स्त्री : कुछ नहीं।

बड़ी लड़की : फिर भी ?

स्त्री : कहा है न, कुछ नहीं।

वहाँ से हटकर कबर्ड के पास चली जाती है और उसे देखकर अन्दर से कोई चीज ढूँढने लगती है।

बड़ी लड़की : *(उसके पीछे जाकर)* ममा !

स्त्री कोई उत्तर न देकर कबर्ड में से एक मेजपोश निकाल लेती और कबर्ड बन्द कर देती है।

: तुम तो आदी हो रोज-रोज ऐसी बातें सुनने की। कब तक इन्हें मन पर लाती रहोगी ?

स्त्री उसका वाक्य पूरा होने तक रुकी रहती है फिर जाकर तिपाई का मेजपोश बदलने लगती है।

: *(उसकी तरफ आती)* एक तुम्हीं करने वाली हो सब कुछ इस घर में। अगर तुम्हीं ... ।

स्त्री के बदलते भाव को देखकर बीच में ही रुक जाती है। स्त्री पुराने मेजपोश को हाथों में लिये एक नजर उसे देखती है, फिर उमड़ते आवेग को रोकने की कोशिश में चेहरा मेजपोश से ढँक लेती है।

: *(काफी धीमे स्वर में)* ममा !

स्त्री आहिस्ता से मोढ़े पर बैठती हुई मेजपोश चेहरे से हटाती है।

स्त्री : *(रुलाई लिये स्वर में)* अब मुझसे नहीं होता, बिन्नी ! अब मुझसे नहीं सँभलता।

पुरुष एक अहाते के दरवाजे से आता है—दो जले टोस्ट एक प्लेट में लिये। स्त्री के शब्द उसके कानों में पड़ते हैं, पर वह जान-बूझकर अपने चेहरे

से कोई प्रतिक्रिया व्यक्त नहीं होने देता। प्लेट दूध के गिलास के पास छोड़कर वह किताबों के शेल्फ की तरफ चला जाता है और उसके निचले हिस्से में रखी फाइलों में से जैसे कोई खास फाइल ढूँढ़ने लगता है। बड़ी लड़की बात करने से पहले पल-भर को वकफा लेकर उसे देखती है।

बड़ी लड़की : *(विशेष रूप से उसी को सुनाती, स्त्री से)* जो तुमसे नहीं सँभलता, वह और किससे सँभल सकता है इस घर में ··· जान सकती हूँ ?

पुरुष एक जैसे एक फाइल की धूल झाड़ने के लिए उसे दो-एक जोर के हाथ लगाकर पीट देता है।

: जब से बड़ी हुई हूँ, तभी से देख रही हूँ। तुम सब-कुछ सहकर भी रात-दिन अपने को इस घर के लिए हलाक करती रही हो और ···

पुरुष एक अब एक और फाइल को उससे भी तेज और ज्यादा बार पीट देता है।

स्त्री : पर हुआ क्या है उससे ?

न सह पाने की नजर से पुरुष एक की तरफ देखकर मोढ़े से उठ पड़ती है। पुरुष एक दोनों फाइलों को जोर-जोर से आपस में टकराता है।

: *(एकाएक पुरुष एक की थप-थप से उतावली पड़कर)* तुम्हें सारे घर में यह धूल इसी वक्त फैलानी है क्या ?

पुरुष एक : जुनेजा की फाइल ढूँढ़ रहा था। नहीं ढूँढ़ता।

जैसे-तैसे फाइलों को उनकी जगह में वापस ठूँसने लगता है। छोटी लड़की पाँव पटकती अन्दर से आती है।

छोटी लड़की : देख लो ममा, यह मुझे फिर तंग कर रहा है।

बड़ी लड़की : *(लगभग डाँटती)* तू चिल्ला क्यों रही है इतना ?

छोटी लड़की : चिल्ला रही हूँ क्योंकि शोकी अन्दर मुझे ····

बड़ी लड़की : शोकी-शोकी क्या होता है ? तू अशोक भापाजी नहीं कह सकती ?

छोटी लड़की : अशोक भापाजी ? ··· वह ?

व्यंग्य के साथ हँसती है।

स्त्री : अशोक अन्दर क्या कर रहा है इस वक्त ? मैं तो सोचती थी कि वह···।

छोटी लड़की : पड़ा सो रहा था अब तक ! मैंने जाकर जगा दिया, तो लगा मेरे बाल खींचने।

लड़का अन्दर से आता है, लगता है, दो-तीन दिन से उसने शेव नहीं की।

लड़का : कौन सो रहा था ? मैं ? बिलकुल झूठ।

बड़ी लड़की : शेव करना छोड़ दिया है क्या तूने ?

लड़का : *(अपने चेहरे को छूता)* फ्रेंचकट रखने की सोच रहा हूँ। कैसी लगेगी मेरे चेहरे पर ?

छोटी लड़की : *(उतावली पड़कर)* मेरी बात सुनी नहीं किसी ने। अन्दर मेरे बाल खींच रहा था और बाहर आकर अपनी फ्रेंचकट बता रहा है।

डायनिंग टेबल से दूध का गिलास लेकर गट-गट दूध पी जाती है। पुरुष एक इस बीच शेल्फ और फाइलों से ही उलझता रहता है, एक फाइल को किसी तरह अन्दर समाता है तो कुछ और फाइलें बाहर को गिर आती हैं, उन्हें संभालता है, तो पहले की फाइलें पीछे गिर जाती हैं।

स्त्री : *(लड़के के पास आती)* तुझसे एक बात पूछूँ ?

लड़का : पूछो।

स्त्री : इस लड़की की क्या उम्र है।

लड़का : यही तो मैं तुमसे पूछना चाहता हूँ कि बारह साल की उम्र में यह लड़की ?

बड़ी लड़की : तेरह साल की उम्र में ?

स्त्री : तेरह साल की लड़की कितनी बड़ी होती है ?

लड़का : तेरह साल की लड़की तेरह साल बड़ी होती है और तेरह साल बड़ी ही होनी चाहिए उसे, जबकि यह लड़की···।

स्त्री : बच्ची नहीं है अब जो तू इसके बाल खींचता रहे।

छोटी लड़की लड़के की तरफ जबान निकालती है। पुरुष एक फाइलों को किसी तरह समेटकर उठ पड़ता है।

लड़का : तब तो सचमुच मुझे गलती माननी चाहिए।

स्त्री : जरूर माननी चाहिए···।

लड़का : कि मैंने खामखाह इसके हाथ से वह किताब छीन ली।

पुरुष एक : *(अपनी तटस्थता बनाये रखने में असमर्थ, आगे आता)* कौन-सी किताब ?

छोटी लड़की : झूठ बोल रहा है। मैंने किताब नहीं ली इसकी।

टोस्टों वाली प्लेट हाथ में लिये मेज पर बैठ जाती है।

पुरुष एक : *(लड़की के पास पहुँचकर)* कौन-सी किताब ?

लड़का : *(बुश्शर्ट के अन्दर से किताब निकालकर दिखाता)* यह किताब।

छोटी लड़की : झूठ, बिलकुल झूठ। मैंने देखी भी नहीं यह किताब।

लड़का : *(आँखें फाड़कर उसे देखता)* नहीं देखी ?

छोटी लड़की : *(कमजोर पड़कर ढीठपन के साथ)* तू तकिये के नीचे रखकर सोये, तो भी कुछ नहीं। मैंने जरा निकालकर देख-भर ली तो···।

पुरुष एक : *(हाथ बढ़ाकर)* मैं देख सकता हूँ ?

लड़का : *(किताब वापस बुशर्ट में रखता)* नहीं··· अपके देखने की नहीं है। *(स्त्री से)* अब फिर पूछो मुझसे कि इसकी उम्र कितने साल है ?

बड़ी लड़की : क्यों अशोक··· यह वही किताब है न केसानोवा···?

पुरुष एक : *(ऊँचे स्वर में)* ठहरो *(बारी-बारी से उन सबकी ओर देखता)* पहले मैं यह जान सकता हूँ यहाँ किसी से कि मेरी उम्र कितने साल की है ?

कुछ पलों का व्यवधान, जिसमें सिर्फ छोटी लड़की का मुँह और टाँगें चलती रहती हैं।

स्त्री : ऐसी क्या बात कह दी है किसी ने कि··· ?

पुरुष एक : *(एक-एक शब्द पर जोर देता)* मैं पूछ रहा हूँ कि मेरी उम्र कितने साल है ? कितने साल है मेरी उम्र ?

स्त्री : *(उठ रही स्थिति के लिए तैयार होकर)* यह पूछकर तुम्हें जानना क्या है ?

पुरुष एक : हाँ, पूछकर ही जानना है आज। कितने साल हो चुके हैं मुझे जिन्दगी का भार ढोते ? उनमें से कितने साल बीते हैं मेरे परिवार की देख-रेख करते ? और उस सबके बाद मैं आज पहुँचा कहाँ हूँ ? यहाँ कि जिसे देखो वही मुझसे उलटे ढंग

से बात करता है ? जिसे देखो वही मुझसे बदतमीजी से पेश आता है ?

लड़का : *(अपनी सफाई देने की कोशिश में)* मैंने तो सिर्फ इसलिए कहा था, डैडी, कि···

पुरुष एक : हर-एक के पास एक-न-एक वजह होती है। इसने इसलिए कहा था, उसने इसलिए कहा था। मैं जानना चाहता हूँ कि मेरी क्या यही हैसियत है इस घर में कि जो जब जिस वजह से जो भी कह दे मैं चुपचाप सुन लिया करूँ ? हर वक्त की दुतकार, हर वक्त की कोंच, बस यही कमाई है यहाँ मेरी इतने साल की ?

स्त्री : *(वितृष्णा से उसे देखती)* यह सब किसे सुना रहे हो तुम ?

पुरुष एक : किसे सुना सकता हूँ ? कोई है जो सुन सकता है ? जिन्हें सुनना चाहिए, वे सब तो एक रबड़-स्टैंप के सिवा कुछ समझते नहीं मुझे। सिर्फ जरूरत पड़ने पर इस स्टैंप का ठप्पा लगाकर···।

स्त्री : यह बहुत बड़ी बात नहीं कह रहे तुम ?

लड़का : *(उसे रोकने की कोशिश में)* ममा···!

स्त्री : मुझे सिर्फ इतना पूछ लेने दे इनसे कि रबड़-स्टैंप के माने क्या होते हैं ? एक अधिकार, एक रुतबा, एक इज्जत—यही न ?

लड़का : *(फिर उसी कोशिश में)* सुनो तो सही, ममा···।

स्त्री : *(बिना उसकी तरफ ध्यान दिये)* यह सब कब-कब मिला है इनसे किसी को भी इस घर में ? किस माने में ये कहते हैं कि···?

पुरुष एक : किसी माने में नहीं। मैं इस घर में एक रबड़-स्टैंप भी नही, सिर्फ एक रबड़ का टुकड़ा हूँ—बार-बार घिसा जाने वाला रबड़ का टुकड़ा। इसके बाद क्या कोई मुझे वजह बता सकता है, एक भी ऐसी वजह, कि क्यों मुझे रहना चाहिए इस घर में ?

सब लोग चुप रहते हैं।

: नहीं बता सकता न ?

स्त्री : मैंने एक छोटी-सी बात पूछी है तुमसे···

पुरुष एक : *(सिर हिलाता)* हाँ··· छोटी-सी बात ही तो है यह। अधिकार, रुतबा, इज्जत—यह सब बाहर के लोगों से मिल सकती है इस

घर को। इस घर का आज तक कुछ बना है, या आगे बन सकता है, तो सिर्फ बाहर के लोगों के भरोसे। मेरे भरोसे तो सब-कुछ बिगड़ता आया है और आगे बिगड़-ही-बिगड़ सकता है *(लड़के की तरफ इशारा करके)* यह आज तक बेकार क्यों घूम रहा है ? मेरी वजह से। *(बड़ी लड़की की तरफ इशारा करके)* यह बिना बताये एक रात घर से क्यों भाग गयी थी ? मेरी वजह से। *(स्त्री के बिलकुल सामने आकर)* और तुम भी ? तुम भी इतने सालों से क्यों चाहती रही हो कि ... ?

स्त्री : *(बौखलाकर, शेष तीनों से)* सुन रहे हो तुम लोग ?

पुरुष एक : अपनी जिन्दगी चौपट करने का जिम्मेदार मैं हूँ। तुम्हारी जिन्दगी चौपट करने का जिम्मेदार मैं हूँ। इन सबकी जिन्दगियाँ चौपट करने का जिम्मेदार मैं हूँ। फिर भी मैं इस घर से चिपका हूँ क्योंकि अन्दर से मैं आरामतलब हूँ, घरघुसरा हूँ, मेरी हड्डियों में जंग लगा है।

स्त्री : मैं नहीं जानती, तुम सचमुच ऐसा महसूस करते हो या ... ?

पुरुष एक : सचमुच महसूस करता हूँ। मुझे पता है मैं एक कीड़ा हूँ जिसने अन्दर-ही-अन्दर इस घर को खा लिया है *(बाहर के दरवाजे की तरफ चलता)* पर अब पेट भर गया है मेरा। हमेशा के लिए भर गया है *(दरवाजे के पास रुककर)* और बचा भी क्या है जिसे खाने के लिए और रहता रहूँ यहाँ ?

चला जाता है। कुछ देर के लिए सब लोग जड़ से हो रहते हैं। फिर छोटी लड़की हाथ के टोस्ट को मुँह की ओर ले जाती है।

बड़ी लड़की : तुम्हारा ख्याल है, ममा ... ?

स्त्री : लौट आयेंगे रात तक। हर मंगल-सनीचर यही सब होता है यहाँ।

छोटी लड़की : *(जूठे टोस्ट को प्लेट में वापस पटकती)* थूः थूः।

बड़ी लड़की : *(काफी गुस्से के साथ)* तुझे क्या हो रहा है वहाँ ?

छोटी लड़की : मुझे क्या हो रहा है यहाँ ! यह टोस्ट है, कोयला है ?

स्त्री : *(दाँत भींचे)* तू इधर आयेगी एक मिनट ?

छोटी लड़की : नहीं आऊँगी।

बड़ी लड़की : नहीं आयेगी ?

छोटी लड़की : नहीं आऊँगी। *(सहसा उठकर बाहर को चलती)* अन्दर जाओ, तो बाल खींचे जाते हैं। बाहर आओ, तो किटपिट-

किटपिट-किटपिट और खाने को कोयला—अब उधर आकर इनके तमाचे और खाने हैं।

चली जाती हैं।

लड़का : *(उसके पीछे जाने को होकर)* मैं देखता हूँ इसे। कम-से-कम इस लड़की को तो मुझे ···।

दरवाजे के पास पहुँचता ही है कि पीछे से स्त्री आवाज देकर उसे रोक लेती है।

स्त्री : सुन !

छोटी लड़की : *(किसी तरह निकल जाने की कोशिश में)* इसे ···।

स्त्री : *(काफी सख्त स्वर में)* पहले तू आकर यहाँ ··· बात सुन मेरी।

लड़का किसी जरूरी काम जाने से रोक लिये जाने की मुद्रा में लौटकर स्त्री के पास आ जाता है।

लड़का : बताओ।

स्त्री : कम-से-कम तुझे इस वक्त कहीं नहीं जाना है। वह आज फिर आने वाला है थोड़ी देर में और ···।

लड़का : *('मुझे क्या कोई आने वाला है तो ?' की मुद्रा में)* कौन आने वाला है ?

बड़ी लड़की : ममा का बॉस ··· क्या नाम है उसका ?

लड़का : अच्छा वह ··· आदमी !

बड़ी लड़की : तू मिला है उससे ?

लड़का : दो बार।

बड़ी लड़की : कहाँ ?

लड़का : इसी घर में।

स्त्री : *(बड़ी लड़की से)* दोनों बार इसी के लिए बुलाया था मैंने उसे, आज भी इसी की खातिर ···।

लड़का : *(कुछ तीखा पड़कर)* मेरी खातिर ? मुझे क्या लेना-देना है उससे ?

बड़ी लड़की : ममा उसके जरिये तेरी नौकरी के लिए कोशिश कर रही होंगी न ···।

लड़का : मुझे नहीं चाहिए नौकरी। कम-से-कम उस आदमी के जरिये हरगिज नहीं।

बड़ी लड़की : क्यों, उस आदमी को क्या है ?

लड़का : चुकन्दर है। वह आदमी है ? जिसे न बैठने का शऊर है न

बात करने का।

स्त्री : पाँच हजार तनख्वाह है उसकी। पूरा दफ्तर सँभालता है।

लड़का : पाँच हजार तनख्वाह है, पूरा दफ्तर सँभालता है, पर इतना होश नहीं है कि अपनी पतलून के बटन ... ।

स्त्री : अशोक !

लड़का : तुम्हारा बॉस न होता, तो उस दिन मैंने कान से पकड़कर घर से निकाल दिया होता। सोफे पर टाँग पसारे आप सोच कुछ रहे हैं, जाँघ खुजलाते देख किसी तरफ रहे हैं और बात मुझसे कर रहे हैं ... *(नकल उतारता)* 'अच्छा यह बतलाइए कि आपके राजनीतिक विचार क्या हैं ?' राजनीतिक विचार हैं—खुजली और उसकी मरहम !

स्त्री : *(अपना माथा सहलाकर बड़ी लड़की से)* ये लोग हैं जिनके लिए मैं जानमारी करती हूँ रात-दिन।

लड़का : पहले पाँच सैकेंड़ आदमी की आँखों में देखता रहेगा। फिर होंठों के दाहिने कोने से जरा-सा मुसकरायेगा। फिर एक-एक लफ्ज को चबाता हुआ पूछेगा ... *(उसके स्वर में)* 'आप क्या सोचते हैं, आजकल युवा लोगों में इतनी अराजकता क्यों है ?' ढूँढ-ढूँढकर सरकारी हिन्दी के लफ्ज लाता है। युवा लोगों में ! अराजकता !

स्त्री : तो फिर ?

लड़का : तो फिर क्या ?

स्त्री : तो फिर क्या मरजी है तेरी ?

लड़का : किस चीज को लेकर ?

स्त्री : अपने-आपको।

लड़का : मुझे क्या हुआ है ?

स्त्री : जिन्दगी में तुझे भी कुछ करना धरना है या बाप ही की तरह ... ?

लड़का : *(फिर तीखा पड़कर)* हर बात में खामखाह उनका जिक्र क्यों बीच में लाती हो ?

स्त्री : पढ़ाई थी, तो तूने पूरी नहीं की। एयर-फ्रीज में नौकरी दिलवायी थी, तो वहाँ से छह हफ्ते बाद छोड़कर चला आया। अब मैं नये सिर से कोशिश करना चाहती हूँ तो ... ।

लड़का : पर क्यों करना चाहती हो ? मैंने कहा है तुमसे कोशिश करने

के लिए ?

बड़ी लड़की : तो तेरा मतलब है कि तू... जिन्दगी-भर कुछ भी नहीं करना चाहता।

लड़का : ऐसा कहा है मैंने ?

बड़ी लड़की : तो नौकरी के सिवा ऐसा क्या है जो तू... ?

लड़का : यह मैं नहीं कह सकता। सिर्फ इतना कह सकता हूँ कि जिस चीज में मेरी अन्दर से दिलचस्पी नहीं है...।

स्त्री : दिलचस्पी तो तेरी...।

बड़ी लड़की : ठहरो, ममा... !

स्त्री : तू ठहर, मुझे बात करने दे। *(लड़के से)* दिलचस्पी तो तेरी सिर्फ तीन चीजों में है—दिन-भर ऊँघने में, तसवीरें काटने में और घर की यह चीज वह चीज ले जाकर...।

लड़का : *(कड़वी नजर से उसे देखता)* इसे घर कहती हो तुम ?

स्त्री : तो तू इसे क्या समझकर रहता है यहाँ ?

लड़का : मैं इसे...।

बड़ी लड़की : *(उसे बोलने न देने के लिए)* देख अशोक, ममा के यह सब कहने का मतलब सिर्फ इतना है कि...।

लड़का : मैं नहीं जानता मतलब ? तू चली गयी है यहाँ से, मैं तो अभी यहीं रहता हूँ।

स्त्री : *(हताश भाव से)* क्यों नहीं तू भी फिर... ?

बड़ी लड़की : *(झिड़कने के स्वर में)* कैसी बात कर रही हो, ममा !

स्त्री : कैसी बात कर रही हूँ ? यहाँ पर सब लोग समझते क्या हैं मुझे ? एक मशीन, जो कि सबके लिए आटा-पीसकर रात को दिन और दिन को रात करती रहती है ? मगर किसी के मन में जरा-सा भी ख्याल नहीं है इस चीज के लिए कि कैसे मैं...।

इस बीच ही बाहर के दरवाजे पर पुरुष दो की आकृति दिखायी देती है जो किवाड़ को हलके से खटखटा देता है। स्त्री चौंककर उधर देखती है और अपनी अधकही बात को बीच में ही चबा जाती है।

: *(स्वर को किसी तरह सँभालती)* आप ?... आ गये हैं आप ? ... आइये-आइये अन्दर।

बड़ी लड़की : *(दायित्वपूर्ण ढंग से दरवाजे की तरफ बढ़ती)* आइये।

पुरुष दो अभ्यस्त मुद्रा में उनके अभिवादन का उत्तर देता अन्दर आ जाता है।

स्त्री : यह मेरी बड़ी लड़की—बिन्नी। अशोक तो आपसे मिल ही चुका है।

पुरुष दो : अच्छा-अच्छा ... यही है वह लड़की ! तुम चर्चा कर रही थीं इसकी। इसका आपरेशन हुआ था न पिछले साल ... न न न न। वह तो मिसेज माथुर की लड़की का ? नहीं शायद ... पर हुआ था किसी की लड़की का।

स्त्री : यहाँ आ जाइये सोफे पर।

सोफे की तरफ बढ़ते हुए पुरुष दो की आँख लड़के से मिल जाती है। लड़का चलते ढंग से उसे हाथ जोड़ देता है। पुरुष दो फिर उसी अभ्यस्त ढंग से उत्तर दे देता है।

पुरुष दो : *(बैठता हुआ)* इतने लोगों से मिलना-जुलना होता है। कि ... *(अपनी घड़ी देखकर)* पाँच मिनट हैं सात में। उनका अनुरोध था, सात तक अवश्य पहुँच जाऊँ। कई लोगों को बुला रखा है उन्होंने—विशेष रूप से मिलने के लिए। *(बड़ी लड़की को ध्यान से देखता, स्त्री से)* तुमने बताया था कुछ इसके विषय में। किस कॉलेज में है यह ?

स्त्री : अब कॉलेज में नहीं है ...।

पुरुष दो : हो-हाँ-हाँ ... बताया था तुमने। *(बड़ी लड़की से)* बैठो न। *(स्त्री से)* बैठो तुम भी।

स्त्री सोफे के पास कुरसी पर बैठ जाती है। बड़ी लड़की कुछ दुविधा में खड़ी रहती है।

स्त्री : बैठ जा, खड़ी क्यों है ?

बड़ी लड़की : ये जल्दी चले जायेंगे, सोच रही थी चाय का पानी ... ।

पुरुष दो : नहीं-नहीं, चाय-वाय नहीं इस समय। वैसे भी बहुत कम पीता हूँ। एक लेख था कहीं रीडर्ज डाइजेस्ट में था ? ... कि अधिक चाय पीने से *(जाँघ खुजलाता)* यह रीडर्ज डाइजेस्ट भी क्या चीज निकालते हैं ! अपने यहाँ तो बस ये कहानियाँ वो कहानियाँ, कोई अच्छी पत्रिका मिलती ही नहीं देखने को। एक अमरीकन आया हुआ था पिछले दिनों। बता रहा

था कि···।

लड़का जो इतनी देर परे खड़ा रहता है, अब बढ़कर उनके पास आ जाता है।

लड़का : *(स्त्री से)* ऐसा है ममा, कि···।

स्त्री : रुक अभी। *(पुरुष दो से)* एक प्याली भी नहीं लेंगे ?

पुरुष दो : ना, बिलकुल नहीं।··· अन्तर्राष्ट्रीय सम्पर्क हैं कम्पनी के, सो सभी देशों के लोग मिलने आते रहते हैं। जापान से तो एक प्रतिनिधि-मंडल ही आया हुआ था पिछले दिनों।—कुछ भी कहिये, जापान ने इन सबकी नाक में नकेलकर रखी है आजकल। अभी उस दिन मैं जापान की पिछले वर्ष की औद्योगिक सांख्यिकी देख रहा था···।

लड़का : मैं क्षमा चाहूँगा क्योंकि··· ।

स्त्री : तुझसे कहा है, रुक अभी थोड़ी देर। *(पुरुष दो से)* आप काफी पसन्द करते हों, तो···

पुरुष दो : न चाय, न कॉफी।··· एक घटना सुनाऊँ आपको, कॉफी पीने के सम्बन्ध में। आज की बात नहीं, बहुत साल पहले की है। तब की जब मैं अपने विश्वविद्यालय की साहित्य-सभा का मंत्री था। *(मन में उस बात का रस लेता)* हैं-हैं-ह-हैं-हैं-हैं।. साहित्यिक गतिविधियों में रुचि आरम्भ से ही थी। सो··· *(बड़ी लड़की और लड़के से)* बैठ जाओ तुम लोग।

बड़ी लड़की बैठ जाती है।

लड़का : बात यह है कि···।

स्त्री : *(उठती हुई)* बैठ ! मैं थोड़ा नमकीन लेकर आ रही हूँ।

लड़के को बैठने के लिए कौंचकर अहाते के दरवाजे से चली जाती है। लड़का असन्तुष्ट भाव से उसे देखता है, फिर टहलता हुआ पढ़ने की मेज के पास चला जाता है। बड़ी लड़की से आँख मिलाने पर हल्के से मुँह बनाता है और कुरसी का रुख थोड़ा सोफे की तरफ करके बैठ जाता है।

पुरुष दो : *(बड़ी लड़की से)* तुम्हें पहले कहीं दखा है··· नहीं देखा ?

बड़ी लड़की : मुझे ?··· आपने ?

पुरुष दो : किसी इन्टरव्यू में ?

बड़ी लड़की : नहीं तो।

पुरुष दो : फिर भी लगता है, देखा है।··· कोई और होगी। बिलकुल तुम्हारे जैसी थी। विचित्र बात नहीं है यह ?

बड़ी लड़की : क्या ?

पुरुष दो : कि बहुत-से लोग एक-दूसरे जैसे होते है। हमारे अंकल हैं एक। पीठ से देखो—मोरारजी भाई लगते हैं।

लड़का इस बीच मेज की दराज खोलकर तसवीरें निकाल लेता है और उन्हें मेज पर फैलाने लगता है।

लड़का : हमारी आंटी हैं एक। गरदन काटकर देखो जीना लोलोप्रिजिदा नजर आती हैं।

पुरुष दो : हाँ !··· कई लोग होते हैं ऐसे। जीवन की विचित्रताओं की ओर ध्यान देने लगें, तो कई बार तो लगता है कि··· *(सहसा जेबें टटोलता)* भूल तो नहीं आया घर पर ? *(जेब से चश्मा निकालकर वापस रखता)* नहीं। तो मैं कह रहा था कि··· क्या कह रहा था ?

बड़ी लड़की : कि जीवन की विचित्रताओं की ओर ध्यान देने लगें तो···।

लड़का : जापान की औद्योगिक··· क्या थी वह ?··· उसकी बात नहीं कर रहे थे ?

स्त्री इस बीच नमकीन की प्लेट लिये अहाते के दरवाजे से आ जाती है।

स्त्री : कोई घटना सुना रहे थे··· कॉफी पीने के सम्बन्ध में।

पुरुष दो : हाँ··· तो··· तो··· तो वह··· यह जो···।

स्त्री : लीजिये थोड़ा-सा।

पुरुष दो : हाँ-हाँ··· जरूर *(बड़ी लड़की से)* लो तुम भी। *(स्त्री से)* बैठ जाओ अब।

स्त्री : *(मोढ़े पर बैठती)* उस विषय में सोचा आपने कुछ ?

पुरुष दो : *(मुँह चलाता)* किस विषय में ?

स्त्री : वह जो मैंने बात की थी आपसे··· कि कोई ठीक-सी जगह हो आपकी नजर में, तो···।

पुरुष दो : बहुत स्वादिष्ट है।

स्त्री : याद है न आपके ?

पुरुष दो : याद है। कुछ बात की थी तुमने एक बार। अपनी किसी कजिन के लिए कहा था··· नहीं, वह तो मिसेज मल्होत्रा ने कहा

था। तुमने किसके लिए कहा था ?

स्त्री : *(लड़के की तरफ देखती)* इसके लिए।

पुरुष दो घूमकर लड़के की तरफ देखा है, तो लड़का एक बनावटी मुस्कराहट मुसकरा देता है।

पुरुष दो : हूँ-हूँ ... क्या पास किया है इसने ? बी०कॉम० ?

स्त्री : मैंने बताया था। बी०एस-सी० कर रहा था ... तीसरे साल में बीमार हो गया, इसलिए ...।

पुरुष दो : अच्छा-अच्छा ... हाँ ... बताया था तुमने। कि कुछ दिन एयर-इंडिया में ...।

स्त्री : एयर-फ्रीज में।

पुरुष दो : हाँ, एयर-फ्रीज में। ... हूँ-हूँ ... हूँ।

फिर घूमकर लड़के की तरफ देख लेता है। लड़का फिर उसी तरह मुसकरा देता है।

: इधर आ जाइये आप। वहाँ दूर क्यों बैठे हैं ?

लड़का : *(अपनी नाक की तरफ इशारा करता)* जी मुझे जरा ...

पुरुष दो : अच्छा-अच्छा ... देश का जलवायु ही ऐसा है, क्या किया जाए ? जलवायु की दृष्टि से जो देश मुझे सबसे पसन्द है, वह है इटली। पिछले वर्ष काफी यात्रा पर रहना पड़ा। पूरा यूरोप घूमा, पर जो बात मुझे इटली में मिली वह और किसी देश में नहीं। इटली की सबसे बड़ी विशेषता पता है, क्या है ? ... बहुत ही स्वादिष्ट है। कहाँ से लाती हो ? *(घड़ी देखकर)* सात पाँच यहीं हो गये। तो ...।

स्त्री : यहीं कोने पर एक दुकान है।

पुरुष दो : अच्छी दुकान है। मैं प्रायः कहा करता हूँ कि खाना और पहनना, इन दो दृष्टियों से ... वह अमरीकन भी यही बात कह रहा था कि जितनी विविधता इस देश के खान-पान और पहनावे में है ... और वही क्या, सभी विदेशी लोग इस बात को स्वीकार करते हैं। क्या रूसी, क्या जर्मन ! मैं कहता हूँ, संसार में शीत-युद्ध को कम करने में हमारी कुछ वास्तविक देन है, तो यही कि तुम अपनी इस साड़ी को ही लो। कितनी साधारण है, फिर भी ... यह हड़तालों-अड़तालों का चक्कर न चलता अपने यहां, तो हमारा वस्त्र-उद्योग अब तक ... अच्छा, तुमने वह नोटिस देखा है जो यूनियन ने मैनेजमेंट को दिया है ?

स्त्री 'हाँ' के लिए सिर हिला देती है।

: कितनी बेतुकी बातें हैं उसमें ! हमारे यहाँ डी०ए० पहले ही इतना है कि ···।

लड़का दराज से एक पैड निकालकर दराज बन्द करता है। पुरुष दो फिर घूमकर उस तरफ देख लेता है। लड़का फिर मुस्करा देता है। पुरुष दो के मुँह मोड़ने के साथ ही वह पैड पर पेंसिल से लकीरें खींचने लगता है।

: तो मैं कह रहा था कि ··· क्या कह रहा था ?

स्त्री : कह रहे थे ···

बड़ी लड़की : कई बातें कह रहे थे।

पुरुष दो : पर बात शुरू कहाँ से की थी मैंने ?

लड़का : इटली की सबसे बड़ी विशेषता से।

पुरुष दो : हाँ, पर उसके बाद ··· ?

लड़का : खान-पान और पहनावे की विविधता ··· अमरीकन, जर्मन, रूसी ··· शीत-युद्ध, हड़तालें ··· वस्त्र-उद्योग ··· डी०ए०।

पुरुष दो : बहुत अच्छी स्मरण-शक्ति है लड़के की। तो कहने का मतलब था कि ···।

स्त्री : थोड़ा और लीजिये।

पुरुष दो : और नहीं अब।

स्त्री : थोड़ा-सा ··· देखिये, जैसे भी हो, इसके लिए आपको कुछ-न-कुछ जरूर करना है।

पुरुष दो : जरूर ···। किसके लिए क्या करना है ?

स्त्री : *(लड़के की तरफ देखकर)* इसके लिए ··· कुछ-न-कुछ।

पुरुष दो : हाँ-हाँ ··· जरूर। वह तो है ही ! *(लड़के की तरफ मुड़कर)* बी०एस-सी० में कौन-सा डिवीजन था आपका ?

लड़का उँगली से हाथ में सिफर खींच देता है।

: कौन-सा ?

लड़का : *(तीन-चार बार उँगली घुमाकर)* ओ।

पुरुष दो : *(जैसे बात समझकर)* ओ !

स्त्री : तीसरे साल में बीमार हो गया था, इसलिए ···।

पुरुष दो : अच्छा-अच्छा ··· हाँ ! ··· ठीक है ··· देखूँगा मैं। **(घड़ी देखकर)** अब चलना चाहिए। बहुत समय हो गया। **(उठता हुआ)** तुम

घर पर आओ किसी दिन। बहुत दिनों से नहीं आयीं।

स्त्री और बड़ी लड़की साथ ही उठ खड़ी होती हैं।

स्त्री : मैं भी सोच रही थी आने के लिए। बेबी से मिलने।

पुरुष दो : वह पूछती रहती है, आंटी इतने दिनों से क्यों नहीं आयीं ? बहुत प्यार करती है अपनी आंटियों से। माँ के न होने से बेचारी ...।

स्त्री : बहुत ही प्यारी बच्ची है। मैं पूछ लूँगी किसी दिन आपसे। इससे भी कह दूँ, आकर मिल ले आपसे एक बार।

पुरुष दो : *(बड़ी लड़की को देखता)* किससे ? इससे ?

स्त्री : अशोक से।

पुरुष दो : हाँ-हाँ ... क्यों नहीं ? पर तुम तो आओगी ही। तुम्हीं को बता दूँगा।

स्त्री : ये जा रहे हैं, अशोक !

लड़का : *(जैसे पहले पता न चला हो)* जा रहे हैं आप !

उठकर पास आ जाता है।

पुरुष दो : *(घड़ी देखता)* सोचा नहीं था, इतनी देर रुकूँगा। *(बाहर से दरवाजे की तरफ बढ़ता बड़ी लड़की से)* तुम नहीं करतीं नौकरी ?

बड़ी लड़की : जी नहीं।

स्त्री : चाहती है करना, पर ... *(बड़ी लड़की से)* चाहती है न ?

बड़ी लड़की : हाँ ... नहीं ... ऐसा है कि ...।

स्त्री : डरती है।

पुरुष दो : डरती है ?

स्त्री : अपने पति से।

पुरुष दो : पति से ?

स्त्री : हाँ ... उसे पसन्द नहीं है।

पुरुष दो : यह लड़की ?

स्त्री : नहीं, इसका नौकरी करना।

पुरुष दो : अच्छा-अच्छा ... हाँ ...।

स्त्री : तो आपको ध्यान रहेगा न इसके लिए ... ?

पुरुष दो : इसके लिए ?

स्त्री : मेरा मतलब है उसके लिए ...

पुरुष दो : हाँ-हाँ-हाँ-हाँ ... तुम आओगी ही घर पर। दफ्तर की भी कुछ

बातें करनी हैं। वही जो यूनियन-ऊनियन का झगड़ा है।

स्त्री : मैं तो आऊँगी ही। यह भी अगर मिल ले ··· ?

पुरुष दो : *(घड़ी देखकर)* बहुत देर हो गयी। *(लड़के से)* अच्छा, एक बात बताएंगे आप कि ये जो हड़तालें हो रही हैं सब क्षेत्रों में आजकल, इनके विषय में आप क्या सोचते हैं ?

लड़का ऐसे उचक जाता है जैसे कोई कीड़ा पतलून के अन्दर चला गया हो।

लड़का : ओह ! ओह ! ओह !

जैसे बाहर से कीड़ा पकड़ने की कोशिश करने लगता है।

बड़ी लड़की : क्या हुआ ?

स्त्री : **(कुछ खीझ के साथ)** उन्होंने क्या पूछा है ?

लड़का : **(बड़ी लड़की से)** हुआ कुछ नहीं ··· कीड़ा है एक।

बड़ी लड़की : कीड़ा ?

पुरुष दो : अपने देश में तो ···।

लड़का : पकड़ गया।

पुरुष दो : ··· इतनी तरह का कीड़ा पाया जाता है कि ···।

लड़का : मसल दिया।

पुरुष दो : मसल दिया ? शिव-शिव-शिव ! यह हिंसा की भावना ···।

स्त्री : बहुत है इसमें। कोई कीड़ा हाथ लग जाय सही।

लड़का : और कीड़ा चाहे जितनी हिंसा करता रहे ?

पुरुष दो : मूल्यों का प्रश्न है। मैं प्रायः कहा करता था ··· बैठो तुम लोग।

स्त्री : मैं सड़क तक चल रही हूँ साथ।

पुरुष दो : इस देश में नैतिक मूल्यों के उत्थान के लिए ··· तुमने भाषण सुना है ··· वे जो आये हुए हैं आजकल, क्या नाम उनका ?

लड़का : निरोध महर्षि ?

पुरुष दो : हाँ-हाँ-हाँ ··· यही नाम है न ? इतना अच्छा भाषण देते हैं ···। जन्म-कुंडली भी बनाते हैं ··· वैसे आप भाषण ! वाह-वाह-वाह !

अन्तिम शब्दों के साथ दरवाजा लांघ जाता है। स्त्री भी साथ ही बाहर चली जाती है।

लड़का : हाहा !

बड़ी लड़की : यह किस बात पर ?

लड़का : एक्टिंग देखा ?

बड़ी लड़की : किसका ?

लड़का : मेरा।

बड़ी लड़की : तो क्या तू ... ?

लड़का : उल्लू बना रहा था उसे।

बड़ी लड़की : पता नहीं असल में कौन उल्लू बना रहा था !

लड़का : क्यों ?

बड़ी लड़की : उसे तो फिर भी पांच हजार तनखाह मिल जाती है।

लड़का : चेहरा देखा है पांच हजार तनखाह वाले का ?

पैड पर बनाया खाका लाकर उसे दिखाता है।

बड़ी लड़की : यह उसका चेहरा है ?

लड़का : नहीं है ?

बड़ी लड़की : सिर पर क्या है यह ?

लड़का : सींग बनाये थे काट दिये। कहते हैं, ... सींग नहीं होते।

बड़ी लड़की पैड उसके हाथ से लेकर देखती है।

स्त्री लौटकर आती है।

स्त्री : तू एक मिनट जायेगा बाहर।

लड़का : क्यों ?

स्त्री : गाड़ी चल नहीं रही उनकी।

लड़का : क्या हुआ।

स्त्री : बैटरी डाउन हो गयी है ? धक्का लगाना पड़ेगा।

लड़का : अभी से ? अभी तो नौकरी की बात तक नहीं की उसने ...।

स्त्री : जल्दी चला जा। उन्हें पहले ही देर हो गयी है।

लड़का : अगर सचमुच दिला दी उसने नौकरी, तब तो पता नहीं ...।

बाहर के दरवाजे से चला जाता है।

स्त्री : कुछ समझ में नहीं आता, क्या होने को है इस लड़के का ... यह तेरे हाथ में क्या है ?

बड़ी लड़की : मेरे हाथ में ? ... यह तो वह है ... वह जो बना रहा था।

स्त्री : क्या बना रहा था ? ... देखूं।

बड़ी लड़की : *(पैड उसकी तरफ बढ़ाती)* ऐसे ही ... पता नहीं क्या बना रहा था। बैठे-बैठे इसे भी बस ... !

स्त्री पल भर खाके को लेकर देखती रहती है।

स्त्री : यह चेहरा कुछ-कुछ वैसा नहीं है।

बड़ी लड़की : कैसा ?

स्त्री : तेरे डैडी जैसा।

बड़ी लड़की : डैडी जैसा ? नहीं तो।

स्त्री : लगता तो है कुछ-कुछ।

बड़ी लड़की : वह तो इस आदमी का चेहरा बना रहा था ··· यह जो अभी गया है।

स्त्री : *(त्यौरी डालकर)* यह करतूत कर रहा था ?

लड़का लौटकर आ जाता है।

लड़का : *(जैसे हाथों से गर्द झाड़ता)* क्या तो अपनी सूरत है और क्या गाड़ी की !

स्त्री : इधर आ।

लड़का : *(पास आता)* गाड़ी का इंजन तो फिर भी धक्के से चल जाता है, पर जहां तक *(माथे की तरफ इशारा कर)* इस इंजन का सवाल है।

स्त्री : *(कुछ सख्त स्वर में)* यह क्या बना रहा था तू ?

लड़का : तुम्हें क्या लगता है ?

स्त्री : तू क्या बना रहा था ?

लड़का : एक आदिम बन-मानुस।

स्त्री : क्या ?

लड़का : बन-मानुस।

स्त्री : नाटक मत कर। ठीक से बता।

लड़का : देख नहीं रही यह लपलपाती जीभ, ये रिसती गुफाओं जैसी आँखे, ये ···।

स्त्री : मुझे तेरी हरकतें बिलकुल पसन्द नहीं हैं। सुन रहा है तू ?

लड़का उत्तर न देकर पढ़ने की मेज की तरफ बढ़ जाता है और वहाँ से तसवीरें उठाकर देखने लगता है।

: सुन रहा है या नहीं ?

लड़का : सुन रहा हूँ।

: सुन रहा है, तो कुछ कहना नहीं है तुझे ?

लड़का उसी तरह तसवीरें देखता रहता है।

स्त्री : नहीं कहना है ?

लड़का : *(तसवीरें वापस मेज पर रख देता)* क्या कह सकता हूँ ?

स्त्री : मत कह, नहीं कह सकता तो। पर मैं मिन्नत-खुशामद से लोगों को घर पर बुलाऊँ और तू आने पर उनका मज़ाक उड़ाये, उनके कार्टून बनाये··· ऐसी चीजें अब मुझे बिलकुल बरदाश्त नहीं हैं। सुन लिया? बिलकुल-बिलकुल बरदाश्त नहीं हैं।

लड़का : नहीं बरदाश्त हैं, तो बुलाती क्यों हो ऐसे लोगों को घर पर कि जिनके आने से··· ?

स्त्री : हाँ-हाँ··· बता, क्या होता है जिनके आने से ?

लड़का : रहने दो। मैं इसीलिए चला जाना चाहता था पहले ही।

स्त्री : तू बात पूरी कर अपनी।

लड़का : जिनके आने से हम जितने छोटे हैं, उससे और छोटे हो जाते हैं अपनी नजर में।

स्त्री : *(कुछ स्तब्ध होकर)* मतलब ?

लड़का : मतलब वही जो मैंने कहा है। आज तक जिस किसी को बुलाया है तुमने, किस वजह से बुलाया है ?

स्त्री : तू क्या समझता है, किस वजह से बुलाया है ?

लड़का : उसकी किसी 'बड़ी' चीज़ की वजह से। एक को कि वह इन्टलेक्चुअल बहुत बड़ा है। दूसरे को कि उसकी तनखाह पाँच हज़ार है। तीसरे को कि उसकी तख्ती चीफ़ कमिश्नर की है। जब भी बुलाया है, आदमी को नहीं—उसकी तनखाह को, नाम को, रुतबे को बुलाया है।

स्त्री : तू कहना क्या चाहता है इससे ? कि ऐसे लोगों के आने से इस घर के लोग छोटे हो जाते हैं !

लड़का : बहुत-बहुत छोटे हो जाते हैं।

स्त्री : और मैं उन्हें इसीलिए बुलाती हूँ कि···।

लड़का : पता नहीं किसलिए बुलाती हो, पर बुलाती सिर्फ़ ऐसे ही लोगों को हो। अच्छा तुम्हीं बताओ, किसलिए बुलाती हो ?

स्त्री : इसलिए कि किसी तरह इस घर का कुछ बन सके। कि मेरे अकेली के ऊपर बहुत बोझ है इस घर का। जिसे कोई और भी मेरे साथ ढोने वाला हो सके। अगर मैं कुछ खास लोगों के साथ सम्बन्ध बनाकर रखना चाहती हूँ तो अपने लिए नहीं, तुम लोगों के लिए। पर तुम लोग इससे छोटे होते हो, तो मैं छोड़ दूँगी कोशिश। हाँ, इतना कहकर कि मैं अकेले दम इस

घर की ज़िम्मेदारियाँ नहीं उठाती रह सकती और एक आदमी है जो घर का सारा पैसा डुबोकर सालों से हाथ पर हाथ धरे बैठा है। दूसरा अपनी कोशिश से कुछ करना तो दूर, मेरे सिर फोड़ने से भी किसी ठिकाने लगना अपना अपमान समझता है। ऐसे में मुझसे भी नहीं निभ सकता। जब और किसी को यहाँ दर्द. नहीं किसी चीज़ का, तो अकेली मैं ही क्यों अपने को चीखती रहूँ रात-दिन ? मैं भी क्यों न सुर्खरू होकर बैठ रहूँ अपनी जगह ? उससे तो तुममें से कोई छोटा नहीं होगा।

लड़का चुप रहकर मेज की दराज खोलने-बन्द करने लगता है।

: चुप क्यों है अब ? बता न, अपने बड़प्पन से ज़िन्दगी काटने का क्या तरीका सोच रखा है तूने ?

लड़का : बात को रहने दो, ममा ! नहीं चाहता, मेरे मुँह से कुछ ऐसा निकल जाय जिससे तुम ... ।

स्त्री : जिससे मैं क्या ? कह जो भी कहना है तुझे।

लड़का : *(कुरसी पर बैठता)* कुछ नहीं कहना है मुझे।

उड़ते मन से एक मैगजीन और कैंची दराज से निकालकर उसे जोर से बन्द कर देता है।

स्त्री : कुज नई तैना है तुझे। बैथ दा तुलछी पल औल तछवीलें तात। तितनी तछबीलें तातीं ऐं अब तत लाजे मुन्ने ने ? अगर कुछ नहीं कहना था तुझे, तो पहले ही क्यों नहीं अपनी ज़बान ... ?

बड़ी लड़की : *(पास आकर उसकी बाँह थामती)* रुक जाओ ममा, मैं बात करूँगी इससे *(लड़के से)* देख अशोक ... !

लड़का : तेरा इस वक्त बात करना जरूरी है क्या ?

बड़ी लड़की : मैं तुझसे सिर्फ इतना पूछना चाहती हूँ कि ... ?

लड़का : पर क्यों पूछना चाहती है ? मैं इस वक्त किसी की किसी भी बात का जवाब नहीं देना चाहता।

बड़ी लड़की : *(कुछ रुककर)* यह तू भी जानता है कि ममा ने ही आज तक ...

लड़का : तू फिर भी कर रही है बात !

स्त्री : क्यों कर रही है बात तू इससे ? कोई जरूरत नहीं किसी से भी बात करने की। आज वक्त आ गया है जब खुद ही मुझे अपने लिए कोई-न-कोई फैसला ... ।

लड़का : ज़रूर कर लेना चाहिए।

बड़ी लड़की : अशोक !

लड़का : मैं कहना नहीं चाहता था लेकिन ···।

बड़ी लड़की : तो कह क्यों रहा है ?

लड़का : कहना पड़ रहा है क्योकि जब नहीं निभता इनसे यह सब, तो क्यों निभाये जाती हैं ··· ?

स्त्री : मैं निभाये जाती हूं क्योंकि ··· ।

लड़का : कोई और निभाने वाला नहीं है ··· यह बात बहुत बार कही जा चुकी है इस घर में।

बड़ी लड़की : तो तू सोचता है कि ममा जो कुछ भी करती हैं यहाँ ··· ?

लड़का : मैं पूछता हूँ क्यों करती हैं ? किसके लिए करती है ··· ?

बड़ी लड़की : मेरे लिए करती थीं ···।

लड़का : तू घर छोड़कर चली गयी।

बड़ी लड़की : किन्नी के लिए करती हैं ···।

लड़का : वह दिन-ब-दिन पहले से बदतमीज होती जा रही है।

बड़ी लड़की : डैडी के लिए करती हैं ···।

लड़का : उनकी हालत देखकर रहम नहीं आता ?

बड़ी लड़की : और सबसे ज़्यादा तेरे लिए करती हैं।

लड़का : और मैं ही शायद इस घर में सबसे ज़्यादा नाकारा हूँ। ··· पर क्यों हूँ ?

बड़ी लड़की : यह ··· यह मैं कैसे बता सकती हूं ?

लड़का : कम से कम अपनी बात तो बता ही सकती है। तू यह घर छोड़कर क्यों चली गयी थी ?

बड़ी लड़की : *(अप्रतिभ होकर)* मैं चली गयी थी ··· चली गयी थी ··· क्योंकि ···।

लड़का : क्योंकि तू मनोज से प्रेम करती थी ! खुद तुझे ही यह गुट्टी बहुत कमज़ोर नहीं लगती ?

बड़ी लड़की : *(रूँआसी पड़कर)* तो तू मुझसे ··· मुझसे भी कह रहा है कि ··· ?

शिथिल होती एक मोढ़े पर बैठ जाती है।

लड़का : मैंने कहा था तुझसे ··· मत कर बात।

स्त्री आहिस्ता से दो कदम चलकर लड़के के पास आ जाती है।

स्त्री : *(अत्यधिक गंभीर)* तुझे पता है न, तूने क्या बात कही है ?

लड़का-बिना कुछ कहे मैगजीन खोलकर उसमें से एक तसवीर काटने लगता है।

: पता है न ?

लड़का उसी तरह चुपचाप तसवीर काटता रहता है।

: तो ठीक है। आज से मैं सिर्फ़ अपनी ज़िन्दगी को देखूँगी ··· तुम लोग अपनी-अपनी ज़िन्दगी को खुद देख लेना।

बड़ी लड़की एक हाथ से दूसरे हाथ के नाखूनों को मसलने लगती है।

: मेरे पास अब बहुत साल नहीं हैं जीने को। पर जितने हैं, उन्हें मैं इसी तरह और निभाते हुए नहीं काटूँगी। मेरे करने से जो कुछ हो सकता था इस घर का, हो चुका आज तक, मेरी तरफ़ से यह अन्त है उसका ···। निश्चित अन्त।

एक खँडहर की आत्मा को व्यक्त करता हलका संगीत। लड़का अपनी काटी तसवीर पल-भर हाथ में लेकर देखता है, फिर चक्-चक् उसे बड़े-बड़े टुकड़ों में करतने लगता है जो नीचे फर्श पर बिखरते जाते हैं। प्रकाश आकृतियों पर धुंधलाकर कमरे के अलग-अलग कोनों में सिमटता विलीन होने लगता है। मंच पर पूरा अँधेरा होने के साथ संगीत भी रुक जाता है। पर कैंची की चक्चक् फिर भी कुछ क्षण सुनायी देती रहती है।

अन्तराल विकल्प।

दो अलग-अलग प्रकाश-वृत्तों में लड़का और बड़ी लड़की। लड़का सोफे पर औंधा लेटकर टाँगें हिलाता सामने 'पेशेंस' के पत्ते फैलाये। बड़ी लड़की पढ़ने की मेज पर प्लेट में रखे स्लाइसों पर मक्खन लगाती। पास में टिन-कटर और 'चीज' का एक डब्बा। पूरा प्रकाश होने पर कमरे में यह बिखराव नजर आता है जो एक दिन ठीक से देख-रेख न होने से आ सकता है। यहाँ-वहाँ चाय की खाली प्यालियाँ, उतरे हुए कपड़े और

ऐसी ही अस्त-व्यस्त चीजें।

बड़ी लड़की : यह डब्बा खोल देगा तू ?

लड़का : *(पत्तों में व्यस्त)* मुझसे नहीं खुलेगा।

बड़ी लड़की : नहीं खुलेगा, तो लाया किसलिए था ?

लड़का : तूने कहा था जो-जो उधार मिल सके ले आ बनिये से, मैं उधार में एक फोन भी कर आया।

बड़ी लड़की : कहाँ ?

लड़का : जुनेजा अंकल के यहाँ।

बड़ी लड़की : डैडी से बात हुई ?

लड़का : नहीं।

बड़ी लड़की : तो ?

लड़का : जुनेजा अंकल से हुई।

बड़ी लड़की : कुछ कहा उन्होंने ?

लड़का : बात हुई इसी का यह मतलब नहीं कि ... ?

बड़ी लड़की : मतलब डैडी के घर आने के बारे में।

लड़का : कहा—नहीं आयेंगे ?

बड़ी लड़की : नहीं आयेंगे ?

लड़का : नहीं।

बड़ी लड़की : तो पहले क्यों नहीं बताया तूने ? मैं ऐसे ही ये सैडविच-ऐंडविच ... ?

लड़का : मैने सोचा चीज़-सैडविच तुझे खुद को पसंद हैं, इसलिए कह रही है।

बड़ी लड़की : मैंने कहा नहीं था कि ममा के दफ्तर से लौटने तक डैडी भी आ जायें शायद ? चीज़-सैंडविच दोनों को पसंद हैं।

लड़का : जुनेजा अंकल को भी पसंद हैं। वे आयेंगे, उन्हें खिला देना।

बड़ी लड़की : कहा है आएंगे ?

लड़का : ममा से कुछ बात करना चाहते हैं। छह-साढे छह तक आयें शायद।

बड़ी लड़की : ममा का मूड वैसे ही ऑफ है। ऊपर से वे आकर बात करेंगे तो ... चेहरा देखा था ममा का सुबह दफ्तर जाते वक्त ?

लड़का : मैं पड़ा ही नहीं सामने।

बड़ी लड़की : रात से ही चुप थीं, सुबह तो ... इतनी चुप पहले कभी नहीं देखा।

लड़का : बात हुई थी तेरी कुछ ?

बड़ी लड़की : यही चाय-वाय के बारे में।

लड़का : साड़ी तो बहुत बढ़िया बाँधकर गयी हैं—जैसे किसी ब्याह का न्यौता हो।

बड़ी लड़की : देखा था तूने ?

लड़का : झलक पड़ी थी जब बाहर निकल रही थीं।

बड़ी लड़की : मैंने सोचा, दफ्तर से कहीं और जायेंगी। पर कहा, साढे पाँच तक आ जायेंगी—रोज की तरह।

लड़का : तूने पूछा था ?

बड़ी लड़की : इसलिए पूछा था कि मैं भी उसी हिसाब से अपना प्रोग्राम ... पर सच कुछ पता नहीं चला।

लड़का : किस चीज़ का ?

बड़ी लड़की : कि मन में क्या सोच रही हैं। कहा तो कि साढ़े पाँच तक लौट आयेंगी, पर चेहरे पर लगता था जैसे .. ।

लड़का : जैसे ?

बड़ी लड़की : जैसे सचमुच मन में कोई फैसला कर लिया हो और ... ।

लड़का : अच्छा नहीं है यह ?

बड़ी लड़की : अच्छा कहता है इसे ?

लड़का : इसलिए कि हो सकता है, कुछ न कुछ हो इससे।

बड़ी लड़की : क्या हो ?

लड़का : कुछ भी। जो चीज बरसों से एक जगह रुकी है, वह रुकी ही नहीं रहनी चाहिए।

बड़ी लड़की : तो तू सचमुच चाहता है कि ... ?

लड़का : सचमुच चाहता हूँ कि बात किसी भी एक नतीजे तक पहुँच जाय। ... तू नहीं चाहती ?

पत्ते समेटता उठ खड़ा होता है।

बड़ी लड़की : मुझे तेरी बातों से डर लगता है आजकल।

लड़का : *(उसकी तरफ आता)* पर गलत तो नहीं लगतीं मेरी बातें ?

बड़ी लड़की : पता नहीं ... सही भी नहीं लगतीं हालाँकि ... । *(डब्बा और टिन-कटर हाथ में लेकर)* यह डब्बा ... ?

लड़का : इस टिन-कटर से नहीं खुलेगा। इसकी नोक इतनी मर चुकी है कि ... ।

बड़ी लड़की : तो क्या करें फिर ?

लड़का : कोई और चीज़ नहीं है ?

बड़ी लड़की : मैं कैसे बता सकती हूँ ? मैं तो इतनी बेगानी महसूस करती हूँ अब इस घर में कि···।

लड़का : पहले नहीं करती थी ?

बड़ी लड़की : पहले··· पहले तो···।

लड़का : महसूस करना ही महसूस नहीं होता था। और कुछ-कुछ महसूस होना शुरू हुआ जब, तो पहला मौका मिलते ही घर से चली गयी।

बड़ी लड़की : *(तीखी पड़कर)* तू फिर कल वाली बात कह रहा है ?

लड़का : बुरा क्यों मानती है ? खुद अपने को बेगाना महसूस करता हूँ यहाँ··· और महसूस करना शुरू किया है मैंने तेरे जाने के दिन से।

बड़ी लड़की : मेरे जाने के दिन से ?

लड़का : महसूस शायद पहले भी करता था, पर सोचना तभी से शुरू किया है।

बड़ी लड़की : और सोचकर जाना है कि ?

लड़का : एक खास चीज़ है इस घर के अन्दर जो···।

बड़ी लड़की : *(अस्थिर होकर)* तू भी यही कहता है।

लड़का : और कौन कहता है ?

बड़ी लड़की : कोई भी··· पर कौन-सी चीज है वह ?

लड़का : *(स्थिर दृष्टि से उसे देखता)* तू नहीं जानती ?

बड़ी लड़की : *(आँखें बचाती)* मैं ? मैं कैसे ?

लड़का : तुझसे तो मैंने जाना है उसे, और तू कहती है तू कैसे ?

बड़ी लड़की : तूने मुझसे जाना है उसे··· मैं नहीं समझी।

लड़का : ठीक है, ठीक है। उस चीज़ को जानकर भी न जानना ही बेहतर है शायद। पर दूसरे को धोखा दे भी ले आदमी अपने आपको कैसे दे ?

बड़ी लड़की इस तरह हो जाती है कि उसका हाथ ठीक से स्लाइस पर मक्खन नहीं लगा पाता।

बड़ी लड़की : तू तो बस हमेशा ही··· देख, ऐसा है कि मैं कह रही थी तुमसे कि··· भई, यह डब्बा खुलाकर ला पहले कहीं से। यह अगर नहीं खुलेगा, तो···।

लड़का : हाथ काँप क्यों रहा है तेरा ? *(डब्बा लेता)* अभी खुला जाता

है यह। तेज़ औज़ार चाहिए ··· एक मिनट नहीं लगेगा।

बाहर के दरवाजे से चला जाता है। बड़ी लड़की काम जारी रखने की कोशिश करती है, पर हाथ नहीं चलते, तो छोड़ देती है।

बड़ी लड़की : *(माथे पर हाथ फेरती, शिथिल स्वर में)* कैसे कहता है यह ?··· मैं सचमुच जानती हूँ क्या ?

सिर को झटक लेती है जैसे अन्दर एक बवंडर उठ रहा हो। कोशिश से अपने को सहेजकर उठ पड़ती है और अन्दर के दरवाजे के पास जाकर आवाज देती है।

: किन्नी !

जवाब नहीं मिलता, तो एक बार अन्दर झाँककर लौट आती है।

: कहाँ चली जाती है ? सुबह स्कूल जाने से पहले रोना कि जब तक चीजें नहीं आयेंगी, नहीं जायेगी। और अब दिन-भर से पता ही नहीं, कब घर में है, कब बाहर है।

लड़का बाहर के दरवाजे से छोटी लड़की को अन्दर धकेलता है।

लड़का : चल अन्दर।

छोटी लड़की अपने को बचाकर बाहर भाग जाना चाहती है, पर वह उसे बाँहों से पकड़ लेता है।

: कहा है, अन्दर चल।

बड़ी लड़की : *(ताव से)* यह क्या हो रहा है ?

छोटी लड़की : देख लो बिन्नी-दी, यह मुझे ···

झटके से बाँह छुड़ाने की कोशिश करती है, पर लड़का उसे सख्ती से खींचकर अन्दर ले आता है।

लड़का : इधर आना, अभी पता चलता है तुझे।

बड़ी लड़की पास आकर छोटी लड़की की बाँह छुड़ाती है।

बड़ी लड़की : छोड़ दे इसे। किया क्या है इसने जो ··· ?

लड़का : *(डब्बा उसे देता)* यह डब्बा ले। खुल गया है *(छोटी लड़की पर तमाचा उठाकर)* इसे तो मैं अभी ···।

बड़ी लड़की : *(उसका हाथ रोकती)* सिर फिर गया है तेरा ?

लड़का : फिरा नहीं, फिर जायेगा। ... बाई जोव !

बड़ी लड़की : बात क्या हुई है ?

लड़का : इससे पूछ, क्या बात हुई है। ... माई गॉड !

बड़ी लड़की : क्या बात हुई है, किन्नी ? क्या कर रही थी तू ?

छोटी लड़की जवाब न देकर सुबकने लगती है।

: बता न, क्या कर रही थी !

छोटी लड़की चुपचाप सुबकती रहती है।

लड़का : कर नहीं, कह रही थी किसी से कुछ।

बड़ी लड़की : क्या ?

लड़का : इसी से पूछ।

बड़ी लड़की : *(छोटी लड़की से)* बोलती क्यों नहीं ? ज़बान सिल गयी है तेरी ?

लड़का : सिल नहीं, थक गयी है। बताने में कि औरतें और मर्द किस तरह आपस में ...।

बड़ी लड़की : क्या ? ? ?

लड़का : पूछ ले इससे। अभी बता देगी तुझे सब ... जो सुरेखा को बता रही थी बाहर।

छोटी लड़की : *(सुबकने के बीच)* वह बता रही थी मुझे कि मैं उसे बता रही थी ?

लड़का : तू बता रही थी।

छोटी लड़की : वह बता रही थी।

लड़का : तू बता रही थी। अचानक मुझ पर नज़र पड़ी कि मैं पीछे खड़ा सुन रहा हूँ, तो ...।

छोटी लड़की : सुरेखा भागी थी कि मैं भागी थी ?

लड़का : तू भागी थी।

छोटी लड़की : सुरेखा भागी थी।

लड़का : तू भागी थी और मैंने पकड़ लिया दौड़कर, तो लगी चिल्लाकर आसपास को सुनाने कि यह ममा से मेरी शिकायतें करता है और ममा घर पर नहीं हैं, इसलिए मैं इसे पीट रहा हूँ।

बड़ी लड़की : *(छोटी लड़की से)* यह सच कह रहा है ?

छोटी लड़की : बात सुरेखा ने शुरू की थी। वह बता रही थी कि कैसे उसके मम्मी-डैडी ...।

बड़ी लड़की : *(सख्त पड़कर)* और तुझे शौक है जानने का कि कैसे उसके मम्मी-डैडी आपस में ?

लड़का : आपस में नहीं। यही तो बात थी खास।

बड़ी लड़की : चुप रह, अशोक !

छोटी लड़की : इससे कभी कुछ नहीं कहता कोई। रोज किसी-न-किसी बात पर मुझे पीट देता है।

बड़ी लड़की : क्यों पीट देता है ?

छोटी लड़की : क्योंकि मैं अपनी सब चीज़ें इसे नहीं ले जाने देती उसे देने।

बड़ी लड़की : किसे देने ?

छोटी लड़की : वह जो है इसकी। कभी मेरी बर्थडे प्रेज़ेंट की चूडियाँ दे आता है तो कभी मेरा प्राइज का फ़ाउंटेन पेन। मैं अगर ममा से कह देती हूं, तो अकेले में मेरा गला दबाने लगता है।

बड़ी लड़की : *(लड़के से)* किसकी बात कर रही है यह ?

लड़का : ऐसे ही बक रही है। झूठमूठ।

छोटी लड़की : झूठमूठ ? मेरा फाउंटेन पेन तेरी वर्णा के पास नहीं है ?

बड़ी लड़की : वर्णा कौन ?

छोटी लड़की : वही उद्योग सेंटर वाली जिसके पीछे जूतियाँ चटकाता फिरता है।

लड़का : *(फिर.से उसे पकड़ने को होकर)* तू ठहर जा, आज मैं तेरी जान निकालकर रहूंगा।

छोटी लड़की उससे बचने के लिए इधर-उधर भागती है। लड़का उसका पीछा करता है।

बड़ी लड़की : अशोक !

लड़का : आज इसको छोड़ने का इसकी जबान जिस तरह चलने लग गई है उससे ...

छोटी लड़की पाकर बाहर के दरवाजे से निकल जाती है।

छोटी लड़की : *(जाती हुई)* वर्णा उद्योग सेंटर वाली ! वर्णा उद्योग सेंटर वाली !! वर्णा उद्योग सेंटर वाली !!!

लड़का उसके पीछे बाहर जाने ही लगता है, कि अचानक स्त्री को अन्दर आते देखकर ठिठक जाता है। स्त्री अंदर आती जैसे वहां की किसी चीज से उसे मतलब ही नहीं है। वातावरण के प्रति उदासीनता के अतिरिक्त चेहरे पर संकल्प और असमंजस का मिला-जुला भाव। उन लोगों

की ओर न देखकर वह हाथ का सामान परे की एक कुरसी पर रखती है। लड़का अपने को एक भोंड़ी स्थिति में पाता है, इस चीज उस चीज को छूकर देखने लगता है। बड़ी लड़की प्लेट, स्लाइसें और चीज का डब्बा लिये अहाते के दरवाजे की तरफ चल देती है।

बड़ी लड़की : *(स्त्री के पास से गुजरती)* मैं चाय लेकर आती हूँ अभी।

स्त्री : मुझे नहीं चाहिए।

बड़ी लड़की : एक प्याली ले लेना।

चली जाती है। स्त्री कमरे के बिखराव पर एक नज़र डालती है, पर सिवाय अपने साथ लायी चीजों को यथास्थान रखने के और किसी चीज को हाथ नहीं लगाती। बड़ी लड़की लौटकर आती है।

: *(पत्ती का खाली पैकेट दिखाती)* पत्ती खत्म हो गयी है।

स्त्री : मैं नहीं लूंगी चाय।

बड़ी लड़की : सबके लिए बना रही हूँ एक-एक प्याली।

लड़का : मेरे लिए नहीं।

बड़ी लड़की : क्यों ? पानी रख रही हूँ, सिर्फ़ पत्ती लानी है।

लड़का : अपने लिए बनानी है, बना ले।

बड़ी लड़की : मैं अकेली पिऊँगी ? इतने चाव से चीज़-सैंडविच बना रही हूँ।

लड़का : मेरा मन नहीं है।

स्त्री : मुझे चाय के लिए बाहर जाना है किसी के साथ।

बड़ी लड़की : तो तुम घर पर नहीं रहोगी इस वक्त ?

स्त्री : नहीं। जगमोहन आयेगा लेने।

बड़ी लड़की : यहां आयेंगे वे ?

स्त्री : लेने आयेगा। क्यों ?

बड़ी लड़की : वे भी आने वाले है अभी ... जुनेजा अंकल।

स्त्री : उनका कैसे पता है आने वाले हैं ?

बड़ी लड़की : अशोक ने फोन किया था कह रहे थे कुछ बात करनी है।

स्त्री : लेकिन मुझे कोई बात नहीं करनी उनसे।

बड़ी लड़की : फिर भी जब वे आयेंगे ही, तो ...।

स्त्री : कह देना, मैं घर पर नहीं हूँ। पता नहीं, कब लौटूँगी।

बड़ी लड़की : कहें, इन्तज़ार करते हैं, तो ?

स्त्री : करने देना इन्तज़ार।

कबर्ड से दो-तीन पर्स निकालकर देखती है कि उनमें से कौन-सा साथ रखना चाहिए। बड़ी लड़की एक नजर लड़के को देख लेती है जो लगता है किसी तरह वहाँ से जाने का बहाना ढूँढ़ रहा है।

बड़ी लड़की : *(एक पर्स को छूकर)* यह अच्छा है इनमें।··· कब तक सोचती हो लौट आओगी ?

स्त्री : *(उस पर्स को रखकर दूसरा निकालती)* पता नहीं। बात करने में देर भी हो सकती है।

बड़ी लड़की : *(उस पर्स के लिए)* यह और भी अच्छा है।··· अगर पूछें कहाँ गयी हैं, किसके साथ गयी हैं ?

स्त्री : कहना, बताया नहीं··· या बता देना, जगमोहन आया था लेने। *(एक नजर फिर कमरे में डालकर)* कितना गन्दा पड़ा है !

बड़ी लड़की : समेट रही हूं *(व्यस्त होती)* बताना ठीक होगा उन्हें ?

स्त्री : क्यों ?

बड़ी लड़की : ऐसे ही वे जाकर डैडी को बतलायेंगे खामखाह···।

स्त्री : तो क्या होगा ? *(कुछ चीजें खुद उठाकर उसे देती)* अन्दर रख आ अभी।

बड़ी लड़की : होगा यही कि···।

स्त्री : एक आदमी के साथ चाय पीने जा रही हूँ मैं, कहीं चोरी करने तो नहीं।

बड़ी लड़की : तुम्हें पता ही है, डैडी जगमोहन अंकल को···।

स्त्री : पसन्द भी करते हैं तेरे डैडी किसी को ?

बड़ी लड़की : फिर भी थोड़ा जल्दी आ सको तुम, तो···।

स्त्री : मुझे उससे कुछ जरूरी बात करनी है। उसे कई काम थे शाम को जो उसने मेरी खातिर कैंसिल किये हैं। बेकार आदमी नहीं है वह कि जब चाहा बुला लिया, जब चाहा कह दिया जाओ अब।

लड़का अस्थिर भाव से टहलता दरवाजे के पास पहुँच जाता है।

लड़का : मैं ज़रा जा रहा हूँ, बिन्नी !

बड़ी लड़की : तू भी ? ··· तू कहाँ जा रहा है ?

लड़का : यहीं तक ज़रा। आ जाऊँगा थोड़ी देर में

बड़ी लड़की : तो जुनेजा अंकल के आने पर मैं ··· ?

लड़का : आ जाऊँगा तब तक शायद।

बड़ी लड़की : शायद ?

लड़का : नहीं ··· आ ही जाऊँगा।

चला जाता है।

बड़ी लड़की : *(पीछे से)* सुन ! *(दरवाजे की तरफ बढ़ती)* अशोक !

लड़का नहीं रुकता तो होंठ सिकोड़े स्त्री की तरफ लौट आती है।

: कम-से-कम पत्ती लेकर तो दे जाता।

स्त्री : *(जैसे कहने से पहले तैयारी करके)* तुमसे एक बात कहना चाहती थी।

बड़ी लड़की : यह सब छोड़ आऊँ अन्दर। वहाँ भी कितना कुछ बिखरा है। सोचती हूँ, जगमोहन अंकल के आने से पहले ··· !

स्त्री : मुझे जरा-सी ही बात करनी है।

बड़ी लड़की : बताओ।

स्त्री : अगली बार आने पर, मैं तुझे यहाँ न मिलूँ शायद।

बड़ी लड़की : कैसी बात कर रही हो ?

स्त्री : जगमोहन को आज मैंने इसीलिए फ़ोन किया था।

बड़ी लड़की : तो ?

स्त्री : तो अब जो भी हो। मैं जानती थी, एक दिन आना ही है ऐसा।

बड़ी लड़की : तो तुमने पूरी तरह सोच लिया है कि ···।

स्त्री : *(हल्के से आँखें मूँदकर)* बिलकुल सोच लिया है। *(आँखें झपकाती)* जा तू अब।

बड़ी लड़की पल-भर चुपचाप उसे देखती खड़ी रहती है। फिर सोचते भाव से अन्दर को चल देती है।

बड़ी लड़की : *(चलते-चलते)* और सोच लेतीं थोड़ा ···।

चली जाती है।

स्त्री : कब तक और ?

गले की माला को उँगली में लपेटते हुए। झटके लगने से माला टूट जाती है। परेशान होकर वह

माला को उतार देती है और जाकर कबर्ड से दूसरी माला निकाल लेती है।

: साल पर साल ... इसका यह हो जाय, उसका वह हो जाय !

मालाओं का डब्बा रखकर कबर्ड को बन्द करना चाहती है। पर बीच की चीजों के अव्यवस्थित हो जाने से कबर्ड ठीक से बन्द नहीं होता।

: एक दिन ... दूसरा दिन !

नहीं ही बन्द होता, तो उसे पूरा खोलकर झटके से बन्द करती है।

: एक दिन ... दूसरा साल !

कबर्ड के नीचे रखे जूते-चप्पलों को पैर से टटोलकर एक चप्पल निकालने की कोशिश करती है। पर दूसरा पैर नहीं मिलता, तो सबको ठोकरें लगाकर पीछे हटा देती है।

: अब भी और सोचूं थोड़ा !

ड्रेसिंग टेबल के सामने चली जाती है। कुछ पल असमंजस में रहती है कि वहाँ क्यों आयी है। फिर ध्यान हो जाने से आईने में देखकर माला पहनने लगती है। पहनकर अपने को ध्यान से देखती है। गरदन उठाकर और खाल को मसलकर चेहरे की झुर्रियाँ निकालने की कोशिश करती है।

: कब तक ... क्यों !

फिर समझ में नहीं आता कि क्या करना है। ड्रेसिंग टेबल की कुछ चीजों को ऐसे ही उठाती-रखती है। क्रीम की शीशी हाथ में आ जाने पर पल-भर उसे देखती रहती है। फिर खोल लेती है।

: घर दफ्तर ... घर दफ्तर !

क्रीम चेहरे पर लगाते हुए ध्यान आता है कि वह इस वक्त नहीं लगानी थी। उसे तौलिये से पोंछकर एक और शीशी उठा लेती है। उसमें से लोशन रुई पर लेकर सोचती है, कहाँ लगाये और कहीं का नहीं सूझता, तो उससे कलाइयाँ साफ करने लगती है !

: सोचो ··· सोचो !

ध्यान सिर के बालों में अटक जाता है। अनमनेपन में लोशन वाली रुई सिर पर लगाने लगती है, पर बीच में ही हाथ रोककर उसे अलग रख देती है। उँगलियों से टटोलकर देखती है कि कहाँ सफेद बाल ज्यादा नजर आ रहे हैं। कंघी ढूँढ़ती है, पर वह मिलती नहीं। उतावली में सभी खाने-दराज़ें देख डालती है। आखिर कंघी वहीं तौलिये के नीचे से मिल जाती है।

: चख्-चख् ··· किट्-किट् ··· चख्-चख् ··· किट्-किट् ! क्या सोचो ?

कंघी से सफेद बालों को ढकने लगती है। ध्यान आँखों की झाइयों पर चला जाता है तो कंघी रखकर उन्हें सहलाने लगती है। तभी पुरुष तीन बाहर दरवाजे से आता है। ··· सिगरेट के कश खींचकर छल्ले बनाता। स्त्री उसे नहीं देखती, तो वह राख झाड़ने के लिए तिपाई पर रखी ऐश-ट्रे की तरफ बढ़ जाता है। स्त्री पाउडर की डब्बी खोल-आँखों के नीचे पाउडर लगाती है। डब्बी वाला हाथ काँप जाने से थोड़ा पाउडर बिखर जाता है।

: *(उसाँस के साथ)* कुछ मत सोचो !

उठ खड़ी होती है, एक बार अपने को अच्छी तरह आईने में देख लेती है। पुरुष तीन पहले सिगरेट से दूसरा सिगरेट सुलगाता है।

: होने दो जो होता है।

सोफे की तरफ मुड़ती ही है कि पुरुष तीन पर नजर पड़ने से ठिठक जाती है, आँखों में एक चमक भर आती है।

पुरुष तीन : *(काफी कोमल स्वर में)* हलो, कुकू !

स्त्री : अरे ! पता ही न चला तुम्हारे आने का।

पुरुष तीन : मैंने देखा, अपने से ही बात कर रही हो कुछ। इसलिए।

स्त्री : इन्तजार में ही थी मैं। तुम सीधे आ रहे हो दफ्तर से ?

पुरुष तीन कश खींचकर छल्ले बनाता है।

पुरुष तीन : सीधा ही समझो।

स्त्री : समझो यानी कि नहीं।

पुरुष तीन : नाउ-नाउ।··· दो मिनट रुका बस, पोल स्टार में। एक डिज़ाइन देना था उनका। फिर घर जाकर नहाया और सीधा ···।

स्त्री : सीधा कहते हो इसे ?

पुरुष तीन : *(छल्ले बनाता)* तुम नहीं बदलीं बिलकुल। उसी तरह डाँटती हो आज भी। पर बात इतनी-सी है कुकू डियर, कि दफ्तर के कपड़ों में सारी शाम उलझन होती इसलिए सोचा कि ···।

स्त्री : लेकिन मैंने कहा नहीं था, बिलकुल सीधे आना ? बिना एक मिनट भी ज़ाया किये ?

पुरुष तीन : ज़ाया कहाँ किया एक मिनट भी ? पोल स्टार में तो ···।

स्त्री : रहने दो अब। तुम्हारी बहानेबाजी नयी चीज़ नहीं है मेरे लिए।

पुरुष तीन : *(सोफे पर बैठता है)* कह लो जो जी चाहे। बिना वजह लगाम खींचे जाना मेरे लिए भी नयी चीज़ नहीं है।

स्त्री : बैठ रहे हो—चलना नहीं ?

पुरुष तीन : एक मिनट। चल ही रहे हैं बस। बैठो।

स्त्री अनमने ढंग से सोफे पर बैठ जाती है।

: जिस तरह फ़ोन किया तुमने अचानक, उससे मुझे कहीं लगा कि ···

स्त्री की आँखें उमड़ आती हैं।

स्त्री : *(उसके हाथ पर हाथ रखकर)* जोग !

पुरुष तीन : *(हाथ सहलाता)* क्या बात है, कुकू ?

स्त्री : मैं वहाँ पहुँच गयी हूँ जहाँ पहुँचने से डरती रही हूँ ज़िन्दगी-भर। मुझे आज लगता है कि ···

पुरुष तीन : *(हाथ पर हलकी थपकियाँ देता)* परेशान नहीं होते इस तरह।

स्त्री : मैं सच कह रही हूँ। आज अगर तुम मुझसे कहो कि ···।

पुरुष तीन : *(अन्दर की तरफ देखकर)* घर पर कोई नहीं है ?

स्त्री : बिन्नी है अन्दर।

हाथ हटा लेती है।

पुरुष तीन : यहीं है वह ? उसका तो सुना था कि ···।

स्त्री : हाँ, पर आयी हुई है कल से।

पुरुष तीन : तब का देखा है उसे। कितने साल हो गये !

स्त्री : अब आ ही रही होगी बाहर।··· देखो, तुमसे बहुत-बहुत बातें करनी हैं मुझे आज।

पुरुष तीन : मैं सुनने के लिए ही तो आया हूँ। फोन पर तुम्हारी आवाज से ही मुझे लगा कि···।

स्त्री : मैं बहुत··· वो थी उस वक्त।

पुरुष तीन : वह तो इस वक्त भी हो।

स्त्री : तुम कितनी अच्छी तरह समझते हो मुझे··· कितनी अच्छी तरह ! इस वक्त मेरी जो हालत है अन्दर से···।

स्वर भर्रा जाता है।

पुरुष तीन : प्लीज !

स्त्री : जोग !

पुरुष तीन : बोलो !

स्त्री : तुम जानते हो मैं··· एक तुम्हीं हो जिस पर मैं···।

पुरुष तीन : कहती क्यों हो ? कहने की बात है यह ?

स्त्री : फिर भी मुँह से निकल जाती है। देखो ऐसा है कि··· नहीं। बाहर चलकर ही बात करूँगी।

पुरुष तीन : एक सुझाव है मेरा।

स्त्री : बताओ।

पुरुष तीन : बात यहीं कर लो जो करनी है। उसके बाद···।

स्त्री : ना-ना। यहाँ नहीं।

पुरुष तीन : क्यों ?

स्त्री : यहां हो नहीं सकेगी बात मुझसे। हाँ, तुम कुछ वैसा समझते हो बाहर चलने में मेरे साथ, तो···।

पुरुष तीन : कैसी बातं करती हो ? तुम जहाँ भी कहो, चलते हैं। मैं तो इसीलिए कह रहा था कि···।

स्त्री : मैं जानती हूँ सब। तुम्हारी बात गलत नहीं समझती मैं कभी।

पुरुष तीन : तो बताओ, कहाँ चलोगी ?

स्त्री : जहाँ भी ठीक समझो तुम।

पुरुष तीन : मैं ठीक समझूँ ? हमेशा तुम्हीं नहीं तय किया करती थीं ?

स्त्री : गिंज़ा कैसा रहेगा ?··· वहाँ वही कोने वाली टेबल खाली मिल जाए शायद।

पुरुष तीन : पूछो नहीं। यह कहो—गिंज़ा।

स्त्री : या यार्क्स ?··· वहां इस वक्त ज्यादा लोग नहीं होते।

पुरुष तीन : मैंने कहा न···।

स्त्री : अच्छा उस छोटे रेस्तराँ में चलें जहाँ के कबाब तुम्हें बहुत पसंद हैं ? मैं तब के बाद कभी वहाँ नहीं गयी।

पुरुष तीन : *(हिचकिचाहट के साथ)* वहाँ ? जाता नहीं वैसे मैं वहाँ अब। ··· पर तुम्हारा वहीं के लिए मन हो तो चल भी सकते हैं।

स्त्री : देखो एक बात तो बता ही दूँ तुम्हें चलने से पहले।

पुरुष तीन : *(छल्ले छोड़ता)* क्या बात ?

स्त्री : मैंने ··· कल एक फैसला कर लिया है मन में।

पुरुष तीन : हँहाँ !

स्त्री : वैसे उन दिनों भी सुनी होगी तुमने ऐसी बात मेरे मुँह से··· पर इस बार सचमुच कर लिया है।

पुरुष तीन : *(जैसे बात को आत्मसात करता)* हूँ।

पल-भर की खामोशी जिसमें वह कुछ सोचता हुआ इधर-उधर देखता है फिर जैसे किसी किताब पर आँख अटक जाने से उठकर शेल्फ की तरफ़ चला जाता है।

स्त्री : उधर क्यों चले गये ?

पुरुष तीन : *(शेल्फ से किताब निकालता)* ऐसे ही। ··· यह किताब देखना चाहता था ज़रा।

स्त्री : तुम्हें शायद विश्वास नहीं आया मेरी बात पर !

पुरुष तीन : सुन रहा हूँ मैं।

स्त्री : मेरे लिए पहले भी असम्भव था यहाँ यह सब सहना। तुम जानते ही हो। पर अब आकर बिलकुल बिलकुल असम्भव हो गया है।

पुरुष तीन : *(पन्ने पलटता)* तो मतलब है कि··· ?

स्त्री : ठीक सोच रहे हो तुम।

पुरुष तीन : *(किताब वापस रखता)* हूँ।

स्त्री उठकर उसकी तरफ़ आती है।

स्त्री : मैं तुम्हें बता नहीं सकती कि मुझे हमेशा कितना अफ़सोस रहा है इस बात का कि मेरी वजह से तुम्हें भी··· तुम्हें भी इतनी तकलीफ़ उठानी पड़ी है ज़िन्दगी में।

पुरुष तीन : *(अपनी गरदन सहलाता है)* देखो··· सच पूछो, तो मैं अब ज्यादा सोचता ही नहीं इस बारे में।

टहलता हुआ उसके पास से आगे निकल आता है।

स्त्री : मुझे याद है तुम कहा करते थे, 'सोचने से कुछ होना हो, तब तो सोचे भी आदमी।'

पुरुष तीन : हाँ ··· यही तो।

स्त्री : पर यह भी 'कि कल और आज में फर्क होता है।' होता है न ?

पुरुष तीन : हाँ ··· होता है बहुत-बहुत।

स्त्री : इसीलिए कहना चाहती हूँ तुमसे ···।

बड़ी लड़की अन्दर से आती है।

बड़ी लड़की : ममा, अन्दर जो कपड़े इस्तरी के लिए रखे हैं।··· *(पुरुष तीन को देखकर)* हलो अंकल !

पुरुष तीन : हलो, हलो ! अरे वाह ! यह तू ही है क्या ?

बड़ी लड़की : आपको क्या लगता है ?

पुरुष तीन : इतनी-सी थी तू तो ! *(स्त्री से)* कितनी बड़ी नज़र आने लगी अब !

स्त्री : हाँ ··· यह चेहरा निकल आया है !

पुरुष तीन : उन दिनों फ्राक पहना करती थी अभी।

बड़ी लड़की : *(सकुचाती)* पता नहीं किन दिनों !

पुरुष तीन : याद है कैसे मेरे हाथ पर काटा था इसने एक बार ? बहुत ही शैतान थी।

स्त्री : *(सिर हिलाकर)* धरी रह जाती है सारी शैतानी आखिर।

बड़ी लड़की : बैठिए आप। मैं अभी आती हूँ उधर से।

अहाते के दरवाजे की तरफ़ चल देती है।

पुरुष तीन : भाग कहाँ रही है ?

बड़ी लड़की : आ रही हूँ बस।

चली जाती है।

पुरुष तीन : कितनी गदराई हुई लड़की थी। गाल इस तरह फूले-फूले थे कि ···।

स्त्री : सब पिचक जाते हैं गाल-वाल !

पुरुष तीन : पर मैंने तो सुना था कि ··· अपनी मर्ज़ी से ही इसने ··· ?

स्त्री : हाँ, अपनी मर्ज़ी से ही। अपनी मर्जी का ही तो फल है यह कि ···।

पुरुष तीन : बात लेकिन काफी बड़प्पन से करती है।

स्त्री : यह उम्र और इतना बड़प्पन ?··· हाँ तो चलें अब फिर ?

पुरुष तीन : जैसा कहा।

स्त्री : *(अपने पर्स में रूमाल ढूंढ़ती)* कहाँ गया ? *(रूमाल मिल जाने से पर्स बन्द करती है)* यह इसमें।··· तो कब तक लौट आऊँगी मैं ? इसलिए पूछ रही हूँ कि उसी तरह कह जाऊँ इससे ताकि···।

पुरुष तीन : तुम पर है यह। जैसा भी कह दो।

स्त्री : कह देती हूँ--शायद देर हो जाए मुझे। कोई आने वाला है, उसे भी बता देगी।

पुरुष तीन : कोई और भी आने वाला है ?

स्त्री : जुनेजा। वही आदमी जिसकी वजह से··· तुम जानते ही हो सब। *(अहाते की तरफ़ देखती)* बिन्नी। *(जवाब न मिलने से)* बिन्नी,··· कहां चली गयी यह ?

अहाते के दरवाजे से जाकर उधर देख लेती है और कुछ उत्तेजित-सी लौट आती है।

: पता नहीं कहाँ चली गयी। यह लड़की भी अब···!

पुरुष तीन : इन्तज़ार कर लो।

स्त्री : नहीं, वह आदमी आ गया, तो मुश्किल हो जाएगी। मुझे बहुत जरूरी बात करनी है तुमसे। आज ही। अभी।

पुरुष तीन : *(नया सिगरेट सुलगाता)* तो ठीक है। एट योर डिस्पोज़ल।

स्त्री : *(इस तरह कमरे को देखती जैसे कि कोई चीज़ वहाँ छूटी जा रही हो)* हाँ··· आओ।

पुरुष तीन : *(चलते-चलते रुककर)* लेकिन··· घर इस तरह अकेला छोड़ जाओगी ?

स्त्री : नहीं, अभी आ जायेगा कोई-न-कोई।

पुरुष तीन : *(छल्ले छोड़ता)* तुम्हारे पर है। जैसा भी ठीक समझो।

स्त्री : *(फिर एक नज़र कमरे पर डालकर)* मेरे लिए तो··· आओ।

पुरुष तीन पहले निकल जाता है। स्त्री फिर से पर्स खोलकर उसमें कोई चीज़ ढूंढ़ती पीछे पीछे। कुछ क्षण मंच खाली रहता है। फिर बाहर से छोटी लड़की के सिसककर रोने का स्वर सुनायी देता है। वह रोती हुई अन्दर आ के सोफ़े पर औंधी

हो जाती है। फिर उठकर कमरे के खालीपन पर नज़र डालती है और उसी तरह रोती-सिसकती अन्दर के कमरे में चली जाती है। मंच फिर दो-एक क्षण खाली रहता है। उसके वाद बड़ी लड़की चाय की ट्रे लिये अहाते के दरवाजे से आती है।

बड़ी लड़की : अरे ! चले भी गये ये लोग ?

ट्रे डायनिंग टेबल पर छोड़कर बाहर के दरवाज़े तक आती है, एक बार बाहर देख लेती है और कुछ क्षण अन्तर्मुख भाव से वहीं रुकी रहती है। फिर अपने को झटक कर वापस डायनिंग टेबल की तरफ़ चल देती है।

: कैसे पथरा जाता है सिर कभी-कभी !

रास्ते में ड्रेसिंग टेबल के बिखराव को देखकर रुक जाती है और जल्दी से वहाँ की चीज़ों को सहेज देती है।

: ज़रा ध्यान न दे आदमी ··· जंगल हो जाता है सब।

वहाँ से हटकर डायनिंग टेबल के पास आ जाती है और अपने लिए चाय की प्याली बनाने लगती है। छोटी लड़की उसी तरह सिसकती अन्दर से आती है।

छोटी लड़की : जब नहीं हो-होना होता, तो सब लोग होते हैं सिर पर और जब हो-होना होता है तो कोई भी नहीं दि-दिखता कहीं।

बड़ी लड़की चाय बनाना बीच में छोड़कर उसकी तरफ बढ़ आती है।

बड़ी लड़की : किन्नी ! यह फिर क्या हुआ तुझे ? बाहर से कब आयी तू ?

छोटी लड़की : कब आयी मैं ! यहाँ पर को-कोई भी क्यों नहीं था ? तु-तुम भी कहाँ थीं थोड़ी देर पहले ?

बड़ी लड़की : मैं चाय की पत्ती लाने चली गई थी। ··· किसने, अशोक ने मारा है तुझे ?

छोटी लड़की : वह भी क-कहाँ था इस वक्त ? मेरे कान खींचने के लिए तो पता नहीं क-कहाँ से चला आएगा। पर ज-जब सुरेखा की ममी से बात करने की बात थी, त-त्तो ··· ।

बड़ी लड़की : सुरेखा की ममी ने कुछ कहा तुझसे ?

छोटी लड़की : ममा कहाँ हैं ? मुझे उन्हें स-साथ लेकर जाना है वहाँ।

बड़ी लड़की : कहाँ ? सुरेखा के घर ?

छोटी लड़की : सुरेखा की ममी बुला रही हैं उन्हें। कहती हैं अभी ले-लेकर आ।

बड़ी लड़की : पर किस बात के लिए ?

छोटी लड़की : अशोक को देख लिया था सबने हम लोगों को डाँटते। सुरेखा की ममी ने सुरेखा को घ-घर में ले जाकर पीटा, तो उसने ... उसने मे-मेरा नाम लगा दिया।

बड़ी लड़की : क्या कहा ?

छोटी लड़की : कि मैं सिखाती हूँ उसे वे सब ब-बातें।

बड़ी लड़की : अच्छा ... तो ?

छोटी लड़की : तो ... सुरेखा की ममी ने मुझे बुलाकर इस तरह डाँटा है जैसे ... पहले बताओ ममा कहाँ है ? मैं उन्हें अभी स-साथ लेकर जाऊँगी। क-कहती हैं, मैं उनकी लड़की को बिगाड़ रही हूँ। और भी बु-बुरी-बुरी बातें हमारे घर को लेकर।

बड़ी लड़की : हमारे घर में किसे लेकर ?

छोटी लड़की : सभी को। तु-तुम्हें। अशोक को। डैडी को। म-ममा को। तुम बतातीं क्यों नहीं, ममा कहाँ हैं !

बड़ी लड़की : ममा बाहर गयी हैं।

छोटी लड़की : बाहर कहाँ ?

बड़ी लड़की : तुझे सब जगह का पता है कि कहाँ-कहाँ जाया जा सकता है बाहर ?

छोटी लड़की : *(और बिफरती)* तु-तुम भी मुझी को डाँट रही हो ? ममा नहीं हैं तो तुम चलो मेरे साथ।

बड़ी लड़की : मैं नहीं चल सकती।

छोटी लड़की : *(ताव में)* क्यों नहीं चल सकतीं ?

बड़ी लड़की : नहीं चल सकती, कह दिया न।

छोटी लड़की : *(उसे परे धकेलती)* मत चलो, नहीं चल सकतीं तो।

बड़ी लड़की : *(गुस्से से)* किन्नी !

छोटी लड़की : बात मत करो मुझसे। किन्नी।

बड़ी लड़की : तुझे बिलकुल तमीज़ नहीं है क्या ?

छोटी लड़की : नहीं है मुझे तमीज़।

बड़ी लड़की : देख, तू मुझसे ही मार खा बैठेगी आज।

छोटी लड़की : मार लो न तुम।... इनसे ही म-मार खा बैठूँगी आज।

बड़ी लड़की : तू इस वक्त अपना यह रोना बन्द करेगी या नहीं ?

छोटी लड़की : नहीं बन्द करूँगी।... रोना बन्द करेगी या न्रहीं ?

बड़ी लड़की : तो ठीक है। रोती रह बैठकर।

छोटी लड़की : रो-रोती रह बैठकर !

अहाते के पीछे से दरवाजे की कुंडी खटखटाने की आवाज सुनायी देती है।

बड़ी लड़की : *(उधर देखकर)* यह... यह इधर से कौन आया हो सकता है इस वक्त ?

जल्दी से अहाते के दरवाजे से चली जाती है। छोटी लड़की विद्रोह के भाव से कुरसी पर जम जाती है। बड़ी लड़की पुरुष चार के साथ वापस आती है।

: *(आती हुई)* मैंने सोचा कि कौन हो सकता है जो पीछे का दरवाज़ा खटखटाये। आपका पता था, आप आने वाले हैं। पर आप तो हमेशा आगे के दरवाजे से ही आते हैं, इसलिए...।

पुरुष चार : मैं उसी दरवाजे से आता, लेकिन... *(छोटी लड़की को देखकर)* इसे क्या हुआ है ? इस तरह क्यों बैठी है वहाँ ?

बड़ी लड़की : *(छोटी लड़की से)* जुनेजा अंकल आये हैं, इधर आकर बात तो कर इनसे।

छोटी लड़की मुँह फेरकर कुरसी की पीठ पर बाँह फैला लेती है।

पुरुष चार : *(छोटी लड़की के पास आता)* अरे ! यह तो रो रही है। *(उसके सिर पर हाथ फेरता)* क्यों, क्या हुआ मुनिया को ? किसने नाराज़ कर दिया ? *(पुचकारता)* उठो बेटे इस तरह अच्छा नहीं लगता। अब आप बड़े हो गये हैं, इसलिए...।

छोटी लड़की : *(सहसा उठकर बाहर को चलती)* हाँ... बड़े हो गये हैं ! पता नहीं किस वक्त छोटे हो जाते हैं, किस वक्त बड़े हो जाते हैं ! *(बाहर के दरवाजे के पास)* हम नहीं लौटकर आयेंगे अब... जब तक ममा नहीं आ जातीं।

चली जाती है।

पुरुष चार : *(लौटकर बड़ी लड़की की तरफ आता)* सावित्री बाहर गयी है ?

बड़ी लड़की सिर्फ सिर हिला देती है।

: मैं थोड़ी देर पहले आ गया था। बाहर सड़क पर न्यू इंडिया की गाड़ी खड़ी देखी, तो कुछ देर पीछे को घूमने निकल गया। तेरे डैडी ने बताया था, जगमोहन आजकल यहीं है—फिर से ट्रांसफ़र होकर आ गया है।··· वह ऐसे ही आया था मिलने, या··· ?

बड़ी लड़की : ममा को पता होगा। मैं नहीं जानती।

पुरुष चार : अशोक ने जिक्र नहीं किया मुझसे। उसे भी पता नहीं होगा शायद।

बड़ी लड़की : अशोक मिला है आपसे ?

पुरुष चार : बस-स्टाप पर खड़ा था। मैंने पूछा, तो बोला कि आप ही के यहाँ जा रहा हूँ—डैडी का हालचाल पता करने। कहने लगा आप भी चलिये, बाद में साथ ही आ जायेंगे। पर मैंने सोचा कि एक बार जब इतनी दूर आ ही गया हूँ, तो सावित्री से मिलकर ही जाऊँ। फिर उसे भी जिस हाल में छोड़ आया हूँ, उसकी वजह से···।

बड़ी लड़की : किसकी बात कर रहे हैं··· डैडी की ?

पुरुष चार : हाँ, महेन्द्रनाथ की ही। एक तो सारी रात सोया नहीं वह। दूसरे···।

बड़ी लड़की : तबीयत ठीक नहीं उनकी ?

पुरुष चार : तबीयत भी ठीक नहीं और वैसे भी··· मैं तो समझता हूँ महेन्द्रनाथ खुद ज़िम्मेदार है अपनी यह हालत करने के लिए !

बड़ी लड़की : *(उस प्रकरण से बचना चाहती)* चाय बनाऊँ आपके लिए ?

पुरुष चार : *(चाय का सामान देखकर)* किसके लिए बनाये बैठी थी इतनी चाय ? पी नहीं लगता किसी ने ?

बड़ी लड़की : *(असमंजस में)* यह मैंने बनायी थी क्योंकि··· क्योंकि सोच रही थी कि···।

पुरुष चार : *(जैसे बात को समझकर)* वे लोग जल्दी चले गए होंगे।··· सावित्री को पता था न, मैं आने वाला हूँ ?

बड़ी लड़की : *(आहिस्ता से)* पता था।

पुरुष चार : यह भी बताया नहीं मुझे अशोक ने··· पर उसके लहजे से

ही मुझे लग गया था कि··· *(फिर जैसे कोई बात समझ में आ जाने से)* अच्छा, अच्छा, अच्छा ! काफ़ी समझदार लड़का है।

बड़ी लड़की : *(चीनीदानी हाथ में लिये)* चीनी कितनी ?

पुरुष चार : चीनी बिलकुल नहीं। मुझे मना है चीनी। वह शायद इसीलिए मुझे वापस ले चलना चाहता था कि··· कि उसे मालूम होगा जगमोहन का।

बड़ी लड़की : दूध ?

पुरुष चार : हमेशा जितना।

बड़ी लड़की : कुछ नमकीन लाऊँ अन्दर से ?

पुरुष चार : नहीं।

बड़ी लड़की : बैठ जाइए।

पुरुष चार : ओ हाँ !

वहीं एक कुरसी खींचकर बैठ जाता है। बड़ी लड़की एक प्याली उसे देकर दूसरी प्याली खुद लेकर बैठ जाती है। कुछ पल खामोशी।

बड़ी लड़की : कहाँ-कहाँ घूम आये इस बीच ? सुना था, कहीं बाहर गये थे।

पुरुष चार : हाँ गया था बाहर। पर किसी नयी जगह नहीं गया।

फिर कुछ पल खामोशी।

बड़ी लड़की : सुषमा का क्या हाल है ?

पुरुष चार : ठीक-ठाक है अपने घर में ?

बड़ी लड़की : कोई बच्चा-अच्चा ?

पुरुष चार : अभी नहीं।

फिर कुछ पल खामोशी।

बड़ी लड़की : आप तो बिल्कुल चुप बैठे हैं। कोई बात कीजिए न।

पुरुष चार : *(उसाँस के साथ)* क्या बात करूँ ?

बड़ी लड़की : कुछ भी।

पुरुष चार : सोचकर तो बहुत-सी बातें आया था। सावित्री होती तो शायद कुछ बात करता भी। पर अब लग रहा है बेकार ही है सब।

फिर कुछ पल खामोशी। दोनों लगभग एक साथ अपनी-अपनी प्याली खाली करके रख देते हैं।

बड़ी लड़की : एक बात पूछूँ—डैडी को फिर से वही दौरा तो नहीं पड़ा, ब्लड-प्रेशर का ?

पुरुष चार : यह भी पूछने की बात है ?

बड़ी लड़की : आप उन्हें समझाते क्यों नहीं कि... ?

पुरुष चार : *(उठता हुआ)* कोई समझा सकता है उसे ? वह इस औरत को इतना चाहता है, इतना चाहता है अन्दर से कि...।

बड़ी लड़की : यह आप कैसे कह सकते हैं ?

पुरुष चार : तुझे लगता है, यह बात सही नहीं है ?

बड़ी लड़की : *(उठती हुई)* कैसे सही हो सकती है ? *(अन्तर्मुख भाव से)* आप नहीं जानते, हमने इन दोनों के बीच क्या-क्या गुज़रते देखा है इस घर में।

पुरुष चार : देखा जो कुछ भी हो...।

बड़ी लड़की : इतने साधारण ढंग से उड़ा देने की बात नहीं है अंकल ! मैं यहाँ थी, तो मुझे कई बार लगता था कि मैं एक घर में नहीं चिड़ियाघर के एक पिंजरे में रहती हूँ यहाँ... आप शायद सोच भी नहीं सकते कि क्या-क्या होता रहा है यहाँ। डैडी का चीखते हुए ममा के कपड़े तार-तार कर देना... उनके मुँह पर पट्टी बाँधकर उन्हें बन्द कमरे में पीटना... खींचते हुए गुसलखाने में कमोड पर ले जाकर... *(सिहरकर)* मैं तो बयान भी नहीं कर सकती कि कितने-कितने भयानक दृश्य देखे हैं इस घर में मैंने। कोई भी बाहर का आदमी उस सबको देखता-जानता, तो यही कहता कि क्यों नहीं बहुत पहले ही ये लोग...।

पुरुष चार : तूने नयी बात नहीं बतायी कोई। महेन्द्रनाथ खुद मुझे बताता रहा है यह सब।

बड़ी लड़की : बताते रहे हैं ? फिर भी आप कहते हैं कि... ?

पुरुष चार : फिर भी कहता हूँ कि वह इसे बहुत प्यार करता है।

बड़ी लड़की : कैसे कहते हैं यह आप ? दो आदमी जो रात-दिन एक-दूसरे की जानें नोंचने में लगे रहते हों... ?

पुरुष चार : मैं दोनों की नहीं, एक की बात कह रहा हूँ।

बड़ी लड़की : तो आप सचमुच मानते हैं कि... ?

पुरुष चार : बिल्कुल मानता हूँ, इसीलिए कहता हूँ कि अपनी आज की हालत के लिए जिम्मेदार महेन्द्रनाथ खुद है। अगर ऐसा न होता, तो आज सुबह से ही रिरियाकर मुझसे न कह रहा होता कि जैसे भी हो मैं इससे बात करके इसे समझाऊँ। मैं इस वक्त यहाँ न आया होता, तो पता है क्या होता ?

बड़ी लड़की : क्या होता ?

पुरुष चार : महेन्द्र खुद यहाँ चला आया होता। बिना परवाह किये कि यहाँ आकर इस ब्लड-प्रेशर में उसका क्या हाल होगा। ऐसा पहली बार न होता, तुझे पता ही है। मैंने कितनी मुश्किल से समझा-बुझाकर उसे रोका है, मैं ही जानता हूँ। मेरे मन में कहीं थोड़ा-सा भरोसा बाकी था कि शायद अब भी कुछ हो सके ··· मेरे बात करने से ही कुछ बात बन सके। पर आकर बाहर न्यू इंडिया की गाड़ी खड़ी देखी, तो मुझे लगा कि नहीं, कुछ नहीं हो सकता। नहीं हो सकता।

बात करके मैं सिर्फ अपने को ··· मेरा ख़्याल है, चलना चाहिए मुझे अब। जाते हुए मुझे उसके लिए दवाई भी ले जानी है ··· अच्छा।

बाहर के दरवाजे की तरफ चल देता है। बड़ी लड़की अपनी जगह पर जड़-सी खड़ी रहती है। फिर दो-एक कदम उसकी तरफ बढ़ जाती है।

बड़ी लड़की : अंकल !

पुरुष चार : *(रुककर)* कहो।

बड़ी लड़की : आप जाकर डैडी को यह बात बता देंगे ?

पुरुष चार : कौन-सी ?

बड़ी लड़की : यही ··· जगमोहन अंकल के आने की ?

पुरुष चार : क्यों ··· नहीं बतानी चाहिए ?

बड़ी लड़की : ऐसा है कि ···।

पुरुष चार : *(हल्के से आँख मूंदकर खोलता)* मैं न भी बताऊँ शायद पर कुछ फर्क नहीं पड़ने का उससे। ··· बैठ तू।

दरवाजे से बाहर जाने लगता है।

बड़ी लड़की : अंकल ?

पुरुष चार : *(फिर रुककर)* हाँ, बेटे !

बड़ी लड़की : सचमुच कुछ नहीं हो सकता क्या ?

पुरुष चार : एक दिन के लिए हो सकता है शायद। दो दिन के लिए हो सकता है। पर हमेशा के लिए ··· कुछ भी नहीं।

बड़ी लड़की : तो उस हालत में क्या यही बेहतर नहीं कि ··· ?

बाहर से स्त्री के स्वर सुनायी देते हैं।

स्त्री छोड़ दे मेरा हाथ। छोड़ भी।

बड़ी लड़की : आ गयी हैं वे लौटकर।

पुरुष चार : हाँ।

बाहर जाने के बजाय होंठ चलाता डाइनिंग टेबल की तरफ बढ़ जाता है। स्त्री छोटी लड़की के साथ आती है। छोटी लड़की उसे बाँह से बाहर खींच रही है।

छोटी लड़की : चलतीं क्यों नहीं तुम मेरे साथ ? चलो न !

स्त्री : *(बाँह छुड़ाती)* तू हटेगी या नहीं ?

छोटी लड़की : नहीं हटूंगी। उस वक्त तो घर पर नहीं थीं, और अब कहती हो ...।

स्त्री : मेरी बाँह।

छोटी लड़की : नहीं छोड़ूँगी।

स्त्री : नहीं छोड़ेगी ? *(गुस्से से बाँह छुड़ाकर उसे परे धकेलती)* बड़ा ज़ोम चढ़ने लगा है तुझे !

छोटी लड़की : हाँ, चढ़ने लगा है। जब-जब कोई बात कहता है मुझसे यहाँ किसी को फ़ुरसत ही नहीं होती चलकर उससे पूछने की।

बड़ी लड़की : उन्हें साँस तो लेने दे। वे अभी घर में दाखिल नहीं हुई कि तूने ...।

छोटी लड़की : तुम बात मत करो। मिट्टी के लोंदे की तरह हिली ही नहीं जब मैंने ...

स्त्री : *(उसे फ्राक से पकड़कर)* फिर से कह जो कहा है तूने !

छोटी लड़की : *(अपने को छुड़ाने के लिए संघर्ष करती)* क्या कहा है मैंने ? पूछो इनसे जब मैंने आकर इन्हें बताया था, तो।

स्त्री : *(उसे चपत जड़ती)* तू कह तो फिर एक बार वही बात।

पल भर की खामोशी जिसमें सबकी नज़र स्थिर ही रहती है–छोटी लड़की की स्त्री पर और शेष सबकी छोटी लड़की पर !

छोटी लड़की : *(अपने आवेश से बेबस)* मिट्टी के लोंदे !... सब-के-सब मिट्टी के लोंदे।

पुरुष चार : *(उनकी तरफ़ आता)* छोड़ दे लड़की को, सावित्री ! उस पर इस वक्त पागलपन सवार है, इसलिए ...।

स्त्री : आप मत पड़िये बीच में।

पुरुष चार : देखो ...।

स्त्री : आपको कहा है, आप मत पड़िये बीच में। मुझे अपने घर में किससे किस तरह बरतना चाहिए, यह मैं औरों से बेहतर जानती हूं। *(छोटी लड़की के एक और चपत जड़ती)* इस वक्त चुपचाप चली जा उस कमरे में। मुंह से एक लफ्ज भी और कहा, तो खैर नहीं तेरी।

छोटी लड़की के केवल होंठ हिलते हैं। शब्द उसके मुँह से कोई नहीं निकल पाता। वह घायल नज़र से स्त्री को देखती उसी तरह खड़ी रहती है।

: जा उस कमरे में। सुना नहीं।

छोटी लड़की फिर भी खड़ी रहती है।

: नहीं जायेगी ?

छोटी लड़की दांत पीसकर बिना कुछ कहे एकाएक झटके से अन्दर कमरे में चली जाती है। स्त्री जाकर पीछे से दरवाजे की कुंडी लगा देती है।

: तुझसे समझूंगी अभी थोड़ी देर में।

बड़ी लड़की : बैठिए अंकल।

पुरुष चार : नहीं, मैं अभी जाऊंगा।

स्त्री : *(उसकी तरफ़ आती)* आपको कुछ बात करनी थी मुझसे··· बताया था इसने।

पुरुष चार : हां··· पर इस वक्त तुम ठीक मूड में नहीं हो···।

स्त्री : मैं बिलकुल ठीक मूड में हूं। बताइये आप।

बड़ी लड़की : अंकल कह रहे थे, डैडी की तबीयत फिर ठीक नहीं है।

स्त्री : घर से जाकर तबीयत ठीक कब रहती है उनकी ? हर बार का यही एक किस्सा नहीं है ?

बड़ी लड़की : तुम थकी हुई हो। अच्छा होगा जो भी बात करनी हो, बैठकर आराम से कर लो।

स्त्री : मैं बहुत आराम से हूं *(पुरुष चार से)* बताइये आप।

पुरुष चार : ज़्यादा बात अब नहीं करना चाहता। सिर्फ एक ही बात कहना चाहता हूं तुमसे।

स्त्री : *(पल-भर प्रतीक्षा करने के बाद)* कहिए।

पुरुष चार : तुम किसी तरह छुटकारा नहीं दे सकतीं उस आदमी को ?

स्त्री : छुटकारा ? मैं ? उन्हें ? कितनी उलटी बात है !

पुरुष चार : उलटी बात नहीं है। तुमने जिस तरह बांध रखा है उसे अपने साथ ···।

स्त्री : उन्हें बाँध रखा है ? मैंने अपने साथ ? सिवा आपके कोई नहीं कह सकता था यह बात।

पुरुष चार : क्योंकि और कोई जानता भी तो नहीं उतना जितना मैं जानता हूं।

स्त्री : आप हमेशा यही मानते आये हैं कि आप बहुत ज़्यादा जानते हैं। नहीं ?

पुरुष चार : महेन्द्रनाथ के बारे में, हाँ। और जानकर ही कहता हूँ कि तुमने इस तरह शिकंजे में कस रखा है उसे कि वह अब अपने दो पैरों पर चल सकने लायक भी नहीं रहा।

स्त्री : अपने दो पैरों पर ! अपने दो पैर कभी थे भी उसके पास ?

पुरुष चार : कभी की बात क्यों करती हो ? जब तुमने उसे जाना, तब से दस साल पहले से मैं उसे जानता हूं।

स्त्री : इसीलिए शायद जब मैंने जाना, तब तक अपने दो पैर रहे ही नहीं थे उसके पास।

पुरुष चार : मैं जानता हूं सावित्री, कि तुम मेरे बारे में क्या-क्या सोचती और कहती हो ···।

स्त्री : जरूर जानते होंगे ··· लेकिन फिर भी कितना कुछ है जो सावित्री कभी किसी के सामने नहीं कहती।

पुरुष चार : जैसे ?

स्त्री : जैसे ··· पर बात तो आप करने आये हैं।

पुरुष चार : नहीं। पहले तुम बात कर लो *(बड़ी लड़की से)* तू बेटे, जरा उधर चली जा थोड़ी देर।

बड़ी लड़की चुपचाप जाने लगती है।

स्त्री : सुन लेने दीजिए इसे भी, अगर मुझे बात करनी है तो ···।

पुरुष चार : ठीक है। यहीं रह तू, बिन्नी !

बड़ी लड़की : पर मैं सोचती हूँ कि ···।

स्त्री : मैं चाहती हूँ तू यहाँ रहे, तो किसी वजह से ही चाहती हूं।

बड़ी लड़की आहिस्ता से आँखें झपकाकर उन दोनों से थोड़ी दूर डाइनिंग टेबल की कुरसी पर जा बैठती है।

पुरुष चार : *(स्त्री से)* बैठ जाओ तुम भी।

कहता हुआ खुद सोफे पर बैठ जाता है। स्त्री एक मोढ़ा ले लेती है।

कह डालो अब जो भी कहना है तुम्हें।

स्त्री : कहने से पहले एक बात पूछनी है आपसे। आदमी किस हालत में सचमुच एक आदमी होता है ?

स्त्री : पूछो कुछ नहीं। जो कहना है कह डालो।

स्त्री : यूँ तो जो कोई भी एक आदमी की तरह चलता-फिरता, बात करता है वह आदमी ही होता है··· पर असल में आदमी होने के लिए क्या जरूरी नहीं कि उसमें अपना एक माद्दा, अपनी एक शख्सियत हो ?

पुरुष चार : महेन्द्र को सामने रखकर यह तुम इसलिए कह रही हो कि···।

स्त्री : इसलिए कह रही हूं कि जब से मैंने उसे जाना है, मैंने हमेशा हर चीज के लिए उसे किसी-न-किसी का सहारा ढूंढते पाया है खास तौर से आपका। यह कहना चाहिए या नहीं—जुनेजा से पूछ लूं। वहां जाना चाहिए या नहीं—जुनेजा से राय लूं। कोई छोटी-से-छोटी चीज खरीदनी है, तो भी जुनेजा की पसन्द से। कोई बड़े-से-बड़ा खतरा उठाना है—तो भी जुनेजा की सलाह से। यहाँ तक कि मुझसे ब्याह करने का फैसला भी कैसे किया उसने ? जुनेजा के हामी भरने से।

पुरुष चार : मैं दोस्त हूँ उसका। उसे भरोसा रहा है मुझ पर।

स्त्री : और उस भरोसे का नतीजा ?··· कि अपने-आप पर उसे कभी किसी चीज के लिए भरोसा नहीं रहा। जिन्दगी में हर चीज की कसौटी··· जुनेजा। जो जुनेजा सोचता है, जो जुनेजा चाहता है, जो जुनेजा करता है, वही उसे भी सोचना है, वही उसे भी चाहना है, वही उसे भी करना है। क्योंकि जुनेजा तो एक पूरा आदमी है अपने में। और वह खुद ! वह खुद एक पूरे आदमी का आधा-चौथाई भी नहीं है।

पुरुष चार : तुम इस नजर से देख सकती हो इस चीज को। पर असलियत इसकी यह है कि···।

स्त्री : *(खड़ी होती)* मुझे उस असलियत की बात करने दीजिए जिसे मैं जानती हूँ।··· एक आदमी है। घर बसाता है। क्यों बसाता है ? एक जरूरत पूरी करने के लिए। कौन-सी जरूरत !

अपने अन्दर के किसी उसको ··· एक अधूरापन कह लीजिए उसे ··· उसको भर सकने की। इस तरह उसे अपने लिए ··· अपने में ··· पूरा होना होता है। किन्हीं दूसरों को पूरा करते रहने में ही जिन्दगी नहीं काटनी होती। पर आपके महेन्द्र के लिए जिन्दगी का मतलब रहा है ··· जैसे सिर्फ दूसरों के खाली खाने भरने की ही एक चीज है वह। जो कुछ वे दूसरे उससे चाहते हैं, उम्मीद करते हैं या जिस तरह वे सोचते हैं उनकी जिन्दगी में उसका इस्तेमाल हो सकता हैं।

पुरुष चार : इस्तेमाल हो सकता है ?

स्त्री : नहीं ? इस काम के लिए और कोई नहीं जा सकता, महेन्द्रनाथ चला जायेगा। इस बोझ को और कोई नहीं ढो सकता, महेन्द्रनाथ ढो लेगा। प्रेस खुला, तो भी। फैक्टरी शुरू हुई, तो भी। खाली खाने भरने की जगह पर महेन्द्रनाथ, और खाने भर चुकने पर ? महेन्द्रनाथ कहीं नहीं। महेन्द्रनाथ अपना हिस्सा पहले ही ले चुका है, पहले ही खा चुका है। और उसका हिस्सा। *(कमरे के एक-एक सामान की तरफ इशारा करती)* ये ये ये ये ये दूसरे-तीसरे-चौथे दरजे की घटिया चीजें, जिनसे वह सोचता था, उसका घर बन रहा है।

पुरुष चार : महेन्द्रनाथ बहुत जल्दबाजी बरतता था इस मामले में, मैं जानता हूँ। मगर वजह इसकी ···।

स्त्री : वजह इसकी मैं थी—यही कहना चाहते हैं न ? वह मुझे खुश रखने के लिए ही यह लोहा-लकड़ी जल्दी-से-जल्दी घर में भरकर हर बार अपनी बरबादी की नींव खोद लेता था ! पर असल में उसकी बरबादी की नींव क्या चीज खोद रही थी ··· क्या चीज और कौन आदमी ··· अपने दिल से तो आप भी जानते होंगे ?

पुरुष चार : कहती रहो तुम। मैं बुरा नहीं मान रहा। आखिर तुम महेन्द्र की पत्नी हो और ···।

स्त्री : *(आवेश में उसकी तरफ मुड़ती)* मत कहिये मुझे महेन्द्र की पत्नी। महेन्द्र भी एक आदमी है, जिसके अपना घर-बार है, पत्नी है, यह बात महेन्द्र को अपना कहने वालों को शुरू से ही रास नहीं आयी। महेन्द्र ने ब्याह क्या किया, आप लोगों की नजर में आपका ही कुछ आपसे छीन लिया। महेन्द्र अब

पहले की तरह हँसता नहीं ! महेन्द्र अब दोस्तों में बैठकर पहले की तरह खिलता नहीं ! महेन्द्र अब वह पहले वाला महेन्द्र रह ही नहीं गया ! और महेन्द्र की जी जान से कोशिश की वह वही बना रहे किसी तरह। कोई यह न कह सके जिससे कि वह अब पहले वाला महेन्द्र रह ही नहीं गया। और इसके लिए महेन्द्र घर के अन्दर रात-दिन छटपटाता है। दीवारों से सिर पटकता है। बच्चों को पीटता है। बीबी के घुटने तोड़ता है ! दोस्तों को अपना फुरसत का वक्त काटने के लिए उसकी जरूरत है। महेन्द्र के बगैर कोई पार्टी जमती नहीं ! महेन्द्र के बगैर किसी पिकनिक का मजा नहीं आता था ! दोस्तों के लिए जो फुरसत काटने का वसीला है, वही महेन्द्र के लिए उसका मुख्य काम है जिन्दगी में। और उसका ही नहीं, उसके घर के लोगों का भी वही मुख्य काम होना चाहिए। तुम फलाँ जगह चलने से इनकार कैसे कर सकती हो ? फलाँ से तुम ठीक से बात क्यों नहीं करतीं ? तुम अपनी को पढ़ी-लिखी कहती हो ?... तुम्हें तो लोगों के बीच उठने-बैठने की तमीज नहीं है। एक औरत को इस तरह चलना चाहिए, इस तरह बात करनी चाहिए, इस तरह मुसकराना चाहिए। क्यों तुम लोगों के बीच हमेशा मेरी पोजीशन खराब करती हो ? और वही महेन्द्र जो दोस्तों के बीच दब्बू-सा बना हलके-हलके मुसकराता है, घर आकर एक दरिंदा बन जाता है। पता नहीं, कब किसे नोंच लेगा, कब किसे फाड़ खायेगा ! आज वह ताव में अपनी कमीज को आग लगा लेता है। कल वह सावित्री की छाती पर बैठकर उसका सिर जमीन से रगड़ने लगता है। बोल, बोल, बोल, चलेगी उस तरह की नहीं जैसे मैं चाहता हूँ ? मानेगी वह सब कि नहीं जो मैं कहता हूँ ? पर सावित्री फिर भी नहीं चलती। वह सब नहीं मानती। वह नफरत करती है इस सबसे—इस आदमी के ऐसा होने से। वह एक पूरा आदमी चाहती है अपने लिए—एक... पूरा... आदमी। गला फाड़कर वह यह बात कहती है। कभी इस आदमी को ही वह आदमी बना सकने की कोशिश करती है। कभी तड़पकर अपने को इससे अलग कर लेना चाहती है। पर अगर उसकी कोशिशों से थोड़ा भी फर्क पड़ने लगता है इस आदमी में, तो

दोस्तों में इसका गम मनाया जाने लगता है। सावित्री महेन्द्र की नाक में नकेल डालकर उसे अपने ढंग से चला रही है। सावित्री बेचारे महेन्द्र की रीढ़ तोड़कर उसे किसी लायक नहीं रहने दे रही है ! जैसा कि आदमी न होकर बिना हाड़-मांस का पुतला हो वह एक—बेचारा महेन्द्र !

हाँफती हुई चुप कर जाती है। बड़ी लड़की कुहनियाँ मेज पर रखे और मुट्ठियों पर चेहरा टिकाये पथरायी आँखों से चुपचाप दोनों को देखती है।

पुरुष चार : *(उठता हुआ)* बिना हाड़-मांस का पुतला, या जो भी कह लो तुम उसे—पर मेरी नजर में वह हर आदमी जैसा एक आदमी है—सिर्फ इतनी ही कमी है। उसमें।

स्त्री : यह आप मुझे बता रहे हैं !··· जिसने बाईस साल साथ जीकर जाना है उस आदमी को !

पुरुष चार : जिया जरूर है तुमने उसके साथ ··· जाना भी है उसे कुछ हद तक ··· लेकिन ···।

स्त्री : *(हताशा से सिर हिलाती)* ओफ्फोह ! ओफ्फोह !

पुरुष चार : जो-जो बातें तुमने कहीं हैं अभी, वे गलत नहीं हैं अपने में। लेकिन बाईस साल साथ जीकर जानी हुई बातें वे नहीं हैं। आज से बाईस साल पहले भी एक बार लगभग ऐसी ही बातें मैं तुम्हारे मुँह से सुन चुका हूँ—तुम्हें याद है ?

स्त्री : आप आज ही की बात नहीं कर सकते ? बाईस साल पहले ? पता नहीं, किस जिन्दगी की बात है वह ?

पुरुष चार : मेरे घर हुई थी वह बात। तुम बात करने के लिए ही खास आयी थीं वहाँ, और मेरे कंधे पर सिर रखे देर तक रोती रही थीं। तब तुमने कहा था कि ···।

स्त्री : देखिए, उन दिनों की बात अगर छेड़ना ही चाहते हैं आप, तो मैं चाहूँगी कि यह लड़की ···।

पुरुष चार : क्या हर्ज है अगर यह यहीं रहे तो ? जब आधी बात इसके सामने हुई है, तो बाकी आधी भी इसके सामने ही हो जानी चाहिए।

बड़ी लड़की : *(उठने को होकर)* लेकिन अंकल ··· !

पुरुष चार : *(स्त्री से)* तुम समझती हो कि इसके सामने मुझे नहीं करनी चाहिए यह बात ?

स्त्री : मैं अपने खयाल से नहीं कह रही थी।··· ठीक है, आप कीजिए बात।

कहती हुई एक कुरसी पर बैठ जाती है।

: *(स्त्री से)* उस दिन पहली बार मैंने तुम्हें उस तरह ढुलते देखा था। तब तुमने कहा था कि···।

स्त्री : मैं बिल्कुल बच्ची थी तब तक, अभी और···।

पुरुष चार : बच्ची थीं या जो भी थीं, पर बात बिल्कुल इसी तरह करती थीं। जैसे आज करती हो। उस दिन भी बिलकुल इसी तरह तुमने महेन्द्र को मेरे सामने उधेड़ा था। कहा था कि वह बहुत लिजलिजा और चिपचिपा-सा आदमी है। पर उसे वैसा बनाने वालों में नाम तब दूसरों के थे। एक नाम था उसकी माँ का और दूसरा उसके पिता का···।

स्त्री : ठीक है। उन लोगों की भी कुछ कम देन नहीं रही उसे ऐसा बनाने में।

पुरुष चार : पर जुनेजा का नाम तब नहीं था ऐसे लोगों में। क्यों नहीं था, कह दूँ न यह भी ?

स्त्री : देखिये···।

पुरुष चार : बहुत पुरानी बात है। कह देने में कोई हर्ज नहीं है। मेरा नाम इसलिए नहीं था कि···।

स्त्री : मैं इज्जत करती थी आपकी··· बस इतनी-सी बात थी।

पुरुष चार : तुम इज्जत कह सकती हो उसे··· पर वह इज्जत किसलिए करती थीं ? इसलिए नहीं कि एक आदमी के तौर पर मैं महेन्द्र से कुछ बेहतर था तुम्हारी नजर में। बल्कि सिर्फ इसलिए कि···।

स्त्री : कि आपके पास बहुत पैसा था ? और आपका बहुत दबदबा था इन लोगों के बीच ?

पुरुष चार : नहीं। सिर्फ इसलिए कि मैं जैसा भी था जो भी था— महेन्द्र नहीं था।

स्त्री : *(एकाएक उठती)* तो आप क्या कहना चाहते हैं कि··· ?

पुरुष चार : उतावली क्यों होती हो ? मुझे बात कह लेने दो। मुझसे उस वक्त तुम क्या चाहती थीं, मैं ठीक-ठीक नहीं जानता। लेकिन तुम्हारी बात से इतना जरूर जाहिर था कि महेन्द्र को तुम तब भी वह आदमी नहीं समझती थीं जिसके साथ तुम जिन्दगी काट सकतीं···।

स्त्री : हालांकि उसके बाद भी आज तक उसके साथ जिन्दगी काटती आ रही हूँ...।

पुरुष चार : पर हर दूसरे-चौथे साल अपने को उससे झटक लेने की कोशिश करती हुई। इधर-उधर नजर दौड़ाती हुई कि अब कोई जरिया मिल जाय जिससे तुम अपने को उससे अलग कर सको। पहले कुछ दिन जुनेजा एक आदमी था तुम्हारे सामने। तुमने कहा है तब तुम उसकी इज्जत करती थीं। पर आज उसके बारे में जो सोचती हो, वह भी अभी बता चुकी हो। जुनेजा के बाद जिससे कुछ दिन चकाचौंध रहीं तुम, वह था शिवजीत। एक बड़ी डिग्री, बड़े-बड़े शब्द और पूरी दुनिया घूमने का अनुभव। पर असल चीज वही कि वह जो भी था और ही कुछ था—महेन्द्र नहीं था। पर जल्द ही तुमने पहचानना शुरू किया कि वह निहायत दोगला किस्म का आदमी है। हमेशा दो तरह की बातें करता है। उसके बाद सामने आया जगमोहन। ऊँचे संबंध, जबान की मिठास, टिपटॉप रहने की आदत और खर्च की दरिया-दिली। पर तीर की असली नोक फिर उसी जगह पर—कि उसमें जो कुछ भी था, जगमोहन का-सा था—महेन्द्र का-सा नहीं था। पर शिकायत तुम्हें उससे भी होने लगी थी कि वह सब लोगों पर एक-सा पैसा क्यों उड़ाता है ? दूसरे की सख्त-से-सख्त बात को एक खामोश मुसकराहट के साथ क्यों पी जाता है ? अच्छा हुआ, वह ट्रांसफर होकर चला गया यहां से, वरना...।

स्त्री : यह खामखाह का तानाबाना क्यों बुन रहे हैं ? जो असल बात कहना चाहते हैं, वहीं क्यों नहीं कहते ?

पुरुष चार : असल बात इतनी ही कि महेन्द्र की जगह इनमें से कोई भी आदमी होता तुम्हारी जिंदगी में, तो साल-दो-साल बाद, तुम यही महसूस करतीं कि तुमने गलत आदमी से शादी कर ली है। उसकी जिन्दगी में भी ऐसे ही कोई महेन्द्र, कोई जुनेजा, कोई शिवजीत या कोई जगमोहन होता जिसकी वजह से तुम यही सब सोचतीं, यही सब महसूस करतीं। क्योंकि तुम्हारे लिए जीने का मतलब रहा है—कितना-कुछ एक साथ होकर, कितना-कुछ एक साथ पाकर और कितना-कुछ एक साथ ओढ़कर जीना। वह उतना-कुछ कभी तुम्हें किसी एक जगह

न मिल पाता, इसलिए जिस-किसी के साथ भी जिन्दगी शुरू करतीं, तुम हमेशा इतनी ही खाली, इतनी ही बेचैन बनी रहतीं। वह आदमी भी इसी तरह तुम्हें अपने आसपास सिर पकड़ता और कपड़े फाड़ता नजर आता ... और तुम ...।

स्त्री : *(साड़ी का पल्लू दांतों में लिए सिर हिलाती हँसी और रुलाई के बीच के स्वर में)* हहहहहहहह-हःह-हहहहह-हः हहः हहः हहः।

पुरुष चार : *(अचकचाकर)* तुम हँस रही हो ?

स्त्री : हाँ ... पता नहीं ... हँस ही रही हूँ शायद। आप कहते रहिए।

पुरुष चार : आज महेन्द्र एक कुढ़ने वाला आदमी है। पर एक वक्त था जब वह सचमुच हँसता था—अन्दर से हँसता था। पर यह तभी था जब कोई उस पर यह साबित करने वाला नहीं था कि कैसा हर लिहाज से वह हीन और छोटा है—इससे, उससे, मुझसे, तुमसे, सभी से। जब कोई उससे यह कहने वाला नहीं था कि जो-जो वह नहीं है, वही-वही उसे होना चाहिए, और जो वह है ....।

स्त्री : एक उसी उसको देखा है आपने इस बीच—या उसके आस-पास भी किसी के साथ कुछ गुजरते देखा है ?

पुरुष चार : वह भी देखा है। देखा है कि जिस मुट्ठी में तुम कितना-कुछ एक साथ भर लेना चाहती थीं, उसमें जो था वह भी धीरे-धीरे बाहर फिसलता रह गया—कि तुम्हारे मन में लगातार एक डर समाता गया है जिसके मारे कभी तुम घर का दामन थामती रही हो, कभी बाहर का—और कि वह डर एक दहशत में बदल गया, जिस दिन तुम्हें एक बहुत बड़ा झटका खाना पड़ा ... अपनी आखिरी कोशिश में।

स्त्री : किस आखिरी कोशिश में ?

पुरुष चार : मनोज का बड़ा नाम था। उस नाम की डोर पकड़कर ही कहीं पहुँच सकने की आखिरी कोशिश में। पर तुम एकदम बौरा गयीं जब तुमने पाया कि वह उतने नाम वाला आदमी तुम्हारी लड़की को साथ लेकर रातों-रात इस घर से ...।

बड़ी लड़की : **(सहसा उठती)** यह आप क्या कह रहे हैं, अंकल ?

पुरुष चार : मजबूर होकर कहना पड़ रहा है, बिन्नी ! तू शायद मनोज को अब भी उतना नहीं जानती जितना ... !

बड़ी लड़की : *(हाथों में चोहरा छिपाये ढहकर बैठती)* ओह !

पुरुष चार : जितना यह जानती है इसलिए आज यह उसे बरदाश्त भी नहीं कर सकती। *(स्त्री से)* ठीक नहीं है यह ! बिन्नी के मनोज के साथ चले जाने के बाद तुमने एक अन्धाधुन्ध कोशिश शुरू की—कभी महेन्द्र को ही झकझोरने की, कभी अशोक को ही चाबुक लगाने की, और कभी उन दोनों से धीरज खोकर कोई और ही रास्ता, कोई और ही चारा ढूँढ़ सकने की। ऐसे में पता चला, जगमोहन यहाँ लौट आया है। आगे से रास्ता बन्द पाकर तुमने फिर पीछे की तरफ देखना चाहा। आज अभी बाहर गयी थीं उसके साथ। क्या बात हुई ?

स्त्री : आप समझते हैं, आपको मुझे जो कुछ भी जानने का जो कुछ भी पूछने का हक हासिल है ?

पुरुष चार : न सही ? पर मैं बिना पूछे भी बता सकता हूँ कि क्या बात हुई होगी। तुमने कहा, तुम बहुत-बहुत दुखी हो आज। उसने कहा, उसे बहुत-बहुत हमदर्दी है तुमसे। तुमने कहा, तुम जैसी भी हो अब इस घर से छुटकारा पा लेना चाहती हो। उसने कहा, कितना अच्छा होता अगर इस नतीजे पर तुम कुछ साल पहले पहुँच चुकी होतीं। तुमने कहा, जो तब नहीं हुआ, वह अब तो हो ही सकता है। उसने कहा, वह चाहता है हो सकता, पर आज इसमें बहुत-सी उलझनें सामने हैं—बच्चों की जिन्दगी को लेकर इसको-उसको लेकर। यह भी कि इस नौकरी में उसका मन नहीं लग रहा, पता नहीं कब छोड़ दे, इसलिए अपने को लेकर भी उसका कुछ तय नहीं है इस समय। तुम गुमसुम होकर सुनती रहीं और रूमाल से आँखें पोछती रहीं, आखिर उसने कहा कि तुम्हें देर हो रही है, अब लौट चलना चाहिए। तुम चुपचाप उठकर उसके साथ गाड़ी में आ बैठीं। रास्ते में उसके मुँह से यह भी निकला शायद कि तुम्हें अगर रुपये-पैसे की जरूरत है इस वक्त तो वह ···।

स्त्री : बस बस बस बस बस बस ! जितना सुनना चाहिए था, उससे बहुत ज्यादा सुन लिया है आपसे मैंने। बेहतर यही है कि अब आप यहाँ से चले जायें, क्योंकि ···।

पुरुष चार : मैं जगमोहन के साथ हुई तुम्हारी बातचीत का सही अन्दाजा लगा सकता हूँ, क्योंकि उसकी जगह मैं होता तो मैंने भी तुमसे

यही सब कहा होता। वह कल-परसों फिर फोन करने को कहकर तुम्हें घर के बाहर उतार गया। तुम मन में एक घुटन लिये घर में दाखिल हुईं और आते ही तुमने बच्ची को पीट दिया। जाते हुए सामने थी एक पूरी जिन्दगी—पर लौटने तक का कुल हासिल ?··· उलझे हाथों का गिजगिजा पसीना और···।

स्त्री : मैंने आपसे कहा है न, बस ! सब-के-सब··· सब-के-सब··· एक-से ! बिल्कुल एक-से हैं आप लोग ? अलग-अलग मुखौटे, पर चेहरा ?··· चेहरा सबका एक ही।

पुरुष चार : फिर भी तुम्हें लगता रहा है कि तुम चुनाव कर सकती हो। लेकिन दायें से हटाकर बायें, सामने से हटाकर पीछे, इस कोने से हटाकर उस कोने में··· क्या सचमुच कहीं कोई चुनाव नजर आया है तुम्हें ? बोलो, आया है नजर कहीं ?

कुछ पल खामोशी जिसमें बड़ी लड़की चेहरे से हाथ हटाकर पलकें झपकाती उन दोनों को देखती है। फिर अन्दर के दरवाजे पर खट्-खट् सुनायी देती है।

छोटी लड़की : *(अन्दर से)* दरवाजा खोलो ! खोलो दरवाजा ?

बड़ी लड़की : *(स्त्री से)* क्या करना है, ममा, खोलना है दरवाजा ?

स्त्री : रहने दे अभी।

पुरुष चार : लेकिन इस तरह बन्द रखोगी, तो···।

स्त्री : मैंने पहले भी कहा था··· मेरा घर है। मैं बेहतर जानती हूँ।

छोटी लड़की : *(दरवाजा खटखटाती)* खोलो ! *(हताश होकर)* पत खोलो।

अन्दर से कुंडी लगाने की आवाज।

: अब खुलवा लेना मुझसे भी।

पुरुष चार : तुम्हारा घर है। तुम बेहतर जानती हो। कम-से-कम मानकर यही चलती हो। इसलिए बहुत-कुछ चाहते हुए भी मुझे अब कुछ भी सम्भव नजर नहीं आता। और इसलिए फिर एक बार पूछना चाहता हूँ तुमसे··· क्या सचमुच किसी तरह तुम उस आदमी को छुटकारा नहीं दे सकतीं ?

स्त्री : आप बार-बार किसलिए कह रहे हैं यह बात ?

पुरुष चार : इसलिए कि आज वह अपने को बिलकुल बेसहारा समझता है। उसके मन में यह विश्वास बिठा दिया है तुमने कि सब

कुछ होने पर भी उसके लिए जिन्दगी में तुम्हारे सिवा कोई चारा, कोई उपाय नहीं है और ऐसा क्या इसलिए नहीं किया तुमने कि जिन्दगी में और कुछ हासिल न हो, तो कम से कम यह नामुराद मोहरा तो हाथ में बना ही रहे ?

स्त्री : क्यों-क्यों-क्यों आप और-और बात करते जाना चाहते हैं ? अभी आप जाइये और कोशिश करके उसे हमेशा के लिए अपने पास रख रखिये। इस घर में आना और रहना सचमुच हित में नहीं है उसके। और मुझे भी ... मुझे भी अपने पास उस मोहरे की बिल्कुल ... बिल्कुल जरूरत नहीं है जो न खुद चलता है, न किसी और को चलने देता है।

पुरुष चार : *(पल-भर चुपचाप उसे देखते रहकर हताश निर्णय के स्वर में)* तो ठीक है। वह नहीं आयेगा। वह कमजोर है, मगर इतना कमजोर नहीं है। तुमसे जुड़ा हुआ है, मगर इतना जुड़ा हुआ नहीं है, उतना बेसहारा भी नहीं है जितना वह अपने को समझता है। वह ठीक से देख सके, तो एक पूरी दुनिया है उसके आसपास। मैं कोशिश करूँगा कि वह आँख खोलकर देख सके।

स्त्री : जरूर-जरूर। इस तरह तो उसका उपकार करेंगे ही आप, मेरा भी इससे बड़ा उपकार जिन्दगी में नहीं कर सकेंगे।

पुरुष चार : तो अब चल रहा हूँ मैं। तुमसे जितनी बात कर सकता था, कर चुका हूँ। और बात उसी से जाकर करूँगा। मुझे पता है कितना मुश्किल होगा यह ... फिर भी यह बात मैं उसके दिमाग में बिठाकर रहूँगा इस बार कि ...।

लड़का बाहर से आता है। चेहरा काफी उतरा हुआ है ... जैसे कोई बड़ी-सी चीज कहीं हारकर आया हो।

: क्या बात है, अशोक ? तू चला क्यों आया वहां से ?

लड़का बिना उससे आंख मिलाये बड़ी लड़की की तरफ बढ़ जाता है।

लड़का : उठ बिन्नी ! अन्दर से छड़ी निकाल दे जरा !

बड़ी लड़की : छड़ी ! वह किसलिए चाहिए तुझे ?

लड़का : डैडी लौट आये हैं ?

पुरुष चार : तो ... आ ही गया है वह आखिर ?

लड़का : *(उसकी ओर देखकर मुरझाये स्वर में)* हाँ ... आ ही गये हैं।

पुरुष चार के चेहरे पर व्यथा की रेखाएं उभर आती हैं और उसकी आँखें स्त्री से मिलकर झुक जाती हैं। स्त्री एक कुरसी की पीठ थामे चुप खड़ी रहती है। शरीर में गति दिखाई देती है, तो सिर्फ सांस के आने-जाने की।

: *(बड़ी लड़की से)* जल्दी से निकाल दे छड़ी, क्यों ... ?

बड़ी लड़की : *(अन्दर से दरवाजे की तरफ बढ़ती)* अभी दे रही हूँ !

जाकर दरवाजा खटखटाती है।

: किन्नी ! दरवाजा खोल जल्दी से !

छोटी लड़की : *(अन्दर से)* नहीं खुलेगा दरवाजा।

बड़ी लड़की : तेरी शामत तो नहीं आयी है ? कह रही हूँ, खोल जल्दी से।

छोटी लड़की : आने दो न शामत। दरवाजा नहीं खुलेगा।

बड़ी लड़की : *(जोर से खटखटाती)* किन्नी !

सहसा हाथ रुक जाता है। बाहर से ऐसा शब्द सुनायी देता है जैसे पांव फिसल जाने से किसी ने दरवाजे का सहारा लेकर अपने को बचाया हो।

पुरुष चार : *(बाहर से दरवाजे की तरफ बढ़ता)* यह कौन फिसला है ड्योढ़ी में ?

लड़का : *(उससे आगे जाता)* डैडी ही होंगे। उतर कर चले आये होंगे ऐसे ही। *(दरवाजे से निकलता)* आराम से डैडी, आराम से।

पुरुष चार : *(एक नजर स्त्री पर डालकर दरवाजे से निकलता)* संभलकर, महेन्द्रनाथ संभलकर ... !

प्रकाश खंडित होकर स्त्री और बड़ी लड़की तक सीमित रह जाता है। स्त्री स्थिर आंखों से बाहर की तरफ देखती आहिस्ता से कुरसी पर बैठ जाती है। बड़ी लड़की एक बार उसकी तरफ देखती है, फिर बाहर की तरफ। हलका मातमी संगीत उभरता है, जिसके साथ उन दोनों पर भी प्रकाश मद्धिम पड़ने लगता है। तभी, लगभग अँधेरे में लड़के की बांह थामे पुरुष एक की धुँधली आकृति अन्दर आती दिखाई देती है।

लड़का : *(जैसे बैठे गले से)* देखकर डैडी, देखकर ··· !

उन दोनों के आगे बढ़ने के साथ संगीत अधिक स्पष्ट और अँधेरा अधिक गहरा होता जाता है।

नाटककार का वक्तव्य :

मोहन राकेश की डायरी के पन्नों से

नयी दिल्ली

3-10-67

... यह क्या हो गया पीछे से ! आई० सी० सी० आर० के डिनर में गया था, इनाम रहमान के यहाँ। यूकियो मिशिमा आया है, उसके लिए। वहीं पोर्टिको में थे जब बहुत तेज़ हवा चलने लगी थी—आँधी जैसी। ऐसी कि नीरद चौधरी को भी उसने चुपचाप कर दिया था—कुछ देर के लिए। घर आकर ऊपर छत पर पहुँचा, तो कमरे के अंदर देखता रह गया। दरवाज़े खुले छोड़ गया था। एक खिड़की का काँच टूटकर नीचे बिखरा है और पिछले छह हफ़्ते में लिखे नाटक के काग़ज—कुछ पता नहीं। कुछ काग़ज अभी छत से बटोरे हैं। एक ढेर खिड़की के नीचे है—टूटे काँच के टुकड़ों के बीच। ऊपर से लगता है पुराने वर्शन के ज़्यादातर काग़ज हैं, जो नीचे थे। नये वर्शन के ज़्यादातर काग़ज उड़ जा चुके हैं, ऐसा लगता है। इस वक्त हिम्मत नहीं पड़ रही कहीं जाकर देख लेने की। सुबह से पहले उन्हें हाथ नहीं लगाऊँगा। अगर सो न सका, तो शायद रात को ही देखूँ ... अगर उड़ ही गये होंगे वे काग़ज, तो ... ?

नयी दिल्ली

4-10-67

आधी रात—2 बजे

एक भी वर्शन पूरा नहीं है, पहले तीनों वर्शनों के आधे-आधे पन्ने बचे हैं और नये वर्शन के चालीस में से कुल नौ ... । इसके अलावा दो अधूरी कहानियों और एक लेख की भी यही स्थिति है ... !

नयी दिल्ली

20-10-67

दूसरों की अपेक्षाओं के अनुसार अपने को ढालना—यह केवल आत्म-घात की प्रक्रिया है जो जीवन भर चलती रह सकती है। परंतु कुछ ऐसा क्रम है रोज़ की ज़िंदगी का, कि यह सब अनजाने में होता चलता है। रोज़ एक निश्चय कि आनेवाले कल में ऐसा नहीं होने देंगे—फिर रोज़ अपने को अगले दिन तक की मोहलत। अपने इस संस्कार को जैसे भी हो बदलना होगा, चिट्ठियाँ लिखना और लिखकर पोस्ट न करना, यह क्रम भी अब और नहीं चलेगा। आज अनीता के पत्र में तो साफ़ लिख ही दिया है—बंबई जाकर सब लोगों से ज़बानी और कह दूँगा। अब तक अढ़ाई

बजे से पहले लोगों से न मिलने और टेलीफ़ोन रिसीव न करने का कार्यक्रम जितना रिजिड किया जा सका है, उतना ही रिजिड इसके बाद का ब्लैकआउट रखना होगा। बिना उसके कोई चारा नहीं, कोई रास्ता नहीं। यह तो ऐसा हुआ कि घोड़े की चाल चल सकने की टाँगें लिये हुए आदमी हर टाँग पर चार-चार प्रशंसकों के हाथ रखे रहने दे—ऐसे में स्थिति-सुख तो बहुत है, पर गति-सुख का कोई उपाय नहीं रह जाता।

……

आज श्यामानंद से हुई बातचीत के बाद निश्चय है कि नये नाटक के प्रस्तुतीकरण से पहले कलकत्ता जाकर नहीं रहूँगा। अपनी ओर से बहुत आगे बढ़कर अपनी ही कीमत पर दिये गये सुझाव का अर्थ दूसरों तक पहुँचकर बिल्कुल दूसरा हो जाता है। अपने को अपने केंद्र पर रखा जाय, दृष्टि यही रखनी चाहिए। व्यक्ति का मान भी उसी से है। वह काम भी इसी तरह कर सकता है। दूसरों के केंद्र पर जाने से न काम होता है न ही वह मान रह जाता है—विशेष रूप से जबकि प्रस्ताव अपनी ओर से हो।

नयी दिल्ली

22-1-67

कल सारी रात श्यामानंद के साथ नये नाटक के संबंध में बात हुई। लौटने में सुबह ही गयी। आकर सवा दो बजे तक सोया रहा। नींद खुली चौधरी के आने से। दो घंटे घर में बैठे, एक घंटा स्टैंडर्ड में। फिर शाम नेमि और श्यामानंद के साथ—अनामिका कला संगम और नटरंग के विषय में बात करते हुए।

जब किरण भाभी करवा चौथ का चाँद देखने की प्रतीक्षा में थीं, तो अन्ना की बहुत याद आयी।

… सिर अब भी नींद से भारी है, अच्छा है सो जाऊँ।

निर्देशक/अभिनेता/समीक्षक की नजर से

निर्देशकीय : त्रिपुरारी शर्मा

'आधे अधूरे' नाटक का ढाँचा बहुत सावधानी से बनाया गया है और बहुत ही बारीक विशिष्ट बुनावट है। नाटक के हर वाक्य, हर शब्द में दर्द, क्षोभ और विडम्बना संवादों से झाँकती है। नाटक उकसाता भी है और जबरन हमें अपने से जोड़ लेता है। अक्सर मन करता है विरोध करने का, कुछ कहने का, अपनी फटेहाल अधूरी जिन्दगी को पूरा करने का, हाँ, शहरी ज़िन्दगी के रोज़मर्रा जीवनयापन और आपसी व्यवहार का इस नाटक से गहरा नाता है। एक स्तर पर नाटक एक ऐसे परिवार के बारे में है जिसकी जड़ें कहीं नहीं जम पाईं, यह एक ऐसी संस्कृति के बारे में भी है, मध्यवर्गीय परिवार धीरे-धीरे जिस पर आश्रित हो गये, ऐसी आकांक्षाओं की संस्कृति इसमें वो गर्माहट व आश्वासन नहीं जो निश्चितता से पैदा होती है अविकासशील समाज को सहारा देने वाले ढाँचे अभी तक तैयार नहीं हुए। अकेलेपन की भयानकता और बदलाव को यह नाटक पकड़ता है, साथ ही एक विशेष परिवर्तन को भी रेखांकित करता है। सावित्री के माँ-बाप का कहीं कोई जिक्र नहीं फिर भी जब कभी बिन्नी अपनी शादी-शुदा ज़िन्दगी से लौटना चाहती है तो उसके पास लौटने की एक जगह है। हालांकि यह वही घर है जिसने उसे ऐसा बनाया, फिर भी यही आसरा भी और आदिबिन्दु भी। टूटता हुआ-सा घर। फिर भी मजबूत है कि हर किसी को वापस खींचता है। एक मजबूरी और निर्भरता सबको एक-दूसरे से बांधती है, वे अपनी कमजोरी से नफ़रत करते हैं इसलिए एक-दूसरे की आजादी को तोड़ते रहते हैं। एक सुखी परिवार के मिथक को यह नाटक साफ-साफ तोड़ देता है। स्थिरता का आधार विवाह है, इस बात पर गहरे प्रश्न हैं, तिव्रत्या मांग है। कई अर्थों में यह आदमियत के अधूरेपन का नाटक है, सीमाहीन और व्यक्तिवादिता असहिष्णु है सब पर काबिज़ है दूसरों की कमियों के साथ। जबकि खुद अपनी भी कोई गहरी पहचान नहीं। खुशी पैदा करने की नालायकी उतनी ही बड़ी है जितनी कि खुशी पाने की ख्वाहिश, कोशिशों की नाकामयाबी में एक अजब व्यंग्य है लेकिन ज़िन्दगी के सबक की तरह उसे हर पीढ़ी को उसका तुर्जबा व पहचान खुद ही करनी पड़ती है।

यह नाटक अपने आप में एक पूरा संसार है, एक ऐसा संसार जो व्यक्ति ने रचाया है काले लिबास वाले व्यक्ति ने, जिसके तजुर्बे और जिसकी नज़र का रंग इस संसार पर काबिज़ है। चूँकि उसने काला चुना है यह सारे स्थान में फैल जाता

है। इसी में बाकी के पात्र स्थापित किए गए हैं। हालांकि सभी पुरुष इस मानसिकता के प्रतीक हैं, यह औरत भी कई औरतों की तरह है उन पुरुषों से व्यवहार करते हुए उनसे रिश्ते कायम करते हुए हर एक पुरुष से पेश आते हुए इस औरत के व्यक्तित्व के अलग ही रंग सामने आते हैं, जिससे वो बहुरंगी बन जाती है, और उतने ही रंगों में बँट भी जाती है। बीवी, माँ, व नौकरीशुदा वो रूमानियत की भी तलाश करती है, और अपनी वकालत भी खुद करती है। इस संसार में वह असह्य है पुरुष से शक्ति प्राप्त करती है। किन्तु महेन्द्रनाथ खुद उसकी शक्ति से बंधा है, उसे आश्वासन या शक्ति नहीं दे सकता जिसकी ज़रूरत है। वो कमज़ोर दीखता है लेकिन सावित्री और उस घर पर अपने अधिकारों को वह कायम रखता है, सभी विरोधों के बावजूद उसका दोस्त, उसका वकील, जुनेजा भी उससे हार जाता है। जुनेजा के शब्दों में स्वीकृत नैतिकता, जो सामाजिक रस्म रिवाज़ से पैदा हुई है, गूँजती है, उसमें दुहरापन है, फिर भी उसका कहना है कि अलग-अलग मुखौटों के नीचे चेहरा एक ही है—इसलिए सावित्री की तलाश बेमानी है। सावित्री नहीं मानती। वो केवल भूमिकाओं से बँधी औरत ही नहीं बल्कि, मानवीय आत्मा है जो अपने सुख की खोज, शांति और सुन्दरता और मंजिल में संतुलन की खोज स्वयं करती है। और ऐसा लगता है कि नाटक में होने वाली घटनाओं का दोष सावित्री का है, लेकिन यह इसीलिए कि वो ही ज़िम्मेदारी उठाती है औरों से कम भगोड़ी है। हमने उसे परखने की कोशिश की है उसे समझने की, उसकी कुंठाओं, इच्छाओं और टूटन को समझने की कोशिश। इस घर के बच्चे कई अर्थों में संक्रमणकालीन समाज की पैदाइश हैं। अशोक को लगता है कि घर निश्चित रूप से टूटा है। बिन्नी की कोशिश है कि सब कुछ बंधा रह सके, इस प्रक्रिया में वो ऐसी धुरी बन जाती है जिसके गिर्द सारी स्थितियां घूमती हैं। किन्नी जैसे घर की आत्मा हो, तरसती हुई कि कोई उसे प्यार करे, कोई उसकी तरफ भी ध्यान दे। घर उन सब में प्रमुख है और वो घटनाओं को आकार देता है—यह चक्र चलता रहता है। क्या चलना ही चाहिए ? शायद नाटक धीरे से अस्पष्ट स्वर में यही प्रश्न करता है।

ओम शिवपुरी (नयी दिल्ली/बम्बई)

एक दिग्दर्शक की दृष्टि से 'आधे-अधूरे' मुझे समकालीन ज़िंदगी का पहला सार्थक हिन्दी नाटक लगता है। यह मौजूदा जीवन की विडंबना के कुछेक सघन बिंदुओं को रेखांकित करता है। इसके पात्र, स्थितियाँ एवं मनःस्थितियाँ यथार्थपरक तथा विश्वसनीय हैं। इसकी गठन सुदृढ़ एवं रंगोपयुक्त है। पात्रों के प्रवेश और प्रस्थान रंगप्रभावों की दृष्टि से भली भाँति संयोजित हैं। पूरे नाटक की अवधारणा के पीछे सूक्ष्म रंगचेतना निहित है।

'आधे-अधूरे' आज के जीवन के एक गहन अनुभव-खंड को मूर्त करता है। इसके लिए हिंदी के जीवंत मुहावरे को पकड़ने की सार्थक, प्रभावशाली कोशिश की गयी है। पहले वाचन के समय ही मुझे इसकी भाषा में बड़ी कशिश लगी थी। कहना न होगा कि इस नाटक की एक अत्यंत महत्वपूर्ण विशेषता इसकी भाषा है। इसमें वह सामर्थ्य है जो समकालीन जीवन के तनाव को पकड़ सके। शब्दों का चयन, उनका क्रम, उनका संयोजन—सब कुछ ऐसा है, जो बहुत संपूर्णता से अभिप्रेत को अभिव्यक्त करता है। लिखित शब्द की यही शक्ति और उच्चरित ध्वनि-समूह का यही बल है, जिसके कारण यह नाट्य-रचना बंद और खुले, दोनों प्रकार के मंचों पर अपना सम्मोहन बनाये रख सकी।

जहाँ तक अधिनिरूपण का सवाल है, 'आधे-अधूरे' मेरे लिए कई दृष्टियों से अर्थवान है। यह आलेख एक स्तर पर स्त्री-पुरुष के बीच के लगाव और तनाव का दस्तावेज़ है। महेंद्रनाथ सावित्री से बहुत प्रेम करता है। सावित्री भी उसे चाहती रही होगी, लेकिन ब्याह के बाद महेंद्रनाथ को बहुत निकट से जानने पर उसे उससे वितृष्णा होने लगी, क्योंकि जीवन से सावित्री की अपेक्षाएँ बहुमुखी और अनंत हैं। अब महेंद्रनाथ की बेकारी की हालत में सावित्री बहुत कटु हो गयी है। एक ओर घर को चलाने का असह्य बोझ है, तो दूसरी ओर ज़िंदगी में कुछ भी हासिल न कर पाने की तीखी कचोट। अपने बच्चों के बर्ताव से अत्यंत तिक्त हुई सावित्री बची-खुची ज़िंदगी को ही एक पूरे, संपूर्ण पुरुष के साथ बिताने की आकांक्षा रखती है। पर यह आकांक्षा पूरी नहीं हो पाती, क्योंकि संपूर्णता की तलाश ही शायद वाजिब नहीं।

सावित्री की कमाई पर पलता हुआ बेकार महेंद्रनाथ दयनीय है। कभी जिस घर का वह गृहस्वामी था, आज उसी घर में उसकी हालत एक नौकर के समान है। अब वह केवल एक ठप्पा, एक 'रबड़ का टुकड़ा' है। वह सावित्री के पुरुष-मित्रों को जानता है, और जब-तब उनका ज़िक्र करके अपने दिल की भड़ास निकालता

रहता है। अपने कुचले आत्मसंम्मान को बचाने की खातिर वह अक्सर 'शुक्र-शनीचर' घर छोड़कर चला जाता है, लेकिन कुछ घंटों बाद वापिस लौट आता है—थका-हारा, पराजित ··· क्योंकि यही उसकी नियति है।

एक दूसरे स्तर पर यह नाट्य-कृति पारिवारिक विघटन की गाथा है। इस अभिशप्त कुटुंब का हरएक सदस्य एक-दूसरे से कटा हुआ है। घर की त्रासदायक 'हवा' से वे सब अपने और एक-दूसरे के लिए ज़हरीले हो रहे हैं। 'बड़ी लड़की' मनोज रूपी हमदर्द द्वार को पाते ही बाहर निकल भागी है। 'लड़का' पत्रिकाओं से अभिनेत्रियों की रंगीन तस्वीरें काटता हुआ उस मौक़े के इंतज़ार में है, जब वह भी यहाँ से निकल सकेगा। अपने पिता के लिए उसके मन में करुणा है, माँ के लिए आक्रोश। वह बड़ी बहन के प्रेम में विश्वास नहीं करता, उसे घर से निकलने का एक ज़रिया मानता है।

'छोटी लड़की' पिता, माता, बहन, भाई—किसी के प्रति लगाव महसूस नहीं करती। अपनी छोटी-छोटी आवश्यकताओं की आपूर्ति से बेहद कड़वी होकर वह कैंची की तरह जुबान चलाती है और यौन-संबंधों में ऐसी दिलचस्पी लेने लगती है, जो उसकी आयु से कहीं आगे है। उसकी बदमिज़ाजी दिन पर दिन बढ़ती जाती है, क्योंकि पिता की बेकारी, माँ के पुरुष-मित्रों, और बड़ी बहन के घर से भाग जाने के कारण उसे बाहरी लोगों की कुत्सित बातें सुननी पड़ती हैं।

दफ़्तर और घर में दिन भर खटती सावित्री सिर्फ़ बिन्नी से ही थोड़ी-सी सहानुभूति पाती है, हालाँकि बिन्नी भी उससे इसी सवाल की तलबगार है कि इस घर में ऐसा क्या है, जो यहाँ से निकल जाने के बाद भी उसके और मनोज के बीच काली छाया के समान आ जाता है।

अशोक सावित्री के प्रभावशाली व्यक्तियों से संबंध बनाने का विरोधी है, क्योंकि ऐसे लोगों के घर में आने पर वह अपनी निगाह में 'जितना छोटा है, उससे कहीं और छोटा हो जाता है।' कुल मिलाकर ये पारिवारिक अंतःसंबंध दिलचस्प ढंग से बहुस्तरीय हैं।

एक अन्य स्तर पर यह नाट्य-रचना मानवीय संतोष के अधूरेपन का रेखांकन है। जो ज़िंदगी से बहुत कुछ चाहते हैं, उनकी तृप्ति अधूरी ही रहती है। महेंद्रनाथ, सिंहानिया, जगमोहन और जुनेजा—ये अलग-अलग गुणों के चार पुरुष हैं। चुनाव के एक क्षण में सावित्री ने महेंद्रनाथ के साथ गाँठ बाँध ली और आगे चलकर अपने को भरा-पूरा महसूस नहीं किया। लेकिन अगर वह महेंद्रनाथ की बजाय जगमोहन से रिश्ता जोड़ती, तब भी अनुभूति वही रहती, क्योंकि तब जगमोहन में जुनेजा के गुण नहीं मिलते ···

एक दूसरे स्तर पर यह नाटक मेरे लिए व्यक्तियों की विभिन्नता के बावजूद

मानवीय अनुभव की समानता का दिग्दर्शन है। इसके लिए नाटककार ने एक ही अभिनेता द्वारा पाँच पृथक भूमिकाएँ निभाये जाने की दिलचस्प रंगयुक्ति का सहारा लिया है। महेंद्रनाथ की जगह पर जगमोहन को रख देने से स्थिति में कोई बुनियादी अंतर नहीं पड़ता, क्योंकि परिस्थितियों के ढाँचे में व्यक्ति लगभग समान ढंग से बर्ताव करता है। इसी अनुभव पर बल देने के लिए कुछेक प्रदर्शनों में नाटक की शुरुआत के साथ एक स्पाट कमरे में लगे मुखौटे को आलोकित करता था।

'आधे-अधूरे' का कार्य-स्थल मकान का बैठने का कमरा है, जिसमें सोफ़े, कुर्सियाँ, आलमारी, किताबें, फ़ाइलें आदि हैं। यह कमरा एक समय साफ़-सुथरा रहा होगा, पर सालों की आर्थिक कठिनाइयों के कारण अब सब पर धूल की तह जम गयी है। क्राकरी पर चटखन है। दीवारें मटमैली हो गयी हैं। परिवार का हर सदस्य एक दूसरे से कटा हुआ है। घर की हवा तक में उस स्थायी तल्खी की गंध है, जो पाँचों व्यक्तियों के मन में भरी हुई है—ऊब, घुटन, आक्रोश, विद्रूप ... दम घोंटनेवाली मनहूसियत जो मरघट में होती है।

इस तनावभरे वातावरण में सम्प्रेषण के लिए मुझे पहले 'बाक्स सेट' ही उपयुक्त लगा और कई प्रारंभिक प्रदर्शनों में उसे ही अपनाया गया। साथ ही कुछेक प्रदर्शनों में नाटक के शुरू और अंत में ऐसे पार्श्व-संगीत का व्यवहार किया गया, जिसकी ध्वनि-तरंगें श्मशान-भूमि की संत्रस्त वीरानगी को सम्प्रेषित करती थीं।

नाटक के शुरू के कुछ प्रदर्शन बंद प्रेक्षागृहों में हुए। जब मुक्ताकाशी 'त्रिवेणी' में प्रदर्शन की बात आयी, तो कुछ मित्रों ने शंका प्रकट की कि नाटक संभवतः खुले मंच के लिए उपयुक्त नहीं है, उसमें नाटक के तनाव और सघनता के बिखर जाने का खतरा है। लेकिन मेरी यह मान्यता है कि गंभीर नाट्य-दल को दर्शक पाने के लिए नये रास्ते ढूँढने होंगे। अगर नाटक गहन, कलात्मक नाट्यानुभूति देने में समर्थ है, अगर वह ज़िंदगी की महत्वपूर्ण उथल-पुथल पर उँगली रखता है, तो हो सकता है कि बाहर सड़क पर कुछ आहट या किसी कार के हार्न की आवाज़ मंच पर की कलात्मक यात्रा में कोई रुकावट न डाल सके।

मुझे संतोष है कि मेरा विश्वास सही साबित हुआ। बंद और खुले प्रेक्षागृह के अंतर से नाटक की प्रभावान्विति पर कोई असर नहीं पड़ा। दर्शक के साथ तादात्म्य उतना ही तीव्र और गहन रहा। इन्हीं दिनों यह अनुभव भी हुआ कि 'बाक्स सेट' कई व्यावहारिक मुश्किलें पैदा करता है। वह एक ओर जहाँ समय और व्ययसाध्य है, वहीं दूसरी ओर रंगोपकरणों के अधिक आश्रय का भी द्योतक है, और यह बात किसी हद तक मेरी धारणाओं के साथ नहीं जाती। इसलिए हिम्मत करके मैंने 'बाक्स सेट' का भी व्यवहार छोड़ दिया और इससे भी प्रस्तुति के प्रभाव में कोई अंतर नहीं महसूस किया गया।

मैं प्रदर्शन में सादगी का क़ायल हूँ। इसलिए प्रकाश-व्यवस्था में भी किसी तरह के लटके नहीं थे। नाटक के लिए उपयुक्त सादी आलोक-पद्धति थी। प्रारंभ में कुछेक स्पाट घर की विभिन्न चीज़ों को आलोकित करते थे, फिर हाउस-लाइट में घुलमिल जाते थे। इसी प्रकार दूसरे अंक के शुरू में दो स्पाट 'लड़के' और 'बड़ी लड़की' को आलोकित करते थे, फिर एक प्रकाश-व्यवस्था में सम्मिश्रित हो जाते थे।

वेशभूषा के पीछे भी यही दृष्टि थी। प्रमुख पुरुष-अभिनेता को पाँच भूमिकाएँ करनी थीं। इसके लिए वह केवल एक ऊपरी वस्त्र बदलता था—सबसे पहले काला सूट (काले सूट वाला आदमी), फिर कोट उतारकर केवल कमीज़ (महेंद्रनाथ), फिर बंद गले का कोट व टोपी (सिंहानिया) आगे हाई नैक की कमीज़ (जगमोहन) और फिर लंबा कोट (जुनेजा)। बिन्नी, किन्नी और अशोक की पोशाकों में कोई परिवर्तन नहीं था। केवल सावित्री दूसरे अंक के लिए साड़ी बदलती थी, क्योंकि वह स्थिति की माँग थी।

प्रस्तुति की एक अन्य उल्लेखनीय विशेषता थी रूपसज्जा (मेकअप) का न होना। नायिका केवल वही रूपसज्जा (मेकअप) किये हुए थी, जो उस-जैसी स्त्री वास्तविक जीवन में करती है। इसके अलावा किसी कलाकार ने पाउडर इत्यादि छुआ भी नहीं था।

इस प्रदर्शन की एक महत्वपूर्ण विशेषता थी नाटककार और निर्देशक का पारस्परिक सहयोग। पहले पूर्वाभ्यास से ही राकेश जी साथ थे और पहले प्रदर्शन तक वे बराबर इस कलात्मक यात्रा के सहयात्री रहे। फर्नीचर में तिपाई के चुनाव से लेकर नाटक के अधिनिरूपण तक—हमने साथ-साथ काम किया। अनेक बार मतभेद भी हुए, लंबे वाद-विवाद भी। लेकिन अंतिम रूप में जो नाट्य-परिणाम सामने आया, उसे लेकर हम दोनों ही सहमत थे, अर्थात प्रस्तुति में ऐसा एक भी तत्व नहीं था, जिससे या तो मैं असहमत था और/या राकेश जी।

('आज के रंगनाटक' से)

सुधा शिवपुरी (नयी दिल्ली/बम्बई)

इसी बीच रोकशजी ने 'आधे अधूरे' लिखना शुरू किया। उनकी लेखन की खूबी यह थी कि तीन या चार बार उसी नाटक को लिखा और जब तक उन्हें स्वयं को तसल्ली नहीं हो गई हमें उसकी एक पंक्ति भी पढ़ने न दी। नाटक पूरा करते ही हम लोग एक साथ बैठे और राकेशजी के घर पर ही उन्होंने 'आधे अधूरे' नाटक पढ़कर सुनाया। इतना सुन्दर नाटक, और उतना ही सुन्दर पात्र सावित्री का जो नाटक की नायिका थी। बस, 'दिशान्तर' में इस नाटक की रिहर्सल जोर-शोर से शुरू हो गई। राकेशजी करीब-करीब हर रिहर्सल के वक्त मौजूद होते थे। एक-एक पात्र पर हम लोग घंटों बहस करते थे।

करीब दो हफ्ता रिहर्सल के बाद एक दिन राकेशजी ने कहा, 'सुधा तुम सावित्री का स्वगत-कथन क्यों छोड़ देती हो ?' मैंने कहा, 'राकेशजी, उसमें आप सावित्री का क्या भाव चाहते हैं ? क्या कुछ खास तौर पर कहलवाना चाहते हैं ? उसका सांचा कैसा बनना चाहिए ? ग्राफ क्या है ? मुझे यह सब आप अच्छी तरह समझाइए।' उन्होंने उसी तरह एक-एक बात मुझे समझायी। राकेशजी से जब सारा ट्रैक मिला उस स्वगत-कथन का, तो मैंने उस पर मेहनत की। और जिस दिन पहली बार रिहर्सल में मैंने सावित्री का वह स्वगत-कथन बोला तो राकेशजी बेहद खुश हुए।

रिहर्सल के बाद हर शाम हम लोग नाटक पर चर्चा करते थे। राकेशजी इतनी गहराई से हर पात्र को समझाते थे कि हम लोग मुग्ध होकर उन्हें देखते ही रह जाते थे। वह बताते कि सावित्री की ट्रैजेडी क्या है, क्यों उसे कोई नहीं समझ पाता है। सबके लिए सब कुछ करने पर भी हर आम औरत की यही ट्रैजेडी होती है कि उससे कोई खुश नहीं रहता। प्रदर्शन के दौरान जब जुनेजा यह संवाद बोलता है, 'तुम इनमें से किसी भी व्यक्ति से शादी करतीं, अपने को इतना ही खाली, इतना ही अधूरा महसूस करतीं। और पूरा व्यक्ति तुम्हें कहीं भी नहीं मिल पाता। और तुम यही सोचतीं कि तुमने गलत आदमी से शादी कर ली है।' इस संवाद के बाद दर्शकों में से पुरुष स्वर उभरता, 'सुना तुमने, तुम्हारी हमेशा यही शिकायत रही है।' इस पर जब सावित्री अपना संवाद बोलती, सबके सब, सबके सब, एक से बिल्कुल एक-से हैं आप। अलग-अलग मुखौटे, पर चेहरा सबका एक ही।' इस पर नारी स्वर उभरता, 'सुना तुमने ? क्या कस के जवाब दिया है।'

शुरू में इस नाटक को हम लोग 'बाक्स सेट' यानी पूरा ड्राइंग रूम बनाकर किया करते थे। लेकिन एक दिन शिवपुरी ने कहा, 'राकेशजी, यह नाटक हर शहर

में खेला जाना चाहिए। इस नाटक में आज के जमाने की हर मध्यवर्गीय परिवार की समस्या है। उसे जब दर्शक नाटक के रूप में देखेंगे तो बहुत पसन्द करेंगे। राकेश जी को बात समझ में आ गई। और 'बाक्स सेट' हटाकर टूटे-फूटे फर्नीचर और टूटे-फूटे सामान से सेट को सजाया गया, जो परिवार की हालत थी। टूटा-फूटा सामान और फर्नीचर हर जगह आसानी से मिल सकता था। इस तरह यह नाटक अनेक शहरों में खेला गया।

इन्दौर में हम लोग 'आधे अधूरे' का प्रदर्शन करने गए। नाटक का सेट मंच पर काफी आगे लगाया जाता था और सामने का परदा खुला ही रहता था। वहां के एक जाने-माने रंगकर्मी ने जब मंच की 'सजावट' देखी, तो बोले, 'यह क्या बेवकूफी है। बेचारे बच्चे इतनी दूर से हमारे शहर में नाटक करने आए हैं, कम से कम अच्छा फर्नीचर तो दिया होता, क्या सारा कबाड़खाना भरा है।' उन्हें पता नहीं था कि इस नाटक की माँग ऐसी ही थी। और आसानी से नाटक के लिए टूटा-फूटा सामान और फर्नीचर हर जगह उपलब्ध हो जाता था। इस तरह नाटक के हमने तीन-चार सौ प्रदर्शन किए। –

मुझे आज तक याद है, जब कभी प्रदर्शन के आरंभ में मुझसे सावित्री के पात्र की डोर ज़रा-सी ढीली पड़ जाती थी तो उसके बाद मेरे भरसक प्रयत्न करने पर भी मैं उस पात्र के साथ पूरा इंसाफ नहीं कर पाती थी। पर दर्शकों के बीच बैठे राकेशजी के अतिरिक्त किसीको भी इस बात का आभास नहीं हो पाता था। नाटक की समाप्ति पर जब राकेशजी आकर मुझे मुबारकबाद देते थे तो मेरे मुंह से अनायास ही निकल पड़ता, 'सॉरी राकेशजी, आज वह बात नहीं बनी।' राकेशजी कहते, 'सुधा, तुम्हारे पहले प्रवेश से ही मुझे लग गया था कि आज पात्र की कहीं कोई डोर ढीली पड़ गई है। तुमने कोशिश बहुत की। लेकिन छोड़ो, अभी तो बहुत प्रदर्शन करने हैं। तुम महसूस करती हो कि पूरा न्याय नहीं कर सकीं पात्र के साथ, यही बहुत है।'

कभी-कभी प्रदर्शन में या रिहर्सल में उनकी लिखी पंक्तियों के शब्द जरा भी इधर-उधर होते तो वह समझाते हुए कहते थे, 'देखो सुधा, शब्द इधर-उधर होने से पंक्ति का मतलब नहीं बदलता। लेकिन हर पंक्ति में शब्दों का अपना नाप-तौल है। ऐसा होते ही पंक्तियों का सन्तुलन बिगड़ जाता है।'

नाटक की भाषा इतनी सरल और आम बोलचाल की होने से हर प्रकार का दर्शक इस नाटक का आनंद उठा सकता था। और यही कारण था कि यह नाटक जहां-जहां भी खेला गया, बहुत ही सफल हुआ।

(हाल में लिखे एक संस्मरण से)

सत्यदेव दुबे (बम्बई)

'आधे अधूरे' के प्रकाशन और उसके दिल्ली तथा बम्बई में लगभग एक साथ प्रस्तुतीकरण ने राकेश के सभी आलोचकों का मुंह बंद कर दिया। इस नाटक ने इस मिथक को ध्वस्त कर दिया कि हिन्दी नाटककार समकालीन स्थितियों और हमारे जीवन से जुड़े हुए चरित्रों को लेकर नाटक नहीं लिख सकता। 'आधे अधूरे' साहित्य और रंगमंच दोनों पर खरा उतरा। आज तक भारत में कहीं भी हिन्दी में प्रस्तुत होनेवाले नाटकों में वह सबसे सफल है।

यह नाटक एक टूटते हुए मध्यवर्गीय परिवार के बारे में है। इसके केन्द्र में है सावित्री, तीन बच्चों की माँ और एक नाकामयाब पुरुष की पत्नी। परिवार को बचाने के लिए सारे उतार-चढ़ाव का सामना करने के साथ-साथ वह सम्पूर्ण पुरुष की भी तलाश में है। उसका सम्पूर्ण मोहभंग, और उससे पैदा होनेवाली मध्यवर्गीय अस्तित्व के स्तर पर हताशा, एक सुगठित स्थिति में उजागर हुई है जिसमें सावित्री के जीवन में आनेवाले चार पुरुषों का अभिनय एक ही अभिनेता से कराने की प्रभावी रंगमंचीय युक्ति का प्रयोग किया गया है।

इस नाटक में सारे चरित्रों की त्रासद परिणति, कुंठा, अपमान और तनाव इतनी सघनता से उभारे गये हैं जो स्ट्रिंडबर्ग और यूजीन ओनील की याद दिलाती है। भाषा इतनी झुलसा देनेवाली है कि 'वर्जीनिया वुल्फ़ से कौन डरता है' के लेखक को ईर्ष्या हो। एक भी विवादी स्वर नहीं। और चरित्र, जहाँ वे लगभग कैरीकेचर जैसे हो जाते हैं, जैसे सिंघानिया, वहाँ भी जीवन्त बने रहते हैं। जिस तरह वे बोलते और आचरण करते हैं वह सार्थक रहता है।

शब्दों से राकेश का लगाव एक शानदार मनोग्रन्थि की हद तक था। यद्यपि अन्य भारतीय भाषाओं में दूसरे समकालीन लेखकों ने भी नये मुहावरे का समावेश किया है, पर कोई भी इस समस्या से राकेश की तरह गहराई से नहीं जूझा। भाषा की यह समस्या ही राकेश की नेहरू फेलोशिप के प्रबन्ध का विषय थी और उनके अगले नाटक 'पैर तले की जमीन' का आधार भी, जिसे वह पूरा नहीं कर पाये।

('इनैक्ट' में प्रकाशित, अंग्रेजी से अनूदित)

श्यामानन्द जालान (कलकत्ता)

यह नाटक एक मध्यवर्गीय परिवार के विघटन और स्त्री-पुरुष संघर्ष के बारे में है। मैंने इसका प्रस्तुतीकरण सबसे पहले **1970** में किया था और तभी से यह मुझे आकर्षित और मुग्ध करता रहा है। मैं स्त्री-पुरुष सम्बन्धों को इस नाटक की विषय वस्तु और सावित्री को केन्द्रीय पात्र मानता हूं। इन मुख्य सूत्रों के बीच इस नाटक में समकालीन जीवन के अनेक धूप-छाँही चित्र और ढाँचे बुने हुए हैं।

'आधे अधूरे' मोहन राकेश द्वारा एक जीवन्त नाट्य-रूप और हिन्दी नाटक-लेखन में नाटकीय संवाद की खोज का चरम-बिन्दु है। यह उनके स्त्री-पुरुष सम्बन्धों के अन्वेषण की एक कड़ी होते हुए भी यहाँ वह एक तरह की स्वीकृति पर पहुँच गये हैं। स्त्री और पुरुष के बीच परस्पर अनुकूलता नहीं है, और उनके सम्बन्धों में एक बुनियादी संघर्ष सदा बना रहता है। मगर फिर भी इस संघर्ष को समझना और इसके साथ-साथ रहना भी पड़ता है, क्योंकि स्त्री और पुरुष पूरी तरह कभी अलग भी नहीं हो सकते। और इस तरह चक्कर पूरा हो जाता है।

मुझे राकेश की सर्जनात्मक खोज को बहुत पास से देखने-समझने का अवसर मिला था। जब वह **1966** में 'लहरों के राजहंस' के अन्तिम अंक को नया रूप देने में लगे थे तो मैं उनकी इस खोज में लगभग एक साझेदार ही हो गया था। वह नाटक के बुनियादी सवाल—उसके बुनियादी संघर्ष—से जूझ रहे थे।

अन्त में उन्होंने दोनों को अलग करने का विकल्प ही चुना। नन्द सुन्दरी को छोड़कर चला जाता है, और प्रश्न शून्य में लटका रह जाता है, संघर्ष के एक ऊपरी हल के साथ। 'आषाढ़ का एक दिन' में कालिदास भी मल्लिका को छोड़कर चला गया था। पर 'आधे अधूरे' में महेन्द्रनाथ लौट आता है और संघर्ष जारी रहता है। क्योंकि वास्तव में कोई हल, कोई अन्तिम समाधान है ही नहीं।

फिर भाषा और संवाद। मैंने इनका भी विकास होते हुए देखा। शब्दों का चुनाव और विन्यास। अभिव्यक्ति, बल्किं निश्चित और प्रभावकारी ढंग से सम्प्रेषण की निरंतर ललक। अर्थ और ध्वनि दोनों के माध्यम से न सिर्फ विचार बल्कि भावावेग के सम्प्रेषण की भी 'आधे अधूरे' की प्रभावी भाषा उसी खोज की उपलब्धि है, जो 'लहरों के राजहंस' के प्रथम लेखन के बाद शुरू हुई थी और उस नाटक के संशोधित रूप मे मौजूद है, और जो 'आधे-अधूरे' में खिलकर आयी है।

जब राकेश ने मुझे 'आधे अधूरे' का आलेख इस प्रस्ताव के साथ भेजा कि मैं उसकी पहली प्रस्तुति तैयार करूं तो मैं बहुत उत्साहित नहीं था। मुझे नाटक के कुछ अंश तो सशक्त लगते थे, पर मैं उसके केन्द्रीय विचार, उसकी कलात्मक

अवधारणा को नहीं खोज सका था। इसलिए मैंने उस प्रस्ताव को टल जाने दिया। फिर 1970 में जब मैंने प्रतिभा अग्रवाल को स्त्री और कलकत्ते के अनुभवी अभिनेता कृष्ण कुमार को पुरुष की भूमिकाएँ देकर पूर्वाभ्यास शुरू किया तो नाटक को वास्तव में समझे बिना ही उसको प्रस्तुत कर दिया। 1972 में मैंने स्वर्ण चौधरी के अंग्रेजी प्रदर्शन में पुरुष की भूमिका की जिसमें ज़रीन चौधरी स्त्री की भूमिका में थी। पर उस प्रदर्शन में तो मुख्य कशमकश भाषा से निपटने की ही थी। 1983 में मैंने फिर हिन्दी में उसका पूर्वाभ्यास शुरू किया। इस बार मैं निर्देशन के साथ-साथ पुरुष की भूमिका भी कर रहा था और चेतना स्त्री की भूमिका में थी। अब पहली बार मैं नाटक को समग्र रूप में देख पाया और उसकी बुनियादी लय और अन्तर्निहित अवधारणा को समझ सका।

मौजूदा प्रस्तुति वही है जो हमने जून 1983 में तैयार की थी। परिवर्तन सिर्फ इतना है कि इस बार बिन्नी की भूमिका में जागृति रूपारेल की जगह नन्दिनी राय और किन्नी की भूमिका में अपराजित कृष्णा की बजाय शम्पा घोष हैं। पर इस बीच इस प्रस्तुति के दर्जनों प्रदर्शनों ने बहुत फ़र्क पैदा कर दिया है। इन दो पात्रों में परिवर्तन ने प्रस्तुति को एक भिन्न लय भी प्रदान की है।

(1989 में नेहरू जन्म शताब्दी नाट्य समारोह के अवसर पर प्रकाशित स्मारिका से, अंग्रेजी से अनूदित)

इब्राहिम अलकाज़ी (नयी दिल्ली)

जब मोहन राकेश कृत 'आधे अधूरे' पहली बार दिल्ली में सन् 1969 में प्रदर्शित हुआ, तो भारतीय दर्शक-समुदाय पर उसका वैसा ही तीखा प्रभाव पड़ा, जैसा कि मेरा अनुमान है कि जॉन ऑसबर्न के नाटक 'लुक बैक इन एंगर' का पाँचवे दशक में ब्रिटेन में पड़ा होगा। यह रचना तेज़ वाद-विवाद का बायस बनी। जहाँ एक ओर समीक्षकों ने इसे आधुनिक भारतीय रंगमंच में एक अन्यतम कृति और हिन्दी नाटक में पहली गंभीर उपलब्धि माना, वहीं दूसरी ओर कलात्मक दृष्टि से असार्थक लेखन कहकर इस पर प्रहार भी किया गया जो मध्यवर्ग का ऐसा एकतरफा विरूपित चित्रण करता है, जिसकी कोई सामाजिक प्रासंगिकता नहीं। लेकिन समीक्षकों की यह धारणा उन दर्शक-समुदायों ने झूठी साबित कर दी, जो एक ओर बड़ी-बड़ी संख्याओं में इसे देखने आये और दूसरी ओर बड़ी ही ग्रहणशीलता से इसकी विस्फोटक सघनता के सम्मुख नतशिर भी हुए। ऐसा नाटक, जो लोकप्रियता के लिए कोई छूट नहीं देता, इस प्रकार की प्रतिक्रिया कैसे जगा सकता है, अगर कारण यही नहीं है कि वह अपना कथ्य पूरे प्रभाव के साथ संप्रेषित कर सका ?

यह नाटक मध्यवर्गीय जीवन की शुष्क, विनाशकारी रिक्तता का प्रखर दस्तावेज़ है और विकृत मूल्यों, भ्रान्तियों एवं दोगली नैतिकता का निर्मम अनावरण, जो उस रिक्तता के कारण हैं। इसके केन्द्र में पत्नी के वे प्रयत्न हैं, जो वह अपने बिखरते परिवार को बाँधने के लिए करती है।

अब शारीरिक आकर्षण से रहित, बिना रीढ़ की हड्डी के असफल पति के साथ एकाकी प्रौढ़ावस्था बिताने के भविष्य से त्रस्त यह स्त्री हताशा के साथ स्वयं को समेटने का प्रयास करती है। उसके अपने वैवाहिक जीवन की असफलता बीस-वर्षीय बेटी के भाग्य में भी प्रतिध्वनित होती है, जो अपने पति का घर छोड़कर माता-पिता के घर लौट आती है लेकिन घर वही साँपों की बांबी जैसा उसे दीखता है जो कि वह हमेशा से था। 'ऐसा भी होता है क्या कि ··· दो आदमी जितना ज़्यादा साथ रहें, एक हवा में साँस लें, उतना ही ज़्यादा अपने को एक-दूसरे से अजनबी महसूस करें ? ··· एक गुबार-सा है जो हर वक्त मेरे अन्दर भरा रहता है और मैं इन्तज़ार में रहती हूँ जैसे कि कब कोई बहाना मिले जिससे कि उसे बाहर निकाल लूँ।'

नयी पीढ़ी का प्रतिनिधित्व लड़के ने किया है, जो कॉलेज में फ़ेल होने के बाद दिन भर घर में पड़ा रहता है—पत्रिकाओं से अभिनेत्रियों की तसवीरें काटता हुआ, बिस्तर में कैसेनोवा के संस्मरण पढ़ता हुआ। अनजाने पर स्पष्ट ही वह अपने पिता के पद-चिन्हों पर चल रहा है। अपने बिखराव से तंग आने के बाद अब उसकी

दिलचस्पी पड़ोस की एक युवा लड़की का पीछा करने में है और अपनी बहन की चीज़ें चुराकर उपहारस्वरूप उस लड़की को देने में। छोटी लड़की तुनुकमिज़ाज और बदजुबान है, जिसे अपना दुख और अपनी अवहेलना ऐसे गुस्से के लिए भड़काते रहते हैं कि उसकी ओर दूसरों का ध्यान आकर्षित हो सके।

मध्यम वर्ग के अन्य अपेक्षया समृद्ध स्तर भी राकेश द्वारा निर्ममतापूर्वक अनावृत्त हुए हैं। यहाँ सिंहानिया जैसा भ्रष्ट एवं असंस्कृत व्यवसायी है, जिसके लिए हर एक काम एक व्यावसायिक सौदा है और उसकी क़ीमत लेनी-चुकानी होती है। वह लड़के के लिए कुछ विशेष नहीं कर सकता, लेकिन यदि सावित्री अपनी लड़की को उसके पास भेज सके, तो शायद उसके लिए कुछ प्रबन्ध करना संभव हो जाये। फिर पत्नी का पुराना प्रेमी जोग है, जिसके लिए स्त्रियों की चाहत एक हृदयहीन, नपा-तुला खेल है। जो वह चाहता है, बिना किसी संकोच के दबोच लेता है, और जिससे उसका कोई मतलब नहीं निकलता, उसे लापरवाही से छोड़ देता है। अंत में जुनेजा आता है, पति महेन्द्रनाथ का भूतपूर्व व्यावसायिक भागीदार, जो अंतिम दृश्य में पत्नी की भ्रांतियों, आकांक्षाओं एवं आत्म-वंचना को बेरहमी से उधेड़कर रख देता है, लेकिन जो अपनी साफ़गोई और दूसरे की कमियों का अनावरण कर देने के अपने गुण के बावजूद स्वयं भी बहुत रुचिकर चरित्र नहीं है।

मध्यवर्गीय जीवन की प्रत्येक अवस्था और प्रत्येक स्तर पर राजयक्ष्मा का घातक रोग घर कर गया है, जो जीवन के उत्स को ही खा लेता है—पीछे सिर्फ खुले घाव और मूक दर्द रह जाता है। हर एक प्रताड़ित व्यक्ति अपनी हताशा और असफलता को दूसरे के विरुद्ध घृणा के हथियारों में बदल देता है। मध्यमवर्गीय औचित्य के प्रदर्शन और आत्मसम्मान की भावना के पर्दे के पीछे यौन कुंठाओं, अज्ञात भयों, बड़े-बड़े सपनों एवं व्यक्तिगत पराजय के साँप कुंडली मारे रहते हैं।

दृश्यबंध में टूटे-फूटे फर्नीचर का ढेर है, दीमक लगी फाइलें, लकड़ी और लोहे के टुकड़े, फटी पत्रिकाएँ, गंदे प्याले और तश्तरियाँ। ये सब घुटन और अकेलेपन के आतंक के वातावरण को सघन करते हैं, और पात्रों के बिखरे जीवन का प्रतीक हैं।

नाटक की भाषा सादी, सच्ची और एकसमान तनाव-भरी है। इसमें एक ओर जहाँ बोलचाल की भाषा की लय और उसकी बुनावट है, वहीं दूसरी ओर सहज प्रवाह एवं स्वतः स्फूर्तता भी है। अनुभूति की सूक्ष्मता को प्रकट करने वाले ध्वनि और मौन के समन्वय की गहरी समझ रखने वाला केवल एक श्रेष्ठं रचनाकार ही वह उपलब्ध कर सकता था जो राकेश ने किया है। संभवतः मुखर मौन में भी नाटंक-तत्व अधिक रहता है—सघन संवाद की अपेक्षा अनुच्चरित विचारों में। जैसाकि संगीत में है जो मौन ध्वनि की व्यवस्था का एक भाग होता है। 'नाटकीय

शब्द' के लिए राकेश का सम्मोहन उनकी खोज का एक हिस्सा है– अस्तित्व के जटिल, गहरे एवं सूक्ष्म स्तरों की अभिव्यक्ति के लिए, और उस भाषा को पकड़ने के लिए, जिसमें हमारे समय के विखंडित व्यक्तित्वों के प्रामाणिक स्वर बोल सकें।

('आज के रंग-नाटक' से)

सुशील चौधरी (नयी दिल्ली)

पिछले दो दशकों में जिन कुछ भारतीय नाटककारों ने अपनी ज़ोरदार क़लम से भारतीय नाटक को लगातार उन्नति की ओर अग्रसर किया है उनमें एक निस्संदेह राकेश हैं। हालाँकि उन्होंने बहुत नाटक नहीं लिखे, मगर विषय-वस्तु के प्रस्तुतीकरण में जो उनकी निपुणता है वह समसामयिक सभी नाटककारों से अलग है। उनके तीनों नाटक दिल्ली में और बाहर बार-बार खेले गये हैं।

राकेशजी से मेरा व्यक्तिगत परिचय बहुत न होने पर भी उनसे मिलने और बातचीत करने का अवसर कई बार मुझे मिला था। राष्ट्रीय नाट्य विद्यालय में मेरी अंतिम परीक्षा में वह मेरे परीक्षक भी थे। तभी मौखिक परीक्षा में उन्होंने एक प्रश्न मुझसे पूछा था कि किसी निर्देशक को नाटककार की रचना से कितनी स्वतंत्रता लेनी चाहिए। बाद में जब मैंने उनका ही नाटक निर्देशन के लिए उठाया तो यह प्रश्न बहुत बार मेरे मन में गूँजता रहा। मन ही मन मेरी इच्छा रही थी कि किसी न किसी दिन मैं अवश्य उनका नाटक कहीं खेलूँगा। इसलिए जब दिल्ली की शौक़िया बँगला नाटक मंडली 'चतुरंग' ने मुझे बुलाकर राकेशजी के 'आधे अधूरे' के निर्देशन का काम सौंपा, तो मैं खुशी-खुशी राज़ी हो गया। उस समय यह सपने में भी न सोचा था कि जब यह नाटक खेला जायगा तब राकेश उसे देखने को मौजूद ही न होंगे। नाटक अॅक्टूबर में प्रस्तुत होने की बात थी, पर वह 1972 बीतने के बाद ही खेला जा सका।

'आधे अधूरे' नाटक का निर्देशन मैंने क्यों किया ? उसे चुनने का क्या कारण था ? इस नाटक में क्या कोई बड़ी बौद्धिक ढंग की चीज़ है ?—इन प्रश्नों से, नाटक कराते वक्त, और बाद में भी, बार-बार सामना करना पड़ा है। मेरी राय में इस प्रश्न का उत्तर बहुत सीधा-सा है। मैंने 'आधे-अधूरे' इसलिए चुना क्योंकि वह ऐसी आम ज़िंदगी के बारे में है जिसे हम मध्यवर्गीय समाज में हर रोज़ देखते हैं। मगर नाटक की खूबी सिर्फ़ इसी बात में नहीं है। उसकी सबसे बड़ी खूबी है इस साधारण विषय-वस्तु को असाधारण ढंग से प्रकट करने की सृजन क्षमता।

इसकी विषय-वस्तु तो बहुत ही सहज है। पति-पत्नी के बीच ग़लतफहमी, मनमुटाव, पति का नाराज़ होकर घर से चले जाना, गरीबी के कारण परिवार में अशांति, स्त्री की दूसरी जगहों में शांति खोजने की कोशिश और सबसे आखिर में पति का घर लौटना। वैसे यह सब ज़रा भी नाटकीय नहीं जान पड़ता। पर मुझे लगता है कि मामूली चीज़ को भी अपनी कुशलता से नाटकीय बना देने वाले ही तो सच्चे नाटककार होते हैं। मनुष्य के अपने द्वंद्व को लेकर, संघात को लेकर, बहुत-से नाटक मिलते हैं, जैसे बादल सरकार के नाटक। फिर मनुष्य और उसके

परिवेश को लेकर नाटकीयता हमें विजय तेंदुलकर के नाटकों में मिलती है। मगर एक ओर मनुष्य का अपने भीतर का द्वंद्व और दूसरी ओर आज के मध्यवर्ग की आर्थिक अवस्था और उसका प्रभाव एक परिवार के लोगों के भीतर कितनी दूर तक सक्रिय हो सकता है—यह बड़े तीखे ढंग से 'आधे-अधूरे' में सामने आता है।

नाटक के चरित्र तभी सुंदर होते हैं जब वे नाटक के मूल कथ्य को उभारने में सहायक हों। 'आधे अधूरे' नाटक के चरित्र सब जीवंत रूप में उपस्थित होते हैं। हालाँकि सावित्री अपने मनचाहे संपूर्ण मनुष्य की तलाश में एक के बाद एक पुरुष के पास जाती है, तो भी किसी भी समय सावित्री का चरित्र छोटा नहीं लगता बल्कि उसके मन का आवेग और द्वंद्व और भी तीव्रता से प्रकट होता है। एक मध्यवर्गीय परिवार में पूरा इंसान मिल सकता है या नहीं, यह अलग सवाल है, पर सावित्री इसी वर्ग के आर्थिक दबाव में पड़कर तथाकथित ऊँचे दर्जे के लोगों के बीच पूरा इंसान खोजना चाहती थी, इसीलिए हम सिंघानिया, जगमोहन और जुनेजा को देखते हैं। ये सभी चरित्र सावित्री के मन की तलाश और उसके चरित्र को व्यापक बनाने में सहायता करते हैं।

'आधे अधूरे' के इस साधारणपन ने ही मुझको उसके निर्देशन को हाथ में लेने के लिए प्रेरित किया था। कोई आदमी पूरा नहीं होता फिर भी परिवार में आपसी लेन-देन के द्वारा ही आदमी को संपूर्णता पानी होती है—जिसका सावित्री में अभाव था, शायद महेंद्रनाथ में भी। नाटककार ने इसका कोई हल नहीं पेश किया है, वह महेंद्रनाथ को वापस ज़रूर ले आये हैं किंतु क्या उससे ही अधूरापन दूर हो सकता है ? मैंने भी नाटककार की भाँति ही इस नाटक के प्रस्तुतीकरण द्वारा किसी हल की खोज नहीं की। जो सब संघर्ष और टकराहट नाटक में मौजूद है, उसको उभारने की ही कोशिश की थी। क्योंकि मुझे लगा कि अगर इस सब संघर्ष को दर्शक समझ सकें तो किसी न किसी महेंद्रनाथ और सावित्री के जीवन में आपसी समझ-बूझ का क्षण आ भी सकता है।

यह कहना मेरे लिए कठिन है कि मैंने इसके निर्देशन में कितनी स्वतंत्रता ली। यह तो सच है कि नाटक की गतियों, संरचनाओं, दृश्यबंध और प्रकाश-योजना को तैयार करने में मैं नाटककार के निर्देशों के अनुसार नहीं चल सका। पर मैंने इस बात की पूरी कोशिश की कि मेरे किसी काम से नाटककार का कथ्य न बदले।

प्रदर्शन के बाद बहुत लोगों ने उसकी सफलता के लिए प्रशंसा की। पर वह तो वास्तव में नाटककार का ही प्राप्य है। शायद इतना कह सकता हूँ कि नाटक का कथ्य दर्शकों तक पहुँचाने में मुझे सफलता मिली। मुझे खुशी भी इसी बात की है। अवसर मिले तो इस नाटक को नये ढंग से प्रस्तुत करने की इच्छा मेरे मन में है। और यही नाटक नहीं, उनके दूसरे नाटक भी प्रस्तुत करने की प्रेरणा मेरे मन में मौजूद है।

(नटरंग-21 से)

अमाल अल्लाना (नयी दिल्ली)

'आधे अधूरे' की बहुत बड़ी विशेषता नाटककार की रंगमंच की भाषा के प्रति गहरी समझ है। रंगमंच, दृश्य एवं श्रव्य तत्वों का माध्यम है, और इस क्षेत्र में मोहन राकेश, नई ज़मीन रचते हैं। नाटकीय उपलब्धियों के लिये अमूर्तकाव्य आदि साहित्यिक रूढ़ियों का मोह छोड़कर 'आधे अधूरे' रोज़मर्रा के जीवन्त यथार्थ को प्रस्तुत करता है। यह यथार्थ अपने आप में जटिल है जो किसी सूत्र में बंधना या पारिभाषित होना स्वीकार नहीं करता है, किन्तु साथ ही अपनी लगातार परिवर्तनशीलता तथा रहस्यात्मक विशेषता के कारण उत्तेजक है। यह अपरिभाषित एवं जटिल यथार्थ केवल इस नाटक के कथ्य का ही नहीं बल्कि इसमें प्रयुक्त भाषा का भी निर्धारण करता प्रतीत होता है। इस प्रकार कथ्य एवं रूप ने एकाकार होकर इस नाटक का रूप लिया जिसके आधार पर इसे आधुनिक नाट्य लेखन में 'क्लासिक' की संज्ञा दी जा सकती है।

मोहन राकेश, 'आधे अधूरे' के माध्यम से नाट्य लेखन को कई दिशाएँ प्रदान करते हैं, उदाहरणार्थ नाटकीय संघर्ष पैदा करने के लिये उन्होंने अतिनाटकीयता का सहारा न लेकर एक आम, साधारण विषय-वस्तु का चुनाव किया है। इस नाटक की शक्ति घोर साहित्यिक एवं कृत्रिम भाषावली से मुक्त है। यह वो सहज भाषा है जो हम रोज़मर्रा की ज़िन्दगी में बोलते हैं, किन्तु जिसमें हमारे सभी अनकहे भावो की कसमसाहट मौजूद है और प्रकटतः बिना काव्यात्मक होते हुए भी जिसमें काव्य का अनुपम सौन्दर्य है।

संप्रेषणीयता के साथ-साथ भाषा में ध्वनियों की सजगता भी शामिल है। ध्वनियां, जैसे अशोक की कैंची की ध्वनि, टिनकटर, कप-प्लेटों की या महेन्द्र के फ़ाईल झटकने की आवाज़ें आदि जो एक ऐसा वातावरण निर्मित करती हैं जिसमें चरित्रों की आन्तरिकता मुंह से बोलने की अपेक्षा अधिक मुखर हो उठती है। इन आवाज़ों और कुछ दृश्य बिम्बों के अतिरिक्त मोहन राकेश ने, अपने मंच-निर्देश के अनुसार कुछ अन्य रोज़मर्रा के हाव-भावों का प्रयोग प्रतीकात्मक रूप से किया है—जैसे सावित्री टेबल कवर को खींच कर उसमें अपना मुंह छिपा लेती है या परेशान सी अपने पर्स को टटोलती है। इन भावों में चरित्र की आन्तरिक वेदना एवं खोयापन अपनी पूरी शक्ति एवं समग्रता से प्रकट होता है।

'आधे अधूरे' में मोहन राकेश द्वारा नाट्य संरचना की दृष्टि से अपनी लोक परम्परा से लिया गया सूत्रधार का प्रयोग, जो सभी चरित्रों का अभिनय करता है, आधुनिक हिन्दी नाट्य लेखन में महत्वपूर्ण उपलब्धि है। इस परम्परा का निर्वाह पूरे

नाटक की मूल विषय-वस्तु के ताने-बाने में इतने कौशल के साथ किया गया है कि आरोपित न प्रतीत होकर नाटक के कथ्य का एक अनिवार्य अंग बन जाता है।

इस प्रकार 'आधे-अधूरे' की संरचना में सही अर्थों में यथार्थवादी भाषा, विषय-वस्तु, चरित्र चित्रण, ध्वनियाँ आदि का कुशलता से सामंजस्य किया गया है और इसी जटिल रूप का इस्तेमाल प्रस्तुति में किया गया है। प्रस्तुति में लोक परम्परा को आगे बढ़ाते हुए छः सदस्यों का कोरस भी शामिल किया गया है, जो सूत्रधार का विकसित रूप है। कोरस चरित्रों की आन्तरिक भाषा को शब्द देता है तथा कई बार मंच-निर्देश भी बोलता है। इस प्रकार नाटकीय स्थितियों पर अपनी प्रतिक्रिया तथा प्रबल मनोभावों के प्रति तटस्थ दृष्टि भी प्रदान करता है। अप्रिय एवं कर्कश संगीत का प्रयोग मात्र नाटकीय चरमोत्कर्ष के लिये ही नहीं है, बल्कि चरित्रों के जीवन में व्याप्त कटुता एवं कर्कशता को प्रकट करने के लिए है। संगीत, वातावरण की ध्वनियों से इतना जुड़ा हुआ है कि किसी चरित्र के स्वर से अथवा किसी वस्तु विशेष की आवाज़ से शुरू या खत्म होता है। कई स्थल पर यथार्थवादी मनोभावनाओं की अतिरंजना के लिये भी शुद्ध ध्वनियों का प्रयोग किया गया है।

इस प्रस्तुति में घोर यथार्थवादी एवं अतिनाटकीय तत्वों का सामंजस्य करने का प्रयत्न किया गया है जिसके माध्यम से नाटक का मूल कथ्य अपनी पूरी प्रखरता से उजागर होता है, जिसका संबंध एक मध्यमवर्गीय परिवार की भयानक स्थिति, उनका झूठा दिखावा और पारिवारिक सम्बन्धों की असफलताओं के सत्य का सामना न करने की नपुंसकता से है। 'आधे अधूरे' हमारे यथार्थ का सम्पूर्ण प्रतिबिम्ब है तथा नाटककार की असमझौतावादी साफ़गोई की रोशनी में प्रकाशित चरित्रों में दर्शक अपने-आपको देखकर अन्दर ही अन्दर हिल उठता है।

(प्रदर्शन की स्मारिका से)

प्रतिभा अग्रवाल (कलकत्ता)

'आधे अधूरे' एक और नाटक है जिसकी एकाधिक प्रस्तुतियाँ सामने आयीं—'थियेटर यूनिट', 'दिशान्तर', 'राष्ट्रीय नाट्य-विद्यालय', 'अभियान', 'अनामिका' और 'शौभनिक' की। इनमें से मैंने 'थियेटर यूनिट' और 'अभियान' की हिन्दी प्रस्तुतियाँ तथा 'शौभनिक' की बाँग्ला प्रस्तुति देखीं, 'अनामिका' की प्रस्तुति में स्वयं अभिनय किया, अतः देखने का प्रश्न नहीं उठता। शेष दो मैं देख नहीं पायी। 'आधे अधूरे' की पहली प्रस्तुति 'थियेटर यूनिट' की बम्बई में देखी। पुरुष की भूमिका में अमरीश पुरी थे, बड़े लड़के के रूप में अमोल पालेकर, बड़ी लड़की के रूप में दीपा, स्त्री के रूप में सुधा देशपाण्डे की बड़ी बहिन थीं, किन्नी के रूप में जो लड़की थी उसका नाम स्मरण नहीं। यह प्रदर्शन 'मुंबई मराठी संघ' के एक बड़े कमरे में बिना साज-सज्जा के हमारे लिए विशेष रूप से किया गया था। नाटक की शक्ति और कलाकारों की अभिनय-क्षमता ने हमें डेढ़ घंटे बाँधे रखा, हम मन्त्र-मुग्ध से देखते रहे। दीपा की घंटी-जैसी आवाज़ आज भी मेरे कानों में गूँजती रहती है। बाईस वर्षीय युवती ने जिस प्रकार अपने को बारह वर्ष की किन्नी में रूपान्तरित किया था, वह भी देखने लायक था। तब तक दुबे को हर नाटक में फिल्मी गीत घुसाने का व्यसन नहीं हुआ था, गनीमत थी। अत्यन्त तनावभरी स्थिति में नाटक समाप्त होता है, जी कहीं मसोसकर रह गया। दूसरी प्रस्तुति देखी बाँग्ला में 'शौभनिक' की। अनुवाद मैंने और शमीक बैनर्जी ने किया था। किन्तु यह प्रस्तुति दुर्बल थी, बंगाली जीवन और रंगमंच की भावुकता के समावेश ने इस प्रस्तुति को दुर्बल बनाया, नाटक में निहित तनाव को एकदम तोड़ दिया। घर छोड़कर जाते समय देहली तक जाकर फिर लौटना, कमरे की कुछ चीजों को अन्तिम बार छूकर उनके प्रति लगाव को व्यक्त करना और फिर रुलाई रोकते हुए झटके से निकल जाना—सब कुछ बड़ा अतिरंजित और अनावश्यक लगा था, एक तनाव-भरे नाटक के लिए सर्वथा अनुपयुक्त। तीसरी प्रस्तुति 'अभियान' की थी, निर्देशक थे राजिन्दर नाथ। उन्होंने पाँच व्यक्तियों द्वारा काले सूटवाले आदमी तथा अन्य चारों पुरुषों की भूमिकाएं करवायीं। नाटक का प्रभाव सर्वथा लुप्त हो गया। 'मुखौटे अलग-अलग पर चेहरा एक ही' यह कहकर राकेश ने हर पुरुष की प्रतिक्रिया के एक होने, मूलतः व्यक्ति के स्वभाव के एक होने की ओर जो इंगित किया है, वह अलग-अलग कलाकारों के आते ही नष्ट हो गया। नाटक कोई छाप नहीं छोड़ पाया—न पात्र ही, न चरित्र ही। 'अनामिका' की प्रस्तुति मेरी दृष्टि में अच्छी थी, पर्याप्त तनावभरी, गहरी। हाँ, जगमोहन-सावित्री वाला अंश हमारा दुर्बल रहा, कृष्णकुमार जी और मैं दोनों ही उस स्थिति के अनुरूप

अपने को नहीं ढाल पाये। दिल्ली में 'आधे अधूरे' किया, वहाँ वालों की दृष्टि में 'दिशान्तर' की प्रस्तुति अधिक अच्छी थी, ओम शिवपुरी और सुधा ने अधिक प्रभावपूर्ण अभिनय किया था। कलकत्तावाले कलकत्ता की प्रस्तुति से पर्याप्त सन्तुष्ट थे। नाट्य विद्यालय की रेपरटरी ने फरवरी **1979** में कलकत्ता में पाँच नाटक प्रस्तुत किये, उनमें एक 'आधे अधूरे' भी था। मैं देख नहीं पायी, मगर जिन्होंने देखा, वे सभी असन्तुष्ट थे। मंच के एक ओर ब्रेख्तियन स्टाइल में टीका-टिप्पणी करने के लिए कुछ कलाकारों को बैठाकर बीच-बीच में उनसे मंच पर पात्रों द्वारा कही गयी पंक्तियों को दोहरवाना या काठ के टुकड़ों को बजाकर नाटकीय प्रभाव को तोड़ना दर्शकों के लिए पीड़ादायक अनुभव था। कलकत्ते में 'आस्कर्स' ने इस नाटक को अंग्रेजी में भी किया, पर मैं देख नहीं पायी।

('सृजन का सुख-दुख' से)

कन्हैयालाल 'नंदन' (बम्बई)

उस दिन बम्बई के तेजपाल हॉल में काफ़ी सरगर्मी थी। टिकट खरीदने वालों की भीड़ जल्दी से टिकट लेकर अपना स्थान सुरक्षित कर लेना चाहती थी। इस भीड़ में हिन्दी रंगमंच प्रेमियों का ऐसा तबका था, जो मंच पर उच्च कोटि के नाटक देखने का आदी था। ऐसे लोगों में वे भी थे, जिनकी मातृभाषा हिन्दी नहीं थी, मगर वे हिन्दी की बौद्धिक गतिविधियों पर दिलचस्पी से नज़र रखते हैं। ये सभी हिन्दी के प्रख्यात नाटककार मोहन राकेश का नया नाटक 'आधे अधूरे' देखने आये थे, जिसे उस दिन **21** अप्रैल, **1969** की शाम 'थियेटर यूनिट' के द्वारा श्री सत्यदेव दुबे के निर्देशन में प्रस्तुत किया जाना था। 'थियेटर यूनिट' बम्बई की एकमात्र ऐसी संस्था है, जो हिन्दी के उत्कृष्टतम नाटकों को प्रस्तुत करने का जोखिम उठाती रही है और हिन्दी नाट्य-जगत् में अपना एक विशिष्ट स्थान बना चुकी है। 'आधे अधूरे' उसके प्रदर्शनों की नयी कड़ी थी।

'आधे अधूरे' अपने प्रकाशन के कुल तीन महीने के अन्दर (प्रकाशन 'धर्मयुग' में दिनांक **19** जनवरी, **26** जनवरी और **2** फरवरी, **1959** के अंकों में तथा पुस्तक रूप में राधाकृष्ण प्रकाशन, दिल्ली द्वारा हुआ था) हिन्दी नाट्य-जगत् में पर्याप्त चर्चा का विषय बन चुका है। दिल्ली में 'दिशांतर' द्वारा ओम शिवपुरी के निर्देशन में उसका मंचन हो चुका है और जयपुर के दर्शक भी उसे मंच पर देख चुके हैं। बम्बई में यह उसका पहला प्रदर्शन था। इतने कम समय में किसी नाटक के प्रति इतनी अधिक रुचि पैदा होना जहाँ एक ओर एक आश्चर्य पैदा करता है, वहीं आश्वस्त भी करता है। क्योंकि 'थियेटर यूनिट' ने ही जब राकेश का अकादमी पुरस्कृत नाटक 'आषाढ़ का एक दिन' इसी तेजपाल हॉल में प्रस्तुत किया था, तो दर्शक समूह इसका आधा भी नहीं था, जबकि राकेश के इस सद्यःप्रकाशित नाटक को देखने के लिए सुरुचि-सम्पन्न दर्शकों का समूह उमड़ पड़ा था।

'आषाढ़ का एक दिन' और 'लहरों के राजहंस' के बाद यह उनका तीसरा सम्पूर्ण नाटक है, जिसमें उनकी निगाह इतिहास के परिवेश से हटकर, आज के यथार्थ को प्रस्तुत करने वाले सामाजिक परिवेश पर गयी है। मध्यवित्तीय स्तर से ढहकर निम्न-मध्यवित्तीय स्तर पर आया हुआ एक परिवार उसका केन्द्र-बिन्दु है। एक नाकारा, निकम्मे और लिजलिजे क़िस्म का आत्मविश्वासहीन पुरुष है, जो अपने नाकारेपन के एहसास से छटपटाता है, किन्तु आर्थिक रूप से अपनी स्त्री की कमाई पर आश्रित रहने के कारण दयनीय स्थिति में जी रहा है। एक स्त्री है, जो अपने इस निकम्मे पति के प्रति खीझ से भरी घर की टूटती-बिखरती ज़िन्दगी से ऊबकर

'एक पूरे आदमी' की तलाश में इधर-उधर भागती है। वह चाहती है कि 'असल आदमी होने के लिए क्या यह ज़रूरी नहीं कि उसमें अपना एक माद्‌दा, अपनी एक शख्सियत हो ?' इसी माद्‌दे और शख्सियतवाले आदमी की तलाश में वह अधूरे आदमियों से टकरा-टकरा कर लौटती है और अपनी खीझ में चीख़ती-चिल्लाती, तार-तार होती हुई उसी लिजलिजे आदमी के साथ ज़िन्दगी जीने के लिए मजबूर होती है। घर में रोज़-रोज़ की यह चीथन घर की बड़ी लड़की और लड़के तथा छोटी लड़की पर अपने प्रभाव डालती है। बड़ी लड़की किसी के साथ भाग जाती है, जो बाद में पता चलता है कि उसकी माँ का ही एक प्रेमी था। लड़का आवारा और धुरीहीन निकल जाता है और "एलिज़ाबेथ टेलर, आड्रे हेपबन्र ······ शर्ले मैक्लेन ··· जनाव ज़िन्दगी काट रहे हैं इन तसवीरों के साथ।" तेरह वर्ष की अवस्था की छोटी लड़की उद्धत, अशिष्ट और विद्रोह की आग में लिपटी इसी परिवेश के अनुसरण में चौपट हो रही है। देखने में यह कहानी जितनी सीधी लग रही है उतनी सीधी न ज़िन्दगी होती है, न वह इस नाटक में है। यही है खूबी नाटककार की कि उसने रोज़मर्रा के दिखायी देने वाले पात्रों के माध्यम से ऐसी चुटीली भाषा में मध्यवित्तीय परिवार की टूटती हुई कड़ियाँ और ढहते हुए मूल्यों का ख़ाका पेश किया है कि लगता है इस नाटक के पात्रों में हममें से कोई भी हो सकता है। इसे महज़ एक साधारण परिवार की त्रासदी कहकर टाला जा सकना सम्भव नहीं है। यह एक आईना है जो अपने-आपसे, अपने आसपास के जीवन से साक्षात्कार कराता है। "विभाजित होकर भी मैं किसी-न-किसी अंश में आप में से हर एक व्यक्ति हूँ।" यही बात नाटक को आत्मान्वेषण के गहन स्तरों पर खींच ले जाती है और उसे श्रेष्ठ नाटकों की कोटि में ला खड़ा करती है।

नाटक में जिस चुटीली भाषा और गठे हुए शिल्प-कौशल का उदाहरण प्रस्तुत किया गया है, वह असंदिग्ध रूप से हिन्दी नाटक के लिए एक नयी देन है। इस सन्दर्भ में कई दर्शकों को यूजीन ओ'नील की याद हो आयी। लेकिन किसी भी श्रेष्ठ नाटक को देखकर आज ओ-नील ही क्यों, एक साथ टेनीसी विलियम्स, एडवर्ड एल्बी या अब्सन की भी याद आ सकती है, क्योंकि रचना-धर्मिता की ईमानदारी और उसके निर्वाह के लिए समान रचना-प्रक्रिया से गुजरना एक अनिवार्य शर्त बन जाती है। यहाँ राकेशजी हिन्दी के अनेक नाटककारों से बहुत ऊँचे उठ गये हैं। उनके पात्र उधार की भाषा नहीं बोलते, उधार की, ओढ़ी हुई ज़िन्दगी सामने नहीं लाते, सच्चे यथार्थ को बितुन कर आपके सामने चीथ कर फैला देते हैं और वह ज़िन्दगी इतनी भयानक मालूम पड़ने लगती है कि अतिरंजना की स्थिति भले झांकने लगे, मगर आप उससे इंकार नहीं कर सकते। इसी यथार्थ को नाटककार ने दर्शकों के सामने पेश करना चाहा है और उसमें बखूबी उसे सफलता मिली है। उसमें हर सवाल

का जवाब खोजना ज़रूरी नहीं हुआ करता। ज़िन्दगी अंकगणित की तरह सवालों के जवाब नहीं दिया करती और न किसी अच्छे नाटककार से ही ऐसी उम्मीदें की जानी चाहिए। पात्रों और परिस्थितियों की टकराहट ज़िन्दगी को अनिश्चय की ऐसी वादियों में घुमाती फिरती है कि मजबूर होकर वह वहीं पहुँच जाती है, जहाँ से शुरूआत हुई थी ... अनिश्चय फिर सामने होता है और वही अनिश्चय नाटक में हर क्षण सोचने को मजबूर करता है।

प्रस्तुतीकरण में निर्देशक ने नाटक के इस प्रभाव को पैदा करने में पर्याप्त सफलता पायी है। अनिश्चय के इस प्रभाव को पैदा करने में निर्देशक ने अपने अनुसार थोड़ी स्वतंत्रता बरती है। नाटक के अंत में 'फिर उसी शुरूआत' का भाव न देकर दर्शकों के सोचने के लिए बहुत-कुछ छोड़कर नाटक को वहीं समाप्त कर दिया है, जहाँ फिर उसी शुरूआत के अतिरिक्त नाटक की व्याख्या के अन्य द्वार भी खुले रह जाते हैं।

समूचे नाटक का प्रभाव ऐसा गहन कि थोड़ी देर तक तो उस प्रभाव से मुक्त हो पाना असम्भव हो रहा था। पुरुष एक, दो, तीन, चार की भूमिका में अमरीश पुरी छाये रहे। एक ही व्यक्ति से चार पात्रों की भूमिकाएं कराकर नाटककार ने पुरुष पात्र के अभिनेता के लिए एक चुनौती प्रस्तुत की है। इस तकनीक से तीन अन्य व्यक्तियों के लिए उपयुक्त पात्रों की खोज में किये जाने वाले व्यर्थ के परिश्रम को बचा लिया है और एक व्यक्ति को अपने अभिनय का कौशल दिखा पाने का पर्याप्त अवसर प्रदान किया है। साथ ही यह नाटक की एक ही व्यक्तित्व के विभिन्न विभाजित अंशों को प्रतीकात्मक रूप से पेश करने की अनिवार्य आवश्यकता भी मानी जा सकती है। अमरीश पुरी ने इस चुनौती और इस आवश्यकता को पूरा करने में कोई कसर नहीं उठा रखी। पुरुष दो में, जिसमें कि पुरुष एक के बाद बिल्कुल विपरीत मुद्राओं के दर्शन हुए थे, वे अतिरिक्त प्रयास करते दिखे अपने को पुरुष एक से भिन्न प्रस्तुत करने में, मगर यह स्वाभाविक और क्षम्य भी हो सकता है, किसी भी अभिनेता के लिए। अन्य भूमिकाओं में अमरीश की सहजता आकर्षित करती थी।

स्त्री की भूमिका में डा० ज्योत्सना कार्येकर का अभिनय कमज़ोर रहा। वह भूमिका नाटक में बड़ी जटिल मानसिक स्थिति वाली, गहन तनावों से भरी, असफलता में छटपटाती हुई, सम्पूर्ण की तलाश करती एक जटिल भूमिका है, जिसके लिए किसी बहुत मँजी हुई अभिनय-कुशल, अनुभवी अभिनेत्री की आवश्यकता थी, जो अन्दर की तड़प और अंतर्द्वन्द्व में पिसती भावनाओं और तनावों की अनगिनत छायाओं को अपनी मुद्राओं से अभिव्यक्ति दे सकती। ज्योत्सना कार्येकर को उस सीमा तक पहुँचने के लिए अभी और अनुभव की आवश्यकता लगती है। लेकिन

शायद उस भूमिका को नाटककार और निर्देशक दोनों की अपेक्षाओं के अंतर्विरोध ने और जटिल बना दिया था। नाटककार ने जुनेजा के तर्कों के जोर पर घर के विघटन की सारी ज़िम्मेदारी स्त्री पर डाल कर महेन्द्रनाथ की बेबसी के प्रति सहानुभूति पैदा करने की कोशिश की, जबकि निर्देशक ने सरेआम उसके निजी मामलों में जुनेजा के हस्तक्षेप को उचित न मानकर स्त्री के तर्कों में एक विशेष ज़ोर डालकर दर्शकों की निगाह में उसे गिरने से बचाने की कोशिश करनी चाही है। नाटक में किसी भी प्रकार का परिवर्तन किये बिना नाटक के एक पात्र की यह व्याख्या करके उसे पेश करने में कोई बुराई नहीं थी, किन्तु ज्योत्सना कार्येकर निर्देशक की उस अपेक्षा को भी नहीं उभार पायीं। यदि वे यह व्याख्या ही उजागर कर पातीं, तो नाटक और ऊँचा उठ गया होता। किन्तु समग्र प्रभाव में उनके योगदान को, सीमाओं के बावजूद, कम नहीं कहा जा सकता। बड़ी लड़की बिन्नी के रूप में दीपा बसरूर अपने मायके के परिवार को बिखरते देखने की व्यथा को सही ढंग से उभारने में सफल हुई है। लड़के के रूप में अमोल पालेकर अपने सहज अभिनय के लिए याद रहेंगे, किन्तु नाटककार के तसवीरों में ज़िन्दगी जीने वाले और मानव सम्बन्धों को तसवीरों की तरह काटकर देखने वाले पात्र की अनुभूति करा सकने में उन्हें पूरी सफलता नहीं मिली। छोटी लड़की किन्नी के रूप में भक्तिलता बर्वे का अभिनय अवश्य दर्शनीय था। क्या स्वाभाविकता से उसने तेरह साल की विद्रोही बच्ची का स्वरूप उभारा कि नाटक में जान डाल दी। अमरीश पुरी का मँजा हुआ अभिनय जुनेजा के तर्कों की शब्दावली के साथ लम्बे अर्से तक मन में छाया रहा। महेन्द्रनाथ की भूमिका में उन्होंने ऐसे-ऐसे क्षण ला दिये, जब महेन्द्रनाथ का निखट्टूपन, उसका नाकारापन, खिसियानापन, सहमा-सहमा-सा व्यक्तित्व अपने समूचे प्रभाव में सजीव हो उठा।

नाटक को देख चुकने के बाद ऐसा लगता है कि नाटक की परिधि अभी और व्यापक है, उसकी सम्भावनाएं अभी कुछ और नया दे सकती हैं। यह अनुभूति दुबे के ही निर्देशन में प्रस्तुत ज्ञानदेव अग्निहोत्री के नाटक 'शुतुरमुर्ग़' को देखकर भी हुई थी और खुशी हुई थी कि निर्देशक कंचन के ज़रिये दर्शकों के मन पर छाकर नाटक को छोटा नहीं महसूस होने देता। भले ही यह निर्देशक की सीमा का सुखद संयोग हो।

और यही एक बात उस पहलू की भी, जहां किसी श्रेष्ठ साहित्यिक नाट्य-कृति के व्यावसायिक दृष्टि से सफल होते दिखते ही उसे कुछ समीक्षक उसकी साहित्यिक श्रेष्ठता के प्रति संदेह व्यक्त करने लगते हैं। समझ में नहीं आता कि आज की जटिलतम मनःस्थितियों और तनावों से भरी ज़िन्दगी जी रहे पात्रों के यथार्थ को आयासहीन ढंग से पेश करने वाले इस नाटक ने अगर सस्ते घटियापन से दर्शकों

को खोखला मनोरंजन न देकर नये मूल्यबोध के साथ व्यावसायिक ढंग से सफलता प्राप्त कर भी ली (अभी सम्भावनाएं भर आँकी गयी हैं) तो इससे उसकी साहित्यिकता कहाँ मार खा गयी या उसकी उत्कृष्टता कहाँ समझौता कर बैठी। भाषा, शिल्प और उसके निर्वाह में सर्वथा नये मोड़ का द्योतक यह नाटक यदि व्यावसायिक रूप से भी सफल रहा, तो यह हिन्दी रंगमंच के लिए एक नयी शुरूआत होगी। इस दृष्टि से भी 'आधे अधूरे' की रचना हिन्दी नाट्य-जगत् में एक विशेष महत्व रखती है।

('नाट्य परिवेश' से)

'आधे अधूरे' के प्रदर्शन

1. दिशांतर, नयी दिल्ली। निर्देशक—ओम शिवपुरी। 1969
2. थिएटर यूनिट, बंबई। निर्देशक—सत्यदेव दुबे। 1969
3. अनामिका, कलकत्ता। निर्देशक—श्यामानंद जालान। 1970
4. थिएटर यूनिट, बम्बई। मराठी। निर्देशक—सत्यदेव दुबे। 1970
5. अनुपमा, वाराणसी। निर्देशक—अवधबिहारी लाल। 1971
6. जबलपुर, निर्देशक—करुणाकर पाठक। 1971
7. गोवा। कोंकणी। अमोल पालेकर। 1971
8. युवा संगम, जबलपुर। निर्देशक—बलभद्र सिंह। 1972
9. कला संगम, पटना। निर्देशक—सतीश आनंद। 1972
10. जागृति, देहरादून। 1972
11. रूपायन, जमशेदपुर। निर्देशक—मदनमोहन श्रीवास्तव। 1972
12. ललित कला आणि क्रीड़ा मंडल, नासिक। मराठी। 1972
13. ऑस्कर्स, कलकत्ता। अंग्रेजी। निर्देशक—स्वर्ण चौधरी। 1972
14. इंजीनियरिंग कालेज, चंडीगढ़। निर्देशक—हरीश भाटिया। 1974
15. दर्पण, सीतापुर। निर्देशक—विजय कपूर। 1976
16. राष्ट्रीय नाट्य विद्यालय रंगमंडल, नई दिल्ली। निर्देशक—अमाल अल्लाना। 1976
17. न्यू थिएटर, हैदराबाद। निर्देशक—कादिर अली बेग। 1977
18. आर्डिनेंस फैक्ट्री, चंद्रपुर (बल्लारपुर) निर्देशक—ओमप्रकाश बाल्मीकि। 1978
19. भारतीय नाटक विभाग, पंजाब विश्वविद्यालय, चंडीगढ़। निर्देशक—मोहन महर्षि। 1981
20. रोबिन आर्ट्स थिएटर, नई दिल्ली। निर्देशक—रोबिन बत्रा। 1982
21. भारत भवन रंगमंडल, भोपाल। निर्देशक—अलखनंदन। 1983
22. अभिनेत, चंडीगढ़। निर्देशक—हरीश भाटिया। 1984
23. पदातिक, कलकत्ता। निर्देशक—श्यामानंद जालान। 1984
24. कोख, नई दिल्ली। निर्देशक—राधेश्याम। 1984
25. संभव, नई दिल्ली। निर्देशक—सुरेश भारद्वाज। 1985

पैर तले की जमीन

पात्र

अब्दुल्ला	:	बार का काउंटर क्लर्क
नियामत	:	बार का चपरासी
पण्डित	:	जुआरी, क्लब का सदस्य
झुनझुनवाला	:	जुआरी, क्लब का सदस्य
नीरा	:	टेबल टेनिस की अल्पवयस्क खिलाड़ी
रीता	:	नीरा की सखी
अयूब	:	एक युवक
सलमा	:	अयूब की पत्नी

अनुवर्तन एक

परदा उठने पर भटकती रोशनी में बार, लाउंज और लॉन तीनों खाली नज़र आते हैं। जहां-तहां पड़ी जूठी प्लेटों, खाली और भरे हुए गिलासों तथा बिखरे हुए ताश के पत्तों से लगता है कि लोग अभी-अभी अफरातफरी में वहां से उठकर गए हैं। उस बिखराव और खालीपन को रेखांकित करता संगीत, जिसके मद्धिम पड़ने तक टेलीफोन की घण्टी बजने लगती है। तीन-चार बार घण्टी बज चुकते के बाद अब्दुल्ला हड़बड़ी में स्टोर से निकलकर आता है। अपनी घबराहट में टेलीफोन तक पहुँचने में वह एकाध जगह हल्की ठोकर खा जाता है। इसके रिसीवर उठाने पर टेलीफोन भी गिरने को हो जाता है, पर वह किसी तरह उसे संभाल लेता है।

अब्दुल्ला : टूरिस्ट क्लब आफ इण्डिया।··· कौन शफी साहब ? सलाम साहब।··· जी हां, भेज दिया है अयूब साहब को।··· नहीं, अब कोई नहीं रहा यहां। पुल में दरार पड़ने की खबर पाते ही सब लोग क्लब खाली कर गए हैं।··· हम भी बस चला ही चाहते हैं। स्टोर का सामान मैंने चेक कर लिया है, सिर्फ हिसाब की कापी चेक करनी रहती है। नियामत जब तक दरवाज़े बन्द करता है, तब तक मैं··· क्या ? दरार डेढ़ फुट की हो गई है ? तब तो··· जी मैं डर नहीं रहा। सिर्फ इतना बता दीजिए कि दोनों दरियाओं के बीच का फासला··· अच्छा ··· हां, हां··· और पानी का रंग ?··· नहीं, अभी तक मैं बाहर नहीं निकला।··· हौसला न पड़ने की बात नहीं, यहां काम ही इतना था कि··· वह मैं देख लूंगा। पर आपने बताया नहीं कि पानी का रंग··· ?

उधर से रिसीवर रख दिया जाता है।

हलो··· हलो··· हलो···

परेशान-सा पल-भर रिसीवर को देखता रहता है। फिर आसपास के बिखराव पर एक नज़र डालता

है। रिसीवर रखते हुए उसे आभास होता है जैसे उसने कोई आवाज़ सुनी हो। वह थोड़ा ठिठकता है, रिसीवर को फिर कान से लगाता है और रख देता है। फिर हल्के संदेह की दृष्टि से केबिन की तरफ देखता हुआ काउंटर पर आ जाता है। वहां रुककर भी पल-भर आवाज़ की टोह लेता रहता है। फिर जैसे यह निश्चय करके कि यह सिर्फ उसका वहम है, जल्दी-जल्दी काउंटर की दराज़ें खोलने-बन्द करने लगता है !

(दराज़ों में ढूंढ़ता हुआ) अब यह हिसाब की कापी कहां गई ? *(एक दराज़ से कापी निकालकर)* रखो कहां, मिलती कहां से है !

जल्दी-जल्दी कापी के पन्ने पलटता हुआ उसमें पेंसिल से निशान लगाने लगता है।

एक और एक दो ... दो ... दो-दो-दो-दो-दो-दी ... दो और तीन पांच ... पांच-पांच-पांच ... पांच और ढाई साढ़े सात। बिक्री साढ़े सात पेग। और बाकी ... *(एक बोतल उठाकर)* होनी चाहिए छह पेग और है नहीं यह चार पेग भी।

घबराहट में कभी आगे और कभी पीछे की तरफ पन्ने पलटता है।

जैसे खुद बोतलें ही पी ज़ाती हैं अपने अन्दर से। या कोई चुपके से इनके लेबल बदल देता है ! *(फिर एक बोतल उठाकर)* सोलन का हिसाब ...

फिर जैसे आवाज़ सुनकर ठिठकता है और केबिन की तरफ देखता है। केबिन के साथ की खिड़की का दरवाज़ा हवा से चरमराता है, फिर एकाएक बन्द हो जाता है। बोतल उसके हाथ से गिरते-गिरते बचती है। वह उसे काउंटर पर रखकर फिर कापी में व्यस्त हो जाता है।

सोलन का हिसाब ब्लैक एण्ड ह्राइट से मेल खाता है और ब्लैक एण्ड ह्राइट का हिसाब ... वह तो मेल खाता ही नहीं। खुदा की भी जैसे अब्दुल्ला से ही दुश्मनी है। जो भी गड़बड़ करनी होती है, मेरी ही कापी में करता है। *(पल-भर सोचता रहकर)*

मेरा क्या है··· मैं यहां हिंदसे बदल देता हूं। हिंदसे बदलना कोई बेईमानी नहीं। बेईमानी हो जो मैंने खुद पी हो और हिसाब न रखा हो। *(बदले हिंदसों को गौर से देखता हुआ)* मालिक बस कापी देखता है। यह नहीं कि दूसरा कितनी जानमारी से काम करता है।··· और सब लोग तो जान बचाकर पुल के उस तरफ जा पहुंचे हैं और मियां अब्दुल्ला अब तक यहां बोतलों में शराब नाप रहा है। कापी में हिंदसे ठीक कर रहा है ! अगर कहीं···

इस बार केबिन से बहुत साफ आवाज़ सुनाई देती है··· गिलास से मेज़ पर ठ्कू-ठ्कू करने की। उसकी पेंसिल लिखते-लिखते टूट जाती है।

ओफ्फोह ! *(केबिन की तरफ देखकर)* तो कम्बख्त नियामत ले नहीं गया मियां अयूब को अब तक यहां से ? और मैंने शफी साहब से कह दिया है कि··· *(काउंटर से आगे आकर ऊंची आवाज़ में)* नियामत !··· ओ मियां नियामत अली खां !

नियामत चाबियों का गुच्छा हाथ में लिए सामने की तरफ से आता है।

नियामत : आहिस्ता ! तुझसे कितनी बार कहा है इस तरह मत चिल्लाया कर !

अब्दुल्ला : मैंने तुझसे क्या कहा था ? अगर तुझसे नहीं हो सकता था वह काम, तो तू मुझसे साफ कह देता।

नियामत : तुझे एक चीज़ का पता है ?

अब्दुल्ला : किस चीज़ का पता ?

नियामत : कि तू, जिसका नाम अब्दुल्ला है, दुनिया में अपनी तरह का एक आदमी है ?

अब्दुल्ला : मैं कहता हूं···

नियामत : एक ही आदमी जो बोलता भी ज़बान से है और सोचता भी ज़बान से है।।

अब्दुल्ला : देख···

नियामत : वह जो होती है न छोटी-सी चीज़··· दिमाग नाम की··· वह चीज़ खुदा ने तुझे दी ही नहीं।

अब्दुल्ला : हां, एक तुझीको तो दी है खुदा ने वह चीज़ !

नियामत : अगर ज़रा-सी भी दे देता न तुझे··· बस इतनी ज़रा-सी··

अब्दुल्ला : मैं तुझसे पूछ रहा हूं कि··· *(बात न याद आने से)* वह क्या था जो मैं तुझसे पूछ रहा था अभी ?

नियामत : अभी तू सिर्फ चिल्ला रहा था। पूछना अभी बाकी था।

अब्दुल्ला : *(याद करने की कोशिश में)* मैं वहां से यहां आया था··· क्यों आया था ? तुझे मैंने आवाज़ दी थी··· किसलिए दी थी ?

नियामत : *(चलने को होकर)* मैं दरवाज़े बन्द कर रहा हूं। तू सोच ले तब तक, किसलिए दी थी।

अब्दुल्ला : रुक-रुक-रुक-रुक-रुक। *(दिमाग पर ज़ोर डालता हुआ)* वहां से यहां आया, यहां आकर आवाज़ दी··· आवाज़ इसलिए दी कि कि कि कि··· तू हमेशा यही करता है। कोई न कोई उल्टी बात छेड़कर मुझे असली बात भुला देता है।

नियामत : असली बात तेरे लिए होती ही वह है जो तुझे भूल जाती है। जो याद रह जाए, वह सिर्फ बात होती है, असली बात नहीं।

चल देता है।

अब्दुल्ला : *(उतावली में)* ए ए ए··· अब चल कहां दिया तू ?

नियामत रुककर गहरी नज़र से उसे देखता है।

अच्छा हां··· दरवाज़े बन्द करने··· पर देख··· *(थूक निगल कर)* मैं कह रहा था कि··· कि हम लोग साथ ही चलेंगे बाहर। कहीं ऐसा न हो कि··· कि तुझे याद न रहे और··· मेरा मतलब है कि तू··· तू दरवाज़े बन्द करके उधर से ही चला जाय और··· और···

नियामत : और तू अन्दर बन्द होकर शराब की बोतलें सूंघता रह जाय। च्-च्-च्-च्-च्-च्-च् !

अब्दुल्ला : मेरा यह मतलब नहीं है···

नियामत : तेरा यह मतलब नहीं है··· मगर इसके सिवा कुछ और मतलब भी नहीं है··· मतलब-मतलब तो तेरा कुछ है ही नहीं।

अब्दुल्ला : मैं तुझसे सिर्फ इतना कह रहा था कि···

नियामत : जरा कोशिश कर सोचने की··· कि जब तक एक भी आदमी क्लब के अन्दर है, मैं यहां से कैसे जा सकता हूं ? बड़े साहब के सामने जवाबदेही किसकी है—मेरी या किसी और की ?

अब्दुल्ला : तू और तेरा बड़ा साहब। जो भी झूठ-सच उससे कह देता है, उसीपर वह सिर हिला देता है।

नियामत : हांऽऽऽ हिला देता है सिर ! बार का ठेकेदार मुहम्मद शफी है न वह, जो कापी में गलत हिंदसे देखकर भी चुप रह जाय।

अब्दुल्ला : देख ... अगर तेरा मतलब है कि ... ?

नियामत : ... उसका नाम है सोमनाथ। टूरिस्ट अफसर सोमनाथ। छड़ी और टोपी में से एक चीज़ हर वक्त अपने साथ रखता है। रात को सोते वक्त भी।

केबिन से फिर ठक्-ठक् की आवाज़ सुनाई देती है—पहले से ऊंची। अब्दुल्ला एक बार केबिन की तरफ देखकर फिर पलभर सीधी नज़र से नियामत को देखता रहता है।

अब्दुल्ला : अब आया याद तुझे ?

नियामत : यानी कि ज़ो तुझे भूल गया था, वह मुझे याद आना था। खूब।

अब्दुल्ला : मैंने कहा नहीं था तुझसे कि मियां अयूब को जल्दी से बाहर पहुंचा दे, शफी साहब नाराज़ हो रहे हैं।

नियामत : शफी साहब नाराज़ हो रहे हैं। ... यहां तो कम्बख्त को ढोकर ले जाने में कन्धे टूटने को आ गए और शफी साहब हैं कि नाराज़ ही हुए जा रहे हैं।

अब्दुल्ला : *(असमंजस में केबिन की तरफ देखता हुआ)* तो तेरा मतलब है कि तू ... मियां अयूब को सचमुच पार छोड़ आया है ...

नियामत : नाम मत ले उस आदमी का। पी-पीकर इस तरह धुत हो रहे थे जनाब कि ठीक दरार पार करते वक्त कन्धे से लुढ़क गये।

अब्दुल्ला : लुढ़क गये ?

नियामत : और क्या ? दरिया की तरफ लुढ़क गये।

अब्दुल्ला : *(आतंकित)* यानी कि ... लुढ़क ही गये ?

नियामत : मैं वक्त से संभाल नहीं लेता, तो अब तक सात टुकड़ों में बंटकर पानी में सात मील निकल गये होते।

अब्दुल्ला : *(आश्वस्त)* कह रहा है लुढ़क गये। जब संभाल लिया, तो लुढ़क कैसे गये ? लुढ़क जाने का मतलब तो होता है कि ...

केबिन में ज़ोर की ठक्-ठक्। साथ गिलास टूटने की आवाज़।

... तू मियां अयूब को अगर छोड़ आया है बाहर, तो यहां केबिन में यह कौन आदमी है ?

नियामत : केबिन में एक नहीं, दो आदमी हैं।

अब्दुल्ला : दो आदमी ?

नियामत : पण्डित और झुनझुनवाला।

अब्दुल्ला : *(पस्त)* ये दोनों यहीं हैं अब तक ?

नियामत : ताश खेल रहे हैं।

फिर चलने लगता है।

अब्दुल्ला : ठहर-ठहर-ठहर। *(उसके काफी नज़दीक आकर धीमे स्वर में)* बता ये इत्ती बड़ी-बड़ी लाशें ··· उन्हें साथ लेकर पुल कैसे पार करेंगे ?

नियामत : चलकर ··· उड़कर ··· नहीं तो डुबकी लगाकर। आ गया समझ में ? मैं जब तक दरवाज़े बन्द करता हूं, तब तक तू इन्हें साथ लेकर ···

अब्दुल्ला : *(जैसे कोई अनहोनी बात कह दी गयी हो)* मैं इन्हें साथ लेकर ? *(काउंटर पर लौटता हुआ)* न-न-न-न-न-न-न। मुझे अभी बहुत काम है यहां।

जल्दी-जल्दी अपनी चीज़ें संभालने लगता है।

मैं इन्हें साथ लेकर ! हंः।

केबिन से पण्डित की आवाज़ :

पण्डित : यहां ··· किसी को ··· सुनता नहीं क्या ? मुझे चाहिए ··· एक ब्लैक एण्ड ह्वाइट ··· बड़ा।

नियामत : तो ?

अब्दुल्ला : *(बांह खुजलाता हुआ)* सवाल यह है कि ···

नियामत : कि पैदायशी बुज़दिल ··· इतना बड़ा होकर भी बुज़दिल बना रहे ··· तो सिवा खरगोश के ··· उसे क्या कहा जा सकता है ?—बस यही एक सवाल है। इतना ज़रा-सा।

जाकर केबिन का परदा हटा देता है। पण्डित और झुनझुनवाला रमी के पत्ते हाथों में लिये आमने-सामने की कुरसियों पर बैठे हैं। पण्डित की शेरवानी और कमीज़ के आधे बटन खुले हैं जिससे उसकी बनियान और काले डोरे का ताबीज़ बाहर नज़र आ रहे हैं। चेहरे से लगातार हारने वाले आदमी की परेशानी झलकती है। झुनझुनवाला उस आदमी के अंदाज से, जो मुसकराने से लेकर जुआ खेलने तक हर काम नाप-तोल के साथ

करता है, कुरसी की पीठ से टेक लगाये पण्डित के पत्ता चलने की राह देख रहा है। आंखों में जीतने वाले आदमी का आत्मविश्वास है।

पण्डित : *(पत्तों की जोड़-तोड़ करता हुआ, बिना नियामत की तरफ देखे)* सुन गया अब तुम्हें ?... एक ब्लैक एण्ड ह्वाइट। बड़ा।

एक पत्ता चलता है, जिसे उठाकर झुनझुनवाला अपने पत्ते खोल देता है।

झुनझुनवाला : डिक्लेयर।

पण्डित : *(कुछ खीझ के साथ अपने नंबर गिनता हुआ)* दस सात सत्रह दस सत्ताइस... सत्ताइस और पन्द्रह बयालिस। *(पत्ते खोलता हुआ, नियामत की तरफ देखकर)* नहीं सुना अब भी ?

नियामत : माफ कीजिए, साहब। बार बन्द हो गया है।

पण्डित : बन्द हो गया है ?... क्यों ?

नियामत : क्योंकि...

पण्डित : मुझे एक ही और चाहिए। आखिरी।

अब्दुल्ला भी अब काउंटर से हटकर वहां आ जाता है।

अब्दुल्ला : आखिरी पेग अब पुल के उस तरफ चलकर मिलेगा, साहब !

पण्डित : क्यों ?... उस तरफ चलकर क्यों मिलेगा ?

अब्दुल्ला : क्योंकि पुल टूट गया हैं ?

पण्डित : क्या कहा ?... पुल टूट गया है ?

झुनझुनवाला : *(कागज़ पर हिसाब जोड़ता हुआ)* बयालिस और एक सौ तीस पहले के... एक सौ बहत्तर। *(हल्की हंसी के साथ)* कहता है पुल टूट गया है और आखिरी पेग मिलेगा पुल के उस तरफ चलकर।... एक सौ बहत्तर के सत्रह बीस और दो सौ अस्सी कल तक के। कुल दो सौ सत्तानबे बीस।

अब्दुल्ला : आपने शोर नहीं सुना था ?

पण्डित : सुना तो था कुछ शोर मगर...

झुनझुनवाला : उससे क्या होता है ? शोर तो यहां होता ही रहता है। कभी इस चीज़ का, कभी उस चीज़ का।... दो अस्सी कम तीन सौ।

नियामत : वह शोर इसी चीज़ का था। सब लोग पांच मिनट में क्लब खाली करके चले गये थे, सिवाय...

अब्दुल्ला : मियां अयूब के ··· और आप लोगों के। मियां अयूब का तो खैर मुझे पता था, पर आप लोगों का ···

नियामत : ये लोग पहले टैरेस पर थे। मैं टैरेस पर पहुंचा, तो यह लॉन में थे। मैं लॉन में आया, तो ये ···

पण्डित : हम हवा की वजह से जगह बदल रहे थे। वहां पत्ते उड़ जाते थे। मगर ··· पुल क्या सचमुच टूट गया है ?

झुनझुनवाला : कुछ और वजह होगी ··· पुल कैसे टूट सकता है ? अगर टूट ही गया होता सचमुच, तो लोग यहां से कैसे जाते ?

नियामत : पुल दर-असल अभी टूटा नहीं ···

अब्दुल्ला : मगर टूटने वाला है।

नियामत : उसमें एक जगह दरार पड़ गयी है ···

अब्दुल्ला : ··· डेढ़ फुट बड़ी।

नियामत : *(अब्दुल्ला से)* दरार अब तक दो फुट से भी बड़ी हो चुकी है।

अब्दुल्ला : *(थूक निगलकर)* दो फुट से भी बड़ी ?

नियामत : यह भी तब की बात है जब मैं अयूब साहब को छोड़कर उधर से आया था। *(पण्डित से)* इसलिए सारा क्लब खाली करा लिया गया है। इस वक्त सिर्फ हमीं चार आदमी हैं यहां।

तभी मंच के बाहर बायीं तरफ से टेबल-टेनिस खेलने की आवाज़ सुनाई देने लगती है।

अब्दुल्ला : *(स्तब्ध)* और ये कौन लोग हैं उधर ··· टेबल-टेनिस रूम में ?

नियामत : कौन लोग हो सकते हैं ? मैंने अभी थोड़ी देर पहले एक-एक कमरा देख लिया था।

अब्दुल्ला : देख लिया था, तो ये खेल कौन रहे हैं उधर ? हम लोगों के साये ?

नियामत गहरी नज़र से अब्दुल्ला को देखकर उधर को चल देता है। पण्डित अपनी शेरवानी के बटन बन्द करने लगता है। झुनझुनवाला मेज़ से कागज़-ताश समेटता है। अब्दुल्ला काउंटर पर आकर अलमारी में ताला लगाने की कोशिश करता है पर बदहवासी में वह उससे लग नहीं पाता।

पण्डित : *(उठता हुआ)* अगर चलते-चलते एक मिल जाता न आखिरी ···

टेबल-टेनिस की आवाज़ रुक जाती है। नियामत बाहर निकलने लगता है कि उधर से तेज़ी से आती नीरा उससे टकरा जाती है। उसका रैकेट हाथ से छूटकर परे जा गिरता है।

नीरा : दिखता नहीं कोई सामने से आ रहा है ?

झुनझुनवाला : *(एक कागज़ पर रकम लिखकर पण्डित की तरफ बढ़ाता हुआ)* दो सौ सत्तानबे रुपये बीस पैसे।

पण्डित : दो सौ कितने ... ?

फिर बैठकर कागज़ चेक करने लगता है। झुनझुनवाला सिगरेट सुलगा लेता है। नीरा रैकेट उठाकर उसी तेज़ी के साथ काउंटर के पास आ जाती है।

नीरा : *(रैकेट काउंटर पर पटककर)* एक गिलास पानी।

अब्दुल्ला : तू इस वक्त यहां क्या कर रही है ?

नीरा : तुझसे पानी का गिलास मांग रही हूं ... क्या कर रही है ?

अब्दुल्ला : उधर और कौन था तेरे साथ टेबिल-टेनिस रूम में ?

नीरा : था नहीं, थीं। रीता। गुड्डो दीदी।

अब्दुल्ला : *(शब्द चबाकर)* गुड्डो दीदी ! *(नियामत को काउंटर की तरफ आते देखकर)* तू इधर क्या चला आ रहा है अब ? जाकर ले आ न उसे जल्दी से ... इसकी गुड्डो दीदी को। रीता ... गुड्डो दीदी।

नीरा : गुड्डो दीदी वहां नहीं हैं अब।

अब्दुल्ला : वहां नहीं है अब ? तो वहां से वह ...

नीरा : उधर गयी हैं स्वीमिंग पूल पर।

नियामत : *(पास आकर)* स्वीमिंग पूल पर ? पर स्वीमिंग पूल का गेट तो मैं आजकल खोलता ही नहीं।

नीरा : तभी तो रोज़ दोपहर को हम नहा लेती हैं वहां ... टूटी दीवार फांदकर। *(अब्दुल्ला से)* तुझसे मैंने पानी का गिलास मांगा था ?

नियामत : तुम लोग रोज़ दोपहर को नहाती हो वहां ?

नीरा : रोज़।

नियामत : तो मैं कल से ...

अब्दुल्ला : हां, कल तक यहीं न बैठे रहना है तुझे। अब जाकर लाना नहीं

है उसे ··· इसकी गुड्डो दीदी को ··· स्वीमिंग पूल से ?

नीरा : वह खुद ही आ जाएगी अभी। गीले कपड़े बदलने गई है वहां।

अब्दुल्ला : तो अब तक क्या वह गीले कपड़ों में ही ···

नीरा : तुझे मतलब ? तू मुझे पानी का गिलास क्यों नहीं देता ?

अब्दुल्ला : पानी-वानी का गिलास नहीं मिल सकता इस वक्त।

नीरा : पानी का गिलास नहीं मिल सकता ?

नीरा पल-भर अब्दुल्ला को देखती रहती है, फिर नियामत की तरफ देखती है, फिर गिलास खुद ही खोजने लगती है।

पण्डित : सुना झुनझुनवाला ··· पुल टूट गया है। *(हल्की हंसी के साथ)* तब तो मौका है इधर बैठकर पीने का है। नहीं ?

अब्दुल्ला इस बीच ताले को ठोंक-पीटकर बन्द करने की कोशिश करता है, पर वह बन्द नहीं होता, तो उसे लटकता छोड़कर काउंटर से आगे आ जाता है।

अब्दुल्ला : मौका तो है साहब, पर पीने को कुछ नहीं है। बार बन्द हो चुका है। आपको जो कुछ चाहिए, वह अब उधर चलकर ही मिल सकता।

पण्डित : मौका इधर बैठकर पीने का है, और जो कुछ पीना हो, वह उधर चलकर ही मिल सकता है। इधर बार बन्द हो चुका है, उधर पुल टूट गया है। वाह !

अखबार समेटकर शेरवानी के बटन बन्द करता हुआ केबिन से बाहर आ जाता है।

पर अभी बार बन्द कहां हुआ है ? ताला तो ऐसे ही लटक रहा है।

नियामत : वह इस आदमी की बदहवासी की वजह से है। ऐसे वक्त इसके होश-हवास ठीक काम नहीं करते।

अब्दुल्ला खिसियाने ढंग से मुस्कराकर अपनी उंगलियां चटकाने लगता है।

झुनझुनवाला : होश-हवास तो इसके किसी भी वक्त ठीक काम नहीं करते—खास तौर से जब इसे घर से चिट्ठी आयी हो। क्यों अब्दुल्ला ?

अब्दुल्ला पहले से ज़्यादा खिसियाना होकर अपने

हाथों को देखता रहता है।

कितने दिन का हो गया अब तेरा लड़का ? चार दिन का कि पांच दिन का ?

अब्दुल्ला : चार दिन का ही समझिए अभी। आज रात को पूरे पांच दिन का होगा।

पण्डित : कितनी बीवियों के बाद यह पहला लड़का हुआ है ? तीन बीवियों के बाद चौथी बीवी से न ?

अब्दुल्ला : *(एकाएक)* ठहरो···

उसके स्वर की आकस्मिकता से पल-भर सब लोग स्तब्ध हो रहते हैं।

कुछ हो रहा है।

नियामत : तेरा मतलब है कि···

अब्दुल्ला : तुझे नहीं सुन रहा ?

नियामत : *(पल भर सुनता रहता है)* हां। लगता यही है।

पण्डित : सचमुच ?

नियामत : लगता यही है।

झुनझुनवाला : तो क्या इतनी जल्दी···

अब्दुल्ला : मैं कब से कह रहा था।

पल-भर सब लोग खामोश रहते हैं। दूर से सुनायी देती हिलती चूलों की आवाज़ अधिक स्पष्ट होती जाती है। नीरा अचकचायी-सी एक से दूसरे की तरफ देखती रहती है।

नियामत : बात क्या है ? यह आवाज़···

पुल की कुछ कड़ियों के एक-साथ टूटने की आवाज़। इसके बाद, अनुवर्तन के अन्त तक, बीच-बीच में एक-एक कड़ी के टूटने और पानी में बह जाने की आवाज़ सुनायी देती रहती है। रीता चेहरा हाथों से ढके घबरायी और हांफती हुई लॉन की तरफ से आती है।

रीता : ओह ! ओह ! ओह !

नीरा : गुड्डो दीदी !

दौड़कर उसकी तरफ आती है, पर रीता उसके पास से गुजरकर आगे आ जाती है। पण्डित और

झुनझुनवाला केबिन से उठ आते हैं। नीरा, जैसे कुछ भी समझ पाने में असमर्थ भौंचक्की-सी उन सबके बीच लौट आती है।

रीता : ओह !

हाथ हटाकर उन सबको देखती है और एक बार सिहरकर चेहरा फिर हाथों से ढक लेती है।

नीरा : *(बांह खींचकर उसका हाथ चेहरे से हटाती हुई)* क्या बात है, गुड्डो दीदी ? बतातीं क्यों नहीं ?

रीता : *(किसी तरह बात कह सकने की कोशिश में)* वही आदमी ··· और उसके साथ वह औरत ······

अब्दुल्ला : क्या ?

नियामत : कौन आदमी ? ··· कौन औरत ?

पण्डित : क्या हुआ उनका ?

झुनझुनवाला : कहां पर ?

रीता : वहीं ··· वे दोनों थे वहां पर।

अब्दुल्ला : वहां ··· पुल पर ? कौन ?

रीता सिर हिलाती है।

रीता : वे दोनों थे वहां पर ··· मैं स्वीमिंग पूल से लौट रही थी।

अब्दुल्ला : लेकिन कौन ?

पण्डित : आदमी कौन था ?

रीता : वही ··· वह मिस्टर शफी का दोस्त ···

अब्दुल्ला : मिस्टर अयूब ?

चुभती नज़र से नियामत को देखता है।

नियामत : वह नहीं हो सकता। उसे तो मैं बहुत पहले उस पार छोड़ आया था।

रीता : हां, वही। और उसके साथ वह औरत ···

अब्दुल्ला : उसके साथ औरत ?

झुनझुनवाला : बात तो सुनने दो।

रीता : हां, एक औरत ···

पण्डित : औरत !

झुनझुनवाला : उसके साथ ?

नियामत : पर हुआ क्या उनका ?

रीता : वे दोनों थे वहां पुल पर ········ जब पुल एकाएक हिलने

लगा ... बुरी तरह हिलने लगा ... मैं स्वीमिंग पूल से लौट रही थी ...

नीरा : पुल हिलने लगा ?

रीता : और जब पुल टूटा ...

नीरा : पुल टूट गया ?

रीता : पूरा नहीं; पर किसी वक्त पूरा टूट सकता है।

नीरा : ज़रा देखें ...

रीता को लिये-लिये उसी ओर जाती है, जिधर से रीता आई थी।

पण्डित : तब तो ज़रूर डर की बात है। क्यों अब्दुल्ला ! कम से कम तेरे लिए तो है ही। क्योंकि किसी भी वक्त पुल पूरा टूट सकता है।

अब्दुल्ला : क्यों, सिर्फ मेरे लिए क्यों ?

पण्डित : क्योंकि तुझे अपने लड़के को देखने जाना है। यहां तो न कोई देखने को है, न दिखाने को। उस पार पहुंच गए, तो वहां पड़े रहेंगे। न पहुंचे, तो यहां भी कुछ बुरा नहीं है। अच्छा-खासा बार है। अगर ज़्यादा नहीं, तो दस-बीस दिन बैठकर पीने का सामान तो मिल ही जाएगा।

अब्दुल्ला : *(अलमारी पर नज़र डालकर)* दस-बीस दिन ? नहीं, सामान तो यहां इतना है कि ... *(सहसा रुककर)* पर मैं भी क्या बात सोचने लगा ? दस-बीस दिन हम लोग यहां थोड़े ही न पड़े रहेंगे ? हां, इस बात का अफसोस ज़रूर है कि इतना सामान जो हम लोगों ने अभी-अभी मंगवाया था—यह सोचकर कि सीज़न में काफी बिक्री होगी—वह सब ज्यों का त्यों पड़ा रहेगा। न जाने कितने दिन। शफी साहब का यह पहला साल है ठेके का, और अगर इसी साल उन्हें घाटा उठाना पड़ा, तो ... तो अगले साल फिर अपने पर वही बेकारी आ जाएगी। चार साल बेकार रहने के बाद इस साल शफी साहब की मेहरबानी से यह नौकरी मिली थी—अब आगे इसका भी पता नहीं कि रहेगी या नहीं।

पण्डित : तेरी एक बड़ी खूबी है अब्दुल्ला कि तू दूर की बात पहले सोचता है, और नज़दीक की बाद में।

झुनझुनवाला : बल्कि कहना चाहिए कि नज़दीक की बात तो ये कभी सोचता

नहीं। क्यों अब्दुल्ला, पुल के दो तख़्ते निकल गये तो तुझे पूरा पुल टूटता नज़र आने लगा। एक दिन के लिए बार बन्द हो गया, तो उससे शफी को घाटा भी पड़ गया, और तुझे अगले साल की बेकारी भी सूझने लगी।

अब्दुल्ला : मेरा दिल कमज़ोर है, इसलिए हाथ की मेहनत नहीं कर सकता साहब। जो कुछ आसरा है, वह सब नौकरी का ही है— और वह भी बारमैन की। ज़िन्दगी में और कोई काम, कोई हुनर नहीं सीखा—पच्चीस साल से बस यही काम करता आ रहा हूं। एक बार पहले भी इसी क्लब में बारमैन था, जब इसी तरह बाढ़ आयी थी। उस साल जो कुछ यहां हुआ, वह अगर आपको बताने लगूं, तो ...

नियामत : तुझे वह किस्सा फिर से शुरू करना है, तो मैं बाहर से ताला लगाकर जा रहा हूं। तू यहां इत्मीनान से बैठकर किस्सा सुना। साथ इन्हें ब्लैक एण्ड व्हाइट की बोतल भी खोल दे।

अब्दुल्ला : ब्लैक एण्ड व्हाइट की बोतल ! हंह ! पहले ही मेरा ब्लैक एण्ड व्हाइट का हिसाब मेल नहीं खा रहा। अभी जाकर शफी साहब को आज का हिसाब दूंगा, तो इसकी डांट और खानी पड़ेगी। ... ठहर, हिसाब की कापी मैंने यहीं दराज़ में डाल दी है। वह तो मुझे साथ ले जानी चाहिए।

जल्दी से जाकर दराज़ खोलता है।

यह रही कापी, और यह ... *(अचानक पण्डित की तरफ देखकर)* अरे ! आपके बिल का पेमेंट तो अभी हुआ ही नहीं।

स्वेटर की जेब टटोलकर उसमें से एक बिल निकालता है।

यह आपका बिल है— तेरह रुपये कुछ पैसे का।

नियामत बिल उससे लेकर पण्डित को देता है।

नियामत : बिल तेरह रुपये कुछ पैसे का नहीं, सत्रह रुपये कुछ पैसे का है।

अब्दुल्ला : सत्रह या तेरह जितने का भी है, जल्दी से इसका पेमेंट कर दें। *(कापी निकालकर उसमें काट-छांट करता हुआ)* मैं भी कहूं कि हिसाब में इतना फर्क़ कैसे पड़ रहा है।

पण्डित : *(बिल लेकर)* फ़र्ज़ कर इस वक्त इतने पैसे मेरी जेब में न हों।

अब्दुल्ला : आपकी जेब में, और पैसे न हों ... यह कैसे हो सकता है ?

पण्डित : जब और इतना कुछ हो सकता है, एक अच्छा-खासा पुल टूट सकता है, तो यही क्यों नहीं हो सकता ?

नियामत : *(चिढ़कर अब्दुल्ला से)* अब खामखाह वक्त क्यों बरबाद कर रहा है ? बिल का पेमेंट बाद में नहीं हो सकता ? उधर पहुंचकर नहीं हो सकता ?

पण्डित : क्यों ··· हो सकता है न उधर पहुंचकर ? तो बस अभी चल रहे हैं ··· एक मिनट में।

शेरवानी की सलवटें निकालता हुआ बरामदे की तरफ़ चल देता है।

नियामत : देखिए मिस्टर पण्डित ···

पण्डित : कहा है न अभी एक मिनट में चल रहे हैं। बस अब आ ही रहे हैं ज़रा उधर गुसलखाने तक होकर। आओ झुनझुनवाला, तुम भी हल्के हो लो ···

हल्के से मुस्कराकर दोनों की तरफ देखता है और झुनझुनवाला के साथ बरामदे के बायीं तरफ से निकल जाता है।

नियामत : बस अब आ ही रहे हैं ज़रा उधर गुसलखाने तक होकर ! जैसे यही गुसलखाना एक गुसलखाना है, और गुसलखाना मिलेगा इन्हें कहीं पर ? *(अब्दुल्ला की तरफ देखकर)* और तुझे क्या काठ मार गया है, इस तरह खड़ा है जैसे किसी ने जिस्म से सारी हवा निकाल दी हो।

अब्दुल्ला : मैं सोच रहा हूं कि ···

नियामत : सोच रहा है कि लड़के को देखने किस दिन पहुंच सकेगा ? एक तू ही तो है जिसके लड़का हुआ है। और लोगों के भला लड़के-बच्चे होते हैं ?

अब्दुल्ला : नहीं, मैं इस वक्त लड़के की बात नहीं सोच रहा ··· कैश की बात सोच रहा हूं।

नियामत : इस बिल का पेमैंट अभी नहीं हुआ, बस इसीसे मरा जा रहा है ?

अब्दुल्ला : नहीं, इसके पेमेंट की बात नहीं है ··· बात यह है कि जो बिल मैंने इसे दिया है, वह मुझे लगता है कि इसका बिल नहीं है। इसका बिल यह है ··· *(स्वेटर की दूसरी जेब से एक और बिल निकालकर)* तेरह रुपये सत्रह पैसे का। अभी यहां

खड़े-खड़े मुझे याद आया कि तेरह रुपये सत्रह पैसे का बिल मैंने अपनी बायीं जेब में डाला था, दायीं जेब में नहीं। अब मुझे यह समझं नहीं आ रहा कि जो दायीं जेब से निकला है, वह किसका बिल है।

नियामत : तेरे साथ हमेशा यही होता है, यह कोई आज नई बात नहीं है। हर बार तनखाह कटने की नौबत आती है, हर बार वास्ते देकर माफियां मांगता है, पर हाल तेरा फिर भी वही का वही रहता है। अभी परसों जो घपला किया था, उसी की वजह से तो शफी साहब ने तुझे श्रीनगर जाने की छुट्टी नहीं दी।

इसी बीच नीरा और रीता बाहर से आती हैं, अपने बीच कुछ बातें करती हुईं।

अब्दुल्ला : पर बता, अब मैं इसमें क्या कर सकता हूं ? बोतलों का हिसाब ठीक रखता हूं, तो किसी न किसी बिल में गड़बड़ हो जाती है। बिलों का हिसाब ठीक रखता हूं, तो बोतलों की नाप-जोख में फर्क पड़ जाता है। *(दराज़ से एक पोस्टकार्ड निकालकर)* इन्हीं सब उलझनों में घर से आयी चिट्ठी का जवाब भी अब तक नहीं दे पाया। वे लोग वहां न जाने क्या सोच रहे होंगे ! कि कैसा आदमी है—खुशखबरी पाकर मिलने आना तो दूर, चिट्ठी की पहुंच तक का पता इससे नहीं दिया गया।

नीरा : अब इसे घर की याद सताने लगी ! तू पानी का गिलास देगा या नहीं ? कब से मांग रही हूं।

अब्दुल्ला : अब कुछ नहीं मिलेगा। गिलास भी अलमारी में बंद किए जा चुके हैं।

नियामत : *(पास आकर)* तू इससे झकझक करना बाद में, पहले मुझे कोहली साहब का नम्बर मांग दे।

नीरा : क्यों ··· डैडी का नंबर तुझे किसलिए चाहिए ? उनसे तुझे क्या बात करनी है ?

नियामत : मुझे उनसे कहना है कि वे खुद यहां तशरीफ ले आएं, और तुझे आकर यहां से ले जाएं।

नीरा : क्यों, डैडी क्यों मुझे आकर ले जायें ? मैं जब अपने पैरों चलकर यहां आ सकती हूं, तो उसी तरह चलकर यहां से जा नहीं सकती ? सुन रहा है अब्दुल्ला ··· गिलास निकाल कर पानी दे।

पण्डित इस बीच आता है और लाउंज की एक कुर्सी पर पसरकर अपना अखबार खोल लेता है। फिर जेब से सिगरेटकेस निकालकर देखता है कि उसमें कोई भी सिगरेट नहीं है। झुनझुनवाला भी आता है और दूसरी आरामकुर्सी पर पैर फैलाकर लेट-सा जाता है, बेखबर-सा, जैसे उसे नींद आ रही हो।

पण्डित : अब्दुल्ला, गिलास निकालने के लिए अलमारी खोले, तो उसमें से मेरे लिए गोल्ड फ्लैक का एक पैकेट भी निकाल लेना। बड़ा वाला।

अब्दुल्ला : *(थोड़ा झुंझलाकर)* मैंने आपसे कह नहीं दिया मिस्टर पण्डित, कि आपको जो कुछ भी चाहिए, वह अब उधर चलकर ही मिल सकता है। छोटा वाला हो या बड़ा वाला।

पण्डित : अच्छा रहने दो। नाराज़ क्यों होता है ?

माचिस की तीलियां जलाता-बुझाता हुआ अखबार पढ़ने लगता है।

अब्दुल्ला : *(अब्दुल्ला का हाथ अलमारी की तरफ चला जाता है)* इसे इस वक्त पानी के गिलास की पड़ी है, जबकि इतने लोग यहां सिर्फ इसीकी वजह से अटके हुए हैं।

पण्डित : अब्दुल्ला, अगर गिलास निकाले, तो पैकेट भी ज़रूर निकाल लेना, हां।

नियामत : *(अब्दुल्ला से)* दे इसे पानी का गिलास, नहीं तो बाद में यह प्यासी ही दरिया में गोते खाती नज़र आएगी। मैं तब तक पुल की तरफ देख आऊं ··· वह अयूब साहब ···

फिर बरामदे की तरफ चल देता है। अब्दुल्ला त्योरी के साथ अलमारी खोलकर उसमें से गिलास निकालता है, और पानी भरकर उसे गुस्से से काउंटर पर रखता है।

अब्दुल्ला : यह ले पानी ···

पण्डित : *(अखबार से सिर उठाकर)* अब्दुल्ला, सिगरेट का पैकेट।

अब्दुल्ला : ओह ! सिगरेट का पैकेट !

फिर से अलमारी खोलकर उसमें से पैकेट निकाल लेता है।

यह रहा आपका पैकेट। पर इसके पैसे ...

पण्डित : पैसे तुझे बिल के साथ ही वसूल हो जाएंगे। जहां सत्रह रुपये कुछ पैसे हैं, वहां साथ ढाई रुपये और जोड़ लेना।

अब्दुल्ला : *(कुछ हड़बड़ाहट के साथ जेबें और दराज़ टटोलता हुआ)* बिल के साथ ... पर हां ... देखिए बात यह है कि ... वह जो बिल है न ... *(दूसरा बिल निकालकर देखता है, पर कुछ सोचकर उसे फिर जेब में रख लेता है)* खैर, यह बात इस वक्त नहीं, बाद में करने की है। ये पैसे अगर आप ... खैर मैं इन्हें बिल में ही जोड़ देता हूं।

बिल फिर से निकालकर उसपर पेंसिल से लिखने लगता है।

पण्डित : *(उठकर उसकी तरफ आता हुआ)* बिल तो तेरा मेरे पास है। यह तू किसके बिल में पैसे जोड़ रहा है ?

अब्दुल्ला : मैंने आपसे कहा है न ... यह बात मैं आपसे बाद में करूंगा। अभी, बाहर चलकर। इस वक्त पहले मैं ...

नीरा इस बीच दोनों को देखती रहती है। फिर अचानक वहां से चल देती है।

नीरा : अरे दीदी, उन लोगों का क्या हुआ ? वे लोग अब तक इधर आए नहीं ...

अब्दुल्ला : ओ लड़कियो ! तुम यहीं रहो, तुम अब कहां जा रही हो ? हम सब अब बाहर चल रहे हैं।

नीरा : अभी आ रहे हैं। आओ दीदी ... कहीं वे बह तो नहीं गए।

पण्डित पैकेट खोलकर सिगरेट सुलगा लेता है। एक क्षण गुड्डो को गौर से जाते देखता है। नीरा और रीता (गुड्डो) चली जाती है।

पण्डित : यह बड़ी वाली लड़की वही गुड्डो है न ... वह लड़की ... ?

अब्दुल्ला : *(अलमारी बन्द करके ताला लगाता हुआ)* कौन लड़की ? *(ताला अचानक बन्द हो जाने से)* लो, अब देखो कैसे अपने-आप ही लग गया !

पण्डित : *(कश खींचकर)* वही—मिस रीता दीवान—जिसने, सुना है, कल तुम्हारे उस आदमी को पीटने में कसर नहीं उठा रखी थी—क्या नाम है उसका—वह अभी जो पुल पार करके किसी और के साथ आया है ?

अब्दुल्ला : पीटता होगा, मुझे कुछ मालूम नहीं।

पण्डित : तुझे सब मालूम है। शफी ने मुझे खुद बताया था कि तू इस बात से इतना घबरा गया था कि तेरे हाथ से ब्रांडी की बोतल गिरते-गिरते मुश्किल से संभली थी।

अब्दुल्ला : शफी साहब की बस यही आदत मुझे पसन्द नहीं। मुझे तो मना कर देंगे कि किसी से बात न करूं, और खुद हरएक से बात करते फिरेंगे। मुझसे उन्होंने कसम खिलाकर कहा था कि···

पण्डित : यह बात किसी से नहीं कहनी है, यही न ? मुझसे भी उसने कसम खिलाकर यही कहा था। वह बता रहा था कि उस आदमी ने—उसका नाम क्या है, मैं भूल रहा हूं···

अब्दुल्ला : मुहम्मद अयूब। अयूब साहब।

पण्डित : हां, कि अयूब ने गुसलखाने से बाहर गुड्डो का हाथ पकड़ लिया और कहा कि···

अब्दुल्ला इशारे से उसे बात करने से रोकता है। नीरा पहले ही की तरह जल्दी से बरामदे से आती है।

नीरा : *(आती हुई)* मेरा रैकेट यहां तो नहीं रहा है ? हां, यहीं तो है।

रैकेट उठाकर फिर चलने को होती है।

अब्दुल्ला : नीरा !

नीरा : *(रुककर)* क्या बात है ?

अब्दुल्ला : तुझसे कह दिया है न कि अब तुझे उधर नहीं जाना है ? अपनी गुड्डो दीदी को भी ले आ। सब लोग अभी बाहर चल रहे हैं। आज के लिए क्लब बन्द हो गया है।

नीरा : बन्द कैसे हो गया है ? क्लब कभी इस वक्त भी बन्द होता है ?

अब्दुल्ला : ऐसे बात कर रही है जैसे तुझे कुछ मालूम ही नहीं··· कुछ सुना ही नहीं··· वह भी नहीं सुना जो तेरी गुड्डो दीदी खुद कह रही थी··· हद है ! यह इतनी बेफिक्र बन रही है ! अयूब साहब और औरत कहां हैं ?

नीरा : वहीं बाहर होंगे··· मैंने नहीं देखा···

अब्दुल्ला : पुल पूरा टूट गया है क्या ? तूने पुल तो देखा ? नहीं ?

नीरा : टूट भी गया हो तो इसमें इतना घबराने की क्या बात है ?

अरे डेढ़-दो फुट की दरार पड़ी है··· बस, चार-पांच फुट तक तो आदमी कूदकर ही पार कर सकता है।

पण्डित : पर यह आदमी पार नहीं कर सकता। इसका नाम अब्दुल्ला है। यह दुनिया का सबसे बुज़दिल आदमी है।

अब्दुल्ला : आप लड़की से मज़ाक कर रहे हैं, मिस्टर पण्डित। यह वक्त मज़ाक करने का नहीं है।

पण्डित : तू बुज़दिल आदमी है, यह तेरे ख्याल में मज़ाक की बात है ? *(नीरा से)* अच्छा, तुम बताओ बेटे, यह आदमी चेहरे से ही बुज़दिल नज़र नहीं आता ?

अब्दुल्ला : यह बहुत बुरी बात है, मिस्टर पण्डित ! इस तरह एक बच्चे के सामने आप···

नीरा : बच्चे के सामने से तुम्हारा मतलब ? बच्चा यहां कौन है ? मैं ? मैं बच्चा नहीं हूं।

अब्दुल्ला : नहीं, तू बच्चा नहीं है, मैं बच्चा हूं। यह तो ठीक है ?

नीरा : मुझसे इस तरह बात करने की ज़रूरत नहीं।··· तू बच्चा नहीं, मैं बच्चा हूं ! तेरा ख्याल है मैं हर तरह की बात समझती नहीं ?

अब्दुल्ला : *(हल्की हंसी के साथ)* तू सब तरह की बात समझती है। मैंने कहा है कि तू नहीं समझती ? *(पुचकारने के स्वर में)* अच्छा, तो अब अच्छी लड़की बनकर यहीं खड़ी रह, तेरी गुड्डो दीदी भी घूम-फिरकर यहीं आ जायेगी, इस वक्त अकेले और जायेगी कहां ?

नीरा : *(फिर वहां से चलती हुई)* मैं अच्छी लड़की नहीं हूं··· सुन लिया तूने ? मैं बिल्कुल भी अच्छी लड़की नहीं हूं।··· अच्छी लड़की बनकर यहीं खड़ी रह··· क्यों खड़ी रहूं मैं ?

बरामदे में पहुंचकर फिर एक बार मुड़कर उसकी तरफ देखती है।

देख लिया कितनी अच्छी लड़की हूं मैं ?

बायीं तरफ से चली जाती है। अब्दुल्ला मुंह में कुछ बड़बड़ाता हुआ काउंटर से आगे आने लगता है कि तभी टेलीफोन की घण्टी बज उठती है। घण्टी सुनकर झुनझुनवाला भी नींद से जैसे जागता है, और झोंक में उठकर फिर बाथरूम की ओर चला जाता है।

अब्दुल्ला : *(जाकर रिसीवर उठाता हुआ)* यह पांचवीं दफा शफी साहब का फोन आया है। *(रिसीवर में)* हलो ··· शफी साहब ? ··· क्या ? ··· कौन ? ··· मिसेज हल्दवानी ? ··· यहां की मेम्बरशिप फीस ? ··· आज यहां की मेम्बरशिप फीस कुछ नहीं है। ··· मैं कौन हूं ? ··· मैं कोई नहीं हूं ··· जी? मैं क्लब में कुछ भी काम नहीं करता, आप कल फोन कीजिएगा। *(झटके से रिसीवर रखकर)* कहती है बम्बई से आई हूं, मेम्बर बनना चाहती हूं। बस आज ही तो एक दिन है जिस दिन इसे मेम्बर बनना है।

टेलीफोन से हटकर आते हुए एकाएक जैसे कुछ सुनने के लिए रुक जाता है।

यह आवाज़ पहले से ऊंची नहीं हो गयी ?

पण्डित : कौन-सी आवाज़ ?

अब्दुल्ला : दरिया के पानी की।

पण्डित : तेरे वहम का भी कोई इलाज नहीं। अब भौर कुछ नहीं, तो दरिया की आवाज़ ही तुझे ऊंची सुनायी देने लगी।

अब्दुल्ला : वहम की बात नहीं है, आप ज़रा ठीक से सुनिए। मुझे लगता है कि दोनों दरियाओं में पानी बढ़ रहा है। मैं दोनों की आवाज़ें अलग-अलग सुन सकता हूं। *(लॉन के पार टैरेस की तरफ इशारा करके)* यह लिद्दर की आवाज़ है, और ··· *(खिड़की की तरफ इशारा करके)* यह आवाज शेषनाग की है। मैं इन आवाज़ों से अच्छी तरह वाकिफ हूं क्योंकि ··· क्योंकि ··· आपको पता है मुझे दिल का दौरा कब से पड़ना शुरू हुआ है ?

पण्डित : मेरा तो ख्याल है कि पैदा होने के दिन से पड़ना शुरू हो गया होगा।

अब्दुल्ला : नहीं साहब, मुझे दौरा पड़ना शुरू हुआ है तबसे जब पहले भी इसी तरह एक बार बाढ़ में यहां फंस गया था। तब क्लब का ठेका एक किश्तवारी के पास था, और मैं इसी तरह यहां बारमैन था। बाढ़ में क्लब के अन्दर चार आदमी फंसे रह गये थे—ठेकेदार, मैं और दो बैरे। इधर से लिद्दर का पानी यहां बरामदे तक आ गया था, और उधर से शोषनाग के पानी ने आधी गैलरी तोड़ दी थी। हम लोगों ने रसद का सामान साथ

लेकर पूरी रात तब इस हॉल की छत पर काटी थी। पानी जिस तरह बढ़ रहा था उससे लगता था कि घण्टे दो घण्टे के अन्दर वह हमारे सिरों के ऊपर से होकर बहने लगेगा। उफ़ ! वह रात और उसके बाद आज की शाम—मुझसे तब से इस छत की तरफ आंख उठाकर देखा भी नहीं जाता। मुझे दिल का पहला दौरा उसी रात छत पर लेटे-लेटे पड़ा था।

पण्डित : खैर, आज तुझे दिल का दौरा नहीं पड़ेगा, क्योंकि उससे पहले ही हम लोग तुझे लेकर क्लब से बाहर पहुंच जाएंगे।

अब्दुल्ला : वह तो ठीक है साहब, मगर कहने की बात सिर्फ इतनी है कि ···

नियामत घबराया हुआ बरामदे की तरफ से आता है।

नियामत : *(पास आकर अब्दुल्ला से)* पता है अब और क्या हुआ है ?

अब्दुल्ला : क्या हुआ है ?

नियामत : बस कुछ पूछ नहीं।

दायीं तरफ गैलरी के दरवाज़े से जाने लगता है।

अब्दुल्ला : *(घबराए हुए स्वर में)* आखिर कुछ बताइएगा भी कि क्या हुआ है।

नियामत : *(जाते-जाते)* अयूब साहब सचमुच फिर पुल पार करके अन्दर चले आये हैं—अपनी बेगम को साथ लेकर ! मैं तो मज़ाक समझ रहा था ··· पुल के पार छोड़कर आया था उन्हें ···

अब्दुल्ला : अपनी बेगम को साथ लेकर ! उनकी बेगम इस वक्त यहां क्या करने आई हैं ? सच-सच बता ···

नियामत : यकीन नहीं है तो खुद आकर देख ले ··· गुड्डो ठीक कह रही थी ··· वह आ गया है। मैं उधर, उस तरफ भी देख लूं ··· क्या हाल है। शायद दरार ··· अब निकलना मुश्किल होगा।

परेशान सा चला जाता है।

पण्डित : इसका मतलब है कि पुल से आने-जाने में कोई खास दिक्कत नहीं है।

अब्दुल्ला : हम यहां से उस पार जाएंगे या उस पार से आनेवालों के लिए यहां रुकेंगे ? यह भी कोई बात हुई ! हम उधर जाने की तैयारी में हैं, लोग इधर आ रहे हैं !

पण्डित : लेकिन हम लोग चलेंगे तो तभी न, जब वे दोनों लड़कियां

आ जाएंगी, अयूब साहब और उनकी बेगम आ जाएंगी··· और जब नियामत आकर तुझे उधर की खबर देगा ? तब तक तू जल्दी से मुझे एक पैग डाल दे।

अब्दुल्ला : ठहरिए··· ज़रा गौर से सुनिए। सुन रहे हैं ?

पण्डित : क्या ?

अब्दुल्ला : वही दरिया की आवाज़। ऐसा नहीं लगता जैसे कोई बड़े-बड़े पत्थरों को पहाड़ से नीचे ढकेल रहा हो ?

पण्डित : मुझे ऐसा कुछ नहीं लग रहा। पानी की आवाज़ है—वैसी ही जैसी हमेशा सुनाई देती है।

अब्दुल्ला : हमेशा यह आवाज़ ऐसी सुनाई देती है ?

पण्डित : दरियाओं में पानी ज्यादा होने से कुछ ऊंची सुनाई देती होगी—बस इतना ही फर्क है।

अब्दुल्ला : इतना ही फर्क है ? पर आप शायद इस फर्क को नहीं समझ सकते। आपने वह रात मेरी तरह यहां काटी होती, तो आप भी इस फर्क को समझ सकते थे। मुझे लगता है कि अब और यहां रुकना खतरे से खाली नहीं है।

पण्डित : तो तू चाहता क्या है ? तू अभी कहे, अभी यहां से चल दें।

अब्दुल्ला : चल तो दें··· पर वे दोनों लड़कियां ? और वो अयूब साहब और उनकी बेगम। इन सबको छोड़कर कैसे जाया जा सकता है ? आप थोड़ी देर यहीं ठहरें, मैं अभी सबको जमा करके लाता हूं ? *(चलते-चलते)* पर आप तब तक यहीं ठहरेंगे। कहीं जायेंगे नहीं··· मैं अभी आ रहा हूं—बाहर सब लोग साथ-साथ चलेंगे। ठीक है न ?

पण्डित : हां, ठीक है। मैं तेरे आने तक यहीं हूं—तू फिक्र मत कर।

अब्दुल्ला बरामदे में पहुंचकर फिर एक बार पीछे की तरफ देख लेता है।

अब्दुल्ला : बस, मैं अभी आ ही रहा हूं।

बायीं तरफ से चला जाता है। पण्डित अपना छोड़ा हुआ अखबार फिर से उठाकर काउंटर पर कुहनी रखे उसमें से समाचार पढ़ने लगता है :

पण्डित : आदमी अन्तरिक्ष में··· एक सौ नब्बे घण्टे पचपन मिनट ! अन्तरिक्ष में आदमी की उड़ान के चार नये रिकार्ड।··· चढ़ती कीमतों को नीचे लाना असम्भव। वित्त मन्त्री की नयी

कर-योजना। ··· उत्तर प्रदेश के वैधानिक संकट के सम्बन्ध में अभी कोई निर्णय नहीं। ··· दो-दो रुपये के नये नोट ··· चीफ कमिश्नर का बयान—नल के पानी के कीड़े नुकसानदेह नहीं।

इस बीच पीछे लॉन में अयूब की दुबली-सी आकृति नज़र आती है। जमा-जमाकर पैर रखता हुआ बरामदा पार करके वह हॉल में आता है। वह चौबीस-पच्चीस साल का नवयुवक है—चेहरे की हड्डियां निकली हुई हैं। गहरे रंग का सूट पहने है। टाई और कालर मुचड़ रहे हैं। हाथ में व्हिस्की का आधा खाली गिलास है जिसमें से वह अन्दर आकर एक हल्का-सा घूंट भरता है। बात करते हुए हर वक्त उसकी आवाज़ से नशे का असर झलकता है।

अयूब : *(पण्डित के पास पहुंचकर)* क्या कह रहे हो ··· क्या नुकसानदेह नहीं ?

पण्डित चौंककर उसकी तरफ देखता है और अखबार तह करने लगता है।

पण्डित : नल के पानी के कीड़े। चीफ कमिश्नर का यह कहना है।

अयूब : बेचारा चीफ कमिश्नर ! और बेचारे कीड़े ! *(एक और घूंट भरकर)* अब्दुल्ला यहां नहीं है ?

पण्डित : यहीं है, अभी आ रहा है। ··· तो नियामत आपको नहीं मिला ···

अयूब : यह मैं कैसे कह सकता हूं कि वह मुझे नहीं मिला। या मिला था तो कब मिला था ··· मिलना होगा तो फिर मिल जाएगा ··· और एक बात और। मेरा ख्याल है, मैं उम्र में तुमसे काफी छोटा हूं।

पण्डित : हो सकता है। कम-से-कम देखने में तो ऐसा ही लगता है।

अयूब : तो आप-वाप मत करो। आज तक किसी ने मुझे आप करके नहीं बुलाया। सिवाय नौकरों के। सुनने में अजीब-सा लगता है।

पण्डित : तो तुम ··· तुम्हें कुछ देर पहले नियामत पुल के पार छोड़कर आया था और तुम अभी-अभी फिर पुल पार करके अन्दर आए हो ?

अयूब : अभी-अभी नहीं। थोड़ी देर पहले। यही दस-बीस मिनट। एक

आदमी को यहां देखना था। डाक्टर को।

पण्डित : डाक्टर को देखना था ? इस वक्त ? यहां ?

अयूब : और नहीं तो मैं लौटकर क्यों आता ? उसी को देखने के लिए आधे क्लब का चक्कर लगा आया हूं। इधर के सब टैरेस, सब कोर्ट, मैंने देख लिए हैं। पर वह नहीं मिला। मिला सिर्फ यह व्हिस्की का गिलास—आधा पिया हुआ।

गिलास में से फिर घूंट भर लेता है।

पण्डित : पर डाक्टर तो शायद यहां चार-पांच बजे के बाद से आया ही नहीं। कम-से-कम मैंने उसे नहीं देखा।

अयूब : यही नियामत भी कहता था—कि वह नहीं आया। पर मैंने सोचा कि अब आये ही हैं, तो एक बार देख तो लेना ही चाहिए। पर डाक्टर तो डाक्टर, और भी कोई आदमज़ाद कहीं आसपास नज़र नहीं आया। नज़र आये कुछ ताश के बिखरे हुए पत्ते, कुछ मूंगफली के छिलके, कुछ चूरा हुए वेफर्ज़, कुछ मसली हुई प्लास्टिक की थैलियां, और यह गिलास। इनके अलावा एक फिसले हुए पांव का निशान है, और एक सैंडल का बायां पैर। आदमी सच कितने डरपोक होते हैं ! नहीं ?

पण्डित : नियामत कह रहा था कि कोई और भी शायद तुम्हारे साथ पुल पार करके आया है।

अयूब : आया है ? आया नहीं, आयी है। और आने-आने में ही अभी दरिया में गिर गयी होती।

पण्डित : दरिया में गिर गयी होती ? पर कौन थी वह जो ... ?

अयूब : थी नहीं, है। वह मेरी बीवी है सलमा ... आज मुझे यहीं उसे डाक्टर से मिलाना था।

पण्डित : पर अगर टूटा पुल पार करने में सचमुच खतरा था, तो ऐसे में उसे पार कराना ... यह बहुत ज़रूरी था क्या ?

अयूब : खतरा-अतरा कुछ नहीं था। मैं एक छलांग में उस तरफ से इस तरफ आ गया था। पर बेगम बेचारी डर रही थी, इसलिए ऐसा हुआ। कहा न, डाक्टर से उसे मिलाना था।

पण्डित : डाक्टर से मिलाना था ! कुछ तबियत खराब है ?

अयूब : नहीं, कुछ रिश्ते खराब हैं। मेरे और मेरी बीवी के ... हमें कुछ गहरी बातें डाक्टर से करनी थीं। डाक्टर मेरी बीवी का बचपन का दोस्त है ... अब समझे कुछ तुम ?

पण्डित : शायद नहीं।

अयूब : समझने की ज़रूरत भी नहीं होनी चाहिए। मियां-बीवी के रिश्ते में किसी तीसरे को पड़ना भी नहीं चाहिए ···

पण्डित : लेकिन तुम तो खुद डाक्टर को बीच में डाल रहे हो। डाक्टर को सिर्फ तुम्हारी बेगम जानती हैं या तुम भी ···

अयूब : *(घूंट भरकर)* जानने और जानने में भी फर्क होता है। नहीं ? डाक्टर को जितना मेरी बीवी जानती है उतना शायद यहां और कोई नहीं जानता। यों डाक्टर और मैं हम दोनों एक मोहल्ले में रहे हैं, एक कालेज में पढ़े हैं और एक ही ··· खैर छोड़ो। यह मसला तुम्हारी समझ में नहीं आएगा ··· आना भी नहीं चाहिए ···

अब्दुल्ला बड़बड़ाता हुआ बरामदे से आता है, और सीधा टेलीफोन की तरफ बढ़ता है। पण्डित उसे देखकर अपनी बात बीच में ही छोड़ देता है।

अब्दुल्ला : किसी को किसी चीज़ की फिक्र नहीं। अपनी जान की भी फिक्र नहीं। अब उनमें से एक का तो पता ही नहीं चल रहा है। न वह कार्ड रूम में है, न टेबल-टेनिस रूम में, और न ही स्विमिंग पूल पर। कब से कह रहा हूं कि यह वक्त किसी तरह जान बचाकर यहां से निकल चलने का है। पर कोई सुनता ही नहीं।

अयूब : क्यों अब्दुल्ला क्या बात है ? इतना परेशान क्यों हो रहा है ?

अब्दुल्ला : *(अचकचाकर)* आप ··· आप साहब ? तो उस वक्त नियामत आपको पुल के पार छोड़कर नहीं आया था ? आप फिर ···

अयूब : वह मुझे छोड़ आया था। पर एक बार पार जाकर आदमी फिर वापस नहीं आ सकता क्या ?

अब्दुल्ला : जी हां, वापस आने के लिए इससे अच्छा वक्त और कौन सा हो सकता था ! *(जाकर रिसीवर उठाने लगता है, रिसीवर उठाकर)* हलो एक्सचेंज—मुझे थ्री टू वन चाहिए—हलो हलो हलो—थ्री, टू वन नहीं, थ्री वन टू चाहिए—थ्री वन टू रुका हुआ है ! *(रिसीवर रखकर)* अब यह नंबर ही नहीं मिलने का।

पण्डित : तू किसे फोन कर रहा था ?

अब्दुल्ला : शफी साहब को, और किसे करूंगा ?

पण्डित : नंबर मिल जाय, तो ज़रा मुझे भी देना। मुझे भी उससे एक

बात करती है।

अब्दुल्ला : आपको भी इसी वक्त बात करनी है ! इसके बाद भला कभी बात करने का वक्त मिलेगा ?

अयूब : मियां अब्दुल्ला, तू खफा किस बात पर हो रहा है ? वैसे जब तू खफा होता है, तो तेरे चेहरे पर अजब-सी रौनक आ जाती है। और जब वह रौनक आ जाती है, तो तू खफा नहीं जान पड़ता। खैर, शफी से पूछ लेना कि अगर डाक्टर वहां उसके पास हो, तो एक बात उसे बता दे। कह दे कि हम दोनों यहां पहुंच गये हैं, और उसका इन्तज़ार कर रहे हैं।

अब्दुल्ला : कह दूं कि आप और आपकी बेगम यहां डाक्टर का इन्तज़ार कर रहे हैं ? और इस तरह डाक्टर को और यहां बुला लूं ?

अयूब : डाक्टर को हमने यहां मिलने का वक्त दे रखा था। और हमारा मिलना बहुत ज़रूरी है··· क्योंकि बेगम नीम-बेहोश-सी बाहर पोर्टिको में पड़ी हैं···

अब्दुल्ला : (टेलीफोन के पास से हटकर आता हुआ) बेगम नीम बेहोश-सी बाहर पोर्टिको में पड़ी हैं ? और यह बात आप इतने इत्मीनान से मुझे बता रहे हैं ?

अयूब : इस तरह घबराने की ज़रूरत नहीं। बाहर नियामत उसकी देखभाल कर रहा है।

अब्दुल्ला : यह बात आपको पहले ही मुझे नहीं बतानी चाहिए थी ?

अयूब : पहले कब ? तुझे देखने से भी पहले ?

अब्दुल्ला : मिस्टर पण्डित, आप ज़रा टेलीफोन का ख्याल रखें। हो सकता है शफी साहब का, या मिस्टर सोमनाथ का कोई फोन आए। मैं तब तक ज़रा बाहर देखकर आता हूं।

दायीं तरफ से चला जाता है।

अयूब : *(पण्डित से)* एक सिगरेट दोगे ?

पण्डित सिगरेट का पैकेट उसकी तरफ बढ़ा देता है। अयूब एक सिगरेट लेकर सुलगाने की कोशिश करता है, पर दो-तीन तीलियां जला चुकने पर भी सिगरेट सुलगने में नहीं आती।

अयूब : *(हाथ की तीली तोड़कर)* या तो तीलियों में आग नहीं रही, या शायद अपने में ही खींचने का दम नहीं रहा।

पण्डित : *(अपना सिगरेट सुलगाने की कोशिश करता हुआ)* हवा में

नमी बढ़ ज़ाने से हमेशा यही होता है। कई-कई तीलियां बेकार चली जाती हैं, और मुंह से एक कश धुआं नहीं निकलता। ... तुम्हारा ख्याल है, तुम्हारी बीवी की तबियत कुछ ज़्यादा खराब है ?

अयूब : लो, इस बार सुलग गया। हमेशा तभी सुलगता है जब आदमी हिम्मत हारने लगता है। ... तुम कुछ कह रहे थे ?

पण्डित : मैं तुम्हारी बीवी के बारे में पूछ रहा था—कि क्या उनकी तबियत ज़्यादा खराब है ?

अयूब : उसकी तबियत उतनी खराब नहीं है जितना वह डर गयी है। डर गयी है क्योंकि उसका पांव फिसल गया था। अगर किसी तरह संभल न जाती, तो हो सकता था कि ...

पण्डित : हां, तुमने बताया था कि वह दरिया में गिरते-गिरते बची हैं।

अयूब : अब मैं सोच सकता हूं कि वह क्यों इतना डर गयी है। वह डाक्टर को शायद फेस नहीं करना चाहती।

पण्डित : फेस नहीं करना चाहती ?

अयूब : इस बात को छोड़ो। क्या तुम सोच सकते हो कि मियां-बीवी के रिश्तों के बीच अगर कोई छाया भी आ जाए, तो क्या से क्या हो सकता है ... गलत मत समझना ... मेरी बीवी की ज़िंदगी में और कोई नहीं है, पर मेरे लिए वह एक कब्रिस्तान बन गई है ... औरत कब्रिस्तान क्यों बन जाती है ?

पण्डित : क्यों बन जाती है ! शायद उसके भीतर कुछ मर जाता है ...

अयूब : लेकिन क्यों मर जाता है !

पण्डित : इसके लिए हर आदमी की अपनी अलग वजह हो सकती है। उसकी अपनी वजह होगी।

अयूब : हां, वह तो होगी ही। ... शफी बता रहा था कि कलकत्ते में तुम्हारा ऊन का कारखाना है ?

पण्डित : हां, है तो सही। पर उसका इस बात से क्या ताल्लुक है ?

अयूब : ताल्लुक यह है कि तुम सिर्फ ऊन का काम कर सकते हो। आदमी के अकेले रहने की बात नहीं समझ सकते। ... हर आदमी की अपनी अलग वजह हो सकती है, पर हर आदमी के उस वजह तक पहुंचने की भी तो कोई वजह होती है।

पण्डित : हूं। ... कौन कह रहा था कि कल आते हुए तुम्हारी कार की

कहीं टक्कर-अक्कर हुई थी ?

अयूब : टक्कर नहीं हुई थी। सड़क टूटी थी, इसलिए गाड़ी धचका खाकर एक पत्थर से जा टकरायी थी। क्यों ?

पण्डित : और, कि घर में सख्त लड़ाई-झगड़ा हुआ था, इसीलिए तुम गाड़ी लेकर आधी रात को श्रीनगर से निकल पड़े थे ?

अयूब : तो इसका मतलब है कि शफी तुम्हें ये सब बातें बताता रहा है। वह सचमुच बहुत डरपोक आदमी है।

पण्डित : डरपोक क्यों ?

अयूब : सिर्फ डरपोक आदमी ही इस तरह हर बात के लिए गवाह जुटाता रहता है। वह डरपोक न होता तो तुम्हें मेरे बारे में और मुझे तुम्हारे बारे में इतनी बातें न बताता। *(गिलास पण्डित की तरफ बढ़ाकर)* तुम लोगे थोड़ी-सी ?

पण्डित : नहीं, अभी नहीं।

अयूब : ओ ! तुम शायद जूटी शराब पीना पसन्द नहीं करते।... तुम मेरे घर के लड़ाई-झगड़े का ज़िक्र क्यों कर रहे थे ?

पण्डित : इसलिए कि तुमने खुद इसका ज़िक्र मुझसे किया था... तुम अपनी बीवी की बात मुझसे कर रहे थे। नहीं ?

अयूब : मैं अपनी बीवी की बात तुमसे कर रहा था... कौन-सी बात ?

पण्डित : यही—औरत के कब्रिस्तान बन जाने की बात... शफी यह भी कह रहा था कि उसे डर है कि कहीं...

अयूब : कि कहीं मेरी बीवी खुदकशी न कर बैठे ? *(हंसकर)* यह बात उसने एक बार हौले से मुझसे कही थी। तब मुझे लगा था कि यह वह इसलिए कह रहा है कि शायद मेरी बीवी को मुझसे पिण्ड छुड़ाने का यही एक रास्ता नज़र आता है। लेकिन शफी मेरा दोस्त है, और भला आदमी भी है। इसलिए उसने बहुत हौले से यह बात मुझसे कही थी... मेरे साथ दोस्ती निभाने के साथ-साथ वह अपनी भलमनसाहत को भी खतरे में नहीं डालना चाहता। *(एक घूंट में गिलास खाली करके)* और वह जानता है कि मैं भला आदमी नहीं हूं।

गिलास को काउंटर पर लुढ़का देता है जिससे वह काउंटर के अन्दर की तरफ गिरकर टूट जाता है।

पर तुम जो बात कह रहे थे, मैं उसीको लेकर पूछता हूं... यह नहीं हो सकता कि आदमी शिद्दत से सोचने का आदी

हो, इसलिए उसका घर में लड़ाई-झगड़ा हो ? इसीलिए वह सामने के गड्ढे को न देख सके, और उसकी गाड़ी एक पत्थर से जा टकराए ?

पण्डित : और उसका हाथ एक गिलास को भी ठीक से न रख सके, जिससे वह दूसरी तरफ गिरकर टूट जाए।

अयूब : मैं गिलास की कीमत अदा कर सकता हूं, उसकी तुम फिक्र मत करो।

पल भर खामोश रहकर कश खींचता रहता है। फिर लाउंज में तिपाई की तरफ जाकर उसपर रखी ऐश-ट्रे में अपना सिगरेट बुझा देता है।

तुम एक काम कर सकते हो ?

पण्डित : बताओ।

अयूब : खिड़की से यह देख सकते हो—कि वह अब तक यहीं है या ये लोग उसे बाहर छोड़ आए हैं ?

पण्डित : किसे—तुम्हारी बीवी को ?

अयूब : हां, उसीको।

पण्डित : तुम खुद खिड़की तक जाकर क्यों नहीं देखना चाहते ?

अयूब : यंह मैं भी नहीं जानता कि मैं खुद जाकर क्यों नहीं देखना चाहता।

पण्डित : यह इसलिए तो नहीं कि तुम मन में कहीं अपने को गुनहगार महसूस करते हो ?

अयूब : गुनहगार ? किस चीज़ का गुनहगार ?

पण्डित : उसे साथ लाने का।

अयूब : मैं नहीं जानता। लेकिन मुझे अफसोस ज़रूर है। अगर डाक्टर उसे यहां मिल जाता, तो मुझे अफसोस न होता। पर अब मुझे लगता है कि ...

अब्दुल्ला पहले से भी घबराया हुआ दायीं तरफ से आता है, और सीधा काउंटर की तरफ जाने लगता है।

अब्दुल्ला : मैं ही हूं जो हर एक की बात सुन लेता हूं। पर मेरी बात, मेरी बात कोई नहीं सुनता। कोई तब तक नहीं सुनने का जब तक कि पानी सिर से ही *(ज़बान काटकर)* एक तो मेरी यह काली ज़बान नहीं रहती। कितना अपने को टोकूं कि ऐसी बात

मुंह से न निकालूं, पर बात निकलेगी, तो बस ऐसी ही।

पण्डित : ध्यान से जाना, उधर कांच के टुकड़े बिखरे हैं।

अब्दुल्ला : *(अलमारी की तरफ देखकर)* कांच के टुकड़े ? कांच के टुकड़े उधर कैसे बिखर गए ?

पण्डित : कैसे भी बिखर गए—तू पांव संभालकर रखना। पहने भी तूं यह घिसी चप्पल है जिसमें जाने कितने सूराख हैं।

अब्दुल्ला पैर संभालता हुआ काउंटर के पीछे जाकर जल्दी से अलमारी खोलता है, और उसमें से ब्रांडी की बोतल और एक गिलास निकालता है।

अब्दुल्ला : कहा नहीं था मैंने आपसे कि पानी की आवाज़ तेज़ होती जा रही है ? पर आपका ख्याल था कि यह मेरा वहम है—मेरे कान अपने अन्दर से ही ऐसी आवाज़ सुन रहे हैं। अब चलकर देख लीजिए न कि दोनों दरिया आपस में मिल रहे हैं या नहीं—यह आवाज़ रोज़ इस तरह सुनाई देती है ? —

गिलास में थोड़ी-सी ब्रांडी डालता है। फिर उसमें से थोड़ी वापस बोतल में डालता है।

पण्डित : यह ब्रांडी किसके लिए ले जा रहा है ?

अब्दुल्ला : अयूब साहब की बेगम के लिए।

पण्डित : उनकी तबियत सचमुच ज़्यादा खराब है क्या ?

अब्दुल्ला : *(गिलास लिए काउंटर से आगे आता हुआ)* इसका मुझे पता नहीं। यह बात या तो अल्लाह मियां जानता है, या नियामत मियां। एक तरफ मुझसे कह रहा है कि जल्दी से उनके लिए ब्रांडी ले आ और दूसरी तरफ कह रहा है कि ...

सिर हिलाकर चुप कर जाता है।

पण्डित : क्यों, चुप क्यों कर गया ?

अब्दुल्ला : क्योंकि दूसरी तरफ के बाद एक तीसरी तरफ भी है, और तीसरी तरफ का ख्याल रखना सबसे ज़रूरी है।

दायीं तरफ से जाने लगता है। दायीं तरफ से चला जाता है। अयूब इस बीच लाउंज के सोफे पर आ बैठता है। पण्डित काउंटर के पास स्टूल पर बैठकर पलभर ब्रांडी की खुली बोतल को हल्के-हल्के हिलाता रहता है।

पण्डित : *(अयूब से)* तुम अपनी बीवी को देखने नहीं जाओगे ? सोच

क्या रहे हो ?

अयूब : *(सिर उठाकर)* मैं !... मैं कुछ भी नहीं सोच रहा।

पण्डित : तुम बाहर जाकर उसे देखना भी नहीं चाहते ?

अयूब : नहीं, अभी नहीं।... देखो, तुम यहां से डाक्टर को फोन कर सकते हो ?

पण्डित : *(दूसरा सिगरेट सुलगाता हुआ)* पर डाक्टर की डिस्पेंसरी में तो फोन है ही नहीं। न ही उसके क्वार्टर में है।

अयूब : और कहीं फोन कर सकते हो ?

पण्डित : यह तुम खामखाह की बात नहीं सोच रहे ?

अयूब : हां, है तो खामखाह की बात।... पर मुश्किल यह है... कि आदमी ज़्यादातर... खामखाह की बातें ही सोचता है। फर्क इतना है... कि मैं अपनी तरह से सोचता हूं..., तुम अपनी तरह से सोचते हो... और जो समझता है कि वह नहीं सोचता ... वह खामखाह अपने को धोखा देता है।

पण्डित : *(बोतल हाथ में लेकर)* यह कौन-सा लेबल है ? एक्शा नंबर वन ! बहुत गर्म ब्रांडी होती है। नहीं ?

अयूब : हां, बहुत गर्म होती है... अगर आदमी पी ले, तब। तुम्हारा मन है... तो क्यों नहीं थोड़ी-सी गिलास में डाल लेते ?

पण्डित : वह आदमी यहां नहीं है... अब्दुल्ला। वह यहां होता, तो...

अयूब : *(हल्के-से-हंसकर)* यह भी खामखाह की बात नहीं है ? *(उठकर उधर आता हुआ)* लाओ, मैं तुम्हें डाल देता हूं।

वह अभी काउंटर के पास नहीं पहुंचता कि टेलीफोन की घण्टी बज उटती है। पण्डित जाकर रिसीवर उठाता है। अयूब तब तक जाकर उसकी जगह स्टूल पर बैठ जाता है और बोतल हाथ में लेता है।

पण्डित : *(रिसीवर में)* हलो..... कौन बोल रहा है ?..... शफी ? मिस्टर सोमनाथ ?... हां-हां, यहीं है... ज़रा बाहर गया है।... वह और अब्दुल्ला दोनों हाल में नहीं हैं।... मैं पण्डित बोल रहा हूं... बस शुक्रिया... जी नहीं, तीन-चार और लोग भी हैं... हां, वह भी यहीं हैं... बस अब चलने को ही है... ज़रा इसलिए रुक गए थे कि... मिस्टर अयूब डाक्टर

को खोज रहे थे। मैं फोन करने ही वाला था ··· हां ··· अगर किसी तरह आप डाक्टर को खबर भिजवा दें ··· क्या ··· हां ··· क्या ? सेफ नहीं है ? ··· किसने, एक्स० ई० एन० ने कहा है ? ··· कि कोई भी पुल पर न जाए ? तो कब तक इन लोगों को यहां ··· ? आप फिर फोन करेंगे ? कितनी देर में ? ··· हां, मैं ख्याल रखूंगा। आप ज़रा जल्दी ही पता दें। ··· नहीं-नहीं-नहीं, मेरे यहां रहते आपको फिक्र करने की ज़रूरत नहीं। ··· हां, ठीक है। ठीक है। ··· ठीक है। अच्छा। *(रिसीवर रखकर)* इन लोगों ने पुल पर से जाने की मनाही कर दी है।

अयूब : राख झाड़ दो ··· नहीं तो कपड़ों पर गिर जाएगी।

पण्डित हाथ के सिगरेट को देखता है। पर उसकी लम्बी राख झाड़ने से पहले ही उसकी शेरवानी पर गिर जाती है।

देखा ··· गिर गई न !

पण्डित : *(शेरवानी से राख झाड़ता हुआ)* तुम क्या समझते हो ··· डेढ़-दो घण्टे में पुल ठीक किया जा सकता है ? मिस्टर सोमनाथ कह रहे हैं कि एक्स० ई० एन० अभी मज़दूर लगा रहा है ··· उसने अपना आदमी गांव में मज़दूर जमा करने भेजा है।

अयूब : तुम जानते हो यहां का एक्स० ई० एन० कौन है ? ··· मिरजा ! ··· बी० के० मिरजा। उसे हमेशा पुल तुड़वाने का काम दिया जाता है। ··· पुल बनवाने का नहीं।

पण्डित : पर मिस्टर सोमनाथ कह रह है कि ···

अयूब : मिस्टर सोमनाथ। ··· ह-हा ! मिस्टर सोमनाथ का मिनिस्ट्री में खासा हत्था न होता, तो वे आज जेल में होते। ··· मिस्टर सोमनाथ।

पण्डित : तो तुम्हारा मतलब है कि ···

अयूब : *(गिलास में ब्रांडी डालता हुआ)* ब्रांडी पियो थोड़ी-सी ··· मेरा मतलब कुछ नहीं है।

पण्डित : ठहरो, मैं पहले जाकर इन लोगों को बता दूं ··· अब्दुल्ला और नियामत को। *(चलते हुए)* ये लेग इतनी देर से जाने बाहर क्या कर रहे हैं !

दायीं तरफ से जाने लगता है।

अयूब : सुनो।

पण्डित हल्की त्योरी के साथ उसकी तरफ देखता है।

यह ब्रांडी मैंने तुम्हारे लिए डाली है।

पण्डित कुछ कहने को होता है, पर जैसे अपनी बात चबाकर बाहर निकल जाता है। अयूब स्टूल से उठकर लाउंज के बीचोंबीच आ जाता है। टेलीफोन की घण्टी फिर बज उठती है। वह गिलास से एक घूंट भरकर उसे तिपाई पर रख देता है, और जाकर रिसीवर उठा लेता है।

अयूब : *(रिसीवर में)* हलो ... हां-हां ... हूं, यही पर हूं ... खतरा ? खतरा कोई नहीं है ... कौन ? डाक्टर ? ... वह वहीं है ? ... तुम्हारे पास ? ... हां-हां, आई है ... वह भी यहीं है ... क्या ? ... वह आना चाहता था ? ... तो उससे कह न, अब भी आ जाय ... आसार अच्छे नहीं है ... नहीं हैं, तो क्या हुआ , वह आना चाहे तो ... क्या ? किसका ख्याल ? ... अपना ? ... दूसरों का ? दूसरा इस वक्त यहां कोई नहीं हैं ...

सहसा उनकी नज़र बरामदे से आती हुई गुड्डो पर पड़ती है। गुड्डो के चेहरे और हाव-भाव में वह ताज़गी है जो तैरने के बाद शरीर में आ जाती है। उसके कपड़े बिल्कुल नयी तरज के हैं, पर भीगने से उनकी क्रीज मर चुकी है। बाल कटे हुए हैं, पर चेहरे पर सिवाय हल्की लिपिस्टक के कोई भी मेकअप नहीं है। वह अपना पर्स हिलाती हुई हाल में आकर कुछ परेशानी के साथ इधर-उधर देखती है।

रीता : नीरू ... ओ नीरू !

अयूब : *(रिसीवर में)* ... मतलब उन लोगों में से कोई नहीं है ... जिनका तुम ज़िक्र कर रहे हो। ... और कौन है ? आवाज ... *(हल्के से हंसकर)* आवाज़ें बहुत धोखा दे सकती हैं। ... तो भी ? ... तो भी कुछ नहीं ... बस खास बात कुछ नहीं ... हुई, तो मैं खुद तुम्हें फोन कर लूंगा ... बाई-बाई।

लगता है दूसरी तरफ से अभी कुछ और कहा जा रहा था जब वह बीच में ही रिसीवर रख देता है।

रीता : *(पास आती हुई)* यहां किसीने उस लड़की को तो नहीं देखा ··· नीरा को ?

अयूब : यह नीरा कौन है ? वही छोटी-सी लड़की जो कल ···

रीता : *(सहसा अयूब को पहचानकर)* आप ··· तुम ··· यहां और कोई आदमी नहीं है ?

अयूब : कई आदमी और हैं ··· पर वे सब बाहर हैं। *(दायीं तरफ इशारा करके)* बाहर ··· पुल के पास।

गुड्डो बिना कुछ कहे उस तरफ से बाहर जाने लगती है।

पर वह लड़की वहां नहीं है।

गुड्डो पलभर के लिए ठिठक जाती है।

मेरा ख्याल है वह तो शायद यहां क्लब में ही नहीं है।

रीता : *(कुछ तीखी आवाज़ में)* वह नहीं है।

मुड़कर बरामदे की तरफ जाने लगती है।

अयूब : कम-से-कम मैंने उसे नहीं देखा। ··· पर सुनो ···

गुड्डो रुककर तीखी नज़र से उसकी तरफ देखती है।

रीता : क्या बात है ?

अयूब : तुम्हें शायद ··· मुझसे डर लग रहा है। मैं कहना चाहता था कि अच्छा होगा ··· अगर ··· तुम ···

रीता : अगर मैं ···

अयूब : अगर तुम ··· कल को ··· आज के साथ मिलाकर न देखो ··· हो सकता है कल की वजह से ···

रीता : कल का जवाब तुम्हें कल ही नहीं मिल गया था ?

अयूब : वही तो मैं कह रहा हूं ··· कि कल की बात ··· कल के साथ थी। और जहां तक आज का सवाल है ··· आज के लिए ··· मुझे तुमसे इतना ही कहना है कि ···

रीता : आज के लिए मुझसे कुछ भी कहने की ज़रूरत नहीं है। अगर कोशिश करोगे कहने की, तो मैं अभी बाहर चल कर ···

अयूब : वह तो खैर मुमकिन ही नहीं है ··· मतलब बाहर चल सकना। ··· क्योंकि अभी-अभी अब्दुल्ला कह गया था कि फिलहाल

किसी को भी उधर न आने दिया जाए।

रीता : *(रुककर)* क्यों ? अब्दुल्ला कौन है हमें रोकने वाला ?... और तुम कौन हो मुझसे यह कहने वाले ?

अयूब : मैं कौन हूं ? कोई भी आदमी कौन है, यह क्या वह कभी ठीक से बता सकता है ?

रीता : तुम्हारा मतलब ?

अयूब : मतलब हर आदमी अलग-अलग वक्त और अलग-अलग जगह पर अलग-अलग आदमी होता है। किसी एक वक्त और किसी एक जगह पर वह कौन है, क्या यह वह आसानी से बता सकता है ?

रीता : *(तुनककर)* मुझसे इस तरह की बातें करने की ज़रूरत नहीं। मुझे लगता है कि कल जो तुम्हारे साथ हुआ था और होने को था, वह तुम्हें अब तक याद नहीं रहा।

अयूब : मैं वही तो कह रहा था कि मैं आज अपने बारे में कुछ भी कहूं, तुम मुझे वही आदमी समझोगी जिसे तुमने कल एक खास वक्त पर, एक खास शक्ल में देखा था। बहरहाल, तुम शायद किसी को खोजती हुई यहां आई थीं। यह नीरा वही छोटी-सी लड़की है न जो कल बैडमिंटन कोर्ट में ऊधम मचा रही थी ? मेरा ख्याल है वह यहां क्लब में नहीं है।

रीता : वह यहीं है। अभी थोड़ी देर पहले तक मेरे साथ थी।

अयूब : यह नीरा किसकी लड़की है ?

रीता : क्यों ? कोहली साहब की...

अयूब : ये वही कोहली साहब है न... जिसका एक मन्दिर भी है ?

रीता : हां, वही।

अयूब : और जो रोज़ क्लब में आकर मन्दिर के चढ़ावे की शराब पीता है।

रीता : *(सख्ती से देखकर)* यह मैं नहीं जानती।

अयूब : *(पीछे से)* खैर छोड़ो, तुम्हें पता है कि यहां से बाहर जाने का पुल टूट गया है ?

रीता : हां, मुझे पता है, उसमें दो-ढाई फुट की दरार पड़ गई है।

अयूब : यह खबर पहले की है। नयी खबर यह है कि पुल पर आने-जाने की बिल्कुल मनाही हो गई है।

रीता : यह तुमसे किसने कहा है ?

अयूब : टूरिस्ट अफसर मिस्टर सोमनाथ ने। अभी थोड़ी देर पहले। टेलीफोन पर।

रीता : क्या कहा है उन्होंने ?

अयूब : यही कि एक्स० ई० एन० का कहना है कि अब किसी को भी पुल पर आने-जाने न दिया जाये। इसलिए हो सकता है कि जितने लोग यहां हैं, उन सबको आज रात-भर यहीं रहना पड़े।

रीता : *(कुछ घबराहट के साथ)* रात-भर यहीं रहना पड़ेगा ? यह कैसे होगा ?

अयूब : कैसे भी हो ... अगर रहना पड़ेगा ... तो रहना ही पड़ेगा। ... बल्कि हो तो यह भी सकता है कि ... हम लोग ... आज रात के बाद कल दिनभर ... और कल दिनभर के बाद फिर कल रातभर ... यहीं रुके रहें ... और पुल ठीक होने में न आए।

रीता : ये सब फिजूल की बातें हैं। हम लोग सालों से यहां आते हैं। ऐसा कभी आज तक नहीं हुआ।

अयूब : इसलिए तो और भी मुमकिन है ... कि आज ऐसा हो जाए ... जो कभी नहीं हुआ होता ... वह होने लगता है, तो ... *(चुटकी बजाकर)* बस ऐसे हो जाता है। ... बहरहाल ... तुम उस लड़की को खोज रही थीं न ...

रीता : *(अपने को थोड़ा सहेजकर)* हां, यह ज़रा-सी बात से नाराज़ होकर जाने किधर निकल गई है।

अयूब : लड़कियां ... बहुत नाराज़ हो जाती हैं। ... खास तौर से ... छोटी उम्र की लड़कियां। नहीं ?

रीता : *(कुछ सकपकाकर)* वह इसी बात पर तो मुझसे नाराज़ हुई है ... कि उसे छोटी उम्र का क्यों समझा जाता है। इतना कह दिया कि यह बात भी जो वह पूछ रही है, क्या बच्चों की-सी नहीं है ? और यह कि अभी चौदह की तो वह हुई नहीं, फिर अभी से अपने को बड़ी समझने का शौक उसे क्यों चर्रा आया है ? बस इसी बात पर वह बिगड़ खड़ी हुई और गुस्से में वहां से भाग गई। मेरा ख्याल था, भागकर वह इधर आई होगी, पर ...

अयूब : ना ... इधर वह नहीं आई। ... कम-से-कम ... मेरे सामने नहीं आई।

रीता : यह अभी की ही तो बात है ... पांच-दस मिनट पहले की।

अब एक तो अंधेरा उतर रहा है, और ऊपर से फिर बारिश के आसार नज़र आ रहे हैं। इस आधे मील के टापू में कहीं उलटी-सीधी तरफ निकल गई तो और मुसीबत खड़ी होगी।

बरामदे की तरफ जाती है। रीता दायीं तरफ से चली जाती है। अयूब उससे कुछ कहने को होता है, पर अपने को रोक लेता है। ब्रांडी की बोतल से एक घूंट भरकर वह लाउंज के बीचोंबीच आ जाता है। दो-एक मैगज़ीनें उठाता है और उन्हें वापस रख देता है। फिर पल-भर खिड़की की तरफ देखता रहता है।

अयूब : फिर वही उतरती हुई रात और वही आवाज़ें—झींगुरों, झिल्लियों और मेढकों की। वही एक आदम-सी दहशत, वही अकेलापन और वही अपने-आपसे सामना। *(टेलीफोन के पास जाकर उसके रिसीवर को हल्के-से छेड़ता हुआ)* क्या चाहता हूं ? किसी से बात करना ? पर किसी से बात करना ही तो नहीं चाहता ? *(टेलीफोन के पास से हटकर)* तो क्या चाहता हूं ? इस तरह यहां अकेले खड़े रहना ? बाहर की तरफ देखते जाना ? *(सिर को हल्के-से झटका देकर)* कुछ समझ में नहीं आता। कुछ समझ में नहीं आता कि क्या चाहता हूं—खास तौर से जब रात उतरती है, ये आवाज़ें सुनाई देती हैं, तो क्यों इतना छटपटाने लगता हूं ?

धीरे-धीरे आकर तिपाई पर बैठ जाता है।

परसों रात भी एक ऐसी ही छटपटाहट के बाद वह सब हुआ था। अब्बाजान और दूसरे लोगों को ख्याल होगा कि मैं अपने हिस्से के लिए लड़ रहा हूं, ज़मीन-जायदाद और रुपये-पैसे के लिए चखचख कर रहा हूं—मगर क्या मैं उनमें से किसी को भी समझा सकता था कि मैं उन सबसे अलग रहकर क्यों रहना चाहता हूं ? ये परसों शाम को सुनी हुई आवाज़ें थीं—और परसों शाम को ही नहीं, उससे पहले हर शाम को सुनी हुई आवाज़ें—जिन्होंने यह सोचने के लिए मुझे मजबूर कर दिया था कि जो ज़िन्दगी मैं जी रहा हूं, वह मेरी अपनी ज़िन्दगी नहीं है—मैं चाहे जितने साल उसे ढोता रहूं फिर भी उसे अपना नहीं सकूंगा।

सोचता-सा तिपाही से उठकर टहलने लगता है।

कहने को सब कुछ है—घर है, बीवी है, दो बच्चे हैं, फिर भी मैं जानता हूं कि यह सारा ताना-बाना एक न चाहते मन के चारों तरफ बुना गया है, हालांकि बुनने वाले सिर्फ दूसरे ही नहीं हैं, मैं भी हूं। बल्कि जब कभी ताना-बाना ढीला होता नज़र आया, मैंने खुद उसमें और धागे बुने हैं, खुद अपने को उन धागों में और जकड़ लेना चाहा है, और इसीसे मन की छटपटाहट और बढ़ती गई है।

टहलता हुआ केबिन की तरफ से होकर कांउटर के पास आ जाता है।

इस वक्त यहां मैं क्यों हूं ? यहां से बाहर जाकर भी फिर लौट क्यों आया हूं ? क्या सिर्फ इसीलिए नहीं कि··· ? नहीं, इस बात का सामना मैं नहीं कर सकता। क्या सचमुच मैं इतना छोटा, इतना ओछा हूं कि मैंने··· ? पर असलियत क्या यही नहीं है ? क्या सलमा को साथ ले आने का सीधा-सा मतलब एक बार डाक्टर की आंखों में आंखें डालकर देखने की चाह नहीं थी ? क्या मैंने यह नहीं चाहा था कि एक बार मुस्काराकर डाक्टर से पूछ सकूं—'कहो डाक्टर, क्या हालचाल है ?' मेरे यह पूछने का मतलब सिर्फ वही समझ सकता था या मैं। क्योंकि सलमा से शादी करने के बाद डाक्टर से यह मेरी पहली मुलाकात होती। डाक्टर अपनी बीवी सकीना को पाकर खुश नहीं हो सका··· उसी तरह जैसे मैं सलमा से शादी करके। सिर्फ वह अपना खोल बनाए रखना चाहता है—शायद उसका ख्याल है कि उसका खोल किसी को नज़र नहीं आएगा। पर किसका खोल किसे नज़र नहीं आता ? सब एक-दूसरे के खोल से वाकिफ हैं, एक-दूसरे का खोल उतरते देखना चाहते हैं—मगर अपना खोल बनाए रखते हुए। क्योंकि सिर्फ एक ही खोल है—अपना—जो कि लगता है किसी तरह निभाया जा सकता है—कुछ और दूर तक, फिर कुछ और दूर तक। और दूर तक। ***(ब्रांडी का एक और घूंट भरके हल्की-तुर्श हंसी के साथ)*** और कल का वह हादसा ! क्या समझा होगा इन लोगों ने कि कितना खबीस हूं मैं ! राह चलते एक नावाकिफ लड़की का हाथ पकड़कर अपनी तरफ खींचना—इससे बड़ी

हिमाकत क्या हो सकती थी ? पर क्या सचमुच वह हादसा शराब के नशे में ही हुआ था जैसा कि ये लोग समझते हैं ? क्या मैंने जानबूझकर ऐसा नहीं किया था जिससे कि दस आदमियों के बीच मुझे ज़लील होना पड़े ? जिससे कि इसकी खबर श्रीनगर पहुंचे और वे लोग जान जाएं कि वह खोल, वह भरम, जिसे वे बनाए रखना चाहते हैं, मैंने तोड़ दिया है ?

तभी टैरेस की ओर से आकर नीरा झांकती है।

रीता : गुड्डो दीदी ! गुड्डो दीदी !··· यहां भी नहीं हैं ? उफ्···

अयूब : यह वही लड़की है जिसे गुड्डो खोज रही थी और यह गुड्डो को खोज रही है··· *(बरामदे की तरफ जाता हुआ)* ओ लड़की ··· क्या नाम है तेरा ··· सुन, इधर आ।

नीरा एक बार घूमकर उसकी तरफ देखती है, और फिर टैरेस से उतरकर बायीं तरफ भाग जाती है।

ओ लड़की··· किधर जा रही है तू ? तुझसे कहा है इधर आ। सुन नहीं रही है ? ओ ··· क्या नाम है तेरा ··· सुन ···

लॉन में से होकर वह भी बायीं तरफ से चला जाता है। कुछ क्षण मंच खाली रहता है। बादल की गरज के साथ हल्की वर्षा का शब्द सुनाई देने लगता है। बरामदे के पार अंधेरा गहरा होता चला जाता है। सहसा टेलीफोन की घण्टी बजने लगती है। कुछ क्षण बजने के बाद घण्टी बन्द हो जाती है। हवा के झोंके से तिपाई पर रखी पत्र-पत्रिकाएं फड़फड़ाती हैं। रीता दायीं तरफ से आती है।

रीता : कितनी फिजूल की कोशिश कर रहे हैं ये लोग—कि जैसे पत्थर रखने से अब भी किसी तरह टूटते पुल को संभाला जा सकता है। *(अपनी खाली कलाई पर नज़र डालकर)* पता नहीं क्या बजा होगा।··· बड़ी ममी को पता चलेगा कि उनकी घड़ी आज मुझसे खो गई है, तो आधी रात तक न वे सोएंगी, न किसी और को सोने देंगी। *(कलाई को उंगली और अंगूठे की चूड़ी में लेकर)* पर पता तो उन्हें तब चलेगा न जब ··· जब हम बाहर पहुंच सकें। लगता है उस आदमी की कही बात ही सच होने जा रही है—आज रातभर हम सबको शायद यहीं रहना पड़ेगा। *(बाहर की तरफ देखकर)* अंधेरा हो गया है,

बारिश उतर आई है, और नीरा जाने अब तक बाहर कहां घूम रही है ? *(आसमान देखकर)* पर वह आदमी ··· वह भी तो नज़र नहीं आ रहा। कहीं ऐसा तो नहीं कि ··· नहीं, ऐसी बात मुझे सोचनी भी नहीं चाहिए। पर शायद उससे उतनी बात करना भी ठीक नहीं था। ऐसे आदमी का कुछ भरोसा है ? बड़ी ममी अक्सर कहा करती हैं कि भीड़ में आदमी आदमी होता है, और अकेले में ··· पर मैंने क्या हमेशा इस बात का मज़ाक नहीं उड़ाया है ?

बिजली कौंधने से बरामदे के पार का हिस्सा बीच-बीच में पलभर के लिए चमक जाता है। वर्षा की आवाज़ पहले से तेज़ हो जाती है।

एक तो बारिश को भी बस इसी वक्त शुरू होना था। अब मैं चाहूं भी तो जाकर उसे देख नहीं सकती। और अंधेरे में क्या पता है ··· कल उस आदमी ने जो हरकत की थी; उसे नज़र में रखते हुए ··· मुझे उस आदमी से बिलकुल बात ही नहीं करनी चाहिए थी।

कुछ कदम बरामदे की तरफ जाकर लौट आती है। तभी अब्दुल्ला बायीं तरफ से सलमा को साथ लिए हुए आता है। सलमा दरम्याने कद की महिला है। रंग गेहुंआ हैं। बड़ी-बड़ी आंखों के अलावा भी चेहरे का अपना आकर्षण है। हल्के रंग की साड़ी उसके शरीर पर बहुत फबती है। देखने में दुबली नहीं है, पर भारी भी नहीं कहा जा सकता। उम्र बाईस और तेईस के बीच है। चेहरे पर स्वाभाविक सौम्यता के अलावा विषाद की भी हल्की छाया है। अब्दुल्ला उसका रेनकोट उठाए हुए है।

अब्दुल्ला : *(आगे आकर रेनकोट सोफे की बांह पर रखता हुआ)* यहां बैठिए ··· थोड़ी देर और आराम करने से तबियत ठीक हो जाएगी।

सलमा : मेंरी तबियत अब पहले से काफी ठीक है।

कहती हुई हल्के कदमों से खिड़की की तरफ चली जाती है।

अब्दुल्ला : मैं कह रहा था कि आप कुछ देर यहां बैठ जातीं, तो ···

सलमा : *(खिड़की से बाहर देखती हुई)* मैंने कहा है न, मैं ठीक हूं—अब बैठने की ऐसी ज़रूरत नहीं है।

अब्दुल्ला : खैर आपकी मर्ज़ी है। वैसे बेहतर यही था कि ...

रीता इस बीच उसके पास आ जाती है।

रीता : देख, अभी-अभी वह एक आदमी यहां था न ... ?

अब्दुल्ला : मैं अभी-अभी बाहर से आ रहा हूं। कौन आदमी यहां था, कौन नहीं था, इसके बारे में मैं कुछ नहीं जानता।

रीता : *(तीखे स्वर में)* वह आदमी अभी नहीं था यहां, जिसकी वजह से कल ... ? *(सलमा रीता को ताकती है)*

अब्दुल्ला : ज़रा आहिस्ता बोलो, आहिस्ता। *(दिल पर हाथ रखे हुए)* तुम्हें पता नहीं मुझे दिल का दौरा पड़ता है। ... तुम्हारा मतलब मिस्टर अयूब से है ?

रीता : देख, वह लड़की है न नीरा ?

अब्दुल्ला : तुम अयूब साहब की बात कर रही हो, या नीरा की बात कर रही हो ?

रीता : मैं दोनों की बात कर रही हूं।

अब्दुल्ला : दोनों की ? तो तुम्हारा मतलब है कि ...

रीता : तू बात सुन तो सही। मैं उधर गई थी ... मेरी घड़ी नहीं मिल रही थी, इस वजह से भी परेशान थी ...

अब्दुल्ला : अब तुम उन दोनों की बात छोड़कर अपनी बात करने लगीं।

रीता : *(फिर तीखे स्वर में)* तू बात सुनेगा भी या खामखाह टोकता ही जाएगा।

अब्दुल्ला : आहिस्ता। आहिस्ता। हां, बताओ क्या बात है।

रीता : नीरा उधर आई, तो मैं परेशान थी। वह इधर से झल्लाई हुई गई थी—शायद तूने ही उससे कोई बात कह दी थी। वहां आते ही मुझसे पूछने लगी कि क्या वह देखने में बच्चा नज़र आती है ? मैंने उसे जवाब नहीं दिया, तो अपने को मुझे दिखाकर और मेरा कन्धा झिंझोड़कर पूछने लगी कि क्या मैं भी उसे बच्चा समझती हूं ? मैंने गुस्से में इतना कहा कि यह बात भी, जो वह पूछ रही है, यह बच्चों की सी नहीं है ? और कि अभी चौदह की तो वह हुई नहीं, फिर अभी से उसे अपने को बड़ी समझने का शौक क्यों चर्रा आया है ? इसपर वह एकाएक बिगड़ खड़ी हुई, और गुस्से से पांव पटकती वहां से चली गई।

मेरा ख्याल था कि वह इधर आई होगी, पर इधर आकर पता चला कि वह इधर नहीं आई।

अब्दुल्ला : पता किससे चला ? मिस्टर अयूब से ?

रीता : हां, उसीसे। वह आदमी उस वक्त यहां पर था। मैंने उसे इतना बताया था कि वह लड़की जिद में आकर जाने किस तरफ निकल गई है।

अब्दुल्ला : फिर ?

रीता : फिर क्या ? फिर मैं थोड़ी देर के लिए बाहर आ गई थी। लौटकर आई हूं, तो न उस लड़की का पता है, और न ही वह आदमी यहां पर है। ऊपर से बारिश उतर आई है। अब एक तो मुझे डर है कि इस आधे मील के टापू में वह लड़की जाने इस वक्त कहां भटक रही होगी, और दूसरे वह आदमी ...

अब्दुल्ला : हूं ... तो इस वक्त तुम मुझसे क्या चाहती हो ?

रीता : क्या चाहती हूं ? क्या तुम खुद नहीं समझते कि हममें से किसीको जाकर उन्हें देखना चाहिए ?

अब्दुल्ला : हममें से किसी को ? ... तुम्हारा मतलब है कि मुझे जाकर देखना चाहिए ?

रीता : अगर तुम नहीं जा सकते, तो यह रेनकोट मुझे दे दो। मैं चली जाती हूं।

अब्दुल्ला : मैंने कहा है मैं नहीं जा सकता ? अब तो मेरे पास फुरसत ही फुरसत है। जब तक पुल ठीक नहीं होता, तब तक सिवाय फुरसत के और रह ही क्या गया है ?

काउंटर के अन्दर से होकर स्टोर से जाने लगता है।

रीता : ये लोग क्या करने की सोच रहे हैं ? पुल बिल्कुल टूट गया है, तो उसकी जगह नया पुल बनने में तो कई दिन, कई हफ्ते लग जाएंगे।

टेलीफोन के पास जाकर रिसीवर उठा लेती है।

हलो एक्सचेज ... हलो, हलो, हलो ... *(कमानी को कई बार खटखटाकर)* हलो, हलो, हलो ...

बाहर से पानी में किसी चीज़ के गिरने की आवाज़ सुनाई देती है।

यह कुछ और टूटा है क्या ?

सलमा : *(बिना मुड़कर उसकी तरफ देखे)* टूटा कुछ नहीं, नियामत ने किनारे का एक बड़ा-सा पत्थर शायद पानी में लुढ़का दिया होगा।

रीता : *(टेलीफोन की कमानी को लगातार खटखटाती हुई)* हलो एक्सचेंज ··· हलो, हलो ···। टेलीफोन बिल्कुल बेजान है। मेरा ख्याल है इसकी लाइन कट गई है। *(फिर उसी तरह खटखटाती हुई)* हलो, ··· हलो, हलो एक्सचेंज ···

बत्तियां दो-एक बार जल्दी-जल्दी झिलमिलाकर एकाएक गुल हो जाती हैं। अंधेरे में सिर्फ रीता की आवाज़ सुनाई देती रहती है :

हलो एक्सचेंज ··· हलो, हलो, हलो ···

परदा

अनुवर्तन दो

मंच में कोई परिवर्तन नहीं है, सिवाय इसके कि बिजली की बत्तियां गुल होने से चार-छः जगह बड़ी-बड़ी मोमबत्तियां जला दी गई हैं। अंगीठी में लकड़ियां सुलग रही हैं : उनकी आंच से भी हल्की रोशनी है। पुल टूट चुका है। तेज़ बारिश हो रही है। पर्दा उठता है तो अयूब और उसकी पत्नी सलमा ही नज़र आते हैं। पण्डित और नीरा कहीं बाहर हैं। अब्दुल्ला और नियामत भी बाहर हैं। तेज़ बहते पानी और चलती तेज़ हवा का स्वर। अयूब और सलमा फायर प्लेस के पास गुमसुम बैठे हैं। पीछे से अब्दुल्ला और नियामत की आवाज़ें आ रही हैं।

अब्दुल्ला : नियामत हो ! इधर पानी आ गया है···

नियामत : इधर सब टूट रहा है हो··· संभल के ऊपर निकल जाओ···।

अब्दुल्ला : हां हो···

अयूब : मैं समझता हूं, हम यहां बिल्कुल अकेले हैं··· क्यों ?

सलमा : जब मुसीबत आती है तो सब अकेले ही होते हैं··· मुसीबत की शक्लें अलग-अलग हो सकती हैं। छुटकारा इतना आसान तो नहीं है।

अयूब : तुम्हें इस बात का अफसोस है कि मैंने वक्त से तुम्हारा हाथ खींचकर पीछें क्यों हटा लिया··· खुद छुटकारा चाहते हुए तुम्हें क्यों बचा लिया ?

सलमा चुप रहती है। वह उठकर बाहर की ओर चल देती है।

(उसका हाथ पकड़कर) कहां जा रही हो ?

सलमा : जहां सचमुच अकेली रह सकूं।

अयूब : आदमी कभी कहीं भी अकेला नहीं हो पाता।

सलमा : मुझे अपने चारों तरफ अंधेरे का ऐसा गार चाहिए जिसमें ···

अयूब : अंधेरे में क्या चेहरे नहीं होते ?

सलमा : कैसे चेहरे ?

अयूब : आज के चेहरे, कल के चेहरे ··· बरसों पहले देखे और भीगे हुए चेहरे और कभी न देखे हुए चेहरे ···

सलमा : तुम कहना क्या चाहते हो ?

अयूब : यही कि चेहरों से बचना आसान नहीं है। मन में जो ख्याल आते हैं, उन ख्यालों के भी चेहरे होते हैं।

सलमा : मुझे तुम हमेशा चेहरों को लेकर शर्मिन्दा कर सकते हो ··· खुद भी अगर शर्मिन्दा हो सकते तो शायद हम एक-दूसरे के चेहरों को ज़्यादा पहचान पाते ··· तुमने कल यहां उस लड़की रीता के साथ जो कुछ करने की कोशिश की ··· वह भी तो एक चेहरा है उसके लिए भी तुम शर्मिन्दा नहीं हो सकते ···

अयूब : सिर्फ इसलिए शर्मिन्दा महसूस करूं कि कल जो कुछ हुआ या किया वह औरों के सामने हुआ। क्यों ? औरों के सामने न हुआ होता तो तुम्हें तकलीफ न होती ···

सलमा : मुझे नहीं मालूम ···

बाहर की ओर जाती है।

अयूब : *(चीखकर)* तुम्हें मालूम होना चाहिए ···

सलमा : *(कमरे में पण्डित और झुनझुनवाला को देखकर लौट आती है)* तुम धीमे नहीं बोल सकते। यहां वो लोग भी हैं।

अयूब : लोग ··· लोग ··· लोग। मैं तुमसे बात कर रहा हूं ··· लोगों से नहीं।

सलमा : लेकिन और लोग भी सुन रहे हैं ···

अयूब : सुन भी लें तो क्या होगा ? पुल टूट चुका है ··· बाढ़ का पानी बढ़ता जा रहा है ··· यह जगह कभी भी डूब सकती है और हम सब मौत के मुंह में किसी भी पल समा सकते हैं ··· उसके बाद कौन-सी बात कोई कहीं लेकर जा सकेगा ··· सब बातें होकर भी यहीं खत्म हो जाएंगी ···

पण्डित और झुनझुनवाला आते हैं। पण्डित के हाथ में ताश की गड्डी है। झुनझुनवाला हिसाब का कागज़ देख रहा है। एक कुत्ते के भौंकने की आवाज़ आती है।

पण्डित : *(सलमा से)* आप हमें देखकर डर गई थीं ?

सलमा : नहीं तो ··· पुल टूटने के वक्त आप वहीं पर थे ?

झुनझुनवाला : हां ··· खुशकिस्मती से हम बच गए।

पण्डित : कितनी देर के लिए ? *(गड्डी फेंकता है)* जो वक्त बचा है उसमें दो हाथ और हो जाएं ··· *(बैठ जाता है)* आओ ···

सब बैठ जाते हैं। बाढ़ की आवाज़, शहतीरें टूटने और बहने की आवाज़, कुत्ते के भौंकने की आवाज़, कुछ क्षणों की भयानक खामोशी।

सलमा : *(भय के बाद कुछ आश्वस्त होकर)* आप लोग ताश नहीं खेल रहे ··· खेलिए।

झुनझुनवाला : नहीं ··· हम लोग ताश नहीं खेल रहे हैं।

एक क्षण की खामोशी।

पण्डित : *(सलमा-अयूब को देखकर)* आप लोगं बात नहीं कर रहे, कीजिए ···

अयूब : नहीं, हम लोग बात नहीं कर रहे।

पण्डित : तो ?

सलमा : कुछ न करने के लिए भी तो आदमी को जगह और वक्त चाहिए।

झुनझुनवाला : पर जगह बची कहां है ? एनेक्सी आधी डूब चुकी है ··· सब जगह पानी भर चुका है ···

सलमा : जगह न हो ··· पर वक्त तो है।

अयूब : कितना ?

पण्डित : देखता हूं *(झुनझुनवाला से)* आओ, देख आएं।

झुनझुनवाला : क्या ? *(चलते हुए)*

पण्डित : वक्त ! कितना वक्त है।

उसे पकड़कर खींच ले जाता है। तभी रीता और नीरा आती है। दोनों बहस करती चली आ रही हैं।

नीरा : मैं कहती हूं ··· धार में जो बहा जा रहा था वह पुतला था।

रीता : आदमी था।

नीरा : पुतला था। आदमी था, तो उसकी चमड़ी का रंग आदमियों जैसा क्यों नहीं था ?

रीता : आदमी था। पुतला था, तो उसके हाथ-पैर आदमियों जैसे क्यों थे ?

अयूब : आदमी और पुतला ! झगड़ा क्या है ? आदमी और पुतले में फर्क क्या होता है ?

रीता : आदमी और जानवर में क्या फर्क होता है ?

सलमा : आदमी के लिए जानवर और औरत में क्या फर्क होता है ?

अब्दुल्ला और नियामत भागते हुए आते हैं। दूसरी ओर से पण्डित और झुनझुनवाला आते हैं।

अब्दुल्ला : *(घबराया हुआ)* अब कोई रास्ता नहीं है। या खुदा !

पण्डित : क्या कहा···

नियामत : पानी चारों तरफ से घेरकर बढ़ रहा है····

झुनझुनवाला : इधर पीछे से कोई रास्ता···

नियामत : कहां का ?

पण्डित : जहन्नुम का। ये ज़िन्दगी से भागने और ज़िन्दगी में घुसने के लिए हमेशा पीछे का रास्ता ही खोजता रहा है···

झुनझुनवाला : बकवास मत करो···

अब्दुल्ला : *(टेलीफोन बार-बार मिलाता है और रख देता है)* हिश्··· *(फिर मिलाता है। सब चुप हो जाते हैं, फिर रख देता है)* या खुदा ! मैं क्या कर सकता हूं, जो होना होगा, होगा। *(फिर टेलीफोन का नम्बर मिलाकर हताश भाव से बोलता है)* या खुदा···

नियामत : खुदा को टेलीफोन कर रहा है।

अब्दुल्ला : या खुदा··· *(टेलीफोन का रिसीवर उसके हाथ में झूल जाता है)।*

पण्डित : खुदा से बात करनी है तो झुनझुनवाला को करने दे··· ये खुदा के यहां भी पीछे के दरवाज़े से घुसने की तैयारी बहुत दिनों से कर रहा है।

अब्दुल्ला : हिश्···

तभी एनेक्सी टूटने की भयानक आवाज··· और रोते हुए भागते कुत्ते की आवाज़। रोते भागते कुत्ते की आवाज़ तेजी से आती है और एकाएक खत्म हो जाती है। सब पीछे की ओर जाकर बढ़ते पानी को देखते हैं।

झुनझुनवाला : एनेक्सी टूट रही है।

अयूब : हां, लगता तो यही है।

सलमा : कुछ किया नहीं जा सकता, उसे बचाने को ?

झुनझुनवाला : एनेक्सी को ?

पण्डित : नहीं, कुत्ते को !

सलमा : जब ज़मीन ही नहीं बचेगी, तो कुत्ते का बचाव कैसे होगा !

नीरा : बेचारा कैसा छटपटा रहा है।

सलमा : कुछ देर में यही हश्र यहां होने वाला है।

झुनझुनवाला : यहां भी !

पण्डित : हां, यहां आठ-आठ कुत्ते इसी तरह छटपटाएंगे ...

झुनझुनवाला : यहां ... कुत्ते ...

रीता : हां, हम सब लोग। चल नीरा ... मरना है तो हम अपनी तरह मरेंगे ...

नीरा को लिए हुए टेबिल-टेनिस वाले कमरे में चली जाती है।

पण्डित : कुत्ते ... मैं, तू ... वह ...

अयूब की तरफ इशारा करता है।

अब्दुल्ला : *(जैसे अपने में डूबा हुआ है)* मैंने शफी साहब से छुट्टी मांगी थी ... नहीं दी ज़ालिम ने।

नियामत : अब फोन पर मांग ले, मिल जाएगी।

अब्दुल्ला : मैं एक बार ... सिर्फ एक बार अपने लड़के का मुंह तो देख लेता। फिर चाहे जो हो जाता ...

नियामत : यहां का हिसाब तब कौन देखता ! अब लड़के की बात मत सोच। रसद की फिक्र कर। यहां खुराक कितनी है ?

अयूब : हां, कुछ है यहां ? आखिर रात तो काटनी ही है ... सलमा चुपचाप किचिन की तरफ चली जाती है।

पण्डित : और मरना भी है तो खा-पीकर मरना है ... झुनझुनवाला तो भूखा मर भी नहीं पाएगा। है कुछ खाने-पीने का सामान ...

अब्दुल्ला : पीने का सामान बहुत है। पर खाने का ... दो वक्त का चावल, एक वक्त की गंदुम। गोश्त सारा सड़ गया है। मैंने शफी साहब से कहा था ...

अयूब बाहर की ओर देखने चला जाता है।

नियामत : दो वक्ता का चावल, एक वक्त की गंदुम ... पर जब तक शफी साहब का हुक्म न मिले ...

पण्डित : खैर, सब ठीक हो जाएगा ...

झुनझुनवाला : खाक ठीक हो जाएगा···

पण्डित : नम्बर ट्राई करो···

अब्दुल्ला : *(नम्बर ट्राई करके)* घंटी बज रही है।

सब लोगों में हलचल।

नीरा : घंटी बज रही है··· मुझे ममी से कहलाना है कि मैं यहां चली आई थी··· वे फिकर कर रही होंगी।

झुनझुनवाला : टूरिस्ट अफसर से कहो, बचाने का इन्तज़ाम जल्दी किया जाए···

नियामत : यह भी कह दीजिए कि दरवाज़े तो हमने सब बन्द कर लिए थे पर निकलने से पहले पुल टूट गया है··· अब हम क्या करें।

अब्दुल्ला : शफी साहब मिल जाएं तो कह दीजिए···

पण्डित : *(काटकर)* कोई उठा नहीं रहा।

झुनझुनवाला : फिर से डायल करो···

पण्डित : नहीं, घंटी बज रही है··· शायद कोई उठा ही ले। खामोश··· ठीक से सुनने दो···

अयूब : *(खामोशी देखकर)* ये काठ क्यों मार गया है सबको !

पण्डित : श् श्··· श् श्··· घंटी बज रही है।

अयूब हंसता है।

श् श् यह हंसने का वक्त नहीं है।

अयूब : हंसने का वक्त नहीं है ! बाहर देखा है क्या हो रहा है ?

झुनझुनवाला : लोग दूरबीन लिए इधर देख रहे हैं। हाथ हिला रहे हैं···

अब्दुल्ला : जैसे हम लम्बे सफर पर जा रहे हों।

झुनझुनवाला : कौन-कौन लोग हैं ?

अयूब : कौन-कौन है और कौन नहीं है, इसका कुछ पता चल सकता है, यहां से ?

पण्डित : श् श् श् श् !

झुनझुनवाला : उधर से उठाया किसीने ?

पण्डित : नहीं, अभी घंटी बज रही है···

नियामत : सिर्फ घंटी ही बजती रहेगी।

अयूब : हां, सुनने वाले इस वक्त दूरबीनों से देख रहे हैं··· हाथ हिला रहे हैं।

झुनझुनवाला : उन्हें रस्से फेंकने चाहिए।

अयूब : रस्सा पकड़कर दरिया कौन-कौन लांघेगा ?

पण्डित : श् श् श् श्...

झुनझुनवाला : रस्सा इतने लोगों का बोझ एकसाथ संभाल पाएगा ?

अयूब : हम कितने लोग हैं ?

अब्दुल्ला : एक दो तीन चार... पाँच...

नियामत : और बाकी लोग कहां हैं ? बेगम और वो लड़कियां...

झुनझुनवाला : उन्हें छोड़ो।

पण्डित : श् श्... श् श्... हलो। उधर से किसीने उठाया है रिसीवर ... हलो... *(सब टेलीफोन को घेर लेते हैं। सब टेलीफोन के रिसीवर में चीखते हैं—हलो... हलो... हलो।)*

पण्डित : *(रिसीवर लेकर)* हल्लो। हूं... टेलीफोन डेड हो गया है।

झुनझुनवाला : डेड ! *(हाथ में लेकर सुनता है और कमानी पर पटक देता है।)*

अब्दुल्ला : या खुदा ! अब क्या होगा !

नियामत : खुदा छुट्टी देगा। *(रिसीवर उठाकर अब्दुल्ला की ओर बढ़ाते हुए)* ले, खुदा को फोन कर !

पानी की तेज़ आवाज़, एनेक्सी के एक और हिस्से के टूटने की आवाज़, सब सहमे खड़े रह जाते हैं।

अब्दुल्ला : मौत बहुत नज़दीक है। अब... *(हिसाब की कापी खोजता है)* कापी कहां है ?

कापी उठाता है।

नियामत : हिसाब देकर मरेगा ?

अब्दुल्ला : *(घबराकर)* क्या पता पानी कहां तक आ गया है !

झुनझुनवाला : लगता है, यहां तक बढ़ आया है। *(इशारा करता है।)*

पण्डित : आओ, चलकर देख तो लें, हमें कितने पानी में मरना है। आओ...

झुनझुनवाला पीछे जाता है।

अयूब : देखें कहां तक आ गया है, आओ...

अब्दुल्ला और नियामत भी पीछे जाते हैं।

सलमा हाथ में खाने की खाली प्लेटें लिए आती है।

सलमा : अरे सब कहां हैं ? कोई प्लेटें तो लगा लो...

इधर-उधर देखकर चली जाती है, प्लेटें रख जाती है।

पण्डित और झुनझुनवाला लड़ते-झगड़ते आते हैं।

झुनझुनवाला : अब पानी का रुकना और इस इमारत का बचना मुश्किल है।

पण्डित : तो मैं क्या करूं ?

नियामत : *(एकदम आकर, बेहद घबराए स्वर में)* चलकर पत्थरों की बाड़ बनाइए ... पानी को रोकने की कोशिश कीजिए।

पण्डित : यह सब बेकार बात है। जो पानी नीचे से ज़मीन को काट रहा है, क्या पत्थरों के रोके से रुकेगा ?

झुनझुनवाला : तुम इसका हौसला पस्त क्यों कर रहे हो ? तुम्हें पत्थर नहीं रखने हैं तो तुम चले क्यों नहीं जाते ?

पण्डित : कहां ? जाने की जगह कहां है ?

अब्दुल्ला : *(आकर)* आइए, हाथ बटाइए। जल्दी आइए ...

पण्डित : ठीक है। चले चलते हैं। पर वो बेगम साहिबा, वे दोनों लड़कियां और अयूब साहब कहां हैं ?

नियामत : दोनों लड़कियां और बेगम खाना बना रही हैं।

पण्डित : ठीक। बहुत ठीक। पानी को रोकेंगे, नम्बर एक। नम्बर दो—खाना खाएंगे और नम्बर तीन—कुत्तों की तरह मर जाएंगे।

झुनझुनवाला : सवाल फलसफा बघारने का नहीं, सवाल ज़िन्दगी और मौत का है।

पण्डित : सवाल ज़िन्दगी और मौत का भी नहीं, मौत और उसकी टाइमिंग का है।

झुनझुनवाला : *(चीखकर)* ये मौत की बात बन्द करो, नहीं तो मैं तुम्हारी जान ले लूंगा।

पण्डित : *(हंसकर)* देख और सोच लो दोस्त, हम दोनों में से मौत के ज़्यादा नज़दीक कौन है।

झुनझुनवाला : *(पण्डित पर झपटकर गला पकड़ते हुए)* मैं अभी तुम्हें बताता हूं, ज़्यादा नज़दीक कौन है।

अब्दुल्ला : अरे रे रे ... आप लोग यह क्या कर रहे हैं ?

नीरा एक प्लेट में डबलरोटी के स्लाइस लेकर आती है, पण्डित और झुनझुनवाला को इस हाल में देखकर चीखती, भागती है।

नीरा : दीदी ··· दीदी ··· देखो ··· दीदी ···

पण्डित और झुनझुनवाला, गुस्से में हांफते हुए एक-दूसरे के सामने खड़े हैं, नियामत उन्हें अलग कर देता है।

नियामत : *(दोनों की बांहें पकड़कर)* आप आइए हमारे साथ ··· पानी अगर ऊपर तक आ गया तो कोई नहीं बचेगा ··· *(अब्दुल्ला से)* तू क्या सोच रहा है ? आ !

नियामत दोनों को साथ लिए चला जाता है। पीछे-पीछे अब्दुल्ला भी जाता है। तभी किचिन के पास वाले दरवाज़े से अयूब आता है। बार के पास आकर खाली शीशी मारकर बार का ताला तोड़ता है। उसमें से एक बोतल शराब निकालता है और सील तोड़कर घूंट भरता हुआ उसी ओर चला जाता है जिधर से आया था। उसके पास जाते ही नीरा कुछ खाने का सामान लेकर आती है, मेज़ पर लगाती है। सलमा भी आती है, वह कुछ और खाने का सामान लिए हुए है।

नीरा : दीदी तो यहां भी नहीं हैं, कहां चली गईं ?

सलमा : *(सामान रखते हुए)* उन लोगों का हाथ बंटा रही होगी ? *(इशारा उस तरफ है जहां अब्दुल्ला वगैरह पत्थर रखने गए हैं)* तुम खाने के लिए बुला लो सबको ··· मैं तब तक सालन ले आऊं ···

जाती है।

नीरा : बुलाने कौन जाएगा ··· हुं ···

किचिन में चली जाती है।

तभी लस्तपस्त भीगा हुआ झुनझुनवाला आता है। पीछे-पीछे पण्डित हांफता हुआ।

झुनझुनवाला : मेरी बांहें जवाब दे गई हैं ··· मुझसे पत्थर नहीं उठाए जा सकते।

पण्डित : मौत उठा पाओगे ?

झुनझुनवाला : मैं कहता हूं बकवास बन्द करो। मौत ··· मौत ···।

तभी अब्दुल्ला और नियामत भीगे हुए आते हैं।

अब्दुल्ला : आप लोग यहां आ गए ? इसका मतलब है बचाव का इंतज़ाम करना छोड़ दिया जाए !

झुनझुनवाला : कोई और रास्ता सोचो अब्दुल्ला।

अब्दुल्ला : कोई और रास्ता ··· और क्या रास्ता हो सकता है ?

पण्डित : एक रास्ता हवा में है··· *(झुनझुनवाला की ओर इशारा करके)* इसे मालूम है। इससे पूछो ··· ज़िन्दगी-भर गलत काम करके यह हवा में से रास्ता निकालकर आज तक बचता रहा है···

झुनझुनवाला : पण्डित !

झुनझुनवाला का चीखना सुनकर किचिन से आती सलमा और नीरा ठिठक जाती हैं। ठिठककर आगे बढ़ती हैं।

सलमा : *(सालन रखकर एक क्षण सबको देखती है)* आप लोग खाना खा लीजिए···

नियामत : *(अब्दुल्ला से)* चल, तब तक कोने पर दो-चार पत्थर और डाल दें···

अब्दुल्ला और नियामत चले जाते हैं।

नियामत : *(पण्डित और झुनझुनवाला से)* रीता दीदी कहां हैं ? आप लोगों के साथ नहीं थीं ?

पण्डित : अयूब साहब कहां हैं ? तुम लोगों के साथ नहीं थे···

सलमा : आप लोग खाना खाइए। जो कहीं हैं वे भी आ जाएंगे अभी। *(पण्डित की ओर तश्तरी बढ़ाती है)* लीजिए···

पण्डित : मुझे भूख नहीं है।

सलमा : सचमुच नहीं है !

पण्डित : *(प्लेट झपट लेता है)* है भूख ! है भूख ! भूख ही भूख है ! सिर्फ भूख···

प्लेट से बेतहाशा खाना शुरू करता है। तभी रीता किचिन के पास वाले दरवाज़े से हांफती, कुछ लड़खड़ाती और बेहाल-सी आती है। उसकी कमीज़ छाती पर फटी हुई है, बटन टूटा हुआ है। वह आकर एक कुर्सी पर बेहाल बैठ जाती है। कोई कुछ नहीं कहता, सिर्फ उसे सब लोग ताकते रह जाते हैं। सलमा चुपचाप एक क्षण उसे देखती है। फिर प्लेट में खाना डालकर देती है रीता पागलों की तरह खाने को, फिर सबको देखती है फिर प्लेट को देखती है।

पण्डित : *(उसकी तश्तरी की तरफ इशारा करके)* भूख !··· खाओ ··· खाओ ··· भूख ···

रीता : हां··· *(हंसती है, और हंसते-हंसते रो पड़ती है)* हां··· हां ··· हां ···

नीरा : *(अवाक्)* दीदी ··· रीता दीदी !

सलमा : *(रीता को संभालकर)* यहां आओ ··· मेरे साथ आओ ···

रीता को उठाकर किचिन में ले जाती है। नीरा पीछे-पीछे चली जाती है।

पण्डित : *(एकटक उन्हें जाता देखता रहता है। फिर झुनझुनवाला से)* देखा !

अयूब : *(शराब के नशे में धुत्त)* हां देखा ··· और देखूंगा ···

झुनझुनवाला : क्या ,

अयूब : औरतें।

झुनझुनवाला : कहां हैं ?

अयूब : उधर ···

बाहर की ओर इशारा करता है।

झुनझुनवाला : उधर कहां ?

अयूब : उदर··· मुझे एक औरत चाहिए। औरत··· जो मौत के खतरे के बावजूद मेरा··· साथ दे सके। समझे। नहीं समझे··· कोई बात नहीं···

कहता हुआ बाहर की ओर लुढ़कता चला जाता है। पण्डित हाथ पोंछता हुआ उठता है।

पण्डित : वो आदमी ठीक कहता है।

झुनझुनवाला : क्या ठीक कहता है ?

पण्डित : ऐसी औरत चाहिए जो मौत के खतरे के बावजूद साथ दे सके।

बार का टूटा हुआ ताला देखता है।

झुनझुनवाला : ऐसी औरत होती है···

पण्डित : होती है !

झुनझुनवाला : कहां देखी है ?

पण्डित : अपने घर में ! मेरी औरत···

झुनझुनवाला : क्या मतलब ?

पण्डित : मेरी औरत ! मेरी बीवी। जो मौत के खतरे के बावजूद तेरा साथ दे सकती है।

झुनझुनवाला : *(इधर-उधर देखकर)* क्या बक रहा है तू !

पण्डित : तुझे मेरी बीवी की नहीं, इस वक्त भी अपनी इज़्ज़त का ख्याल है...

झुनझुनवाला : यह इल्ज़ाम है !

पण्डित : तुझ पर नहीं... खुद अपने पर। ओह... यह ज़िंदगी... *(बार के पास आकर ब्रांडी निकालता है)* पियोगे। *(खुद एक घूंट पीता है)* यह इल्ज़ाम है खुद अपने पर...

पण्डित कहता हुआ बाहर चला जाता है। झुनझुनवाला अवाक् देखता रहता है। फिर पण्डित के पीछे चला जाता है। तभी अब्दुल्ला और नियामत आते हैं। हाथ झाड़ते, हांफते। अब्दुल्ला बार का ताला टूटा हुआ देखता है।

अब्दुल्ला : या खुदा... ये ताला... और बोतलें...

नियामत : बोतलें। एक बोतल तो पण्डित के हाथ में थी।

अब्दुल्ला : तो ताला उसीने तोड़ा होगा...

नियामत : मैं उधर गया था, एक बोतल अयूब साहब के हाथ में थी।

अब्दुल्ला : तो उन्होंने तोड़ा होगा।

नियामत : और गुड्डो भी मुझे लगता है कि...

अब्दुल्ला : कोई भी पिये मेरी बला से, पर हिसाब के ये पैसे कहां से आएंगे ?

नियामत : पैसे वसूल करना तेरा काम नहीं, तेरा काम है कापी में हिसाब लिखना।

अब्दुल्ला कापी निकाल लेता है।

लिख, दो बोतल !

अब्दुल्ला : सब एक ही के नाम ?

नियामत : एक ही के नाम।

अब्दुल्ला : किसके नाम ?

नियामत : खुदाई कहर के नाम !

अब्दुल्ला : खुदाई... नहीं, नहीं... इस कहर से कौन पैसे वसूल कर सकता है ?

नियामत : बार का मालिक, तेरा शफी साहब। जो हरेक से पैसे वसूल कर सकता है।

अब्दुल्ला : तुझे हंसी सूझ रही है ?

नियामत : मैं हंसी नहीं कर रहा। बल्कि दो की जगह तीन बोतल लिख...

अब्दुल्ला : तो एक बोतल और भी...

नियामत : एक बोतल खुद खोल ले। आधी तेरे लिए; आधी मेरे लिए।

अब्दुल्ला : हंसी छोड़... *(कुछ सामने देखते हुए)* इस वक्त मैं एक चेहरे को अपनी आंखों से ओझल कर लेना चाहता हूं।

नियामत : कौन से चेहरे को ?

अब्दुल्ला : वो जो मुझे सामने नज़र आ रहा है।

नियामत : मेरे चेहरे को ?

अब्दुल्ला : नहीं, एक बूढ़े चेहरे को... जो उस पार की भीड़ में कहीं खोया हुआ है।

नियामत : यहां से तो कोई चेहरा नज़र नहीं आता...

मुड़कर बाहर की ओर देखता है।

अब्दुल्ला : सिर्फ वह चेहरा नज़र आता है। वो मेरी मां के बूढ़े चेहरे जैसा है।

नियामत : असल में वह चेहरा मौत का चेहरा है।

अब्दुल्ला : *(गुस्से से)* तू चला जा यहां से... मैं इस वक्त मौत का ज़िक्र नहीं सुनना चाहता... एक बार अपने लड़के का चेहरा देखे बगैर मैं हरगिज़ नहीं मर सकता, हरगिज़ नहीं...

नियामत : बाहर निकलकर उस पार की भीड़ पर नज़र डाल। वह चेहरा भी तुझे उस भीड़ में ही कहीं नज़र आ जाएगा... आ, मैं दिखाऊं तुझे।

कहते-कहते नियामत बाहर निकल जाता है।

अब्दुल्ला : ओ खुदा... तेरा कोई नज़र आने वाला चेहरा क्यों नहीं है ? *(वह भी नियामत के पीछे-पीछे चला जाता है)* ओह खुदा...

रीता थकी और बदहवास-सी आती है। पीछे-पीछे नीरा है। नेपथ्य में अब्दुल्ला की अज़ान की आवाज़ सुनाई दे रही है। रीता और नीरा करीब-करीब झगड़ती हुई आ रही हैं।

नीरा : तुम कुछ बात क्यों नहीं करतीं दीदी ? तुम्हें हुआ क्या है ?

अज़ान की आवाज़ आती है।

रीता : हट जा... तू भी चली जा यहां से... मुझे अकेला रहने दे...

नीरा : कहां चली जाऊं, किसके पास...

सुबकती-सी है।

रीता : कहीं भी, किसी के पास... *(नीरा चलने लगती है)* अच्छा मत जा, यहीं बैठ, मेरे पास... *(नीरा बैठ जाती है)* मैं तुझे यहां जानवरों के बीच अकेला नहीं छोड़ सकती...

नीरा : यहां जानवर भी हैं ?

रीता : हां, ये सब जानवर ही हैं।

नीरा : सब जानवर...

रीता : हां, एक को मैंने जान से मार दिया होता, क्योंकि उसने... क्योंकि उसने कोशिश की थी... मुझे...

नीरा : नहीं-नहीं, तुम किसी को जान से नहीं मार सकतीं... तुम तो...

रीता : नहीं मार सकी मैं उसे क्योंकि... क्योंकि मेरे हाथ दहशत से कमज़ोर पड़ गए थे...

नीरा : दहशत से...

रीता : ओह ! दहशत मुझे उससे नहीं थी। एक और जानवर से थी जो मेरे अपने अन्दर से... ओह !

नीरा : तुम क्या कह रही हो दीदी...

रीता : *(अपने में डूबी हुई)* मैं उसे अपने से परे हटा रही थी और वह जानवर उसे अपने पास बुलाना चाह रहा था। वह चाह रहा था कि मरने से पहले एक बार... चाहे... कुछ भी हो... सिर्फ एक बार...

नीरा : तुम किन जानवरों की बात कर रही हो दीदी ?

रीता : अच्छा है, उन जानवरों की बात तू अभी नहीं जानती। शायद तू अब कभी जान भी नहीं पाएगी, क्योंकि थोड़ी देर में अब...

नीरा : थोड़ी देर में अब... थोड़ी देर में क्या होने वाला है ?

रीता : तू इतना भी नहीं सोच सकती कि क्या होने वाला है ? अच्छा ही है, अगर सोच न सके... तेरा यह भोलापन ही सबसे बड़ी ताकत है तेरी...

नीरा : मेरी समझ में कुछ नहीं आता दीदी... चलो, चलकर म्यूज़िक सुनेंगे... रिकार्ड लगाएंगे अपनी पसंद के...

अज़ान की आवाज़ फिर आती है।

यह अब्दुल्ला चुप क्यों नहीं करता ? चीखता ही चला जा रहा है।

रीता : वो अपनी इस आवाज़ के सैलाब में अपने अन्दर की किसी चीज को डुबो लेना चाहता है, शायद···

नीरा : मुझे यह आवाज़ बहुत डरावनी लग रही है··· चलो दीदी, लाउंज में चलें··· रिकार्ड सुनेंगे···

तभी अयूब और सलमा आते हैं। अयूब पी रहा है बोतल से ही। सलमा उसे पकड़ने की कोशिश करती पीछे आती है।

अयूब : कहां है··· कहां है वह छोटी लड़की !

सलमा : *(उसे पकड़ लेती है)* होश में आओ··· मैं कहती हूं होश में आओ···

रीता और नीरा भय से एक ओर दुबक जाती हैं।

अयूब : मैं होश में हूं सलमा··· बिलकुल होश में··· दरिया में बह जाने से पहले एक बार··· पानी यहां तक *(गले तक)* बढ़ आने से पहले एक बार मैं उसके भोलेपन के साथ··· उसकी इन्नोसेंस के साथ···

सलमा : तुम उसकी तरफ देख भी नहीं सकते।

अयूब : क्यों ?

रीता : *(एकदम आगे आकर)* इसलिए कि वह अकेली नहीं है।

सलमा : और तुम जो चाहते हो, वह नहीं कर सकते !

अयूब : *(सलमा से)* अब सुनाई दी तुम्हें अपने अन्दर से कुछ आवाज़··· अपने कब्रिस्तान में कोई मुरदा तुम्हें अचानक जागता लगा ?

सलमा : मैं सोचती भी नहीं थी कि तुम इतने नाकारा हो सकते हो··· अगर तुमने कुछ भी कोशिश की तो··· मैं उसे··· हम दोनों *(रीता को आगे खींच लेती है)* उसे बचाने के लिए···

अयूब : मैं उसे··· हम दोनों उसे··· आज पहली बार तुम्हारे मुंह से सुना है कि तुम किसी के साथ··· किसी के साथ एक होकर अपने बारे में सोच सकती हो।

सलमा : मुझे तुम्हारी दलीलबाज़ी से नफरत है !

रीता : मुझे तुम्हारे इन इरादों से नफरत है···

अयूब : नफरत, तुम्हें··· तुम्हारा मेरा कोई रिश्ता नहीं··· सिवा उन अधूरे लमहों के··· और नफरत का सवाल बिना रिश्तों के

नहीं उठता ··· और रिश्ते कायम होते देर लगती है। *(रीता की बांह पकड़ता है)* पर अब इस मौत के साये में कुछ रिश्ते तय होकर रहेंगे ···

रीता को अपनी तरफ खींचता है।

नीरा देखती हुई लाउंज में भाग जाती है।

रीता : मुझे छोड़ दे, नहीं तो ··· मैं कहती हूं ···

उससे छूटने की कोशिश करती है।

सलमा : *(एकदम उसपर झपटकर)* बदज़ात ! नाकारा ··· इसे छोड़ दे, नहीं तो खून हो जाएगा !

अयूब से रीता छूट जाती है, तीनों हांफते खड़े रहते हैं ··· आग बरसाती आंखों से सलमा और रीता उसे देखती रहती हैं।

रीता : मुश्किल सिर्फ यह है कि यहां से कहीं जाया नहीं जा सकता ···

सलमा : तुम उधर जाओ ··· जाओ *(रीता से कहती है)*।

रीता भी लाउंज में चली जाती है।

अयूब : *(लाउंज की तरफ देखकर)* वह छोटी लड़की कहां है ?

उस तरफ एक कदम बढ़ाता है तो सलमा उसे पकड़ लेती है।

सलमा : न ··· हीं ··· तुम कहीं नहीं जा सकते ···

अयूब : क्यों ? मैं तुम्हें मौका देना चाहता हूं कि तुम मुझसे और नफरत कर सको ···

जाना चाहता है।

सलमा : *(सामने आकर)* तुम उस लड़की के पास हरगिज़-हरगिज़ नहीं जा सकते।

अयूब : लेकिन क्यों ?

सलमा : क्योंकि वह ··· क्योंकि मैं ···

अयूब : ओह ! तुम अपनी वजह से कह रही हो ··· तो मतलब है कि तुम अब भी कहीं अन्दर से मुझे ··· यह अन्दर की आवाज़ क्या है ?

सलमा : अन्दर बिल्कुल खामोशी है।

अयूब : है नहीं, थी ! अभी कुछ पल पहले तक। अब वह खामोशी नहीं है ··· वहां अब कुछ और है ···

सलमा : क्या है ?

अयूब : एक खौफनाक आवाज़। एक साथ हंसने और रोने की··· चीखने और गुस्सा होने की।

सलमा : हंसना और रोना ! कैसा हंसना और कैसा रोना··· चीखना और गुस्सा होना···

अयूब : मैं तुम्हें तुम्हारे अन्दर की इन्हीं आवाज़ों का एहसास कराना चाहता हूं··· कि फलां वक्त तुम्हारे अन्दर हंसी उबल रही थी··· फलां वक्त तुम अन्दर से चीख रही थीं। फलां वक्त तुम्हारे अन्दर कुछ बेतरह टूट रहा था।

सलमा : तुम खामखाह यह सब सोच-सोचकर अपना जी खुश रखना चाहते हो।

अयूब : नहीं सलमा··· तुम एक कब्रिस्तान हो, जिसमें यह-यह-यह-यह सब दफन है।

सलमा : तुम··· लेकिन तुमने उस लड़की को···

अयूब : ओह ! वह बड़ी लड़की रीता ! वह भी तुम्हारी ही तरह एक कब्रिस्तान बन रही है··· क्योंकि उसका भोलापन, उसकी इन्नोसेंस भी मर चुकी है··· जिसके बाद आदमी-औरत के भीतर सब कुछ दफन होता जाता है··· कुछ भी भीतर से नहीं फूटता।

सलमा : फूटता है··· गुस्सा और···

अयूब : और ?

सलमा : नफरत···

अयूब : पर तुम्हारे अन्दर की आवाज़ नफरत की नहीं है···

सलमा : है !

अयूब : नहीं··· यह नफरत की नहीं ऊब की आवाज़ है।

सलमा : जिसने मुझे खुदकशी के कगार तक पहुंचा दिया था !

अयूब : वह कगार अब भी मौजूद है। मुझे जहां जाना है, मैं चला जाता हूं। तुम्हें जहां जाना हो, तुम जा सकती हो।

सलमा : तुम इस वक्त मेरे पास से नहीं जा सकते।

अयूब : पर तुम तो मुझसे ऊब चुकी हो···

सलमा : हां, ऊब तो चुकी हूं !

अयूब : तो ?

सलमा : पर खुदकुशी और अनचाही मौत में बहुत फर्क है !

अयूब : तो तुम चाहती हो कि मैं...

सलमा : कि इस अनचाही मौत के वक्त तुम मेरे पास रहो।

अयूब : लेकिन क्यों ?

सलमा : क्योंकि मैं चाहती हूं। मैं तुमसे सिर्फ इतना ही चाहती हूं... सिर्फ इतना ही...

कोमल हो उठती है।

अयूब : सुनो, तुम सिर्फ चाहती हो, या मुझे भी चाह सकती हो... शायद वह रिश्ता हमारे बीच कब का टूट गया है !

सलमा : मैं नहीं जानती... मैं चाहती हूं कि तुम एक बार मुझे...

अयूब : नहीं... नहीं... नहीं... क्योंकि तुम्हारी इन्नोसेंस मर चुकी है... तुम्हारा भोलापन कहीं खो गया है। उसके बाद भीतर सब कुछ सिर्फ दफन हो सकता है... और मैं सिर्फ दफन नहीं होना चाहता... मैं तुम्हारे भीतर भी जीना चाहता हूं...

लाउंज से रिकार्ड की धीमी-धीमी आवाज़ आती है।

सलमा : तो तुम समझते हो कि तुम... कि तुम मुझे ज़लील करके...

अयूब : यही-यही... बिलकुल यही कि मैं तुम्हें ज़लील करके... या तुम मुझे दफन करके ज़िंदा तो हम दोनों रह सकते हैं, जी नहीं सकते।

सलमा : तो तुम मुझे ज़लील करोगे... करते जाओगे ?

अयूब : और तुम मुझे दफन करोगी और करती जाओगी ?

सलमा : मैं तुमसे नफरत करूंगी और करती जाऊंगी !

अयूब : तो मैं भी तुम्हें ज़लील करूंगा और करता जाऊंगा !

सलमा : *(चीखकर)* चले जाओ यहां से... हट जाओ मेरे पास से... मैं तुमसे नफरत करती हूं... नफरत... नफरत !

अयूब : सचमुच ! *(वह चला जाता है)*

रिकार्ड की आवाज़ तेज़ हो जाती है। रिकार्ड के गीत का कथ्य ज़िंदगी की हलचल का है।... उसमें शब्द न भी हों, उसकी लय से यह ध्वनित हो सकता है। जाज़ म्यूज़िक का तेज़ लय का कोई रिकार्ड हो सकता है। सलमा अपना मुंह ढांपे एक कोने में पड़ी रहती है। अयूब चला गया है।

तभी पण्डित और झुनझुनवाला भीतर आते हैं।

झुनझुनवाला अपना पोर्टफोलियो लिए हुए है।

पण्डित : *(कुछ नशे में)* बहुत अच्छे ! यहां तो फेस्टिवल चल रहा है। *(संगीत की आवाज़ सुनकर)*

रीता और नीरा की हंसी की आवाज़ और यह आभास कि वे म्यूज़िक की लय पर नाच रही हैं।

बहुत अच्छे !

झुनझुनवाला : पानी पहले से और ज़्यादा नज़दीक आ गया है।

पण्डित : हां, बढ़ता हुआ पानी ... हंसी, नाच, संगीत। यह फेस्टिवल तो है ही। मौत का समारोह !

झुनझुनवाला : लगता है सब लोग डर और दहशत से पागल हो गए हैं।

पण्डित : पागल ! अरे झुनझुन ...

झुनझुनवाला : झुनझुनवाला कहो।

पण्डित : हूं, अरे वाला, अब दोनों को मिला लो, जो तू अपने को पुकारता है वह हो जाएगा ... हां, पागलपन अपने-आप और अपने-आपके बीच की एक दीवार फलांग जाने का नाम है। झुनझुन और वाला के बीच की दीवार फलांग जाने का। समझा !

सिगरेट निकालता है।

झुनझुनवाला : तुम्हारे सिगरेट तो खत्म हो गए थे !

पण्डित : हां, मगर अब बहुत हैं।

झुनझुनवाला : कहां से आए ?

पण्डित : अन्दर स्टोर की पेटी से ...

झुनझुनवाला : बिना पूछे ले आए ?

पण्डित : आज यहां किसी भी चीज़ की किसीकी भी मिल्कियत नहीं है। किसी भी चीज़ की कोई कीमत नहीं है ...

झुनझुनवाला : एक सिगरेट मुझे दो।

पण्डित : तुम पिओगे ?

सिगरेट देता है।

झुनझुनवाला : मैं कुछ सोचना चाहता हूं।

सिगरेट सुलगाता है।

पण्डित : सोचने की ताकत रह गई है तुममें ?

झुनझुनवाला : दिमाग की सब दरारें बन्द हो गई लगती हैं। किसी तरह उन्हें

खोलना चाहता हूं।

पण्डित : पानी भर गया है ? सोचने से क्या होगा ?

झुनझुनवाला : सोचने से क्या होगा ? मैंने सोच भी लिया है...

पण्डित : क्या ?

झुनझुनवाला : कि आदमी आज भी अपने से बाहर की ताकतों से लड़ क्यों नहीं पाता ?

पण्डित : तुम लड़ने की बात करते हो। औरों की लड़ने की ताकत सोखकर आज तुम लड़ने की बात करते हो...

झुनझुनवाला : मैं सोचता था, कोई भी स्थिति ऐसी नहीं होती, जिसमें कुछ न हो सकता हो !

पण्डित : कुछ न कुछ होता हर स्थिति में है... यह और बात है कि वह वह न हो, जो तुम चाहते हो।

झुनझुनवाला : एक बाढ़... एक भूचाल और आदमी का किया-धरा सब बेकार हो जाता है।

पण्डित : इतिहास यही है। पर झुनझुन... अब इतिहास का भी बंटवारा होगा... तुम्हारा इतिहास... और तुम्हारे विरुद्ध एक इतिहास।

झुनझुनवाला : इतिहास एक रद्दी की टोकरी है जो जब कागज़ की गेदों से भर जाती है तो खाली कर दी जाती है...

पण्डित : फिर भी इतिहास से ही एक समाप्ति और दूसरी शुरुआत का एहसास होता है।

झुनझुनवाला : यह भी कोई शुरुआत है क्या ?

पण्डित : किसी न किसी रूप में तो है ही... तुम्हारे लिए न सही।

झुनझुनवाला : मेरे पास इतना कुछ है... मेरी इतनी-इतनी योजनाएं हैं, इतनी शुरुआतों की रूपरेखा मेरे दिमाग में है...

पण्डित : हैं नहीं, थीं।

झुनझुनवाला : थीं नहीं, हैं। जिस क्षण तक आदमी ज़िन्दा है...

पण्डित : यही तो त्रासदी है कि जब तक आदमी ज़िंदा रहता है, तब तक समझता है कि है, और जब वह 'था' हो चुकता है, तब वह ज़िंदा नहीं होता। वह अपने से पीछे के इतिहास को ही देख पाता है, अपने को इतिहास होते नहीं देख पाता। अपने गुज़र जाने का साक्षी नहीं होता।

झुनझुनवाला : *(बिगड़कर)* तुम अन्दर से पस्त हो चुके हो, मैं अब भी पस्त नहीं हूं।

पण्डित : तुम पस्त नहीं हो, ऐसा नहीं है... तुम अपनी पस्ती को स्वीकार करते डरते हो...

झुनझुनवाला : तुम बहुत पी गए हो !... चुप करो। मुझे सोचने दो... कोई न कोई रास्ता ज़रूर होना चाहिए जिससे...

पण्डित : जिससे इतिहास से बचा जा सके... एक रास्ता है...

झुनझुनवाला : कौन-सा... किधर...

पण्डित : सीधे समंदर की तरफ।

झुनझुनवाला : तुम होश में नहीं हो।

पण्डित : *(ताश की गड्डी निकालकर)* आओ, दो हाथ हो जाएं, अभी पता लग जाएगा कि कौन होश में नहीं है...

ताश फेंटता है।

झुनझुनवाला : ताश छोड़ो... मुझे कुछ ज़रूरी काम करने हैं... *(पोर्टफोलियो खोलकर चैकबुक निकालता है)* मैं सब कर्ज़े अदा करके मरना चाहता हूं।

पण्डित : अदा करके या वसूल करके ?

झुनझुनवाला : वसूल भी करना है। रमी के दो सौ सत्तानवे रुपये बीस पैसे तुम्हारे ऊपर हैं... याद है ?

पण्डित : याद है। लेकिन मैंने यह कब कहा कि मैं कर्ज़ा अदा करके मरना चाहता हूं।

झुनझुनवाला : खैर... *(एक चैक लिखकर)* ये दो लाख पांच हज़ार का चैक लालचंद बालचंद को दे देना... उनका कमीशन देना था। ये एक लाख सत्ताईस हज़ार पांच सौ ठेकेदार गुरनानी को... *(तीसरा लिखता है)* और तीन लाख चालीस हज़ार लोहे वाले टेकचंद को। ये पैंतीस हज़ार इंजीनियर चटर्जी का कमीशन...

पण्डित : लेकिन चटर्जी तो चैक लेगा नहीं। कैश लेगा...

झुनझुनवाला : *(सारे चैक फाड़कर पण्डित को देते हुए)* इस वक्त और कुछ नहीं किया जा सकता... कैश कहां है ?

पण्डित : लेकिन क्या तुम वह सब कर्ज़े भी उतार सकते हो जो तुम्हारे खून को अदा करने हैं ?

झुनझुनवाला : हवाई बातें बाद में करना...

पण्डित : और ये चैक मुझे दे रहे हो जैसे यह सब हवाई नहीं है... कि मैं इस तैरती मौत से बचकर जाने वाला हूं !

झुनझुनवाला : *(जैसे समझकर)* हैं !

तभी अब्दुल्ला बदहवास चीखता आता है। पीछे-पीछे नियामत भी है, पर काफी पीछे।

अब्दुल्ला : वह अन्दर आ गया है ··· अन्दर आ गया है।

झुनझुनवाला : क्या ?

पण्डित : अब्दुल्ला !

नियामत एक क्लाक पकड़े घबराया भीतर आता है।

नियामत : *(चीखता हुआ)* पानी अन्दर आ गया है ··· पानी अन्दर आ गया है ··· *(क्लाक दबाए हुए)* जो-जो चीज़ें बचानी हों, बचा लीजिए। अरे सब कहां हैं ?

नियामत इधर-उधर देखता है। फिर आवाज़ लगाता है।

अयूब साहब ! सैलाब भीतर आ गया है ! गुड्डो ···· नीरा ··· बेगम साहिबा ···

सब भौंचक्के रह गए हैं। सलमा आंखें खोलती है।

झुनझुनवाला : मुझे सिर्फ यह पोर्टफोलियो बचाना है ··· इसमें वह सब है जो और के हाथ पड़ गया, तो मैं कुत्ते की मौत मारा जाऊंगा ···

पण्डित : *(अपने ताश की गड्डी दिखाकर)* मुझे सिर्फ ताश।

नियामत : *(अपनी क्लाक दिखाकर)* मुझे यह घड़ी ··· इसकी सुइयों के मुताबिक मुझे क्लब खोलना-बन्द करना पड़ता है।

अब्दुल्ला : *(हिसाब की कापी उठाकर)* मुझे यह हिसाब की कापी ··· नहीं तो शफी साहब कभी माफ नहीं करेंगे ···

रीता भागी हुई आती है।

रीता : *(तमाम रिकार्ड लिए हुए)* मुझे यह संगीत !

सलमा चुपचाप आगे आ गई है और वह खामोश खड़ी है।

नियामत : आपको बेगम ? आपकी कोई चीज़ अन्दर हो तो ···

सलमा : मेरा ? अंदर ! कुछ भी तो नहीं है।

अब्दुल्ला : आपके वो ?

सलमा : मेरे वो ? मेरे वो कौन ?

रीता : वही अयूब। मैं लाउंज में खड़ी आईने में अपने को देख रही

थी तो वह पीछे आकर खड़ा हो गया और बोला—किसे देख रही हो इसमें !

पण्डित : मैं जब बाहर था तो अयूब मेरे पास आया था ··· मुझसे बोला—ताश के खेल देखोगे ? पर मैंने गड्डी उसे नहीं दी।

झुनझुनवाला : मेरे पास भी आया था ··· पूछ रहा था, यहां कहीं रस्सा नहीं मिल सकता ? शायद दरिया पार करने की कोई तरकीब सूझी थी उसे ···

नियामत : लाउंज के बाहर अयूब साहब मुझसे कागज़ और कलम मांग रहे थे।

अब्दुल्ला : और मुझसे शराब की एक और बोतल।

सलमा : उन्हें सबसे कुछ न कुछ चाहिए। किसी से कुछ लेना है, किसी को कुछ देना। सिर्फ मुझसे ही उन्हें कुछ नहीं चाहिए।

नियामत : लेकिन वो हैं कहाँ ?

सलमा : वो किसी की तलाश में हैं।

झुनझुनवाला : किसी की तलाश में ?

सलमा : एक लड़की की तलाश में।

नियामत : कौन लड़की, यहां नहीं है ? नीरा ···

तभी अयूब आता है। शराब की बोतल लिए हुए।

अयूब : अरे यह क्या ? *(सबको देखकर)*

सलमा : नीरा कहां है ?

अयूब : मुझे क्या मालूम ?

पण्डित : *(उसे कालर से पकड़ता है)* नहीं बताओगे ?

सलमा : अगर तुमने उसे खराब करके पानी के हवाले कर दिया है तो बता क्यों नहीं देते ?

अयूब : *(पण्डित का हाथ कालर से आसानी से हटा देता है)* तुममें से कोई नहीं बता सकता, इसका नतीजा यह तो नहीं निकाला जा सकता कि मैं बता सकता हूं। *(शराब का घूंट लेने की कोशिश करता है)*

पण्डित : *(झटके से अयूब की बोतल दूर गिरा देता है)* बताता है कि नहीं ? *(उसकी गर्दन थामता है)*

सलमा : *(जैसे कुछ आहट लेकर)* छोड़ दो इसे।

पण्डित : यह बताता क्यों नहीं ?

सलमा : मैं बताती हूं।

झुनझुनवाला : तुम्हें पता है ?

सलभा : सब लोग खामोश हो जाओ ··· एक पल के लिए ···

सब लोग खामोश होकर सुनते हैं : नीरा के सुबकने की आवाज़ आती है। वह आवाज़ पास आती जाती है। फिर नीरा अन्दर आती है। रोती, सुबकती।

रीता : नीरा ··· नीरा ··· क्या हुआ है तुझे ?

नीरा : *(एक क्षण रीता को देखकर उससे लिपट जाती है, रोती हुई)* मुझे बहुत डर लग रहा है दीदी ···

रीता : किस चीज़ से ···

नीरा : हर चीज़ से। अंधेरे से, तुम सबसे ··· मुझे तुमसे भी आज डर लग रहा है, दीदी। तुमसे भी। *(कहते हुए वह अयूब की ओर फटी-फटी आंखों से देखती है और एकदम चीख पड़ती है)* इस ··· इस दरिंदे से, दीदी ··· *(और रो पड़ती है)*

तभी कुछ और गिरने की आवाज; पानी का बेतहाशा शोर। सब लोग अवाक्, हताश, सहमे-डरे खड़े रह जाते हैं। फिर ऐसा अभिनय कि जैसे पानी का रेला वहां भी आ गया हो, जहां सब लोग खड़े हैं। सब पानी से बचने की कोशिश करते हैं।

झुनझुनवाला :
नियामत :
रीता :
पण्डित : पानी ··· पानी आ गया ··· ओह ··· अब क्या होगा !

अब्दुल्ला : या खुदा ··· या खुदा ··· या खुदा !

नियामत : खुदा को पीछे छोड़कर आगे चलो अब ···

अब्दुल्ला : खुदा को पीछे छोड़कर तो आगे दोजख़ ही दोज़ख़ है।

अयूब : हम इस वक्त जहां हैं, वह दोज़ख़ ही है।

पण्डित : सबने इतनी चीज़ें जमा की थीं, एक लालटेन भी रख ली होती तो कितने काम आती !

झुनझुनवाला : यह पता नहीं था कि बिजली भी दगा दे जाएगी।

पण्डित : यह कहो कि यह पता नहीं था कि रोशनी तुम्हें भी दगा दे जाएगी ···

झुनझुनवाला : क्या ?

पण्डित : हां।

अयूब : इस वक्त उस बिजली की फिक्र करो जो अपने भीतर गुल होने को है...

अब्दुल्ला : आदमी की बनाई सभ्यता ऐन वक्त पर दगा दे जाती है...

पण्डित : आदमी की सभ्यता। अपनी सभ्यता कहो... जो यहां-वहां कुछेक जगहों पर ही रोशनी दे रही है और किसी भी वक्त दगा दे सकती है।

नियामत : अब यहां से निकलने की तरकीब कीजिए... नहीं तो यहीं घिर जाएंगे और यह इमारत हमें दफन कर देगी...

अब्दुल्ला : या खुदा !

पण्डित : सब लोग एक-दूसरे की बांहें थाम लें और बाहर निकलने की कोशिश करें...

सब एक-दूसरे की बांहों में बाहें डाल लेते हैं। अंत में अयूब और सलमा की कड़ी टूटी रह जाती है। पर सलमा संभलती हुई चल रही है। नीरा थकी है। अंधेरे में पानी के बीच से रास्ता टटोलता ग्रुप।

नियामत : होश। साहबा... *(जैसे गहरे पानी में चला गया हो)*।

पण्डित : संभाल के...

झुनझुनवाला : बहुत अंधेरा है। कुछ दिखाई नहीं देता...

अब्दुल्ला : या खुदा ! शफी साहब ने छुट्टी नहीं दी...

रीता : *(नीरा से)* तू ठीक से चल क्यों नहीं रही ?

नियामत : होश... होश...

सलमा : *(अयूब से)* हम लोग इस वक्त कहां जा रहे हैं ?

अयूब : किसे पता है ! सिर्फ इतना पता है कि जा रहे हैं।

पण्डित : झुनझुन... वो चैक कहां हैं ?

झुनझुनवाला : अरे मरा... बचाओ ! *(एकदम जैसे गहरे में चला गया हो)*

रीता : *(नीरा से)* तेरी वजह से और लोग भी ठीक से नहीं चल पा रहे हैं। कायदे से चल।

नीरा : मुझसे नहीं चला जाता। तुम लोग मुझे छोड़कर आगे जा सकते हो।

रुकती है।

रीता : रुक नहीं, चलती चल।

नीरा : नहीं।

रीता : क्यों ?

नीरा : पानी से चलकर पानी में आगे जाने की क्या तुक है ?

रीता : सब लोग सूखी ज़मीन तलाश कर रहे हैं।

नीरा : मुझे उन सबसे क्या लेना-देना ! मुझे नींद लग रही है···

रीता : सोओगी कहां ?

नीरा : पता नहीं, जहां भी हो।

नीरा : तुझे पता है, बगैर सूखी ज़मीन के सोया नहीं जा सकता !

नीरा : मैं तुम्हारे कंधे पर सिर रखकर सो लूंगी।

झुनझुनवाला : ओ साली··· मछली ने काट लिया !

पण्डित : अभी क्या हुआ है, अभी तो तुझे नन्हे-नन्हे कीड़े-मकोड़े तक काटेंगे···

अब्दुल्ला : वो देखो··· सामने पत्थर है···

झुनझुनवाला : हम लोग कुछ देर पत्थर पर बैठ सकते हैं।

पण्डित : यह पत्थर कितनी देर टिकेंगे···

नियामत : होश··· होश साहबा।

झुनझुनवाला : लगता है मेरे पैर से लहू बह रहा है···

अब्दुल्ला : या खुदा··· शफी साहब से पूछना परवरदिगार कि मुझे छुट्टी क्यों नहीं दी ! मैं लड़के का मुंह तक नहीं देख पाया।

तभी सलमा बैठ जाती है। जैसे पत्थर मिल गया हो और पैरों तले पानी बह रहा हो। रीता भी नीरा का सिर कंधे से लगाए बैठ जाती है–दूर, दूसरे पत्थर पर। बाकी लोग आगे बढ़ गए हैं। अयूब उसे बैठा देखकर आता है।

अयूब : तुम रुक क्यों गईं ?

सलमा : क्योंकि मुझे अंत नज़र आ रहा है।

अयूब : वह नज़र सबको आ रहा है, मगर अभी आया नहीं है। चलो···

सलमा : नहीं !

अयूब : तो तुम्हें ज़बरदस्ती घसीटकर ले चलना पड़ेगा।

सलमा : ज़बरदस्ती ! आज भी !

अयूब : तुम्हें आत्महत्या नहीं करने दी जाएगी।

सलमा : मैं आत्महत्या तो कब की कर चुकी हूं। आज तो सिर्फ।...

अयूब : दूसरों की हत्या करने जा रही हो ?

सलमा : मैं किसी दूसरे के लिए जिम्मेदार नहीं हूं।

अयूब : *(अब्दुल्ला से)* इसे उठाकर ले चल सकते हो...

सलमा : मैं नींद में या बेहोश नहीं हूं।

अब्दुल्ला : लेकिन मैं तो खुद ही यहां बैठ जाना चाहता हूं।

रीता : *(वहीं से बैठे-बैठे)* अब्दुल्ला !... मैं भी यहीं रुक रही हूं...।

अयूब : *(अब्दुल्ला से)* तुम नहीं बैठ सकते... शफी साहब को क्या जवाब दोगे ?

बाकी लोग चलते जा रहे हैं। रीता कुछ दूर पर नीरा को लिए बैठी है। अब्दुल्ला भी चल पड़ा है। सलमा रुकी हुई है। अयूब उसके पास खड़ा है।

अयूब : *(सलमा से)* तुम चलोगी नहीं ?

सलमा : नहीं।

अयूब : तुम जानती हो मैं तुम्हारा हठ छुड़ा भी सकता हूं।

सलमा : छुड़ा सकते हो ?

अयूब : हां।

सलमा : अपने हठ से...

अयूब : नहीं।

सलमा : तो...

अयूब : *(अनुरोध से उसका हाथ हाथ में लेकर)* चलो... मैं कह रहा हूं।

सलमा : *(आधी पिघलकर)* नहीं...

उठ खड़ी होती है।

अयूब : तुम मरना क्यों चाहती हो ?

सलमा : कोई जीना क्यों नहीं चाहता है ?

अयूब : जीना सिर्फ जीने के लिए।

सलमा : मरना सिर्फ मरने के लिए।

अयूब : ज़िद नहीं करते... देखो, मैं तुमसे कुछ मांग रहा हूं इस वक्त।

सलमा : तुमने पहले भी कितना कुछ मांगा है, मगर हर बार तुम्हारी मांग स्वीकार कर लेने का कुछ भी फल नहीं मिला।

अयूब : देखो, तुम मुझे जानती हो...

सलमा : मैं तुम्हें ? मैं तुम्हें बिल्कुल नहीं जानती।

अयूब : नहीं जानतीं ? कितनी बार कह चुकी हो कि जितना तुम मुझे जानती हो···

सलमा : वह मैं अपने को धोखा देती रही हूं। अपने को झुठलाती रही हूं और अपने साथ तुम्हें भी··· मैं तुम्हें बिल्कुल नहीं जानती।

अयूब : अगर ऐसा ही है तो एक बार जान लेने की एक और कोशिश कर लेना बुरा नहीं है।

सलमा : एक और कोशिश ? कब, कहां, किस वक्त ?

अयूब : आज, यहीं, इस वक्त !

सलमा : पर क्यों ?

अयूब : क्योंकि मैं खुद एक बार अपने को जान लेने की कोशिश कर लेना चाहता हूं।

अयूब खुद भी बैठ जाता है। सलमा को भी बैठा लेता है। दोनों ऐसे बैठते हैं जैसे पानी पहले से बढ़ गया हो।

सलमा : तुम आगे नहीं जाओगे ?

अयूब : नहीं।

सलमा : फिर शायद वक्त भी नहीं रह जाएगा। पानी बढ़ रहा है।

अयूब : पानी को बढ़ने दो। तुम्हारा मुझे जान लेना जीते रहने से ज़्यादा ज़रूरी है। तुमने कहा—तुम मुझे बिल्कुल नहीं जानतीं, और मैं भी जानता हूं कि नहीं जानतीं···

सलमा : मैं तुम्हें सचमुच नहीं··· पर तुम चले जाओ अब।

अयूब : नहीं।

सलमा : तुम्हारा हठ किसलिए है ?

अयूब : यह हठ नहीं है।

सलमा : नहीं है।

अयूब : तुम्हें लगता है यह हठ है ?

सलमा : जितना मैं तुम्हें जानती हूं···

अयूब : जानती हो !

सलमा : पता नहीं···

अयूब : और मैं तुम्हें···

सलमा : तुम मुझे बिल्कुल नहीं जानते ?

अयूब : मैंने कहा न, जानने की एक बार और कोशिश की जा सकती है।

सलमा : यहां वक्त नहीं है।

अयूब : तो फिर...

सलमा : वे लोग कहां पहुंच गए हैं !

अयूब : पता नहीं, अंधेरे में कुछ पता नहीं चलता।

सलमा : *(खड़ी होती है। अयूब का हाथ पकड़ती है)* आओ चलें...

अयूब : जानने के लिए रुकोगी नहीं ?

सलमा : *(मुसकराकर)* मुझे नहीं लगता कि रुककर भी जान पाऊंगी...

अयूब : लेकिन मैं...

सलमा : आओ, चलो...

उसे घसीटकर ले चलती है।

दूसरी चट्टान पर बैठे अब्दुल्ला, नियामत, झुनझुनवाला और पण्डित, पास की चट्टान पर नीरा को लिए बैठी रीता। अब अयूब और सलमा कुछ दूर चलकर अंधेरे में गुम हो गए हैं।

पण्डित : *(रीता से)* यह सो गई हैऽऽ क्याऽऽ ?

रीता : न... हीं... बेहोऽऽश हो गऽऽईऽऽ हैऽऽ

पण्डित : अच्छा है।

झुनझुनवाला : क्या ?

पण्डित : कि वह बेहोश है। उसे पता नहीं लगेगा कि पानी अब भी बढ़ रहा है।

नियामत : यह भी पता नहीं लग रहा कि यह कौन-से दरिया का पानी है, और ये कौन-से का है।

अब्दुल्ला : लिद्दर और शेषनाग का है...

पण्डित : पर कौन-सा पानी किसका है ?

झुनझुनवाला : ये दोनों दरिया—लिद्दर और शेषनाग—आज तक एक-दूसरे से दूर और अलग बहते थे...

पण्डित : और तुम्हारे पैर तले इनके बीच की ज़मीन थी। *(तेज़ जलती आंखों से उसे ताकता है)* पानी और बढ़ रहा है।

पानी की आवाज़ ज़रूरत पड़ने पर जगह-जगह आती रहती है।

अब्दुल्ला : अब कोई तरीका नहीं है !

नियामत : है। आंखें मूंदकर उस पल का इन्तज़ार किया जाए।

पण्डित : क्योंकि खुली आंखों से उस पल को नहीं देखा जा सकता।

रीता : *(वहीं से)* पर मैं इन्तज़ार नहीं करूंगी। इससे पहले कि पानी मुझे आ ले, मैं खुद ही इसमें ···

नीरा को लिपटाकर खड़ी होती है।

जब तक रीता नीरा को लिपटाकर खड़ी होती है तब तक अयूब और सलमा पानी पार करके उस पत्थर तक आ गए हैं। रीता कूदने को होती है कि अयूब उसे पकड़ता है। सलमा नीरा को संभालती है।

अयूब : यह क्या कर रही हो ?

उसे पकड़ता है।

रीता : मुझे छोड़ दो। मैं अपने निर्णय से अपना अन्त कर लेना चाहती हूं। मैं एक जानवर की तरह बहा ली जाना नहीं चाहती। तुम सब लोग जानवर हो, जो बहा लिए जाने का इन्तज़ार कर रहे हो ···

अयूब : तुम बैठ जाओ ··· मैं कहता हूं बैठ जाओ !

रीता : क्यों ?

अयूब : क्योंकि संभावना जीने की भी हो सकती है।

रीता : अब भी हो सकती है।

अयूब : सम्भावना कभी भी कभी तक हो सकती है।

रीता : तुम सब लोग झूठे हो। खोखले हो। अपने को झूठी आशा और खोखले विश्वास में रखकर जी सकते हो। लेकिन मैं यह स्वीकार नहीं कर सकती ··· मुझमें अब ताब नहीं है।

अयूब : तुम्हारे पास आशा के लिए बहुत कुछ है। तुम जवान हो।

रीता : मैं जवान हूं। इसलिए मुझमें अन्त को स्वीकार लेने का साहस है। तुम लोग साहसहीन नपुंसक हो !

अब्दुल्ला, नियामत, झुनझुनवाला और पण्डित अब तक बीच का पानी पार करके रीता वाली चट्टान तक आ गए हैं।

पण्डित : तुम ठीक कहती हो ···

रीता : अगर तुम लोग अन्दर से बिल्कुल मिट्टी नहीं हो गए हो, तो सब अपनी-अपनी इच्छा और अपने चुनाव से अपना अन्त तय करो।

झुनझुनवाला : यह चुनाव नहीं, मजबूरी को चुनाव का नाम देने की कोशिश है।

पण्डित : नहीं, रीता बिल्कुल ठीक कहती है ··· मेरी आज तक की ज़िन्दगी एक नपुंसक आदमी की ज़िन्दगी नहीं रही ? रही है ! किसलिए ? सिर्फ ज़िन्दा रह सकने के लिए ? नहीं ! नहीं ! नहीं ! ज़िन्दा रह सकने कि लिए नहीं, दूसरों की तरह ज़िन्दा रह सकने के लिए। इस दोगले दौर में मैं खुद अपना आप बनकर अपने लिए नहीं रह पाया ··· मैं एक साया बनकर रह गया, जो कभी इससे, कभी उससे चिपक जाना चाहता था। कभी इस जैसा या उस जैसा हो सकने के लिए स्वांग बदलता रहता था। घर था। पर घर की ज़िन्दगी नहीं थी। बीवी है पर बीवी नहीं है ··· उसकी तस्वीरें औरों के बटुओं में बन्द हैं। *(झुनझुनवाला को आग उगलती आंखों से देखता है)* महीनों बाहर भटकना ··· यह और यह और यह हासिल करके खुश होना चाहना, पर उदास होते जाना ··· यही मेरा प्राप्य था। पीछे घर में क्या होता था, पता नहीं। एक झूठा खेल। एक-दूसरे को विश्वास दिलाते रहने का। कुछ था, जिससे मैं अपनी हर जीत के साथ हारा हुआ महसूस करता था। कुछ था, जिससे मैं हर वक्त भागना चाहता था ··· और इस बार इस झुनझुन के साथ यहां आया था, तो भी भागकर ··· इसीसे भागकर इसीके साथ। ··· इस आदमी के साथ, जिसके चेहरे से मुझे नफरत है। इसने हमेशा एक कठपुतले की तरह मुझे साथ रखा है। मैं इसके लिए ताश की बाज़ी का वह हाथ हूं जो इसके हाथ में है ··· मैं इस वक्त भी इसका मुंह जोहता हुआ, इसीके ताशों की गड्डी हाथ में लिए नहीं मरना चाहता ··· *(ताश जेब से निकालकर बिखराकर फेंक देता है)* यह रही इसके ताशों की गड्डी जिसे खेल-खेलकर मैं खोखला हो चुका हूं। यह कमीज़ *(कमीज़ उतारता है)* यह भी इसकी पसन्द की है। *(उतारकर फेंक देता है)* यह पतलून ··· *(पतलून उतारता है)* यह भी इसकी पसन्द की है ··· *(फेंक देता है)* मैं यह सब पहन-पहनकर खुश होता रहा हूं क्योंकि ये खुश होता था। मैं इसकी खुशी से जीता रहा हूं, पर मरते वक्त इसकी खुशी साथ नहीं रखूंगा ··· मैं मरूंगा अपने नंगेपन

के साथ··· हालांकि यह नंगापन भी बिलकुल मेरा अपना नहीं है।

कूदना चाहता है।

झुनझुनवाला : *(चीखकर)* ठहरो··· पण्डित, ठहरो !

पण्डित : *(ठिठक जाता है)* देखा तुमने, तुम्हारा हुक्म सुनने का कितना आदी हो गया हूं कि तुम्हारे 'ठहरो' ने इस वक्त भी मेरे पांव रोक दिए हैं।

झुनझुनवाला : सुनो पण्डित··· तुम आए थे मेरे साथ। मेरे कहने से। पर अब तुम्हारे फैसले को स्वीकार करके मैं तुम्हारे साथ ही चल देना चाहूंगा···

अब्दुल्ला : या खुदा··· या खुदा···

नियामत मुंह बनाकर आंखें और कान बन्द कर लेता है। बाकी लोगों की प्रतिक्रियाएं—आश्चर्य की।

पण्डित : तुम झूठे हो··· तुम फिर कोई साज़िश कर रहे हो।

झुनझुनवाला : अभी तक ऐसा ही था, पर अब इस क्षण के बाद ऐसा नहीं है··· मेरा इतिहास सिर्फ मैं नहीं हूं···

पण्डित : हां, सिर्फ तुम नहीं हो। एक गलत इतिहास ने तुम्हें बनाते-बनाते, तुम्हें ही इतिहास बनाने का हक दे दिया···

झुनझुनवाला : हां··· मैं पैदा हुआ तो पहला मन्त्र मेरे कान में फूंका गया था कि दुनिया में बड़ी मछली छोटी मछली को खाकर ही जी सकती है। और बड़े होने के साथ-साथ मैंने जाल बुनने सीखे। हर जाल में सैकड़ों मछलियों को उलझाया और खुश होता रहा। दूसरे लोग कहते थे पैसों के पेड़ नहीं लगते। पर मेरे लोग कहते थे, लगते हैं और खूब लगते हैं। मैंने पैसों के पेड़ लगाकर देखे··· वे लगे, फूले-फले··· जब पेड़ फूल-फल गए तो मैंने धर्म, नैतिकता, विज्ञान, राजनीति—सबको अपने मूल्य दिए··· मूल्य *(हंसता है)*। सीधे-सीधे कहूं तो सबको अपना व्यापार बनाया। इसका दाम इतना। उसका दाम उतना। हर चीज़, हर बात का प्रतिनिधि मैं था। मैं सबसे बड़ा मछलीमार था जिसके कारखाने में बड़ी-से बड़ी मछलियां डिब्बों में बन्द की जाती थीं। बड़ी-से बड़ी व्हेल मछली के लिए मैंने चारा ईज़ाद किया··· पर आज इस वक्त मैं देख रहा हूं कि मैं खुद

भी एक मछली हूं। पानी में तैरती मछली नहीं, अपने ही जाल में फंसकर तड़पती, अपने ही डिब्बे में बन्द। मैं आज तक सैकड़ों जवान लड़कियों के साथ सोया हूं… उनकी मर्ज़ी से नहीं, अपनी मर्ज़ी से। अपने दोस्तों के घरों को भी मैंने नहीं छोड़ा *(पण्डित को हताश भाव से देखता है)* मैंने सैकड़ों कत्ल कराए। करोड़ों का माल स्मगल किया। लाखों रुपये रिश्वत में दिए, करोड़ों का टैक्स बचाकर काला धन जमा किया… इस देश के भीतर एक और अपना ही, अपनी सुविधाओं का देश बनाया, मैं अखबारों में पढ़ता था… लोग वातावरण के दूषण के इलाज ढूंढ़ने की कोशिशें कर रहे हैं। आबोहवा में तर गए ज़हर को साफ करने की तरकीबें खोज रहे हैं… कमेटियां बन रहीं हैं। कमीशन बैठाए जा रहे हैं… सब पढ़कर मुझे हंसी आती थी। क्या कोई भी कमेटी, कोई भी कमीशन इस वातावरण को मुझसे साफ कर सकता है ?… लेकिन, लेकिन… आज मैं जान सका हूं कि मैं दूसरों की ही मौत नहीं, खुद अपनी मौत भी हूं… इस बाढ़ पर मेरा वश नहीं है… यह दरियाओं के मिल जाने से आई बाढ़ जिसने बीच की ज़मीन को, मेरे द्वीप, मेरे टापू को नेस्तनाबूद कर दिया है… पण्डित ! आज एक बार मुझे अपना साथ दे लेने दो। मैं तुम्हारी तरह चाहते हुए भी अपने को बिल्कुल नंगा नहीं कर पाऊंगा… क्योंकि मैं अपने नंगेपन को देखने लायक भी नहीं रह गया हूं। अब जो भी, जैसा कुछ भी है उसीके साथ मुझे भी मर लेने दो…

नियामत आंखें और कान खोल लेता है। सब अवाक् देख रहे हैं।

अब्दुल्ला : या खुदा मेरी समझ में कुछ नहीं आता…

नियामत : खुदा की समझ में कुछ आ रहा है ! हम उसके बगैर भी बच सकते हैं।

सलमा : लेकिन पानी तो अब भी बढ़ रहा है… इतना पानी चढ़ आया है। इसमें बचने-बचाने के कुछ मानी नहीं हैं।

अब्दुल्ला : फिर भी एक इन्सानी कोशिश…

पण्डित : इन्सानी… यह शब्द कितना बेमानी है…

अयूब : तो फिर आइए… हम सब एकसाथ मिलकर आत्महत्या कर

लें··· एक-दूसरे के हाथ पकड़कर इस तेज़ बहते पानी में कूद पड़ें।

नियामत : सचमुच ?

अयूब : हां, क्यों ? तुम सबके साथ नहीं मरना चाहते···

नियामत : नहीं, मेरे पास अपने कारण हैं।

पण्डित : अब्दुल्ला तुम ?

अब्दुल्ला : जी··· मैं नहीं···

पण्डित : क्यों ?

अब्दुल्ला : मुझे अपने लड़के का मुंह देखना है और शफी साहब का हिसाब देना है।

पण्डित : क्यों नियामत, फिर सोच ले।

नियामत : नहीं··· मेरी बूढ़ी मां की देखभाल करनेवाला कोई नहीं है। और क्लब की चाबियां मेरे पास हैं··· सोमनाथ जी को देनी हैं··· पर मां का ख्याल···

पण्डित : *(हंसकर)* मां ! लड़का ! लड़का क्या है ? मां क्या है ? लड़के से यह-यह-यह होगा। मां यह-यह-यह करेगी। इसके अलावा ? खैर छोड़ो··· अयूब साहब आप ? आपने ही सामूहिक आत्महत्या की बात सुझाई थी···

अयूब : हां, अब्दुल्ला और नियामत के कारण और हो सकते हैं। पर हम दोनों अपने ही कारणों से आत्महत्या करने आए थे। यह सलमा यह··· यह और वह चाहती थी। पर इसे यह और वह ज़िंदगी और मुझसे नहीं मिला। मैं यह, यह और वह चाहता था। पर मुझे यह और वह ज़िंदगी और इससे मिला नहीं।

सलमा : मैंने तुम्हें सब कुछ दिया, फिर भी तुम्हें कुछ नहीं मिला।

अयूब : मैंने भी तुम्हें अपना सब कुछ दिया, फिर भी तुम्हें कुछ नहीं मिला।

पण्डित : यह झगड़े का वक्त नहीं है। हां रीता···

रीता : मैं अपनी मर्ज़ी से मर सकती हूं। मुझे आप लोगों के साथ की ज़रूरत नहीं है। और चाहूं तो अपनी मर्ज़ी से तब तक जी सकती हूं जब तक जी सकने के सिलसिले बाकी हैं।

झुनझुनवाला : अब देर मत करो··· देर होने से कष्ट बढ़ता है।

अयूब : पर ये लड़की··· *(नीरा की ओर इशारा करता है)*।

झुनझुनवाला : इसे हम पानी में धकेल सकते हैं।

अयूब : लेकिन उसकी मर्ज़ी का पता कैसे लगेगा ? यह तो बेहोश है।

झुनझुनवाला : तो इसे पहले होश में ले आना चाहिए। ओह ··· क्या-क्या झंझट है।

पण्डित : हां, आती हुई मौत भी नहीं आती।

झुनझुनवाला : अब मौत को किस बात का इन्तज़ार है ? क्या मौत भी अपना पूरा खेल दिखाकर अपने वक्त से आना चाहती है ?

नीरा बेहोशी से जागती है।

नीरा : दीदी ··· *(बहुत पीड़ा से)* तुम सब अभी ज़िंदा हो। ओह ओह ओह ···

नियामत और अब्दुल्ला सहसा महसूस करते हैं कि पानी कम हो रहा है।

नियामत : *(उछलकर खड़ा होता है)* पानी कम हो रहा है।

अब्दुल्ला : हां ··· देखिए ··· देखिए ··· पानी घट गया है ··· बाढ़ उतर रही है। *(एकदम मुड़कर)* उधर देखिए ··· टार्च की रोशनियां और रस्सियां। वे हमें बचाने के लिए रस्सों के सहारे आ गए हैं।

दूर से आवाज़ें–अब्दुल्ला ··· तुम लोग कहां हो ··· हम लोग आ गए हैं ··· और टार्च की रोशनियां। सीढ़ियां। दूर पर से आती कोलाहल की आवाज़।

नियामत : पानी एकदम उतर गया है। हम लोग क्लब की ज़मीन पर चढ़ लें ···

सब जैसे पानी से निकलकर सूखी ज़मीन पर आ जाते हैं। अपने कपड़े निचोड़ते हुए।

अब्दुल्ला : हा ! ··· अब जान में जान आई ··· या खुदा ···

नियामत : अब कोई खतरा नहीं है ··· हम बच गए हैं। उधर से मदद आ रही है।

खतरा टल जाने पर सब एक-दूसरे से कतराते हुए लोग। सब लोग अपने कपड़े और तौर-तरीके ठीक करते हैं। सलमा अयूब को देखकर रीता को देखती है। रीता जलती आखों से अयूब को देखती है।

पण्डित : झुनझुन…

झुनझुनवाला : तमीज़ से बात करो… झुनझुन नहीं…। अपनी औकात का कुछ ख्याल है तुम्हें ?

नीरा : *(एकदम अवाक्)* क्या हुआ ? क्या हुआ… मुझे बताओ क्या हुआ ?

रीता : कुछ नहीं… एक नाटक पूरा होते-होते रह गया। एक इतिहास घटित होते-होते रुक गया।

टेलीफोन की घंटी… अब्दुल्ला बेतहाशा भागता है।

अब्दुल्ला : *(रिसीवर उठाकर)* हल्लो… जी… टूरिस्ट क्लब आफ इण्डिया… कौन, शफी साहब ! जी… सलाम साहब सलाम साहब… जी हां… जी हां… जी, जी जी हां…

परदा

एक नाटक का जन्म

यह मोहन राकेश के चौथे अप्रकाशित नाटक 'पैर तले की ज़मीन' के बारे में उनके अंग्रेज़ी में लिखे कुछ नोट्स का हिंदी अनुवाद है। इन्हें यदि नाटक के ही साथ प्रकाशित किया जा सकता, तो ज़ाहिर है इनकी सार्थकता और भी बढ़ जाती। पर इस रूप में भी ये एक संवेदनशील नाटककार की अपनी सामग्री और उसके प्रस्तुतीकरण की समस्या से गंभीरतापूर्वक जूझने की प्रक्रिया को बड़ी खूबी से ज़ाहिर करते हैं। अलग-अलग और असंबद्ध होते हुए भी, उनके पीछे काम करनेवाली रचनात्मक दृष्टि से सीधे साक्षात्कार होता है। कभी जब यह नाटक छपेगा और खेला जायगा, तब उसके पीछे नाटककार की मंशा और चेतना को समझने में भी शायद इन टिप्पणियों से कुछ मदद मिले। ऐसी रचनात्मक सामग्री का अँग्रेज़ी से हिंदी में अनुवाद यों भी कठिन है, इसमें कुछ कठिनाई इसलिए और भी बढ़ गयी क्योंकि नोट्स बहुत घसीट में लिखे गये हैं, और कई जगह शब्द पूरे समझ में भी नहीं आते। कोई ताज्जुब नहीं कि कहीं-कहीं अनुवाद में भूल भी हो गयी हो। फिर भी ये नोट्स हिंदी के नाटक-प्रेमियों को दिलचस्प और उपयोगी जान पड़ेंगे यह उम्मीद है। इसमें शामिल स्केच आदि भी स्वयं राकेश के बनाये हुए हैं और वे भी उनके रचनाकार व्यक्तित्व और नाटक-लेखन के अनेक पक्षों के विषय में उनकी सजगता को ज़ाहिर करते हैं।

—संपादक

मोहन राकेश के नोट्स और स्केच

नाटक के नीचे लिखे मुख्य भाग हो सकते हैं :

(1) बाढ़

(2) ज़मीन कटना

(3) आत्मस्वीकार

(4) बाढ़ का उतरना

. . . . . .

चरित्रों को अयथार्थवादी नाम दिये जायें; पर वे हमारे संस्कारों के अंग हों।

. . . . . .

निर्वहण अर्ध-काव्यात्मक हों।

चरित्रों की कोटियाँ कुछ इस प्रकार की हों :

(1) असंतुष्ट लोग जो ठोकर मारना चाहेंगे।

(2) उदास-हताश लोग जो आत्महत्या करना चाहेंगे।

(3) भ्रष्ट लोग जो अब भी कोई रास्ता निकलने की बात सोचेंगे।

(4) चापलूस लोग जो सबसे सहमत होंगे।

पहली कोटि में तीन होंगे : एक इक्कीस साल का लड़का, एक अठारह साल की लड़की, और एक बारह साल की लड़की।

दूसरी कोटि में दो होंगे : एक पैंतीस का पुरुष और एक अट्ठाइस की स्त्री।

तीसरी कोटि में तीन होंगे : एक व्यापारी का दलाल, एक राजनैतिक कार्यकर्ता और एक अफ़सर।

चौथी कोटि में होंगे पाँच : बारमैन, चपरासी, बेयरा, क्लर्क और क्लर्क की मां।

. . . . . .

छोटी लड़की की चीख ··· क्या किसी ने उससे बलात्कार करने की कोशिश की ··· ? वह नदी में कूद गयी है ··· बड़ी लड़की पागलपन की हालत में। कौन था ? कोई जवाब नहीं दे पाता ··· पर बाद में रात को जब बाढ़ का पानी और नज़दीक आ जाता है और वे सब एक जगह इकट्ठे हो जाते हैं, तो एक व्यक्ति आत्मस्वीकार करने लगता है ···

चरित्रों की संख्या कम करके छह या सात की जा सकती है, अगर शुरू एनैक्सी के पानी से कटकर डूब जाने के बाद किया जाय, जिसमें कुछ पहले ही ख़त्म हो चुके होंगे।

. . . . . .

नाटक बारमैन की फ़ोन पर लंबी बातचीत से शुरू हो सकता है। ··· दूसरा चरित्र जो सामने आता है वह है बूढ़ी माँ ··· जिसका अपना बेटा एनैक्सी में था (क्या वह मर चुकी है ?)··· वह अभी तक दूसरों के बारे में चिंतित है; वही बार-मैन

को दूसरे लोगों की मौजूदगी के बारे में बताती है।

'माँ !' शब्द का दुरुपयोग। बूढ़ी पागल-सी हो जाती है—या कि वह बस चुप रहती है ?

'बढ़ती क़ीमतें . . . ,'

'क़ीमतें रही ही नहीं . . . ।'

या 'कोई क़ीमतें नहीं रह जायेंगी।'

. . . . . .

एक जगह बारमैन बंद पड़े टेलीफोन में बोलता है; वहाँ ज़रूरत की सब चीजों की माँग करता हुआ; बचाव की सारी कोशिशें; जब दूसरे सवाल करते हैं, तो वह उन्हें 'डैड' टेलिफ़ोन पेश करता है।

. . . . . .

कुछ संकट इस बात का है कि नाटक के विभिन्न चरित्रों के बीच कोई सम्प्रेषण नहीं है : उनके बोलने के लिए अलग-अलग 'वेव लैंग्थ्स' का इस्तेमाल करके उनकी ट्रेजेडी को उभारा जा सकता है।

मुख्य समस्या यह है कि उन्हें किसी एक मुद्दे के इर्दगिर्द कैसे लाया जाये;
ज़िंदगी में उनके बीच संबंध मौत के डर का है।
उनका संघर्ष ज़िंदा रहने का संघर्ष है—
उनकी चरम स्थिति—
हर चीज़ की—मौत की भी (?)—स्वीकृति !

. . . . . .

लिखने के दौरान सारा वक़्त दिल्ली में ही रहो—इस शहर की एक क्लब के रूप में कल्पना करते हुए।

. . . . . .

अब्दुल्ला की टेलिफ़ोन पर बातचीत के बाद झुनझुनवाला की क्लब को खरीद लेने की बात।

. . . . . .

सात लोगों का ही परिवार ?
पर फिर विभिन्न वर्गों का क्या हो ?
क्यों न दो-तीन वाचक लाये जायें ?
स्वयं चरित्र भी बारी-बारी से वाचक का रूप ले सकते हैं—
ऐसा ही कुछ—

. . . . . .

छोटी लड़की चीखती है और फिर उसके बाद अंत तक मूक रही आती है।

हर आदमी से पूछा जाता है 'क्या हुआ ?' बलात्कार या—धक्का—या कोई बुरा सपना, क्या था ?

......

क्लब में रेडियो। एक जगह उस पर संगीत बजता है; एक जगह ख़बरें, जब संकट तीव्रतम है।

......

एनैक्सी में रोते हुए कुत्ते को 'एस्टेब्लिश' करना है। वह घुटनों तक पानी में छपछप करता है ... यह छपछप भी सुनाई देती है।

......

पूरी बात छोटे-छोटे दृश्यों में (स्वतंत्र 'शाट्स' की तरह) लिखी जानी है; सीधी लकीर के प्रभाव से बचते हुए सबसे मिलकर पूरा अर्थ अभिव्यक्त होना चाहिए।

......

चरित्र :
दलाल—व्यापारी, पुलिसमैन, अफ़सर
नाराज़ लड़की
छोटी बच्ची
बूढ़ी स्त्री
बारमैन

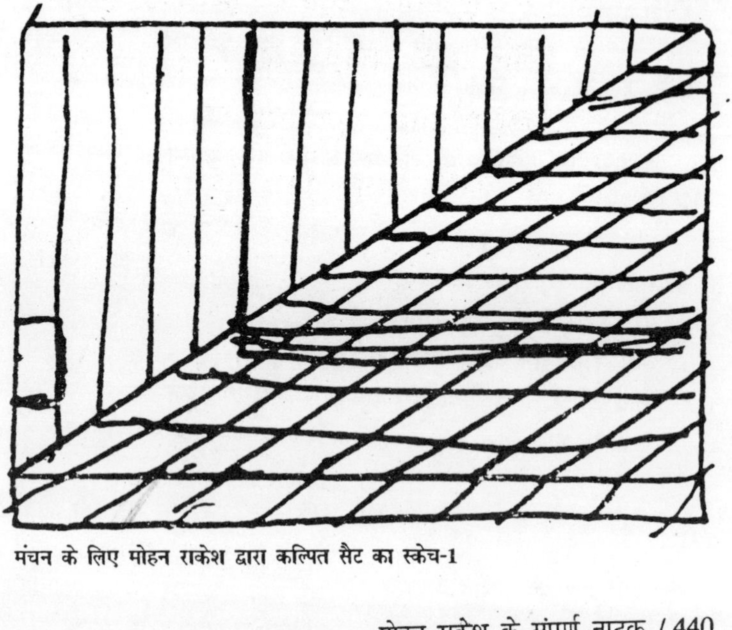

मंचन के लिए मोहन राकेश द्वारा कल्पित सैट का स्केच-1

मंचन के लिए मोहन राकेश द्वारा कल्पित सैट का स्केच-2

आत्महत्या करने वाला—एकमात्र आत्मस्वीकार करने वाला।

......

नाटक बारमैन और बूढ़ी स्त्री के बीच संवाद से शुरू होता है। ...... बूढ़ी बाद में बच्ची को एक कहानी सुनाये—कहानी घटना का बार-बार होना व्यंजित करती है, मानो जो चीज़ अब हुई है वह पहले भी हो चुकी है, और आगे फिर होगी ...

......

विभिन्न दृश्य एक-दूसरे में घुलते जाते हैं—

(1) फ़ोन पर बारमैन—

(2) बारमैन और बूढ़ी स्त्री

(3) दो लड़कियाँ, आदि

इन्हें 'थिएट्रिकली' प्रतिष्ठित करो, शब्दों और ध्वनियों के द्वारा।

......

नहीं, ऐसी कोई 'गिमिक' नहीं होनी चाहिए। जिससे नाटक की गंभीरता पर असर पड़े।

......

चार अधूरे दृश्य एक-दूसरे में विलीन हो जाते हैं। अँधेरे में आवाज़ों से शुरू।

......

एक और तरीका हो सकता है : 'मैं टूरिस्ट क्लब हूँ—या शायद यह कहना

ज्यादा सही है कि मैं टूरिस्ट क्लब था।'

......

मंच का थोड़ा-सा ही हिस्सा दिखाया जाय और पूरा मंच कभी न प्रकट हो।

......

बावन पत्ते बावन सप्ताह हैं और तुम हो अलग खड़े विदूषक—जोकर।

पंडित और कुंवर अपनी सारी भ्रष्टता के बावजूद नैतिकता के संरक्षक बनने की कोशिश करते हैं।

पुरुष उन्हें अपनी दुर्दशा का कारण मानता है और उनसे बदला लेने के इरादे से काम करता है।

सिर्फ़ पुरुष पर ही खुल्लमखुल्ला औरतों में दिलचस्पी लेने का दोष लगाया जाता है—स्त्री इसी रूप में उसका ज़िक्र करती है—मगर असल में दूसरे लोग ही—खासकर कुँवर—लड़कियों पर हाथ डालता है और स्त्री पर भी।

......

स्त्री और पुरुष की ऊपर पहाड़ी पर यात्रा का वर्णन—वह सुंदर दृश्य जिसकी ओर से स्त्री आँखें मूँदे रही।

पुरुष में इतनी विनोदप्रियता है कि वह स्त्री की बात का विरोध नहीं करता—उसे ज़िन्दगी में बहुत खूबसूरती नज़र आती है, पर स्त्री को विश्वास दिलाने की कोशिश करता है कि उसका जीवन के प्रति दृष्टिकोण वैसा ही है और अंत तक यह खेल खेलता रहता है।

......

नाटक टेलिफ़ोन पर बातचीत से शुरू होता है जिसमें अब्दुल्ला दुर्घटनाग्रस्त जोड़े के आने की सूचना देने की कोशिश करता है पर इसके बजाय उसे पुल के टूटने की सूचना मिलती है।

......

पुरुष पूछता है—क्या वे अंतिम 'रिचुअल' चाहते हैं—तमाम स्त्रियों और पुरुषों के बीच 'संभोग आयोजन' ?

वह तमाम नैतिकता, वर्जनाओं, तमाम धर्मों और दूसरी हर चीज़ के मूल्य के बारे में शंका प्रकट करता है। घर से स्त्री के साथ चलने के बारे में पुरुष का कहना है : यह बस एक और शुरुआत थी। वह उम्मीद से शुरू हुई—पर यह पता नहीं कि किस बात की उम्मीद। हम एक दूसरे से अच्छा बर्ताव करते रहे ... पर शहर से दस मील बाहर आये होंगे कि फिर वही शुरू हो गया। उसने मेरा इतना ध्यान बँटाया कि गाड़ी मेरे नियंत्रण से बाहर हो गयी। मैं नहीं जानता हम क्या चाहते हैं। शांतिपूर्वक एक साथ रहना ? आत्महत्या करना ? फ़िल्म देखने जाना ? एक

दूसरे को ज़हर देना ? दूसरों की हँसी उड़ाना ? खेलना ?—मुझे नहीं पता।'

स्त्री का कहना है : 'यह उसकी चाल थी। मैं उसे एकदम छोड़कर जाना चाहती थी, पर उसने मुझसे मिन्नत की कि कम से एक बार उसके साथ बाहर चली चलूँ—साथ रहने के अभिशप्त वर्षों के अंत के रूप में। पर शहर से बाहर दस मील ही आये होंगे कि मैं समझ गयी कि उसका इरादा ठीक नहीं, वह इसे अच्छा अंत नहीं बनाना चाहता। उसने अपने पुराने रंग-ढंग फिर शुरू कर दिये। रास्ते में हर जवान लड़की को भूखी नज़रों से घूरता। मुझे यक़ीन है कि उसने जानबूझकर गाड़ी पेड़ से टकरायी। मैं ऐसे बैठी थी कि मर ही जाती।... जब मैं गर्भवती हुई तो इसने तरह-तरह की बातें कहकर गर्भ गिरवा दिया...।'

......

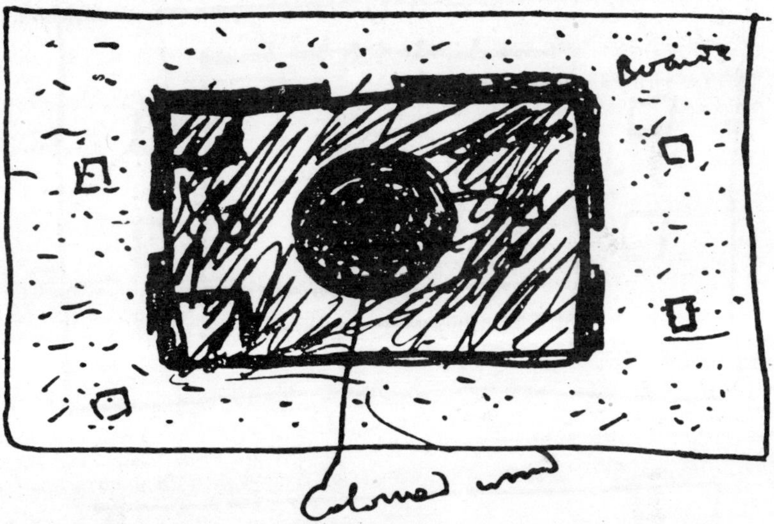

मंचन के लिए मोहन राकेश द्वारा कल्पित सैट का स्केच-3

दूसरी ओर से रोशनी आने के साथ सब लोग एक-एक कर बैठने लगते हैं और छोटी लड़की पूछती है : 'क्या हुआ था, दीदी ? तुम लोग सब उस तरह क्यों खड़े थे और अब सब लोग इस तरह क्यों बैठ रहे हैं ?'

......

क्या अब्दुल्ला को 'डेलिरियम' देना चाहिए ?

......

पानी और अँधेरे का अर्थ।

......

कौन क्या है का खेल। एक जगह तो हर आदमी हर दूसरे पर शक करता है।

अब्दुल्ला और नियामत उनके डर दूर करने की कोशिश करते हैं। उन्हें यह पक्ष ज़ाहिर करना चाहिए कि हम कैसे दूसरों को जानते हैं।

......

बाहर मोटर और मोटर इंजिन। जैसे वह भीतर के तनाव को समझता हो और उनसे उसका जी मतलाता हो।

......

बड़ी लड़की—ऐसा व्यक्तित्व जो तरह-तरह की अफ़वाहों के लिए निमंत्रण देता हो—आश्वस्त और विद्रोही।

......

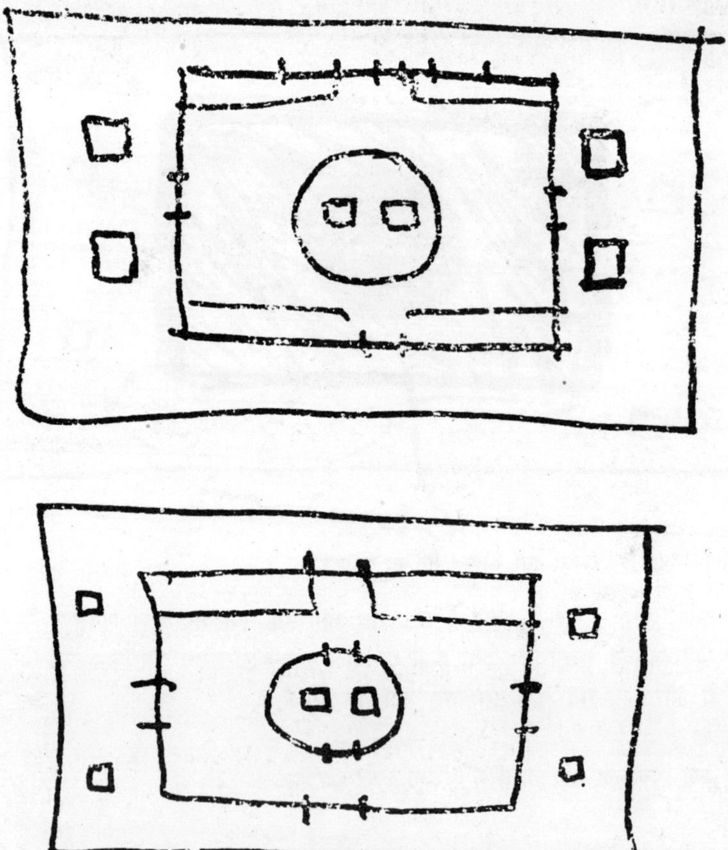

मंचन के लिए मोहन राकेश द्वारा कल्पित सैट का स्केच-4

कुंवर 'पुरुष' के बोलने से घबराता है। वह भाषा उसकी समझ में नहीं आती, इसलिए वह उससे डरता है।

......

पुरुष स्त्री के साथ रहने के अपने जीवन को इस तरह देखता है : 'हम हर रोज़ सवेरे और रात को एक दूसरे को देखते और अपने आप से कहते—'हे ईश्वर ! फिर वही इंसान ! मैं तो सोचता था थोड़ा-बहुत फ़र्क ज़रूर आया होगा !'

स्त्री : 'मैंने कितना अपने आपको बदला—मैं उसके पैर चाटना, तलवे चाटना सीख गयी, पर कोई फ़ायदा नहीं। अब उसको यह शिकायत थी कि मैं चाटते वक़्त सिसकारी भरती हूँ। आखिरकार मैं भी और जानवरों जैसी ही बनी हूँ। मैं सिसकारी की आवाज के बिना कैसे चाट सकती हूँ !'

......

लोग इधर-उधर चले जाते हैं तो अब्दुल्ला और नियामत को पता नहीं रहता। (कौन जानता है कौन किसके साथ है !)

......

अँधेरे में एक चीख—क्या हुआ, कहाँ और किसके साथ ? और किसने क्या किया किसके साथ ?

......

कैसे प्रत्येक मरना चाहता ... मुत्यु के 'उस' चित्र की तुलना में उनकी 'यह' मृत्यु।

......

अब्दुल्ला अपने आपको भीतर बंद कर लेता है और बाहर ही नहीं आता।

......

पंडित का परिवार-संबंधी विचार : हम सब एक परिवार हैं; या कम से कम हो तो सकते हैं।

......

हताशा के क्षण में अब्दुल्ला कापी में 'ऐंट्री' ठीक करने की कोशिश करता है—वह अपराधी होने की चेतना के साथ नहीं मरना चाहता।

......

बाढ़ के पानी में डूबने के पहले गुड्डी यह कहती हुई स्विमिंग पुल में जाने की इच्छा ज़ाहिर करती है कि 'मैं अपने चारों ओर पानी के स्पर्श का अनुभव करना चाहती हूँ।'

......

क्या अब्दुल्ला या नियामत में से एक से ऐसे सीधे सवाल करवाने चाहिए जिनके बड़े रहस्यमय उत्तर मिलें ?

......

आदमी—मैं प्रकृति से डरता हूँ—उससे मेरे मन में मौत की तस्वीर उभरती है—।

......

(1) बारमैन फ़ोन करता हुआ।

(2) बारमैन और दूसरों के मौजूद होने की जानकारी। पुल के टूटने की खबर।

(3) 'कौंसोलिडेशन'—डिनर टेबल के दृश्य में पुरुष ही एकमात्र विवादी स्वर।

(4) विघटन—एनैक्सी में कुत्ता।

(5) ईश्वर और बलात्कार।

(6) असहायता का द्वीप।

(7) आत्मस्वीकार।

......

दृश्यबंध

बाहर—भीतर।

प्रकाश का क्षेत्र—अंधकार का क्षेत्र।

प्रकाश का क्षेत्र एक-एक चरण में कम होता जाता है।

अंधकार का क्षेत्र एक-एक चरण में बढ़ता जाता है।

यह क्षेत्र निश्चित नहीं है और विंग्स समेत पूरे क्षेत्र को घेरता है।

प्रकाश के क्षेत्र का विस्तार से वर्णन करना चाहिए। इस तरह से व्यवस्था करनी चाहिए कि रेखा के धुँधला पड़ने के साथ-साथ उपकरण ग़ायब हो जायें।

प्रकाश के क्षेत्र से द्वीप का आभास मिलना चाहिए।

......

एक ही व्यक्ति की तीन ज़िंदगियाँ।

व्यक्तिगत द्वीप जहाँ वह अकेला है; केवल एक ही औरत उस द्वीप में प्रवेश कर पाती है।

सामाजिक-राजनैतिक द्वीप जहाँ उसकी प्रमुखता है।

शाश्वत शक्तियों का द्वीप जहाँ वह नगण्य है।

......

(1) अब्दुल्ला की असहायता और नियामत।

(2) पट्टी बाँधे पुरुष और स्त्री।

(3) आखिरी दृश्य—खाली—सब दीवारें ग़ायब हैं।

(4) धर्मसंकट—क्या हम छोटे बच्चे को बचा सकते हैं ?

(5) एक ओर पट्टीवाले पुरुष और पट्टीवाली स्त्री के बीच आंतरिक तत्त्वों के नियंत्रण के लिए और दूसरी ओर पट्टीवाले पुरुष और 'दलाल' के बीच बाह्य

तत्त्वों के नियंत्रण के लिए संघर्ष।

(6) 'दलाल' सारा वक्त यही कहता है कि 'कोई न कोई रास्ता ज़रूर होगा।' अंत में पट्टीवाला पुरुष कहता है : 'हाँ, है रास्ता।' 'क्या ?' 'बताऊँगा नहीं।' 'हम तुम्हें मार डालेंगे।' 'उससे तुम्हें रास्ते का पता तो नहीं चलेगा। मेरे ज़िंदा रहने में ही तुम्हारे लिए कोई आशा हो सकती है।' 'तो फिर बताओ।' 'तुम बताओ, तुममें से किसी को भी क्यों बचाया जाये ?' 'उसका आरोप; अब्दुल्ला और नियामत की सूचना के अनुसार चढ़ता हुआ बाढ़ का पानी। ज़मीन के और-और कटते जाने के साथ हर व्यक्ति का विघटन।

(7) 'पत्थरों की दीवार बन सके तो हम बच सकते हैं', दलाल कहता है। 'पानी पत्थरों को नहीं, ज़मीन को काट रहा है। ज़मीन ही नहीं होगी जिस पर पत्थर रखे जा सकें।'

(8) 'शायद हम लोग आत्म-स्वीकार द्वारा बच सकें।'

(9) पट्टीवाले आदमी का प्रस्ताव—'हम लोग आत्महत्या कर लें। यह बाढ़ में बह जाने से तो अच्छा ही होगा।'

(10) पट्टीवाले का चरित्र बहुत-कुछ छोटी लड़की के जागने पर निर्भर है। वह बेहोश हो गयी है। इस बीच बाढ़ का खतरा बढ़ता जा रहा है। जबकि वे सब चाहते थे कि वह आत्मस्वीकार करे, स्थिति की विडंबना उन्हें आत्मस्वीकार के लिए लाचार करती है।

(11) मरने तक आदमी की ज़रूरतों का सवाल। खाना। पीना। सेक्स। 'क्या मौत सामने खड़ी हो तो सेक्स संभव है।' 'भूख लगेगी तो खाना नहीं खाओगे ? या ज़रूरत हुई तो पियोगे नहीं ?'

(12) पुरुष क्रांतिकारी दृष्टिकोण की वकालत करता है, जबकि दलाल योजना का पक्षपाती है।

(13) साधनों और शक्तियों का एकत्रीकरण (पूलिंग)। एकत्रीकरण से क्या मतलब ? हरेक के लिए लेने का बराबर का अधिकार।

(14) दृश्य विभाजन :

(i) भीतर

दृश्य 1, दृश्य 2, दृश्य 3

(ii) बाहर

दृश्य 1, दृश्य 2, दृश्य 3

(iii) भीतर

दृश्य 1, दृश्य 2, दृश्य 3।

('नटरंग-21' से)

नाटक की भूमिका

'पैर तले की ज़मीन' को अपनी आंखें मुंद जाने से बरसों पहले राकेश जी ने लिखा था। उसके पहले अंक के तो एकाधिक मसविदे तैयार हुए थे। और जिस दिन वे मुझे एकाएक धोखा देकर सदा के लिए चले गये, तब भी टाइपराइटर पर इसी नाटक का एक पृष्ठ—आधा टाइप हुआ, आधा खाली—लगा रह गया था और कई पृष्ठ, दो-तीन पंक्तियाँ टाइप और फिर रद्द किये हुए, वेस्ट पेपर बास्कट में पड़े मिले। 'आधे-अधूरे' की मंचीय और साहित्यिक सफलता के बाद उनके नाटककार की कोई महत्वाकांक्षा इसी नाटक में केन्द्रित और निहित हो रही थी—उनके नाटकों के पाठकों और दर्शकों की आशाएं भी।

यह नियति की विडम्बना है कि समूचे नाटक की संयोजना को पका लेने के बाद राकेशजी 'पैर तले की ज़मीन' को अधूरा छोड़ गये—शोधा, मांणा अंतिम मसविदा केवल पहले अंक का ही कर पाये दूसरे अंक की परिकल्पना, उसके दृश्यबन्ध के खाके, इस अंक के आधे संवाद उनकी नोट-बुक्स में ही मिले।

राकेश जी ने नाटक की पांडुलिपि प्रकाशकों को सौंपने की तारीख भी तय कर रखी थी जो काल यदि उनसे और हमसे इस बीच यह क्रूर खिलवाड़ न करता तो एक-दो महीनों से अधिक न टलती। अपने भीतर वह 'पैर तले की ज़मीन' के रिहर्सल ही नहीं, पूरा नाटक, पूरी साज-सज्जा के साथ अंतिम रूप से खेल चुके थे—एक माने में अब केवल टाइपराइटर पर कागज़ चढ़ाकर उसे उतारना ही बाकी था और विश्वनाथ जी को उसे प्रकाशनार्थ दे देना।

किसी कृती की अधूरी छूटी रचना को पूरा करने के लिए बड़े साहस और रागात्मक तद्रूपता की आवश्यकता होती है। कमलेश्वर जी ने राकेश जी से अपने कितने गहरे लगाव के नाते इस चुनौती को स्वीकार किया होगा, इसका कुछ अनुमान लगाया जा सकता है। परिणामस्वरूप, 'पैर तले की ज़मीन' की प्रति आज आपके हाथों में है। इसे इस आकर्षक रूप से छापने का श्रेय विश्वनाथ जी को है जो इस नाटक को राजपाल से प्रकाशित करवाने के लिए राकेश जी को भी तभी प्रतिबद्ध करवा चुके थे।

इतना कहकर ही अब आपके और नाटक के बीच में से मैं हटती हूं।

अनीता राकेश

निर्देशक/समीक्षक की नज़र से

रंजीत कपूर

नाटक अधूरा है। इसे पूरा करना है। आज 29 तारीख है। 15-16 को प्रदर्शन है। अभी तक एक पंक्ति भी नहीं लिखी गई। स्मारिका में प्रकाशनार्थ मेरा लेखकीय अपेक्षित है। क्यों लिखूँ ? लेखकीय ? अथवा नाटक ? और कब ? क्यों ? और कैसे ? शून्य में भटक रहा हूँ, क्या इसी में विलीन हो जाऊँगा ? क्या यही मेरी नियति है, मोहन राकेश की तरह ? उनकी मृत्यु भौतिक थी, मेरी रचनात्मक ? सो अलविदा, लेखकीय।

अभी आलेख ही नहीं है तो निर्देशन क्या ? वही शून्य की ओर ? या अस्तित्व बचाने के लिए बाजीगरों की तरह अपनी टोपी में से कबूतर, खरगोश या कुछ और निकालूं ? लेकिन क्या ?... और अगर हाथी भी निकाल लूं तो उसे कोई स्वीकार कर पाएगा ?... फ़ेलिनी जैसा सामर्थ्य नहीं है मुझमें, कि अपने 'क्रिएटिव मॉनोपॉज़' की इस जानलेवा उथल-पुथल को 8½ (सुप्रसिद्ध फ़िल्क-सं०) की तरह प्रस्तुत करके शून्य को सार्थक और जीवन्त बना दूं। सो अलविदा, निर्देशकीय भी। अलविदा।

प्रतिभा अग्रवाल (कलकत्ता)

'पैर तले की ज़मीन' भी आधुनिक जीवन की विसंगति, अवसाद एवं घुटन को लेकर लिखा गया नाटक है। इस नाटक की मूल प्रवृत्ति अस्तित्ववादी है, परिवेश घर से बाहर कश्मीर में एक टूरिस्ट क्लब है। पात्र सब अलग-अलग हैं तथापि नियति ने उस एक दिन के लिए उन्हें एक स्थल पर ला रखा है और अचानक भयंकर बाढ़ के कारण टूरिस्ट क्लब को शहर से जोड़ने वाला पुल टूटने लगता है और उनका सम्पर्क बाहर की दुनिया से कट जाता है। आसन्न मृत्यु की छाया में उन पात्रों की परिवर्तित मनोवृत्ति का बड़ा मनोवैज्ञानिक विश्लेषण एवं चित्रण राकेश ने किया है। कुछेक घंटों बाद बाढ़ के पानी के कम होने की सूचना मिलती है, टेलीफोन की घंटी बज उठती है, जीवन के बचने का आश्वासन मिलता है, सब पुनः पहले की मनःस्थिति को प्राप्त होते हैं।

राकेश इस नाटक को अप्रने जीवनकाल में पूरा नहीं कर सके थे। जिस दिन उनकी मृत्यु हुई थी उस दिन भी वे इस पर काम कर रहे थे, टाइपराइटर पर लगे पृष्ठ पर इसी के संवाद लिखे जा रहे थे। उनकी मृत्यु के बाद, उनकी डायरियों में मिले नोटों के आधार पर उनके अभिन्न मित्र कमलेश्वर ने इसे पूरा किया। पहला अंक स्वयं राकेश लिख गये थे, दूसरा उन्होंने लिखा। यह कहना बड़ा कठिन है कि राकेश स्वयं इस नाटक को पूरा करते तो इसका स्वरूप क्या होता। भाषा के स्तर पर राकेश जो कार्य कर रहे थे, उसका वे अपनी नवीनतम कृति में क्या उपयोग करते, कैसे करते, पता नहीं। नाटक जैसा बन पड़ा है उसमें वह कोई विशेष प्रभाव नहीं छोड़ता। कुछेक प्रस्तुतियां हुई हैं तथापि वे प्रभावहीन रहीं।

'पैर तले की जमीन' के प्रदर्शन

1. अभियान, नई दिल्ली। निर्देशक—राजिन्दर नाथ। 1974
2. अभिनेत, चंडीगढ़। निर्देशक—अतुलवीर अरोड़ा। 1979

कुछ और सामग्री

हिंदी रंगान्दोलन में राकेश का योगदान

जयदेव तनेजा (नयी दिल्ली)

कुछ नाटककारों में बीज बोने की क्षमता होती है। अपने लेखन से वे ऐसे वातावरण का सृजन करते हैं जिससे दूसरों में प्रतिक्रिया होती है और लिखने की प्रेरणा जन्मती है। मोहन राकेश ऐसे ही नाटककार थे। उनकी अकाल मृत्यु से भारतीय नाट्य-आंदोलन की तो दुःखद क्षति हुई ही, हिंदी नाट्य की विशेष रूप से हुई।

भारतीय नाट्य-आंदोलन के संदर्भ में मोहन राकेश की विशिष्ट भूमिका और उनके महत्त्वपूर्ण योगदान को रेखांकित करने वाले ये शब्द आधुनिक भारतीय रंगांदोलन के प्रमुख आधार-स्तंभ एवं हमारे समय के शीर्षस्थ रंगशिल्पी इब्राहिम अलकाज़ी के हैं। यह कहना तो अतिशयोक्ति ही होगी कि राकेश से पहले हिंदी में श्रेष्ठ और महत्त्वपूर्ण नाटक लिखे ही नहीं गये। भारतेंदु हरिश्चंद्र के नाट्य-लेखन एवं रंगकर्म ने आधुनिक हिंदी रंगमंच की समर्थ और सही शुरुआत की थी। जयशंकर प्रसाद के नाटकों ने इस विधा को काव्यात्मकता, दार्शनिकता और कलात्मकता देकर नयी गरिमा और प्रतिष्ठा प्रदान की। लक्ष्मीनारायण मिश्र ने इसे समकालीन यथार्थ से जोड़कर सामान्य व्यक्ति की समस्याओं के चित्रण का माध्यम बनाया। आज़ादी के बाद जगदीश चंद्र माथुर तथा धर्मवीर भारती के 'कोणार्क' एवं 'अंधा युग' जैसी महत्त्वपूर्ण नाट्य-कृतियों का प्रकाशन भी राकेश के आगमन से पूर्व हो चुका था। और मध्यवर्गीय स्त्री-पुरुष संबंधों के विश्लेषण-विवेचन की दृष्टि से भी भुवनेश्वर, उपेंद्रनाथ अश्क और लक्ष्मीनारायण लाल का कृतित्व सामने आ चुका था। परंतु वास्तविकता यह है कि इस सबके बावजूद जून, 1958 में प्रकाशित राकेश का नाटक 'आषाढ का एक दिन' आधुनिक हिंदी नाटक और रंगमंच के नये आंदोलन के श्रीगणेश का सबसे पहला, विशिष्ट और महत्त्वपूर्ण प्रमाण है।

भारतेंदु ने प्राचीन और नवीन के साथ अपने समसामयिक पारसी थिएटर की रंग-रूढ़ियों का प्रयोग करते हुए बेशक एक अच्छी शुरुआत की थी। लेकिन प्रसाद के अलगाववादी दृष्टिकोण तथा उनके 'महान' साहित्यिक नाटकों के कारण हिंदी रंगमंच की यह धारा वहीं अवरुद्ध होकर रह गयी। लक्ष्मीनारायण मिश्र के नर-नारी संबंधों की बौद्धिक और मनोवैज्ञानिक व्याख्या करनेवाले समस्या नाटक सतही परिस्थितियों, निर्जीव चरित्रों, गतिहीन-कृत्रिम संवादों तथा रंगमंच के आंतरिक काव्य से रहित होने के कारण अरंगमंचीय एवं प्रभावहीन सिद्ध हुए। भुवनेश्वर के नाटक

पाश्चात्य नाट्य-रचनाओं के प्रभाव से आक्रांत होने तथा अपने समय से काफ़ी आगे की समस्याओं के चित्रण के कारण उपेक्षित रह गये। उपेंद्रनाथ अश्क और जगदीश चंद्र माथुर ने, विशेषकर जगदीश चंद्र माथुर ने, नाटकों में सहज स्वाभाविकता और नाटकीयता के जिस मिश्रण का सूत्रपात किया, उसकी महत्त्वपूर्ण परिणति 'आषाढ़ का एक दिनः' में हुई (है)। अवश्य ही 'अंधायुग' इससे पहले लिखा जा चुका था, पर उसका प्रभाव नाटक और रंगमंच पर बहुत कम पड़ा, और पड़ा भी तो कुछ बाद में ही दृष्टिगोचर हुआ—अपने विशेष रूपबंध और शैली के कारण उसका इतना व्यापक होना संभव भी न था।'[1] ('अंधायुग' का पहला प्रस्तुतीकरण 'थिएटर यूनिट', बंबई द्वारा सत्यदेव दुबे के निर्देशन में नवंबर **1962** में किया गया था)

निश्चय ही 'अंधा युग' ने भारतीय रंग-परिदृश्य में हिंदी नाटक एवं रंगमंच को उच्च स्तर पर प्रतिष्ठित करने में उल्लेखनीय भूमिका निभायी है। परंतु इसमें भी संदेह नहीं कि संवेदनशील दृष्टि, अतीतोन्मुखी कथानक एवं चरित्रों के आधुनिक उपयोग, कथ्य और शिल्प की प्रभावी अन्विति, नाट्य-भाषा की तलाश, पात्रों की आंतरिकता से उद्भूत स्वाभाविक एवं विश्वसनीय संवाद-लय की उपलब्धि, दार्शनिकता, काव्यात्मकता तथा प्रतीकमयता के नाटकीय इस्तेमाल जैसी अनेक विशेषताओं के कारण 'आषाढ़ का एक दिन' तथा 'लहरों के राजहंस' ने हिंदी नाट्य-लेखन और रंगकर्म को एक गंभीर, दायित्वपूर्ण, सांस्कृतिक, कलात्मक और महत्त्वपूर्ण रचनात्मक क्रिया-कलाप कें रूप में व्यापक स्वीकृति दिलाने, राष्ट्रीय स्तर पर प्रतिष्ठित कराने तथा अपनी वैविध्यपूर्ण बहुसंख्य प्रस्तुतियों से नये हिंदी रंगांदोलन को दो-चार महानगरों के सीमित दायरे से आगे बढ़ाकर छोटे-बड़े नगरों एवं क़स्बों तक फैलाने की दृष्टि से एक निर्णायक भूमिका का निर्वाह किया है।

'आषाढ़ का एक दिन' के अब तक लगभग साठ प्रस्तुतीकरण हो चुके हैं। और अंग्रेज़ी, असमिया, कन्नड़, मराठी, गुजराती, पंजाबी तथा मणिपुरी जैसी अन्य भाषाओं में भी इसकी बारह से भी अधिक प्रस्तुतियों का होना, हिंदी रंगमंच की वर्तमान स्थिति को देखते हुए, एक गौरवमय कीर्तिमान है। 'लहरों के राजहंस' जैसे कठिन एवं व्ययसाध्य नाटक के अठारह अभिमंचन हो जाना भी कम महत्त्व की बात नहीं है।

ब० व० कारंत की धारणा है कि 'अलकाज़ी द्वारा प्रस्तुत 'आषाढ़ का एक दिन' से पहले हिंदी रंगमंच था ही नहीं।' अतः स्पष्ट है कि आधुनिक हिंदी नाटक रंगमंच और दृष्टि से 'आषाढ़ का एक दिन' न केवल इस क्षेत्र में व्याप्त साहित्यिक और रंगमंचीय नाटक जैसे भ्रामक एवं ग़लत वर्गीकरण को तोड़कर एक सार्थक रंग परंपरा का सूत्रपात करता है, बल्कि स्वयं को इसकी श्रेष्ठतम उपलब्धियों में से एक ऐसी महत्त्वपूर्ण रचना भी सिद्ध करता है जिसने गंभीर हिंदी रंगकर्म को कई स्तरों

पर प्रभावित करके वयस्क बनाया।

1963 में प्रकाशित 'लहरों के राजहंस' ने 'आषाढ़ का एक दिन' जैसी अभूतपूर्व सफलता भले ही न पायी हो, किंतु इसने हिंदी नाट्य-परंपरा को समृद्ध और रंगांदोलन को तीव्र करने में अपनी उल्लेखनीय भूमिका अवश्य निभायी है। 1968 में इसके परिवर्तित रूप की लेखन-प्रक्रिया में नाटककार और निर्देशक के रचनात्मक सहयोग एवं रंग-सृष्टि में उनकी अन्योन्याश्रित भूमिका की सीमा और शक्ति को भी व्यावहारिक एवं प्रामाणिक स्तर पर रेखांकित किया।

इसके बाद, 1969 में, बहुचर्चित 'आधे अधूरे' सामने आया, जिसने रंगमंच, रेडियो, दूरदर्शन और सिनेमा—सभी प्रस्तुति-माध्यमों पर अपनी अपार सफलता तथा प्रशंसा के द्वारा हिंदी रंगांदोलन को एक नया स्तर एवं उत्कर्ष प्रदान किया। इसके देशव्यापी बहुसंख्य नाट्य-प्रदर्शनों ने जहाँ एक ओर शौक़िया रंगमंच को विस्तार दिया, वहीं दूसरी ओर प्रशिक्षित कलाकारों के लिए नियमित, रंगमंच की संभावना के द्वार खोल दिये।

यह आकस्मिक नहीं है कि दिल्ली की नाट्य-संस्था 'दिशांतर' तथा कलकत्ता की 'अनामिका' ने अपने 'सप्ताहांत रंगमंच' और 'नियमित नाट्य-प्रदर्शन' के महत्त्वाकांक्षी कार्यक्रमों का शुभारंभ राकेश के 'आधे अधूरे' से ही किया। दिल्ली दूरदर्शन से नाट्य-प्रदर्शन की एक नयी शृंखला, 'थिएटर टुडे' का श्रीगणेश भी इसी नाटक से हुआ और आज तक समकालीन श्रेष्ठ, गंभीर एवं सार्थक भारतीय नाट्य-रचनाओं में यह हिंदी का सर्वाधिक मंचित, चर्चित और प्रशंसित नाटक बना हुआ है। हिंदी रंग-क्षेत्र के एक बहुत बड़े दर्शक-वर्ग ने 'आधे अधूरे' से ही नाटक देखना शुरू किया। हिंदी रंगमंच पर 'आधे अधूरे' ही शायद हिंदी का एकमात्र मौलिक नाटक है जो सबसे ज़्यादा खेला गया और पसंद किया गया। पहली बार इसने साहित्यिक और रंगमंचीय नाटक के भ्रामक अंतर का भी मिटाया।

पार्श्व-नाटक 'छतरियाँ' (मैड डिलाइट), बीज नाटक 'शायद' और 'हँ', तथा 'बहुत बड़ा सवाल' जैसे अपने अन्य प्रयोगधर्मी छोटे नाटकों के माध्यम से राकेश ने प्रशिक्षण तथा रंग-शिविरों के नवोदित एवं उत्साही कलाकारों में नयी संवेदना तथा समग्र रंग-दृष्टि के प्रसार का महत्त्वपूर्ण दायित्व निभाया।

इसी प्रकार, बंबई की व्यावसायिक फ़ार्मूला फ़िल्मों के अटूट एवं सुदृढ़ ढाँचे के समांतर नयी और कला फ़िल्मों के सार्थक आंदोलन की शुरुआत का श्रेय भी राकेश की रचनाओं पर बनी 'उसकी रोटी' तथा 'आषाढ़ का एक दिन' जैसी फ़िल्मों को दिया जाता है। रेडियो तथा दूरदर्शन पर नाटक को लोकप्रिय एवं समृद्ध बनाने में मोहन राकेश के योगदान को नकारा नहीं जा सकता। 'कहानी का रंगमंच' नामक अपेक्षाकृत नये रंग-प्रयोगों के क्षेत्र में भी राकेश की 'अपरिचित', 'परमात्मा का कुत्ता'

और 'मलबे का मालिक' जैसी कहानियों ने एक उल्लेखनीय भूमिका का निर्वाह किया है। 'विज़न्स 1919' के द्वारा राकेश ने नाट्य-लेखन के एक मौलिक तथा नये आयाम का उद्घाटन किया। जलियांवाला बाग़ के नृशंस हत्याकांड पर आधारित ध्वनि, प्रकाश और अभिनेता के सहयोग से अमृतसर में 14 अप्रैल, 1969 को प्रस्तुत राकेश के इस अभिनव प्रथम रंग-प्रयोग की एक लंबी परंपरा आज तक चली आ रही है।

यह सत्य है कि साहित्यकार के रूप में मोहन राकेश को स्वीकृति और प्रतिष्ठा पहले नये कहानीकार के रूप में ही मिली। वह हिंदी के एक प्रमुख कथाकार हैं। परंतु जैसा कि डा० इंद्रनाथ मदान का मत है, 'राकेश पहले भी नाटककार हैं और अंत में भी नाटककार ही हैं।' अंधेरे बंद कमरे, न आने वाला कल, सादा अंतराल, में ही नहीं, बल्कि एक और ज़िंदगी, सुहागिन, अपरिचित, चौगान, खाली, मिस पाल, फ़ौलाद का आकाश, सेफ़्टी पिन और आखिरी सामान जैसी अनेक कहानियों में भी व्यक्ति मानवीय संबंधों की जटिलता, स्थितियों की नाटकीय विडंबना, चरित्रों की अस्थिरता एवं अनिश्चिततापूर्ण विभाजित मानसिकता, नियतिवाद की स्वीकृति, अंतरंग, अनौपचारिक लय, और समय के साथ टूटते-बदलते मूल्यों की पहचान जैसी विशेषताएँ उनके कथा-लेखन को नाट्य-लेखक के पूर्वाभ्यास-सा सिद्ध करने लगती हैं। राकेश ने बहुत जल्दी नाटक को आज की केंद्रीय एवं सर्वाधिक सशक्त विधा के रूप में स्वीकार कर लिया और पूर्ववर्ती लेखन से प्राप्त औज़ारों का अत्यंत कुशल एवं प्रभावी प्रयोग अपने नाट्य-लेखन में किया।

मोहन राकेश को प्रायः केवल मध्यवर्ग के तंग दायरे में भटकनेवाला आत्मसीमित लेखक कहकर उनके योगदान एवं प्रभाव को कम करने की कोशिश की गयी है। लेकिन वास्तविकता यह है कि 'इस देश के वासी, भले ही वह शहरी हों या फिर देहात के ही क्यों न हों, या कि निम्न, मध्य या उच्च वर्ग के हों, सभी पूर्णतया मध्यवर्गीय बनते जा रहे हैं।' और इसलिए राकेश का यह तर्क अपनी जगह सही प्रतीत होता है कि, 'अगर हमारी पूरी आस-पास की ज़िंदगी इस मध्यवर्गीय प्रवृत्ति को लिये हुए है, तो मैं नहीं समझता कि हम इससे हटकर कुछ और भी लिख सकते हैं। इसलिए इसका अर्थ यह भी हुआ कि इस प्रकार का लेखन केवल एक ही वर्ग तक सीमित नहीं है, कहिये पूरे देश की मनोवृत्ति को लेकर ही लिखा जा रहा है।'

संभवतः यही कारण है कि विश्वसनीयता, प्रामाणिकता और प्रभावोत्पादकता की दृष्टि से, कुछेक अपवादों को छोड़कर, प्रायः हमारी अधिकांश आधुनिक श्रेष्ठ नाट्य-रचनाएँ मध्यवर्गीय स्त्री-पुरुष संबंधों को ही अलग-अलग कोणों तथा धरातलों से उद्घाटित करने का प्रयास करती हैं।

यह सत्य है कि 1975-76 के आस-पास भारतीय सामाजिक एवं राजनैतिक

जीवन में भारी परिवर्तन आया है और उसका स्पष्ट प्रभाव समकालीन लेखन और रंगमंच पर भी पड़ा ही है। प्रतिबद्ध रंगमंच और मंच-मुक्त नाटकों की बढ़ती हुई लोकप्रियता इसका स्पष्ट प्रमाण है। परंतु इस तथ्य को भी नकारा नहीं जा सकता कि जीवन, साहित्य और कला की इन बदलती हुई परिस्थितियों के बावजूद राकेश के नाटकों की लोकप्रियता में कोई बुनियादी अंतर नहीं आया है।

इस संदर्भ में तथ्य यह है कि मुझे प्राप्त हुई सूचनाओं के अनुसार 'आषाढ़ का एक दिन' के अब तक लगभग **60** प्रस्तुतीकरण हो चुके हैं, जिनमें से **24** राकेश के जीते-जी और **36** उनकी मृत्यु के बाद किये गये। 'लहरों के राजहंस' के लगभ **18** अभिमंचन हुए हैं। इनमें से **7** राकेश के सामने और **11** उनके बाद हुए। 'आधे अधूरें' में भी यह अनुपात लगभग **16** और **34** का है। यही नहीं, 'छतरियाँ' के शिमला वर्कशाप के प्रयोगों के अतिरिक्त **21** अन्य प्रस्तुतीकरण हुए हैं, और ये सबके सब राकेश की मृत्यु के बाद ही किये गये हैं। 'बहुत बड़ा सवाल', 'शायद' और 'हँ' के, तथा उनके अन्य एकांकियों के अधिकांश प्रदर्शन भी नाटककार की चिर-अनुपस्थिति में ही हुए हैं। इसलिए सच तो यह है कि, सुप्रसिद्ध नाट्य समीक्षक नेमिचद्र जैन के शब्दों में 'कई ऐतिहासिक कारणों से हिंदी नाटक और रंगमंच के क्षेत्र में राकेश 'मील का पत्थर' बन गये और दिलचस्प बात यह है कि आज दस वर्ष बाद भी स्थिति में कोई अंतर नहीं आया है।'

मोहन राकेश ने व्यापक स्तर पर हिंदी नाट्य-लेखन को प्रभावित किया है। राकेश के बाद यदि सर्वाधिक गंभीर, श्रेष्ठ और प्रभावशाली किसी एक हिंदी नाटककार का नाम लिया जा सकता है तो वह है सुरेंद्र वर्मा। यह संयोग नहीं है कि वह राकेश से कई स्तरों पर प्रभावित हैं और उन्हें कई बार राकेश की मानस-संतान तक कह दिया जाता है। सुरेंद्र वर्मा के नाटक 'सेतु बंध' तथा 'आठवाँ सर्ग', 'आषाढ का एक दिन' की तथा 'सूर्य की अंतिम किरण से सूर्य की पहली किरण तक', 'लहरों के राजहंस' की याद दिलानेवाली रचनाएँ हैं, तो 'द्रौपदी' एकदम 'आधे अधूरे' का ही उतरा हुआ आक्रामक रूप है।

राकेश मरते समय सरदार पटेल तथा जवाहरलाल नेहरू को ध्यान में रखकर ऐतिहासिक परिवेश के आधुनिक राजनैतिक नाटक 'चाणक्य ओर चंद्रगुप्त' (संभावित नाम) की तैयारी में लगे थे, तो सुरेंद्र वर्मा का नया नाटक 'छोटे सैयद बड़े सैयद' भी उत्तर मुग़ल काल के बहाने से समकालीन राजनैतिक उथल-पुथल को पेश करता है। कथ्य, परिवेश, शैली, शिल्प, भाषा, संवाद, सौन्दर्य-बोध और समस्या की दृष्टि से हिंदी के ये दोनों नाटककार, कई स्पष्ट एवं प्रकट असमानताओं के बावजूद, एक-दूसरे के बहुत निकट पड़ते हैं।

यही नहीं, **1972** से **75-76** के बीच का संपूर्ण हिंदी नाट्य-लेखन राकेश के

'आधे अधूरे' की छाया से बुरी तरह आक्रांत है। डा० लक्ष्मीनाराण लाल का 'करफ़्यू', उपेंद्रनाथ अश्क का 'लौटता हुआ दिन', रमेश बक्षी का 'देवयानी का कहना है', मुद्राराक्षस का 'तिलचट्टा' और 'तेंदुआ', शांति मेहरोत्रा का 'एक और दिन' तथा 'ठहरा हुआ पानी', शोभना सिद्दकी का 'शायद हाँ', मृदुला गर्ग का 'एक और अजनबी' इत्यादि स्पष्टतः राकेश-परंपरा के ही नाटक हैं। इसी प्रकार 'सगुनपंछी' और 'व्यक्तिगत' (लाल), 'संभोग से संन्यास तक' तथा 'अप्रत्याशित' (सत्यदेव दुबे), 'अरे, मायावी सरोवर' (शंकर शेष), 'चार यारों की यार' (सुशील कुमार सिंह), 'गुफाएँ' (मुद्राराक्षस), 'कृति-विकृति' (ना.ग. बोडस), 'चारपाई' (रामेश्वर प्रेम) तथा अनेक छोटे नाटकों पर भी कमोबेश उस असर को देखा जा सकता है।

हिंदी में स्त्री-पुरुष संबंधों के शाश्वत प्रश्न की अलग-अलग कोणों से की जानेवाली गहरी, सूक्ष्म और गंभीर छान-बीन की कोशिश के मूल में कहीं-न-कहीं राकेश के नाटक ही विद्यमान रहे हैं। दिलचस्प तथ्य यह है कि उस दौर में लिखे गये गिरीश करानाड के 'ययाति' तथा 'हयबदन' (कन्नड़), बादल सरकार के 'सारी रात' और 'पगला घोड़ा' (बंगला), तथा विजय तेंडुलकर, चिंतामणि खानोलकर, महेश एलकुंचवार, अच्युत वझे और सतीश आलेकर जैसे मराठी नाटककारों के बहुसंख्य नाटक भी मध्यवर्गीय स्त्री-पुरुष संबंधों और बदलते हुए इंसानी रिश्तों की कश्मकश के ही नाटक हैं।

भाषा, संवाद और रंग-शिल्प के स्तर से भी राकेश ने हिंदी नाटक को एक नयी जागरूकता और चेतना प्रदान की है। यद्यपि इस दिशा में राकेश की तलाश और उपलब्धि को आगे बढ़ाने का बुनियादी और कठिन काम सुरेंद्र वर्मा को छोड़कर किसी दूसरे नाटककार ने नहीं किया, फिर भी नाटककारों की मानसिकता पर किसी-न-किसी रूप में उनका परोक्ष प्रभाव तो पड़ा ही है।

मोहन राकेश एक सम्पूर्णतावादी (परफ़ेक्शनिस्ट) नाटककार थे। उन्होंने दूसरों के तो क्या, स्वयं अपने ही आजमाये हुए नुक़्तों और सफल नुस्खों का सदैव बहिष्कार करके मौलिक रचनात्मक लेखन का कठिन किंतु सही रास्ता अपनाया। यह उनके इस दृष्टिकोण और आत्म-निषेध की जबरदस्त शक्ति का ही परिणाम है कि वह अपने प्रत्येक नाटक के कई-कई प्रारूप तैयार करने के बाद ही उसे अंतिम रूप देते थे और अपने जीवन काल में केवल तीन नाटकों की रचना कर सके। उन्होंने शीर्षस्थ निर्देशकों और महत्त्वपूर्ण नाट्य-दलों के साथ मिलकर भी काम किया, किंतु रचना सृष्टि की दृष्टि से उन्होंने अपनी ज़मीन और अपना मोर्चा कभी नहीं छोड़ा। किसी भी आकर्षण या लालच में आकर, लेखकीय स्तर पर, कभी कोई समझौता नहीं किया। उन्होंने शिमला वर्कशाप में प्रयोग के ही विशिष्ट उद्देश्य से लिखित 'छतरियाँ' को छोड़कर नाट्य-निर्देशकों की अहंपूर्ति, प्रयोग एवं सुविधा के

के उच्च-भाव के कारण, और कुछ हिंदी में किसी राष्ट्रीय स्तर के श्रेष्ठ नाटककार के अभाव के कारण, हिंदी का कोई नाटक इन भाषाओं में मंचित नहीं हुआ था, जबकि उस समय का हिंदी रंगमंच देशी-विदेशी अनुवादों से ही पटा पड़ा था। राकेश के नाटकों ने पहली बार सम्मानपूर्ण आदान-प्रदान की शुरुआत की और उनके नाटक रंगकर्म की दृष्टि से सक्रिय लगभग सभी भारतीय भाषाओं में अनूदित और मंचित होकर राष्ट्रीय स्तर पर चर्चित हुए। 'यह उनके व्यक्तित्व का प्रभाव या मित्रों की साज़िश नहीं है कि देश के चार प्रमुख भारतीय नाटककारों में राकेश भी एक हैं। यह उनके कृतित्व की ही शक्ति का स्वाभाविक परिणाम है।'

राकेश के नाटक स्वयं रंगकर्मियों के लिए अपनी प्रतिभा और क्षमता रखने के साधन रहे हैं। जिस प्रकार विश्व के लगभग सभी उल्लेखनीय निर्देशक कभी-न-कभी शेक्सपियर से ज़रूर टकराना चाहते हैं और उसी से उन्हें अपनी रंग-सामर्थ्य का प्रमाण मिलता है, ठीक उसी प्रकार हमारे समय में, अपनी तमाम कमियों और सीमाओं के बावजूद, राकेश के नाटकों ने एक रचनात्मक चुनौती प्रस्तुत करके भारतीय रंगकर्मियों को अपनी ओर आकृष्ट किया है। यही कारण है कि राकेश का नाट्य-व्यक्तित्व आज भी आधुनिक भारतीय रंग-परिदृश्य में एक कालजयी कीर्तिस्तंभ की तरह खड़ा है।

('नटरंग-43 से)

अन्तस्सूत्र

जगदीश शर्मा (जोधपुर)

राकेश के तीनों नाटकों के अन्त में आये हुए लंबे संवादों के मूल में पात्रों की भावावेशमयी मनोदशा का काफ़ी हाथ रहा है। यदि उसके साथ परिस्थितिप्रेरित भावावेश न जुड़ा होता तो लम्बे संवाद नाटकों के अन्त को अवश्य बोझिल बना देते, जिससे उनके प्रभाव की गहरी क्षति होती।

इस तनाव और टूटन में लेखक की अस्तित्ववादी दृष्टि अन्तर्निहित है। अपने नाटकीय लाघव के बल पर राकेश ने अपने दृष्टिकोण की दार्शनिकता को मुखर नहीं होने दिया है। वह कथा-स्थितियों, प्रतीकों और संवेदनाशीलता में घुल गयी है फिर भी दार्शनिकता सर्वथा अनचीन्ही न रह जाये, इसलिए उसके संबंध में लेखक ने एकाध स्थान पर संकेत कर दिया है। 'आषाढ़ का एक दिन' में मुक्ति की तलाश में असफल हुए व्यक्ति की यन्त्रणा अंकित की गयी है। काश्मीर के शासन को त्याग कर आया कालिदास कहता है : 'सत्ता और प्रभसत्ता का मोह छूट गया है। आज मैं उस सबसे मुक्त हूं जो वर्षों से मुझे कसता रहा है। काश्मीर में लोग समझते हैं कि मैंने संन्यास ले लिया है। परन्तु मैंने संन्यास नहीं लिया। मैं केवल मातृगुप्त के कलेवर से मुक्त हुआ हूं··· ।' उसका मन मुक्ति के लिए पहली बार तब व्याकुल हुआ जब काश्मीर जाते समय अपने गाँव से गुजरते हुए उसने अपने आगमन पर लोगों को उत्सव मनाते देखा था।' परन्तु उस समय मुक्त होना संभव नहीं था।' मुक्त होना क्या कभी संभव है ? 'आषाढ़ का एक दिन' से ही नहीं, 'आधे अधूरे' से भी यही उत्तर मिलता है कि मुक्ति दुर्लभ है। 'आधे अधूरे' की नायिका मुक्ति के लिए तड़पती है। जगमोहन के साथ हुई स्त्री की बातचीत की कल्पना के बहाने जुनेजा मुक्ति के लिए उसकी तलाश पर प्रकाश डालता है : 'तुम जैसे भी हो अब इस घर से छुटकारा पा लेना चाहती हो। लेकिन चाहने से क्या होता है।'

मुक्ति के समान ही वरण की स्वतंत्रता भी सुलभ नहीं है। स्त्री जगमोहन से कहती है: 'मैंने कल एक फैसला कर लिया है मन में। ··· वैसे उन दिनों भी सुनी होगी तुमने ऐसी बात मेरे मुँह से ··· पर इस बार सचमुच कर लिया है ?' थोड़ी देर बाद ही स्पष्ट हो जाता है कि ऐसे फैसले रखे ही रह जाते हैं क्योंकि मनुष्य वरण की स्वतंत्रता से वंचित है। स्त्री को इस वास्तविकता से अवगत कराता हुआ जुनेजा कहता है : 'फिर भी तुम्हें लग रहा है कि तुम चुनाव कर सकती हो। लेकिन दायें से हट कर बायें, सामने से हट कर पीछे, इस कोने से हट कर उस कोने में—क्या

सचमुच कहीं कोई चुनाव नज़र आया है तुम्हें।' जगमोहन ने भी कभी स्त्री से कहा था : 'सोचने से कुछ होना हो, तब तो सोचे भी आदमी।' 'आषाढ़ का एक दिन' का कालिदास 'इच्छा के साथ समय का द्वन्द्व' देखकर इसी निष्कर्ष पर पहुँचा है कि 'समय अधिक शक्तिशाली है क्योंकि··· क्योंकि वह प्रतीक्षा नहीं करता।' 'आधे अधूरे' का जगमोहन भी इस सचाई से परिचित है, इसलिए वह कहता है : 'कल और आज में फर्क़ होता है।' 'कल और आज' का यह फर्क़ ही नन्द से निर्णय की स्वतंत्रता छीन लेता है।

मनुष्य की स्वतंत्रता का हनन सबसे अधिक मृत्यु के हाथों होता है। इसीलिए 'लहरों के राजहंस' में कमलताल की लहरों पर उतरती हुई छाया को देखकर श्यामांग 'प्रकाश की एक किरण, केवल एक किरण' के लिए चिल्लाता रहता है और व्याघ्र के साथ द्वन्द्व में क्षत-विक्षत नन्द को लगता है : 'मैं चौराहे पर खड़ा एक नंगा व्यक्ति हूं जिसे सभी दिशाएं लील लेना चाहती हैं और अपने को ढकने के लिए उसके पास कोई आवरण नहीं है।' वह मानता है कि 'जिये जाने से जीवन धीरे-धीरे चुक जाता है। कि हर उन्मेष का परिणाम एक निमेष है और काल के अनन्त विस्तार में निमेष और उन्मेष दोनों अस्थायी हैं। दुख सुख नहीं है, काई पर फिसलते हुए पाँव का एक स्पन्दन-मात्र है, मात्र रेत में डूबती हुई बूँद की अकुलाहट···' फिर भी अस्तित्व को निरर्थक मानने के पक्ष में वह नहीं है, इसलिए पूछता है : 'परन्तु वह स्पन्दन, वह अकुलाहट क्या जीवन का पूरा अर्थ, जी लेने का कुल पुरस्कार नहीं है ?' ऐसा है, तभी तो वह मानता है: 'मन में मृत्यु का भय है··· किसी भी प्रकार की मृत्यु का··· परन्तु उस भय के साथ एक आकर्षण भर दिया गया है। अस्तित्व और अनस्तित्व के बीच मेरी चेतना को एक प्रश्न-चिह्न बनाकर छोड़ दिया गया है।' 'अस्तित्व की यातना' की संकल्पनात्मक परिणति राकेश के जीवन में—दर्शन को एक स्वस्थ धरातल प्रदान करती है : 'लगता है अभी और लड़ना है, बहुत लड़ना है··· ऐसे किसी से जिसके पास लड़ने के लिए भुजाएं नहीं हैं।' नन्द भले ही निर्णय न ले पाये, लेकिन वह गौतम बुद्ध के मृत्यु संवेदित वैराग्य-धर्म की ऋणात्मकता के विरुद्ध जीवन-लालसा के द्वन्द्व को पूरी प्रखरता के साथ उजागर करता है।

('मोहन राकेश की रंगसृष्टि' से)

तीनों नाटक एक साथ

प्रतिभा अग्रवाल (कलकत्ता)

'आषाढ़ का एक दिन', 'लहरों के राजहंस' और 'आधे-अधूरे' को एक साथ रखकर देखें तो तीनों का स्त्री-पुरुष सम्बन्ध एक-सा भी लगता है और कई मानों में अलग भी। उन्हें परस्पर विकास कहना तो ठीक नहीं तथापि सम्बन्धों का बिखराव और घनीभूत होता गया है, इसमें संदेह नहीं। 'आषाढ़ का एक दिन' की मल्लिका और कालिदास का सम्बन्ध बड़ा मधुर है, प्रिय है, भावनाओं के स्तर पर अत्यन्त घनिष्ठ है। मल्लिका 'भावना में भावना का वरण' करने की बात करती है, कालिदास की उन्नति हो, इस उद्देश्य से उसे राजधानी भेज देती है, लौटने पर भी उसे अंगीकार करने को तैयार रहती है पर उसका कटु यथार्थ कालिदास को सह्य नहीं हो पाता। वह चला जाता है पर पीड़ा और कसक के साथ। मल्लिका तो विगलित रहती ही है। 'लहरों के राजहंस' में नन्द और सुन्दरी विवाहित हैं, उनमें तनाव है, अहम् का बोध है, एक-दूसरे की त्रुटि का ज्ञान है, एक-दूसरे को न समझ पाने की स्थिति है, एक-दूसरे के प्रति कटुता और रिक्तता है। तीसरे अंक में नन्द और सुन्दरी दोनों एक-दूसरे पर दोषारोपण करके आत्मसंतोष पाते हैं। नन्द घर में नहीं रह पाता, सुन्दरी उसे रोक नहीं पाती। 'आषाढ़ का एक दिन' की तरह 'लहरों के राजहंस' के नायक-नायिका भी विलग होते हैं तथा तीखी कडुआहट, असंतोष और पराजय के भाव के साथ। लगता है उनकी नियति यही रही कि वे कभी सुख और पूर्णता का अनुभव न करें। 'आधे अधूरे' और आगे की कड़ी है। इसके नायक-नायिका विवाहित ही नहीं, बाल-बच्चों वाले हैं। पाँच व्यक्तियों के इस परिवार की स्थिति और भी खराब है। अलगाव, घुटन, पीड़ा, कडुआहट इतनी अधिक है कि उससे किसी की मुक्ति नहीं—न अधेड़ महेन्द्रनाथ की, न किशोरी किन्नी की। नाटक के प्रारम्भ से जो खिट्-खिट् होती है वह अन्त तक चलती रहती है। ऐसा लगता है जैसे इस परिवार के सभी व्यक्ति अभिशप्त हैं घुटन में दिन बिताने के लिए। कालिदास और नन्द पता नहीं कभी मल्लिका और सुंदरी के पास लौटे या नहीं, पर महेन्द्रनाथ सावित्री के पास लौट आया है—वैसें ही जैसे बराबर न लौटने का इरादा करके जाने के बावजूद लौटता रहा है। राकेश ने अपने सभी नाटकों में ऐसी स्थितियाँ खड़ी की हैं, ऐसे पात्र लिये हैं जो असफल प्रेम या असंतुष्ट दाम्पत्य जीवन से गुजरते हैं, जो कभी पूर्णता का अनुभव नहीं करते, आनन्द की प्राप्त नहीं करते।

मोहन राकेश से परिचय का प्रारम्भ हुआ 'आषाढ़ का एक दिन' के माध्यम

से। सन् 1960 में 'अनामिका' ने इसका मंचन किया, मैंने अम्बिका के रूप में अभिनय। सन् 1959 में इस नाटक को 'संगीत-नाटक अकादमी' का पुरस्कार प्राप्त हो चुका था। सम्भवतः राकेश से व्यक्तिगत परिचय हुआ सन् 1961 में, जब 'भारतीय हिन्दी परिषद' के कलकत्ता अधिवेशन के लिए हमने 'आषाढ़' को पुनः मंचति किया। राकेश को हम लोगों ने ही बुलाया था। उन दिनों यह कोशिश करते थे कि प्रस्तुति के समय नाट्यकार को आमन्त्रित किया जाये ताकि वह स्वयं अपनी रचना को देख सके, दूसरे उसकी कृति को कैसे समझते हैं, कैसे रूपायित करते हैं, उसकी क्या खामियाँ हैं, आदि जान-समझ सके। सन् 1966 में राकेश पुनः कलकत्ता आये 'लहरों के राजहंस' के तीसरे अंक के पुनर्लेखन के सम्बन्ध में। उस दौरान व्यक्तिगत रूप से मुझसे बहुत अधिक मिलना-जुलना नहीं हुआ, क्योंकि नाटक-नाट्यकार-निर्देशक सारे समय परस्पर एक-दूसरे को व्यस्त रखे थे, तथापि, उनकी काम करने की क्षमता, शब्दों को तौल-तौलकर इस्तेमाल करने का आग्रह, साथ ही गुस्सा भी देखने को मिला। 'लहरों के राजहंस' के साथ मैं किसी रूप में प्रत्यक्षतः नहीं जुड़ी थी, जिस शोरशराबे के साथ प्रस्तुति हो रही थी उससे मन बहुत प्रसन्न नहीं था।

हम निस्सन्देह कह सकते हैं कि स्वातन्त्र्योत्तर युग के राकेश शीर्षस्थ हिन्दी नाट्यकार और श्रेष्ठ भारतीय नाट्यकार हैं। घटनाओं का चयन, पात्रों का चरित्र-चित्रण, संवादों का संयोजन—सबमें राकेश इतने सतर्क थे कि पूछिए मत। 'आषाढ़ का एक दिन' और 'लहरों के राजहंस' दोनों नाटकों के ऐतिहासिक परिवेश को उन्होंने आज के युग के साथ बड़ी खूबसूरती से जोड़ा है, या यों कहें कि उसे आज के लिए सार्थक बनाया है। 'आषाढ़' का राजकीय प्रश्रय और राजकीय कर्मचारियों की अकर्मण्यता तथा 'लहरों' में नन्द और सुन्दरी के अहम् का द्वन्द्व—आधुनिक समस्याएं हैं, जिन्हें राकेश ने भिन्न परिवेश में प्रस्तुत किया है। भाव और विचार दोनों स्तरों पर वे बड़े गहरे जाते थे, मन की एक-एक परत, विशेष परिस्थिति में मन में होनेवाली एक-एक हलचल, एक-एक प्रतिक्रिया को वे चित्रित करते थे, रोखांकित करते थे। इतना ही नहीं, तर्कों द्वारा उनके पात्र बराबर एक-दूसरे की धज्जी उड़ाते चलते हैं—चाहे 'आषाढ़' के विलोम और अम्बिका हों, चाहे 'लहरों' की सुन्दरी हो और चाहे 'आधे' का जनेजा। ये पात्र क्रमशः कालिदास, नन्द और सावित्री को उधेड़कर रख देते हैं, और इस उधेड़ने में कहीं गहरी सच्चाई होती है। यही कारण है कि इन पात्रों के तर्क एवं आचरण पाठकों तथा दर्शकों को प्रभावित करते हैं। मंच की शक्ति और सीमाओं के राकेश जानकार थे, उनके प्रति सजग भी। एक-एक शब्द तौल-तौलकर, बहुत सोच विचारकर रखा जाता था, अनावश्यक कहीं कुछ भी नहीं, फलस्वरूप राकेश के नाटकों में एक पंक्ति भी काट सकना सम्भव

नहीं, उसकी आवश्यकता भी नहीं। राकेश ने बहुत थोड़ा लिखा, यह उनकी सीमा थी। एक नाटक लिखने में उन्हें तीन-चार साल लग जाते थे—सन् 1958 से 72 के बीच उन्होंने 3 पूर्णांग नाटक पूरे लिखे, एक अधूरा छोड़ा, कुछ एकांकी और बीजनाटक लिखे। काश वे हमें कुछ और महत्वपूर्ण कृतियां दे पाते।

राकेश के सम्बन्ध में दो घटनाओं का उल्लेख आवश्यक प्रतीत होता है। दोनों ही रायल्टी से सम्बंधित हैं। राकेश ने जब से लेखन को पेशे के रूप में स्वीकार किया, तब से रायल्टी के सम्बन्ध में वे बहुत स्पष्ट थे। अपने नाटकों के मंचन के सम्बन्ध में उन्होंने घोषणा की थी कि कलकत्ता, बम्बई, दिल्ली जैसे महानगरों में मंचन करनेवाली संस्थाएं एक हजार रुपया प्रारम्भ में देंगी। दस प्रदर्शन वे निःशुल्क कर सकेंगी, उसके बाद पचास रुपये (या सौ ?) प्रति प्रदर्शन देने होंगे। सन् 1968 के आसपास यह राशि बहुत बड़ी लगती थी। हिन्दी-रंगमंच इतनी रायल्टी देने की स्थिति में नहीं था, अब भी नहीं है। फिर एक को यदि यह रायल्टी दें, तो दूसरे को कैसे न दें ? इतनी रायल्टी देना कैसे सम्भव है ? राकेश को जब ये बातें लिखी गयीं तो उन्होंने एक लम्बा पत्र लिखा, बड़ी खूबसूरती से ज़ोरदार शब्दों में अपने पक्ष का समर्थन किया—यदि आप लोग मानते हैं कि राकेश अच्छे नाटक लिखता है और यह चाहते हैं कि वह नाटक लिखे तो क्या उसे आर्थिक सम्बल प्रदान करना हिन्दी रंग-प्रेमियों का कर्तव्य नहीं है ? बात में सार था—कुछ कहने को नहीं रह गया, पर यह लगा कि रायल्टी की राशि के सम्बन्ध में कुछ निर्णय होना ज़रूरी है।

दूसरी घटना 'आधे-अधूरे' के बाँग्ला अनुवाद के समय की है। 'शौभनिक' ने इसे बाँग्ला में प्रस्तुत करना चाहा, मुझसे अनुवाद करने को कहा। राकेश ने अनुमति दी—सवाल उठा रायल्टी का। बंगाल में आम तौर पर रायल्टी की राशि काफी कम रहती है, 'शौभनिक' वाले केवल 10 रुपये प्रति प्रदर्शन देना चाहते थे। यही राशि उन्होंने 'शुतुरमुर्ग' के बाँग्ला अनुवाद के लिए भी दी थी। इसका भी आधा नाट्यकार को जाता, आधा अनुवादक को। राकेश के लिए 5 रुपये प्रति प्रदर्शन रायल्टी स्वीकार करना कितना कठिन था, समझा जा सकता है। पर यही समझाया कि यों ही बाँग्ला में हिन्दी-नाटक नहीं होते, यदि एक दल करना चाहता है, तो करने देना चाहिए, वे इससे ज्यादा रायल्टी न दे सकेंगे, फिर यहाँ की यही परम्परा है। राकेश ने मेरे ऊपर छोड़ा, 'शौभनिक' ने किया, चालीस-पचास प्रदर्शन किये। राकेश के जीवन-काल में और बाद में भी रायल्टी बराबर भेजी।

('सृजन का सुख-दुख' से)

मुद्रक : लक्ष्मी प्रिंटइंडिया 556 जी.टी. रोड, शहादरा, दि

हमारे अन्य श्रेष्ठ प्रकाशन

चर्चित पुस्तकें

आवारा मसीहा, विष्णु प्रभाकर, **अदम्य साहस** डॉ. अब्दुल कलाम, **प्रेरणात्मक विचार** डॉ. अब्दुल कलाम, **मेरी आपबीती** बेनज़ीर भुट्टो, **मेरे सपनों का भारत** महात्मा गांधी, **सत्य के प्रयोग** महात्मा गांधी, **मेरा जीवन दर्शन** डॉ. कर्णसिंह, **परिवर्तन और राजनीति** एन.के. सिंह, **भारतीय अर्थतंत्र, इतिहास और संस्कृति** अमर्त्य सेन, **आर्थिक विकास और स्वातन्त्र्य** अमर्त्य सेन, **आर्थिक विषमताएं** अमर्त्य सेन, **गरीबी और अकाल** अमर्त्य सेन, **भारत विकास की दिशाएं** अमर्त्य सेन, **भारतीय राज्यों का विकास** अमर्त्य सेन, **हिंसा और अस्मिता का संकट** अमर्त्य सेन, **भारतीय दर्शन** डॉ. राधाकृष्णन्,

शब्दकोश : कोश : शिक्षा

राजपाल बृहत् हिन्दी-अंग्रेजी शब्दकोश डॉ. हरदेव बाहरी, **राजपाल बृहत् अंग्रेजी-हिन्दी शब्दकोश** डॉ. हरदेव बाहरी, **राजपाल हिन्दी शब्दकोश** डॉ. हरदेव बाहरी, **शिक्षार्थी हिन्दी-अंग्रेज़ी शब्दकोश** डॉ. हरदेव बाहरी, **राजपाल अंग्रेज़ी-हिन्दी शब्दकोश** डॉ. हरदेव बाहरी, **राजपाल अंग्रेज़ी-हिन्दी पारिभाषिक शब्दकोश** डॉ. हरदेव बाहरी, **राजपाल हिन्दी-अंग्रेज़ी थेसॉरस** गोपीनाथ श्रीवास्तव, **राजपाल अंग्रेजी-हिन्दी राजभाषा प्रयोगकोश** गोपीनाथ श्रीवास्तव, **राजपाल लोकोक्ति कोश** हरिवंश राय शर्मा, **राजपाल साहित्यिक मुहावरा कोश** हरिवंश राय शर्मा, **राजपाल साहित्यिक सुभाषित कोश** हरिवंश राय शर्मा, **विद्यार्थी हिन्दी शब्दकोश** डॉ. ओमप्रकाश, **शब्दार्थ-विचार कोश** आचार्य रामचन्द्र वर्मा, **शब्द-परिवार कोश** डॉ. बदरीनाथ कपूर, **व्यावहारिक उर्दू-हिन्दी शब्दकोश** डॉ. सैयद असद अली, **कहावत कोश** समर सिंह

विश्वकोश : संदर्भ-ग्रंथ

विश्वकोश-I (पृथ्वी-आकाश-खनिज) डॉ. बालकृष्ण, **विश्वकोश-II (आविष्कार-खोज)** डॉ. बालकृष्ण, **विश्वकोश-III (जीव-जंतु : पेड़-पौधे)** डॉ. बालकृष्ण, **विश्वकोश-IV (विज्ञान-वैज्ञानिक)** डॉ. बालकृष्ण, **भारतीय संस्कृति कोश** लीलाधर शर्मा पर्वतीय, **भारतीय चरित कोश** लीलाधर शर्मा पर्वतीय, **अंतरराष्ट्रीय व्यक्ति कोश** विश्वमित्र शर्मा, **भारत रत्न** विश्वमित्र शर्मा, **20वीं सदी के सौ प्रसिद्ध भारतीय** विश्वमित्र शर्मा, **नोबेल पुरस्कार कोश** विश्वमित्र शर्मा, **नोबेल पुरस्कार सम्मानित भारतीय** विश्वमित्र शर्मा, **भारत के राष्ट्रपति** भगवतीशरण मिश्र, **भारत के प्रधानमंत्री** भगवतीशरण मिश्र, **नोबेल पुरस्कार विजेता साहित्यकार** राजबहादुर सिंह, **विश्व के महान वैज्ञानिक** फिलिप केन, **विश्व की महिला अंतरिक्ष यात्री** कालीशंकर, **भारतीय भाषाओं के पुरस्कृत साहित्यकार** डॉ. आरसू, **50 क्रांतिकारी** राजेन्द्र पटोरिया, **100 प्रसिद्ध भारतीय खिलाड़ी** चित्रा गर्ग

उपन्यास

मानस का हंस (पुरस्कृत) अमृतलाल नागर, **नाच्यौ बहुत गोपाल** अमृतलाल नागर, **खंजन नयन** अमृतलाल नागर, **बिखरे तिनके** अमृतलाल नागर, **पीढ़ियां** अमृतलाल नागर, **करवट** अमृतलाल नागर **सेठ बांकेमल** अमृतलाल नागर, **भूख** अमृतलाल नागर, **सात घूंघट वाला मुखड़ा**

अमृतलाल नागर, **सोमनाथ** आचार्य चतुरसेन, **वयं रक्षामः** आचार्य चतुरसेन, **वैशाली की नगरवधू** आचार्य चतुरसेन, **सोना और खून** (चार भागों में) आचार्य चतुरसेन, **कब तक पुकारुं** रांगेय राघव, **घरौंदा** रांगेय राघव, **धरती मेरा घर** रांगेय राघव, **न आने वाला कल** मोहन राकेश, **समग्र उपन्यास** कमलेश्वर, **कितने पाकिस्तान** कमलेश्वर, **एक सड़क सत्तावन गलियां** कमलेश्वर, **काली आँधी** कमलेश्वर, **सुबह दोपहर शाम** कमलेश्वर, **रेगिस्तान** कमलेश्वर, **अभिज्ञान** नरेन्द्र कोहली, **आतंक** नरेन्द्र कोहली, **साथ सहा गया दुख** नरेन्द्र कोहली, **जंगल** नरेन्द्र कोहली, **एक नौकरानी की डायरी** कृष्ण बलदेव वैद, **शिकस्त की आवाज़** कृष्ण बलदेव वैद, **नर नारी** कृष्ण बलदेव वैद, **एक इंच मुस्कान** राजेन्द्र यादव/मन्नू भंडारी, **जंगल के फूल** राजेन्द्र अवस्थी, **अकेली आवाज़** राजेन्द्र अवस्थी, **कुहरे में युद्ध** शिवप्रसाद सिंह, **औरत** शिवप्रसाद सिंह, **रात भारी है** अमृता प्रीतम, **कैली कामिनी और अनीता** अमृता प्रीतम, **जलते बुझते लोग** (एक ही जिल्द में तीन उपन्यास) अमृता प्रीतम, **यह कलम यह कागज़ यह अक्षर** अमृता प्रीतम, **ययाति** वि.स. खांडेकर, **कोणार्क** प्रतिभा राय, **उसका अपना आकाश** प्रतिभा राय, **चित्रप्रिया** अखिलन, **एक गधे की आत्मकथा** कृश्न चंदर, **तापसी** कुसुम अंसल, **पहाड़ चोर** सुभाष पंत, **गोदान** प्रेमचंद, **गबन** प्रेमचंद, **औरतें** खुशवंत सिंह, **समुद्र की लहरों में** खुशवंत सिंह, **मुजरिम हाज़िर** विमल मित्र, **अन्तर्गाथा** पी.वी. नरसिंह राव, **कुली** मुल्कराज आनंद, **अछूत** मुल्कराज़ आनंद, **सात साल** मुल्कराज आनंद, **दिशाएं बदल गईं** नरेश भारतीय, **सावित्री** व्योहार राजेन्द्रसिंह **कुली बैरिस्टर** राजेन्द्रमोहन भटनागर, **गाइड** आर.के. नारायण, **स्वामी और उसके दोस्त** आर.के. नारायण, **वध** मनहर चौहान।

कविता

मधुशाला बच्चन, **मधुबाला** बच्चन, **मधुकलश** बच्चन, **खैयाम की मधुशाला** बच्चन, **मेरी श्रेष्ठ कविताएं** बच्चन, **निशा निमंत्रण** बच्चन, **जाल समेटा** बच्चन, **दो चट्टानें** बच्चन, **सतरंगिनी** बच्चन, **मिलन यामिनी** बच्चन, **आत्मिका** महादेवी, **नीलांबरा** महादेवी, **दीपगीत** महादेवी, **चुनी हुई कविताएं** अज्ञेय, **गीतांजलि** रवीन्द्रनाथ टैगोर, **साधना** रवीन्द्रनाथ टैगोर, **पथ का गीत** रवीन्द्रनाथ टैगोर, **आखिर यह मौसम भी आया** रमानाथ अवस्थी, **क्या खोया क्या पाया** अटलबिहारी वाजपेयी, **अंग्रेजी के श्रेष्ठ कवि और उनकी श्रेष्ठ कविताएं** कुलदीप सलिल, **अन्तरा** विश्वनाथ।

कहानियाँ

मोहन राकेश की संपूर्ण कहानियां मोहन राकेश, **अज्ञेय की संपूर्ण कहानियां** अज्ञेय, एक **दिल हज़ार अफ़साने** अमृतलाल नागर, **मालगुड़ी की कहानियां** आर.के. नारायण, **सत्यजित राय की कहानियाँ** सत्यजित राय, **समग्र कहानियां** कमलेश्वर **मेरी प्रिय कहानियां** अज्ञेय, आचार्य चतुरसेन, भगवतीचरण वर्मा, रांगेय राघव, अमृतलाल नागर, मोहन राकेश, निर्मल वर्मा, राजेन्द्र यादव, कृश्न चन्दर, कमलेश्वर, मन्नू भंडारी, फणीश्वनाथ रेणु, यशपाल, इलाचन्द्र जोशी, भीष्म साहनी,